우리는 왜 아직
안전하지 않은가?

김윤배 지음
최관병 감수

Why Are We Still NOT Safe?

대한민국 산업안전보건 백서

과거와 현재,
미래를 잇는
안전의 기록

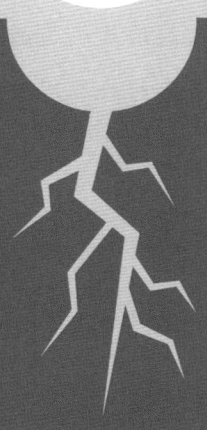

우리는 왜 아직
안전하지 않은가?

이담북스

추천의 글

한국 사회는 '안전'을 이야기할 때마다 여전히 무겁게 침묵하게 됩니다. 세월호 참사, 태안화력발전소 사고, 물류센터 화재, 그리고 크고 작은 산업재해까지… 우리는 매번 다시는 이런 일이 없도록 하겠다는 다짐을 반복하지만, 그 약속은 쉽게 잊히고 맙니다. 바로 그 반복되는 망각의 사이에서, 이 책 『우리는 왜 아직 안전하지 않은가?』는 우리 사회가 반드시 직시해야 할 질문을 던지고 있습니다. 대체 우리는 왜 아직 안전하지 않은 걸까요?

저자는 수십 년간 산업안전보건 현장을 연구하고 실천해 온 대표적인 전문가로, 학문과 현장을 꿰뚫는 시선을 지니고 있습니다. 그는 산업재해를 단순한 '사고'가 아니라 사회구조의 반영으로 봅니다. 노동정책, 기업경영, 국가책임의 틈새에서 안전은 언제나 후순위로 밀려났고, 그 결과 노동자의 생명과 시민의 안전은 '비용'으로 계산되었습니다. 이 책은 그러한 현실을 통계와 제도의 언어로, 그리고 사람의 이야기로 촘촘히 드러냅니다.

특히 이 책의 가장 큰 미덕은 역사적 통찰과 정책적 제언을 동시에 품고 있다는 점입니다. 저자는 해방 이후 산업안전 행정의 태동기부터 군사정권 시절의 제도 형성, 노무현 정부의 참여적 안전정책, 그리고 최근 정부의 규제완화 흐름에 이르기까지 70여 년의 정책 변화를 자세히 추적합니다. 각 시기의 사회적 배경, 제도의 성격, 그리고 그로 인한 현장의 변화를 균형 있게 분석하면서, 한국의 산업안전보건사가 곧 한국 민주주의 성숙의 역사와 궤를 같이하고 있음을 보여줍니다.

감수자인 최관병 국장은 고용노동부 실무 경험과 학문적 식견을 통해 산업안전보건정책의 현실적 제약과 개선의 길을 더 깊이 있게 보완했습니다. 그 덕분에 이 책은 단순한 비판서가 아니라, 정책 담당자·노동조합·기업·시민사회 모두가 참고할 수 있는 실질적 지침서로 완성되었습니다.

'과거'와 '현재' 그리고 '미래'로 이어지는 3부 구성은 책의 핵심 문제의식과도 정확히 맞닿아 있습니다. 과거의 제도와 경험을 되짚어 현재의 구조를 이해하고, 이를 바탕으로 미래의 안전 패러다임을 제시하는 것입니다. '재해 제로'라는 구호 대신 '공존과 돌봄의 안전'이라는 새로운 가치로의 전환을 촉구하는 저자의 메시지는 깊은 울림을 줍니다.

　『우리는 왜 아직 안전하지 않은가?』는 단순한 산업안전 백서가 아닙니다. 이는 한 사회가 인간의 생명과 존엄을 어디까지 지킬 의지가 있는지를 묻는 사회적 선언입니다. 이 책을 통해 우리는 '안전'이 기술이나 규제의 문제가 아니라 '사람'의 문제, '정치'의 문제임을 다시금 깨달을 수 있습니다. 그것은 노동자 한 사람의 존엄을, 시민 한 사람의 일상을 지키는 일이며, 결국 우리가 어떤 사회를 함께 만들고 싶은가에 대한 물음입니다. 저자는 안전은 곧 인간의 존엄이라는 단순하지만 절실한 진리를 우리에게 다시 일깨웁니다.

　"이 일은 왜 이렇게 위험해야만 하나요?", "언제쯤이면 안심하고 일할 수 있을까요?" 녹색병원과 전태일의료센터는 늘 현장에서 이런 질문을 마주해 왔습니다. 이 책은 그 오랜 질문들에 대한 답변의 기록입니다. 그리고 동시에, 우리가 모두 함께 써 내려가야 할 다음 장의 서문이기도 합니다. 저자와 감수자의 연구와 실천에 깊은 경의를 표하며, 이 책이 모든 이에게 안전의 의미를 새롭게 세우는 계기가 되길 바랍니다. 나아가 그 변화의 물결이 일터와 지역사회를 넘어 우리나라의 모든 현장까지 이어지길 기대합니다.

전태일의료센터 · 녹색병원 원장

임상혁

산업안전과 노동자 건강은 한 사회의 윤리적 수준과 지속 가능성을 가늠하는 핵심 지표입니다. 그러나 우리 사회는 여전히 반복되는 산업재해와 직업병, 그리고 그 뒤에 남겨지는 고통을 온전히 받아 안지 못하고 있습니다. 수많은 제도 개선과 정책 발표가 있었음에도, 현장에서 체감되는 변화가 더디다는 목소리가 끊이지 않는 이유는 무엇일까요. 이 책 『우리는 왜 아직 안전하지 않은가?』는 이 질문에 정면으로 응답합니다.

저자는 산업안전 행정과 현장을 오랫동안 경험한 실무가로서, 제도와 현실 사이의 구조적 간극을 날카롭게 짚어냅니다. 이 책은 단순한 법령 해설이나 사고 통계의 나열이 아닙니다. 사고가 되풀이되는 조직의 관성, 안전을 비용으로 환산하는 산업의 사고방식, 책임이 희석되는 구조적 맹점을 체계적으로 분석하고 있습니다. 특히 "왜 우리는 같은 사고를 반복하는가?"라는 질문은, 산업안전을 단순한 규제 강화의 문제가 아니라 사회적 가치와 의식의 문제로 다시 사유하게 합니다.

직업건강 분야에서 오랫동안 현장을 보며 확인한바, 노동자의 건강은 질병의 유무만으로 설명될 수 없습니다. 안전하게 일하는 작업환경, 존중과 참여가 보장되는 조직문화, 위험을 줄이는 실질적 시스템이 함께 갖추어질 때 비로소 건강은 유지되고 삶은 지속될 수 있습니다. 특히 안전관리자와 보건관리자의 역할이 실질적으로 보장되고, 전문성이 발휘될 수 있는 여건이 마련되어야 현장 중심의 안전보건이 이루어질 수 있습니다. 이 책은 그러한 통합적 관점의 회복을 강하게 요구하며, 그렇기에 산업안전과 노동자 건강에 직간접적으로 관여하는 모든 이가 함께 읽고 논의해야 할 책입니다.

안전은 선언이나 단속만으로 이루어지지 않습니다. 사고를 바라보는 시각, 노동을 조직하는 방식, 책임을 공유하는 문화가 바뀌어야 비로소 변화가 시작됩니다. 이 책이 우리 사회가 더 안전하고 건강한 노동환경으로 나아가는 데 이정표가 되길 기대합니다.

가톨릭대학교 교수
한국보건안전단체총연합회장
정혜선

◆ ◆ ◆

『우리는 왜 아직 안전하지 않은가?』는 산업안전보건 분야에 종사하는 이들에게 깊은 통찰과 실천적 지침을 제공하는 귀중한 도서입니다. 오랜 기간 산업안전에 종사해 온 사람 입장에서 볼 때 이런 도서의 출현은 지나치게 때늦은 감이 있습니다.

이 책은 산업안전보건법 제정 이전의 여명기부터 오늘날까지의 변화 과정을 체계적으로 정리합니다. 특히 군정 시기의 초기 법령부터 시작하여 산업안전보건법의 제정과 개정, 중대재해처벌법의 도입에 이르기까지의 흐름을 상세히 기술함으로써, 우리나라 산업안전보건의 제도적 기반이 어떻게 형성되고 발전해왔는지를 명확히 보여줍니다. 나아가 단순한 연대기적 서술을 넘어 정부 간 비교·분석과 국제협력 및 민간 활동까지 포괄적으로 다뤄, 독자는 산업안전보건이 규제의 영역을 넘어 사회적 책임과 협력의 가치로 확장되어 왔음을 이해할 수 있습니다.

특히 주목할 점은 이 책이 미래의 산업안전보건을 조망하는 데도 탁월한 시각을 제공한다는 것입니다. 디지털화, 자동화, 고령화, 기후변화 등 새로운 위험요인에 대한 대응 전략을 제시하고, ILO 및 유럽의 사례를 통해 국제적 흐름과의 접점을 마련하고 있습니다. 나아가 첨단 기술과 관련된 안전보건 이슈 역시 심도 있게 다루어 향후 정책 수립과 기술 개발에 있어 중요한 참고자료가 될 것입니다.

이 책은 산업안전보건의 과거를 되짚고, 현재를 진단하며, 미래를 설계하는 데 있어 필수적인 나침반과도 같은 역할을 합니다. 산업안전보건을 단순한 법령이나 규정의 집합으로 이해하는 데 그치지 않고, 사람 중심의 안전문화 형성과 지속가능한 노동환경 구축을 위한 통합적 접근을 제시하고 있습니다. 그런 점에서 이 책을 산업안전보건 관계자뿐만 아니라 관련 분야의 연구자, 정책 입안자, 기업의 안전관리자에게도 적극적으로 권합니다.

대한민국 산업현장 교수단 교수

국회 재난안전정책포럼 사고조사위원장

최명기

이 책은 하나의 질문에서 출발합니다.

대한민국은 이제 경제적으로 선진국에 진입하였습니다. 하지만 많은 사람들이 하루 중 가장 오랜 시간을 보내는 공간인 우리의 일터는 여전히 많은 이들의 생명과 건강을 위협하고 있습니다. 일터에서 부상과 직업병이 연간 10만 건 넘게 발생하고, 현장에서 사고로 사망하는 사람이 8백 명이 넘는 실정입니다.

1953년 근로기준법의 몇 개 조항으로 시작된 산업안전보건 제도는 이후 산업안전보건법부터 중대재해처벌법까지 법과 제도 및 정책의 발전으로 그 지평을 확장하여 왔습니다. 그러나 이러한 노력과 제도의 발전에도 불구하고 일터에서의 부상과 직업병은 여전히 반복되고 있습니다. 수많은 정책과 제도가 마련되었지만, 대한민국은 여전히 선진국 가운데 사고사망자가 제일 많은 실정으로 산재왕국이니 사고공화국이라는 오명을 벗지 못하는 현실입니다.

저자는 고용노동부에서 산업안전보건정책을 설계하고 집행하는 업무를 맡아보았습니다. 중앙에서 정책의 발전과 제도 확충의 흐름을 직접 이끌었고, 지방에서 집행 업무를 담당하면서는 반복되는 중대재해 앞에서 정책과 현실 사이의 간극을 날마다 확인했습니다. 이후 대학에서 산업안전학과를 창설하여 교육·연구에 몰두하며 이론과 실무를 겸비한 시각을 갖추게 되었습니다. 유튜브를 활용한 대중과 소통, 기업 및 공공기관 강의, 면접관 경험 등을 통해 현장의 목소리를 청취하면서 일하는 사람의 안전과 보건 실태도 꾸준히 들여다보았습니다. 이 책은 저자의 경험과 문제의식을 바탕으로 대한민국 산업안전보건의 과거, 현재, 미래를 종합적으로 정리한 보고서입니다.

책의 전반부에서는 해방 이후 산업안전보건 정책의 생성과 변화, 그리고 그 성과와 한계를 정리하였습니다. 정부 수립 후에는 선거로 바뀌는 정부마다 집행한 산업안전보건 정책과 법령의 변화를 자세히 살피면서 현재 시행 중인 각종 제도의 창설 당시의 상황을 짚었습니다.

이어서 현재의 제도와 정책, 현황을 분석하며, 제도의 지향과 현실 사이의 괴리를 비판적으로 검토하였습니다. 산업안전보건법의 개정과 중대재해처벌법의 제정 등 제도적 개편이 실제로 얼마나 실효성 있는 보호로 이어지고 있는지를 점검했습니다.

미래를 다룬 장에서는 인구구조의 변화, 기술혁신, 산업구조 재편, 기후위기와 감염병 등 복합적인 고용환경의 변화에 따른 노동양식의 변화 속에서 산업안전보건이 어떤 위기와 도전에 직면하고 있는지를 진단하고, 세계 각국의 흐름과 정책 사례를 통해 대안을 모색하였습니다.

이 책은 단순한 회고나 이론 정리에 그치지 않습니다. 과거를 반추하고, 현재를 진단하며, 미래를 설계하기 위한 시도입니다. 집필하는 기간 내내 "우리는 왜 아직 안전하지 않은가?"라는 물음을 중심으로, 현장에서 보고 듣고 겪은 사실을 바탕으로 과거와 현재의 실상을 직시하고 미래의 변화에 주목하면서 개선의 실마리를 제시하고자 했습니다.

이 책이 정책 입안자, 공공기관과 기업의 안전·보건관리자, 노동조합, 학계와 연구자, 그리고 현장에서 일하는 모든 이에게 산업안전보건을 바라보는 시각과 실천의 방향을 제공하길 바랍니다. 안전과 건강은 일터에서 가장 기본적이며 동시에 가장 절실한 가치입니다. 이제는 그 가치를 제도 위에, 그리고 현실 위에 제대로 세워야 할 때입니다. 저비용 고효율의 안전과 보건을 획득하고자 하는 전략을 고민해야 합니다.

읽는 데 불편함이 없도록 각주와 참고 자료를 최대한 본문의 일부로 처리했다는 것과 그렇게 하지 못한 논문, 보고서, 기고문, 단행본, 전문지, 일간지 등의 자료는 책 끝에 한꺼번에 실었음을 알려드립니다.

표와 그림과 그래프는 말할 것도 없고 정제되지 않은 원고를 다듬어 아름다운 책으로 만들어주신 한국학술정보㈜의 양동훈 팀장과 관계자분들의 정성과 노고에 감사드립니다.

책의 구상부터 출간까지 단계마다 함께하고 감수의 수고를 아끼지 않은 고용노동부의 최관병 국장에게 감사의 말씀을 드립니다.

늘 마음의 의지가 되어주는 가족, 김정욱 · 김지원 · 박지훈 · 이연우에게 이 책을 바칩니다.

2025년 12월

김윤배

목 차

제1편 ┃ 과거

제1장 산업안전보건법 제정 이전: 여명기의 안전보건

제2장 산업안전보건법 제정: 새로운 시대의 출범

제3장 외환위기 시대: 위기 속의 재정립

제4장 노무현 정부: 참여와 책임의 성장기

제5장 이명박·박근혜 정부: 자율 추진 모색기

제6장 문재인 정부: 사람 중심의 도약기

제7장 윤석열 정부: 중대재해 감축을 위한 전환기

제2편 ｜ 현재

제1장 산업안전보건의 인프라

제2장 안전보건 관리체제

제3장 산업재해 예방을 위한 정책수단

제3편 | 미래

제1장 미래 변화와 한국의 당면 과제

제2장   해외의 시각과 전망

제3장   지금 눈앞에 마주한 미래

서문

우리는 왜 아직 안전하지 않은가?

일은 사람의 생계를 책임질 뿐 아니라, 삶의 의미를 만들어 주는 중요한 활동이다. 그런데 그 일터에서 누군가는 목숨을 잃고, 또 누군가는 평생 지워지지 않는 상처를 안고 살아간다. 안전과 건강은 말할 것도 없이 인간의 가장 기본적인 권리다. 그러나 그 권리를 보장받지 못한 상태에서 노동에 종사할 경우 그는 단순한 '노동력'으로 기능하는 데 그치지 않는다. 오히려 노동자는 구조적으로 '위험을 감수하는 존재'로 전락하게 된다. 그래서 우리는 이 질문 앞에 다시 서게 된다.

"왜 아직도 우리는 일하다 죽는 사회에 머물러 있는가?"
"우리는 왜 아직 안전하지 않은가?"

산업안전보건이라는 개념은 산업화의 부산물이다. 영국에서 시작된 산업혁명은 인간의 노동을 공장이라는 밀폐된 공간으로 몰아넣었고, 기계와 화학물질, 고온과 고소작업이라는 새로운 위험을 불러왔다. 이에 서구는 200년 전부터 제도와 정책으로 사람을 보호하기 시작했다. 우리나라는 그보다 한참 늦은, 이제 겨우 50년 남짓한 시간을 걸어왔다.

'일하다 죽는 나라'

이 불편한 표현은 아직도 우리의 현실이다. 2024년에도 하루 평균 6명이 산업재해로 숨졌다. 누구도 죽고 싶어서 일하지 않는다. 그럼에도 우리는 일터에서 여전히 목숨을 잃는다. 우리는 과연 어디까지 왔으며, 왜 아직도 안전하지 않은가? 근로자의 생명과 건강은 헌법이 보장한 기본권이다. 그러나 산업현장은 오랫동안 그 권리를 온전히 보장하지 못했다. 열악한 작업환경, 반복되는 중대재해, 하청과 외주로 전가되는 위험, 겉도는 법과 제도, 여전히 미성숙한 안전의식, 형식과 겉치레에 치우친 안전문화… 이런 것이 아직 우리의 현주소라는 솔직한 고백일 것이다.

짧은 기간 동안 우리는 분명 빠르게 움직였다. 제도를 구축하고, 법을 정비하며, 행정을 체계화했다. 그러나 아직도 산업재해는 줄어들지 않고 있다. 수많은 노동자가 사고로 죽거나 병들고 있으며, 사회는 여전히 이를 구조적 문제로 인식하는 데 더디다.

1963년 「산재보험법」 제정 이후 60년, 1981년 「산업안전보건법」 제정 이후 40년이 지났다. 우리나라는 경제적으로 '선진국' 반열에 올라섰지만, 산업재해만큼은 여전히 '후진국'의 오명을 벗지 못하고 있다. 직업병은 줄지 않고, 중대재해 사망자는 여전히 OECD 국가 중 최상위를 기록한다. 건설 현장, 제조업, 물류창고, 플랫폼 노동… 어느 곳에서도 생명의 안전이 완전히 보장된 곳은 찾아보기 어렵다. 우리 사회는 왜 이토록 오래도록 '산재왕국'이라는 오명을 떨치지 못하고 있는가. 이 백서는 바로 이 질문에 대한 해답을 찾기 위한 시도다.

'우리는 왜 아직 안전하지 않은가?'

우리의 산업안전보건은 미약한 출발에서 시작되었다. 전쟁과 빈곤, 압축성장 속에서 일하는 사람의 안전과 건강은 후순위로 밀려 있었다. 1953년 「근로기준법」에 '안전과 보건'이 처음 명시되었지만, 선언적인 의미를 넘어서기까지는 오랜 시간이 필요했다.

1981년 「산업안전보건법」이 독립법으로 제정되면서 비로소 안전보건은 국가정책의 중심부로 들어오게 되었다. 한국산업안전공단의 설립, 산업안전국의 신설, 각종 재해예방계획의 수립과 시행은 기틀을 다지고 체계를 갖춰 나가는 과정이었다. 1990년대에는 산업안전보건법 전면 개정과 산업재해예방 장기계획 수립 등 실효성을 높이기 위한 제도적 노력이 이어졌고, 2000년대에는 자율과 책임의 균형을 모색하는 접근이 시도되었다.

그 모든 과정에는 수많은 사고와 희생이 있었다. 원진레이온과 문송면, 삼풍백화점과 대구 지하철, 이천 물류창고 화재, 최근의 화성 리튬전지 제조업체 아리셀 참사까지. 누군가의 죽음이 단지 숫자로 끝나지 않고 법과 정책, 제도와 행정을 바꾸는 동력이 되어 온 것이 우리의 역사다.

이 책은 평면적인 사건의 연대기가 아니다. 제도의 역사를 단순히 요약한 책이 아니다. 불행하게 연속되는 산업재해 사고와 사건, 이에 맞서는 제도와 현장의 변화, 변화의 몸부림 속에 지나가는 시간의 여울목마다 우리는 끊임없이 묻는다.

"왜 우리는 그때 그런 선택을 했는가?"
"그 결정은 누구를 위해, 어떤 맥락에서 내려졌는가?"
"그것은 오늘날 우리에게 어떤 영향을 주고 있는가?"

특히 지금 우리는 새로운 전환기에 서 있다. 디지털 전환, 스마트팩토리, 인공지능, 플랫폼 노동, 고령화 사회라는 이름으로 고용의 양태와 일하는 방식이 빠르게 바뀌고 있다. 전통적인 위험은 사라지지 않았고, 새로운 위험은 우리도 모르는 사이 일터로 들어오고 있다. 과거의 틀로는 대응할 수 없는 시대가 되었다. 그래서 우리는 다시 묻는다.

"산업안전보건의 본질은 무엇인가?"
"우리는 누구를, 어떻게 지켜야 하는가?"

이 백서는 과거의 흐름을 정리하는 데 그치지 않는다. 오늘의 정책을 돌아보고, 내일의 방향을 모색하는 데 그 목적이 있다. 정책 입안자에게는 방향타가 되고, 현장 실무자에게는 나침반이 되며, 일하는 이들에게는 삶의 가치를 지켜주는 한 줄기 빛이 되기를 바란다.

이제 다음 장으로 넘어간다. 그리고 그 장마다, 피로 쓰인 역사와 땀으로 이룬 제도, 아직 답을 구하는 완성되지 않은 과제가 함께 놓여 있을 것이다.

───────── 제1편 ─────────

과
거

제1장

산업안전보건법 제정 이전

여명기의 안전보건

제1절 총설

우리나라는 개화기를 거쳐 일제강점기에 광산과 공장을 중심으로 공업화가 이뤄지면서 임금근로자의 급속한 증가로 이들을 중심으로 한 노동조합의 결성과 노동쟁의가 활발하게 발생하였다. 이러한 노동쟁의는 공장 및 작업장에서 인간다운 삶을 영위하기 위한 기본적 요구를 주장하였다. 이와 같은 안전과 보건에 대한 기본적인 요구의 증대는, 현대적 의미와는 다른 점이 있지만, 지금의 안전보건의 시초라고 할 수 있을 것이다.

근대 노동법의 효시라 할 수 있는 영국의 공장법(Factory Act, 1802)은 산업화 시대에 들어선 영국 사회가 산업안전의 중요성을 인식한 데서 비롯되었다. 공장법은 노동자의 건강과 안전을 위한 필요에서 제정된 것으로 노동법의 기초가 산업안전보건에 있음을 알 수 있다.

우리나라의 산업안전보건과 관련된 행정은 1953년 공포된 근로기준법의 안전보건에 관한 규정을 토대로 시작되었다. 그 이전에는 군정법령으로 제정된 근로자 보호입법이 산업안전보건 분야 행정의 근거로 작용하였다고 할 수 있다.

제2절 정책의 기반

Ⅰ. 군정법령

1945년 8·15 해방으로부터 1948년 5·10 선거를 거쳐 그해 8월 대한민국 정부가 수립되기까지 우리 정치와 경제는 좌우익 정치 세력의 투쟁과 해방으로 인한 사회문화적 충격으로 혼란 상태에 있었으며, 그로 인해 근로자들 또한 각종 사업체의 조업이 단축 또는 휴지(休止)되어 실업이 증대하고 실질임금은 감소하는 상황에 놓여 매우 곤란한 지경에 빠져 있었다.

한편으로 노동운동의 자유를 확보한 노동자들은 활발한 활동을 전개하였고, 그 결과 노동조합의 급격한 결성과 폭발적인 노동쟁의가 발생하였다. 이러한 과정 속에서 사업장 안전의 중요성이 부각되었으며, 이에 따라 안전 관련 법률 제정의 필요성이 제기되어 미군정 법령에서 일부 안전보건 사항이 규율되기에 이르렀다.

미군정 당국은 1946년 9월 18일 군정법령 제112호 '아동노동법규'와 같은 해 11월 7일 군정법령 제121호로 근로자 보호입법인 '최고노동시간법(Regulation on Maximum Working Hours)'을 제정하였다. 과도정부 법령 제4호로 '미성년자 노동보호법'이 제정되어 아동 고용에 일정한 제한을 두고 상병휴일과 임신 및 수유에 관한 규정을 마련하는 등 근로자의 안전보건과 관련한 규율을 하였으나 이들 법령은 1953년 근로기준법이 제정·공포됨에 따라 동법 부칙 제114조에 의하여 폐지되었다.

Ⅱ. 근로기준법 및 하위법령·광산보안법·산재보험법의 제정

1. 근로기준법 제정

산업안전보건에 관한 법적 근거는 「근로기준법」에 최초로 규정되었다. 「근로기준법」은 「헌법」에 근거를 두고 근로조건의 기준을 정함으로써 근로자의 기본적 생활을 보장, 향상시키며 균형 있는 국민경제의 발전을 기함을 목적으로 하였다.

근로기준법은 1948년 제1공화국 헌법 제17조(현행 헌법 제32조)에서 "근로조건의 기준은 법률로써 정하고 여자와 연소자의 근로는 특별보호를 받는다"고 규정한 지 약 5년 후인 1953년 5월 10일에 법률 제286호로 제정·공포된 최초의 노동입법이다.

근로기준법에서는 산업재해의 발생을 예방하고자 사업장의 기계, 기구, 설비 및 작업환경 등에 관하여 일정한 기준을 설정하고 안전관리자와 보건관리자를 두도록 하는 등 제6장에 '안전과 보건'에 관한 10개 조항을 마련하고 사업주로 하여금 그 준수를 강제하였다. 이 제6장의 내용은 제정 이후 산업안전보건법이 제정·공포될 때까지 개정 없이 약 28년간 시행되었다.

근로기준법의 안전과 보건에 관한 10개 조항은 ① 위험방지(제64조), ② 안전장치(제65조), ③ 특히 위험한 작업(제66조), ④ 유해물(제67조), ⑤ 위험작업의 취업제한(제68조), ⑥ 안전보건교육(제69조), ⑦ 병자의 취업금지(제70조), ⑧ 건강진단(제71조), ⑨ 안전관리자와 보건관리자(제72조), ⑩ 감독상의 행정조치(제73조)로 구성되었고, 산업재해의 발생을 예방하기 위해 사업주로 하여금 그 준수를 강제하였다.

「근로기준법」 제정을 통한 산업안전보건 정부정책의 중요한 변화는 안전관리자 및 보건관리자를 선임하도록 제도화함으로써 우리나라에서 최초로 사업장 내에 산업재해 예방을 위해 안전보건 조직체계를 갖추도록 한 것이라고 할 수 있다.

2. 산업안전보건 관련 예규 제정

1954년 4월 6일 근로기준법 제72조에 규정된 「안전관리자 및 보건관리자의 배치에 관한 예규」를 작성하였다. 주요 내용은 근로자 150인 이상을 사용하거나 원동기 마력 수 100마력 이상을 사용하는 사업장에는 안전관리자를 배치하도록 하고, 근로자 100인 이상의 인원을 사용하는 사업장에는 근로자 사용 규모에 따라 의사인 보건관리자와 의사가 아닌 보건관리자를 구분하여 배치하도록 규정하였고, 안전관리자 및 보건관리자가 해야 할 직무내용을 구체적으로 정하였으며, 보건관리자의 역할을 치료가 아닌 예방으로 하였다.

1957년 3월 16일에는 안전보건에 관한 각종 서식을 예규로 정하였으며, 안전관리자 및 보건관리자가 사업장에서 해야 할 의무 사항의 이행 여부를 보고하도록 하는 「사업장 보건관리 상황보고서」와 「사업장 안전관리 상황보고서」도 도입되었다.

3. 근로보건관리규칙 제정

1961년 9월 11일 각령 제132호로 「근로보건관리규칙」이 공포되었으며, 1969년 11월 10일 대통령령 제4222호 「근로보건관리규정」으로 개정되었다. 이 규칙의 제정으로 우리나라 보건관리 제도의 기틀이 처음으로 마련되었고 이를 기점으로 법에 의한 산업보건관리가 본궤도에 진입하게 되었다. 동 규칙은 다음 5개 장으로 구성되었다.

- 제1장: 보건관리자(제1조~제8조),
- 제2장: 건강진단(제9조~제14조),
- 제3장: 취업금지(제15조),
- 제4장: 보건기준(제16조~제59조)은 제1절(유해물), 제2절(보호구), 제3절(고기압), 제4절(기적 및 환기), 제5절(채광 및 조명), 제6절(기온 및 습도), 제7절(휴양), 제8절(청결), 제9절(식당 및 취사장), 제10절(구급용구),
- 제5장: 잡칙(제60조~제61조).

1962년 1월 17일에는 보건사회부령 제69호로 「근로보건관리규칙 시행세칙」이 제정·공포되었는데 주요 내용은 보건관리요원의 자격, 보건관리자와 보건관리요원에 대한 훈련, 정기건강진단의 실시 및 건강진단 결과보고에 관한 사항 등이었다. 1962년 7월 12일에는 보건사회부령 제84호로 「보건관리자 및 보건관리요원 등의 훈련규정」이 제정·공포되었다.

4. 근로안전관리규칙 제정

1962년 5월 7일 「근로안전관리규칙」이 공포되었고 동 규칙은 1969년 11월 10일 대통령령 제4421호 「근로안전관리규정」으로 개정되었다. 그 후 1975년 4월 17일 제2차 개정(대통령령 제7599호)이 있었다. 이 규정은 전문 122조로 구성되었고 그 내용은

제1장 총칙[안전관리자(제1조~제9조), 안전장치(제10조~제13조), 성능검사(제14조~제16조), 취업제한 및 금지(제17조~제19조), 보칙(제20조~제21조)],

제2장 안전기준[원동기 및 동력전도장치(제22조~제30조), 기계장치(제31조~제41조), 통로 및 작업장(제42조~제59조), 비계(제60조~제67조), 추락방지(제68조~제71조), 붕괴 및 낙하의 방지(제72조~제79조), 전기(제80조~제83조), 보호구 기타(제84조~제90조), 화재 및 폭발의 방지(제91조~제110조), 건조실(제111조~제120조)],

제3장 보칙(제121조~제122조)으로 되어 있다.

5. 광산보안법 제정

1963년 3월 5일에는 광산 종업원에 대한 위해를 방지함과 아울러 광해(鑛害)를 방지함으로써 지하자원의 합리적인 개발을 도모함을 목적으로 「광산보안법」(법률 제292호)이 공포되었다.

이 법의 시행으로 광산근로자의 '안전'에 관련된 조치는 「근로안전관리규칙」 적용이 배제되고 '보건'에 관한 사항만을 적용하였다. 주무관청은 상공부로서 법 제19조 제2항에 '노동부장관은 광산 종업원의 안전과 보건에 관하여 상공부장관에게 권고할 수 있다'는 규정을 두고 있다.

6. 산업재해보상보험법 제정

1963년 11월 5일에는 정부에서 산업재해 보상보험 사업을 행하여 근로자의 업무상 재해를 신속하고 공정하게 보상하고 이에 필요한 보험시설을 설치, 운영하기 위해 「산업재해보상보험법」(법률 제1438호)을 제정·공포하였다. 이 법은 1964년 1월 1일 시행되었고, 1964

년 6월 9일에는 동법 시행령(대통령령 제183호)이 제정되었다. 제정 당시에 전문 37개조로 구성되어 있었으나, 1994년 12월 22일 근로복지공단의 설립 근거를 마련하는 등 전면 개정하여 지금은 106개조로 구성되어 있다.

7. 산업안전보건위원회 규정

1965년 6월 22일에는 「산업안전보건위원회규정」(보건사회부령 제7호)이 제정·공포되어 사업장 내의 안전 및 보건에 관한 사항을 심의·조정하기 위하여 근로자·사용자 동수로 구성하는 산업안전보건위원회의 설치·운영을 법제화하였다.

Ⅲ. 미군정 시기 (1945~1947)

산업안전보건 업무를 주관하는 정책 부서는 1945년 9월에 상무부 광공국의 노동과였고, 1946년 4월에는 상무부 노동국으로 승격되었으며, 1946년 7월에 노동부(勞動部)가 설치되었다.

Ⅳ. 제1공화국 시기 (1948~1959)

1948년 11월에 「정부조직법」에 의거 노동부가 폐지되고 사회부(社會部)로 되었으며, 사회부에 노동국을 두어 노동행정을 관장하였다. 그 후 1953년 노동국에 기준과(基準課)가 신설되어 산업안전, 근로위생에 대한 업무를 담당하게 되었다. 1955년 2월에 정부조직 개편에 따라 보건부와 사회부가 통합되어 보건사회부로 개편되고, 보건사회부 노동국(勞動局) 기준과(基準課)에서 산업안전 및 산업보건 업무를 담당하였다.

Ⅴ. 노동청 발족과 과 조직 설치 (산업안전과)

1963년 8월 31일 「정부조직법」을 개정하여 보건사회부 노동국을 외청(外廳)인 노동청(勞

勤廳)으로 승격·발족시켰다. 이에 따라 노동청에서 노동에 관한 제반 사항을 관장하게 되었고, 노동행정에 관한 중앙부처로서의 기능을 수행하게 되었다. 노동청에는 청장·차장 밑에 2국 6과를 두고 정원 145명으로 발족하였으며, 산업안전보건 업무는 노정국 근로기준과(勤勞基準課)에서 담당하였다.

1966년 12월 7일 노동청 직제 개정으로 노동국 내에 산업안전과(産業安全課)가 신설되었다. 이에 따라 종전의 근로기준과에서 관장하던 산업안전보건 업무를 산업안전과에서 전담하게 되었다. 업무 내용으로는 산업안전에 관한 사항, 산업보건에 관한 사항, 산업안전 보건위원회의 운영에 관한 사항으로 규정하였다.

1970년에 노동국 밑에 있던 산업안전과는 근로기준담당관(勤勞基準擔當官) 소속의 산업안전보건담당(産業安全保健擔當)으로 명칭이 변경되었는데, 업무 내용은 산업안전정책의 수립, 사업장 안전관리지침의 작성, 사업장 안전관리자의 훈련, 재해예방단체의 지도육성, 산업안전에 관한 지도계몽, 산업안전 자문기관의 운영, 산업위생환경의 조정, 산업보건정책의 수립, 직업병의 관리, 보건관리자 및 보건관리 요원의 훈련, 근로자의 건강진단 등에 관한 사항이었다. 1972년 직제가 변경되어 부서 명칭이 산업안전보건담당에서 산업안전담당(産業安全擔當)으로 되었다.

1976년에는 노동청 사무분장 규정의 개정에 따라 산업안전보건 업무가 근로기준관(勤勞基準官)의 소관 업무로 변경되었고, 안전업무·보건업무로 구분되었다. 안전업무는 산업안전정책의 수립, 사업장 안전관리 지도, 산업안전보건위원회 운영, 산업재해의 예방 및 산업재해 예방단체의 지도육성, 사업장 안전관리자 훈련지도에 관한 사항이고, 보건업무는 산업보건정책의 수립, 노동환경의 개선 및 사업장 복지후생시설의 관리지도, 근로자 건강진단, 사업장 보건관리자의 훈련지도, 직업병 예방 및 직업병 예방단체의 지도육성에 관한 사항이었다.

VI. 국 조직 설치 (산업안전관)

1979년 6월 4일 노동청 직제 개정으로 종전의 과 단위에서 국(局) 단위의 산업안전관(産業安全官)을 신설하였다. 이에 따라 근로기준관 밑에 있던 산업안전담당을 산업안전관 소속으로 조정하였다. 산업안전관은 이사관 또는 부이사관으로 보하고, 산업안전관 밑에 산업안전관을 보좌하기 위하여 서기관(書記官) 또는 보건기정(保健技正) 1인을 두도록 하였다.

업무 내용은 산업안전 및 산업보건 정책의 수립, 근로복지정책심의위원회의 실무위원회에 두는 산업안전보건 분과위원회의 운영에 관한 사항, 사업장의 산업안전 및 재해예방의 지도에 관한 계획수립, 사업장의 안전관리자 및 보건관리자의 훈련지도 계획수립, 근로자 건강진단계획수립, 근로환경의 개선 및 직업병 예방대책수립, 산업재해예방 및 직업병예방 관계 단체의 지도 육성, 노동과학연구소 업무의 지도·감독 등이다. 그러나 산업안전관은 1981년 4월 8일 노동청이 노동부(勞動部)로 승격되면서 불과 1년 6개월 만에 폐지되었다.

VII. 노동청 지방사무소 설치

1974년에는 기존에 있던 산재보험지방사무소(産災保險地方事務所) 및 직업안정소(職業安定所)를 통합하여 노동청 지방사무소(勞動廳地方事務所)를 신설하게 되었다. 노동청 지방사무소는 1급지 15개소, 2급지 19개소로 총 34개소였다. 지방사무소의 산업안전보건 업무를 담당하는 부서는 근로감독과(勤勞監督課)로 업무분장 내용은 재해예방 및 작업환경의 개선, 근로자 건강진단 등이었다.

VIII. 국립노동과학연구소 설치

1968년 국제노동기구(ILO)는 우리나라 정부에 대해 산업현장의 사고와 질병을 예방하기 위한 연구기관 설립을 권고하였다. 이에 정부는 1974년 12월 28일 유엔개발계획(UNDP)의 협조를 받아 산업안전보건 연구기관을 설립하기로 결정하고, 1977년 4월 28일 대통령령

(제8522호)에 의해 36명으로 구성된 국립노동과학연구소를 설립하였으며, 유엔개발계획에 따라 1978년부터 1982년까지 외국 전문가의 지원을 받게 되었다.

ILO의 전문가로는 산업안전 분야에 M. A. Amir(1978.11.~1981.6.), 산업보건 분야에 R. J. Sherwood(1980.2.~1982.6.)가 연구소에 파견되어 자문하였다. 연구소에서는 1980년부터 「노동과학」을 연 4회 발간하여 산업재해예방기법, 작업환경개선요령 및 최신기술, 산업안전보건 분야에 대한 연구소의 연구성과를 발표하여 사업장 및 유관기관에 배포하였다. 1979년에는 안전보건전시관과 위험기계안전전시관을 설치하고 일반인에게 공개하여 산업안전보건 의식 고취에 기여하였다.

제3절 주요 정책과 사업

I. 산업재해 통계의 작성

우리나라의 산업재해 통계는 「산업재해보상보험법」(법률 제438호 1963. 11월)이 공포·시행된 1964년부터 요양신청서가 제출됨에 따라 이를 근거로 작성하게 되었다.

산재보험법이 시행된 1964년에는 적용 대상이 64개 사업장(근로자 수 500인 이상의 사업장)의 8만 1,798명이었으며, 이 중 재해자 수는 1,489명, 사망자 수는 33명으로서 재해율은 1.82%였다.

II. 산업안전보건 강조기간 설정

사업주와 근로자의 안전보건 의식을 높이고 재해 없는 안전하고 쾌적한 직장 조성에 전원이 참가한 가운데, 사업장의 자율적인 안전보건 활동을 촉진시키고, 범국민운동으로 승화시키기 위해 1968년 7월 1일부터 7일까지를 「제1회 산업재해 예방 강조기간」으로 설정하고 노동청 주관으로 노·사·정 및 관계자가 같이 참여하는 지역대회를 실시하여 왔다.

1979년부터는 그 명칭을 변경하여 매년 7월 1일부터 7월 31일까지를 「산업안전보건 강조기간」으로 설정하고 전국 규모의 행사를 실시하였으며, 한국산업안전공단이 설립된 이후에는 공단이 행사를 주관하여 왔다.

행사 기간 중에는 미국, 독일, 영국, 일본 등이 참가하는 국제안전위생기관 전시회 및 전문기술 분야 세미나와 무재해운동 경연대회 등의 다채로운 행사를 실시하여 명실상부한 안전보건 관계자의 새로운 각오와 결의를 다지는 계기로 현재까지 이어져 오고 있다.

Ⅲ. 무재해운동 실시

1979년 9월 1일부터 100인 이상 사업장을 대상으로 사업장 무재해운동을 실시하였다. 사업장 무재해운동은 관 주도의 점검 · 지도 · 감독 중심의 재해방지 체제에서 자율적 재해예방 활동체제로 전환하기 위한 것으로, 산업재해 활동을 단위 기업 중심의 재해추방 운동으로 추진하기 위한 계기를 마련한 것이라고 할 수 있다.

1982년 2월 1일부터는 무재해운동 참여 대상을 50인 이상 사업장으로 확대 실시하였다. 1983년부터는 정부에서 무재해운동의 추진기법인 위험예지훈련(危險豫知訓鍊)을 보급하고 1985년부터는 무재해운동 참여 대상을 30인 이상 사업장으로 확대하였다. 1989년 9월 1일부터는 정부에서 수행해 오던 무재해운동을 한국산업안전공단으로 이관하여 추진하도록 하였다.

1993년 5월 6일에는 「사업장 무재해운동 시행요령」을 개정하여 1배와 2배 달성 사업장에 대하여는 한국산업안전공단 이사장상, 2배 이상 달성 사업장에 대하여는 노동부장관상을 시상하였으며 무재해 목표 달성 사업장에 대한 혜택을 늘려 보다 많은 참여와 무재해 달성을 유도하는 방안을 모색하였다. 무재해운동은 2017년 말까지 운영하다가 폐지되었다.[1]

---

1 안전의식 고취와 자율적 산재예방활동 촉진에 기여한 것으로 평가된 무재해운동이 폐지된 배경에는 산재은폐 문제가 있다. 산업안전보건 성과가 각종 입찰과 계약에 반영되면서 무재해 인증을 받는 것이 목표가 되었고 산업재해 발생 사실을 숨기는 일이 나타났기 때문이다. 이러한 '결과 중심'의 무재해운동에 대해 부정적 인식과 비판이 지속적으로 제기되었다.

Ⅳ. 근로자 건강진단 실시

근로자 건강진단에 대한 법적 규정이 최초로 명시된 것은 1953년에 제정된 「근로기준법」으로 16인 이상의 사업장에 대하여 정기적으로 건강진단을 실시하도록 하였다. 그러나 건강진단에 대한 시행규칙이 마련되지 않아 1962년까지는 사업주에게 임의로 맡겨져 왔다. 그러다가 1961년 근로자 건강진단의 명시적 법적 근거인 「근로보건관리규정」이 공포되면서 근로자 건강진단이 본격적으로 실시되었다.

1963년에 보건사회부 노정국 주관으로 제주도를 제외한 전국의 30인 이상 사업장에 대

이에 안전보건공단은 2018년 1월 1일부터 사업장 자율적인 '안전문화 추진운동'으로 전환한다는 방침 아래 무재해운동을 폐지하였다. 다만, 이후 안전보건공단은 무재해운동을 대신한 '안전문화 추진운동'을 제대로 추진하지 못하였다.

해 가톨릭의과대학 부속 산업의학연구소와 대한결핵협회가 공동으로 순회건강진단을 실시하였다. 계획 당시에는 2,283개 사업장 25만 4,834명의 근로자를 대상으로 하였으나 실제로는 1,773개 사업장 14만 8,358명의 근로자에 대해 건강진단과 작업환경측정을 실시하였고, 그 결과 직업병 유소견자는 12.7%로 발표되었다. 이후 1964년부터 「근로기준법」의 적용을 받는 16인 이상의 사업장에 대해 근로자 건강진단이 의무화되었다.

1972년은 근로자 건강진단에 있어서 상당히 많은 변화가 있었던 해이다. 지금까지 일반 성인병과 결핵 발견에 치중했던 건강진단을 일반건강진단과 특수건강진단으로 구분하여 체계적으로 실시하였다. 이때 처음으로 분진, 소음, 유기용제, 연, 염소, 크롬, 산 등의 유해인자에 대해 특수건강진단을 실시하였다.

V. 작업환경관리

1963년에 가톨릭의과대학 부속 산업의학연구소와 대한결핵협회가 공동으로 사업장을 순회하며 건강진단을 실시하면서 작업환경조사가 같이 실시되었다.

1967년부터 1968년까지는 작업환경을 중심으로 사업장의 안전보건관리 실태의 기본조사를 실시하였다. 1969년에는 국제노동기구(ILO) 및 세계보건기구(WHO)의 산업안전보건 전문가 2명이 노동청에 파견되어 산업안전과와 합동으로 전국의 100여 개 사업장에 대한 작업환경 점검을 병행한 실태조사를 실시하였다.

1972년에는 소음, 분진 및 가스, 흄, 미스트 상태의 유해물질 57종에 대하여 노동청 예규 제102호로 「유해물질 허용농도 및 동 측정요령」을 처음으로 마련하여 공포하였다. 1972년 1월 1일에는 노동환경측정실이 산업안전과에 설치됨으로써 간이 측정기계기구로 정확한 농도 측정이 곤란한 화학적 유해인자 50여 종에 대한 허용농도 측정 실험을 수행하게 되었다. 지방사무소 근로감독과에는 소음, 분진, 유해가스 등을 측정할 수 있는 휴대용 간이측정 장비가 보급되어 직업병이 발생한 사업장 등의 불량 작업환경 개선에 활용되었다.

제4절 국제협력

I. 국제기구와 협력

1964년 8월 11일부터 18일까지 홀던(Holden B. Meclump) ILO 산업위생 전문가가 파견되어 전국의 주요 사업장을 방문하고 서울, 부산, 장성 등에서 산업보건 관련 강연회를 개최하였다.

1965년 10월 11일부터 25일까지 아서(Arthur E. Quinn) ILO 산업안전 전문가가 방한하여 전국 주요 사업장의 안전실태 조사와 서울, 인천, 장성, 대구, 부산 등에서 산업안전 강연회를 개최하고 다음 사항의 건의서를 제출하였다.

① 한국의 산업재해 발생률이 매우 높으므로 기술직 감독관을 모집하여 사업장의 안전보건 조건을 효율적으로 지도·감독해야 한다.

② 대한산업보건협회에서 산업보건 실태를 조사할 수 있도록 산업보건 실험실을 갖추고 의사들을 해외 훈련시켜 현대 산업보건 기술을 습득시켜야 한다.

③ 사업장에 배치된 보건관리자들에게 산업보건 훈련을 실시해야 한다.

그 후 1966년 10월 22일부터 11월 22일까지, 1967년 3월 17일부터 24일 및 동년 9월 5일부터 19일까지 3회에 걸쳐 ILO 아시아지역 사무소의 산업보건 전문가인 바타위(M. A. EL Batawi) 박사가 방한하여 한국의 산업보건 현황을 정밀히 조사하여 분석하고 기술직 근로감독관 증원, 산업안전보건원(가칭) 신설 등을 건의하였고, 산업안전보건 분야의 ILO 전문가 파견 및 해외 파견 훈련 등을 추진하였다. 특히 그는 수차례 방한하여 산업안전보건원 설립을 위해 노력하였다.

또한 1968년 4월부터 1년간 산업위생 전문가인 대만의 왕영풍(王永豐) 씨가 노동청에 주재하며 산업보건 기술자문, 신규 선발된 13명의 안전보건요원에 대한 기술훈련 실시, 50여

개 사업장의 안전보건 진단과 작업환경 점검의 과학화를 기하는 데 크게 공헌하였다.

1968년 10월부터 10개월간 산업안전 전문가인 메이불이 노동청에 주재하면서 근로감독관들에게 산업안전 기술훈련을 실시하고 40개소에 대한 안전점검을 실시하였다.

1969년 6월부터 8개월간 모노하란(A. Manoharan) ILO 산업의학 박사가 노동청에 상주하면서 각 의과대학에서 산업보건 교육을 확충하도록 하는 데 노력하였다. 또한 ILO 등에서는 산업안전보건 관계자들의 선진 기술 연수를 위해 해외 파견을 지원하였다.

1960년 4월 주한 미국 경제협력처(USOM, United States Operations Mission)의 초청으로 내한한 산업보건 전문가 존 J. 부룸필드가 산업안전보건 분야에서 조사 연구를 함으로써 이 분야에서 협력이 이루어졌다. 1960년 4월 22일부터 6월 17일까지 부룸필드는 산업안전보건에 문제가 있는 50개소의 대표적 사업장에 대한 실태조사를 실시하고 산업보건에 관한 법령, 제도, 조직 등을 검토하여 다음 4개 항을 건의하였다.

① 사업장은 근로자의 안전과 건전한 작업환경을 보장할 수 있는 사업을 수행하여야 한다.
② 근로자들에게 의료와 간호 혜택을 줄 수 있는 충분한 장비를 갖춘 의무실과 직원을 갖추어야 한다.
③ 근로자를 위한 식당 설비가 있어야 한다.
④ 근로자를 위한 일반 복지사업을 실시해야 한다.

이러한 산업보건 사업을 효율적으로 수행하기 위해 보건사회부 방역국 내에 산업보건과를 설치하고 USOM의 보건위생국이 동 사업 추진의 선도적 역할을 할 것을 건의하였다. 이는 산업보건 사업의 중요성을 인식시키고 관계 당국이 이 분야에 깊은 관심을 표명하기 시작하였다는 데 큰 의의가 있다.

우리나라에서도 안전보건 관계자를 해외에 파견하여 견문을 넓히게 하였다. 다음 표에 1960년대 현황이 나타나 있다.

도표 1-1. 1960년대 산업안전보건 관계자 해외파견 현황

재원	분야	파견국	대상자	기간	내용
AID	안전보건	미국	윤석춘	1965.1~1965.8	시찰 훈련
ILO	보건	영국	정규철	1967.9~1968.2	훈련
ILO	보건	일본	고영철	1967.9~1968.2	훈련
WHO	보건	필리핀	윤석춘 조규상	1967.10~1968.10	세미나
UNDP	보건	영국	최영태	1967.9~1968.2	훈련

II. WHO와 협력

산업보건 사업이 보건사업 전반에 차지하는 비중이 높아짐에 따라 세계보건기구(WHO)에서는 이 분야에 특별한 관심을 갖게 되었고 1972년 제22차 서태평양지역회의에서는 산업보건 전반에 관한 결의문을 채택하여 지역 내 국가의 산업보건 사업을 적극 지원하게 되었다.

1972년 12월에는 WHO와 국제노동기구(ILO)의 공동 지원으로 중소기업 산업보건에 관한 세미나를 개최하고 최고경영자, 보건관리자 등 국내 인사 51명과 WHO, ILO 전문가 3명이 참석하여 중소기업의 산업보건을 효율적으로 수행하기 위한 제도 개선, 훈련사업 확충 등의 문제를 다루었다.

1974년부터 산업보건 지원계획이 전국 사업으로 채택되어 매년 해외에 훈련생을 파견하고, 전문가를 초빙하여 활용할 수 있게 되었다.

III. 일본 해외기술협력사업단과 협조

일본의 해외기술협력사업단(OTCA: Overseas Technical Cooperation Agency)은 우리나라의 산업보건과 관련하여 재정적인 지원을 하였다.

1970년 한국의 산업의학 발전을 위한 지원사업의 일환으로 가톨릭의대 부속 산업의학센터에 유해 작업환경 측정기구 등의 구입을 위해 60만 달러의 무상 원조를 제공하였다.

또한, 1972년 7월에는 일본 정부에서 과학기술처 및 외무부를 경유하여 노동청에 마산 수출자유지역 내 산업보건 서비스센터를 설립하기 위한 기자재 자금 16만 3,000달러를 지원하였다.

제5절 산하기관 및 민간 부문의 활동

I. 개관

정부 출연금(出捐金)으로 운영되는 지금의 안전보건공단과 같은 노동청 산하기관은 아직 나타나지 않았다. 1949년 12월 16일 대한산업보건협회가 사단법인으로 설립되었다. 설립 목적은 산업인의 보건 향상과 안전을 도모함으로써 국가 산업 운영에 공헌하기 위한 것이었다. 그러나 한국전쟁 등으로 업무를 수행하지 못하고 등기(登記)가 말소되었다.

전통적으로 민간 차원의 산업보건 사업은 사업장 내에서 발생된 근로자의 질병에 대한 진료에 국한되어 있었다. 따라서 사업장에 부속된 의무실의 활동이 주종을 이루었다.

한국전쟁 중 부산으로 피란 갔던 서울의대 예방의학교실팀은 1952년 부산의 조선방직 공장에 부속병원을 설립하고 부녀 근로자에 대한 건강진단과 모성활동에 관한 조사를 하였다.

한편 우리나라의 국영 광산인 대한석탄공사는 6개 산하 광산에 부속병원을 설치하고 공사 본부에 의무실을 두어 운영하였다. 이에 따라 1954년 석탄공사 직원인 광부 4,800명에 대한 건강조사를 실시하여 이 중 3.7%에 해당하는 170여 명의 규폐증 환자를 국내 최초로 발견하였다. 당시에는 「산업재해보상보험법」이 제정되기 이전이어서 석탄공사 자체에서 보상규정을 작성, 상공부의 승인을 얻어 규폐증 환자에 대한 보상을 시작하였다. 1955년에는 장성병원을 대한석탄공사의 부속의원으로 발전시켜 광산의 산업보건 업무를 수행하였다.

이후 안전보건 분야 각각에 민간단체인 대한산업안전협회와 대한산업보건협회가 비영리 법인으로 출범함으로써 본격적인 민간의 안전보건활동이 시작되었다.

II. 대한산업보건협회 설립

1963년에 「근로보건관리규칙 시행세칙」에 따라 사업장 보건관리자와 보건관리요원에 대한 교육이 시작되었고, 그해 수료자들이 모여 1964년 7월 (사)대한산업보건협회를 설립하였다. 주요 업무는 산업위생사업, 건강진단사업, 보건관리사업, 직업병예방 홍보사업, 교육사업, 학술조사연구사업과 산업보건연구소 및 복지의원 운영 등이다.

1965년 11월에는 우리나라에서는 처음으로 직업병의 진단과 진료를 위하여 대한산업보건협회 부설기관으로 '직업병 클리닉'이라는 의원을 개원하여, 1972년에 가톨릭의대에 설립된 산업재해병원에 업무를 이관하고 문을 닫을 때까지 운영하였다.

1971년에는 전태일 분신 사건(1970.11.)을 계기로 노동청의 출자로 '청계상가 근로복지의원'이라는 무료 의료기관이 개원되었으며, 가톨릭의료원 산하의 자선진료소 및 산업의학센터의 도움을 받아 대한산업보건협회가 운영을 담당하였다. 이후 노동청 출자로 서울의 평화시장을 비롯하여 영등포, 인천, 대전, 광주, 대구, 부산, 마산 등 8개소에 근로복지의원이 개원되었고, 운영은 대한산업보건협회에서 담당하였다. 이 의원들을 중심으로 사업장 정기건강진단이 활발하게 진행되었고, 근로복지의원에 대한 정부의 지원은 3년간 계속되었다.

III. 대한산업안전협회 설립

1964년에 근로안전관리규정에 근거하여 산업재해를 줄이고 사업장의 안전을 철저히 이행시키도록 하기 위한 안전운동의 활성화 움직임에 따라 노동청의 설립 허가를 받아 근로자 안전에 관한 우리나라 최초의 민간기구인 '사단법인 대한산업안전본부'가 보건사회부 허가 제666호로 설립되었다.

학계가 주축이 된 대한산업안전본부가 해산되고 전국의 산업안전 관계자들이 참여하여 1973년 7월 16일 실무를 사무국장 중심 체제로 운영하는 '(사)대한산업안전협회'가 노동청장의 허가를 받아 설립되어, 회원사업, 교육사업, 안전관리 대행사업, 안전진단 사업, 산업재해예방 홍보 사업, 건설재해 예방지도 업무 등을 주요 업무로 하였다.

1975년 노동청장으로부터 안전관리자 직무훈련 대행기관으로 지정받아 본격적인 산업안전 전문교육을 실시하였으나, 1978년에 근로복지공사가 설립되면서 직무교육을 일시 이관하게 되었다. 그 후 1983년 「산업안전보건법」에 의거 안전관리책임자 및 안전관리자의 직무교육 대행기관으로 재지정되었으며, 「산업안전보건법시행규칙」 제6조 규정에 의거 종합안전진단기관으로 지정받아 사업장에 대한 기술적인 안전진단을 실시, 사업장의 재해예방을 사전 조치하도록 하였다. 1987년에는 관리감독자 직무교육기관으로 지정되면서 관리감독자를 대상으로 교육을 실시하였다.

이후 1987년도 시범운영을 거쳐 1989년 「산업안전보건법」 개정으로 도입된 사업장 '안전관리 대행업무'의 최초 대행기관으로 지정받았으며, 1994년부터는 건설 분야 재해예방 기술지도 업무를 수행하였다.

Ⅳ. 대학 산업보건연구소 개설

이 시기에는 각 대학에 산업보건 전문 연구소들이 서서히 생겨나기 시작하였다. 국내에서 가장 최초로 설립된 대학의 산업보건 기관은 가톨릭 산업의학연구소로 1962년 9월 10일 가톨릭 의과대학 부속으로 설립되었다. 가톨릭 산업의학연구소는 1963년에 우리나라 최초로 전국을 대상으로 한 사업장 작업환경측정과 근로자 건강진단을 실시하였으며, 1971년 11월 27일에는 가톨릭 의과대학 부설로 산업재해병원을 개원하였다. 가톨릭 산업의학연구소는 1973년 1월 WHO로부터 산업의학 공동 연구기관으로 지정받았다.

이후 1972년 한강성심병원 의과학클리닉, 1973년 고려대학교 부설 환경의학연구소, 1976년 경북대학교 의과대학 산업보건연구실, 1978년 연세대학교 의과대학 부설 산업보건연구소, 1979년 인제대학교 부설 산업의학연구소 등이 개설되어 산업보건 연구가 활성화되었다.

제2장

산업안전보건법 제정

새로운 시대의 출범

제1절 총설

산업안전보건을 위한 제도적 기반이 마련되어 안전보건의 출발이 본격화된 시기다. 산업안전보건 행정의 태동기에 이어 1981년에는 노동청이 노동부로 승격되었고 「산업안전보건법」이 독립 법률로 제정되었다. 1987년 산업안전보건 전문기관으로 한국산업안전공단이 설립되었으며, 1989년에는 노동부에 산업안전국이 신설되어 전문성에 기초한 산업안전보건을 위한 활동의 기반이 구축된 시기다.

제2절 정책의 기반

I. 「산업안전보건법」 제정

1. 제정 배경

산업안전보건 분야의 최대 성과는 1980년대 초의 독립된 법령의 제정이라고 할 수 있다. 당시 사업장에서는 기계설비가 대형화되고 건설공사가 대규모화되면서 중대재해 발생이 급증하였으며, 유해물질의 다량 사용 등으로 새로운 직업성 질병이 증가 일로에 있었다.

우리나라의 산업재해 발생 현황을 살펴보면, 전 산업의 재해자 수는 1970년에 3만 7,752명에 불과하였으나 1980년에 11만 3,375명으로 크게 증가하였고, 산업재해로 인한 사망자 수는 1970년에 639명이던 것이 1980년에는 1,273명으로 늘어났다. 직업병자 수는 1970년에 780명에서 1980년에는 4,828명으로 늘어났고, 산업재해로 인한 경제적 손실 추정액은 1970년에 92억 원이었으나, 1980년에는 3,125억 원으로 증가하여 산업재해로 인한 손해와 피해가 엄청났다.

산업의 양적·질적 변화에 따라 「근로기준법」의 내용만으로 산업재해를 예방하는 데 한계가 있었다. 「산업안전보건법」이 제정되기 이전에는 주로 「산업재해보상보험법」에 의거하여 산업재해를 입은 근로자의 사후보상에 치중한 정책이 이루어졌으나, 「산업안전보건법」이 제정된 이후로는 본격적으로 산업재해 예방정책이 수립, 추진되기 시작하였다.

2. 제정 경위와 주요 내용

산업안전보건법은 1981년 11월 29일 국회 보건사회위원회 소속 김집 의원 외 35인의 발의로 국회에 제안되어 심의를 거쳐 1981년 12월 18일 국회 본회의에서 통과되었으며, 1981년 12월 31일 법률 제3532호로 공포됨으로써 우리나라 최초의 산업안전보건에 관한 독립된 법으로 탄생하게 되었다.

산업안전보건법 제정의 근본적 이유는 산업재해를 효과적으로 예방하는 데 있다. 1970년대 이후 중화학공업을 중심으로 산업이 발전하면서 위험한 기계·기구를 사용하게 되고, 더 나아가 각 산업마다 새로운 공법이 사용되면서 산업재해가 과거에 비해 더 빈번하게 나타나고, 그 피해 역시 과거에 비해 매우 광범위하게 나타났다. 특히 유해물질을 대량으로 사용하는 산업이 다양해지고, 작업환경 역시 각 산업에 따라 다른 모습을 보이자 이에 따른 직업병의 발생이 크게 증가하였다. 이러한 위험은 직접적으로 근로자의 생명과 건강을 해칠 뿐만 아니라 사용자에게도 심대한 경제적 피해를 주게 된다.

이러한 위험에 효율적으로 대처하기 위해 체계적이고 종합적인 산업안전보건관리가 필요하게 되었다. 또한 안전과 보건에 필요한 위험방지기준에 대한 인식이 보편화되었고, 사업장 내 안전보건 관리체제의 필요성 역시 커졌다. 즉 산업안전보건관리에 필요한 위험방지기준을 확립하고, 사업장 내 안전보건 관리체제를 명확히 함과 동시에 사업주 및 전문단체의 자율적 활동을 촉진함으로써 산업재해를 효율적으로 예방하고 쾌적한 작업환경을 조성하여 근로자의 안전·보건을 확보하는 입법이 필요하였다. 이러한 필요에 의해 제정된 산업안전보건법은 다음과 같은 내용을 목적으로 하였다.

① 산업재해예방을 위한 사업주 및 근로자의 기본적 의무를 명시하고,

② 노동부에 산업안전보건정책심의위원회를 두어 산업재해예방에 관한 주요 정책을 심의·조정하도록 하며,

③ 유해 위험성이 있는 사업에는 안전보건관리책임자와 안전관리자 및 보건관리자를 선임하게 하고 산업안전보건위원회를 설치하도록 하며, 안전보건 관계자 및 근로자에 대한 안전보건교육을 실시하도록 하고,

④ 작업환경이 인체에 해로운 작업장에 대하여는 작업환경을 측정 기록하고, 근로자에 대한 건강진단을 실시하며,

⑤ 산업재해 예방시설의 종류와 설치, 운영방법 및 정부의 지원육성 방안을 정하고 산재예방에 관한 과학기술의 진흥과 연구개발을 추진하여 그 성과를 보급할 수 있도록 한다.

「산업안전보건법」은 제정 당시 전문 48조로 구성되었다. 주요 내용은 산업안전보건 정책심의위원회 구성(법 제6조), 안전보건 관리체제의 확립(법 제12조), 산업안전보건위원회 구성(법 제16조), 안전상의 조치(법 제17조), 보건상의 조치(법 제18조), 보호구의 검정(법 제26조), 근로자의 보건관리(법 제31조, 32조), 안전보건개선계획 수립(법 제36조) 등이다.

3. 시행령 및 시행규칙 제정

1982년 8월 9일에는 「산업안전보건법」에서 위임된 사항과 그 시행에 관하여 필요한 사항을 규정하기 위하여 전문 26조로 구성된 동법 시행령이 제정·공포되었으며 이에 따라

종전의 「근로안전관리규정」 및 「근로보건관리규정」은 폐지되었다.

또한, 1982년 10월 29일에는 동법 시행규칙이 제정·공포되었고, 동법 제17조 및 제18조에서 규정한 사업주의 안전상 및 보건상 조치 사항을 「산업안전에 관한 규정」과 「산업보건에 관한 규정」과 같이 구체적으로 규정함으로써 전문 484조의 방대한 조문으로 구성되었다.

> **법 명칭 '산업안전보건법'에 대하여**
>
> 1981년 제정된 우리나라의 산업안전보건법은 1972년에 제정된 일본의 노동안전위생법(勞働安全衛生法, 약칭 '안위법')을 참고하여 제정되었다. 법제적(法制的)으로 이를 계수(繼受, Rezeption)라고 한다. 하지만 법 이름은 달랐다.
>
> 일본 법은 '노동'·'위생'인데, 우리가 '산업'·'보건'이라는 용어를 사용한 이유는 무엇일까? 그 배경에는 당시의 사회 분위기와 국제적 흐름이 있다.
>
> '위생'은 청결이나 환경에 치우친 개념인 반면, '보건'은 질병 예방, 건강 증진, 작업환경 개선까지 포함하는 것으로 이해된다. 여기에 국제적으로 이미 'health'(보건)라는 표현이 보편화되어 있었고, 우리나라에서도 보건소, 보건대학원처럼 '보건'이 표준 용어로 자리 잡고 있었다.
>
> '노동'이라는 단어는, 1980년대 초반까지만 해도, 노동운동이나 사회갈등을 떠올리게 하는 민감한 표현이었다. 반면 '산업'은 중립적이고, 국가가 강조하던 경제 개발과 국가 발전 기조에 부합하였다. 그래서 법 이름에 '산업'을 넣게 된 것이다.
>
> 이렇게 '산업안전보건법'이라는 이름에는 단순한 외국 법의 번역을 넘어선 정치적 고려, 당시의 시대상, 국가 발전 전략, 국제적 용례의 추세가 함께 담겨 있다. 다만, '산업'이라는 용어가 일하는 사람 중심이 아니고 일 중심이라는 연상을 하게 하고, 주로 제조업·건설업을 상기시켜 시대의 흐름을 반영하지 못한 낙후된 느낌이다. 이를 반영한 대표적인 예가 법 제1조(목적)의 개정이다. 종래 제1조는 "이 법은…「근로자」의 안전 및 보건을 유지·증진함을 목적으로 한다"라고 되어 있던 것을 전면 개정하면서('김용균법', 2020 시행) "이 법은…「노무를 제공하는 사람」의…을 목적으로 한다"고 변경한 것이다.

Ⅱ. 「진폐의 예방과 진폐근로자의 보호 등에 관한 법률」 제정

진폐의 예방과 분진작업에 종사하는 근로자에 대한 건강관리를 강화하고 진폐에 걸린 근로자 및 그 유족에 대한 위로금의 지급에 관한 사항을 정함으로써 근로자의 건강보호와 복지증진에 목적을 두고 「진폐의 예방과 진폐근로자 보호 등에 관한 법률」(법률 제784호, 1984.12.31.)이 공포되었다. 이 법은 전문 51조로 구성되어 있고 진폐예방 등에 관한 계획,

건강진단(채용 시, 정기, 임시 및 이직 시), 진폐심의위원회, 건강관리수첩의 발급, 진폐 심사의, 진폐기금의 설치 및 진폐위로금의 지급 등을 규정하고 있다.

시행령은 동 법률에서 위임된 사항과 그 시행에 관하여 필요한 사항을 정하고 있으며, 1985년 4월 10일 대통령령 제11678호로 공포되었고, 시행규칙은 1985년 6월 20일 노동 부령 제31호로 공포되었다.

1989년 '석탄산업합리화조치'의 시행에 따라 '석탄산업의 합리화와 안정 성장을 위한 조성사업비' 중에서 진폐기금의 재원을 부담하도록 법률을 개정(법률 제112호, 1989.4.1.)하였고, 1999년 12월 31일 「기금관리기본법」의 개정으로 진폐기금이 폐지되고 이후 '에너지 및 자원사업 특별회계'에서 진폐근로자 보호사업을 지속적으로 시행하고 있다.

Ⅲ. 「한국산업안전공단법」 제정

한국산업안전공단법은 산업재해 예방기술의 연구, 개발과 보급, 산업안전보건 기술지도 및 교육, 유해·위험 설비의 진단 및 검사 등 산업재해예방에 관한 사항을 효율적으로 수행하게 함으로써 근로자의 안전과 보건을 유지·증진하고 사업주의 재해예방활동을 촉진하는 데 목적을 두고 제정·공포되었다(법률 제931호, 1987.5.30.). 이 법을 근거로 한국산업안전공단이 설립되어 사업장에 대한 전문적인 기술지원과 재해예방 기술연구개발, 안전보건 교육 및 홍보사업, 보호구·방호장치 성능검정 등 정부위탁사업의 토대를 마련하였다.

Ⅳ. 노동부의 탄생과 행정조직의 강화

1. 노동부의 탄생

1980년대는 산업안전보건 행정 측면에서 노동부의 탄생과 지방노동관서에 근로감독관 배치를 통한 감독 기능의 강화로 큰 발전을 이루었다. 1981년 4월 8일 「정부조직법」의 개정으로 노동청이 노동부로 승격되었다. 기구는 장·차관, 1실 5국으로 정원은 본부 347명, 소속기관 1,605명으로 총 1,952명이었다.

1981년 노동부의 탄생과 함께 1979년에 신설되었던 산업안전관[국장]이 폐지되었다. 이에 따라 산업안전보건 업무는 종전대로 근로기준국 소속 산업안전과에서 담당하게 되었다. 업무 내용은 산업안전 및 산업보건 정책의 수립·조정, 산업재해 예방계획의 수립·조정, 사업장의 안전관리자 및 보건관리자의 훈련지도 계획수립, 산업안전 시설 및 작업환경의 개선관리, 근로자 건강진단 계획수립, 직업병 예방대책 수립, 산업재해 및 직업병 예방 관계 단체의 지도·육성, 근로자복지정책심의위원회의 산업안전보건 분과위원회의 운영, 노동과학연구소의 지도·감독 등이다.

2. 근로감독관 직렬 신설

근로감독관의 전문화와 자질 향상을 위해 1982년 12월 31일 「공무원임용령」을 개정하여 근로감독관 직렬을 신설하였으며, 정원은 309명으로 행정계 264명, 기술계 45명이었다.

3. 지방노동관서 개편과 산업안전과 신설

지방노동관서는 1987년 서울, 부산, 광주, 대구, 인천, 대전의 6개 지방노동사무소를 지방노동청으로 개칭하고 청장의 직급을 2급 또는 3급으로 격상시키고, 산하에 39개의 지방노동관서를 둠으로써 지방 노동행정의 체계화를 기하였다. 지방노동청과 지방노동관서에는 산업안전보건 업무를 전담하는 산업안전과를 두었으며, 산업안전 업무를 담당하는 근로감독관의 정원은 247명이었다.

V. 산업안전국 신설 및 국립노동과학연구소 폐지

1. 산업안전국 신설

1980년대 후반 민주화운동으로 근로자들의 삶의 질 향상에 대한 요구의 목소리가 높아지면서 사업장의 안전보건에 대한 사회적 관심도가 높아졌다. 이에 정부에서는 1989년 1월 노동부에 산업안전보건 업무를 전담하는 조직인 산업안전국을 설치하였다. 노동부의 직제 개정으로 1981년 4월 8일 산업안전관[국장] 직위가 폐지된 후 8년여 만의 일이다. 신설된 산업안전국에는 안전기획과, 산업안전과 및 산업보건과의 3개 과를 두게 되었다. 과별 업무 분장은 다음과 같았다.

① 안전기획과: 산업안전보건정책의 수립 및 조정, 산업재해예방계획의 수립 및 조정, 사업장 안전보건감독 계획의 수립 및 지도, 한국산업안전공단의 지도 · 감독, 산업안전보건 관련 민간단체의 지도 · 육성, 기타 국내 다른 과의 주관에 속하지 아니하는 사항.
② 산업안전과: 산업안전제도의 조사 · 연구, 산업안전에 관한 기준설정, 기계 · 전기 · 화공 · 건설상의 안전대책 수립, 안전장치 및 안전보호구의 성능검정기준 개발, 사업장 안전관리자의 훈련계획의 수립 및 시행, 중대재해조사 및 예방지도, 기타 근로자의 안전 확보에 관한 사항.
③ 산업보건과: 산업보건제도의 조사 · 연구, 산업보건에 관한 기준의 설정, 사업장 작업환경 측정 · 개선 기준의 개발, 근로자 건강진단에 관한 기본계획의 수립, 진폐예방 및 진폐기금 관리운영에 관한 사항, 사업장 보건관리자의 훈련계획의 수립 및 시행, 기타 근로자의 건강유지 · 증진에 관한 사항.

2. 국립노동과학연구소 폐지

산업안전국 신설과 함께 12년간 운영되었던 국립노동과학연구소가 1989년 2월 16일 폐지되었다. 동 연구소의 업무 중 일부는 노동부 산업안전국에 이관되었으며, 대부분의 업무는 1989년 7월에 한국산업안전공단 내에 신설된 산업안전보건연구원으로 이관되었다.

제3절 주요 정책 방향

「산업안전보건법」을 바탕으로 하는 새로운 정책과 사업은 1983년 초부터 시작되었는데,

1980년대 초의 산업안전보건 정책의 핵심은 새로운 법 체제를 조기에 정착시키기 위한 기반 조성에 주력하는 것이었다.

노동부는 1983년 3월 「산업재해예방 중장기계획」을 수립하고, 1987년 2월에 기존의 중장기계획 추진과정에 나타난 미비점을 보완하는 「산업재해예방 장·단기대책」을 수립하였으며, 1988년 8월에 대통령 지시에 따라 직업병예방 부문을 강화하고 보다 장기적인 비전을 제시하는 「산업안전보건 장·단기대책」을 수립하였다.

I. 산업재해예방 중장기계획 (1983~1991)

1970년대에 들어 중반까지는 점진적으로 재해율이 감소되는 현상을 보이다가 후반 고도성장에 따른 활발한 산업활동으로 다시 증가세로 돌아서고, 재해율 증가뿐만 아니라 점차 부문별 기능인력 부족 현상이 나타남에 따라 근로자의 생명과 건강보호라는 인도주의적 측면뿐만 아니라 노동력 보존도 중요한 정책과제가 되었다.

1979년부터 1980년은 오일쇼크로 인한 세계적인 경기 하강으로 우리나라도 산업활동이 위축되면서 재해율이 대폭 감소하기도 하였으나 경기가 회복되면서 1981년부터 재해율이 급속히 상승하기 시작하였다.

노동부는 이러한 상황에서 새로운 법령과 정책의 집행을 통해 급격히 상승하는 재해율을 감소세로 전환하기 위해 1983년 3월 31일 「산업재해예방 중장기계획」을 수립하였다. 동 계획의 목표는 최종적으로 사업장 어디에서나 산업재해가 없는 쾌적한 작업환경을 조성하는 것으로, 이를 달성하기 위해 1983년부터 1991년까지 단기목표와 장기목표를 설정하여, 다음 표와 같이 단기적으로는 기계·설비의 불안전성 또는 유해·위험 요인에 의한 산업재해를 예방하는 데 중점을 두고, 장기적으로는 기업의 자율적인 산업재해 예방활동을 정착시켜 재해율을 감소시키고자 하였다.

도표 1-2. 산업재해예방 중장기계획 목표

단기 목표	장기 목표
- 재래식 재해감소 : 위험기계의 방호조치 - 유해 · 위험 요인의 규제 - 재해다발업종 중점지도	- 재해예방의 자율화 : 자율적 재해예방제도 정착, 노화시설의 대체개선 - 안전 · 보건 관리의 과학화 : 연구 및 전문인력 육성 - 재해율의 선진화 : 단계별 재해감소 목표설정 - 산업재해 예방의식 제고 : 교육, 홍보 강화

동 계획은 방호장치가 없는 위험 기계 · 기구의 다량 사용, 유해물질 제조 · 사용 시설 미비, 근로자용 보호구의 성능 부족, 안전보건 전문인력 부족, 안전보건 연구 부족, 안전보건 민간전문단체 취약, 근로감독관 수 및 전문성 부족, 사업주의 산재예방 의지 부족 및 산재예방투자 유인을 위한 세제 미흡, 산재예방 투자 · 융자 지원책 전무, 각종 안전보건 업무의 담당부처 분산으로 통합 · 조정 기능 결여 등으로 인한 재해율이 높다고 인식하고, 1982년 재해율 3.98%에서 목표 연도인 1991년에는 1.99%까지 낮추는 것을 목표로 하였다.

정책 과제는 위험 기계 · 기구 · 방호장치의 안전성 확보, 유해물질 제조 · 사용 시설 단속 강화, 근로자용 보호구 검정 확대 및 품질 개선, 대학교 산업안전학과 설치 권장 및 안전보건 진단사 · 설계사 양성, 교육 · 홍보 강화, 산업재해 예방단체 육성, 안전보건 전문감독관 제도 신설, 기업의 산재예방 투자에 대한 세제감면 확대 및 산재예방 시설자금 융자제도 설치, 재해율에 따른 사업장 산재보험료의 개별실적요율제 강화, 각 부처 안전보건 업무의 종합조정 기능 강화, 국제협력을 통한 선진 산업안전 기술 도입 등으로 설정하였다.

진행 과정은 1983년부터 1991년까지 9년간을 3단계로 나누어 진행하도록 계획하였다. 1단계(1983~1985)는 산업재해예방을 위한 제반 체제 및 제도의 정비 · 보완에 주력하는 단계이다. 2단계(1986~1988)는 기업의 자율적 재해예방 활동을 가능케 하는 전문 인력의 양성, 기술지침의 개발에 목표를 두는 단계이다. 3단계(1989~1991)는 기업의 자율적 안전관리가 완전 정착하여 재해율이 감소하고 쾌적한 작업환경을 추구하는 단계이다.

II. 산업재해예방 장 · 단기대책 (1987~1996)

산업재해예방 중 · 장기 계획을 추진하면서 재해율이 1982년 3.98%에서 1985년 3.15%로

감소세로 돌아서기는 했으나, 재해자 수와 직업병 유소견자 수가 계속 증가하고, 특히 중대재해 증가로 산재사망자가 급속히 증가하여 기존의 계획을 보완할 필요성이 대두되었다.

기업에서는 노사 모두 산재예방 의식과 산재예방 투자 및 노력이 부족하고, 정부에서는 근로감독관 수와 전문성 부족으로 철저한 감독을 실시하지 못하고 있으며, 1984년부터 1985년 사이 대학에 산업안전학과가 설치되기는 했으나, 4년제 2개교, 2년제 2개교로 산업현장에서 필요로 하는 인력 수요에 크게 미치지 못하는 상황으로, 기존의 산업안전보건정책을 재검토 보완하고 관련 부처 간의 긴밀한 협력을 강화하는 노력이 요구되었다.

이에 「산업재해예방 장·단기대책」(1987~1996)에서는 단기대책과 장기대책으로 나누어 단기적으로는 재해다발 요인에 대한 지도감독을 강화하여 프레스 등 위험 기계·기구에 대한 제조, 판매, 사용 전 과정에 방호조치 이행 여부의 철저한 감독, 동력 프레스 등 위험설비의 안전성 사전평가제 확립, 재해다발업종 및 기업과 유해작업환경 대상 업체에 대한 특별관리 실시, 건설재해 예방을 위한 경영간부 일제 교육, 원·하청사 간의 총괄 안전협의체 구성, 대단위 건설공사 안전진단제 도입, 건설공사 표준안전관리비 산정제도 도입을 추진키로 하였다.

중·장기적으로는 「산업안전보건법」 위반에 대한 벌칙이 너무 미약하여 예방적 효과를 거두기 어려우므로 법 위반 시 벌금과 별도로 고액의 과징금 제도를 도입하고, 기업의 자체 안전보건관리 능력을 높이기 위해 기업별 안전보건 관리계획 수립, 안전보건관리 부서 설치, 안전·보건관리자의 지위 확보를 위해 안전·보건관리자 변경 시 신고 등을 제도화하고, 기계설비의 근원적 안전성 확보를 위해 위험 기계기구의 설계, 제조, 수입 시 사전 안전성 심사제와 화학설비 등 안전성 평가제 도입, 산업안전보건교육 및 전문가 양성을 촉진하기 위해 초·중·고 교과서에 안전보건에 관한 내용 강화, 이공계 대학에 산업안전에 관한 과목 설치, 대학교 산업안전학과 육성을 위한 지원책 강구, 산업보건전문의 양성, 산업안전보건 관계자 능력 향상을 위해 산업안전보건 교육센터 설치, 사업주·관리자 및 근로자에 대한 정기, 수시 교육 이수제를 도입하고 국가기술자격제도에 산업안전기술사 신설을 추진하기로 하였다.

한편 사업장에 대한 감독의 강화도 필요하지만 그에 앞서 산업재해예방 기술지원이 시급하다는 판단하에 정부 출연기관으로 산업재해예방 기술지도를 위한 전문단체를 설립하고, 노동부 본부에는 산업안전보건국을, 지방에는 산업안전과를 설치하기로 하였다.

Ⅲ. 산업안전보건 장 · 단기대책 (1988)

산업재해율이 1982년 3.98%, 1985년 3.15%, 1987년 2.66%로 계속 감소해 왔으나 직업병 유소견자 수는 1982년 5,341명에서 1987년 6,850명으로 크게 증가하였으며, 특히 1980년대 중반 이후 중금속 및 유해물질 중독 사례가 많이 나타나고, 1988년 들어 수은중독이 빈발하여 사회적 우려를 자아내게 되었다. 이러한 상황에서 대통령 특별 지시에 의해 「산업안전보건 장 · 단기대책」을 수립하여 직업병 예방을 위한 대책과 함께 장기적으로 직업병 및 산업재해 예방을 위한 정책 및 제도와 산업재해 예방사업의 운영 방향을 설정하고자 하였다.

단기대책으로 1988년, 1989년 중에 분진, 중금속, 유기용제, 소음, 용접가스 등 직업병 유발 요인을 다수 보유하고 있는 1,840개 사업장을 집중 점검을 통해 작업환경 개선을 지도하고, 유해물질 허용농도 초과 사업장에 대해서는 특별관리를 실시하며, 작업환경측정 기관의 부족을 해소하기 위한 측정기관 지정을 확대하기로 하였다.

직업병을 조기에 발견하여 필요한 조치를 신속히 취할 수 있도록 전국 지방노동관서에 '직업병상담실'을 설치하고, 검진기관 간에 상호 이견으로 직업병 여부의 판단이 지연되는 경우 역학조사 등을 실시하여 신속히 판단하여 대처할 수 있도록 노동부 본부에 '직업병 판정심의위원회'를 설치 운영토록 하였다.

사업장의 보건관리 강화를 위해 대기업은 자체 보건관리자를 선임토록 하고, 중소기업은 전문기관에 의한 집단보건관리를 실시하도록 하며 특히 수은, 납, 크롬 등을 다량 사용 사업장은 물질별로 특성화된 전문기관이 보건관리를 하도록 하였다.

영세한 유해 · 위험 사업장에 대하여는 국고로 안전보건 진단비용을 지원하고, 매년 산재취약 업종을 선정하여 집중 관리하는 한편, 7개 분야별로 산업안전보건 특별기동대책반을 설치하여 직업병 및 중대재해 발생 시 신속한 조사와 대책을 수립하도록 하였다.

수은 중독 사례

- 발생 경위: 서울 영등포구 소재 압력계 외 온도계를 제조하는 협성계공에서 1987년 12월 5일 입사하여 온도계 생산부서에서 수은 주입 등 보조 업무를 하던 근로자 문송면(15)이 현기증, 구토, 기억력 장애, 말초신경염, 구내염 등의 수은 중독으로 1988년 7월 2일 사망.
- 작업 공정: 수은 주입 및 조정 → 온도계 조립 → 온도계 검사 및 포장
- 작업환경 측정결과 (단위 mg/m^3, 노출기준 0.05mg/m^3)

측정시기	측정결과	
	수은 주입공정	온도계 조립 및 포장 공정
1988년 6월 2일~6월 8일	0.242 연속작업(10분간) 0.124 단속작업(50분간) 0.10~0.12(작업이 없을 때)	0.02~0.03

※ 측정 당일 수은 주입실 등에 대한 청소가 되어 있어서 작업장 바닥에 수은 방울을 육안으로 확인할 수는 없었으나 작업장 바닥 가까이와 수조의 틈새에서 수은 증기가 증발됨을 확인할 수 있었음.

- 노동부 대응 및 조치: 전국 수은 취급 사업장 특별점검

장기대책으로는 국립연구기관으로서 여러 한계가 있는 국립노동과학연구소를 폐지하여 한국산업안전공단에서 그 기능을 흡수하여 인력과 장비 및 예산을 확대하도록 하고, 신규 화학물질 수입 시 신고제, 유해물질 사전검사제 및 특정설비에 대한 종합심사제를 도입하며, 장기적으로 기업의 자율 안전보건관리를 목표로 하되, 대기업은 자율안전보건관리가 가능하다고 보고 최대한 자율성을 부여하고, 중소기업과 영세기업은 집단보건관리를 통해 자율관리능력을 키워나가면서 단계적으로 자율관리로 이행하도록 한다는 방침을 정하였다.

제4절 중점 추진 사업

Ⅰ. 산재예방 시설자금 장기융자 제도 신설

「산업안전보건법」의 시행에 따라 각 사업장에서는 법령에서 정한 안전보건기준에 적합하도록 각종 시설의 개선이 필요하게 되었으며, 특히 위험 기계기구에 대한 방호조치와 1984년 7월 1일부터 시행된 보호구 검정 실시에 맞추어 일시에 검정합격 보호구를 구매해야 하는 등 산업재해예방을 위해 많은 투자를 하지 않으면 안 되었다. 이에 산업재해보상보험 특별회계기금에서 재원을 마련하여 산업재해예방 시설투자에 대한 장기융자제도를 설정하여 자율적 재해예방활동에 새로운 전기를 마련하였다.

이 융자제도는 1984년 2월 10일부터 시행하면서 당초에는 근로자 300인 미만의 중소기업에 대하여 위험기계의 방호장치 구입 등 한정된 융자소요에 대해서 융자해 주었으나, 근로자 300인 이상 사업장에서도 융자지원을 요청하고 융자대상 시설도 방호장치뿐만 아니라 기계 자체가 구형이거나 노후되어 방호장치가 곤란한 경우 새로운 기계의 구입 자금도 융자해야 한다는 요구가 많아 융자제도를 개선하여 사업장 규모 제한을 폐지, 모든 사업장이 규모에 관계없이 융자를 받을 수 있도록 하고, 위험기계기구는 그 기계기구 자체를 대체 구입하는 경우에 소요되는 자금도 융자받을 수 있도록 하였다. 융자 상한액은 1984년에는 1개 사업장당 1,000만 원이었으나, 1985년에는 5,000만 원, 1986년에는 2억 원까지 금액을 인상하고, 융자기간도 당초 7년에서 10년으로 연장하였으며, 융자이율도 연 10%에서 연 6%로 인하하여 운영하였다.

융자재원은 1984년 20억 원에서 시작하였으며, 1985년에 추가로 30억 원을 확보하고, 1988년에는 40억 원, 1989년에 30억 원, 1990년에 30억 원을 확보하여 운영하였다.

이 사업은 매년 더 많은 사업장에 대해 혜택을 제공하기 위해 1990년 「산업안전보건법」 전면개정 시 재해예방기금을 설치, 운영토록 법으로 규정함으로써 1991년부터는 산재예방기금 중에서 별도로 융자재원을 마련하고 융자규모를 대폭 확대하여 시행하게 되었다.

이 업무는 노동부에서 직접 담당하다가 1995년 3월 2일부터는 산업안전공단이 운영하게 하였다. 융자 현황은 다음 표와 같다.

도표 1-3. 산재예방시설자금 융자현황

연도	재원	결정		지급	
		업체수	금액	업체수	금액
1985-1990	150	208	154	200	138

(단위: 억 원)

II. 안전보건개선계획 수립 제도 시행

'안전보건개선계획'이란 사업장에서 당해 사업장의 재해발생 상황을 분석하여 자체 실정에 맞게 안전보건교육, 시설 및 기계 기구 점검, 작업방법 및 작업환경 등을 기간별로 개선할 계획을 종합적으로 마련, 계획수립의 절차 및 이행 여부 등을 지도 감독하는 제도이다.

'안전보건개선계획'을 수립하는 사업장은 당해 사업장의 재해율이 동종 업종의 평균 재해율을 상회하는 사업장, 특수건강진단 대상 사업장 중 작업환경이 불량한 사업장, 유해물질 중독사고가 발생한 사업장, 유해물질 제조 또는 사용 사업장, 전년도 개선계획 내용 중 개선 조치가 완료되지 아니한 사업장 등이다. 연도별 개선계획 제출 현황은 다음 표와 같다.

도표 1-4. 연도별 안전보건개선계획 제출 사업장

연도	1982	1983	1984	1985	1986	1987	1988	1989
사업장 수	1,507	1,442	1,622	1,428	2,458	2,446	2,216	3,506

III. 영세사업장 국고지원 안전보건진단 실시

1986년에는 100인 미만의 영세 재해다발 사업장 920개소에 대하여 2억 800만 원의 예산을 국고에서 지원하여 안전보건진단을 실시하고 재해 요인을 찾아내어 개선을 지도하였다. 1987년에는 300인 이하 중소규모 사업장 1,004개소에 대해 2억 3,000만 원의 국고를 지원하여 안전보건진단을 실시하였고, 1988년에는 1,144개 사업장에 대해 1억 3,400만 원의 예산을 투입하였으며, 1989년에는 805개 사업장에 대해 안전보건진단을 실시하였다.

그 결과 대상 사업장의 재해율이 1985년 15.79%이었으나 1986년에는 8.08%로 크게 감소하였고, 1987년에는 3.77%로 재해율이 크게 감소하였다.

Ⅳ. 중대재해 조사기동반 설치 · 운영

중대재해의 발생원인을 정확히 분석하고 동종의 재해가 재발되지 않도록 예방대책을 수립하기 위하여 1983년 10월 4일 중대재해조사 기동반을 설치하였다.

기동반의 구성은 산업안전과의 직원 및 전문위원과 국립노동과학연구소 및 관련 단체의 전문가로 구성하였으며, 안전보건진단 또는 측정장비를 휴대하여 재해현장에서 신속하고 과학적으로 재해원인을 조사하고 실효성 있는 예방대책을 수립하여 이를 해당 사업장 및 동종업체에 널리 배포하여 재해예방에 활용하도록 하였다.

중대재해 조사기동반이 조사하는 재해는 신종 재해로서 예방대책이 전국적으로 필요한 재해, 동일 사업장에서 반복되는 동종 재해, 당해 사업장의 연평균 재해율이 업종별 · 지역별 연평균 재해율 이상인 사업장의 재해, 사회적 물의가 예상되는 재해, 이와 동등한 중요성이 있다고 인정하는 재해이다.

1983년 10월 4일 기동반 설치 시부터 1987년 12월 31일까지 총 85개 사업장을 점검하고 76개 사업장에 대하여 484건을 시정토록 하였으며 13개 사업장에 대하여는 사법 처리하였다.

V. 위험기계기구 방호조치

「산업안전보건법」 제5조의 규정에 의해 1983년부터 프레스 · 연삭기 · 롤러기 · 기계톱 등 9종의 위험 기계·기구에 대하여 위험을 제거하고 재해를 방지하기 위하여 방호조치를 철저히 하도록 지도하였다.

특히 1986년부터는 위험 기계·기구를 제조·판매하는 사업장은 물론 취급사업장까지 철저한 단속을 실시하였다. 1987년부터는 위험 기계·기구의 안전장치에 대한 성능검사를 실시하여 위험 기계·기구 방호조치를 보다 강화하였다. 1989년 2월 16일부터는 성능검사 업무를 한국산업안전공단으로 이관하여 보다 내실 있는 검사를 수행하도록 하였다.

VI. 작업환경관리

1. 화학물질 노출기준 마련

우리나라에서 화학물질에 대해 노출기준을 정한 것은 1972년도로 근로기준법에 의거 57종의 「유해물질의 허용농도」를 노동청 예규(제102호)로 정한 것이 효시였다.

그 후 1983년 산업안전보건법에 의거 「작업환경 측정방법」(노동부 고시 제3-1호 1983.1.20.)을 제정하면서 동 고시 내에 유기용제 16종, 특정화학물질 31종, 소음, 분진, 납 등 50종의 유해인자에 대해 노출기준을 정하여 사용해 왔으나, 산업의 다양화·고도화에 따라 사업장에서 사용되는 화학물질의 종류가 증가되어 50종의 물질에 대한 노출기준만으로는 효율적인 작업환경관리가 어렵게 되었다.

이에 따라 1986년에는 「산업안전보건법」에 명시된 유해물질 88종과 사업장에서 광범위하게 사용되고 있는 화학물질 236종 등 324종과 각종 분진 30종, 소음, 고온 등의 노출기준을 개정(고시 제86-45호, 1986.12.22.)하고, 1988년도에는 그 대상을 697종으로 확대하였다.

2. 보호구 성능검정 실시

양질의 보호구를 사업장에 공급하고 불량 보호구의 유통을 규제하기 위하여 1984년 7월 1일부터 보호구의 성능검정을 실시하게 되었다. 1984년부터 성능검사를 실시한 보호구는 안전모, 안전대, 방진마스크 등이며, 1987년 7월 1일부터 그 대상을 확대하여 안전화,

안전장갑, 보안경, 보안면, 방음보호구 등 총 8종에 대하여 성능검사를 실시하게 되었다. 이후 1995년 7월 1일부터는 송기마스크, 방열복에 대한 성능검사가 추가되었다.

3. 작업환경 측정 의무화와 산업위생 관련 자격 제도 신설

1981년에 「산업안전보건법」에 의하여 작업환경측정이 사업주의 의무로 되었다. 1983년에는 「작업환경 측정방법」이 노동부 고시로 제정되었다. 그리고 작업환경측정 업무를 위해 1984년에 「국가기술자격법」에 의한 산업위생관리기사 자격시험이 신설되었으며, 1985년에는 산업위생기술사 제도가 신설되었다.

제5절 국제협력

선진국과의 기술협력을 통하여 우리나라의 산업재해 위험을 감소시키기 위한 기술, 법령, 조직체계를 개선하기 위한 사업의 일환으로 독일과 산업안전보건 분야의 한독기술협력사업을 추진하였다. 동 사업은 1983년부터 1987년까지 양국 간 관계자의 방문으로 사전조사 활동을 거쳐 1987년 7월에 한국과 독일 간의 산업안전보건 분야 기술협력 사업이 확정되었다.

동년 10월 10일 노동부와 독일의 해외협력공사(GTZ) 간의 실무약정이 체결됨으로써 한독 산업안전 기술협력 사업이 추진되었다. 이 사업은 1988년부터 1993년까지 약 25억 원 상당의 규모로 2년씩 3단계로 추진되어, 독일 측에서는 전문가 파견, 자료지원 및 자문, 장비, 한국인의 독일 연수비용 등으로 600만 마르크(약 22억 원)를 부담하고, 한국 측에서는 매년 약 5,200만 원씩 6년간에 걸쳐 3억 1,200만 원을 부담하기로 하였다.

제1단계 사업(1988~1989)은 산업안전의 기반조성 단계로서 산재다발 분야에 대한 집중지도, 산업안전보건 관계 법률 및 제도의 합리적인 보완, 재해통계 및 분석의 개선, 유해·위험 장비의 개선에 중점을 두었다. 1988년 7월부터 1989년 2월까지는 기계, 전기, 토목,

화공 및 산업위생 분야 국내 전문가의 독일 연수를 실시하였고, 산업안전법령, 사업장 지도, 재해조사 및 통계, 산업안전교육 분야에 대한 독일 자문관의 내한 자문이 실시되었으며, 독일의 산업안전관련 자료 68종을 번역하고, 교육용 자료 6종을 개발하여 활용하였다.

제2단계 사업(1990~1991)은 제1단계 사업추진 성과의 전국 확산단계로서 근원적인 안전성 확보 제도의 도입, 안전보건 전문인력의 양성 및 대학의 안전교육 체제의 정비에 역점을 두었다.

제3단계 사업(1992~1993)은 산재예방의 기술축적 및 전문인력 양성단계로서 산업재해 예방을 위한 작업조건의 개선과 작업의 인간화에 대한 연구로서 산업안전기술을 정착시키는 데 중점을 두었다. 또한 제1, 2단계에서 도입된 각종 선진 재해예방기법을 사업장에 보급, 응용하도록 하는 데 역점을 두었다.

한·독기술협력사업은 1993년 3단계 2차 연도 사업을 추진하는 동안 인간공학 분야 등 13개 분야에 걸쳐 독일 전문가 22명이 방한하였고, 한국 전문가 27명이 독일 연수를 하였으며 안전보건 제도 개선, 교육기법 및 기술지도 세미나 등을 개최하였다.

선진화 과정에서 대두된 각종 직업병 및 산업재해에 대한 예방체제를 선진국 예방기법의 자문 및 연수를 통하여 우리의 실정에 맞도록 정착시키고 산업재해 자료의 제작 보급으로 사업장의 자율적인 재해예방의 기틀을 만드는 계기를 마련하였다.

제6절 산하기관 및 민간 부문의 활동

I. 한국산업안전공단 설립

「한국산업안전공단법」이 공포(법률 제931호, 1987.5.)됨에 따라 1987년 12월 9일 한국산업안전공단이 설립되었다. 설립 당시 직원 수는 368명이었으며, 1988년에는 491명이었고, 1989년에는 555명이었다.

1987년 10월 28일에는 한국산업안전공단의 산하기관으로 산업안전교육원을 설립하고 1988년부터 안전·보건관리자 등의 직무교육을 이 교육원에서 실시하게 되었다. 산업안전교육원은 당초 사업장의 안전보건관계자에 대한 직무교육을 시행하기 위하여 1985년에 3,100만 원의 예산으로 산업안전보건교육센터를 설립하기로 한 것을 흡수한 것이다. 이를 위해 1986년에는 13억 3,400만 원을 투자하여 건물을 건축하고 11종의 교육 기자재를 투입하였으며, 1987년에 9억 1,000만 원을 투자하였다.

1989년에는 국립노동과학연구소를 흡수하여 산업안전연구원을 설립하였다.

공단은 전국에 기술지도원을 설치하였는데, 설립 당시에는 2개의 기술지도원을, 1988년에는 5개의 지도원을 설치하였다.

주요 사업은 산업발전에 부응하는 산업재해 예방기법의 개발 및 보급으로 재해발생 원인을 원천적으로 제거하기 위한 기술사업, 재해다발 사업장 및 유해·위험 사업장에 대한 안전보건 진단 실시로 재해발생 원인분석 및 대책제시, 산업재해예방에 관한 노사 교육 내실화로 재해예방 의식 고취, 안전보건의 생활화를 위한 교육, 훈련, 홍보사업 등이 있다.

II. 민간의 활동: 산업안전

1. 대한산업안전협회의 활동

대한산업안전협회는 1983년 노동부로부터 안전진단기관, 안전관리자에 대한 직무교육을 위한 직무교육 대행기관으로 지정을 받았다.

2. 한국산업안전학회의 설립 및 활동

우리나라의 4년제 안전학과는 1984년 서울산업대학교와 충북대학교에 처음 개설되면서 1986년 4월 우리나라 최초의 안전 분야 학술단체인 '한국산업안전학회'가 설립되었다. 동 학회는 안전에 관한 학문적 연구 및 기술발전을 도모하며, 재해예방을 위한 안전한 사회의 구축에 기여함을 설립 목적으로 하였다. 초기의 주요 활동 분야는 기계안전, 전기안전, 건설안전, 화공안전, 인간공학 및 안전시스템 등이었다. 2003년도에는 사회의 발전과 안전에 대한 국민적 관심의 증대 및 학회의 위상 강화 등을 목적으로 학회의 명칭을 '한국안전학회'로 개칭하여 오늘에 이르고 있다.

주요한 활동으로 매년 춘계 및 추계 학술발표대회를 개최하며, 학술지인 안전학회지를 초기의 연 4회에서 현재는 연 6회로 발간하고, 영문학술지도 연 2회 발행하고 있다.

한국안전학회는 노동부 등 정부의 각종 산업안전정책 개발에 크게 기여하였으며, 한국산업안전공단을 비롯한 외부기관 및 사업장과의 협력을 통하여 연구과제 수행, 안전진단 등의 활동을 통하여 안전 분야의 학술 발전에 중추적인 역할을 담당하여 왔다.

3. 한국건설안전기술협회 설립 및 활동

건설업 분야에서 민간의 초기 안전활동에 중요한 역할을 담당한 (사)한국건설안전기술협회가 본격적인 활동을 시작하였다(노동부 허가 제115호, 1989.7.7.). 동 협회는 1985년 6월에 창립된 (사)한국기술사회 건설안전 전문분회가 전신으로서, 이 협회에서는 건설안전교육, 중소규모 공사현장 기술지도를 포함한 건설재해예방 기술지도, 안전진단 등을 주요 사업으로 하고 있다.

초기에는 건설공사 현장에 안전관리자 선임의무가 강화되어 상위 건설업체가 안전전담 부서를 신설하는 등 건설업체의 안전관리 활동이 활발해지기 시작하여 안전관리자의 신규 수요가 급증한 시기로서, 협회는 공사 현장에 필요한 안전전문 요원의 양성에 기여하였다. 내부자료에 의하면 동 협회는 2005년까지 안전교육 2만 8,362명, 안전진단을 포함한 기술 지도 2만 6,872건을 수행한 것으로 집계되었다.

III. 민간의 활동: 산업보건

1. 대한산업보건협회의 활동

대한산업보건협회는 노동부로부터 특수건강진단기관, 보건진단기관, 보건관리자에 대한 직무교육기관으로 지정을 받아 근로자에 대한 특수건강진단, 사업장에 대한 작업환경 평가 및 보건진단, 보건관리자와 보건관리요원에 대한 직무교육을 실시하였다.

1983년 3월에는 대한산업보건협회를 중심으로 특수건강진단기술협의회가 구성되었고, 1987년 일반건강진단기관협의회가 구성되어 근로자 건강진단을 전국적인 규모로 관리하게 되었다. 1984년 5월에는 서울에서 제1회 '한일 산업보건학술집담회'가 개최되면서 국제적인 학술교류를 하게 되었다.

2. 대한산업의학회 창립

1988년 8월 23일에 대한산업의학회가 창립되었다. 산업의학에 종사하는 의료인의 친목과 학술교류를 목적으로 산업현장에서 근로인의 건강 향상 실무에 종사할 수 있는 전문의료인을 양성하기 위하여 설립되었다.

3. 한국특수건강진단기술협의회의 구성과 활동

1983년 특수건강진단기관 지정제도가 신설되면서 「근로자건강진단 관리규정(노동부 고시)」을 근거로 지정기관들을 구성원으로 하는 특수건강진단기술협의회가 구성되었다. 협의회는 특수건강진단의 기술개발과 진단방법 개선 등 근로자건강진단의 효율적 수행과 개선 도모를 목적으로 설립되었으며, 이를 위해 근로자건강진단 제도 개선 방안 조사 · 연구사업, 홍보 · 안내사업, 회원기관의 업무수행능력 평가 · 관리 및 종사 인력의 교육훈련 등의 사업을 행하였다.

한편, 특수건강진단 사업의 전문성을 감안하여 민간기구에서 원활한 특수건강진단사업을 추진하도록 하기 위하여 동 협의회를 해체하고 2002년 3월 22일에 노동부로부터 (사)한국특수건강진단협회로 법인 설립 허가를 받았다.

Ⅳ. 근로복지공사의 근로자 보건관리

1977년 근로복지공사가 설립되면서 장성병원을 인수하여 강원도 태백시 전체 지역과 영월, 동해 일부 지역의 광산 근로자를 대상으로 건강진단을 실시하였다. 1979년에는 창원병원, 1983년에는 동해병원, 1985년에는 순천병원, 1986년에는 반월병원 등을 개원하고 각 병원에 보건관리실을 설치하여 예방의학전문의를 배치하여 탄광지역과 공업단지의 근로자에 관한 보건관리 사업을 실시하였다. 1983년에는 노동부로부터 특수건강진단기관으로 지정받아 근로자 특수건강진단 사업도 실시하고 있다.

1984년 9월 7일에는 직업병의 예방 및 치료에 관한 조사·연구를 전문적으로 수행하기 위하여 근로복지공사 내에 진폐연구소를 설치하였다. 동 연구소에는 직업병에 관한 조사·연구를 행하는 임상의학연구실, 유해·위험 작업 환경조사 및 개선대책을 연구하는 환경보건연구실 등 2개 연구실을 두었다.

제3장

외환위기 시대

위기 속의 재정립

제1절 총설

1990년대는 산업안전보건 행정이 도약을 모색하다가 조정을 겪은 시기라고 할 수 있다. 노동부의 산업안전국의 하부 조직이 안정되고 산업안전보건법이 전면 개정되었다.

한편 1997년 말 외환위기가 닥쳐 사회·경제적 격변 속에서 산업안전보건이 구조조정과 변화의 물살을 타던 시기다. 그동안 강화되어 왔던 산업안전보건 규제의 일부가 기업활동 규제완화 차원에서 대폭 완화된 시기이기도 하다. 경제 침체의 영향으로 기업의 안전보건 투자가 축소되고 산업재해가 증가 양상을 보임에 따라 산재예방 특별사업, 산업안전 선진화 계획, 직업병예방 종합대책, 무재해 1천만 명 서명운동 등을 시행하는 등, 단기적으로는 숨 고르기를 하면서 중장기적 차원에서 산업안전보건 행정을 전개한 시기라고 할 수 있다.

제2절 정책의 기반

Ⅰ. 산업안전보건법 전면 개정 (1990)

1. 전면 개정 배경

「산업안전보건법」은 모든 안전보건 관계 법률의 모법(母法)적인 성격을 가지고 있다. 제정 후 8년이 경과하는 동안 시행령과 시행규칙을 부분적으로 개정하면서 그때마다 문제에 대처하여 왔으나 근원적이고 적극적인 예방대책을 강구하기에는 미흡했다.

더욱이 산업구조의 변화와 함께 사업장 내 생산라인에서의 안전보건 관리의 책임소재를 명확히 함으로써 실질적인 안전보건 관리활동을 확보하도록 하기 위하여 관리감독자 중심의 안전보건 관리체제의 개선과 새로운 화학물질의 사용 증가에 따른 직업성 질병의 예방대책 등 제도적 장치의 필요성이 요청되기에 이르렀다.

이와 같은 상황에 대처하기 위해 국회 3당(민주정의당·평화민주당·민주당)에서는 각각 개정(안)을 제출하였고 국회 노동위원회에서 3개 개정안에 대한 심의를 거쳐 1989년 12월 19일 본회의에서 단일안을 확정하여 통과시켰으며, 1990년 1월 13일 공포, 1990년 7월 14일부터 시행되었다(법률 제4220호). 이는 제2차 전면개정(김용균법, 2020년 시행) 이전에 단행된 제1차 전면개정이다.

2. 주요 개정 내용

» 사업장 내 안전보건 관리체제 개선

안전관리자의 라인화 방지 및 재해예방 사각지대 제거를 위해 근로자를 직접 지도 감독하는 관리감독자(부, 과, 직·조·반장)에게 당해 직무와 관계된 안전보건 업무를 수행토록 하였으며 의사로 되어 있는 기존 보건관리자의 선임자격을 확대, 사업장 실정, 업종 및 규모 등을 고려하여 재조정함으로써 의사 이외의 산업위생, 건강관리담당자(간호사 등)도 보건관리자로 선임할 수 있도록 하고, 산업보건의 제도를 도입하여 의사가 아닌 보건관리자를 둔 사업장의 경우에는 산업보건의를 따로 두도록 하였다.

» 근로자 대표의 안전보건 참여 확대

근로자 대표가 안전보건관리규정, 도급사업에 있어서 안전보건 조치, 작업환경 자체검사 결과, 화학물질의 유해성 조사 결과를 사업주에게 요청할 수 있도록 하고, 요청을 받은 사업주는 성실히 응하도록 하였으며, 근로자 대표의 요구가 있는 경우 작업환경 측정과정에 입회하도록 하였다.

» 안전보건관리규정 작성 의무화

노사의 재해예방에 관한 인식을 개선하고 사업장별로 특성에 맞는 재해예방 활동을 촉진시키기 위하여 노사가 참여하여 안전보건관리규정을 작성하고 이를 노동부장관에게 신고하도록 하였으며, 규정의 작성·변경 시 근로자의 의견이 수렴되도록 제도적 장치를 마련하였다.

» 위험 기계기구 등의 안전성 확보 제도 도입

프레스, 롤러기, 승강기 등 위험 기계기구 9종에 대해서는 방호장치만 부착하면 양도, 대여가 가능하도록 되어 있었으나, 노동부장관이 정하는 안전성에 관한 제작기준 및 안전기준을 준수하도록 하고, 노동부령으로 정하는 유해·위험 기계기구 또는 설비는 설계 및 완성검사, 성능검사를 받아 제조 또는 수입하도록 함으로써 성능검사에 합격하지 않은 기계기구 및 설비 등에 대해 제조, 수입, 진열, 사용, 대여 또는 판매 중지조치를 할 수 있도록 하였으며, 성능검사를 받아야 하는 기계기구 및 설비 등을 사용하는 자는 노동부장관이 실시하는 정기검사를 받도록 함으로써 사용단계에서도 안전성을 확보할 수 있도록 하였다.

또한 위험한 기계·기구·설비를 타인에게 대여하고자 하는 자는 유해·위험 방지조치를 한 후 대여토록 하고 사무실 등 건축물을 대여하고자 하는 자도 조명, 환기, 설비 등 근로자의 건강장해 예방을 위한 조치를 한 후 대여계약을 체결할 수 있도록 하였다.

» 유해 화학물질 관리 강화

디클로로벤지딘 등과 같이 근로자의 보건상 특히 해로운 물질을 제조 또는 사용하고자 하는 자는 노동부장관이 정하는 제조, 사용설비를 갖추어 노동부장관의 사전 허가를 받도록 하고, 설비 기준에 미달한 경우 허가를 취소하거나 영업을 정지할 수 있도록 하였으며,

유해성이 확인되지 않은 신규화학물질을 제조 또는 수입하고자 하는 자는 사전에 유해성 조사를 실시하여 그 결과를 노동부장관에게 제출하도록 하고, 근로자 건강장해 방지를 위해 필요하다고 인정할 때는 시설·설비의 설치 또는 보호구 지급 등 조치를 명할 수 있도록 함으로써 화학물질에 의한 근로자의 건강장해를 근원적으로 예방할 수 있게 하였다.

» 근로자의 건강관리 강화

작업환경측정 결과를 당해 작업장 근로자에게 알리고 측정 결과에 따라 불량한 작업환경을 개선토록 작업환경 측정제도를 개선하고, 직업성 암 등 건강장해가 발생될 우려가 있는 업무에 종사하는 근로자에 대해서는 이직 시에 건강관리수첩을[2] 교부함으로써 사업주의 건강관리 책임을 명확히 하고 질병에 이환된 근로자의 사후관리가 가능토록 하였다.

» 유해·위험 작업에 대한 관리 강화

안전보건상 유해·위험 작업만을 분리하여 도급하는 경우 안전보건상의 조치를 한 후 노동부장관의 인가를 받도록 함으로써 유해·위험 작업으로 인한 하도급 근로자의 건강보호를 강화하였으며, 잠수 작업 등 유해·위험 작업에 종사하는 근로자의 근로시간을 1일 6시간, 1주 34시간으로 제한하며 연장근로를 금지토록 함으로써 직업병을 근원적으로 예방토록 하였다. 또한 소정의 자격이나 면허를 가진 자만이 유해·위험 업무에 종사할 수 있도록 함으로써 미숙련 근로자의 유해·위험 업무의 수행을 금지토록 하였다.

» 정부의 재해예방 투자 확대

재해예방기금을 설치, 운영토록 하여 매년 산재보험특별회계 예산 편성 시에 세출예산의 5% 이상을 산재예방기금에 출연토록 함과 동시에 일반회계에서도 산특회계 세출예산의 3% 이내 범위 내에서 재해예방기금에 출연토록 함으로써 정부의 재해예방에 대한 투자

---

2 2006년 7월 1일부터는 근로자 건강정보를 전자화·데이터베이스화하기 위한 목적으로 종이로 만든 수첩 대신 플라스틱으로 제작한 '건강관리카드'를 발급하고 있다.

를 대폭 확대하도록 하였다.

» 안전보건정책의 협의 조정

각각 다른 내용의 법령에서 상호 중복 규제함으로써 발생하는 기업의 부담을 경감시켜 나가기 위하여 행정기관의 장이 사업장의 안전과 보건에 관한 규제를 하고자 할 때에는 노동부장관과 사전에 협의 조정하여 규제하게 함으로써 범정부적 차원에서 안전보건 문제를 추진할 수 있도록 하였다.

» 벌칙 강화

「산업안전보건법」 준수 풍토를 조성하고 법의 실효성을 확보하기 위하여 법 위반 사업장에 대한 벌칙을 3년 이하 징역, 2,000만 원 이하 벌금으로 강화하고, 법에 정한 기준을 준수하지 않은 근로자에 대해서는 300만 원 이하의 벌금에 처하도록 하였으며, 또한 안전보건 업무를 수행하지 않은 관리감독자의 행정질서 위반행위에 대해 과태료를 부과할 수 있도록 하였다.

이와 같이 「산업안전보건법」이 전면 개정됨에 따라 동법에서 위임된 사항과 그 시행에 관하여 필요한 사항을 정하기 위해 1990년 7월 14일 대통령령 제13053호로 동법 시행령이 개정되었다.

II. 시행규칙 개정 · 제정

「산업안전보건법」과 동법 시행령이 개정됨에 따라 법령에서 위임된 사항과 시행에 필요한 사항을 정하고자 동법 시행규칙을 개정하였다. 사업주가 강구하여야 할 조치와 근로자의 준수 사항 및 각종 기술상의 지침 등을 명확히 하기 위하여,

① 총칙을 「산업안전보건법 시행규칙」으로 하고(노동부령 제63호),

② 안전기준 및 보건기준을 분리하여 각각의 분야별로 독립 · 제정하여 「산업안전기준에 관한규칙」, 「산업보건기준에 관한 규칙」으로 신설하고(노동부령 제61호 · 제62호),

③ 「유해 · 위험작업의 취업제한에 관한 규칙」을 별도로 제정(노동부령 제77호)

한 것이다. 개정된 「산업안전보건법 시행규칙」은 종전의 규칙 중 총칙 부분에 해당되는 내용으로 1990년 8월 11일 공포되었다.

「산업안전기준에 관한 규칙」과 「산업보건기준에 관한 규칙」은 종전의 「산업안전보건법 시행규칙」 중 제2편 안전기준과 제3편 보건기준을 분리하여 별도의 규칙으로 제정한 것이며 1990년 7월 23일 노동부령 제61호와 제62호로 각각 공포되었다. 이는 「산업안전보건법」 및 시행령에서 위임된 사항과 사업주 및 근로자의 조치에 필요한 각종 기술상의 지침 또는 작업환경의 표준 등 법 및 시행령의 집행을 위하여 필요한 사항을 정하기 위함이었다.

「유해 · 위험작업의 취업제한에 관한 규칙」은 「산업안전보건법」 제7조(자격 등에 의한 취업제한)의 규정에 의하여 유해 또는 위험한 작업에 대한 취업제한에 관한 사항과 그 시행에 관하여 필요한 사항을 별도의 규칙으로 제정한 것이며, 1992년 3월 21일 노동부령 제77호로 공포되었다.

우리나라 「산업안전보건법령」의 특색 중 하나는 노동부장관이 사업주가 행하여야 할 조치에 관한 기술상의 지침 또는 작업환경의 표준을 정하여 사업주에게 지도 · 권고할 수 있도록 법 제27조에서 규정하고 있다는 점이다.

Ⅲ. 제2차 산업안전보건법 개정 (1995)

사업장에서 안전보건에 관한 사항을 결정하는 경우에 근로자의 참여를 확대하여 산업안전 대책이 보다 효율적으로 수립 · 시행될 수 있도록 하고, 사업장의 안전 및 보건 수준을 향상시키기 위해 새로이 산업안전지도사 · 산업위생지도사 제도를 도입하여 1995년 1월 5

일(법률 제4916호) 개정 · 공포되었다.

법 개정에 따라 1995년 10월 19일 「산업안전보건법시행령」(대통령령 제14787호)이 개정되었고 1995년 11월 23일 「산업안전보건법시행규칙」(노동부령 제103호)이 개정되었다.

Ⅳ. 제3차 산업안전보건법 개정 (1996)

산업안전을 선진국 수준으로 높이고 산재예방 활동에 근로자 참여를 활성화하는 등 제도의 운영상 나타난 일부 미비점을 개선 · 보완하는 한편 사업주의 의무와 법 위반에 대한 처벌 기준을 강화하기 위해 1996년 12월 31일 「산업안전보건법」(법률 제248호)이 개정되었다.

이와 함께 안전관리자 선임에 따른 기업의 부담을 경감하기 위하여 안전관리자 자격요건을 완화하고, 그 선임을 면제할 수 있는 기준을 정하는 등 동법 시행에 필요한 사항을 정함으로써 근로자 안전보건의 유지 · 증진과 기업의 경쟁력 강화에 기여하기 위해 1997년 5월 16일 시행령(대통령령 제5372호)이 개정되었다. 1~3차 법 개정 내용을 요약하면 다음 표와 같다.

도표 1-5. 산업안전보건법 주요 개정내용

구분	핵심 개정 내용
제1차 개정 (1990. 1)	산업재해예방기금 설치, 안전관리규정 작성 · 신고, 유해작업 도급 금지, 유해 · 위험기계 · 기구 검사제도 완비 등
제2차 개정 (1994. 1)	공정안전관리(PSM) 및 물질안전보건자료(MSDS) 제도 도입, 산업안전 · 위생지도사 제도 도입 등
제3차 개정 (1995. 12)	산업안전보건위원회 의결권 부여, 안전인증제도 도입, 명예산업안전감독관 제도 법제화, 법 위반에 대한 벌칙 강화 등

V. 기업활동 규제완화에 관한 특별조치법 제정 (1993) · 개정 (1996)

우리나라의 의무고용 제도는 사회의 전반적인 기술 · 기능 수준이 낮았던 시기인 1960년대 초반부터 1970년대에 걸쳐 노동시장의 불완전성을 보완하기 위하여 주로 외국의 제도를 참조하여 도입되었다. 이러한 의무고용 제도는 국민의 기술 · 기능의 취득을 장려하는 수단으로 이용되었고, 각종 관련 협회 및 단체 등의 노력에 의하여 의무고용 될 수 있는 자격의 종류가 확대되어 왔다.

당시 의무고용 제도는 「산업안전보건법」 등 23개의 개별 법률에 의해 각종 유자격자를 기업이 의무적으로 고용하도록 하여 기업의 인건비 부담을 가중시키는 요인이라고 지적되어 왔다. 중소기업 특히 지방 소재 중소기업은 유자격자를 확보하기가 곤란하기 때문에 오히려 기업의 불법을 조장하는 결과를 초래하는 등 기업에 상당한 어려움을 주고 있는 문제가 제기되자, 정부에서는 1993년 6월 11일 법률 제4560호로 제정된 「기업활동 규제완화에 관한 특별조치법」을 1996년에 개정하여 의무고용 제도를 대폭 완화하는 정책을 추진하였다.

개정된 「기업활동 규제완화에 관한 특별조치법」에 의해 1997년에는 안전관리자 및 보건관리자의 선임의무가 완화되고, 겸직과 외부 위탁이 전면 허용되었다. 이로 인해 「산업안전보건법」의 규정에도 불구하고 사업장의 전반적인 안전보건 관리체제가 불안정하게 되었다. 또한, 안전·보건관리자 및 관리책임자 등에 대한 직무교육이 폐지되고 프레스 및 리프트에 대한 정기검사가 폐지되어 산업안전보건과 관련된 각종 규정과 조치들이 완화되었다.

VI. 「보건」 관련 조직 개편

1992년 2월 13일 노동부 직제 개정으로 산업안전국 소속 산업보건과의 업무를 일부 조정하여 작업환경 측정·관리 및 화학물질 관리를 강화하기 위하여 산업위생과를 신설하였다.

업무 내용은 작업환경개선에 관한 기준의 제정 및 개정, 작업환경개선계획의 수립과 지도 및 감독, 작업환경측정 방법의 개발, 작업환경 측정기관의 지정 및 관리, 유해물질 허용농도 기준의 제정 및 개정, 화학물질의 유해성 조사 및 심사, 기타 산업위생 제도의 조사 등이다. 이후 1995년 5월 1일에는 산업위생과를 작업환경과로 명칭을 변경하였다.

아울러, 직업병 발생에 대한 대응 능력을 향상시키기 위해 산업보건 전문성을 갖춘 근로감독관 35명을 충원하여 지방노동관서에 배치하였다.

그러나 1997년 IMF 경제위기를 겪으면서 기업의 안전보건에 대한 투자가 위축되는 분위기 속에 산업안전보건 행정조직이 통합, 광역화되는 등 행정조직의 축소가 이루어졌다. 즉 1998년 2월 28일에 산업보건과 및 작업환경과가 합쳐져 산업보건환경과로 되었다. 업무 내용은 산업보건 제도의 조사, 산업보건에 관한 기준의 설정, 근로자건강진단기관의 지정 및 지도, 근로자 건강진단에 관한 기본계획의 수립, 진폐예방 및 진폐기금 관리·운영, 산업위생 보호구 검정기준의 제정·지도, 직업성 질병의 예방, 작업환경 개선에 관한 기준의 제정, 작업환경개선계획의 수립 및 지도, 작업환경 측정방법의 개발, 작업환경 측정기관의 지정·관리, 유해물질 노출기준의 제정, 화학물질의 유해성 조사·심사, 기타 산업위생제도의 조사 및 근로자의 건강유지·증진에 관한 사항 등이다.

Ⅶ.「안전」관련 조직 개편

1992년 11월 13일에는 「건설근로 안전에 관한 한시조직 설치 규칙」에 의해 건설근로안전과를 임시적으로 신설하였다가, 1994년 11월 12일에 폐지하고 건설안전추진반으로 변경하였다.

1996년 6월 29일에는 안전기획과를 안전정책과로 명칭을 변경하였다. 1992년 2월 13일에는 양산지방노동사무소를 신설하여 총 46개 지방관서 조직을 갖추게 되었다.

제3절 주요 정책 방향

Ⅰ. 산업재해예방 6개년 계획 (1991~1996)

1981년 「산업안전보건법」 제정 이후 안전보건 수준 향상을 목표로 노력한 결과 산업재해는 감소세에 있었으나 정부의 체계적인 대응능력 결여와 투자 소홀로 중대재해가 증가하였다. 중소기업 부문에서는 재래형 재해가 상존하였다. 고도성장 과정에서 누적되었던 각종 직업병이 표출되는 등 기존 정책에 의한 산업재해 감소는 한계점에 이르게 되었다.

1990년대는 근로환경의 변화와 근로자의 안전보건에 대한 욕구의 증대로 인명존중 산업풍토 구현을 위한 제1차 산업재해예방 6개년 계획(1991~1996)을 수립하여 1996년까지 재해율을 선진국 수준인 0.93%를 달성토록 추진하였다.

그러나 산업재해율은 선진국은 물론 우리의 경쟁 상대국에 비해 월등히 높아 경제성장의 효과를 잠식하고 국제 경쟁력 약화의 큰 요인으로 작용하고 있으므로 단기간에 가시적인 재해감소를 기하고자 1994년까지 재해율 0.90%, 사망만인율 1.50을 달성토록 목표를 수정하였다. 산업재해예방 6개년 계획의 추진 방향과 10대 사업 내용은 다음 〈도표 1-6〉 및 〈도표 1-7〉과 같다.

도표 1-6. 산업재해예방 6개년 계획 추진 방향

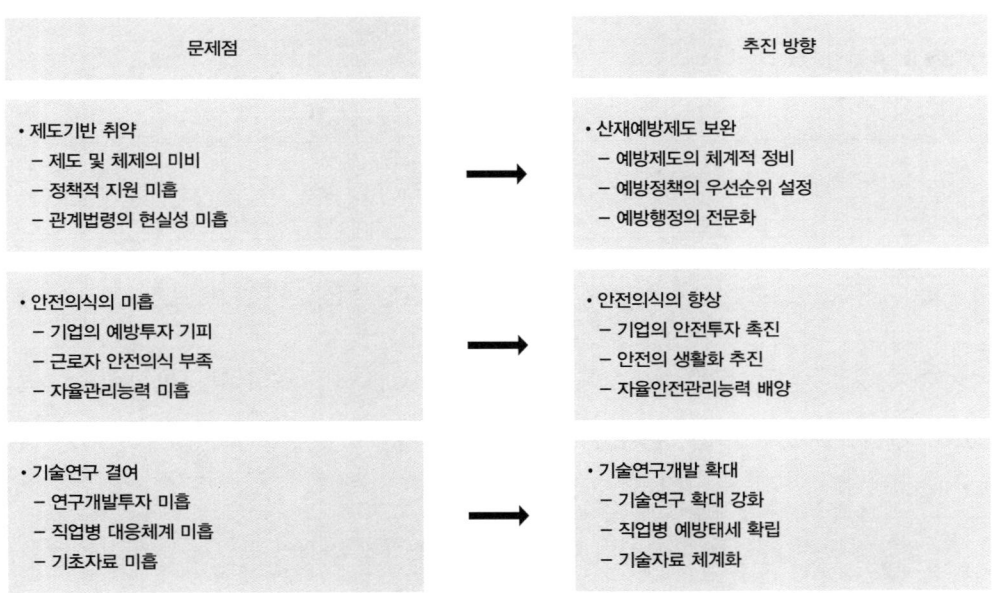

도표 1-7. 제1차 산업재해예방 6개년 계획의 10대 사업내용

사업명	세부내용
기업의 자율적 재해예방 활동강화	가. 사업장의 안전보건활동 활성화 나. 자율안전보건활동 추진을 위한 지원강화
위험기계설비의 일관된 안전성 확보	가. 위험기계기구의 안전성 확보 나. 유해위험설비의 안전보건 확보 다. 양질의 보호구 및 안전장치 개발보급
중소기업의 재해예방 지원 강화	가. 안전보건개선계획 수립 대상 사업장 관리강화 나. 안전보건기술 집중지원 및 지도 다. 유해위험작업의 도급인가 기준설정 및 하도급 조건의 적정화 도모
건설업 등 옥외형 산업재해예방 추진	가. 총괄 안전보건관리체제 확립 나. 업종별 특성에 맞는 재해방지기준 개발 시행 다. 대단위 건설현장 기술지도 강화 및 기술자료 개발 · 보급
중대재해예방 철저	가. 중대재해조사
작업환경관리 및 직업성 질병예방	가. 화학물질에 대한 유해성 정도별 구분관리 나. 근로자 건강진단제도 개선 다. 작업환경관리 활동 강화
재해예방기술의 연구개발 체제확립	가. 유해위험기계기구의 근원적 안전성 확보연구 나. 직업병예방 등 유해물질 대책의 종합적 연구 다. 사업장 재해조사, 통계분석기법 연구 및 보급 라. 연구개발 조직확충
재해예방교육 및 안전보건 의식고취	가. 법정교육강화 나. 임의교육 및 사내교육지원 다. 교재개발 라. 법정교육 수요충족을 위한 전문교육 조직 및 시설 확충 마. 대국민 안전의식 홍보강화
지도감독체제의 정비 및 정책집행의 효율성 도모	가. 한국산업안전공단 조직 강화 나. 한국산업안전공단 시설 확충 다. 장비확보
안전보건분야의 국제화 추진	가. 안전보건에 관한 국제기술 정보센터 설치 운영 나. 국제안전보건기구 가입 및 기술협력사업 추진

총투자 규모는 4,431억 원으로 연도별로 보면 1991년도 346억 원, 1992년도 526억 원, 1993년도 643억 원, 1994년도 787억 원, 1995년도 976억 원, 1996년도 1,152억 원 이었다.

동 계획의 목표 달성 여부를 살펴보면 재해율은 목표를 달성한 것으로 나타난 반면, 사 망만인율은 목표에 미달하였을 뿐 아니라 계획추진 이전보다 오히려 증가한 것으로 나타 났다. 산업재해예방 6개년 계획의 목표 달성 성과는 다음 표와 같다.

도표 1-8. 제1차 산업재해예방 6개년 계획의 목표 달성 성과

구분		1991	1992	1993	1994	1995	1996
재해율(%)	목표	1.49	1.33	1.20	1.09	1.00	0.93
	실적	1.62	1.52	1.30	1.18	0.99	0.88
사망만인율	목표	2.58	2.38	2.14	1.90	1.70	1.50
	실적	2.90	3.44	3.18	3.68	3.37	3.27

동 계획은 중장기적 차원에서 분야별로 많은 인력을 동원하여 산업재해 예방대책을 종합적으로 수행한 데 그 의의가 컸던 것으로 사료된다. 또한 이 계획은 당시의 안전보건 실태분석과 미래 예측을 통하여 중장기 안전보건 정책을 제시한 계획이란 점에서 산재예방 정책의 발전에 상당한 기여를 한 것으로 평가된다.

그러나 계획의 수립 및 집행 과정에 외부 안전보건 관계자들의 의견이 제대로 수렴되지 못한 측면이 있었고, 중점 추진과제가 안전보건의 전 분야를 망라하고 있어 계획 수립의 배경이 되는 사망재해 감소에 전략적으로 접근하지 못함으로써 사망재해가 오히려 증가한 것은 사업 추진상의 문제점으로 지적될 수 있을 것이다.

II. 직업병예방 종합대책 (1991)

1960년대 이후 급속하게 산업화를 추진하는 과정에서 체계화된 예방정책 부재로 많은 재해가 발생되었으나 그동안 정부에서는 피해 근로자에 대한 사후보상에 치중하였을 뿐 재해예방은 소홀히 하였다. 1980년대에 들어와서 「산업안전보건법」을 제정하는 등 예방체제를 구축함에 따라 재해율은 전반적으로 감소 추세였다.

그러나 직업병 분야에 있어서는 그동안 생산 현장에 누적되어 온 유해물질과 기계 · 설비의 노후화, 신규 화학물질의 사용증대 등으로 직업병 유소견자가 1980년 4,828명에서 1985년 6,532명, 1990년 7,680명으로 꾸준한 증가추세를 유지하였다. 특히 1990년대에 들어 비스코스 레이온 실을 생산하는 원진레이온㈜의 근로자들이 이황화탄소에 중독되는 사건이 발생하였다. 이에 직업병에 대한 국민들의 관심과 우려가 고조되어 종합적인 직

업병 예방대책이 필요함에 따라 정부에서는 1991년 6월 14일 '직업병예방 종합대책'을 수립·시행하게 되었다.

직업병 예방 종합대책은 노동부 기획관리실장을 단장으로 노·사·정 및 학계와 특히 재야단체의 전문가로 구성된 직업병 예방대책 기획단에서 논의를 거쳐 수립되었다. 이는 직업병의 사전예방에 1차적인 목표를 두어 근로자의 건강 없이는 생산활동을 할 수 없다는 인식이 뿌리내리도록 사업주에게 근로자 건강보호 의무를 강화하고 예방 성과에 상응하는 혜택을 줌으로써 자발적인 활동을 촉진하고자 한 것이다. 더불어 작업환경개선과 직업병연구에 필요한 전문인력 및 행정체계를 보강하고, 직업병 발생 시 신속하고 공정한 판정과 치료를 받을 수 있도록 제도를 보완하는 데 역점을 두었다.[3]

직업병예방 종합대책의 주요 내용은 다음과 같다.

» 근로자 건강관리의 내실화

사업주는 법정 건강진단만 실시하면 된다는 인식으로 자체 예방 활동을 등한시하여 근로자의 불만이 가중되고 있어 외부 의료기관에 위탁하여 행하던 건강관리를 사업장 자체 보건관리자에 의한 1차적 예방중심체계로 전환하며, 유해·위험 여부를 둘러싼 민원이 발생하지 않도록 특수건강진단 대상자의 구체적인 범위를 명확히 정하고, 검진대상자 명단을 지방노동관서에 사전 신고하게 하여 건강진단의 누락을 방지하였으며 진단능력을 향상시키기 위한 정도관리(精度管理)를 실시하여 건강진단의 신뢰성을 제고하였다.

» 작업환경관리의 전문성 제고

유해물질에 대한 근원적 관리를 강화하기 위하여 직업병 유발물질에 대해서는 사용허가

---

3 저자는 개인적으로 '직업병예방 종합대책'의 집행에 깊이 관여하였는데, 원진레이온 사건 10주년에 즈음하여 당시 계획의 배경과 추진 경과 및 소회를 담은 '되돌아보는 직업병예방 종합대책 – 다시 한번 도약을 위하여'라는 제목으로 기고한 바 있다(대한산업보건협회, 월간산업보건, 통권190호, 2004.2.1., 24~29쪽). 같은 글을 직업환경의학회 창립 30주년 기념 문집인 '노동과 앞서거니 뒤서거니 함께 한 직업환경의학 30년'에 강성규 박사가 다소 축약하여 '되돌아보는 1991년의 직업병예방 종합대책'이라는 제목으로 실었다(대한직업환경의학회, 직업환경의학 30년, 2018.10.29., 한국학술정보, 75~81쪽).

제를 실시하고, 신규화학물질의 유해성을 심사하며, 작업환경 측정결과에 따른 사후관리도 철저히 하여 시정지시에 불응하는 사업체는 시설개선 시까지 작업 중지 또는 사업주 입건 등 강력 조치하는 등 작업환경관리의 전문성을 제고하였다.

» 직업병판정 및 치료의 합리화

직업병은 진단이 어려울 뿐 아니라 확진까지 장기간이 소요된다. 이에 전문 의료기관을 육성하고, 업무상질병 인정기준을 정비·보완하도록 하였다. 아울러, 사업주는 대외적 이미지 손상, 손해배상 등을 우려하여 직업병에 대해 미온적으로 대처하고 있는 실정이므로 사업주에게 협조의무를 부여하여 직업병에 관한 상담 실시, 산재보험 신청절차 안내 및 진찰 시 편의를 제공토록 하였다.

» 산업보건 전문기구 및 인력 확충

직업병에 관한 정부 연구기관은 산업안전보건연구원의 보건연구 부문과 직업병연구소 2개소로서 그 기능이 미약함에 따라 이를 통합·확대하여 1992년 1월 30일 산업보건연구원을 설립하여, 직업병 판정과 진단기준 연구 및 검진기관 기술지원 등의 업무를 수행토록 하였다. 민간연구소에도 산재예방기금을 활용하여 이들에게 17건의 연구용역을 의뢰하고, 시설장비 구입자금을 총 10개 기관, 14종 18식의 장비에 2억 4,000만 원을 지원 육성하였다. 1인당 600개 이상 사업장을 담당하고 있는 산업안전보건 감독관이 최고 300개소 정도를 담당하도록 증원하였다(앞의 「보건 관련 조직 개편」을 참고). 아울러 기존 산업의학연구소가 설치된 전남대, 경상대에 이어 전국 국립대에 연구소 설치를 적극 권장하였다.

Ⅲ. 산업재해 감소 특별대책 (1994)

1980년대에 들어와서 「산업안전보건법」 제정 등 예방체제의 구축과 정부 주도의 체계적이고 지속적인 대응 노력으로 재해율은 전반적으로 감소하고 있었으나 사망 등 중대재해

원진레이온(주) 근로자 이황화탄소 중독 사례

- **발생 경위 및 재해 규모**: 경기도 남양주시 도농동 소재 인조견사(의류안감, 커튼 등에 사용)를 생산하는 원진레이온(주)에서 방사 공정 등에서 작업해 오던 근로자들에게서 이황화탄소 증기에 의해 장기간에 걸쳐 집단으로 수면장애, 다발성 신경염, 중추신경장애 등의 직업병이 발생. 2006년 4월 현재 직업병자 수 902명(이 중 생존 812명)

- **작업 공정**: 이탄과(이황화탄소 제조) → 방사과(인조견사 제조) → 후처리과(인조견사 세척·건조) 등

- **작업환경측정결과(단위 ppm, 노출기준 10ppm)**: 작업환경측정(1986년) 결과 작업장의 공기 중 이황화탄소 농도는 노출기준(10ppm)을 초과하고 있었으며, 방사기를 개방할 경우 측정치는 20ppm을 초과하는 것으로 나타났다. 1986년도 이전에는 방사기를 개방한 채로 근무하기도 하였으므로 1986년도 이전에는 작업장의 이황화탄소 농도가 더 높았을 것으로 추정된다.

- **시기별 전개 상황**

  - 1988년 7월: 이황화탄소 중독 근로자 12명 강제 퇴직(언론 보도)

  - 1988년 8월: 민주당 노무현 의원, 평민당 박영숙 부총재, 고려대 구로병원장 등 3인이 진상 조사

  - 1988년 9월: 원진레이온 대표와 국회의원 노무현·이상수 등 13명이 이황화탄소 중독근로자에 대하여 산재보상금 이외에 민사보상금을 최고 1억 원까지 지급하기로 결정

  - 1991년 3월: "고 김봉환" 시신을 회사 앞에 옮겨 두고 유족 및 재야인사 60여 명이 농성

  - 1991년 4월: "국회진상조사소위원회" 구성·운영(국회의원 이상수 등 6명)

  - 1991년 5월: "고 김봉환" 장례비·위로금 지급 및 역학조사 실시 합의

  - 1992년 5월: 인정기준 미달자 중 45명이 민주당사를 점거하여 인정기준 완화를 요구

  - 1992년 11월: 인정기준 미달자 중 30명은 명동성당에서 인정기준 완화를 요구하며 단식농성

  - 1993년 2월: 이황화탄소 인정기준에 대해 직업병심의위원회를 개최(안전공단)하여 개선안 노동부 제출

  - 1993년 5월: 이황화탄소 중독자 229명에 대해 회사보상금 107억 원 및 산재보상금 632억 원 지급

  - 1993년 6월: 정부와 민주자유당은 당정협의를 거쳐 원진레이온 폐쇄 및 부동산 매각 결정

- **노동부 대응 및 조치**

  - 1988년 8월: 특별감독, 이황화탄소 중독 6명 추가 발견, 대표 사법처리(벌금 1,950만 원)

  - 1989년 2월: 노동부 직제를 개정하여 산업안전국을 신설

  - 1991년 6월: 직업병예방종합대책 수립 및 대통령 보고

  - 1991년 7월: 역학조사(서울대 보건대학원) 결과 발표(이황화탄소 중독 42명, 인정기준 미달자 85명)

  - 1993년 3월: 인정기준, 작업환경개선 등에 대한 공개토론회 개최 및 인정기준 개정

가 증가하고 이로 인하여 막대한 기능 인력 손실과 경제적 피해는 물론, 근로자의 근로의욕 상실 등을 초래하여 생산성을 저하시키고 있어 선진국 진입단계에 있는 국가경제 사회 발전의 큰 장해요인이 되고 있었다.

따라서, 인간존중 차원에서 산업재해를 획기적으로 감소시켜 선진국 수준인 재해율 1% 미만(0.90%)을 1994년에 조기 달성하기 위하여 범정부적 차원에서 산재감소대책을 수립하였으며, 이를 통하여 산재예방에 대한 국민적 관심을 고조시키고 재해예방사업을 과감히 추진할 수 있는 여건을 조성하고자 하였다.

산업재해 감소 특별대책의 주요 내용은 다음과 같다.

» 사망 등 중대재해 감소

사망재해 감소 목표를 설정하여 지역 및 사업장별 감독관 지정·책임제로 신상필벌 제도를 실시하고 중대재해 발생업체에 대해서는 사후조치 위주에서 사전예방 활동에 주력하도록 지도하였다. 아울러, 대검찰청과 협의하여 전국 검찰에 산재사범 전담검사를 두어 중대재해 발생 사업주에 대한 경각심을 고취시킴으로써 사업주들이 스스로 산재예방에 적극적으로 대처하도록 하였다.

» 건설재해 예방

건설 현장에 대하여 규모별로 예방대책을 수립하였으며, 그 내용은 해빙기, 장마철, 동절기 등 취약 시기에 노동부와 한국산업안전공단 등 전문기관이 합동으로 공사금액 30억 원 이상 대규모 건설 현장에 대해서 전국적으로 일제히 집중점검을 실시하고, 아파트 등 건축공사, 플랜트, 교량공사, 지상 5층 이상 건설 현장에 대해서는 지역별 전담지도체제를 도입, 전국 7,000개 현장에 대해 가용인력을 총동원하여 빈발재해(추락, 전도, 낙하, 협착, 무리한 동작 등)에 대해 재해사례 및 예방기법을 사전 교육시켜 착공 시부터 준공 시까지 2주 1회 이상 현지출장을 통해 건설재해를 사전 예방토록 유도하였다.

» 무재해운동을 범국민적 운동으로 전개

무재해운동은 노·사가 재해예방을 위해 공동 인식을 갖고 공동 참여하여 노사화합 및 생산성 향상 운동의 일환으로 대대적으로 실시하되, 재해다발 영세사업장, 반월공단 등 밀집지역 사업장을 우선 대상으로 하며 무재해 신규 참여업체는 1992년 정기감독을 보류하는 등 무재해 추진실적에 따라 사업장 안전보건근로감독을 면제해 주었다. 그리고 무재해 교육이수자는 산안법상 법정 직무교육을, 무재해 실시 사업장은 동법상 사내안전보건교육을 면제하였다. 1992년 8월 여의도 중소기업회관에서 노·사·정 간담회를 개최하여 1992년 9월 1일부터 1993년 8월 말까지 1년 동안 '밝고 건강한 무재해 일터 만들기 범국민 1천만 명 서명운동'을 전개키로 공동 결의하여 무재해운동을 범국민적 운동으로 활성화시켜 재해예방에 대한 인식을 제고하였다.

» 50인 미만 중소·영세사업장 지원 강화

50인 미만 영세업체는 주로 하도급업체로서 작업환경이 열악함에도 자체적으로 개선을 위한 투자가 어려워 자율적인 활동이 미약할 뿐 아니라 안전·보건관리자 선임의무가 배제되어 재해예방의 사각지대로 방치되었다. 이에 이들 영세업체에 대해 정부 지원을 강화하기 위하여 1993년에는 22억 원의 예산을 산재예방기금에서 확보하고 안전관리대행 (5,000개소, 10만 명), 보건관리대행(2,300개소, 4만 7,500명)과 유해사업장에 대한 작업환경측정 (2,000개소, 4만 7,500명) 및 근로자 특수검진(1만 5,000명)을 공단·협회·작업환경측정기관 및 특수검진기관이 무료로 실시하였다. 기업의 산재예방활동을 촉진시키기 위해 관계 부처와 협의, 산재 감소 우수업체에 대해 정부의 규제·조장행정 등 산재 감소에 기여할 수 있는 정책을 발굴, 지원을 강화하도록 하였다.

» 직업병예방 종합대책의 지속 추진

1991년 6월 14일 수립한 직업병예방 종합대책의 본격적 추진과 근로자 건강관리체제 확립을 위해 보건관리자의 기능을 보강하고 건강증진 프로그램을 개발·시행토록 하였다.

또한 건강진단의 내실화 및 사후조치 확행을 위해 검진제도를 지속적으로 개선하였다. 나아가 불량의료기관 일제정비와 검진실태를 확인 점검함은 물론 산업보건 전문연구기관 및 인력의 양성을 확대하기 위하여 서울대병원과의 연계·운영을 추진하였다. 근로자 직업병 예방을 위한 한·일 기술협력사업을 통해 산업보건연구원의 기능을 활성화시켜 작업환경 개선 및 쾌적한 직장 분위기 조성에 기여토록 하기도 했다.

IV. 산업재해 감소 100일 집중계획 (1997)

1997년 「기업활동 규제완화에 관한 특별조치법」의 개정으로 안전보건에 관한 전반적인 투자와 관심이 감소함에 따라 산업재해가 급증하게 되었다. 이에 산업현장에 적극적인 산재예방 분위기를 조성하고 산재발생 추세를 감소세로 반전시키기 위해 1997년 9월 23일부터 연말까지 100일 동안 노동부, 한국산업안전공단, 산재예방기관 등 산재예방관련 단체가 산재 감소에 총력을 집중하는 산재 감소 100일 집중계획을 수립·시행하게 되었다.

동 계획은 100일 동안 재해율 0.2% 이내 달성을 목표로, 노사의 해이해진 안전보건 의식을 높이는 데 역점을 두면서 건설 현장 등 재해발생 우려가 높은 취약 분야에 대한 집중적인 기술지도 및 점검을 강화하였다.

이 사업의 시행 결과 산업재해는 100일 계획을 시작한 9월 말부터 감소하기 시작하여 100일 기간 중 재해율 0.18%의 기록을 달성하게 되었다. 이뿐만 아니라 노사 안전교육 및 사업장 지도점검 등을 통해 산업현장의 재해예방 분위기를 일신하고 매월 4일 안전점검의 날 행사 확대 실시 및 사회지도층 인사의 안전체험 TV 방영 등 내실 있는 안전문화운동 전개로 일반 국민들에게까지 산재예방의 중요성을 새롭게 인식시키는 등 상당한 성과가 있었다.

V. 산재예방 특별사업 계획 (1995~1997)

산재예방 특별사업은 산재예방 사업투자를 확대하여 산업재해를 감소시킴으로써 산업현장의 기능인력을 보호하고 기업의 산재보험료 부담을 경감, 세계화·국제화 시대에 기업의 국제경쟁력을 강화시키고자 1994년 하반기부터 일부 시행에 들어갔다.

1993년 김영삼 정부 출범 이후 범정부적인 차원에서 추진하는 기업 경쟁력 강화 대책의 일환으로 산업안전보건 관련 각종 민간규제(의무고용 등) 완화와 사업장에 대한 정기 안전보건 감독유예 등 사업장 안전보건 활동에 사업주의 자율적 노력을 강조·유도하는 방향으로 국가정책이 추진되었다.

1994년도 당시 산업재해 보상보험 특별회계의 결산잉여금이 발생하였는데, 이것을 산재예방 사업의 효과라고 판단, 산재예방사업에 대한 투자를 확대함과 산재보험료를 납부한 기업에 잉여금을 되돌려주기 위한 두 가지 목적을 달성하기 위하여 계획을 수립·추진하게 되었다.

1995년부터 1997년까지 3년 동안 3,000억 원을 투자하여 1998년도의 산업재해 발생률을 선진국 수준에 가까운 0.7%로 감소시키는 것을 목표로 하였다. 또한 산업재해자 수를 1993년의 약 9만 명 수준에서 1998년에는 5만 명 수준으로 감소시키고 이로 인한 직접손실비(산재보상보험금) 지출을 연평균 1,400억 원씩 3년간 4,200여억 원을 감소시키고, 간접손실비(경제적 손실) 또한 연평균 7,000억 원씩 3년간 2조 1,000여억 원을 감소시키는 것을 산재예방사업 3,000억 원 투자에 대한 효과로 추정하였다.

이와 같은 목표를 실천하기 위한 기본방침은 다음 2가지와 같다. 첫째, 기업의 자율적 산재예방활동을 최대한 지원하고, 산재예방 특별사업을 효율적으로 시행하기 위하여 규모별·업종별로 취약 부분을 선정하여 전체 재해의 70% 이상을 차지하는 영세, 중소기업에 산재예방 특별사업의 자금을 집중 투자하고, 산업재해 발생 비중이 높은 제조업 및 건설업 분야에 중점 지원한다. 둘째, 산재예방 특별사업 수행기간 중에 가시적 효과를 거둘 수 있는 사업을 최우선 선정하고 직업병 예방사업을 지원한다.

산재예방 특별사업계획은 3개 부문 10개 사업에 3,000억 원을 투자하는 계획이다. 즉, 영세기업 산업안전설비 개선지원을 위한 3개 사업에 1,500억 원, 재해와 직업병 발생률이 높은 특수 업종의 안전투자 지원을 위한 3개 사업에 1,092억 원, 그리고 산업안전보건 체계의 선진화를 위한 4개 사업에 408억 원을 투자하도록 하였다. 이 계획은 당초 1997년까지 계획되어 있었으나 1996년 산업안전선진화 3개년 계획이 수립됨으로써 주요 내용의 대부분이 산업안전 선진화 3개년 계획에 흡수되었다.

VI. 산업안전 선진화 3개년 계획 (1997~1999)

1996년 2월 2일 청와대 수석비서관 회의 시 대통령은 산업재해로 인해 1일 평균 9명의 근로자가 사망하고 100명의 장애자가 생기는 것은 재해를 당한 근로자와 가족의 불행일 뿐 아니라 국가 경제적으로도 엄청난 손실이라고 지적하였다. 아울러 근로자의 삶의 질 향상과 기업·나라 경제의 생산성을 동시에 높일 수 있도록 「산업안전 선진화 기획단」을 구성하여 3년 안에 산업재해를 선진국 수준으로 줄이기 위한 구체적이고 획기적인 계획을 수립하라는 지시가 있었다.

이에 따라 1996년 2월 22일 노동부장관과 대한산업안전협회장을 공동단장으로 하고 각계 대표 25명(정부 부처 8명, 노사단체 2명, 재해예방단체 5명, 시민단체 3명, 학계 1명, 언론계 2명, 업계 4명)을 위원으로 하는 「산업안전 선진화 기획단」이 구성되었고, 기획단 산하에 5개 실무반(총괄, 산업안전, 건설안전, 산업보건, 교육홍보반)을 설치·운영하였다.

기획단에서는 공청회(2회), 분야별 세미나(5회), 실무반회의(41회) 및 관계 부처 협의 등을 통하여 광범위한 국민 여론을 수렴한 후 산업안전 선진화 3개년 계획(안)을 작성하였고, 국무총리 보고를 거쳐 1996년 8월 7일 대통령 보고로 확정되었다.

동 계획은 2000년까지 재해율 0.5%, 사망만인율 1.0%를 달성하여 안전하고 쾌적한 작업환경을 조성하고 근로자의 안전권과 건강권이 보장되는 보람의 일터를 마련하며 인명존중 이념에 바탕을 둔 안전제일의 가치관을 확립하고자 우리나라 산업안전 수준의 선진화 8대 과제를 확정하였으며 한국산업안전공단에서는 1996년도 하반기부터 이를 본격 추진하게 되었다.

주요 내용은 노사 공동 책임하에 ① 사업장 안전관리 정착, ② 산재다발 생산설비의 근원적 안전성 확보, ③ 밝고 건강한 작업환경 조성, ④ 추락·낙하·붕괴 등 재래형 건설재해 근절, ⑤ 산업안전 취약부문 중점 지원, ⑥ 재해예방 전문인력 양성과 민간역할 제고, ⑦ 안전제일의 생활화, ⑧ 산업안전보건 제도의 선진화 등이다. 위험상황신고실이 본격적으로 운영된 시기도 이때부터이다.

이 계획의 목표는 첫째, 2000년도까지 안전법령, 기준, 지원체계 등을 합리적이고 실효성 있게 완비하여 안전보건 관리수준의 세계화, 둘째, 재해율, 강도율 등 각종 산재지표상의 재해지수와 재해예방기술의 세계 10위권 내 선진국 수준 진입, 셋째, 재해예방에 대한 노사의 책임의식 공유로 참여와 협력에 의한 자율적 재해예방활동 전개, 넷째, 인명존중 이념에 바탕을 둔 안전경영이 이루어지고 안전이 우리 사회의 중심 가치로 자리 잡는 안전문화 정착, 마지막으로 근로자의 안전권과 건강권을 보호함으로써 노동의 인간화(Humanization of Work)와 삶의 질 향상 등을 달성하는 것이었다.

투자 규모는 총 1조 22억 원으로 50인 미만 영세사업장 안전보건 개선 지원 및 보조 1,490억 원(15%), 300인 미만 사업장 재해예방 시설자금 융자 3,710억 원(17%), 재해예방 시설비 운영 91억 원(9%), 각종 재해예방 사업비 2,030억 원(20%), 안전문화정착 180억 원(2%)이었다.

제4절 중점 추진 사업

Ⅰ. 사업장 안전보건 관리체제 확립

1990년 산업안전보건법을 전면 개정하여 안전관리자 및 보건관리자의 역할을 강화하였다. 한편 안전보건관리의 라인화를 도모하여 체계적인 재해예방 활동을 전개하고, 특히 위험방지가 필요한 작업에 있어서는 당해 작업을 직접 관리하는 직·조·반장을 안전담당자로 지정하여 산업재해를 사전에 예방하도록 하였다.

사업장에 전임으로 안전, 보건관리자를 선임하기 어려운 300인 미만의 중소업체에 대해서는 안전관리대행기관 및 보건관리대행기관에 안전보건관리를 위탁할 수 있도록 하였다. 이에 따라 다음 표에 보이는 것처럼 자체적으로 선임하는 안전관리자 · 보건관리자 숫자가 감소하였다.[4]

도표 1-9. 연도별 안전관리자 선임 현황

연도	대상		선임			
	사업장 수	안전관리자 수	사업장 수	안전관리자 수		
				총 계	자 체	대 행
1996	24,366	25,410	24,251(99.5)	26,057(102.5)	14,620(56.1)	11,437(43.9)
1997	15,429	16,419	15,409(99.9)	16,520(100.6)	10,505(63.6)	6,015(36.4)
1998	13,297	14,100	13,263(99.7)	14,356(101.8)	9,655(67.3)	4,701(32.7)
1999	14,891	15,864	14,768(99.2)	15,823(99.7)	9,881(62.4)	5,942(37.6)

(단위: 개소, 명)

도표 1-10. 연도별 보건관리자 선임 현황

연도	대상		선임			
	사업장 수	보건관리자 수	사업장 수	보건관리자 수		
				총 계	자 체	대 행
1996	10,824	11,296	10,690	11,175	4,282	6,893
1997	9,912	10,289	9,880	10,290	3,950	6,340
1998	8,912	9,208	8,826	9,183	3,420	5,763
1999	9,611	9,906	9,506	9,932	3,432	6,500

(단위: 개소, 명)

II. 산업안전보건 규제 정비

「기업활동 규제완화에 관한 특별조치법」의 시행 및 IMF 외환위기로 인한 경기침체 등으로 기업 활동을 과도하게 제약하는 각종 규제를 범정부적으로 정비 · 개혁하면서 산업안

---

4 저자는 「대행」 제도, 특히 안전관리 「대행」 제도에 대하여 폐지해야 한다는 일관된 견해를 갖고 있다. 안전관리대행 또는 보건관리대행 제도는 안전보건 업무를 아웃소싱(외부위탁)하는 것이다. 그러므로 기업으로 하여금 안전관리자나 보건관리자를 채용하지 않도록 부추기는 기제로 작용한다. 저자는 이 「대행」 제도가 시행된 이래 근로자의 안전과 보건이 남의 손에 맡겨져 부실하게 실시되는 사례를 수도 없이 듣고 보았다. 현재 「안전관리 '전문'기관」이라고 부르는 안전관리 대행 민간업체는 종전 「안전관리 '대행'기관」의 명칭만을 바꾼 것이다.

전보건 관련 규제도 정비되기에 이르렀다. 산업안전보건 분야의 규제 정비는 근로자의 안전과 보건을 확보하는 기준은 유지하면서 불필요한 절차나 사업장 자율안전보건관리를 저해하는 요소를 정비하는 방향으로 추진되었다.

① 산재예방 시설자금 융자대상자 결정 시 위험기계기구 교체비용을 융자 신청하는 등 융자 사유가 명확한 경우 융자신청서 내용의 타당성을 조사하기 위한 사전확인을 면제하였다.

② 안전모 등 11종의 보호구 제조·수입업자가 갖추어야 할 인력·시설기준을 폐지하여 보호구 제조·수입업에 대한 진입장벽을 철폐하였다.

③ 안전·보건관리 대행기관은 사업계획·실적 관련 서류를 3년간 비치·보존하도록 하였으나 이를 폐지하였다.

④ 프레스·크레인 등 6종의 위험기계·기구를 사용하는 사업주는 자체검사를 실시하고자 하는 자체검사원에 대해 자체검사 업무수행 이전에 의무적으로 자체검사원 교육을 실시하여야 하나 동 교육은 관리감독자교육 등과 유사하여 자체검사원 의무교육을 폐지하였다.

⑤ 취업제한작업 종류를 축소하고 제출서류를 간소화하였다.
  - 취업제한 유해·위험 작업에서 '운전 중인 원동기로부터 중간축까지의 동력전달 장치의 청소·주유 또는 벨트를 옮겨 끼우는 작업'을 제외하고 '양화장치 운전작업(조종석이 설치된 것)'의 작업기준을 양화장치 운전기능사 2급에서 기능사로 완화하였다.
  - 유해·위험 작업 자격취득을 위한 교육기관의 교재, 교육계획 승인 및 교육신청자가 교육등록 시 제출하는 학력증명서 등의 서류제출 의무를 폐지하였다.

⑥ 작업환경측정을 할 수 있는 자를 산업위생관리기사 2급 이상인 자 등으로 제한하였으나, 고온·저온·다습 등 측정이 비교적 용이한 유해인자에 대하여는 사업장의 안전관리자·보건관리자·안전담당자 등도 직독식 장비로 측정할 수 있도록 하였다.

⑦ 일반건강진단의 대부분이 직장피보험자 건강진단으로 실시되고 있고 「의료보험법」

에 의거 지역보건예방사업협회에서 건강진단기관을 관리하고 있으므로 산업안전보

건법에서의 일반건강진단기관 지정 제도를 폐지하였다.

⑧ 사업주는 건강진단 실시 시기를 안전보건관리규정 또는 취업규칙에 명시하도록 하였

으나 이를 폐지하여 자율적으로 실시토록 하였다.

⑨ 근로자 건강관리수첩 교부대상 요건에 해당되는 경우에는 이직자뿐만 아니라 재직

중인 근로자에도 수첩을 발급받을 수 있도록 하였다.

⑩ 유해위험방지계획서 제출 시기를 공사착공 전일(前日)로 완화하였다.

Ⅲ. 사업장 차등관리

사업장의 지도 감독을 위한 행정력을 사업장의 안전보건관리 수준에 따라 효율적으로 배분함으로써 지도 감독의 효과를 극대화하고, 사업장 자체적으로 안전보건관리를 할 수 있는 우수한 사업장에 대해서는 지도 감독을 면제하였다. 사업장 자율안전보건관리가 정착될 수 있도록 하기 위하여 50인 이상 제조업체에 대해 안전보건관리 수준에 따라 최우수, 우량, 보통, 불량 사업장으로 구분하여 관리하는 사업장 차등관리를 실시하였다.

도표 1-11. 사업자 차등관리 실시 기준

구분	분 류 기 준	지도감독 방법
최우수	안전경영평가기관에 의한 초일류기업으로 인증받은 사업장과 1997~1998년도의 재해율 및 강도율을 감안하여 산출한 안전보건 관리 실적이 상위 15% 이상이고, 각 사업장에서 자체평가한 안전 보건관리수준 측정평가표에 의한 평가 결과가 90점 이상인 사업장	노·사 자율관리에 의한 지도·감독 완전면제
우량	안전보건관리 실적이 상위 40% 이상이고, 평가결과가 70점 이상 인 사업장	행정간섭을 최대한 배제하고 명예감독관과 안 전·보건관리자가 공동으로 3/4분기 중 안전 보건관리수준 측정평가표에 의한 점검 실시
보통	안전보건관리 실적이 상위 70% 이상이고, 평가결과가 50점 이상 인 사업장	한국산업안전공단에 의한 기술지도 실시
불량	안전보건관리 실적이 하위 30% 이하이거나, 평가결과가 50점 미 만인 사업장	지방노동관서 감독관의 책임전담관리실시

Ⅳ. 영세사업장 안전보건관리

1. 중소 영세사업장에 대한 융자금 및 보조금 지원

재해율이 높은 9개 위험업종의 소규모 사업장이 자동송급장치 등 안전설비(57종)를 개선코자 할 때 업체당 500만 원 범위 내에서 소요비용의 50%를 보조금으로 지급하고 잔여금은 융자(업체당 3억 원 한도)하였다.

300인 미만 사업장에서 프레스 등 위험기계기구에 부착하는 방호장치를 설치 또는 개선하고자 할 때 업체당 500만 원 한도 범위 내(기계 1대당 50만 원)에서 소요비용의 50%를 보조금으로 지급하였고, 사업장 규모에 관계없이 프레스 등 위험기계기구 16종을 신규 도입할 경우 업체당 3억 원 한도 내에서 3년 거치 7년 상환, 연리 6% 융자금을 지원하였다.

또한 유해작업공정을 보유하고 있는 50인 미만 소규모 사업장에서 산업환기설비 등 작업환경을 개선할 경우 업체당 1,000만 원 한도 범위 내에서 소요비용의 50%를 보조금으로 지급하고 잔여금은 업체당 3억 원 한도의 범위 내에서 융자 지원하였다.

그리고 소규모 건설 현장 중 조달청 공사발주 제한군 4군 이하 업체로서 공사금액 20억 원 미만 건설 현장에 추락방지시설 등 10종을 실비로 대여하였다.

도표 1-12. 연도별 산재예방 시설자금 융자 현황

연 도	재 원	결 정		지 급	
		업 체	금 액	업 체	금 액
1991	167	169	175	65	48
1992	201	306	290	220	184
1993	450	378	323	263	269
1994	453	407	326	513	412
1995	1,067	2,448	1,461	1,501	868
1996	1,274	2,143	1,468	1,592	1,012
1997	1,378	2,333	1,812	1,481	1,050
1998	1,339	1,445	1,189	1,125	886
1999	960	1,826	1,240	1,364	944

(단위: 억 원)

2. 영세사업장 안전보건관리 기술지원

안전·보건관리자 선임의무가 없는 소규모 사업장에 안전보건 관리기술을 지원할 목적으로 한국산업안전공단 주관하에 안전보건관리 대행기관을 지정하여 1년 동안 사업장과 계약을 체결하여 지원하며, 안전관리대행의 경우 월 2회 이상 사업장 방문지도, 교육, 기술 상담을 실시하고, 보건관리대행의 경우 작업환경측정 및 특수검진 각 1회와 보건교육, 건강상담을 실시하도록 하였다.

V. 안전문화운동 추진

국내외의 시대적 변화로 안전 및 건강증진 등 삶의 질 향상에 대한 국민의 욕구가 그 어느 때보다도 높아지고 있는 시점에서 재해방지를 위한 기반시설의 강화가 국가 정책의 기조가 되어야 했다. 안전사고의 발생을 효과적으로 예방하기 위해서는 산업현장은 물론 가정, 학교, 직장을 비롯한 사회 구성원 모두가 각자 자기 직분에서 안전 확보를 위한 책임의식을 갖고 이를 충분히 실천할 수 있도록 안전의식의 함양과 안전의 생활화를 확립하는 범국민적인 안전문화운동 전개의 필요성이 대두되었다.

1994년 10월 21일 출근길에 한강 성수대교의 중간 부분이 갑자기 무너져 내려 32명이 사망하였다. 같은 해 10월 24일 충주호 유람선 화재로 29명이 불에 타거나 익사하여 사망했고 33명이 부상을 입었다. 1995년 4월 28일 대구 도시철도 공사 현장에서 일어난 도시가스 폭발 사고로 101명이 사망하고 202명이 부상을 당하였다.

1995년 5월, 정부는 대형 사고를 항구적으로 방지하기 위해서는 사회 각 부문의 안전의식 제고가 필수적이라고 보고 안전문화 추진을 위한 정부와 재계, 노동조합, 시민단체, 언론 등 17명이 참여하는 「안전문화 추진 중앙협의회」를 구성하여 그 본부를 한국산업안전공단에 설치하였다.[5] 한편 1995년 12월 안전문화운동의 일환으로 매월 4일을 '안전점검의

---

5   연이은 대형 사고를 겪으면서 안전의식 제고를 목표로 이렇게 「안전문화 추진 중앙협의회」를 구성하였으나, 협의회 발족 후 얼마 지나지 않은 1995년 6월 29일 서울 삼풍백화점 붕괴 사고가 발생하였다. 이 사고로 502명이 사망하고 부상

날'로 지정하였다.[6]

VI. 산업안전관리

1. 공정안전보고서 제도 시행

공정안전보고서(PSM: Process Safety Management) 제도란 중대산업사고를 야기할 가능성이 큰 유해 · 위험 설비를 보유한 사업장에 대하여 안전보건자료의 관리, 유해 · 위험 설비에 대한 위험성평가, 안전운전계획 및 비상조치계획의 수립 등에 관한 사항을 기록한 공정안전보고서를 작성하고 이를 이행토록 함으로써 중대산업사고를 예방함은 물론 사업장의 자율적인 사고예방체계를 구축하기 위한 제도이다.

우리나라에서는 1992년 10월 ILO와 공동으로 개최한 '중대산업사고 예방 워크숍'을 계기로 동 제도의 도입을 위한 연구가 활성화되기 시작하여 1995년 1월 산업안전보건법에 공정안전보고서 제도가 도입되고 1996년부터 시행하였다.

도표 1-13. 공정안전보고서 심사 및 확인 실적

연 도	1996	1997	1998	1999
심 사	479	490	354	330
확 인	60	757	560	430

(단위: 건)

2. 안전인증제도 시행

제품 취급 및 사용 시 발생할 수 있는 산업재해를 근원적으로 예방하기 위하여 설계, 제

자는 937명에 달했다. 「안전문화 추진 중앙협의회」는 발족 당시의 목적과 취지에 부합하지 못하고 그 역할과 위상이 미미한 실정이다. '재난 및 안전관리 기본법'에 따라 '안전문화운동 추진 중앙협의회 운영규정'이 있다.

6   '안전점검의 날'은 1996년 4월 4일부터 시행하고 있다. 이를 반영하여 「재난 및 안전관리 기본법」 및 「시행령」에 안전점검의 날을 매월 4일로 하고, 방재의 날을 매년 5월 25일로 규정하였다. 가정안전, 학교안전, 공공안전, 교통안전, 산업안전 분야별 점검을 하도록 하였다.

작 단계에서부터 제품이 안전보건기준에 맞게 설계, 제조되었는지를 평가하는 방식의 필요성이 대두되어 프레스, 전단기 등 위험기계기구 및 방호장치 20종을 대상으로 1997년 11월부터 안전인증제도를 운영하였다.

인증기준은 KS규격, EC기계규범(CE인증기준) 등 국내외 통용 기준을 참고하여 국내 기술수준에 적합하게 제정하였고 인증은 제품의 구조, 성능, 신뢰성 시험성적, 사용 재료의 안전성 및 사후관리능력 등을 종합하여 평가하게 되었다.

인증기준을 EU의 안전기준 및 국제기구(ISO, IEC)의 기준과 대등한 수준으로 운영함에 따라 위험기계기구를 취급하는 근로자의 산업재해 예방이 기대되고 제조업체의 기술력 향상으로 국내 수출업체의 해외인증 취급이 용이해졌다.

3. 위험기계기구 검사 제도 시행

산업안전보건법의 전면개정에 따라 1991년 7월 1일 재해다발 위험기계기구 7종(크레인, 리프트, 승강기, 압력용기, 프레스, 공기압축기, 보일러)에 대한 검사 제도가 시행되었다.

1994년 공기압축기를 검사대상에서 제외하고, 수입품에 대한 설계검사를 실시하였다. 1997년에는 전단기 및 롤러기가 검사대상에 포함되었으나, 리프트, 프레스에 대한 정기검사가 면제되었다. 1998년에는 압력용기에 대한 제작 중 성능검사가 실시되었다.

도표 1-14. 검사 제도 개요

검사종류	검사시기	검사방법	검사내용
설계검사	검사대상품의 제작 전	제조형식별	제작기준 및 안전기준의 설계도서에 반영 여부
완성검사	검사대상품의 설치를 완료한 해	당해 기계 기구 및 설비별	설계검사 서류와 완성품과의 일치 여부
성능검사	검사대상품의 제작 중 또는 제작 완료 후 출고 전	제조형식별	-
정기검사	최초검사일 기준으로 매 2~4년마다	당해 기계 기구 및 설비별	안전기준 준수 여부

Ⅶ. 건설재해예방 특별지도

건설업의 산업재해는 1990년 이래 급증하던 경향이 정부의 적극적인 재해감소 대책의 추진으로 1992년도에 3만 6,255명에서 1993년도에 2만 6,129명으로 크게 감소하였고, 1994년도에는 3D업종 기피현상으로 건설인력의 노령화와 미숙련공 투입 및 건설물량의 대폭 증가로 2만 4,271명의 재해자가 발생하여 감소 추세가 다소 둔화되고 사망자는 오히려 증가하였다.

따라서 지하철 공사뿐만 아니라 건설업 및 고속전철 등 대규모 건설공사에 대해 집단관리 강화계획과 건설업체별 재해율 발표를 제도화하는 작업을 하였고 1995년 하반기부터는 특수 제작한 교육용 차량을 이용한 '이동건설안전센터'를 운영하고, 연차적으로 1997년까지 15대의 차량을 투입하여 공사 현장을 직접 방문, 안전교육을 실시하였다. 1994년 10월 21일에는 표준안전관리비에 관한 규정도 전면 개정하였다.

건설업 재해율 조사제도를 신설하여 매년 6월 건설재해 예방의 효과가 큰 대형건설업체의 재해발생실태를 조사 발표하였다. 1992년 30대 건설업체를 대상으로 조사를 시행하였으며, 1993년도에는 도급순위 200대 건설업체 재해율 발표에 이어, 1994년에는 300대 건설업체의 재해율을 발표하였고, 매년 조사대상업체를 확대하여 1,000대 업체까지로 확대하여 오늘에 이르고 있다. 재해율이 낮은 업체는 정부 포상 우선추천 및 지도감독 면제 등 혜택을 부여하는 반면 재해율이 높은 업체는 지도감독을 강화하고 조달청, 건설부 등에 통보하여 정부공사 입찰참가자격 사전심사(PQ) 감점, 우수시공업체 지정금지 등 각종 불이익 조치를 하였다.

또한 안전관리가 취약한 공사금액 100억 원 미만의 중소규모 건설 현장에 대해 1996년 8월부터 한국산업안전공단과 점검반을 편성하여 패트롤카를 이용한 불시 기동점검을 시행하였다. 안전관리가 상대적으로 미흡한 소규모 건설 현장을 대상으로 한 패트롤반의 기동점검 활동은 현장 관계자들의 안전의식 고양과 재해예방에 상당한 기여를 하였다.

VIII. 근로자 건강관리

1. 직업병 취약사업장 특별관리

직업병 취약사업장 특별관리는 직업병이 발생하였거나 발생 가능성이 높은 취약사업장을 지역별·관서별로 구분하여 체계적으로 관리함으로써 직업병 발생을 사전에 방지할 수 있는 대책을 강구하는 한편 직업병 유소견자에 대한 신속한 조치를 위한 것이다.

1993년 전국적으로 대상사업장 613개소를 선정, 작업환경 특별점검 등을 실시하여 작업환경개선 등 보건 전반에 대한 미비점을 파악 보완하도록 하였으며 해당 사업장에 대하여 전담 감독관을 지정하여 지속적인 보건관리가 가능하도록 하였다.

2. 근로자 건강진단

근로자 개개인의 질병을 조기에 발견하고 적시에 치료 및 작업전환 등의 적절한 조치로 근로자의 건강을 유지, 증진시키기 위하여 사업주로 하여금 매년 근로자 건강진단을 실시하도록 하고 있다.

일반건강진단은 1995년 5월 1일부터 직장의료보험조합 보건예방 사업실시 지침에 의거 의료보험 재정으로 의료보험연합회 및 공무원 및 사립학교 교직원 의료보험관리공단이 공동으로 인정하는 의료기관이 실시할 수 있게 되었다.

그러나 특수건강진단은 직업병에 대한 특별한 지식을 가진 인력과 장비가 필요하므로 기준에 맞는 인력과 시설을 갖춘 기관으로 정도관리에 합격한 기관에 한하여 지방노동관서장의 지정을 받은 의료기관만이 실시할 수 있게 되었다.

3. 특수건강진단 제도 개선

특수건강진단이 획일적이고 유소견자 발견율이 낮으며 사후관리가 되지 않는 등의 문제점이 많이 지적되어 제도 전반에 걸친 검토와 개선의 필요성이 제기되었다. 이에 따라 노동부에서는 '특수건강진단 제도 개선안 제안창구'를 설치하고 1997년 2월 한국산업안전공단 산업안전보건연구원에 '특수건강진단 제도 개선위원회' 및 '특수건강진단 제도 개선 실무위원회'를 설치함과 아울러 개선 방안 마련 및 의견수렴에 착수하였다.

특수건강진단 제도 개선위원회는 1997년 9월까지 실무위원회 8회와 본위원회 4회 이후 1997년 10월 개선 방안을 마련하여 노·사 등 각계의 다양한 의견수렴을 위한 공청회를 개최하여 1997년 12월 개선안을 마련하였다. 아울러 1998년 9월까지 특수건강진단 항목·주기와 산업의학적 평가기준 등 세부시행 방안 마련을 위한 연구용역을 수행하였으며 1998년 11월 그동안 마련된 제도 개선안과 세부시행 방안에 대해 설명회를 개최하여 노·사 및 특수건강진단 종사자 등의 의견을 수렴하였다. 이에 1998년 12월에는 특수건강진단 제도 개선안을 최종 확정하여 노동부에 제출하였다.

노동부는 「산업안전보건법시행규칙」을 개정(1999.8.28.)하여 2000년 1월 1일부터 유해인자별 구분 없이 실시해 오던 특수건강진단 실시 주기를 유해인자별 건강에 미치는 영향을 고려하여 배치 후 1~6개월 이내에 실시하고 이후 6개월, 2년마다 정기적으로 실시하도록 조정하였다. 작업환경측정 결과 노출기준을 초과하거나 직업병 유소견자가 발견된 공정의 근로자는 특수건강 진단주기를 2분의 1로 단축하는 규정을 신설하였으며 특수건강진단 결과에 업무수행 적합성 여부 판정을 추가하였다.

4. 근로자 건강상담실 운영

근로자가 직업병의 의심이 있거나 건강상 이상이 있을 때 근로자 본인 또는 근로자 가족 등이 수시로 상담을 할 수 있도록 예방의학 전문의로 하여금 상담에 임하도록 하였으며, 상담 결과 직업병에 이환된 것으로 의심되는 근로자에 대하여는 산재보상과에 연결하여 산재요양 절차를 밟도록 하였다.

5. 사업장 건강증진 운동 추진

사업장 건강증진운동이란 사업주가 건강지도, 운동지도, 영양지도, 심리지도 등의 방법을 통하여 근로자의 건강을 보호 증진하고자 하는 것이다. 1997년부터 매년 약 1,000개소에 대하여 사업장 건강증진운동 추진을 지원하고 있다. 1996년부터 한국산업안전공단 교육원에 건강증진운동 지도자 양성과정을 개설하여 운영하고 있고, 근로자의 체력측정을 통한 과학적인 운동처방 지원을 위해 서울, 광주, 부산, 인천, 창원 등의 5개소에 체력측정실을 설치하여 운영하고 있다.

IX. 작업환경 관리

1. 작업환경측정 결과 보존

사업주는 인체에 해로운 작업을 행하는 작업장에 대하여 정기적으로 작업환경을 측정 평가하여 노동부장관에게 보고하고 그 결과를 5년간(발암성물질은 30년간) 보존하도록 하였다.

도표 1-15. 연도별 작업환경측정 현황

연도	구분	대 상	실 시	미측정 사업장 조치 내용			
				계	입 건	경 고	기 타
1990		12,263	10,680	1,583	47	1,507	29
1991	상반기	13,870	10,885	2,985	61	2,924	-
	하반기	14,332	12,895	1,437	78	1,359	-
1992	상반기	16,191	14,677	1,514	11	1,503	-
	하반기	16,453	15,446	1,007	42	965	-
1993	상반기	17,855	16,875	980	30	950	-
	하반기	18,958	18,341	617	58	559	-
1994	상반기	22,996	21,438	1,558	46	1,357	155
	하반기	22,773	21,461	1,312	98	923	291
1995	상반기	23,364	22,663	701	44	309	348
	하반기	22,274	21,633	641	67	301	273
1996	상반기	23,701	22,406	1,295	22	824	449
	하반기	23,551	22,418	1,133	34	477	622
1997	상반기	23,993	23,033	960	58	484	418
	하반기	24,315	23,787	528	23	80	425
1998	상반기	23,162	22,742	420	31	283	106
	하반기	21,971	21,445	526	26	444	56
1999	상반기	23,195	22,709	486	20	265	201
	하반기	23,529	23,177	352	40	199	113

(단위: 개소, 건수)

2. 작업환경 취약사업장 차등관리

1995년부터 작업환경이 취약한 사업장에 대하여 행정력을 집중하여 개선의 내실화를 기하기 위하여 유해인자의 유해 정도에 따라 화학물질이 노출기준을 3배 이상 초과한 사업장은 감독관 책임관리, 발암성 물질 등을 취급하는 사업장은 특별관리, 유해화학물질을 사용하면서 작업환경이 취약한 사업장은 중점관리 등으로 차등 관리하였다.

도표 1-16. 등급별 작업환경 취약사업장 차등관리 내용

관리 종류	내 용
감독관 책임관리	전년도 작업환경측정 결과 유기용제, 특정화학물질 등 화학물질이 노출기준을 3배 이상 초과한 사업장에 대해 유해 작업공정이 노출기준 이하로 개선 완료될 때까지 전담감독관을 지정하여 책임관리
특별관리	석면 등 발암성(추정 포함)물질 취급사업장 중 노출기준을 초과한 사업장은 근로감독관이 해당 공정을 정밀점검하여 개선토록 지시하고, 노출기준 이하 사업장은 산업안전공단에서 개선지도, 노출기준의 2분의 1 미만인 사업장에 대하여는 자체 점검하여 개선토록 관리
중점관리	유해화학물질 취급 사업장 중 노출기준을 초과하거나 직업병 유소견자가 발생한 사업장 등 작업환경이 취약한 사업장은 근로감독관이 산업안전공단의 기술지원을 받아 해당 공정을 정밀점검 및 개선지시 하고 소음이 100데시벨을 초과하는 사업장은 산업안전공단 지도원에서 개선지도 관리

3. 작업환경 특별점검 실시

1993년도에 직업병 유발 가능성이 있거나 작업환경이 열악한 사업장 1,133개소를 대상으로 작업환경 특별점검을 실시하여 1,070개소 사업장에 대하여 작업환경을 개선토록 6,142건을 시정 지시하여 6,084건을 시정하도록 하였으며, 시정지시를 불이행한 8개 사업장은 입건 조치하는 한편, 18개 사업장에 대하여는 개선계획수립 등 행정 조치하였다.

4. 작업환경 측정기관 정도관리 시행

근로자의 직업병을 예방하는 데 있어 작업환경측정은 매우 중요한 요소이다. 그러나 일부 근로자들 중에는 작업환경 측정결과를 불신하는 경우가 있어 노사 분쟁의 원인이 되기도 하였다. 이에 정부에서는 작업환경 측정기관의 능력 및 기술을 향상시키고 작업환경측정의 신뢰성을 제고하기 위하여 작업환경측정에 대한 정도관리(精度管理)를 시행하게 되었다.

이에 직업병예방 종합대책의 일환으로 정도관리에 대한 법적 근거를 마련하고 1992년에 작업환경측정 기관에 대해 2차에 걸쳐 정도관리를 시행하였다. 그 결과 21개 기관이 합격하고 8개 기관이 불합격되었으며, 불합격기관에 대하여는 1993년 1월에 측정업무를 정지한 바 있다. 측정기관이 정도관리에 1년 이상 참여하지 않거나 연도 말 종합판정에서 불합격하는 경우 작업환경측정 업무를 일시 정지하도록 운영함으로써 측정 및 분석 능력을 향상시킬 수 있도록 하였다.

도표 1-17. 정도관리 횟수별 합격률

연 도	실시 시기	참여기관	분야별 합격률(%)		
			금 속	유기용제	통 합
1992	1992.5	30	51.7	43.3	47.5
	1992.10	35	82.4	77.1	79.7
1993	1993.2	67	80.1	84.9	82.3
	1993.10	78	83.3	85.9	84.0
1994	1994.1	79	86.1	94.9	90.5
	1994.10	82	84.2	84.2	84.2
1995	1995.2	87	84.9	87.4	86.1
	1995.10	82	95.7	93.4	94.5
1996	1996. 3	85	91.2	94.6	92.9
	1996.9	93	98.9	93.5	96.2
1997	1997.2	99	98.0	93.9	96.0
	1997.10	107	93.5	90.6	92.1
1998	1998. 2	108	96.3	94.3	96.6
	1998. 9	114	93.8	93.8	93.8
1999	1999.2	117	97.4	96.5	97.0
	1999. 9	125	96.7	96.7	96.7

(단위: 개소)

5. 유해인자별 작업환경 전문측정기관 지정

유해인자에 대한 전문연구를 위하여 작업환경측정기관 중에서 필수장비로 측정 가능한 분야(납, 수은, 카드뮴, 망간, 크롬, 이황화탄소, 용접흄, 유기용제, 염화물유기용제)와 선택장비 또는 신장비로 측정 가능한 분야(석면, 코크스, TDI)로 구분하여 대학기관 등을 대상으로 12개 기관을 지정, 운영하였으며, 연구 분야로는 유해인자별 배출원인, 유해성 및 보호 방법, 작업환경

관리 방법, 표준측정분석 방법 등을 연구하였다.

X. 화학물질 관리

1. 유해화학물질의 근원적 관리

인체에 극히 유해한 물질에 대해서 제조·사용 등을 금지시키거나 사전에 제조·사용의 허가를 받도록 하고 취급상 주의가 필요한 물질에 대하여는 그 용기에 유해물질의 명칭, 유해성, 응급처치 방법 등을 표시하도록 함으로써 취급자가 미리 유해물질에 대한 지식을 습득하여 예방대책을 강구토록 하였다.

2. 신규화학물질의 유해성 조사

신규화학물질을 제조 또는 수입하고자 하는 사업주(신규화학물질의 수입을 대행하는 자가 따로 있는 경우에는 당해 수입을 대행하는 자)는 화학물질에 의한 근로자의 건강장해를 예방하기 위하여 유해성조사보고서를 제조·수입 45일 전까지 노동부장관에게 제출토록 하였다. 접수된 유해성조사보고서는 당해 화학물질의 유해·위험 정보에 대한 기술검토를 거쳐 사업주에게 시설·설비의 설치 또는 보호구의 지급 등 근로자 건강보호에 필요한 조치를 취하도록 하였다.

신규화학물질 유해·위험성 조사 제도의 목적은 1991년 7월 이후 새로이 제조 또는 수입되는 화학물질에 대해 그에 대한 유해성 조사를 미리 실시하도록 하고 그 결과에 따라 취급자의 건강보호 대책을 강구하도록 하는 등 유해물질로 인한 근로자의 질병을 근원적으로 예방하는 데 있다.

도표 1-18. 신규화학물질 유해 · 위험성 조사결과보고서 검토 및 조치 실적

연 도	검토 및 조치 실적
계	3,030
1992	14
1993	22
1994	66
1995	57
1996	132
1997	240
1998	199
1999	153
2000	308
2001	341
2002	311
2003	333
2004	365
2005	489

(단위: 건)

3. 화학물질 및 물리적 인자의 노출기준 고시 명칭 변경

유해물질의 허용농도는 1990년 7월 1일 「산업안전보건법」 개정에 따라 법 제127조의 규정에 의한 작업환경 개선 및 측정결과의 평가기준으로 사용할 수 있도록 하였다.

「유해물질의 허용농도」(노동부고시 제1-21호)는 대부분의 근로자가 작업 시 건강상의 나쁜 영향을 미치지 아니하는 보건상의 기준으로 적용해 왔으나 「허용농도」라는 용어가 화학물질에 노출되어서는 안 되는 허용 한계의 의미를 담고 있어서 고시의 명칭을 「화학물질 및 물리적 인자의 노출기준」으로 변경하였다(1998.1.5.).

한편, 경남 양산 소재 리모컨 스위치 등을 생산하는 엘지전자부품(주)에서 일본산 유기용제인 '솔벤트5200(화학물질명: 2-브로모프로판)'이 담긴 침지조(浸漬槽)에서 세척작업을 수행하던 근로자 23명이 1994년 7월 집단으로 생식기능 장애 및 조혈기관 장애를 일으키는 직업병 사례가 발생하였다(양산 엘지전자 직업병 사건). 이와 관련, 화학물질의 건강장해 영향 정보 등의 연구를 통해 2-브로모프로판의 노출기준을 1ppm으로 설정하였다(1998.1.5.).

4. 물질안전보건자료(MSDS) 제도 도입·시행

화학물질 취급자에게 화학물질에 관한 정보를 사전에 제공하여 안전사고 및 직업병을 예방하기 위해 1996년 7월부터 MSDS 제도를 시행하게 되었다. MSDS 제도는 화학물질을 제조, 수입, 사용, 운반 또는 저장하고자 하는 자는 미리 MSDS를 작성하여 취급 근로자가 쉽게 볼 수 있는 장소에 비치 또는 게시하고 경고 표시 부착, 근로자 교육 등을 실시하도록 한 제도이다.

산업안전공단에서는 MSDS 작성에 필요한 화학물질 관련 정보를 제공하기 위하여 5만 500여 종의 한글 MSDS를 작성하여 데이터베이스화하였으며, 최신의 자료를 지속적으로 갱신하고 있다.

5. 작업환경 실태조사 실시

1991년에 수립한 「직업병예방종합대책」에 따라 5년 주기로 전국 제조업체의 작업환경, 유해요인, 위험기계·설비현황, 화학물질 취급현황 등 '작업환경 실태조사'를 실시하여 산업안전보건 정책수립 및 각종 산업재해예방 사업계획 수립 시 기초자료로 활용하는 한편, 사업장 유해·위험 요인의 체계적인 관리시스템을 구축하기로 하였다.

이에 1989년에 이어 두 번째로 1993년에 전국의 제조업체 6만여 개소의 작업환경실태 센서스를 실시하였다. 1993년에 실시한 작업환경실태 센서스는 한국산업안전공단에 위탁하여 실시하였으며 1992년도에 예비조사를 거쳐 본조사는 1993년 3월 1일부터 10월 31일까지 약 8개월에 걸쳐 조사요원이 직접 사업장을 방문하여 사업장 일반현황, 기계기구 보유상태, 취급화학물질 현황 등 사업장 안전보건실태에 관한 전반적인 조사를 실시하였으며, 1998년도에도 실시하였다.

제5절 국제협력

정부에서는 선진국의 산업안전 기술 및 장비를 지원받아 산재예방사업 추진 체제의 확립, 법령 및 제도의 개선과 직업병 예방 분야의 연구 기반 정비 등 안전보건 기술 증진을 통한 산업재해 감소를 위하여 기술협력사업을 추진하였다.

한·일 기술협력사업은 사업장에 근무하는 근로자들의 직업병 예방을 위하여 일본의 기술 및 장비를 지원받아서 직업병 예방을 위한 연구 및 사업장 보건관리의 발전을 도모하기 위한 사업의 일환으로 추진되었다.[7] 1990년 11월 일본 노동성의 실태조사단이 방한하여 본 협력사업의 추진을 협의하였고, 노동부에서는 1991년 2월 기술협력사업 세부추진계획서를 과학기술처를 통해 일본 측에 제출하였다.

이 사업은 1992년부터 1996년까지 5년에 걸친 사업으로, 한국산업안전공단, 대한산업보건협회, 순천향의대가 공동으로 참여하여 일본 전문가 내한 자문(45명), 한국인 훈련생 일본 연수(31명), 연구실험 관련 기자재·장비 지원(110종 337식) 등 1,000만 불 규모의 사업이 기술 이전 방식으로 추진되었다. 이 사업은 산업위생 일반연구지원, 작업환경관리, 보호구 검정, 화학물질 유해성 조사, 근로자 건강관리 등에 중점을 두었다.

제6절 산하기관 및 민간 부문의 활동

I. 한국산업안전공단의 활동

생명 존중의 이념 아래 근로자의 안전과 건강보호를 위해 설립된 한국산업안전공단은 체계적인 산재예방사업을 전개하기 위하여 3개 기반사업과 7대 현안사업을 주요 내용으로

7　정식 이름은 '직업병 예방을 위한 한일 기술협력사업'이다. 저자가 추진에 주도적인 역할을 하였다.

하는 「산업안전 장·단기 발전계획」을 수립하였다.

산업안전 분야에 대한 연구와 안전장치 및 보호구 검정기능을 수행하던 국립노동과학연구소를 흡수, 산업안전보건연구원을 개원함(1989.7.)으로써 보다 과학적인 산재예방사업의 기틀을 마련하였다. 1990년 1월 개정된 「산업안전보건법」에 근원적 안전성 확보를 위한 위험기계기구 검사, 유해위험방지계획서 심사, 직무교육대상 확대 등 산업안전사업 기반을 구축한 공단은 산업안전보건연구원을 산업안전연구원과 산업보건연구원으로 분리하였다.[8] 전국의 주요 산업 요충지에 산업안전기술지도원을 확충함으로써 현장 중심의 활발한 기술서비스 제공 체제를 갖추게 되었다. 또한, 산업안전보건연구센터를 건립하여 산재예방 전문기관으로서의 면모를 갖추었다.

또한 '무재해 천만 명 서명운동'을 계기로 확산된 안전 분위기가 재해감소로 이어질 수 있도록 하기 위해 저비용·고효율 산재예방기법을 개발·보급하는 한편 노·사·정 및 시민·언론단체와 함께 안전문화운동 등을 전개하여 범국민적인 안전의식 확산의 계기를 마련하고자 하였다.

1994년부터는 재해가 다발하고 있는 중·소 영세사업장의 안전설비 개선과 직업병 예방을 위해 산재예방 특별사업계획을 시행하는 등 적극적인 재해예방 활동을 전개하였다. 이 밖에 외국과의 기술협력 강화, 아·태산업안전보건기구(APOSHO) 총회 등 산업안전보건에 관한 국제회의와 세미나를 유치하여 산업안전보건의 국제화에 노력하였다.

생산성 향상과 함께 안전을 위한 새로운 안전경영기법을 개발·보급하는 한편 안전인증제도 시행, 산업화학물질 연구센터 건립, 사업장 수요에 맞는 전문교육 확대와 매월 4일 안전점검의 날 행사 등을 지속적으로 실시하였다.

---

8   산업안전보건연구원이 1992년 산업안전연구원과 산업보건연구원으로 분리된 것은 1991년 수립된 「직업병예방 종합대책」에 의한 것이다. 산업보건 분야 연구의 분리에 대해 안전공단의 조직적 저항이 심했다. 산업보건연구원의 초대 원장은 중앙대 의대의 정규철 박사를 영입하였다. 1998년에 다시 산업안전보건연구원으로 통합되었다.

II. 관련 기관 · 단체의 창립

1. 한국산업간호협회

1994년 3월 23일 사단법인 한국산업간호협회가 노동부 허가 제184호로 창립되었다. 한국산업간호협회는 1987년 2월에 발족한 산업간호사회를 기반으로 한 것으로, 초대 회장에는 협회 창립을 주도한 서울대학교 보건대학원의 김화중 교수가 선출되었다.

한국산업간호협회는 산업간호에 관계되는 학술연구 및 기술개발을 통하여 사업장 근로자의 건강증진을 도모함으로써 국가산업발전에 기여함을 설립 목적으로 하였다.

2. 한국보호구협회

1994년 6월 사단법인 한국보호구협회가 노동부 허가 제186호로 창립되었다. 한국보호구협회는 1990년 11월 발족한 한국산업안전보호구협의회를 전신으로 설립된 기관이다.

한국보호구협회는 산업재해 예방을 위한 산업안전보호구 업계의 공동노력과 협력을 통한 품질 향상을 도모하여 근로자의 생명과 신체를 보호하고, 우량 보호구를 개발하고 보급하여, 작업현장에서의 안전성 확보와 국제 경쟁력의 제고 및 국가 산업발전에 기여함을 목적으로 하고 있으며, 홍보사업, 전시회사업, 인증사업 등을 수행하고 있다.

3. 한국건설가설협회

1996년 9월 한국건설가설협회가 사단법인으로 창립되었다. 공익성과 시험연구 기능을 기반으로 가설 관련 건설재해를 예방하고 낙후된 가설업계와 가설공사 분야를 발전시켜 건설업의 경쟁력 확보에 기여하며, 경제적이고 과학적인 가설공사 시공과 가설재의 품질 향상을 통해 궁극적으로 회원사의 권익 신장과 발전에 도움을 주기 위해 설립되었다.

4. 한국승강기안전기술원(구, 한국승강기안전센터)

「산업안전보건법」 적용 사업장에 설치 사용되는 양중기에 대한 안전을 확보함으로써 산업재해 예방을 목적으로 설치되었으며, 주요 사업으로는 승강기 자체검사대행, 승강기 안전성에 관한 시책의 조사 및 연구, 승강기 안전 세미나 등의 개최 및 도서 발행 등을 하였다. 후에 한국승강기안전관리원과 통합되어 2016년 7월 한국승강기안전공단이 출범하였다.

III. 관련 학회의 창립

1. 한국산업위생학회

한국산업위생학회는 초대 회장 이광묵, 부회장 윤명조 교수를 중심으로 우리나라 산업위생학의 발전과 회원 상호 간의 자질 향상 및 근로자의 건강보호를 목적으로 1990년 4월에 창립되었다.

산업위생에 관한 학술대회, 간담회 및 학술강연대회를 정기적으로 개최하고 학술지 발간, 산업위생에 관한 교육훈련 및 연구, 산업위생에 관한 정부 및 공공단체의 위탁사업 등을 주요 사업으로 하고 있다.

2. 한국산업간호학회

1990년 9월 26일 한국산업간호학회가 창립되었다. 산업간호의 향상을 위한 학술활동을 목적으로 하며, 이를 달성하기 위하여 산업간호에 관한 연구, 회원의 교육 및 훈련, 회원의 관리 및 정보교환, 산업간호 관련 단체와의 학술교류, 학술지 발행, 산업간호사의 권익옹호 및 향상 사업을 수행하고 있다.

IV. 산업보건 전문인력 양성

1. 가톨릭대학교 산업보건대학원 신설

1991년 가톨릭대학교는 산업보건대학원을 설립하고, 산업의학전공, 산업위생전공, 산업보건간호전공을 설치하였다. 국내에서 최초로 산업보건에 종사하는 전문인력의 양성을 목적으로 설립된 것이다.

2. 산업의학전문의 제도 신설

1991년에 발표된 「직업병 예방종합대책」의 일환으로 직업병을 진단하고 치료할 전문인력을 양성하기 위해 1996년부터 산업의학전문의 제도가 신설되었다.[9] 1996년 제도가 도입된 이래, 2010년까지 561명에 달하는 전문의가 배출되었다.

3. 산업안전지도사 · 산업보건지도사 제도 도입

「기업활동 규제완화에 관한 특별조치법」의 제정(1993.4.)에 따라 사업장 내 자율적 안전보건체제가 취약해질 것이라는 우려가 제기되어, 근로자의 안전 · 보건을 위협하는 기계 · 전기 · 화학적 유해 · 위험 요인 등에 전문적으로 대처할 수 있는 민간인력 육성의 필요성이 대두되었다. 이에 따라 1994년 3월 행정쇄신위원회에서 '산업안전보건정책 개선대책'을 대통령에게 보고한 데 이어 1995년 1월 지도사 제도 도입을 포함하는 「산업안전보건법」 개정안이 공포되었다.

산업안전지도사 · 산업보건지도사는 노동부장관이 실시하는 시험에 합격하고 교육을 이수한 후 지방노동관서에 등록하여야 하며, 타인의 요구에 따라 보수를 받고 근로자의 안전 · 보건수준을 향상시키기 위한 안전 · 위생평가 및 지도 등의 업무를 수행할 수 있도록 하였다. 또 법인을 설립할 수 있으며, 업무상 알게 된 비밀을 누설하지 못하도록 하고 있다.

업무 영역은 유해위험방지계획서, 안전보건개선계획서, 물질안전보건자료 작성지도, 작업환경 측정결과에 대한 공학적 개선대책 기술지도, 산업환기시설 설계 및 시공에 필요한 기술지도, 보건진단 결과에 따른 개선지도, 기타 산업위생, 건강증진에 관한 교육 또는 기술지도 등이다.

---

9   산업의학전문의 제도 도입에 대하여 1991년부터 노동부에서 노력하였으나 보건사회부의 반대로 성사되지 못하다가 1996년 응급의학 전문의 제도와 함께 도입되었다. 2011년 직업환경의학과로 개명하였다.

시험은 한국산업안전공단 주관으로 필기시험과 구술시험으로 실시되며, 시행 첫해인 1995년에 안전·위생지도사 169명 배출 후 시험 시행이 일정 기간 유보되었다.

4. 산업전문간호사 제도 신설

사업장에서 사용하는 유해화학물질이 증가하고 새로운 화학물질이 도입되고 있으며, 생산기술의 혁신으로 작업 방법이 다양화되면서 작업관련성 질환의 증가가 우려됨에 따라 근로자 건강관리를 과학적으로 수행할 필요성이 증대되었다. 이에 노동부는 보건복지부와 협의하여 산업전문간호사 제도를 신설하기로 하여 2003년 10월 1일 「의료법 시행규칙」을 개정하였다.

제4장

노무현 정부

참여와 책임의 성장기

제1절 총설

참여정부의 철학 아래 공공성 · 책임성 중심으로 산업안전보건의 외연이 확장된 시기다. 「산업안전보건법」이 5인 미만 사업장에도 확대 적용된 2000년부터 노무현 정부(2003.2.~ 2008.2.)까지에 해당한다.

1964년 산재보험법이 시행된 이후 집계되기 시작한 산업재해율은 1990년대까지 지속적으로 감소하여 1998년에는 재해율이 0.68%로 낮아졌다. 그러나 1997년 IMF 경제위기의 영향으로 재해율은 더 이상 감소하지 않고 오히려 소폭 증가하기 시작하여 노무현 정부가 출범한 2002년에는 재해율이 0.77%, 이듬해에는 0.90%까지 증가하였다.

이와 같이 재해율이 증가한 것은 IMF 외환위기 이후 「기업활동 규제완화에 관한 특별조치법」 개정으로 인한 규제완화와 기업의 안전보건에 대한 투자감소 등이 직접적 원인이지만, 근본적으로는 IMF 이후 우리나라의 정치 · 경제 · 사회 여건이 크게 변화하여 기존의 정책과 제도로는 근로자의 안전보건을 보호하는 데 일정한 한계를 가질 수밖에 없는 상황이 전개되고 있었기 때문이다.

특히, 산업안전보건 문제의 복잡성은 더욱 커졌다. 사고나 질병을 유발하는 원인이나 요인이 과거에는 비교적 단순했으나 작업 방법의 다양화, 생산기술의 발전, 고용형태의 다양화와 근로자 생활 습관의 변화 등으로 복잡해졌으며, 중층적 하도급 등으로 그 책임 소재 규명도 어려워졌다. 또한 근골격계 부담 작업이나 스트레스 같은 새로운 건강장해 요인으로 인한 신종 직업병이 크게 증가하였다.

즉, 노무현 정부는 추락이나 전도·협착과 같은 재래형 재해는 물론 신규 화학물질이나 스트레스 등으로 인한 선진국형 신종 직업병 등을 동시에 해결하여야 하는 과제를 안고 출범하였다. 정부는 우선적으로 시급하게 해결하여야 할 산재 문제에 대해서는 단기적인 정책을, 중장기적으로는 산업안전보건 선진화를 위한 기반을 조성하는 데 역점을 두고 정책을 추진하였다.

단기적으로는 산업재해 발생의 위험이 높고, 산업재해가 다발하며, 산재로 인해 피해가 큰 계층에 대하여 우선적으로 직접지원 및 관리감독을 강화하는 정책을 추진하였다. 그 대표적인 사업이 재정지원사업으로 CLEAN 사업장 조성 지원사업과 산재예방 시설자금 융자사업을 들 수 있다. 관리감독 강화 사업으로는 안전보건개선계획 수립·명령과 안전관리 기술지원 사업이 있다. 산업재해 취약계층을 보호하기 위하여 모기업-협력업체 협약사업과 비정규 근로자 보호사업, 그리고 외국인 근로자의 안전보건관리 지원사업을 추진하였다.

중장기적인 안전보건 선진화를 위하여 IMF 경제위기 당시 「기업활동 규제완화에 관한 특별조치법」에 의해 완화되었던 산업안전보건 규제에 대해 관련부처(산자부-노동부)와 공동연구를 실시하고 충분한 협의를 거쳐 합리적 수준에서 필요하다고 판단되는 규제를 원상 복원하였다. 또한 정책 집행의 실효성을 제고하고 취약 근로자에 대한 안전보건관리 감독을 강화하기 위하여 근로감독관을 대폭 증원하여 선진 안전보건 관리체계의 기반을 닦았다.

한편으로는 정부의 관리감독이라는 과거의 틀에서 벗어나 노사협력 및 노사참여를 촉진하는 산재예방 활동의 기틀을 마련하기 위하여 노사협력적 산재예방 활동의 기반을 조성하였다. 선진 산업안전보건 제도로 알려진 위험성 평가제도를 도입하기 위한 기초연구와 법적·제도적 도입 방안에 대해서도 기반을 닦아 놓았다.

산업안전보건 성장기의 주요 정책은 행정 및 법제의 내실화, 실효성 증진을 위한 제도 개선, 산재예방계획의 지속적 전개 및 일관성 유지 등으로 요약될 수 있다. 특히 2000년 7

월 1일을 기점으로 「산업안전보건법」이 5인 미만 사업장에도 확대 적용됨으로써 소규모 사업장에 대한 안전보건 사각지대를 해소하고 사회안전망을 정비하는 사업에 초점을 맞춘 정책이 시행되었다.

제2절 정책의 기반

Ⅰ. 산업안전보건법 적용 확대: 시행령 개정 (2000.8.5.)

「산업안전보건법」의 일부 적용으로 안전보건의 사각지대에 있던 5인 미만 사업장의 근로자 보호를 위하여 2000년 8월 5일 시행령을 개정하여 5인 미만 사업장으로 적용을 확대하였다. 5인 미만 사업장의 사업주에게 안전보건상의 조치, 작업환경측정 및 건강진단 실시 등 기본적인 안전보건 조치 사항의 준수 의무를 부여함으로써 5인 미만 사업장 근로자의 보호를 위한 제도적 장치를 갖추게 되었다. 다음 표와 같이 점진적으로 적용을 확대하였다.

도표 1-19. 5인 미만 사업장 산업안전보건법 적용 확대 시기

적용 시기	조 항
2000년 8월 5일	- 근로자의 준수사항(법 제25조) - 기술상의 지침 및 작업환경의 표준(법 제27조) - 물질안전보건자료의 작성·비치(법 제41조) - 질병자의 근로금지·제한(법 제45조) - 근로시간 연장 제한(법 제46조)
2001년 2월 5일	- 안전상의 조치(법 제23조) - 보건상의 조치(법 제24조) - 자격 등에 의한 취업 제한(법 제47조)
2002년 1월 1일	- 작업환경측정 등(법 제42조) - 건강진단(법 제43조)

II. 산업안전보건법 개정 (2002.12.30. 개정, 2003.7.1. 시행)

1. 사업주의 의무 사항에 뇌심혈관질환 예방 추가

증가하고 있는 뇌심혈관질환 등 작업관련성 질환을 예방하기 위하여 사업주에게 교대작업, 차량운전 등 직무스트레스가 높은 작업에 대하여 직무스트레스 요인 평가 및 개선대책 마련, 작업계획 수립 시 근로자 의견 반영 등의 조치를 취하도록 사업주에게 권고하였다.

2. 재해율 공표제도 신설

사업장의 산업재해 발생건수 및 재해율 등의 공표제도가 신설되었다. 이에 따라 연간 산업재해율이 규모별 동종 업종의 평균재해율 이상인 사업장 중 상위 10% 이내에 해당되는 사업장, 중대재해가 발생한 사업장 및 최근 3년 이내에 2회 이상 산업재해 발생 보고를 하지 않은 사업장에 대해서는 산업재해 발생건수 및 재해율을 공표하도록 하였다.

3. 산업재해 기록보존 의무 신설

산업재해 발생 시 사업주는 산재보상 처리에만 급급하고 재발 방지 등 예방조치에 소홀하게 되는 측면이 있으므로 산업재해 발생원인 등의 기록, 보존 의무를 부여하여 사업주의 산업재해에 대한 경각심을 제고하는 한편 산업재해 원인을 철저히 조사하여 재발방지 계획 등을 기록, 보존하도록 함으로써 동종재해의 재발방지 및 근로자 교육 등에 활용할 수 있도록 하였다.

4. 검정대상 보호구 확대

산업폐기물을 취급하는 사업장에서 발생되는 유기화합물(DMF)이 근로자의 피부를 통해 인체로 흡수되어 집단적으로 독성간염을 유발시키고 있음에도 동종유형의 직업성질환 예방에 필요한 보호구에 대한 규정이 없었다. 따라서 근로자 '독성간염 종합예방대책 (2002.1.24.)'의 일환으로 유기화합물용 안전장갑 및 보호복을 검정대상 보호구의 범위에 추가하고 2005년 1월 1일부터 시행하였다.

5. 근골격계질환 예방의무 신설

단순 반복 작업의 증가와 중량물 취급 등 신체에 과도한 부담을 주는 작업의 지속적 수행 등으로 근골격계질환자가 급증하고 있어 종합적이고 체계적인 근골격계질환 예방관리를 수행하기 위한 근거를 마련하기 위하여 사업주의 보건상의 조치 의무 사항에 근골격계질환 예방 의무를 신설하였다.

6. 유해인자의 체계적 분류, 관리 신설

유해인자의 분류기준을 화학적 인자, 물리적 인자, 생물학적 인자로 체계적으로 분류하고, 그 기준에 따라 유해·위험성을 평가하여 금지물질, 허가물질, 관리대상 유해물질, 작업환경 측정대상 유해인자, 노출기준 설정 유해인자로 구분하여 관리하도록 하였다.

7. 유해인자의 유해·위험성 평가 신설

유해인자의 효율적 관리를 위해 유해인자에 대한 유해·위험성 평가 근거를 마련하고 그 결과를 관보 등에 공표할 수 있도록 하였다. 유해인자의 유해·위험성 평가수행 전문연구 기관의 지정, 운영기준을 마련하여 노동부장관이 지정하도록 하였다.

8. 작업환경측정 대상, 주기, 횟수 개정

현행 작업환경측정 대상 유해인자 중 28종은 삭제하고, 직업병 유발이 가능한 유해물질 103종을 측정 대상으로 추가하여 작업환경측정 대상 유해인자를 116종에서 191종으로 확대하고 옥내 작업장에 한하여 측정하던 것을 옥외작업도 측정하도록 하며, 신규 작업장 또는 신규 공정의 경우 30일 이내에 측정을 실시하고 그 후 6월에 1회 실시토록 하였다.

사업주의 신청에 의하여 승인되던 작업환경측정 횟수조정 승인 제도를 폐지하는 대신 작업환경측정 결과 노출 정도에 따라 횟수조정 승인 없이 일정 요건에 해당되면 주기를 조정하여 실시하도록 하였다.

Ⅲ. 산업보건기준에 관한 규칙 전면 개정 (2003.7.12.)

2000년 이후 근골격계질환이 급격하게 증가하면서 노사갈등의 핵심 사항으로 부각되는 등 사회적 문제로 대두됨에 따라 「산업보건기준에 관한 규칙」을 개정하여 단순 반복작업 또는 중량물 취급 등 '근골격계 부담 작업으로 인한 건강장해 예방의무'를 신설, 사업주에게 필요한 조치를 취하도록 하였다.

또한, 근로자 평균연령이 높아지고 산업구조 및 고용형태가 다양해지면서 신체적 피로, 정신적 스트레스로 인한 뇌심혈관계질환이 지속적으로 증가함에 따라 2003년 교대작업자 등 직무스트레스가 높은 작업에 종사하는 근로자의 건강장해 예방을 위해 사업주는 '직무스트레스 요인 평가' 등 필요한 조치를 취하도록 하였다.

아울러 사무실 종사 근로자에게 천식, 레지오넬라병, 가습기열병 등 건강장해가 발생하고 있음에도 이를 보호하기 위한 규정이 미흡하여 '사무실 오염으로 인한 건강장해 예방조치'를 신설하였다. 중앙관리방식의 공기정화설비 등을 갖춘 사무실을 적용 대상으로 사무실 공기 관리기준과 분진이나 미생물 또는 해충발생 우려가 있는 장소 등에 대한 청결 유지·관리 의무 등을 규정하였다.

Ⅳ. 산업안전기준에 관한 규칙 개정 (2005.10.7.)

「산업안전기준에 관한 규칙」에서 정하고 있던 기계·기구의 자체검사 의무에 관한 사항이 「산업안전보건법시행규칙」으로 이관됨에 따라 관련 조문을 정비하고, 타워크레인 안전관리의 미비로 인한 대형 재해를 예방하기 위하여 타워크레인 작업계획서의 작성, 타워크레인의 지지 방법, 강풍 시 타워크레인의 작업제한 등에 관한 조항을 신설하였다.

V. 산업안전보건국으로 명칭 변경

근로자의 건강에 대한 관심이 고조되고 업무상 질병이 증가함에 따라 산업보건 업무에 대한 비중을 확대하고 중요성을 부각시키기 위하여 노동부 '산업안전국'의 명칭을 '산업안전보건국'으로 변경하여 2006년 1월 1일부터 시행하였다.[10]

VI. 전문 분야별 감독관 증원

2004년도에는 7급 기계직 10명, 화공직 8명, 건축직 10명 등 기술직 감독관 28명을 특채하여 지방관서 산업안전과에 배치하였다. 산업안전보건 업무담당 근로감독관의 업무수행 역량 보강을 위해서 업무수행 부서에 배치하기 전에 산업안전보건에 관한 기본교육을 이수토록 하는 '선교육 후배치' 원칙을 이행하고, 배치 후에는 기계 · 전기 · 화공 · 건설 · 보건위생 등 전문화 교육을 실시하여 능력 향상을 도모하였다.

한편, 급증하고 있는 작업관련성 질환의 효과적인 예방관리를 위해 의학지식을 갖춘 전문인력의 필요성이 대두되어 2002년 5월 노동부 직제령에 보건사무관 4명의 증원을 반영하였고, 그 후 2006년 3월 의사 면허를 취득한 보건사무관 3명을 특채하여 경인청, 부산청, 광주청에 배치하였다.

의사감독관(醫師監督官)은 지방노동청 및 중대재해예방센터의 산업보건 사업계획 수립 · 평가, 근로자건강진단 및 건강증진 지도 · 감독, 작업관련성 질환 예방대책 수립 및 지도 · 감독, 산업보건담당 인력에 대한 교육 등 지방청 내 산업보건관련 업무를 총괄 수행하고, 의학적 전문지식이 필요한 업무와 지방노동관서에서 의뢰하는 산업보건업무에 대한 자문 · 지원 업무를 담당하게 되었다. 2005년에는 보건직 7급 14명을 특채하여 지방관서에 배치하였다.

---

10 이에 비하여, 산업보건으로 영역을 확장하는 데 우려와 저항이 심했던 한국산업안전공단이 "근로자의 보건문제를 재해 예방 산업의 주요한 과제로 삼겠다는 의지의 표현"이라면서 그 명칭을 한국산업안전보건공단으로 변경한 것은 이보다 3년 후인 2009년 1월 1일부터이다. (한국산업안전공단, 보도자료, "한국산업안전공단, '한국산업안전보건공단'으로 새출발", 2009.1.2.)

제3절 주요 정책 방향

I. 제1차 산업재해예방 5개년 계획 (2000~2004)

1996년부터 실시한 「산업안전 선진화 3개년 계획」이 1999년에 완료됨에 따라 2000년 대의 지식정보화 사회에 적합한 산업안전보건의 중·장기 전략을 수립할 필요성이 제기 되었다. 이에 1999년 4월 안전보건 관련 민간전문가와 공무원 등 총 44명으로 실무기획단 을 구성하고 공청회(1회), 전문가 간담회(12회) 등을 거쳐 광범위한 국민 여론을 수렴한 후 2004년까지 산업재해율 0.61% 달성을 목표로 한 「제1차 산업재해예방 5개년 계획」을 수 립하였다. 1차 산업재해예방 5개년 계획은 산업재해를 감소시키고 근로자의 건강을 증진 시켜 우리나라 산업안전보건 수준을 선진국에 근접하는 수준까지 향상시키는 것을 전략 목표로 하였다. (〈도표 1-20〉 참조)

도표 1-20. 제1차 산업재해예방 5개년 계획의 전략 목표

전략목표	세부내용
1. 산업재해를 감소시키고 근로자의 건강을 증진 시켜 우리나라 산업안 전보건 수준을 선진국 에 근접하는 수준까지 향상	1-1. 산업재해에 취약한 중·소규모 사업장의 산업재해 발생률을 대폭 감소시켜 산업재해 발생 의 감소추세 유지
	1-2. 사망재해가 다발하고 있는 건설업과 제조업 등에 대한 집중관리를 통하여 사망재해 발생 의 감소추세 유지
	1-3. 새롭게 대두되는 건강문제를 사전에 예방함으로써 직업병 발생의 감소추세 유지
	1-4. 근로자 건강증진사업을 효율적으로 실시하여 근로자 일반질병 발생률의 증가추세를 둔화
2. 노사의 안전보건의식을 제고하고 산업현장에서 안전보건법규가 준수되 는 풍토 조성	2-1. 가정-학교-사회로 연결되는 평생 안전교육체제의 기초를 확립
	2-2. 법 집행의 실효성을 높여 반복적인 법규 위반 사례를 대폭 감소
3. 노·사·정 및 관련 단 체, 기관 등 안전보건을 담당하는 각 주체가 효 율적으로 역할을 수행 할 수 있는 토대 마련	3-1. 안전·보건관련 법령상의 중복 규제를 대폭 감소시켜 안전보건 관리체제의 효율성을 향상
	3-2. 산업안전·보건행정의 전문성 향상을 위하여 산업안전감독관 중 기술직의 비율을 높이고 체계적인 직무교육 프로그램을 완비
	3-3. 공공-민간 부문 등 산업안전·보건 주체들 간의 합리적인 역할의 설정·조정을 통해 기능 중복 등의 비효율성을 최소화
	3-4. 노동부, 산업안전공단 및 산업안전·보건관련 기관·단체 간에 필요한 정보와 자료를 신속 하게 교류할 수 있는 효율적인 정보공유체계를 완비
	3-5. 사업장 안전·보건활동에 근로자 참여를 활성화하기 위하여 산업안전감독관의 사업장 방 문활동에 근로자대표 및 명예산업안전감독관의 참여를 확대

제1차 산업재해예방 5개년 계획은 5대 주요 정책과제를 정하고 이를 뒷받침하는 12개의 세부 정책과제로 구성하였다. (〈도표 1-21〉 참조)

이 계획의 수립·시행에 따라 5인 미만 사업장에 대한 법적용 확대를 통해 사각지대를 해소하고, CLEAN 사업장 조성사업을 신설하여 50인 미만 소규모 사업장에 대한 안전보건 지원제도를 강화하고, 작업환경 측정 대상 유해인자를 116종에서 191종으로 확대함과 동시에 근골격계질환 예방 및 신체적 피로와 정신적 스트레스 예방을 위한 사업주의 예방의무를 신설하고, 산업재해 다발 사업장의 명단을 공표하는 등의 정책을 추진한 점은 매우 긍정적으로 평가된다.

도표 1-21. 제1차 산업재해예방 5개년 계획의 주요 정책과제 및 세부 정책과제

주요 정책과제	세부 정책과제
산업재해 취약부문 집중지도·지원	1. 중·소규모 사업장에 대한 최우선적인 안전·보건지원 2. 사망재해 다발요인 특별관리 3. 산재취약부문 안전·보건관리 강화
산업안전보건 제도선진화 및 서비스 질 향상	4. 사업장 내 서비스 위주의 안전보건관리체제 확립 5. 새로운 안전·보건문제에 대응하기 위한 제도 정비
노사의 안전의식 함양	6. 가정-학교-사회를 연결하는 평생안전교육 체제 구축 7. 법 준수 풍토 구현
공공·민간기관 간 합리적 역할 설정과 협력체제 강화	8. 공공-민간 부문 간 고유기능 중심의 역할 재설정 9. 안전·보건행정 지도·감독 기능 강화 10. 재해예방기관 간 효율적인 정보공유체제 확립
사업장 안전보건 관리체제 효율화	11. 안전·보건법령상의 중복규제 해소 12. 노·사 자율 안전·보건관리체제 확립

제1차 산업재해예방 5개년 계획의 목표는 2004년까지 산업재해율을 0.61%로 감소시키는 것으로 하였으나 동 계획 수행 후 2004년 산업재해율 0.85%를 기록함으로써 목표를 달성하지 못하였다. 산재가 다발하는 5인 미만 사업장의 산재보험 적용 확대, 산재 인정범위 확대 등의 요인으로 산재율이 오히려 증가하였다. (〈도표 1-22〉 참조)

도표 1-22. 제1차 산업재해예방 5개년 계획 기간 중의 산재율

연도별 구분	1999	2000	2001	2002	2003
전체 재해율	0.74	0.73	0.77	0.77	0.90
업무상 사고 재해율	0.71	0.68	0.72	0.72	0.81
업무상 질병 재해율	0.037	0.043	0.053	0.051	0.086

(단위: %)

II. 제2차 산업재해예방 5개년 계획 (2005~2009)

2000년부터 2004년까지 실시한 제1차 산업재해예방 5개년 계획이 완료됨에 따라 중장기 계획을 연속성 있고 체계적으로 추진하는 기반을 마련하는 차원에서 2004년 12월 「제2차 산업재해예방 5개년 계획」(2005~2009)을 수립하게 되었다.

제2차 산업재해예방 5개년 계획은 2004년 4월 17일, 제1차 5개년 계획에 대한 평가 및 제2차 산업재해예방 5개년 계획의 시안을 마련하기 위하여 토론회를 개최하고, 안전정책·산업안전·산업보건 등의 분야별로 전문가 간담회를 개최한 후 노동부 실·국 및 지방관서 의견수렴을 거쳐 2004년 12월 14일 산업안전보건정책심의위원회 심의·의결을 거쳐 확립되었다.

제2차 산업재해예방 5개년 계획은 안전하고 깨끗한 작업장 조성과 건강한 노동력의 유지·증진을 목표로 하여 모든 근로자의 안전과 건강이 보장되는 안전 복지사회 달성을 비전으로 하고 있다.

5대 추진전략은 ① 사망재해 다발업종·영세사업장 등 취약 부문에 행정역량 집중, ② 노사자율의 산재예방 활동을 촉진하되, 법령 위반에 대해서는 책임원칙 확립, ③ 전통적 유해·위험을 지속적으로 감소시키면서, 새로운 안전보건 문제에 능동적으로 대응, ④ 노사정 및 유관단체 간 적절한 역할 분담을 통해 업무의 효율성 제고, ⑤ 노사의 안전보건교육 및 훈련시스템 구축을 통한 교육·훈련 활성화 등이다. (〈도표 1-23〉 참조)

도표 1-23. 제2차 산업재해예방 5개년 계획의 주요 정책과제 및 추진시책

주요 정책과제	추진시책
1. 안전 · 보건 취약부문 중점관리	1-1. 사망재해 다발업종 관리 강화 1-2. 안전격차 해소 지원 1-3. 대형산업사고 예방기능 강화
2. 사업장의 자율적인 산재예방활동 촉진	2-1. 노사참여적 산재예방 활동기반 조성 2-2. 사업장 자율 산재예방체제 정착 2-3. 민간전문가 및 서비스기관의 질 제고
3. 근로자의 건강 증진	3-1. 작업관련성 질환 예방강화 3-2. 평생 건강관리체제 구축 3-3. 쾌적한 작업환경 조성
4. 사업장의 책임강화	4-1. 노사의 법 준수풍토 조성 4-2. 교육 · 홍보활동 강화 4-3. 점검 · 감독의 현장 적용성 제고
5. 산업안전보건의 선진화	5-1. 산재예방 인프라구축 5-2. 안전보건 기준의 국제화 5-3. 선진 예방기법 연구 지원 및 국제교류 확대

III. CLEAN 3D 사업 설계 · 시행 및 산재예방 시설자금 융자

50인 미만 소규모 사업장은 영세하여 작업환경이 열악하고 안전보건에 대한 투자가 어려울 뿐만 아니라 근로자의 기피 등으로 인력난을 겪고 있다. 소규모 사업장에 대한 안전보건 지원을 통해 작업환경을 개선하여 산업재해를 예방하고 구인난을 해소할 목적으로 2001년 10월부터 'CLEAN 3D 사업'을 추진하게 되었다. 매년 지원 금액을 증액하여 2006년 12월 말까지 총 3,565억 원의 재정을 투입하여 50명 미만 제조업 사업장의 약 15%인 3만 4,038개 사업장을 지원하였다. 'CLEAN 사업'의 예산은 2006년 1,000억 원이었으며, 8,600개 사업장을 'CLEAN 사업장'으로 조성하였다. 지원 품목을 90종으로 확대하고, 지원금액도 3,000만 원으로 한도액을 상향 조정하였다.

도표 1-24. 연도별 클린 사업 규모 및 지원 사업장 수

구분	2003	2004	2005	2006	2007.11
지원 금액(억 원)	365	700	1,000	1,000	911.7
지원 사업장 수	3,851	5,264	11,330	8,600	9,079

'CLEAN 3D 사업'이란 위험요인(Danger), 유해환경(Dirtiness), 힘든 작업(Difficulty)을 시설과 공정개선 등을 통해 안전하고 건강한 일터로 조성하는 것을 의미한다. 주요 내용은 CLEAN 3D 조성지원사업, 안전관리기술 지원사업 및 보건관리기술 지원사업, 대기업 협력업체 안전보건관리 사업, 건강도우미 사업, CLEAN 3D 캠페인 전개 등이었다. (〈도표 1-25〉 CLEAN 3D 사업내용 참조)

동 사업은 작업환경 불량업체, 재해다발 업종 등을 집중 지원함으로써 안전 분야 양극화 해소에 일정 부분 기여한 것으로 평가된다. 2006년 연구용역 결과에 따르면 클린사업장 지원 전후 1년간 재해율이 평균 20.6% 감소하였고, 국민건강보험 가입자 수 조사결과 사업장당 평균 1.23명(10.46%)의 고용이 증가한 것으로 조사되었다. 또한 클린사업 비용-편익을 분석한 결과 투입되는 비용에 비해 편익이 6.36배 높은 것으로 나타났다.

'CLEAN 3D 사업'은 2003년부터 명칭이 'CLEAN 사업'으로 변경되어 추진되었으며, 대기업 협력업체 안전보건 관리사업과 건강도우미 사업은 2003년에 폐지되었다.

산재예방시설 융자사업은 산재보험에 가입한 전 사업장을 대상으로 사업장당 지원 금액은 5억 원 한도 내에서 소요 비용의 100%를 지원하며, 지원 조건은 연리 3%, 3년 거치 7

도표 1-25. CLEAN 3D 사업내용

CLEAN 사업장 만들기	- 시설개선 자금 지원을 통해 'CLEAN 사업장' 조성 · 인정
안전 · 보건관리 기술지원	- 산업안전공단 · 민간 전문기관 활용 - 유해 · 위험도에 따라 차등 지원
협력업체 안전보건관리	- '안전보건 공동체' 구성 · 운영 - 안전 · 보건 · 품질 향상 지원
'건강도우미' 운영	- '도우미 POOL' 구성 · 운영 - 안전보건 컨설팅
CLEAN 3D 캠페인 전개	- TV, 신문 등과 공동 캠페인 전개

년 분할상환 조건으로 금융기관을 통하여 지원되고 있다. 산재예방시설 자금은 영세·소규모 사업장에 대하여 우선적으로 지원하여 설비개선을 통한 산재예방 효과 등을 거두고 있으며, 기업의 경쟁력 향상에도 기여한다는 긍정적인 평가를 받았다. 참여정부가 출범한 이후 2003년에는 1,033억 원, 2004년 763억 원, 2005년 833억 원, 2006년에는 881억 원이 지원되었다. 〈도표 1-26〉 참조)

도표 1-26. 연도별 산재예방시설자금 융자현황

연도	재원	결정		지급	
		업체수	금액	업체수	금액
2000	1,165	2,380	1,556	1,644	1,147
2001	1,321	2,049	1,182	1,540	989
2002	1,243	1,540	829	1,031	650
2003	1,340	1,591	1,093	940	627
2004	833	1,855	1,179	980	763
2005	800	1,803	1,294	1,040	800
2006	955	817	750	948	851

(단위: 개소, 억 원)

융자사업을 통한 사업효과는 2006년도에 (사)한국안전학회에서 수행한 연구용역 결과에 따르면 융자지원 사업장별 재해 건수가 지원 전 0.4160건에서 지원 후 0.3853건으로 사업장당 0.0307건이 감소하여 산재가 7.38% 감소한 것으로 나타났다.

또한 사업장 지원금액(비용)에 대한 편익을 분석한 결과 지출비용은 약 1,486억 원이고, 이에 상응하는 총편익은 약 5,579억 원으로 추산되어 순편익은 약 4,093억 원(편익 3.76배)이 발생하는 등 사업효과가 매우 우수한 것으로 분석되었다.

제4절 중점 추진 사업

I. '안전보건 11대 기본수칙' 지키기 전개

2001년 3월 반복적 재래형 재해예방을 위해 기본적으로 지켜야 하는 간단한 안전보건 조치 사항을 중심으로 안전보건 11대 기본수칙을 선정하였다. 기본수칙을 지키는 사회 분위기 조성을 위해 노사정간담회, 각종 토론회를 개최하고 사업주 및 근로자에 대한 교육, 홍보를 집중 전개하고, 기본수칙의 생활화를 위해 사업장 점검 시 수칙 이행 여부를 중점적으로 조사·처리하는 한편, 모범사례집 발간 등을 통해 사업장 노사의 자율 실천을 유도하였다. '안전보건 11대 기본수칙'은 다음과 같다.

① 작업 전 안전점검·정리 정돈
② 개인보호구 착용
③ 안전통로 확보
④ 유해·위험 화학물질 경고 표시
⑤ 기계정비 시 시건장치 및 표지판
⑥ 프레스·전단기·둥근톱에 방호장치
⑦ 전기작업 중 절연용 방호기구
⑧ 안전난간·추락방지 덮개
⑨ 추락방지용 안전망
⑩ 용접 시 인화성·폭발성 물질 격리
⑪ 밀폐공간 작업 전 산소농도 측정

1969년 미국 스탠퍼드 대학 심리학과의 필립 교수가 행한 실험이다. 두 대의 자동차 보닛을 열어놓은 채 허름한 뒷골목에 1주일간 방치해 두었다. 한 대는 유리창을 조금 깨트린 상태로 두었다. 처음에는 두 대의 차에 아무런 차이가 없었다. 1주일이 지나자 유리창이 조금 깨져 있던 자동차는 10분 만에 배터리가, 하루 만에 네 바퀴의 휠과 의자 시트가 모두 없어졌다.

1980년대 뉴욕은 연간 약 60만 건 이상의 중범죄가 일어나는 최악의 범죄도시였다. 뉴욕은 점점 무법천지가 되어 한낮에도 거리에 나가는 것이 불안한 거대한 슬럼 도시로 변해 갔다. 기업과 중산층은 교외로 이탈했다. 1995년 당시 뉴욕시장은 뉴욕시를 대대적으로 청소하기 시작했다. 시장의 청소 정책에 대하여 많은 공무원들은 강력한 단속이 효과적이라고 하면서 반발했다. 시장은 그들을 설득하여 거리의 낙서를 지우고 쓰레기를 치우는 청소 작업을 강행했고, 곳곳에 CCTV를 설치하여 낙서, 신호 위반, 쓰레기 투기 등을 끝까지 추적해서 처벌하는 단속을 강행했다.

놀라운 일이 일어났다. 90일 만에 뉴욕시의 범죄율이 현저하게 낮아지기 시작했고 1년 후에는 30~40% 감소했고 3년이 지나자 무려 80%가 줄어들었다. 뉴욕은 범죄도시의 오명을 벗게 되었고, 이 일을 계기로 필립 교수의 '깨진 유리창의 법칙'이 온 세상에 널리 알려지게 되었다.

인간은 무질서 속에서는 무질서의 나락에 빠지고, 질서 속에서는 질서를 추구한다. 사소한 무질서가 무질서를 확장하여 돌이킬 수 없는 무질서 상태를 야기하여 사고가 발생한다. 작은 무질서가 발생하는 순간 신속하게 바로잡는 것이 중요한 이유가 이것이다.

정리는 필요한 것만 골라 남기는 행동이다. 정돈은 사물이 있어야 할 장소에 있게 하는 행동이다. 정리하면 불안이 사라진다. 정돈하면 안정감이 느껴진다. 위험과 사고가 파고들 여지가 줄어든다. 정리와 정돈은 정성, 즉 마음 씀이 필요한 일이며 그것을 행하는 과정과 결과를 통해 불안전한 마음의 상태와 몸의 행동이 사라져 자연스럽게 안전이 확보된다.

초보적이지만 근원적인 안전은 정리정돈에서 시작되는 것이다.

II. 위험상황신고실 설치 · 운영 및 중대산업사고 예방센터

1. 위험상황신고실 (2001)

1993년 구포역 열차 전복 사고(78명 사망, 198명 부상)가 계기가 되어 국민위험상황청원제로 출발한 위험상황 신고제도가 '산업안전 선진화 3개년 계획(1997~1999)' 기간 중 위험상황신고실로 명칭을 변경하였다. 위험상황 신고제도는 사업장에서 발생하는 붕괴, 화재 · 폭발 등 각종 대형위험 또는 중대산업사고 등에 신속히 대처하기 위한 것이다.

위험상황신고를 활성화하기 위하여 2001년 1월 20일부터 지방노동관서의 '위험상황신고실' 전화번호를 '1588-3088'로 통일하여 운영하였다. 특히 퇴근 후나 휴일에는 산업안전과장 휴대전화로 연결되게 하여 24시간 대응체제를 구축하였다.

2. 중대산업사고 예방센터 (2005)

중대산업사고 예방센터는 화학공장의 화재 · 폭발 · 누출 등 중대산업사고를 예방하기 위하여 사업장 예방점검 및 기술지원 업무와 중대산업사고 발생 시 원인조사 등의 업무를 유기적으로 수행하기 위하여 2005년부터 설치 · 운영하였다.

화학공장이 밀집된 울산 · 안산 · 여수 · 천안지역 관할 각 지방관서 및 안전공단 지도원(指導院) 소속으로 하되, 접근성 확보를 위해 공단 근거리 지역에 설치하고, 화학공장 감독 및 기술지원 분야 전문 인력(노동부 15명, 산업안전공단 32명)을 배치하였다.

4개 지역 중대산업사고 예방센터에 근무하는 감독관의 활동역량, 공학적 지식, 실무능력에 대한 전문성 제고를 위해 직무교육을 지속적으로 실시하고 있으며, 중대산업사고 사례 및 국내 · 외 동향정보 등을 제공하여 중대산업사고 예방센터 운영에 내실을 기하고 있다.

[칼럼] 위험상황신고 오용 실태

위험상황신고실이 일반적으로 생각하는 것처럼 작동되거나 운영되지 않고 있다. 전국 48개 고용노동청과 지청·출장소에는 위험상황신고실이 설치되어 있다. 1588-3088. 전국적으로 동일하다.

위험상황 신고제도는 1993년 말 국민위험상황청원제라는 이름으로 명예산업안전감독관 제도와 함께 시행된 것이다. 당시 안전사고가 빈발하여 전국적으로 작업반장들을 대대적으로 교육하면서 국민위험상황청원제가 위험상황신고실로 바뀌었다. 지방관서별 전화번호가 달랐었는데 2001년부터 전국 통일 번호가 되었다. 이때부터 야간과 휴일에는 산업안전과장 휴대전화로 연결되게 하였으며, 중대재해 발생보고가 '24시간 이내'에서 '지체 없이' 신고로 바뀌었다.

일선의 안전감독관이 하는 말을 소개한다. "부작용이 굉장히 많습니다. 지금도 위험상황 신고는요, 노조들이 해요. 노조들이 신고하고 감독관 빨리 안 나온다고 그러고…. 그러다가 건설노조와 화물노조 단속할 땐 좀 잠잠했었는데, 이제 또 그럴 것 같은데요. 노조가 또 강성이면 지방관서에 전화합니다. 자기들 근로자를 안 쓰면 계속 위험상황 신고합니다. 괴롭히려고 전화합니다. 감독관 숫자도 적다 보니까 즉각 대응은 힘들지 않습니까?"

행정력 낭비가 엄청나다. 좀 오래전이지만, 신고가 제일 많은 3개 지방관서를 조사했더니 일반 신고는 10%도 안 되었다. 위험상황 신고전화가 악용되면 안전감독관들이 배겨날 수가 없다. 긴박한 위험 상황에 대처하기 위하여 마련된 '전화신고' 제도가 일부 몰지각한 사람들에 의하여 오용되는 실태가 이러하다.

Ⅲ. 사업장 정기감독 부활

1997년 기업활동 규제완화 조치로 폐지되었던 안전보건 정기 감독제도가 2001년도에 부활되었다. 이는 예방점검을 통한 시설개선 명령 등 행정처분만으로는 사업장의 자율적인 재해예방활동을 활성화시키는 데 한계가 있다고 판단하고, 「산업안전보건담당근로감독관집무규정」(2001.5.12.)을 개정하여 재해다발 사업장을 대상으로 감독을 실시, 그 결과 주요 위반 사실에 대하여는 즉시 사법 조치할 수 있는 근거 규정을 마련함으로써 사업주의 법 준수 풍토 조성을 위한 기반이 조성되었다.

재해다발 사업장에 대한 정기감독이 부활되면서 기존부터 시행해 오던 조사 대상을 요양 84일 이상의 재해에서 사망재해로 축소·조정하였다.

Ⅳ. 근로자에 대한 과태료 즉시 부과 제도 도입 (2005.6.)

산업재해 예방을 위해서는 사업주의 안전보건조치 의무이행도 중요하지만 근로자의 안전한 작업 방법 준수와 보호구 착용도 중요한 요인이 된다. 실제 2003년도 업무상 사고사망 재해자 가운데 436명이 보호구를 착용해야 하는 작업에서 발생하였으며, 업무상 사고 사망자 중 91.7%인 400명이 안전보호구를 착용하지 않은 것으로 나타났고, 이 중 안전모, 안전화, 안전대를 착용하지 않은 것이 87.3%(349명)나 차지하였다.

따라서 근로자의 법 준수의식을 제고시키기 위하여 2005년 6월 1일부터 안전모, 안전화, 안전대 등 재해예방을 위하여 가장 기본적인 보호구를 착용하지 않은 근로자에 대하여 1차 경고 후 재차 적발되는 경우 과태료를 부과하던 것을 경고 절차 없이 즉시 과태료를 부과하였다.

Ⅴ. 안전보건개선계획 수립명령

사업장 내 산업재해 예방시설 및 관리체계의 개선을 위해 사업장에 잠재위험의 발굴, 개선 등 종합적인 기술지원을 실시하였으며, 안전보건개선계획의 수립을 명령하였다.

유해 위험작업 및 공정의 하도급화로 인한 소규모 사업장 등 전체 재해 발생의 약 70%를 차지하는 50인 미만 사업장에 대해서는 집중적 재해예방 관리가 필요하다고 판단하여 2003년 7월 7일 법 개정을 통해 안전보건 개선명령 대상 사업장을 종전 50인 이상에서 5인 이상으로 확대 적용하였다.

안전보건개선계획 대상 사업장은 산업재해율이 동종업종의 규모별 평균 재해율보다 높은 사업장, 작업환경 측정대상 사업장으로서 작업환경이 현저히 불량한 사업장, 중대재해가 연간 2건 이상 발생한 사업장 등에서 선정하고 있다.

2006년의 경우 특히 50명 미만 소규모 사업장의 산업재해예방 시설·관리체계의 개선을 위해 별도로 2,500개소에 대한 기술지도 목표를 설정하여 2,948개 사업장에 대해 한국산업안전공단에서 잠재 위험 발굴 및 개선 등 종합적인 기술지원을 실시(112% 달성)하였고 1,694개 사업장에 대해서는 안전보건개선계획 수립을 명령하였다. (〈도표 1-27〉 참조)

2007년부터는 안전보건개선계획 수립 명령 대상을 연초 일괄 선정에서 수시 선정으로 사업 방식을 변경하여 산재발생 위험이 높고 시설 개선에 1개월 이상 소요되는 취약사업장 위주로 안전보건개선계획을 수립하도록 명령함으로써 내실을 기하고 있다.

도표 1-27. 연도별 안전보건개선계획 실적

구분	2000	2001	2002	2003	2004	2005	2006
목표	1,000	수시	수시	1,000	7,500	수시	수시
실적	1,175	-	13	988	8,031	2,849	1,694

(단위: 건수)

VI. 안전보건관리 대행제도 개선

「산업안전보건법 시행령」을 개정하여(2004.12.28.) 안전보건관리 대행기관의 수수료 규정을 삭제하였다. 이에 따라 「산업안전보건업무수수료고시2004-91호」 규정 중 안전·보건관리 대행 수수료 규정을 삭제하고 2005년 1월 3일부터 시행하였다.

안전보건관리 대행기관 지정기준 중 관할지역의 대행기관의 수, 대행 가능 사업장 수 및 근로자 수, 사업계획의 타당성에 대한 기준을 삭제하고 최초 1년간 사업계획의 타당성을 검토하여 지정하도록 지정기준을 완화하였다.

2006년 12월 말 현재 노동부로부터 지정받은 안전관리 대행기관은 모두 81개소이며, 보건관리 대행기관은 87개소이다. 다음 표에 안전관리를 자체 수행하는 사업장과 대행 의뢰하는 사업장 현황이 나타나 있다.

도표 1-28. 연도별 안전관리자 선임 현황

연도	대상		선임			
	사업장 수	안전관리자 수	사업장 수(%)	안전관리자 수		
				총 계(%)	자 체(%)	대 행(%)
2000	15,755	16,648	15,739 (99.9)	15,739 (94.5)	10,352 (65.8)	6,534 (41.5)
2001	16,657	17,641	16,657 (100.0)	17,834 (101.1)	10,242 (57.4)	7,592 (42.6)
2002	15,593	16,607	15,481 (99.3)	16,650 (100.3)	8,980 (53.9)	7,670 (46.1)
2003	13,595	14,563	13,095 (96.3)	14,196 (97.5)	7,756 (54.6)	6,440 (45.4)
2004	16,505	17,800	16,325 (98.9)	17,790 (99.9)	9,365 (52.6)	8,425 (47.4)
2005	15,838	17,428	15,428 (97.4)	17,094 (98.1)	9,831 (57.5)	7,263 (42.5)
2006	16,045	18,236	16,045 (100.0)	18,236 (100.0)	10,611 (58.2)	7,625 (41.8)

(단위: 개소, 명)

Ⅶ. 외국인 근로자에 대한 안전보건 대책 추진

고용허가제 시행 이전부터 국내에 도입되기 시작한 외국인 근로자는 낯선 환경 탓에 재해발생 위험이 높고, 특히 언어 소통상의 문제로 안전작업에 필요한 교육 등이 원활하지 못해 재해발생 위험이 가중되는 실정이다. 따라서 외국인 근로자의 안전보건을 위해서 가장 필요한 것은 안전보건 교육을 통하여 작업장 내 유해 · 위험 요인과 안전작업 방법을 인식하게 하고, 외국인 근로자를 고용한 사업주에 대하여 사업장 내 유해 · 위험 작업에 안전보건시설 등 조치를 취하도록 하는 것이다.

국내 체류 중인 외국인 근로자가 매년 증가하고, 외국인 근로자의 산업재해가 다발함에 따라 2000년 5월 '외국인 근로자 안전교육 지원방안'을 수립하여 외국인 근로자 안전관리

에 대한 다양한 사업을 추진하였다. 산업안전공단으로 하여금 자국어로 된 교육 및 기술
자료를 개발하여 보급하고, 사업장 단위로 안전보건교육이 제대로 실시되도록 하였다. 또
한 교회 등 종교단체, 외국인 노동자 단체, 중소기업협동조합중앙회 등과 협조하여 안전보
건 교육을 실시하였다.

2000년 6월 노동부 본부에 '외국인 근로자 안전교육팀'을 영어 등 외국어가 능통한 강사
와 통역요원으로 구성, 운영하였으며, 2001년부터는 6개 지방청에 구성하여 외국인 근로
자를 위한 안전교육을 시행하고 있다. 이를 위해 '안전교육용 표준교안'을 제작하여 보급하
였다. 표준교안의 내용은 산업안전 분야, 작업환경 분야, 건설안전 분야 등으로 구분하여
외국인 근로자들이 반드시 알아야 할 기초 지식과 안전의식 고취를 위한 사항을 주요 내용
으로 하고 있다.

한편 산업현장에서 외국인 근로자가 반드시 알아야 할 안전수칙 등을 풀이한 '외국인
근로자용 안전수첩'을 제작하여 보급하였다. 이 수첩은 2000년에는 5개 국어(영어, 중국어,
인도네시아어, 베트남어, 방글라데시어)로 작성하였으며, 2002년에는 태국어, 우즈베키스탄어,
스리랑카어 등 3개 국어를 추가하여 8개 국어로 제작하였고, 2003년에는 몽골어를 추가
하여 제작하였다. 외국인 근로자의 특성에 맞는 안전교육용 비디오테이프도 제작하여 배
부하였다.

지방관서별로 외국인 근로자 고용 사업장 현황을 파악하여 재해다발 7개 업종에 대한
일제점검을 실시하였으며, 재해발생 사업장에 대해서는 특별점검을 실시하였다.

외국인 고용 사업장에 CLEAN 사업장 조성지원 보조금을 우선 지원할 수 있도록 선정
기준을 변경하여 2003년도에 중점 지원이 가능하도록 하였고, 외국인 고용사업장 방문 시
CLEAN 사업에 관한 지원내용을 설명하도록 하였다.

한편, 2005년 1월 경기도 화성시 향남면 소재 ㈜동화디지탈에서 전자부품을 노말헥산
으로 세척하는 작업을 해오던 외국인 근로자 8명에게서 하반신이 마비되는 직업병(다발성
신경장애)이 발생되었다. 이와 관련, 2005년도에는 외국인 고용 사업장 중 유해물질 취급 사
업장에 대하여 특별점검을 실시하였다. 〈〈도표 1-29〉 참조)

도표 1-29. 2005년 외국인 고용 유해물질 취급사업장 특별점검 현황

점검 사업장 수	조 치 실 적					
	계	사법처리	작업중지	사용중지	시정지시	기타
5,089개소	15,241건	4개소	2개소	216대	14,952건	67건

외국인 근로자 노말헥산 중독 사례

- 발생 경위: 2005년 1월 경기도 화성시 소재 LCD 등 전자부품 제조업체인 (주)동화디지탈에서 외국인 여성 근로자 8명이 세척제로 사용되는 유기용제(노말헥산)에 중독, 하반신이 마비되는 "다발성신경장애" 발생

- 작업 공정: 원자재 입고 → 조립 → 세척(LCD, DVD 부품을 출하하기 이전에 이물질을 제거하는 공정) → 검사 · 포장 → 출하

- 세척 공정 작업환경 측정결과(단위 ppm, 노출기준 50ppm)

1 일 작업조건	환기장치	시료수	작업환경 측정결과(ppm)
4명이 작업	가동	4	49.7-93.8
	미가동	4	147.3-196.6
8명이 작업	가동	8	69.0-185.3
	미가동	16	114.4-281.0
4명(오전), 8명(오후)	가동	12	49.7-185.3
	미가동	20	114.4-281.0

※ 산업안전공단의 작업상황 재현 측정결과임. 2001년도 및 2003년도 작업환경 측정결과는 노출기준 미만이었으며 2004년 4월 9일 작업환경 측정결과 유기용제가 노출기준을 초과하였으나 사업주는 60일 이내에 지방노동관서에 결과를 보고하지 않아 책임관리대상 선정 등 지방노동관서의 지도감독을 회피

- 조치 및 대책

  - 직업병 발생에 따른 조치

    • 당해 사업장에 대한 조치: 검찰과 합동으로 점검 실시, 사업주 구속 및 과태료 2,064만 원 부과

    • 노말헥산 취급 사업장 점검(2005년): 367개소, 이 중 46개소를 사법조치, 189개소 과태료 부과

  - 산업보건서비스 기관에 대한 조치: 보건관리대행, 작업환경측정 및 특수건강진단 업무를 담당한 지정기관에 대해 점검 및 조치

  - 보건관리대행기관: 업무정지 1개월(관리대상유해물질 취급공정에 대한 보건관리대행 업무 소홀)

  - 작업환경측정기관: 업무정지 1개월(측정 방법 및 진단 방법 등 미준수)

  - 특수건강진단기관: 업무정지 1.5개월(미지정 의사가 특수건강진단 실시 등)

  - 직업병 예방 대책: 작업환경 측정제도 혁신위원회 구성 및 개선방안 마련 · 추진

Ⅷ. 화학공장 중대산업사고 예방

2000년 8월 24일 전남 여천산업단지에서 화학물질 폭발사고가 발생하여 6명이 숨지고 19명이 중경상을 입었다. 사고의 원인은 화학설비의 이상화학반응 등으로 급격한 압력상승의 우려가 있는 경우에 안전밸브, 파열판을 부착하고 용기 내 이상상태를 조기에 파악하기 위하여 계측장치 설치를 하여야 하나 이를 미설치하여 발생한 것이다. 2000년 9월 3일에는 안산 반월공단 화학공장에서 메탄올과 브롬을 배합한 뒤 원료를 제조하는 과정에서 반응기 과열로 폭발사고가 발생하여 4명이 숨지고 1명이 실종됐으며 48명이 중경상을 입었다. 화학공장의 사고는 대개 화학설비에 대한 안전장치 미부착 및 안전작업요령 미준수 등 가장 기본적인 안전조치를 취하지 않아 발생하였다.

이를 개선하기 위하여 1998년부터 준비해 온 종합위험 관리체제(IRMS: Integrated Risk Management System)를 2001년 10월 개발 완료하였다. 종합위험 관리체제란 위험설비에 대한 정량적 위험성평가 결과와 위험설비DB, 피해확산모듈, 위험설비신뢰도DB, 지리정보체계 등 모든 기능을 종합적으로 연결하여 선진국에서와 같이 위험설비로부터 사고발생 시 또는 가상 사고에 의해 예상되는 피해지역과 위험의 정도를 수치적으로 지도상에 나타나게 하는 것이다.

이 제도는 2002년에 여수, 울산 등 대규모 석유화학단지를 보유하고 있는 지방자치단체 및 소방서 등에 우선 설치·운영하고 2003년부터 PSM 대상 사업장을 중심으로 확대 보급하고 있다.

Ⅸ. 사망재해 예방대책 추진

사망재해 등 대형재해의 증가는 가정파괴 및 근로의욕 저하, 경제적 손실, 기능인력 양성을 위한 국가의 간접비용의 증가 등 노사정 모두에게 심각한 피해를 초래한다. 산업사회의 발달로 기계 설비의 대형화와 기존 설비의 노후화 및 기업 구조조정으로 인한 미숙련 근로자와 노동 강도의 증가로 사망재해는 지속적으로 증가할 전망이어서 2001년 3월 14

일부터 사망재해 예방대책을 수립 시행하게 되었다.

이에 따라 사망재해가 2건 이상 발생한 사업장에 대해 감독하였고, 사망재해가 발생한 사업장에 대해 재해원인을 철저히 조사하여 안전보건상의 조치를 위반한 사업주에 대해 행정·사법조치를 하였다. (〈도표 1-30〉 참조)

도표 1-30. 사망재해 발생 사업장 조치 결과

연도	발생건수	사법조치		행정조치						
		구속	불구속	계	작업중지	사용중지	안전진단, 개선계획	안전관리자 증원 명령	과태료 부과	시정 지시 등
2001	869건(986명)	4	865	1,409	237	809	25	4	12	322
2002	1,035건(1,071명)	4	896	775	290	65	16	1	25	378
2003	1,035건(1,071명)	6	1,048	984	280	79	10	1	25	589
2004	1,033건(1,068명)	11	989	1,692	318	157	50	1	209	957
2005	996건(1,031명)	2	953	1,093	242	58	73	2	207	511
2006	949건(991명)	4	833	968	274	57	36	1	155	445

X. 조선업 안전보건관리

조선업은 작업공정이 다양하고 사고발생 위험이 크기 때문에 산업재해 발생률이 높다. 이에 2000년 3월부터 건설업에서 시행하고 있는 재해율 발표 제도를 조선업에 도입하고 조사결과에 따라 청색(우수), 황색(보통), 적색(불량) 등으로 나누어 차등 관리를 하고 있다.

조선업체 근로자 수 90% 이상을 차지하는 상시근로자 수 100인 이상 조선업체를 대상으로 산업재해 발생현황과 안전보건활동 실태를 조사하여 '사업장별 산업재해 통계지수'를 제시함으로써 동종 업종 및 유사 규모 사업장 간 상호 비교할 수 있도록 하여 경쟁을 유발하고, 우수업체는 인센티브 부여, 불량업체는 집중 지도함으로써 사업장 자율안전·보건활동을 촉진하였다.

XI. 건설재해 예방관리

1. 재해율에 따른 차등관리

건설업 1,000대 업체(2000년 800대 → 2003년 900대 → 2004년 1,000대)를 공사실적액에 따라 4개의 군으로 분류하여 각 군별로 재해율이 우수한 상위 10%는 일체의 지도감독을 면제하고, 재해율이 평균환산재해율 이하인 경우는 입찰참가자격사전심사(PQ) 가점 혜택을 주었다.

재해율이 불량한 하위 10%는 사업주에게 경고하고 전 건설 현장에 대해 특별점검을 실시하였으며, 평균환산재해율을 초과한 경우는 건설공사 PQ 감점(2006.7.1.부터 감점제 폐지), 건설산업기본법상 시공능력 평가 시 공사실적액 감액, 정부의 훈·포상 금지 등 각종 불이익을 받도록 하였다.

2. 건설업 안전보건경영시스템 인증

건설업 'KOSHA 18001'은 한국산업안전공단에서 사업주의 자율적인 안전보건경영체계를 구축하는 데 기술 지원하는 사업으로 건설업체로부터 자율신청을 받아 이를 평가하고 안전보건경영체제 및 활동이 일정·수준 이상인 업체에 대하여 'KOSHA 18001' 인증서를 수여함으로써 자율안전보건 활동을 촉진하여 재해예방에 기여하기 위한 것이다.

2006년도에 2개사(발주처)에 대하여 신규 인증을 하였고 2006년도 이전에 인증을 획득한 9개사(건설업체 6개소, 발주처 3개소)에 대하여 지속적으로 사후관리를 하고 있다.

3. SOC 건설 현장 노사참여형 안전관리 방식 도입

2005년 12월 사회간접자본시설 건설 현장에 사업장 선택에 의한 노사참여형 안전관리 방식을 도입하였다. 사업장에서 현장의 위험요인을 평가, 반영한 노사참여 재해예방 프로그램을 작성하여 제출하면 취약시기 등 각종 점검대상에서 제외하고 미제출 사업장에 대하여는 각종 점검대상에 포함하여 중점관리를 하였다.

4. 3대 취약시기 건설 현장 일제점검

대형 사고 위험이 있는 건설 현장의 취약시기 재해예방을 위하여 해빙기에는 지반 및 토사 붕괴 위험이 있는 건설 현장을, 장마철에는 침수·붕괴 및 감전 위험이 있는 현장을, 동절기에는 동파·화재 및 폭발 위험이 있는 현장을 대상으로 사전 자율개선을 유도하고 추락·붕괴 등 취약 분야를 중심으로 일제 점검을 실시하였다.

5. 재해예방 전문지도기관의 기술지도

중소 규모 건설 현장에 대하여 재해예방 전문지도기관으로 하여금 산업안전보건관리비의 효율적인 집행 및 기술지도를 실시하게 함으로써 안전기술 및 관리능력 부족을 보완하도록 하였다.

2006년에는 중소규모 건설 현장 기술지도의 내실화를 위해 재해예방 전문지도기관 66개소에 대하여 기술지도 수행실태 등을 점검한 결과 업무정지 3개소, 시정지시 109건의 조치를 취하였으며, 지도요원 123명에게 건설 현장 재해예방기법 등의 교육을 실시하였다.

XII. 안전관리 기술지원

안전관리 기술지원 사업은 재해가 다발하거나 안전관리가 취약한 사업장에 대하여 산업안전공단을 통하여 안전관리를 위한 직접적인 기술을 지원하는 사업이다. 사업장의 안전보건 수준 및 자체 능력을 향상시키기 위하여 기술지원 대상 사업장 수를 확대하였을 뿐만 아니라 유해·위험 수준이 높은 업종이나 산업에 특화된 기술지원 사업을 꾸준히 개발하여 사업장의 수요에 적합한 특성화된 기술지원 사업을 확대하였다.

이러한 정책으로 2004년의 기술지원 사업장 수가 3만 6,639개소이던 것이 2006년에는 5만 497개소로 증가하였다. 2006년 기술지원의 주요 사업으로는 특수업종 재해예방 기술지원 2,744회(조선항만하역업 137회, 지역특성화 2,607회), 모기업 협력업체 재해예방 파트너십 협약지원 47개소, 중소규모 화학공장 공정안전 기술지원 312개소 등이 있다.

특히, 2006년도부터는 수요자 요구에 맞는 기술지원 사업을 개발하여 수요자(사업주, 관리감독자, 근로자 등)가 서비스 대상 분야, 시기 및 수준을 정하여 요청하도록 하거나 선진 위험성평가 기법을 도입한 새로운 형태의 산재예방사업인 '자율안전 종합지원사업'을 실시하는 등 실질적인 산재예방 효과를 거두기 위한 사업혁신이 지속적으로 추진되었다.

2006년에 작업환경이 열악하고 안전보건시설 개선이 필요하나 기술적인 능력이 부족한 50명 미만 소규모 사업장 5만 3,614개소에 대해 기술지원을 실시하였으며, 안전·보건관리자 선임의무가 없는 50명 미만 사업장 중 유해·위험성이 높은 2만 8,427개소(안전관리 1만 2,428개소, 보건관리 1만 5,999개소)에 대하여 외부 전문기관이 방문하여 기술지원을 하도록 하여 소규모 사업장 안전·보건 수준 향상에 기여하였다. 이 사업은 2007년에도 지속하여 6월 말 현재 50명 미만 소규모 사업장 2만 6,144개소에 대해 기술지원을 실시하였다.

한편, 2006년 위험 기계·기구 및 설비와 보호구·방호장치의 근원적 안전성 확보를 위해 총 10만 5,127건에 대한 검사, 검정 및 인증을 실시하였으며, 자체검사 대상 위험기계·기구(13종)를 보유한 50명 미만 제조사업장의 위험 기계·기구 4만 4,010대에 대하여 외부 자체검사 기관을 통하여 무료로 자체검사를 하도록 하였다. 2007년도 상반기에는 위험 기계·기구 및 설비와 보호구·방호장치에 대해 총 5만 6,100건에 대한 검사, 검정 및 인증을 실시하였으며, 50명 미만 제조 사업장의 자체검사 대상 위험 기계·기구(13종) 1만 1,591대에 대하여 외부 자체검사 기관을 통하여 무료로 자체검사를 하도록 하였다.

XIII. 취약계층 안전보건관리

1. 비정규직 근로자 다수 고용 사업장 실태 점검

산업구조의 변화, 노동시장의 유연화 등으로 임시, 일용근로자 등 비정규 근로자가 증가 추세에 있다. 비정규 근로자는 사업장 전·출입과 작업전환이 잦고 작업숙련도 미흡으로 재해발생 위험이 높다. 비정규 근로자 다수 사용 사업장을 중심으로 안전보건 실태를 파악하여 문제점을 발굴, 개선하기 위하여 산재취약 9대 제조업을 중심으로 안전보건 점검을 실시하여 시정 조치를 하였다.

작업형태별 유해·위험 요인과 안전작업 방법에 대한 교육을 강화하였다. 2006년도 총 10만 7,306명, 2007년 상반기 총 7만 5,811명의 비정규직 근로자에 대하여 안전·보건교육을 실시하여 안전작업에 필요한 지식과 정보를 습득하게 하였다.

아울러 비정규직 근로자 다수 고용 사업장을 대상으로 안전보건 실태를 파악하고 문제점을 발굴·개선하기 위하여 주물·선박·강관·고무·금속·자동차·시멘트·목재품·유리제조업·석유화학·조선업 등에 대하여 2006년도에는 1,431개소, 2007년도 상반기 중에는 762개소에 대한 안전보건점검을 실시하여 법 위반 사업장에 대해 행정·사법 조치하였다.

2. 고령 및 여성 근로자 건강관리

우리나라는 2000년 7월 65세 이상 노령 인구가 총인구의 7.1%를 차지해 '고령화사회'에 진입하였으며, 2020년경에는 노령 인구가 14.3%를 차지해 '고령사회'에 진입하고, 2030년경에는 20%를 초과하여 '초고령화 사회'로 진입할 것으로 전망되고 있다. 이에 고혈압, 고지혈증, 당뇨병 등 기초질환의 유병률이 높은 50세 이상의 중고령 근로자의 비율이 증가됨에 따라 그로 인한 업무상질병 발생률도 증가하고 있다. 또한 여성의 경제활동 참여가 확대됨에 따라 여성 근로자의 산업재해가 지속적으로 증가하고 있다.

이를 위하여 고령 및 여성 등 취약계층 근로자가 근무하는 사업장에 각각의 신체 특성을 고려하여 건강관리 기술지원을 실시하였으며, 고령 및 여성 등 취약계층 근로자 건강관리 교육 및 세미나 개최를 산업안전공단 지역본부 및 지도원별로 실시하였다.

산업인구의 중·고령화, 과중한 업무 및 직무 스트레스 증가 등으로 발생하는 뇌·심혈관계질환을 예방하기 위하여 산업보건 전문기관을 통해 고령근로자 다수 근무 사업장 549개소에 대하여 건강관리를 지원하였으며, 2007년도 상반기 중에는 696개소를 지원하였다.

근로자 건강진단 결과에 따른 건강관리 지도, 뇌·심혈관계질환 발병위험도 평가 및 사후관리, 작업환경 관리 및 근골격계질환 예방에 관한 사항 등에 대하여 기술지원을 실시함으로써 고령근로자 건강보호에 기여하였다.

아울러 2006년도에는 50세 이상 근로자 총 8만 4,355명에 대하여 안전·보건교육을 실시하였고, 고령근로자의 건강관리를 위하여 건강관리기법 등에 대한 방문교육(33회 1,548명)도 실시하였으며, 2007년 상반기에는 50세 이상 근로자 총 5만 6,119명에 대하여 안전보건교육을 실시하였다.

XIV. 작업환경 관리

1. 작업환경 관리제도 개선

작업환경측정의 정확성 및 신뢰성을 확보하기 위해 2003년 6월 30일 산업안전보건법시행령을 개정하여, 지정측정기관의 유형을 위탁 사업장을 측정하는 「사업장 위탁 측정기관」과 사업장 또는 사업장 내 수급인의 사업장을 측정하는 「사업장 자체 측정기관」으로 구분하였다.

2003년 7월 7일 「산업안전보건법시행규칙」을 개정하여 작업환경측정 대상 작업장을 작업환경측정 대상 유해인자(화학적 인자 181종, 물리적 인자 2종)에 노출되는 근로자가 있는 작업장으로 하였으며, 임시작업 및 단시간작업을 행하는 작업장, 관리대상 유해물질의 허용소비량을 초과하지 않은 작업장, 분진작업의 적용제외 작업장은 측정 대상에서 제외하였다.

작업환경 측정주기는 6개월마다 1회 이상으로 획일적으로 실시하도록 한 것을 작업장 또는 작업공정이 신규로 가동되거나 변경되어 측정 대상 작업장이 된 경우에는 30일 이내에 측정토록 하고, 그 이후에는 6개월에 1회 이상 정기적으로 측정하도록 하였다.

또한 화학적 인자 측정치가 노출기준을 2배 이상 초과하는 경우 및 발암성물질 측정치가 노출기준을 초과한 경우에는 3개월에 1회 이상 측정토록 측정주기를 단축시켰으며, 최근 1년간 공정설비 및 작업 방법의 변경 등이 없고 측정결과 최근 2회 연속 노출기준 미만인 경우에는 1년에 1회 이상 측정할 수 있도록 측정주기를 완화하였다. 연도별 작업환경측정 현황은 다음 표와 같다.

도표 1-31. 연도별 작업환경측정 현황

연 도		대 상	실 시	미측정 사업장 조치내용			
				계	입건(과태료)	경 고	기 타
2000	상반기	25,588	25,210	378	25	172	181
	하반기	25,338	25,075	263	29	186	48
2001	상반기	26,634	26,342	292	34	186	72
	하반기	26,700	26,347	353	25	279	49
2002	상반기	28,745	27,549	1,196	46	410	740
	하반기	31,663	30,904	759	46	464	249
2003	상반기	33,598	32,815	783	62	558	163
	하반기	31,915	30,749	1,166	(14)	758	394
2004	상반기	29,352	28,962	390	(32)	296	62
	하반기	31,521	30,775	746	(37)	573	136
2005	상반기	31,876	31,204	672	(36)	495	141
	하반기	27,768	26,963	805	(24)	468	313
2006	상반기	28,967	28,434	533	(15)	388	130
	하반기	29,116	28,551	565	(22)	280	263

※ 2003.7.31.부터 미측정 사업장 과태료 부과로 벌칙 변경

2. 작업환경 측정제도 혁신위원회 구성

2005년 1월 외국인 근로자의 노말헥산 중독사고 발생을 계기로 현행 작업환경 측정제도 전반을 살펴보고 문제점을 개선하기 위하여 2005년 3월 4일 학계 및 노사 단체에서 추천한 전문가로 '작업환경 측정제도 혁신위원회'를 구성, 12월 말까지 11차례의 회의 및 공청회를 거쳐 개선 혁신안을 마련하였고 이를 바탕으로 2006년에 관련 법령의 개정을 추진하였다.

XV. 화학물질의 체계적 관리

1. 제조 등 금지대상 유해물질 확대

직업성 암을 유발하는 등 근로자에게 해로운 물질은 「산업안전보건법」 제117조에 의하여 제조·수입·양도·제공 또는 사용을 금지하고 있는데, 2003년 7월에는 백연을 함유한 페인트, PCT, 악티노라이트 석면 등을 금지물질로 지정하여 금지대상 유해물질을 확대하였다.

이로써 백석면을 제외한 석면은 모두 금지대상이 되어 석면원료의 수입량은 점차 감소되었으나 석면함유제품의 제조·수입이 증가하는 문제가 부각되었다.

2006년 9월에는「석면함유제품 제조·수입·양도·제공 또는 사용금지에 관한 고시」를 제정하여 2007년 1월부터 '지붕·천장·벽 및 바닥재용 석면시멘트제품' 및 '자동차용 석면 마찰제품'의 제조·수입 등을 금지하였으며 2009년까지 모든 종류의 석면함유제품 금지를 추진하여 향후 석면으로 인한 근로자 건강장해를 근본적으로 예방할 예정이다.

2. 제조 등 허가대상 유해물질 확대

직업성 암을 유발하는 등 근로자에게 해로운 물질임에도 대체 가능성이 희박하여 금지가 어려운 물질은 노동부장관의 사전허가를 받고 제조·사용 또는 해체·제거할 수 있도록 규제하고 있는데,「산업안전보건법시행령」에서는 디클로로벤지딘과 그 염 등을 제조·사용 허가대상 물질로 규정하고 있었다.

2003년 7월에는 크롬산, 아연, 비소 및 그 무기화합물, 크롬광, 6가크롬 등의 물질을 제조·사용허가 대상물질에 추가하였으며 설비 또는 건축물에 함유된 석면을 해체·제거할 경우 허가를 받도록 규정하여 허가대상 유해물질의 범위를 확대하였다. 이와 함께,「산업보건기준에 관한 규칙」제2장을 신설하여 허가대상 유해물질에 의한 건강장해 예방조치 기준을 마련하였다.

근로자 건강보호의 필요성이 증가하고 세계적으로 석면의 유해성에 대한 연구가 축적되면서 석면에 대한 규제는 한층 강화되어 갔다. 기존에 1cm^3당 2개였던 석면의 노출기준은 2002년 2월 1cm^3당 0.1개로 20배 강화되었으며, 석면이 함유된 건축물의 철거 등 신고 시 석면 함유 여부를 신고하도록 건교부와 협의하여 건축법 시행규칙을 개정하였다.

3. 관리대상 유해물질 지정

그동안의 화학물질 관리체계는 일본의 노동안전위생법을 참고하여 유기용제(1종, 2종, 3종)와 특정화학물질(제1류, 제2류, 제3류)로 분류하여 관리하여 왔으나, 산업구조의 변화, 생산품의 다양화 등을 고려한 새로운 관리체계가 요구되었다.

이에 2003년 7월 12일 「산업보건기준에 관한 규칙」을 개정하여 기존의 유기용제 54종, 특정화학물질 53종 중 국내에서 사용하지 않는 물질은 삭제하고 국내·외에서 규제하고 있는 물질 등을 추가하여 총 168종을 규정하였다.

관리대상 유해물질은 유기화합물(113종), 금속류(23종), 산·알칼리류(17종), 가스상 물질 (15종)이다. 관리대상 유해물질에 대해서는 취급 근로자의 건강보호를 위해 적정한 시설 및 설비의 개선, 국소배기장치 성능, 작업 방법, 관리, 보호구 지급, 근로자 교육 등의 조치를 하여야 한다.

4. 화학물질 분류·표시 등에 관한 세계조화시스템(GHS) 도입 추진

화학물질의 분류, 표시 등 형식이 부처마다 달라 정보의 혼선, 경고 표지의 중복 부착 등 여러 가지 문제점이 발생되고 있었다. 이의 개선을 위하여 화학물질의 분류, 표시 및 유해·위험 정보 전달 기준을 국제기준(UN-GHS)에 맞게 통일하는 방안을 검토하였고, '화학물질의 분류 및 표시 등에 관한 세계조화시스템 지침서'를 번역하였다.

또한 부처별로 관리하고 있는 유해·위험 화학물질, 위험물, 유독물, 농약 등에 관한 표시 등 기준의 통일을 위하여 관계 부처(노동부, 환경부, 산업자원부, 소방방재청, 해양수산부, 농림부 등)가 참여하는 정부합동 GHS 추진위원회를 구성하였고 회의 및 공청회를 개최하는 등 화학물질의 분류, 표시 및 물질안전보건자료에 관한 기준의 통일 방안을 토의하여 산업안전보건법령을 개정(2006.9.25.)하였고, 「화학물질의 분류·표시 및 물질안전보건자료에 관한 기준(노동부고시 제2006-36호, 2006.12.12.)」을 개정하여 2008년 7월 1일부터 본격 시행하였다.

개정된 주요 내용을 살펴보면, 화학물질의 분류는 폭발성물질, 유해물질 등 현행 15가지 분류를 폭발성, 산화성 등 물리적 특성에 따른 분류와 독성, 발암성 등 건강유해성에 따른 분류 등 총 27가지로 세분화하고, 화학물질의 경고 표시는 경고 표지에 유해·위험을 쉽고 정확하게 전달할 수 있도록 유해·위험 그림을 변경, 유해·위험의 정도를 나타내는 문구와 유해·위험을 예방하기 위한 문구, 공급자 정보 등을 기재토록 하였다.

한편, 제조·사용 허가대상물질, 관리대상물질 등은 물질안전보건자료 작성 시 영업비밀로 인정하지 아니하고 필수적으로 기재하도록 하여 유해·위험 정보가 전달될 수 있도록 함으로써 근로자의 건강보호를 강화하였다.

5. 화학물질의 노출기준 강화 및 노출기준 개정 연구

1998년 1월 5일 2-브로모프로판의 노출기준을 1ppm으로 마련한 이후 석면과 벤젠에 의한 건강장해 문제가 국제적으로 지속 제기됨에 따라 근로자의 건강보호를 위해 2002년 2월 4일 석면의 노출기준을 2개/cm^3에서 0.1개/cm^3로 강화하였으며, 2002년 5월 6일 벤젠의 노출기준을 10ppm에서 1ppm으로 강화하였다.

1988년 이후 지금까지 698종의 화학물질에 대한 노출기준을 설정하여, 작업환경 평가와 근로자의 보건상 유해하지 아니한 정도를 나타내는 기준으로, 작업장에서의 근로자 건강보호에 중요한 수단으로 활용되고 있다. 그러나 노출기준을 설정한 이후 후속적인 보완이 없었다는 자체 판단에 따라 2005년도에 외국의 노출기준과 차이가 있는 화학물질 84종을 선정하여 건강 유해 위험성 및 노출기준 등에 관해 연구하였으며, 2006년에도 42종의 화학물질을 대상으로 노출기준 제·개정안에 대해 연구를 실시하였다.

2005년에 130여 명의 전문가가 참여하여 수행한 연구결과는 노사 및 안전보건관계자가 쉽게 찾아볼 수 있도록 '화학물질별 산업보건편람'으로 제작하여 사업장 보건관리에 활용할 수 있도록 하였으며 노동부 홈페이지를 통해 공개하였다.

연구 결과 도출된 노출기준 개정 의견에 대해서는 노사 및 전문기관 등의 의견을 수렴하였으며, 관련 규정인 「화학물질 및 물리적 인자의 노출기준」(노동부 고시)의 개정을 추진하기로 하였다.

6. 전국 제조업체 작업환경 실태조사 실시

5년마다 실시하는 제조업체 작업환경 실태조사는 1999년도에 이어 2004년도에 실시되었다. 조사 대상은 전국 제조업체 9만 개 사업장이었으며, 이 중 5인 이상은 전수조사

(82,898개소)를 실시하였고, 5인 미만은 표준산업분류상 중분류 업종에 따라 전체 사업장 비율로 표본을 선정하여 조사(7,102개소, 6.2%)를 실시하였다. 조사 기간은 2004년 6월 1일부터 11월 30일까지였으며, 외부 전문 용역기관에 의뢰하여 조사를 실시하였다.

한편 2003년 7월 7일「산업안전보건법시행규칙」의 개정으로 유해인자의 관리에 필요한 자료를 확보하기 위하여 유해인자의 취급·노출량, 취급근로자 수, 취급공정 등을 주기적으로 조사할 수 있는 법적 근거를 마련하였다.

XVI. 작업관련성 질환 예방활동

1. 작업관련성 질환 예방기준 강화

근로자의 개인적 위험요인과 업무적 위험요인이 상호 작용하여 발생하는 뇌·심혈관질환 및 근골격계질환 등 작업관련성 질환이 매년 증가하고 있다. 이러한 작업관련성 질환의 증가는 산업인구의 중고령화 및 서구식 식습관 등에 따른 기초질환자 증가, 글로벌 시대의 무한경쟁 등에 따른 과중한 업무 및 직무스트레스 등 작업조건에 기인하는 것으로 분석되었다.

이에 노동부에서는 2002년 12월 30일 산업안전보건법을 개정하여 근로자의 직무스트레스 등으로 인한 건강장해 예방의무 및 단순반복작업 또는 인체에 과도한 부담을 주는 작업으로 인한 건강장해에 대한 보건상의 조치 의무를 사업주에게 부과하였으며, 이에 대한 구체적인 조치 기준을 위하여 2003년 7월 12일「산업보건기준에 관한 규칙」에 '근골격계 부담작업으로 인한 건강장해 예방' 및 '직무스트레스에 의한 건강장해 예방조치'를 신설하였다.

2. 업무상 뇌·심혈관질환 예방 및 직무스트레스 예방 기술지원

노동부에서는 업무상 뇌·심혈관질환을 예방하기 위하여 2002년도 뇌·심혈관질환 발생 및 고혈압 등 기초질환자가 다수 발생한 제조업, 건물관리업 등 10대 업종을 중심으로 사업장 DB를 구축하여 기술자료 보급 및 예방교육 등을 실시하고, 간호사·운동지도사·영양사 등 전문 인력을 확보하여 질환 발생이 우려되는 취약사업장에 대하여는 사업장을 직접 방문하여 사후관리기법 지도 및 혈압, 혈당, 콜레스테롤 측정 등 간이검사를 실시하였다.

업무상 뇌·심혈관질환을 체계적이고 효율적으로 예방하기 위하여 '뇌·심혈관질환 발병위험도 평가 및 사후관리 지침', '직무스트레스의 통합적 예방·관리프로그램' 등을 개발하여 보급하였다.

3. 업무상 근골격계질환 예방기술 지원

1995년부터 영상표시단말기(VDT) 사용 등 단순 반복 작업에 의한 질병과 중량물 취급 등에 의한 요통 등 근골격계질환이 다수 발생함에 따라 1997년부터 「영상표시단말기(VDT) 취급 근로자 작업관리지침(노동부고시 제2000-71호)」 및 「단순반복작업 근로자 작업관리지침(노동부고시 제2000-72호)」 등을 제정하여 사업장이 자율 관리하도록 하였다.

그러나 근골격계질환의 지속적인 증가와 이로 인한 노사갈등 발생 등 사회적 문제가 야기되어 「산업안전보건법」 제24조 보건상의 조치를 개정(2002. 12월)하여 사업주의 예방의무를 신설(2003. 7월)하고, 근골격계부담작업에 대한 유해요인 조사 및 근골격계질환 다수발생 시 예방관리 프로그램의 시행 등에 대한 구체적인 조치 기준을 마련하기 위하여 「산업보건기준에 관한 규칙」에 '근골격계부담작업으로 인한 건강장해예방' 규정을 신설(2003. 7월)하고, 「근골격계부담작업의 범위(노동부고시 제2003-24호)」를 제정·고시(2003. 7월)하였다.

이 규정에 의해 최초 근골격계부담작업 유해요인 조사를 2004년 6월 말까지 시행하도록 하였고, 3년마다 근골격계부담작업 유해요인 조사를 실시하도록 하였다.

XVII. 근로자 건강진단 제도 개선

1. 채용 시 건강진단 제도 폐지

건강진단이 채용이 결정되기 전에 실시되어 고용 시 불이익을 주는 수단으로 오용되는 사례가 빈발하여 채용 시 건간진단을 2006년 1월 1일부터 폐지하고, 일반건강진단으로 인정되는 「국민건강보험법」에 의한 직장인 건강진단을 입사 연도에도 받을 수 있도록 하였다.

또한 일반건강진단 및 특수건강진단 실시 인정대상 범위 확대, 배치 전 건강진단 결과 보고의무 폐지 등 건강진단 제도를 개선하였다.

2. 특수건강진단 대상 유해인자 조정

유해물질 취급업무에 종사하는 근로자의 건강보호 및 특수건강진단의 실효성을 제고하고자 2005년 10월 17일 「산업안전보건법시행규칙」을 개정하여 작업환경 측정대상 유해인자 중 근로자에게 만성 건강장해를 유발하는 것으로 밝혀진 니트로벤젠 등을 특수건강진단 대상 유해인자로 추가하고, 실효성이 없는 유해인자를 제외하는 등 특수건강진단 대상 유해인자를 120종에서 177종으로 조정하였다. 연도별 근로자 건강진단 실시 현황은 다음 표와 같다.

도표 1-32. 연도별 근로자 건강진단 실시 현황

연 구	구분	사업장 수	근로자 수	유소견자 수		
				계	일반질병	직업병
2000	계	141,158	2,628,255	138,359	136,618	2,191
	일반	117,783	2,094,939	125,583	125,526	54
	특수	23,324	528,121	11,636	10,193	1,443
2001	계	153,151	2,858,859	151,480	149,561	1,919
	일반	130,842	2,326,324	139,091	139,036	55
	특수	22,266	527,701	11,417	10,003	1,414
2002	계	171,795	2,741,025	131,839	129,420	2,419
	일반	145,207	2,134,605	116,503	116,465	38
	특수	26,525	601,389	14,443	12,555	1,888

연구	구분	사업장 수	근로자 수	유소견자 수		
				계	일반질병	직업병
2003	계	193,187	2,561,193	130,092	127,356	2,736
	일반	165,283	1,953,210	111,539	111,489	50
	특수	27,871	603,783	17,797	15,497	2,300
2004	계	248,052	3,270,689	133,360	130,726	2,634
	일반	217,279	2,666,754	116,712	116,685	27
	특수	30,750	600,164	16,040	13,805	2,235
2005	계	254,547	2,568,789	133,933	131,729	2,204
	일반	222,102	1,921,897	118,054	118,032	22
	특수	32,445	646,892	15,879	13,697	2,182

3. 건강관리수첩 교부대상 추가

장기간 잠복기를 거쳐 발병하는 석면 등 11개 유해물질을 제조ㆍ취급하는 업무에 일정 기간 이상 종사한 근로자를 대상으로 건강관리수첩을 교부하고 있다. 당해 근로자가 이직 등으로 당해 업무에 종사하지 아니할 경우에 정기적으로 무료 건강진단을 받을 수 있도록 하여 직업성 암 등 직업병을 조기에 발견하여 치료받을 수 있도록 만든 제도이다. 2005년 10월 7일 건강관리수첩 교부 대상에 벤젠, 니켈 및 카드뮴 취급업무를 추가하여 14종의 유 해물질을 제조ㆍ취급하는 경우 건강관리수첩을 교부할 수 있도록 하였다. 건강관리수첩 교부 현황은 다음 표와 같다.

도표 1-33. 건강관리수첩 교부 현황 (2006년 누계)

계	특정분진	석면	벤지딘 염산염	염화비닐	크롬산, 중크롬산	제철용 코크스
3,916	288	573	214	350	1,620	771

※ 베타-나프틸아민, 비스-(클로로메틸에테르), 벤조트리클로리드(5), 삼산화비소-비소, 베릴륨, 니켈, 카드뮴, 벤젠은 발급 실적 없음(벤젠(76), 니켈(10) 및 카드뮴(9)은 2005년 10월 7일 건강관리수첩 교부 대상에 추가).

XVIII. 조기 안전보건교육 지원

사업장의 재해예방 활동이 실효를 거두기 위해서는 어려서부터 안전생활을 체질화하는 것이 중요하다. 이러한 장기적인 안전의식의 축적ㆍ확산을 위해서는 평생 안전교육 체계를 확립하는 것이 필요하다는 인식 아래 유치원·초·중·고 등 각급 학교별 안전교육 프로그램을 개발하고 안전교육 시범학교를 지정 운영하는 등 학교 안전교육 기반 구축을 위해 노력하고 있다.

학교 안전교육을 지원하기 위하여 보육시설·유치원·초·중·고 시범학교 운영사례집 5종을 개발하여 배포하고, 공업계 고등학교용 안전교육 교재를 개발하여 배포하였다.

조기 안전교육 활성화를 위한 기반 조성을 위해 보육시설, 유·초등학교 교사를 대상으로 한 안전문화 지도자 연수를 실시하였고, 초등학교 및 중학교의 안전보건교육 활성화를 위해 안전보건 관련 교과 담당교사 및 시도 교육청 연구원 등에 대해 안전보건 직무교육을 실시하였다.

학교 안전보건교육을 강화하여 학교의 일상생활 속에서 안전을 체질화·습관화할 수 있도록 하기 위하여 학교 내에서 지켜야 할 안전 활동 주제를 설정하여 정해진 기간 동안 이행하는 안전교육 시범학교를 운영하고 있다. 1996년 3개교를 시작으로 점차 확대해 오다가 2006년에는 64개교를 운영하였으며, 안전교육 시범학교의 운영결과에 대한 공개발표회를 갖고 운영결과 모음집을 제작, 보급하여 전국 각급 학교에서 안전교육 자료로 활용토록 하고 있다.

XIX. 진폐의 예방과 진폐 근로자 보호 강화

2000년 1월 정부기금제도 개선 방안의 일환으로 진폐기금을 폐지하고 에너지 및 자원사업 특별회계에서 진폐 근로자 보호 사업을 수행하고 있다. 에너지 및 자원사업 특별회계는 석유수입 부과금, 석유판매 부과금, 가스안전관리부담금 및 융자원리금 수입 등으로 조성하여, 석유위기 대응능력 강화, 유전개발, 광물자원개발, 에너지 자원기술 개발, 석탄산업 합리화 및 진폐근로자 보호 등의 사업을 지원하고 있다.

진폐예산은 2000년에는 222억, 2001년에는 220억, 2002년도에는 228억, 2003년도에 271억, 2004년도에 594억, 2005년도에 약 510억, 2006년도에 약 507억 원이었다.

8개 광업의 특정분진 작업에 종사한 진폐근로자와 그 유족의 생활 보호를 위하여 장애

위로금 및 유족위로금을 지급하고 있다. 진폐위로금으로 진폐근로자 및 그 유족에게 지급한 금액과 인원수는 2000년에는 193억 원(814명), 2001년에는 193억 원(853명), 2002년에는 202억 원(887명), 2003년에는 245억 원(1,207명), 2004년도에는 537억 원(3,997명), 2005년에는 471억 원(3,031명), 2006년에는 455억 원(1,895명)이었다.

진폐건강진단은 2000년에는 1만 2,901명에게 실시되었으며 19억 원의 예산이 소요되었고, 2001년에는 1만 2,854명에게 실시되었으며 21억 원의 예산이 소요되었고, 2002년에는 1만 733명에게 실시되었으며 21억 원의 예산이 소요되었고, 2003년에는 1만 1,033명에게 실시되었으며 22억 원의 예산이 소요되었고, 2004년도에는 2만 3,815명에게 실시되었으며 32억 원의 예산이 소요되었고, 2005년도에 2만 79명에게 실시되었으며 34억 원의 예산이 소요되었고, 2006년도에는 2만 391명에게 47억 원의 예산이 소요되었다.

진폐증으로 판정되었거나 진폐로 사망한 근로자의 중고생 자녀에게 지급하는 학자금은 2000년에 191명에게 1억 7,000만 원, 2001년에 114명에게 3억 4,000만 원, 2002년에 87명에게 1억 7,000만 원, 2003년에 83명에게 5,700만 원, 2004년도에 52명에게 5,101만 원, 2005년도에 53명에게 3,800만 원, 2006년도에 60명에게 4,000만 원이 지급되었다.

2002년 9월 18일 「진폐법 시행령」 개정(대통령령 제17743호)으로 법 적용을 상시 5인 이상의 근로자를 사용하는 사업에서 '모든 사업'으로 확대되어 진폐의 예방 및 근로자의 건강진단, 위로금 등의 혜택을 확대하였다. 「진폐법 시행규칙」이 개정 시행되어(노동부령185호, 2002.9.18.) 비정형 미코박테리아 감염이 진폐증에서 호발(好發)되고 시급한 치료를 요하며 호흡부전으로 사망에 이르는 경우가 많은 질병으로 인정되어 진폐로 인한 합병증의 범위에 추가되었다.

또한 진폐심사의의 자문 결과 진폐 관리구분 판정을 위해 추가적인 검사가 필요하다고 인정되는 자에 대해서는 컴퓨터단층촬영검사(CT) 등을 실시한 후 판정하도록 함으로써 보다 정확하고 신뢰성 있는 판정을 기하도록 하였으며, 관리구분판정 재심사 결정을 위한 자문 시에 당초의 진폐 관리구분 판정에 참가하지 않은 진폐심사의의 자문을 받도록 하여 판정의 공정성과 정확성을 제고하도록 하였다.

제5절 국제협력

Ⅰ. ILO(국제노동기구)와의 협력

1. ILO 핵심 협약 비준 준비

산업안전보건에 관한 국제협약을 비준하는 데까지 이르지는 못하였으나, 이 당시 노무현 정부는 국제노동기준을 국내 제도에 반영하려는 법·제도 정비 노력을 본격화하였다. 노동부와 산업안전보건공단은 ILO 기준 분석반을 구성하여 산업안전보건법 체계와의 비교검토를 시행하는 등 ILO 제155호(산업안전보건 및 작업환경에 관한 협약) 및 제161호(산업보건서비스) 협약에 대한 사전 이행 준비 작업을 한 것이다.

2. ILO-CIS(국제산업안전보건정보센터)와의 협력

또한 2003년 ILO-CIS의 정회원으로 가입하여 연차보고서, 통계, 산업재해 조사 자료를 영문으로 정리하여 ILO에 정기적으로 제출하기 시작하였다. 또한 ILO의 기술자료를 번역하여 산업계에 보급했으며, ILO Safety & Health at Work 세계 캠페인에도 참여하였다. 이런 활동을 통하여 ILO에서는 한국의 국제기준 준수 노력에 대해 긍정적으로 평가하였다.

Ⅱ. APOSHO(아시아산업안전보건기구) 활동

1. APOSHO 총회

2004년 안전보건공단 주관으로 국내외 전문가 약 400명 참석하여 제19차 아시아산업안전보건기구 총회를 부산에서 개최하였다. 주제는 "안전보건 문화의 정착과 국제협력 강화"였으며, 당시 총회에서는 한국형 건설업 재해예방 모델, 위험성평가 방식, 중소기업 기술지원 체계 등이 집중 조명되었다.

2. 기술위원회 활동 참여

안전공단은 '중소기업 재해예방 분과', '산업재해 통계 표준화 분과' 등 APOSHO 산하의 여러 기술분과(TWG)에 참여하여 아시아 국가 간 산업재해 통계의 수집 방식 및 지표 표준화를 위한 협의에 기여하였다.

III. 한 · 일 · 중 협력 사업

2006년 한 · 중 · 일 산업안전보건 3국 회의 첫 개최가 중국(베이징)에서 개최되었다. 제조업 · 건설업 안전 사례 공유와 고령화 대응 논의가 있었다. 회의의 정례화 추진 논의가 시작되었으며, 한 · 중 · 일 공동재해예방 매뉴얼 협의 초안을 작성하여 정식 출간은 아니지만 협력 기틀을 형성하였다. 공단에서는 이를 내부 자료로 활용했고 이후 실무 교육에 반영하였다.

IV. 개도국 산업안전보건 협력사업

1. 해외 기술원조 프로그램

KOICA(한국국제협력단)와 협력하여 동남아시아 개발도상국(베트남, 인도네시아, 캄보디아, 필리핀)에 대한 산업안전 기술자문 및 제도 정착을 지원하였다. 주요 내용은 산업안전보건법 제정 자문, 산업재해 통계체계 구축, 작업장 점검 매뉴얼 제공, 한국형 PPE(개인보호구) 기준 소개 등이었다. 이 사업은 상대국 법령 정비에 직접적으로 반영되기도 했고, 연수생 초청 교육과 함께 해외 기술원조 우수사례로 선정되었다.

2. 연수생 초청 교육

국제개발프로그램(ODA)의 일환으로 베트남 노동부를 대상으로 30명을 초청하여 3주간의 연수를 진행하였다. 교육과정은 위험성평가 실습, 산업재해 사례분석, 산업현장 지도방식 체험 등이었다. 이 과정은 현지 산업안전 인력양성의 모체가 되었다.

V. 국제표준(ISO · CE 마크) 대응 및 국내 산업계 지원

1. 산업용 기계류 CE 마크 대응

유럽시장 수출 증가에 따라 CE 인증 요구가 높아졌다. 안전공단은 산업계에 대해 CE 인증 절차, 기술문서 작성법, 위험성 분석 기법 교육을 실시하였으며, 국내 시험 · 검사 기관과의 연계로 안전인증 One-Stop 서비스 체계 구축을 시도하였다.

2. PPE(개인보호구) 국제기준 도입

미국(ANSI), 세계(ISO), 유럽(EN) 등 국제기준에 맞춘 PPE 도입을 확대하였다. 공단이 국내기준을 국제기준과 일치시켜 제조업체 · 공급업체에 대하여 기술지도를 실시하였다.

VI. 기타 사례

1. 세계산업안전보건대회(WOS) 및 세계보건총회 참여

노동부와 공단은 WOS(World Congress on Safety and Health at Work) 등 국제대회에 정기적으로 참석하기 시작하였다. 발표 주제는 '한국형 건설업 위험성평가 모델', '작업중지권 제도의 실효성 평가' 등이었다. ILO와 공동 세션에서는 한국 사례를 소개하여 다른 국가의 벤치마킹 대상이 되었다.

2. 양자 협력 (독일, 캐나다, 일본 등)

안전공단은 상대국의 관련 단체인 BG(독일), JISHA(일본), CCOHS(캐나다) 등과의 산업안전 분야 양해각서(MOU)를 체결하여 협력 기반을 다졌다. 주된 협력 내용은 교육자료 상호 교환, 전문가 연수 프로그램 교차운영, 공동 연구개발 수행 등이었다.

제6절 산하기관 및 민간 부문의 활동

I. 한국산업안전공단의 활동

한국산업안전공단은 전반적인 산업재해예방 정보의 네트워크를 구축하여 보다 원활하고 유기적인 정보를 지속적이고 안정적으로 보급하기 위하여 2000년 1월부터 안전보건 종합정보통신 서비스인 KOSHA-NET을 운영하고 있다.

또, 사업장의 안전보건경영시스템을 평가하고 자율안전관리 수준을 확인하기 위하여 KOSHA 18001 인증제도를 시행하고 있다. KOSHA 18001 인증제도는 1999년에 시작되었다. 1999년에 인증을 받은 사업장은 10개소에 불과하지만, 2000년부터 본격적인 인증사업을 펼치기 시작하여 2000년에 61개소, 2001년 71개소 등으로 확대되었다.

2001년에는 가상안전체험관을 설치하여 산업재해의 원인이 되는 위험 기계기구 및 유해설비 등에 대해 안전작업방법 및 안전장치 점검요령, 작업현장의 다양한 유해·위험 요소를 발굴하는 요령과 재해발생 구조를 컴퓨터 그래픽을 통해 쉽게 체험할 수 있도록 하였다.

증가하는 업무상 질병에 대처하기 위하여 2000년부터 뇌·심혈관계질환 예방기술 지원사업 및 근골격계질환 다발 사업장에 대한 정밀 기술지원을 실시하였다.

II. 민간 부문의 활동

대한산업의학회, 한국산업간호학회, 한국산업위생학회는 산업안전보건법의 확대 적용을 계기로 5인 미만 소규모 사업장에 대한 보건관리를 주제로 2001년 10월 3개 학회 연합학술대회를 팔레스호텔에서 개최하였다.

2000년 12월 18일 자체검사 지정기관의 친목도모, 정보교환, 자체검사 부실 방지 등을 목적으로 (사)위험기계기구검사협회가 설립(노동부 허가 제260호)되었다.

2001년 12월 21일 안전관련 25개 전문기관의 안전에 관한 기술개발, 국제교류 증진, 학술대회 공동개최 등을 목적으로 (사)한국안전전문기관협의회가 설립(노동부 허가 제281호)되었다.

2002년 10월 8일 전국 타워크레인 경영자의 타워크레인 안전운영을 위한 교육 · 홍보 및 연구, 국제활동 등을 목적으로 ⑷타워크레인안전관리경영자협회가 설립되었다(노동부 허가 제289호).

제5장

이명박 · 박근혜 정부

자율 추진 모색기

제1절 총설

안전보건 측면에서 이 시기는 규제 완화와 자율을 강조하면서 산업안전의 방향성과 과제를 다시 생각하게 한 시기다. 이명박(2008.2.~2013.2.)과 박근혜(2013.2.~2017.3.) 정부 시기는 「자율적 산업재해 예방」을 산업안전보건 정책의 기조로 하였다. 국가적으로 기업 친화적 정책 기조 아래 산업안전보건에 관한 정부의 관리 · 감독보다 기업의 자율적 재해예방을 강조하였다.[11] 이는 산업재해(율) 감소 추세를 바탕으로, 선진국 수준의 안전문화를 정착시키기 위해서는 정부의 개입보다 기업 자율적인 노력과 사회 전반의 협력이 필요하다는 논리에 기반하고 있었다.

1995년 0.99%였던 산업재해율은 2000년 이후 10여 년간 0.7% 선에서 정체되면서 2011년 말 0.65%까지 낮아졌으나, 연간 재해자는 9만 명 수준에 머물렀고, 재해율 역시 선진국과 비교하면 여전히 높은 수준을 유지하고 있었다. 재해율을 0.5% 미만으로 줄이기 위해서는 노사와 시민사회단체가 함께 참여하는 안전문화 확산이 필요하다는 주장이 제기되었다. 범사회적인 재해예방 분위기를 조성하고, 정부 부처 간 협력을 강화하는 것이 필

---

11   예를 들어 이명박 정부에서 야심 차게 추진한 대규모 토목 사업인 「4대 강 살리기 사업」에 대한 안전감독을 low-key로 할 것을 요청하였다. 저자의 업무 경험에 입각한 기술이다.

요하다는 인식이 확산되었다. 이에 따라 정부는 안전 불감증 해소와 안전문화 정착을 위한 이른바 노·사·민·정 협력 모델을 적극 추진하였다.

이러한 상황을 배경으로 정부는 2010년 사업주가 스스로 사업장의 유해·위험 요인을 파악·저감·대체·제거하는 '위험성평가' 제도를 도입하기 위한 시범 사업에 본격적으로 착수하였다. 이를 통해 기업이 자율적으로 위험 요소를 파악하여 개선하는 구조를 마련하려 했다. 또한 부처 간, 지방자치단체 및 유관기관과 협력하여 공동 재해예방 활동을 전개하고, 노사 인식 개선을 위한 인프라 구축에도 힘썼다. 이를 위하여 '안심일터 추진본부'를 운영하고, 우리나라 실정에 맞는 안전관리 기법과 절차를 마련하여 제도를 보완·확대하는 시범사업도 추진되었다.

이러한 기업 자율 추진 접근이 우리나라의 당시 (및 현재) 상황에 적합한지에 대해서는 의문이 제기된다. 또한 우리의 산업재해율을 낮추는 데 성공했다고 하기는 어렵다. 그럼에도 불구하고 10여 년의 기간 동안 "기업 자율적 재해예방 시스템 구축을 모색하려고 했다"는 것은 커다란 의의가 있다고 평가할 수 있다.

제2절 정책의 기반

Ⅰ. 산업안전보건법 개정 (2009.6., 2011.7., 2013.6., 2016.5.)

이 시기에 산업안전보건법 개정이 몇 차례 있었다. 위험성평가 제도, 안전보건담당자 제도 등이 이 시기에 신설되었는데, 법 개정 중요 사항은 다음과 같다.

2009년 6월 9일 사업주의 산재예방책임 강화와 유해·위험 작업의 도급 제한 등을 위한 개정이 있었고, 2011년 7월 25일에는 법 개정을 통하여 위험성 평가 제도를 도입하였다. 이어 화학물질 관리 강화, 유해·위험 작업의 도급 제한 등을 위한 개정이 있었으며(2013년 6월 4일), 2016년 1월 27일 공포된 개정법은 '안전보건관리담당자' 제도를 신설하고, 안전보

건 교육기관 등록제 및 평가제도를 신설하였다. 2016년 5월 29일 개정에서는 근로자 건강
진단 제도의 일부 보완과 산재발생 보고의무가 강화되었다.

II. 산업안전보건법 시행령 개정

모법인 산업안전보건법의 개정에 따른 개정 외에 시행령 개정으로 보완이 가능한 사항
의 개선을 위한 시행령 개정이 있었다. 시행령 개정 중요 사항은 다음과 같다.

산업안전보건위원회의 구성 및 운영에 관한 사항을 개선하고 안전관리자의 직무와 관련
된 세부 사항을 보완하였다(2010년 6월 4일 개정). 위험성평가 제도의 시행에 따라 그 절차와
방법 등을 규정하고 자율안전보건관리체제 구축에 관한 사항을 보완하였다(2012년 6월 1일
개정). 2013년 12월 3일 개정에서는 화학물질 취급 사업장의 안전관리 기준을 강화하고, 안
전보건관리체계 구축에 관한 사항을 보완하였다.

기업으로부터 이중규제라는 비판을 받아오던 문제를 해결하기 위하여 「산업안전보건
법」에 따른 '공정안전보고서'에 포함되어야 하는 내용의 일부가 「화학물질관리법」에 따른
'유해화학물질 화학사고 장외영향평가서' 등의 내용과 동일한 경우에는 그 해당 내용에 관
한 장외영향평가서의 제출로 갈음할 수 있도록 하였다(2015년 2월 10일 개정).

2016년 2월 17일 공포·시행한 개정령에서는 유해·위험 기계기구 등에 이동식 크레인
을 추가하고, 50명 미만의 근로자를 사용하는 도매업, 숙박 및 음식점업의 사업주도 근로
자에게 안전·보건교육 실시를 의무화하였으며, 소규모라 하더라도 위험도가 높은 건설공
사의 경우에는 안전관리자를 두도록 하였다. 그 외 법 개정에 따라 근로자 건강진단 실시
주기 조정, 산업재해 발생 보고 절차를 구체화하는 개정이 있었다(2016년 6월 14일 개정).

III. 산업안전보건법 시행규칙 개정

법 및 시행령의 개정에 따라 시행규칙의 개정이 있었다. 안전보건교육의 내용 및 시간,
보호구의 종류와 기준 등(2010년 6월 4일 개정), 위험성 평가의 구체적인 실시 방법, 산업재해

발생 시 보고 절차 등(2012년 6월 1일 개정), 화학물질 취급 시 안전조치 기준 강화, 보호구 착용 및 관리에 대한 세부 사항 등(2013년 12월 31일 개정), 근로자 건강진단 결과 통보 절차 개선, 산업재해 발생 시 보고 양식 및 절차 등(2016년 6월 30일 개정)이 그것이다.

Ⅳ. 진폐법 시행령 개정 (2007.11.30.) – 진폐 업무 근로복지공단 이관

2008년 1월 1일부터 근로복지공단으로 진폐업무를 일원화하였다. 이에 따라 법률, 예산, 작업전환 권고 · 지시 업무만 고용노동부가 담당하고, 다른 업무 일체, 즉 장해위로금 · 유족위로금 지급(2010.11.21.부터 통합하여 진폐재해위로금으로 지급), 장학금 지급, 진폐건강진단, 건강관리수첩 발급업무를 근로복지공단으로 이관하였다. 2009년 8월 7일부터는 진폐관리구분 심사청구, 판정결과 통보업무, 사업주 부담금 등의 징수 및 결손처분 업무도 이관되었다.

Ⅴ. 고용보험 및 산업재해보상보험의 보험료 징수에 관한 법률 개정 (2013.6.4.)

산재예방요율제 도입의 법적 기반을 마련하기 위한 법 개정(제15조)과, 시행령 및 시행규칙의 개정을 통하여 법령 개정을 완료하였다(2013.12.30.). 이는 산재예방사업과 산재보험체계를 연계하여 사업장의 자율적 산재 예방활동을 유도하기 위한 것으로 안전보건공단으로부터 위험성평가가 적정하다고 '인정'을 받거나 사업주가 산재예방교육(4시간)을 이수하고 산재예방계획서를 제출하여 적정하다고 '인정'받은 경우 당해 사업장의 산재보험료율을 할인해 주는 제도이며 2014년 1월 1일부터 시행되었다.

한편, 박근혜 정부(2013.2.25.~2017.3.10.) 시기에는 산업안전보건 분야에 직제 변동이 없었다. 이명박 정부(2008.2.25.~2013.2.24.) 시기에는 노동부가 고용노동부로 명칭이 변동되었고, 산업안전보건 조직에 물량적인 큰 변화는 없었으나 관련 조직의 명칭과 소속이 변경되는 등 다소 의미 있는 변동이 있었다. 중요한 사항을 살펴보면 다음과 같다.

Ⅵ. 고용노동부 출범과 산업안전보건국의 위상 변경

정부조직법 개정으로 2010년 7월 12일 노동부가 고용노동부로 명칭이 변경되었다.

그 이전, 노동부 내에 직제가 개편되어 독립 국(局)이었던 산업안전보건국이 노사정책실 소속이 되었다(2010.2.24.). 그 전해에는 산재보험과가 산업안전국에서 근로기준국으로 이관되었다(2009.4.30.). 이러한 변동은 다분히 공무원 사회 내부의 사정에 기인한 것으로 대외적인 영향은 거의 전무한 것이었다.

Ⅶ. 산업안전보건 조직의 명칭 변경 (2011.3.2.~2013.9.23.)

2011년 초 본부 산업안전보건의 과(課) 조직 명칭에 큰 변화가 있었다. 즉, 종전의 '안전보건정책과, 산업안전과, 산업보건과' 체제를 '산재예방정책과, 제조산재예방과, 건설산재예방과, 서비스산재예방과'로 개편하였다. 이는 각 부서인 과(課)의 업무 중점을 총괄·안전·보건과 같은 '기능' 중심에서 제조업·건설업·서비스업과 같은 '산업' 중심으로 바꾼 것이다.

이러한 변경은 커다란 실책이었다. 이에 따라 2013년 와서는 다시 업종 중심에서 기능 중심으로 재편하여, 기존 산재예방정책과, 산재보상정책과, 제조산재예방과, 건설산재예방과, 서비스산재예방과를 산재예방정책과, 산재보상정책과, 산업안전과, 산업보건과, 화학사고예방과로 바꾸게 되었다.

제3절 주요 정책 방향

Ⅰ. 제3차 산업재해예방 5개년 계획 (2010~2014)

1. 계획의 개요

2010년 들어 산업재해 감소세가 둔화하고(2005년 0.77% → 2009년 0.70%), 20억 원 미만 건설 현장, 서비스업 등 중소기업의 재해가 크게 증가하였다(2010년 11월 말 현재 전체 재해의 81%를 차지). 이에 정부에서는 그해(2010) 3월 말 수립한 제3차 산재예방 5개년 계획을 대폭 보강한 「제3차 산재예방 5개년 계획+」를 발표하였다.

3차 계획은 '안전한 일터, 건강한 근로자, 행복한 나라'를 캐치프레이즈로 내걸었다. 가장 특징적인 것은 종래 '재해율 감소' 단일 목표에서 노동시장과 연계를 강화하기 위하여 '근로손실일수'를 추가하고, 사망자 수 및 부상자 수 등으로 다양화한 것이다. 지표 전반적으로 계획 마지막 연도인 2014년까지 30% 감축을 목표로 하였다.

제3차 산재예방 5개년 계획+ 목표

- 근로손실일수(2005~2009년 평균 휴업일수 기준): 30% 감축 (325만 일 → 228만 일)
- 사고 사망자 수(2005~2009년 평균 사고 사망자 수 기준): 30% 감축 (1,392명 → 974명)
- 사고 재해(천인)율(2005~2009년 평균 휴업 사고 재해자 기준): 30% 감축 (4.45 → 3.12)

  * 2014년까지 재해자 수 6만 명대 및 재해율 0.5%대 진입 달성

2. 계획의 주요 내용

» 기업의 자율적인 안전보건 관리체제 유도

규제의 패러다임을 사전적·개별적 규제에서 사후적·포괄적 위험관리방식으로 변경하는 「유해·위험요인 자기관리제도」를 실시한다.[12] 또한 안전보건관리자 선임 기준을 사업장 규모에서 근로자 1인당 안전보건관리 필요 시간, 유해·위험 정도에 따라 차등화한다.[13]

12　현재 시행되고 있는 '위험성평가'의 기원이 「유해·위험 요인 자기관리제도」이다. 본문에서 보는 것처럼 '위험성평가' 제도를 당초에는 '유해·위험 요인 자기관리' 제도라고 이름 지으려 하였다. 당시 안전공단의 연구보고서 제목에도 '위험성평가가 아닌 '위험요인 자기관리'라는 제목을 붙인 것이 있다. 이는 당시 산업안전보건국장으로 재직했던 저자의 의견에 따른 것이다. 나는, risk를 '위험성'이라고 번역하는 것에 문제가 있다는 점, 일본에서 번역·사용하는 용례를 그대로 차용하는 것도 곤란하다는 점을 지적하였다. 무엇보다도 자율 안전관리 패러다임을 지향하는 시대에 "위험성을 평가한다"는 것보다 "위험요인을 관리한다"는 관념이 사업주의 책임성을 강조하고 기업에 설득력이 있는 것이라고 보았다. risk assessment(위험평가)는 risk management(위험관리)의 하위 개념이다.

13　이것은 지금까지도 하지 못하고 있다. 사업장에서 선임해야 하는 안전관리자와 보건관리자 숫자를 사업장 규모, 즉 상

» 소규모 사업장 안전보건 관리체제 구축

사업장의 직장·반장 등을 안전보건반장(2014년까지 100만 명)으로 지정하여 소규모 사업장의 안전보건 인프라를 확충한다. 나아가 산재예방을 위한 사전조치와 산재보험료를 연계하는 산재예방요율제도를 시행한다.

» 대-중소기업(원-하청기업) 상생협력 안전보건관리 유도

대기업이 협력사와 공동으로 상생협력 안전보건관리 프로그램을 시행하도록 유도한다. 한편, 원청기업의 사내·사외 협력업체에 대한 안전보건평가 및 지원을 유도한다.

» 위험기계, 유해물질의 근원적 안전성 확보

위험기계를 위험도에 따라 안전인증(고위험 기계), 안전확인(중위험 기계), 안전성 평가(저위험 기계)로 구분하여 관리해 나간다. 또한 발암성 물질을 법적 관리 물질과 정보제공 물질로 구분하여 관리한다.

» 안전보건규제의 실효성 확보

기업의 자율적인 안전보건관리를 유도한다. 다만, 미이행 시 즉시 과태료 부과, 사법조치 강화를 통해 규율(discipline)을 강화해 나간다.

» 대상별 맞춤형 안전보건대책 추진

조선·제철·화학 등 기간산업, 건설업·제조업의 특성에 맞는 대책을 추진하고, 고령자, 여성, 일용근로자, 환경미화원 등 안전보건 취약계층에 대한 지원을 내실화해 나간다.

시근로자 숫자를 기준으로 할 것이 아니라, 근로자 1인당 안전보건관리 필요 시간, 유해·위험 정도를 기준으로 해야 바람직하지만 현실적으로는 어렵다.

II. 제4차 산업재해예방 5개년 계획 (2015~2019)

1. 계획의 개요

제4차 계획은 선진국에 비해 2~4배가량 높은 사고사망 수준을 낮추고, 사업장의 안전보건체제 및 안전의식의 정착을 위해 정책 패러다임의 획기적 전환이 필요하다는 시각에서 출발하였다. 정부의 정책 목표도 사망사고 등 중상해 재해 중심으로 명확히 하여 중대재해 감소에 정책 역량을 집중하기로 하였다.

하청업체에서 지속적으로 발생하는 재해를 예방하기 위해 원청에도 공동의 안전보건조치 의무를 부과하고, 원청-하청업체, 하청-하청업체 등 상호 간 위험관리 및 의사소통이 강화되도록 제도를 개선하기로 하였다.

중점 추진하는 사고사망 감축을 위하여, 계획이 완료되는 2019년 사고사망만인율 목표를 선진국 수준인 0.3%대로 잡았다.

2. 계획의 주요 내용: 4대 추진 전략

» 주체별 안전보건 책임의 명확화

① 기업: 원청의 사업과 본질적으로 불가분의 관계인 사내하청업체 위험작업에 대해 공동의 안전보건조치 의무를 확대하여 원청의 안전보건 책임을 강화하고, 위험작업에 대해서는 사전 작업허가제를 도입하여 원-하청 간 상호 위험관리를 활성화한다. 300인 이상 사업장의 안전보건관리 외부위탁 및 안전보건관리자 겸직 제한을 추진한다. 50인 미만 사업장에 대한 안전보건관리지원자 제도를 신설한다.

② 근로자: 작업유형별·공정별 해당 근로자 대표에게도 위험성평가 참여를 의무화한다. 현장 책임자에게 안전수칙 미준수 근로자에 대한 작업제한권을 부여한다.

③ 정부: 중대재해예방 중심으로 정책 목표를 전환한다(재해율 → 사고사망만인율). 사고 다발 패턴을 선정하여 집중 감독을 실시한다.

④ 민간 부문: 공단의 재해예방 지원사업의 효과성을 제고하고, 민간 재해예방기관(안전

협회, 보건협회 등 970여 개)의 역량을 강화한다.

» 산업재해 유발 요인에 대한 선제적 대응 능력 강화

① 제조 · 건설업: 안전인증 및 안전검사 제도개선을 통한 위험기계 · 기구의 근원적 안전성 기반을 구축하고, 사고사망자의 약 25%를 차지하는 건설 현장 추락사고 예방을 위해 안전방망, 사다리형 작업발판 등 설치비용 지원을 확대한다.

② 대상별: 신규 근로자에 대한 안전보건교육을 강화하고, 장년근로자 다수 고용 사업장에 대해 4대(정리 · 정돈 · 청소 · 청결) 실천운동을 실시하는 한편, 여성 다수 고용 업종 중심의 건강관리를 강화한다.

③ 새로운 유해요인 관리: 직무스트레스로부터 근로자를 보호하기 위한 방안을 강구하고, 발암성 · 생식독성 물질 관리를 강화한다.

» 법령, 정보시스템 등 안전보건 인프라 구축

① 법령: 사업주, 근로자들이 법률을 잘 이해할 수 있도록 모든 기업이 준수해야 할 사항과 업종 · 유해인자별 특성 등을 반영한 법체계의 선진화 방안을 노사정위 논의를 통해 강구하고, 법 적용 확대(근로자 → 모든 일하는 사람) 방안도 검토한다.

② 지식 · 정보: 고용부, 안전공단, 민간기관 등에 산재되어 있는 안전보건정보를 통합 공유하는 산재예방 통합정보시스템을 구축한다.

③ 안전산업 육성: 중기청, 산업부 등과의 협업으로 보호구 생산 업체 등을 중심으로 안전보건 산업을 육성하기 위한 지원을 확대한다.

④ 거버넌스 구축: 주요 업종별 · 산업단지별 · 지역별 안전보건 리더십을 확충하고, 공공 부문 안전보건 리더십도 구축한다.

» 안전수칙이 실천되는 안전보건문화 확산

① 안전교육: 이론 · 강의 위주에서 실습 · 사례 · 현장교육 등 작업현장 중심 교육으로

개편, 산업별 · 지역별 안전보건 교육체계를 구축한다.

② 실천공감대: 사업장에서 쉽게 이해하고 실천할 수 있는 4대 필수안전수칙* 준수 캠페인을 집중적으로 추진한다. 산업현장에서 산재은폐를 근절해 나가기 위해 현장중심의 노사정 공동 노력도 펼쳐 나간다.

　* 보호구 착용, 안전보건표지 부착, 안전보건교육 실시, 안전작업절차 지키기

제4절 중점 추진 사업

Ⅰ. 위험성평가 시범사업 추진

1. 대상

시범사업 1차 연도(2010)에는 남동(인천), 하남(광주), 대덕(대전), 녹산(부산), 성서(대구) 5개 공단을 대상으로, 2차 연도(2011)에는 중부 · 광주 · 부산노동청, 부산북부지청 · 대구북부지청 등 5개 시범관서 관할 전 지역으로 시범사업을 확대하였다.

2. 내용

시범사업의 취지 및 내용 등을 집중적으로 홍보하여 자발적인 참여를 유도하고, 교육, 컨설팅 및 기술 · 재정지원, 「사업장기술지원협의회」를 통한 자율안전관리체제 구축 등 위험성평가 운영체계 구축에 주력하였다.

3. 실적

» 시범사업 물량

총 24,926개 사업장에 대하여 실시하였다. 사업주 17,513명, 담당자 20,513명을 교육하였다. 컨설팅을 9,277회, 모니터링을 403개소 실시하였다.

» 산재 감소 효과

시범사업(2010 · 2011) 참여 사업장에 대한 재해감소 효과를 분석한바, 2010년에는 전년 대비 9.3% 감소하고, 2011년은 17.3% 감소하였다(2009년 0.76% → 2010년 0.75% → 2011년 0.62%). 반면, 5개 시범단지의 미참여 사업장 재해율은 2010년에는 전년 대비 3.7%p 증가, 2011년에는 3.5%p 감소하였다(2009년 0.82% → 2010년 0.85% → 2011년 0.82%). 2011년 참여 사업장은 2011년에 전년 대비 10.4% 감소(2010년 0.67% → 2011년 0.60%)하여 5개 시범관서 미참여 사업장 재해율 7.6% 감소(2010년 0.92% → 2011년 0.85%)에 비해 약간 높은 감소율을 보였다.

II. 산재예방요율제 시행

1. 추진 배경

50명 미만 소규모 사업장의 재해자 수가 차지하는 비율이 높아 이들 사업장의 자율적 산재예방 활동을 강화할 수 있는 새로운 경제적 인센티브가 요구되었다. 노 · 사 모두 사업주의 산업재해 예방조치를 촉진하기 위한 정책의 일환으로 예방요율제의 도입을 요구하여 2006년 12월 23일 노사정위원회에서 산재예방요율제를 도입하고, 그 대상 및 지표를 중장기적으로 검토해 나가기로 합의하였다.

이에 따라 산재예방요율제 도입 방안에 대한 연구용역을 실시(2009)하고, 2011년에는 산재예방요율제 도입 TF 구성 · 운영을 통해 기존 논의 자료에 대한 영역별 세부 사항을 검토한 후 2011년 7월 5일 노 · 사 · 정 세미나를 개최하여 의견을 수렴하였다. 이후 「고용보험 및 산업재해보상보험의 보험료 징수에 관한 법률」 제15조 개정을 통하여 산재예방요율제 도입의 법적 기반을 마련하고(2013.6.4.), 시행령 · 시행규칙의 개정을 통하여 법령 개정을 완료하였다(2013.12.30.).

2. 주요 내용

산재예방요율제는 산재예방사업과 산재보험체계를 연계하여 사업장의 자율적 산재예방활동을 유도하기 위한 것으로 안전보건공단을 통해 위험성평가 인정을 받거나 사업주가 산재예방교육을 이수(4시간)하고 자체 산재예방계획서를 제출하여 인정받은 경우 당해 사업장의 산재보험료율을 할인해 주는 제도이며 2014년 1월 1일부터 시행하고 있다.

우선 제조업 50인 미만 사업장을 대상으로 적용하고 있다. 위험성평가를 인정받은 경우 (3년) 20%, 사업주교육을 이수한 경우(1년) 10%의 보험료를 재해예방 활동의 인정 기간만큼 일할 계산하여 할인받을 수 있다.

도표 1-34. 산재예방요율제 개요

○ 개념 : 사업주가 위험성평가* 인정 또는 사업주 교육**을 이수한 경우 당해 사업장의 산재보험요율을 할인해 주는 제도
  * 위험성평가 : 사업주가 자체적으로 유해위험요인을 파악하고 이를 제거·감소시키기 위한 대책을 수립·실행하는 활동
  ** 사업주교육 : 사업주가 고용노동부장관이 실시하는 교육을 이수하고 자체적으로 산재예방계획을 수립하는 활동
○ 적용대상 : 제조업 50명 미만 사업장
○ 적용방법
  - 산재보험료율 할인율 : 위험성평가 20%, 사업주교육 10%
    * 재해예방활동의 인정기간 만큼 일할 계산하여 산재보험료율 인하
  - 인정 유효기간 : 위험성평가 3년, 사업주교육 1년
    * 산재보험료율 할인은 인정일이 속한 연도의 다음 보험연도부터 적용
  - 업무 처리 절차
    * 재해예방활동 신청(사업주) → 재해예방활동 수행(사업주) → 재해예방활동 이행여부 확인 및 인정(안전보건공단) → 보험료율에 반영(근로복지공단)
○ 수행기관 : 안전보건공단, 근로복지공단

3. 효과

» 산업재해 감소

2014년부터 2017년까지 산재예방요율 적용을 위한 재해예방 활동 신청서를 제출하여 안전보건공단으로부터 위험성 평가나 사업주교육 인정을 받은 사업장은 전체 50명 미만 제조업 사업장(353,125개소) 가운데 22.7%인 79,985개소(2017년 말 기준)이다.

또한, 이들 사업장 중 2016년 인정사업장의 재해율은 전년도인 2015년도의 0.98%와 비교해 인정 후년도인 2017년도에 0.78%로서 20.4% 감소하였다.

세부적으로, 위험성평가 인정 사업장(3,939개소)의 재해율은 10.1% 낮아졌다(0.79%(2015) → 0.71%(2017)). 사업주 교육 인정을 받은 사업장(28,799개소)은 21.8% 낮아졌다(1.01%(2015)

→ 0.79%(2017)). (〈도표 1-35〉 참조)

도표 1-35. 2017년 산재예방요율제 인정사업장 재해 현황

구 분	인정사업장 수	2015년(인정 전)			2017년(인정 후)		
		근로자	재해자	재해율	근로자	재해자	재해율
합계	32,738	405,523	3,982	0.98	449,485	3,517	0.78
위험성평가 인정	3,939	53,304	420	0.79	61,561	437	0.71
사업주교육 인정	28,799	352,219	3,562	1.01	387,924	3,080	0.79

※ 재해율: 재해자 수 / 전체근로자 수 × 100 　　　　　　　　　　　　　　　　　(단위: 명, %)

» 산재보험료 절감

특히, 산재예방요율제 인정 사업장은 재해감소 효과는 물론, 산재보험료율을 인하 받아 산재보험료 절감 효과까지 얻고 있다. 2016년까지 산재예방요율제 인정을 받은 전체 4만 5천여 사업장이 2017년에 할인받은 산재보험료는 약 346억 원이며, 50인 미만의 사업장 대부분이 중소기업에 해당되기 때문에 산재보험료 절감의 체감효과는 더욱 클 것으로 예상된다.

2015년 말에는 산재예방요율제 운영과정에서 나타난 미비점을 보완하고 사업장의 재해예방 활동 신청 절차를 간소화하기 위한 「산재예방요율제 운영에 관한 규정」(고용노동부 고시 2015-106호, 2015.12.31.)이 마련되었다.

III. 안심일터 추진본부 사업

1. 배경

각종 재해예방 노력에도 불구하고 선진국보다 높은 산업재해율이 지속됨에 따라 산업재해를 선진국 수준으로 감소시키고, 범사회적인 재해예방 분위기 확산을 시도하고자 안전보건 관련 노·사·민·정이 참여하는 「안심일터 추진본부」를 2010년 12월에 출범시키고 고용노동부 본부에 중앙추진본부, 16개 광역시·도에 지역별 추진본부를 구성하였다.

2. 관련기관 소통과 협업의 플랫폼(Platform) 구축

산업안전보건 분야 최초로「참여와 소통을 통한 공동의 산업재해 감소 노력」시도를 통해 정부기관 · 노사단체 · 유관기관 · 직능단체 등 총 378개 기관이 참여하였으며, 현안 사항 및 제도 개선 과제를 발굴 · 토론하고 문제의식 공유 및 해결 방안을 공동으로 모색하여 기관별 업무 특성에 따라 산업재해 감소를 위한 역할을 부여함으로써 참여기관이 재해예방의 중요성을 스스로 인식하는 계기로 작용하였다.

3. 협업에 의한 산재예방활동 지역 생태계 조성

» 산업재해 예방 분위기 확산을 통한 재해 감소추세 지속

중앙추진본부는 넘어짐 재해 예방, 오토바이 배달사고 예방 등 사회적 이슈 발생 시 관련기관과 공동 캠페인을 개최하고, 지역추진본부는 지역별 브랜드 사업에 대한 홍보 · 캠페인을 수시 전개하는 등 전국적인 캠페인을 통하여 산재예방 분위기를 조성하였다.

안심일터 중앙추진본부에 참여하는 9개 정부 부처의 고유 업무와 산재예방 업무를 연계하여 제도 개선 및 재해예방 사업을 전개하였다. 다음 표에 나타난 것처럼 부처 간 협업을 통하여 제도 개선을 하였다.

도표 1-36. 정부 부처 간 협업 및 제도 개선 사례

구 분	세부내용
정부부처 고유 업무에 재해예방사업 반영 실시	피자배달 종사(경찰청), 지역공동체 일자리사업(행안부) 임업 · 숲가꾸기(산림청), 초중고 안전보건교육, 학교 급식소 재해예방활동(교과부), 산업단지 입주업체 안전보건(지경부), 서비스업 Life-long 프로젝트(교육부 · 행안부 · 지경부)
정부부처 소관 법령의 직무교육과정에 안전보건교육 포함	복지부 소관 공중위생관리법(공중위생영업자), 식품위생법(영양사, 조리사), 노인복지법(요양보호사), 국토부 소관 주택법(주택관리사) 등
부처 간 산업재해예방 관련정보 공유	「건보공단 건강검진 포털시스템」사업장 질병분포도 공유(복지부), 화학물질(5천3백 종) · 취급시설(5,200개소) 정보 · 유해성조사결과 공유(환경부), 인터넷 "세움터" 건축공사 인허가 · 멸실 · 착공신고 정보 공유(국토부)
건설용 타워크레인 성능검사 상호 인정	산업안전보건법(고용부)과 건설기계관리법(국토부)에 의한 타워크레인 안전검사 상호 인정, 제도 간소화 및 성능관리 강화

구 분	세부내용
관계부처 공동 소규모 건설현장 안전관리 강화	학교공사 관계자 안전교육 · 합동점검, 사망재해 발생업체 입찰제한(교과부), 안전시설 설계기준 강화, 지방공사 · 공기업 안전대책시행(행안부), 건설업 등록증 대여 금지, 건축사 안전보건교육, LH · 도로공사 등 산하기관 재해예방특별대책 수립 · 시행(국토부)
제조업 산업재해 예방활동 강화	국가산업단지 재해예방협력체계 구축, 공장건축허가 시 안전성 검토 강화(지경부), 나노물질 및 유독물 취급설비 관리 강화(환경부), 화재 · 폭발 사고수습 협력체계 구축(방재청), 세관장 확인대상품목 추가, 통관단일창구시스템과 안전공단 전산망 연계(관세청)

16개 광역시 · 도 단위에 지역추진본부를 구성하고 기초자치단체 및 유관기관과 정기회의 개최를 통한 협업으로 전국적인 산재예방 네트워크를 구축하였으며, 다음 표에 나타난 것처럼 지역본부별 지역 내 재해현황 및 위험특성 등을 고려하여 지역 실정에 맞는 브랜드 재해예방사업을 추진하였다.

도표 1-37. 지역추진본부별 브랜드 사업

지역별 추진본부	브랜드 사업	
	2011년	2012년
서울	서비스업 4대 릴레이 캠페인	안심일터 4U
부산	부산항 안심일터 만들기	조선업 무재해! 두드림(DO DREAM)
대구 · 경북	자동차산업 명품일터 만들기 프로젝트	내 안전모 갖기 운동
인천	"안전보호구 착용 생활화"를 위한 홍보사업	안전일터 인천 만들기
광주	"기본안전 수칙 지키기" 안전의식 확산운동	안심도시 광주 만들기
대전	세종시 안전우선 명품도시 건설	함께해요 안전문화 만들기

» 민간기관의 역할 분담을 통한 시너지효과 극대화

노사단체 · 유관기관 · 직능단체 등 민간기관별 상호 업무협약 체결, 참여형 안전보건 개선 활동 전개, 안심일터 추진본부 참여기관 지원활동 병행, 회원사 대상 안전보건 교육 · 점검 · 홍보 등 기관 특성에 맞는 산업재해예방 활동을 전개하여 재해예방 시너지 효과를 극대화하였다. (〈도표 1-38〉 참조)

도표 1-38. 중앙추진본부 기관별 재해예방 활동

기관구분	활동내용
노사단체	• (한국노총) "365안전보건지킴이"플래너, 노사참여형 안전보건개선활동 전개 • (경총) 조선 · 자동차 산재예방 정기협의회, 안전보건동향지 보급 • (중기회) 안전문화 확산 캠페인 전개, 외국인근로자 안전교육(11,286명)
유관기관	• (복지공단) 예방요율제, 산재 통계제도 개선 지원 • (안실련) "서비스업 안전+" 캠페인, 어린이 안전동요제 • (승강기안전원) 위험요인 자기관리제도 정착을 위한 위험성평가 지원 • (보호구협회) 안심일터 만들기 참여 깃발, 안전모(20만 개) 제작 · 배포 • (간호협회) 안심일터 만들기 전국대회 개최 • (음주문화연구센터) "사업장 절주"사업 전개 교육(40개소)
직능단체	• (건설협회) 해빙기 건설현장 가이드라인 안내, 안전기술정보 보급 • (조선협회) 재해예방 콘텐츠 제공 및 홍보(홈페이지), 국내외 사례 전파 • (석유화학협회) 석유화학업종 안전보건리더십 실행계획 작성 · 시행 • (건설안전임원협회) 산업안전교육과 기술자료 공유 MOU 체결 • (주택관리사협회) 안전보건 전담조직 신설, 법정교육에 안전교육 포함 • (체인스토어협회) 유통부문 안심일터 만들기 실무위원회 설치, 안전교육 • (외식업중앙회) 법정교육에 안전교육 포함, 요통예방체조 보급 캠페인 • (영양사협회) 전국협의체 구성, 집단 급식소 안전교육 실시

Ⅳ. 안전보건 공생협력 프로그램 활성화

1. 추진 배경

협력(하청)업체는 모기업에 비해 근로자 안전 · 보건 투자 여력 및 정보가 부족하여 협력업체의 노력만으로는 재해예방의 실효성을 거두기 어려우므로, 모기업의 지원활동을 유도함으로써 협력업체 재해 감소 및 모기업의 협력업체에 대한 안전 · 보건 책임의식 강화를 위해 2012년부터 추진하였다.

2. 사업 내용

모기업 – 협력업체가 공동으로 안전보건 공생협력 프로그램을 수립하고, 모기업 주도의 다양한 인적 · 물적 지원(회의, 교육, 지도 · 점검, 비용 지원 등)을 통해 협력업체의 안전 · 보건 수준 향상을 지원한다. 추진 절차는 다음 그림과 같다.

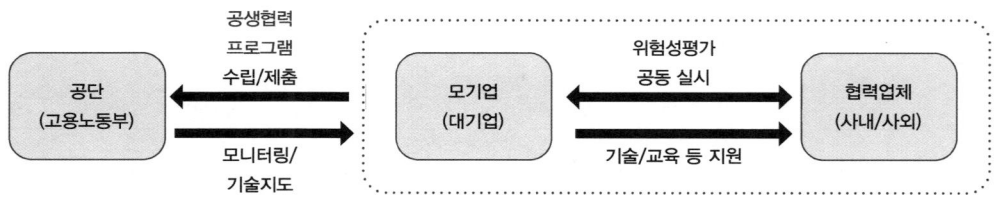
도표 1–39. 공생협력 프로그램 추진절차

3. 추진 경과

사업장 내 모기업과 동일 수준의 안전성 확보, 협력업체의 자율 안전 · 보건관리 체계 확립, 모기업의 안전 · 보건 책임의식 강화를 통한 원하청 안전 · 보건 공생발전을 위해 2012년 시범 사업으로 실시하였다.

유해 · 위험 물질 취급 협력업체, 사망사고 및 재해 다발 사업장 등 안전 · 보건관리 취약 사업장을 중심으로 참여를 확대하고, 참여 사업장에 대한 추진실적 평가 결과 우수 사업장에 대해서는 정기감독 유예, 정부 포상 시 우대 등 인센티브를 제공하여 사업장의 자율적 재해예방을 촉진하였다.[14]

4. 주요 성과

안전보건 공생협력 프로그램에 참여하는 협력업체의 재해율은 매년 감소하였고,[15] 2017년 참여 협력업체(100인 미만 사업장 7,521개소)의 14.4%(1,081개소)가 위험성평가 인정을 받고, 대상 사업장(2,457개소)의 17.2%(423개소)의 사업장은 산재예방요율제 인정까지 받도록 함으로써 2018년에 산재보험료를 약 8.2억 원 정도 감면받는 것으로 나타났다.

아울러, 산업안전보건강조주간 행사 시 우수사례 발표대회를 개최하고 우수사례를 발굴 · 전파하여 원 · 하청 간 공생협력을 통한 자율적인 안전보건 활동 분위기를 확산하였다.

---

14 사업 참여 현황: (2013년) 786개소(협력 8,043개소) → (2014년) 877개소(협력 7,996개소) → (2015년) 885개소(협력 7,904개소) → (2016년) 991개소(협력 8,524개소) → (2017년) 990개소(협력 8,579개소).

15 참여 협력업체 재해 감소율 현황: 2014년('13년 대비) 재해율 △12.0%(0.25 → 0.22), 2015년('14년 대비) 재해율 △18.9%(0.37 → 0.30), 2016년('15년 대비) 재해율 △11.1%(0.18 → 0.16), 2017년('16년 대비) 재해율 △3.1%(0.32 → 0.31).

V. 서비스업 산재예방 본격 추진

1. 배경

2009년까지 산업재해예방 정책은 제조·건설업 중심으로 이루어졌으나 최근 10년간 서비스 산업 규모가 급격히 커짐에 따라 산업재해자 수도 지속적으로 증가하여 2010년부터 서비스업 분야에도 산재예방정책을 본격적으로 추진하기 시작하였다. 다음 표는 산업구조 변화와 산업재해 현황을 나타내고 있다.

도표 1-40. 우리나라 산업구조 및 산업재해 현황

구 분	업 종	2001년	2005년	2009년	2010년	2011년
사업장 수	제조업	187,359	222,868	257,712	269,658	285,993
	건설업	147,535	125,258	236,747	221,617	283,861
	서비스업[가]	532,904	711,597	970,354	1,608,361	1,738,196
	기타업종[나]	41,663	70,371	96,136	98,465	104,038
근로자 수	제조업	2,923,446	3,054,316	3,182,416	3,196,340	3,333,131
	건설업	2,449,485	2,137,745	3,206,526	3,200,645	3,087,131
	서비스업	3,979,671	4,633,894	6,022,102	6,295,455	6,393,750
	기타업종	1,228,584	1,233,238	1,473,883	1,506,308	1,548,360
재해자 수	제조업	35,527	36,038	33,001	34,071	32,294
	건설업	17,127	16,248	20,998	22,504	22,782
	서비스업	19,342	24,033	33,961	33,170	29,736
	기타업종	9,438	9,092	9,861	8,900	8,480

(단위: 개소, 명)

(가) 서비스업: 산재보험료율표상 기타의 사업
(나) 기타업종: 제조업, 건설업 및 기타의 사업을 제외한 모든 사업(운수·창고·통신업, 전기·가스·상수도업, 농·어업 등)

2. 서비스업의 특성을 고려한 「서비스업 재해예방 종합대책」 마련

서비스업은 제조·건설업에 비해 사업장 및 근로자 수 규모가 크고, 세부 업종이 다양하며, 각 세부 업종별 작업내용이 천차만별하여 서비스업 특성에 맞는 새로운 방식의 산업재해 예방대책이 필요하였다. 특히, 서비스업에 종사하는 근로자의 대부분이 영세 서민으로 이들에 대한 특별한 산업재해 예방대책 마련은 더 절실하다 할 수 있었다. (〈도표 1-41〉 참조)

도표 1-41. 2011년 업종별 소규모 사업장 비중(%)

구 분	서비스업	제조업	건설업	기타
50인 미만	98.6	96.2	95.8	94.9
5인 미만	74.6	59.7	70.8	52.1

이에 따라 2010년 10~12월에 학계 전문가 등이 참여하는 TF를 구성 운영하여, 같은 해 11월에 「서비스업 재해예방 종합대책」을 수립하였다.

첫째, 서비스업 세부업종(직종)별 재해율과 사망만인율을 지표로 산재예방대책 추진의 타깃을 고·중·저 위험군으로 차등화하고, 위험군별로 차별화된 대책을 추진하도록 하였다. (〈도표 1-42〉 참조)

둘째, 97만 개에 달하는 서비스업 사업장의 산재예방 분위기 확산을 위해 업종·직종별 관련 직능단체와의 산재예방 네트워크를 활성화하기로 하였다.

셋째, 타 부처·지방자치단체·공공기관 등이 관장하는 법령 및 사업 속에 산업안전보건에 관한 사항을 포함시켜 이들을 산업안전보건 파트너로 활용함으로써 산재예방 저변을 확대하는 것이다.

넷째, 서비스업 중심으로 산업구조가 변화함에 따라 새로운 시각으로 안전·보건 문제를 접근하여 서비스업 특성에 맞는 제도를 마련하도록 했다.

도표 1-42. 서비스업 위험군별 산재예방사업 추진전략

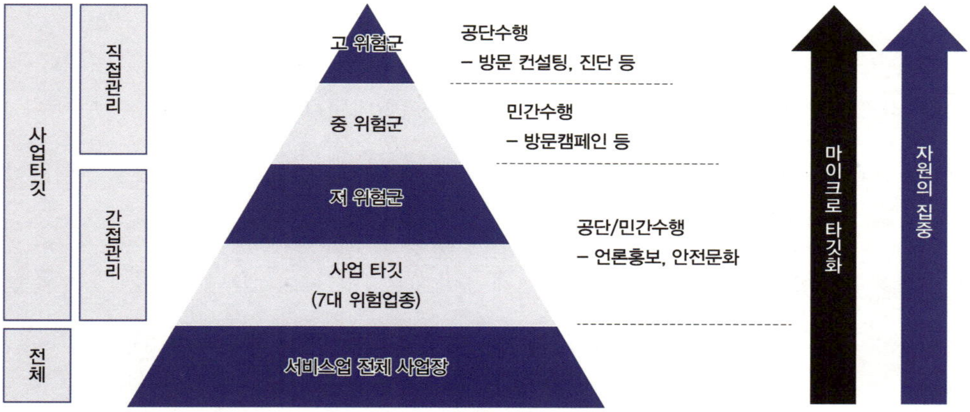

마지막으로 사업장의 법 준수 제고와 안전의 가치를 소중히 여기는 사회적 공감대 형성을 위해 범국민적 안전문화 캠페인 전개 및 수요자 맞춤형 자료 개발·보급 등 홍보를 강화하기로 하였다.

3. 서비스업 Life-Long 안전보건 프로젝트

또한, 2011년 3월 2일 고용노동부 산재예방보상정책관실에 서비스업의 산업재해 예방 업무를 전담할 「서비스업 산재예방팀」을 신설하고 「서비스업 재해예방 종합대책」의 원활한 추진을 위한 실효성 있는 세부추진계획을 마련함과 동시에 사업내용을 보완·확장시켜 「서비스업 Life-Long 안전보건 프로젝트」를 수립하였다.

먼저 근로자의 직업생애 및 사업주의 경영생애의 단계별로 필요한 안전보건 예방조치를 정책 공급자의 관점이 아닌 수요자의 관점에서 정책수단을 발굴·매칭함으로써 '언제, 어디서나 안전보건의식 제고(Ubiquitous Safety Network)'를 위해 ① 배움, ② 입직·창업, ③ 근무·사업, ④ 생활전단계(生活全段階)의 4개 단계로 나누고 단계별 산업재해예방 과제를 추진하였다.

① 배움 단계에서는 어릴 때부터 다양한 직업의 내용을 익히면서 안전보건 의식을 높이고, 직종별 교육과정을 중심으로 안전보건 수칙에 관한 교육을 강화하고, ② 입직·창업 단계에서는 안전보건수칙이 자연스럽게 교육될 수 있도록 지원하고, ③ 근무·사업 단계에서는 근로자 근무, 경영자 경영과정에서 다양한 형태와 절차로 안전보건 교육을 실시하고, ④ 생활전단계에서는 법 준수 및 사회적 공감대 형성을 위해 홍보를 강화하도록 하였다.

한편, 2010년 1월부터 안전보건공단에 서비스업의 산업재해 예방을 위한 전담조직을 신설하고, 우선 서비스업 전반에 안전보건의식과 기본적인 재해예방요령 등을 알리기 위해 '서비스업 안전더하기 사업'을 추진하여 2011년까지 매년 25만 개 사업장을 방문·지원하였다.

이를 통해 10년간 지속적으로 증가하여 2009년에 33,961명이던 서비스업 재해자 수가

2010년에 처음으로 감소하여 33,170명에 그치는 성과를 거두었고, 2012년에는 연간 30만 개 사업장을 방문하기로 하였다.

4. 서비스업 안전보건 확보를 위한 엄격한 법 집행

그간 산업안전보건 분야의 점검은 상대적으로 중상해가 많이 발생하는 제조·건설업 위주로 실시해 왔으나, 2010년 하반기에는 전체 점검 대상(9,867개소)의 약 50%에 해당하는 4,861개소를 서비스업 사업장으로 선정하고 대대적인 점검을 실시하였다. 이를 통해 서비스업에도 산업안전보건법이 적용된다는 점을 서비스업계 전반에 확산시킬 수 있었음은 물론, 법 집행을 엄격히 함으로써 점검 사업장의 산업재해를 크게 감소시킬 수 있었다.

도표 1-43. 2010년 검찰합동점검 실시 사업장의 점검 전(2009년)·점검 후(2011년) 재해발생 추이

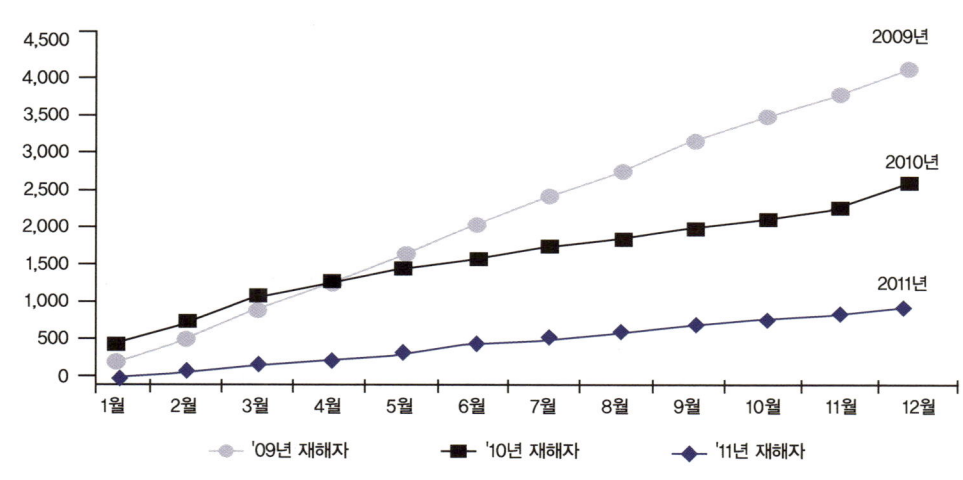

※ 각 연도 말 기준(누계) 재해자 수 감소, 월별 재해자 수 증가폭 둔화('11년 말 현재 소멸 사업장 제외)

VI. 안전문화 확산

1. 개요

산업재해예방 홍보활동은 「사고 사망재해 감소」를 홍보 키워드로 선정하고, 분기별· 월별 시의성 있는 중점 홍보과제를 선정해 추진했다. 메시지 노출 효과를 높이기 위해 TV,

라디오 등 방송매체와 신문, 지하철 행선 안내기 등 생활매체, SNS 등 뉴미디어 매체 간 연계를 강화한 홍보 활동 추진을 통해 시너지 효과를 제고하였다.

특히, 사업주와 노동자, 일반 국민으로 홍보 타깃을 분류하여 타깃별 최적의 홍보매체를 선정, 산업재해예방 메시지를 전달하고자 했다. 2017년 홍보활동은 '사고 사망재해 감소' 키워드 외에 대형 사고 예방 및 원·하청 상생협력을 주제로 캠페인 신규제작 및 통합캠페인 전개 등 사회적 이슈에 적극 대처하는 홍보활동 추진을 통해 범국민 안전문화 확산을 통한 안전일터 구현에 적극 노력하였다.

2. 언론매체 홍보

언론매체 홍보활동은 TV, 라디오, 신문매체를 통해 노·사와 범국민에게 사망재해예방 메시지를 전달했다. 우선, 「대형 사고 예방」 및 「원·하청 상생협력」, 「위험성평가」 40초 TV캠페인을 지상파 및 종편채널 등 방송매체를 통해 총 189,164회 방송했다.

방송사 사정으로 '위기탈출 넘버원' 프로그램이 2016년 4월 폐지되고 새로운 안전 프로그램의 신설 필요성이 증대됨에 따라 새 정부 출범(2017)과 발맞추어 범국민 안전의식 제고를 위한 지상파 안전프로그램 '안전 대한민국, 제로의 약속'을 KBS-1TV를 통해 총 7회 방송함으로써 쉽고 재미있는 안전 메시지를 국민들에게 전달하고자 했다.

안전보건의 주요 정책을 국민들에게 쉽게 이해시키기 위해 MBC와 KBS, SBS의 생활정보 프로그램을 통해 건설업 추락재해예방, 원·하청 상생협력 우수기업 탐방 등 4편을 만들어 방송했다. 또한, 안전메시지의 주목도를 높이기 위해 배우, 아나운서 등 사회 저명인사가 출연, 안전메시지를 전달하는 릴레이캠페인 2편을 제작, TV조선, 채널A, 연합뉴스, MBN 등 7개 방송매체를 통해 총 217회 방송했다.

라디오 홍보는 출퇴근 시간대를 확보하여 일하는 사람들이 일하기 전과 하루를 마감한 후 안전을 생각할 수 있도록 월별 홍보주제에 맞는 12편의 라디오 캠페인을 제작, MBC, CBS, TBS / TBN 교통방송 등 6개 매체를 활용하여 총 20,034회 캠페인을 방송했다. 캠페인 내용은 동절기 넘어짐 재해 예방, 건설 현장 추락재해 예방, 밀폐공간 질식재해 예방,

화학공장 대형 사고 예방, 여름철 폭염재해 예방 등 일터에서 지켜야 할 안전수칙을 주요 내용으로 구성했다.

신문매체 홍보는 일간지와 전문지를 활용하여 건설 현장 추락재해 예방, 화학공장 대형 사고 예방 등 주요 안전보건 이슈에 대해 전문가 칼럼 및 인터뷰 36회 추진을 통해 다양한 정보를 제공하고 사회적 관심을 유도하고자 했다. 이 외에도 산업현장에서 반드시 지켜야 할 대형 사고 예방 및 원·하청 상생협력 등을 광고 문안으로 작성하여 일간지와 전문지를 통해 총 134회 신문광고를 진행했다.

3. 생활매체 홍보

생활 속에서 노·사와 범국민이 흔히 접할 수 있는 매체를 활용하여 안전보건 정보를 제공하고 산업재해 예방의 중요성을 알렸다. 수도권 지하철 행선 안내기 매체와 서울지역 및 주요 산업단지 인근 상업용 전광판, KTX 역사 이지미광고 등 생활 주변 매체를 통해 4대 필수 안전수칙 및 대형 사고 예방 등 일터와 생활 속에서 필요한 안전 메시지를 전달했다.

안전보건공단에서 전국 주요 산업단지 인근지역(40개소)에 설치 운영 중인 산업안전보건 전광판을 통해 월별·주제별 안전보건 정보와 안전메시지뿐 아니라 동영상 등 다양한 재해예방 콘텐츠의 안정적인 표출로 국민들이 언제 어디서나 안전보건에 대한 정보를 접할 수 있도록 노력했다.

4. 안전문화운동 추진

각종 안전사고의 발생을 효과적으로 예방하기 위해서는 산업현장은 물론 사회 전반의 안전의식 함양과 안전의 생활화가 필요하다. 정부에서는 1995년부터 사회 전 분야에 걸쳐 안전이 우리의 생활과 문화 속에 정착될 수 있도록 노·사·민·정 및 관련단체를 중심으로 안전문화운동을 추진하여 왔다.

안전문화추진위원회에서는 1996년 4월부터 국민이 직접 참여하는 안전문화활동으로 월 1회만이라도 자기 주변의 위험요소를 스스로 찾아내고 점검하는 생활 습관을 통해 재해를 예방하는 계기를 마련하고자 매월 4일을 「안전점검의 날」로 지정하여 범국민적으로 캠페인 등을 전개하고 있다.[16]

도표 1-44. 「안전점검의 날」 운영실적

사 업 명	2011년	2012년	2013년	2014년	2015년	2016년	2017년
「안전점검의 날」 운영	1,140회	540회	272회	505회	495회	525회	347회

「안전점검의 날」 행사와 함께 「지역 산업안전보건 협의체」를 구축·운영하여, 지역 특성에 적합한 다양한 안전문화운동 프로그램을 개발·추진하고, NGO, 노사단체, 업종별 협의체 등 민간단체를 활용한 「안전보건 지원 공모사업」을 통해 다양한 안전문화 사업을 전개함으로써 산업재해 예방 및 지역사회 안전문화 운동의 저변을 확대하는 데 크게 기여하고 있다.

또한, 정부는 안전보건에 대한 전 국민적인 붐을 조성하기 위하여 매년 7월 첫째 주를 「산업안전보건 강조주간」으로 설정하고, 산업재해예방을 위한 각종 홍보 및 행사를 개최하였다.[17] 이 행사는 개막을 알리는 산업안전보건의 날 기념식을 시작으로 국제 안전보건 전시회, 다양한 주제의 안전보건세미나, 분야별 안전보건 활동 우수사례 발표대회, 안전보건 UCC Show, 안전보건 퀴즈대회 등 고객이 참여하는 다채로운 행사로 진행되었다. 매년 7월 첫째 주를 산업안전보건 강조주간으로 설정하고, 산업재해예방을 위한 각종 홍보 및 행사를 개최하고 있다.

2017년 제50회를 맞이한 산업안전보건 강조주간 행사는 산업안전보건의 날 기념식을 시작으로 국제안전보건기기기전시회, 국제 심포지엄, 국내·외 안전보건 기술세미나, 안전

---

16 '안전점검의 날'을 매월 4일로 정한 것은 동양 사회에서 '4'가 불길한 숫자로 여겨지기 때문이었다. 1996년 4월 4일부터 행정시책으로 실시하였다.

17 '산업안전보건 강조주간'은 1968년 시작된 것이다. 2006년 노동부 훈령 제616호 '산업안전보건강조기간 설정에 관한 규정'을 제정할 때에는, 사업장의 안전보건 활동을 촉진시키도록 하기 위하여 매년 6월 1일부터 6월 30일까지를 '산업안전보건대회 준비기간'으로 설정하고, 매년 7월 첫째 주 월요일을 '산업안전보건의 날'로 지정하며, 그 주 월요일부터 토요일까지를 '산업안전보건 강조주간'으로 정하였다. 모두 다분히 일본의 예에서 배운 것이다.

보건 우수사례 발표대회, 안전보건 UCC Show, 안전강연, 안전연극, 안전문화체험 행사 등 국민이 참여하는 다채로운 행사가 펼쳐졌다.

특히, 제50회 산업안전보건의 날 기념식에서 대통령 메시지를 통해 산업재해예방을 위한 정부의 적극적 의지를 표명하였고, 국내 노·사·정, 재해예방단체 및 사업장 안전보건 관계자 등 1,000여 명이 참석한 가운데 모두 85명의 산재예방 유공자들에게 포상하였다.

또한, '제35회 국제안전보건전시회', '국제 심포지엄', '안전·보건·건설·정책 분야의 기술 세미나', '우수사례 발표대회'를 통한 최신 기술정보 교류의 장을 마련하였다.

미디어 환경의 급속한 변화와 안전보건 정보의 사회적 요구수준 증대에 따라 매체 영향력과 접촉도가 급속도로 커지고 있는 블로그, SNS 등 온라인 매체를 통해 공유와 참여 중심의 안전보건 정보 전달을 강화했다.

특히, 국민에게 낯설고 어려운 산업안전보건 분야를 카드뉴스, 웹툰, 그림에세이 등 시각적 효과를 강조한 비주얼 콘텐츠 개발·보급 등을 통해 국민 누구나 안전보건 정보에 손쉽게 접근토록 했다. 또한, 안전보건 메시지 확산활동 참여를 위해 온라인 이벤트를 연중 진행함으로써 쌍방향 소통을 강화했다.

또한, 2016년 언론에 게재된 산업안전보건 관련 기사, 전문가 기고 등 관련 내용을 정리한 '언론에 비친 산업안전보건 이슈 모음집' 제작을 통해 시사점을 도출하고 재해예방 정책 수립 및 신규 사업 발굴 등에 활용하였다.

이 외에도 안전에 대한 국민의 관심 유도를 위해 안전을 주제로 명사들이 특강하는 세바시(세상을 바꾸는 시간 15분) 안전특강을 강조주간 기간 중 진행했고, 산업안전보건 골든벨을 울려라 행사 진행 등을 통해 안전을 자연스럽게 인식할 수 있도록 노력했다.

VII. 직업성 질병 예방

1. MSDS 제도 개선

물질안전보건자료(Material Safety Data Sheet)는 화학물질 취급근로자 보호를 위하여 화학물질의 명칭, 유해성·위험성, 취급 주의 사항 등을 기재한 일종의 '화학물질 취급설명서'로서 16개 항목의 유해·위험성 정보를 담고 있다.[18] ILO 협약에 따라 1995년 제도 도입 이후 운영 과정에서 MSDS 항목의 작성이 부실하거나, 기재된 유해성 정보가 어렵고 분량이 많아 사업장에서 실질적인 활용이 미흡하다는 문제가 제기되어 왔다.

이에 따라 관련부처 TF(2007년 4회)와 실무 TF(2008년 7회)를 통해 1) MSDS의 신뢰성 제고, 2) 화학물질 유해정보의 활용도 제고, 3) MSDS 작성지원시스템 확충, 4) 유해·위험정보 확산을 위한 지원강화 등의 내용을 포함하는 「화학물질 안전보건정보 신뢰성 및 전달체계 개선대책」을 수립하였다(2008.12.).

동 대책의 일환으로 2009년에 5천 종, 2010년도에 1,800종 화학물질의 MSDS를 최신화하고(이후 2011~2017년 1,000~5,000종 최신화, 2017년 12월 기준 19,796종 MSDS DB 구축), 31종 화학물질에 대한 유해등급별 대책정보를 제공하였으며, 특히 유해성이 높은 30종의 화학물질을 취급하는 사업장 15,000개소에 MSDS의 주요 내용을 알기 쉽게 요약한 유해성 정보지를 개발·배포하였다.

한편, 화학물질 관련 정보를 생산·입수할 수 있는 화학물질 양도·제공자 이외에 화학물질을 단순히 취급하는 사업주에게까지 MSDS 작성·제공 의무를 포괄적으로 부여하는 것이 불합리하다는 내·외부 문제 제기에 따라 2010년에 고용노동부, 공단, 관련 전문가 및 노사단체 관계자로 구성된 MSDS 제도 개선 TF를 운영(8회)하였다. TF 논의 결과에 따라 MSDS 및 경고표시 관련 의무주체를 화학물질 양도·제공자와 화학물질 취급 사업주로 구분하여 명확화·합리화하고 MSDS 기재내용 변경의 주체 및 MSDS 제출·변경 명령 대상자를 화학물질 양도·제공자로 규정하는 내용의 산업안전보건법 개정을 추진하여 2012년 1월부터 시행되고 있다.

---

18 ① 화학제품과 회사에 관한 정보, ② 유해성·위험성, ③ 구성성분의 명칭 및 함유량, ④ 응급조치요령, ⑤ 폭발·화재 시 대처방법, ⑥ 누출사고 시 대처방법, ⑦ 취급 및 저장방법, ⑧ 노출방지 및 개인보호구, ⑨ 물리화학적 특성, ⑩ 안정성 및 반응성, ⑪ 독성에 관한 정보, ⑫ 환경에 미치는 영향, ⑬ 폐기 시 주의 사항, ⑭ 운송에 필요한 정보, ⑮ 법적 규제 현황, ⑯ 그 밖의 참고 사항.

아울러, 2012년 1월부터는 영업비밀 적용을 영업비밀로서 보호할 합리적인 사유가 있는 경우로 한정하고, MSDS 기재항목 중 영업비밀로 할 수 있는 사항은 '구성성분 및 함유량'만으로 규정함으로써 영업비밀 남용을 방지하였다.

2. 가습기 살균제 사건으로 인한 화학물질 관리 강화

화학물질은 현대 인간 생활을 영위함에 있어 없어서는 안 될 중요한 요소이나, 제조·수입·유통·사용·폐기 등 모든 단계에서 근로자 직업병 또는 국민이나 환경에 돌이킬 수 없는 위해를 미치는 물질이기도 하다. 우리나라는 1996년 12월 발간한 기존화학물질목록(37,021종)과 2017년까지 공표한 신규화학물질목록(7,748종)에 따라 2017년까지 국내에 44,600여 종의 화학물질이 제조·수입된 것으로 알려져 있었으며, 매년 300~400여 종의 신규화학물질이 새롭게 보고되고 있다.

화학물질의 안전성을 확보하기 위해서는 화학물질의 유해성을 정확히 알고 안전하게 취급하는 것이 무엇보다 중요하므로 산업안전보건법에서는 신규화학물질 유해성·위험성 조사, 물질안전보건자료(MSDS) 작성·비치, 화학물질 경고표지 부착 등을 규정하여 이를 관리하도록 하고 있다.

2000년대부터 발생한 원인미상 폐질환의 원인이 가습기 살균제였음이 역학조사 및 동물실험 등을 통해 최종 규명됨에 따라(2012년 2월, 질병관리본부) 국회에서는 우리나라 화학물질 관리정책의 구조적 부실 등을 점검하기 위해 가습기 살균제 국정조사 특별위원회를 구성·운영하였다(2016.7.7.~10.4.). 그 결과, 산업안전보건법과 관련해서는 유해성·위험성 조사 및 MSDS 제도 운영에 대한 보완이 요구된바, 유해성·위험성 조사과정에서 화학물질 명칭의 정보보호요청 시 '총칭명'으로 공표토록 관련 규정을 즉시 개정(2017.1.2. 시행)하고 MSDS 이행실태 감독을 확대하는 등 화학물질 관리를 강화하고 있다.

3. 석면 규제

》 석면의 유해성

석면은 광택성의 섬유 모양 천연광물질로서 백석면, 청석면, 갈석면, 악티노라이트, 트레모라이트, 안소필라이트가 있으며, 인체에 노출되면 긴 잠복기(약 30년)를 거쳐 폐암, 악성 중피종, 석면폐증 등 치명적인 질병을 유발할 수 있는 발암 물질이다.

석면은 내화성, 단열성, 내구성, 절연성, 유연성 등이 뛰어나고 가격이 저렴해 건축자재, 자동차 부품, 섬유제품 등에 이용되어 왔다. 우리나라는 1930년대 중반에 최초의 석면광산이 개발되었고, 제2차 세계대전 중 일본 군수물자 조달을 위해 석면생산을 시작하여 산업 발달과 함께 그 생산량이 증가했다. 특히, 1970년대에서 1990년대까지 집중적으로 국내에서 생산·수입된 점 등을 감안할 때 향후 석면으로 인한 직업병이 급증할 가능성이 제기되고 있다. 다음 표에는 석면으로 인한 직업병 발생 현황이 나타나 있다.

도표 1-45. 석면으로 인한 직업병 발생 현황

연 도	계[명(%)]	1999~2011년	2013년	2014년	2015년	2016년	2017년
계	332(100.0)	184	22	35	20	27	44
질병자	151(45.5)	82	7	16	8	12	26
사망자	181(54.5)	102	15	19	12	15	18

※ 출처: 근로복지공단 산재요양승인 현황

》 석면 제조 · 수입 · 사용 등의 금지

석면에 의한 건강장해를 근원적으로 예방하기 위해 1997년에 청석면·갈석면, 2003년에 악티노라이트·트레모라이트·안소필라이트 등 백석면을 제외한 5종의 석면에 대해 제조·수입·사용 등을 금지한 바 있다. 이에 따라 석면 원재료 수입은 눈에 띄게 감소한 반면, 석면함유제품 수입이 상대적으로 증가하여 제품 취급에 의한 석면 노출 문제가 대두되었다.

이에 2007년 1월 건축용 석면시멘트 제품 및 자동차용 석면마찰 제품의 사용 등을 금지한 것을 시작으로, 2008년도에는 석면 개스킷, 2009년에는 산업용 석면마찰제품, 2015년에는 군수용 및 화학공업용 일부 제품 등 그간 대체품 개발 시까지 적용이 유예되었던 제품을 포함한 모든 석면함유제품에 대하여 사용 등을 금지하였다.[19]

» 석면 해체 · 제거 사업장 관리

위와 같이 석면함유제품의 제조 · 수입 · 사용 등의 금지 정책에 따라 석면함유제품의 생산 · 사용은 감소하였다 하더라도 이미 건축물이나 설비 등에 사용된 석면함유 자재를 해체 · 제거하는 과정에서는 여전히 건강을 위협할 수 있다. 이에 건축물이나 설비에 사용된 석면 해체 · 제거 시 고용노동부장관의 허가를 받도록 하였으며 2005년에는 115건, 2006년에는 749건, 2007년에는 1,933건, 2008년에는 11,114건으로 급증하였다.

이후 석면 해체 · 제거작업의 안전성과 전문성을 제고하기 위해 일정 규모 이상의 건축물 또는 설비를 철거 · 해체하려는 경우에는 고용노동부장관으로부터 지정받은 석면조사기관을 통해 석면함유 여부 등을 사전 조사하고, 조사 결과 일정 기준 이상의 석면이 함유된 경우에는 일정 요건을 갖춘 등록업체를 통해 석면 해체 · 제거작업을 하도록 제도를 개선하고 2009년 8월 7일 시행에 들어갔다.

석면해체 · 제거작업이 허가제에서 신고제로 전환된 이후 2009년 4,776건, 2010년에는 13,761건, 2011년에는 15,250건, 2012년에는 18,157건, 2013년에는 15,833건, 2014년에는 15,923건, 2015년에는 18,167건, 2016년에는 18,939건, 2017년에는 20,124건의 신고가 접수되었다.

동 제도의 시행으로 2017년 말 기준, 석면조사기관은 27개소가 지정을 받았고, 석면 해체 · 제거업체는 3,135개소가 등록하였다.

등록된 석면해체 · 제거업체에 대해서는 산업안전보건법 제38조의4 제4항에 따라 '안전성 평가'를 실시하고 있으며, 2011년 시범평가를 실시하였고, 2012년부터 「석면조사 및 안전성 평가 등에 관한 고시」(고용노동부 고시 제2015-19호)를 개정하여 본격적으로 시행하고 있다.

---

19 석면함유제품: 석면함유(중량)율이 1% 초과인 제품(「석면함유제품의 제조 · 수입 · 양도 · 제공 또는 사용 금지에 관한 고시」, 고용노동부 고시 제2015-18호).

'안전성평가'는 안전보건공단에서 2인 이상으로 평가반을 구성하여 '석면해체·제거작업기준의 준수 여부, 장비의 성능, 보유인력의 교육이수, 능력개발, 전산화 정도 및 그 밖에 필요한 사항' 등에 대해 평가를 수행하고 있다. 평가결과에 따라 석면해체·제거업체를 5개 등급(S, A, B, C, D)으로 분류하여 결과를 공표하고 있으며, 평가주기는 2년을 기본으로 하되 평가등급별로 차등 적용하여 평가하고 있다(S등급: 3년, A/B/C등급: 2년, D등급: 1년).

또한, 석면 해체·제거업자는 작업 전 고용노동부장관에게 작업을 신고하고, 작업 중에는 산업보건기준에 관한 규칙의 작업기준을 준수하도록 하며, 작업완료 후에는 작업장의 공기 중 석면농도가 일정 기준 이하가 되도록 하는 등의 체계적인 관리를 통해 석면으로부터 근로자의 건강장해를 예방하고 있다.

» 석면 취급 근로자에 대한 건강관리

근로자를 석면해체·제거작업에 투입하거나 석면을 취급하게 하는 경우 사업주는 해당 근로자에 대해 작업 전 16시간 이상의 특별안전보건교육을 실시하여야 하며, 해당 작업에 투입하더라도 건강상의 영향이 없는지 사전에 확인하기 위한 배치 전 건강진단을 실시하여야 한다.

또한, 석면을 취급하는 근로자에게는 1년에 1회 이상의 특수건강진단을 받도록 하여야 하며, 석면노출 정도에 따라 3개월~10년 이상 석면취급업무에 종사한 전·현직 근로자에 대해서는 국가에서 건강관리수첩을 발급하여 매년 건강진단을 받도록 해 직업병 이환을 방지토록 관리하고 있다.

4. 소규모 사업장 보건관리 지원

» 근로자 건강센터 설치

보건관리자 선임의무가 없는 50인 미만 사업장에 산업보건관리 기초서비스를 제공함으로써 질병예방 및 건강관리를 도모하고자 소규모 업체 밀집 지역에 근로자 건강센터를 설립하기로 하였다.[20] 2011년 인천 남동공단에 처음 설립하였고, 경기 서부, 광주에 추가로 설치하였다. 2012년에는 2개소(대구, 경남)를 추가로 설치하였다.

근로자건강센터에서는 직업병 상담, 특수건강진단ㆍ작업환경측정 결과 사후관리 등 산업보건 관리 서비스를 제공하였다. 2011년 이용자 수는 51,200건(실인원 8,447명)으로 건강상담이 18,327건으로 가장 많았고, 근골격계질환 예방 11,070건, 뇌심혈관질환 예방 15,198건, 직무스트레스 예방 2,825건, 근무환경(작업관리) 상담 2,543건, 기타 업무상질병 예방 1,237건으로 나타났다.

2024년 말 현재 전국에 24개 센터가 설치되어 있으며, 직업환경의학과 전문의, 간호사, 물리치료사, 산업위생사, 심리상담사 등 전문인력이 배치되어 50인 미만 소규모 사업장에서 일하는 근로자의 건강지킴이 역할을 하고 있다.

센터는 상대적으로 보건관리가 취약한 영세사업장의 근로자 및 특수형태근로종사자 등을 대상으로 뇌심혈관질환 및 근골격계질환 예방 프로그램을 운영하고, 건강검진 결과 직업성 질병의 소견이 있거나 관찰이 필요한 근로자의 사후관리, 작업환경을 개선하기 위한 컨설팅 및 교육 등을 하고 있다. 또한, 근로자건강센터 내에 직업트라우마센터(14개소)를 설치하여 직장 내 괴롭힘, 감정노동 피해, 중대재해 등의 사고를 직ㆍ간접적으로 경험한 근로자에 대하여 외상후 스트레스 장애 등의 직업트라우마 심리상담을 통해 신속한 일상으로의 복귀도 돕고 있다. 센터의 효율적인 운영을 위하여 운영위원회 설치ㆍ운영, 모니터링 및 만족도 조사 등 사업평가를 지속적으로 실시하고 있다.

» 특수건강진단 비용 지원

특수건강진단 대상 사업장 중 소규모 사업장은 건강진단 실시에 따른 비용의 부담 등으

---

20 '근로자 건강센터' 이전에 유사한 기능을 수행한 '지역산업보건센터'가 있었다. 안전보건공단에서는 2007년 경기도 반월시화 공단에 '지역산업보건센터'를 설치ㆍ운영하다가 2010년 가톨릭대에 위탁하였다. 2011년 '지역산업보건센터'를 '근로자 건강센터'로 명칭 변경하면서 인천 남동공단(연세대), 기존 운영하던 반월시화(고려대), 광주(전남대)에서 개소식을 하였다. 그러므로 실질적으로는 반월시화 공단에서 운영한 '지역산업보건센터'가 '근로자 건강센터'의 효시라고 할 수 있다.

로 건강진단을 기피하고, 실시하더라도 대상 근로자를 누락하는 등 건강진단의 신뢰성 측면에서 개선의 필요성이 지속적으로 제기되었다.

특수건강진단의 실시 및 질병 유소견자를 조기에 발견하고 제도의 신뢰성을 제고하기 위해 소규모 사업장의 특수건강진단 비용을 산재보험 및 예방기금에서 지원하고 있다. 이에 따라 2009년 4월부터 안전보건공단을 통해 10인 미만 사업장 근로자 및 건설일용직 근로자에 대한 특수건강진단 비용지원 신청을 받아 2017년에는 78,553명이 특수건강진단 비용 지원 혜택을 받았으며 총 56.43억 원이 소요되었다.

5. 작업 관련 질환 예방 지원

» 근골격계질환

업종별·규모별 근골격계질환자 발생현황, 발생주기 등을 고려하여 근골격계질환 위험군을 선정하고, 위험군에 포함되는 사업장 중 우선순위에 따라 사업장 특성을 고려한 작업환경 개선 등 전문 기술 지원, 근골격계 부담 작업 유해요인조사 기법 지원 및 사업장 자율 예방관리 프로그램 컨설팅 등, 2012년 당년 현재 3천5백 개소 이상의 사업장에 대하여 다양한 기술지원을 실시하였다.

기술지원 외에도 2010년까지 노사협력에 의해 「근골격계질환 예방관리 프로그램」을 수립하여 시행하는 상시근로자 50~99인 사업장에 대해서는 작업환경개선 소요비용의 50% 이내에서 최대 5,000만 원까지 지원하는 재정적 지원도 함께 병행하였다(예: 2010년 346개소, 42.4억 원).

근골격계질환 예방의 지속적인 홍보를 위하여 사업장 교육 지원, 언론 홍보, 사업장 대상 안내문 발송, 근골격계질환 예방 워크숍·세미나 및 캠페인 개최 등을 전개하였으며, 안전보건공단 및 고용노동부 홈페이지에 근골격계질환 예방 메뉴를 운영하고, 예방 관련 홍보자료를 개발·보급하였다.

2011년에는 요양보호사, 환경미화원 등 근골격계질환에 취약한 6대 직종 실태조사를 바탕으로 예방 매뉴얼을 개발·보급하였으며(550개소), 근골격계질환 예방 우수사례 발표대회 및 기술세미나를 개최하여 우수 예방기법 및 개선사례를 확산하여 자율적이고 체계적인 예방활동을 지원하였다.

특히, 2011년에는 사무직 종사자의 근골격계질환 예방을 위한 스트레칭 애니메이션을 보급하여 장시간 앉아 있는 학생이나 주부들도 활용할 수 있도록 하였다. (〈도표 1-46〉 참조)

도표 1-46. 근골격계질환 예방 안내 · 홍보 및 정보제공 현황

연 도	언론홍보	안내공문	설명회 · 교육	기술자료 제작 · 보급
2008년	24회	1,047개소	53회 1,792개소	41종 108,631부
2009년	3회	2,486개소	152회 1,276개소	31종 49,165부
2010년	26회	3,157개소	88회 427개소	16종 31,382부
2011년	27회	13,565개소	271회 2,811개소	42종 75,427부
2012년(9월)	29회	7,844개소	139회 1,544개소	26종 36,970부

» 뇌심혈관계질환

작업관련성 뇌심혈관계질환은 업무량과 강도 증가 등 업무적 요인과 고혈압, 당뇨 등 개인의 기초 질환이 복합적으로 작용하여 발생하는 질병으로 근로자들의 고령화에 따라 질환의 발생은 지속될 것으로 예상된다.

2010년에는 사업장 내 뇌심혈관계질환 및 직무 스트레스 예방활동 기반을 구축하기 위하여 건물관리업 등 뇌심혈관계질환 고위험업종 사업장의 데이터베이스를 구축하여 사업장에 예방교육 및 기술자료 등을 제공하였다.

뇌심혈관계질환 발생 사업장 및 고혈압 등 기초질환자 다수 발생 사업장(50인 이상 사업장) 1,500개소를 선정하여 산업간호사가 사업장당 연 1~8회 방문하여 발병 위험도 평가, 간이검사 및 교육 · 상담 등 건강관리 기술지원을 하였다.

2011년부터는 뇌심혈관계질환 예방활동만을 지원하던 사업방식에서 직무스트레스로 인한 불건강(不健康) 해소 및 조직 차원의 집단적 건강문화 형성을 위한 활동지원으로 범위를 확대하여 사업내용을 개편하였다. 즉 근로자 건강증진활동을 추진하고자 하는 사업장(연합체)을 대상으로 노사 주도의 자발적인 건강증진활동을 촉진하기 위하여 소요비용 일부를 지원하기로 한 것이다.

이로써 2011년에는 304개 사업장에 4.98억 원을 지원하였으며, 활동내용은 근골격계질환 예방(32.5%), 뇌심혈관계질환 예방(27.2%), 스트레스 예방(19.1%), 생활 습관 개선(17.9%), 기타 건강 증진 활동(8%) 순으로 나타났다. 2012년에는 비용지원 예산을 증액(5억→8억 원)하여 2012년 9월 현재 198개 사업장에 5.65억 원을 지원하였다. (〈도표 1-47〉 참조)

도표 1-47. 뇌심혈관계질환 예방지원 실적

구 분		2008년	2009년	2010년
뇌심혈관질환 예방지원		1,500개소	1,500개소	1,500개소
뇌심혈관질환 고위험사업장 DB 구축		17,593개소	18,164개소	21,318개소
	집체교육·자료제공	34회(1,529명), 4종(62,743부)	25회(1,399명), 8종(34,731부)	24회(1,489명), 4종(40,718부)

» 서서 일하는 근로자 건강보호

산업안전보건법에 장시간 서서 일하는 근로자를 위해 때때로 앉을 수 있는 의자를 비치하도록 규정하고 있으나, '서서 응대하는 것이 고객에 대한 예의'라는 인식 등으로 인해 잘 지켜지지 않고 있었다.

2008년에는 서서 일하는 근로자들의 건강보호 대책을 마련하여 장시간 서서 일하는 근로자의 건강문제 및 의자 제공 필요성 등에 대한 자료를 보급하고, 사업주 간담회 및 교육 등을 통해 노사의 인식을 바꾸어 나감으로써 주요 백화점 및 대형마트 등의 계산대에 의자를 비치하도록 하였다.

» 근로자 건강증진 활동 지원

그간 근로자 건강증진 활동이 개인의 생활 습관 개선에 초점을 맞춘 협의의 활동으로 제한된다는 지적에 따라 「근로자건강증진활동」을 생활 습관 개선 외에 건강진단 결과 사후관리, 직무스트레스 관리 및 뇌심혈관계질환 예방활동 등 작업관련성 질환 예방활동으로 확대하고, 사업주 주도 방식으로 개편하는 것으로 2010년 12월 23일 고시를 개정하였다. 이에 종전 200여 개 사업장에 대해 건강증진활동을 지원하던 것을 2011년에는 11,220개소 사업장이 근로자 건강증진활동 사업에 참여하였다.

또한 매년 산업안전보건강조주간에 직업건강활동 우수사례 발표대회를 개최하여 선정된 우수사례를 자료집으로 제작하여 배포하였고, 2011년에 처음으로 건강증진활동 우수사업장(92개소)에 대한 인증을 실시하는 등 건강증진 분위기를 확산시키고 건강증진의 중요성을 근로자들이 인식할 수 있도록 유도하였다. 2012년에도 사업장의 근로자 건강증진활동 확산을 위해 각종 지원사업을 추진하여, 9월 말 현재 6,657개 사업장이 지원을 신청하였다.

» 작업 관련 질환 예방 가이드라인 보급

2008년 사업장 내 직무스트레스 및 뇌심혈관질환 예방을 위한 사업주의 보건조치, 관련 법규 등을 종합적으로 정리한 편람 및 뇌심혈관질환 예방 교육 매뉴얼을 개발·보급하였다.

또한 작업관련성 질환 예방 지침(KOSHA-GUIDE) 26종을 개발(근골격계질환 예방 8종, 뇌심혈관질환 및 직무스트레스 예방 18종)하여 보급하였으며, 사무환경 근로자의 근골격계질환 등을 예방하기 위한 스트레칭 예방 프로그램과 취약직종[21] 근골격계질환 예방 매뉴얼(6종) 및 작업관련성 질환 예방 홍보 자료(10종)를 개발·보급하였다.

제5절 국제협력

이명박(2008~2013)·박근혜(2013~2017) 정부 시기 산업안전보건 분야의 국제협력사업은 주로 ILO(국제노동기구), 아시아 국가들과의 협력, ODA(공적개발원조), 그리고 다자간 국제회의 참여를 통해 전개되었다. 국정의 핵심 키워드가 '녹색성장', '선진화'(이명박), '창조경제', '규제완화'(박근혜)였다. 산업안전 부문 국제협력은 '글로벌 기준에 부합하는 체계 정립'을

---

21 요양보호사, 환경미화원, 차량정비원, 건물청소원, 조리종사원, 유통업 근로자.

목표로 하였으며, 산업안전 관련 역량을 국제무대에서 확대하는 데 기여하였다.

I. ILO 협력사업 강화

산업안전공단을 통해 ILO 산업안전 국제워크숍 개최, 기술자문, 자료공유 등을 추진하였다. ILO 산하 국제산업안전보건정보센터(INCOSH) 및 SafeWork 프로그램과의 협력을 강화하였다. 2014년 서울에서 한-ILO 산업안전 국제세미나를 개최하였고, ILO 방콕사무소와 연계한 'ASEAN 10개국 산업안전 담당자 초청 프로그램'을 운영하는 등 국제기구와의 연계를 바탕으로 한국형 산업안전 모델의 수출을 시도하였다.

II. 아시아 신흥국 대상 산업안전 ODA

미얀마, 라오스, 인도네시아 등 개발도상국을 대상으로 초청 교육을 확대하여 실시하고, 베트남, 캄보디아, 몽골 등을 대상으로 한 산업안전보건 역량 강화를 지원하였다. 이들 국가를 대상으로 교육훈련 프로그램을 시행하고, 산업안전 컨설팅을 실시하였으며, 개인용 보호구 보급 사업을 하였다. 베트남 노동부와는 MOU를 체결(2009)하였으며 그 일환으로 근로감독관을 대상으로 교육훈련을 실시하였다. 안전공단을 중심으로 2015년부터 KOSHA School Brand로 'Global KOSHA' 정책을 수립하여 공단의 국제화를 기도하였다.

III. KOSHA 국제협력센터 설립 및 운영 강화

2010년 안전보건공단에 국제협력센터를 설립하고, 아시아 산업안전보건 네트워크(Asian OSHNet) 활동을 본격화하였다. 아시아 개도국을 대상으로 국내 초청 연수 및 현지 전문가 파견을 통한 '기술 이전형 협력'을 시도하였는데, 국제협력단(KOICA)과 협력하여 개도국 산업안전 인프라 구축 사업을 확대하였다. 몽골 산업안전 관리시스템 구축 지원사업(2015~2017), 필리핀 작업환경 개선 시범사업 등이 그것이다.

Ⅳ. 산업안전보건 국제기준 도입 추진

안전보건 기준의 글로벌화 차원에서 산업재해 통계를 OECD 및 ILO 기준에 맞추어 정비하여 공개하였다. 한편 일본, 싱가포르 등 선진국과 산업안전보건 정책교류를 추진하고 벤치마킹 회의를 개최하였다. ISO45001(산업안전보건경영시스템) 국제 논의에 국내 전문가가 참여하였으며, 국내 기업의 해외 진출 지원을 위해 국제안전기준과의 정합성 확보를 기하기 위한 노력을 하였다.

제6장

문재인 정부

사람 중심의 도약기

제1절 총설

'국민 생명과 안전'을 국정의 중심에 둔 도전과 성과의 시기다.

우리나라는 세계 10위권의 경제 강국이 되었지만 산재 후진국이라는 오명을 가지고 있다. 1999년 산재 사고사망자 통계를 처음 발표한 이래 다양한 산업재해 예방대책을 추진하였음에도 불구하고 노동자 1만 명당 사고사망자 비율을 의미하는 산재 사고사망만인율은 주요 선진국보다 2~3배 이상 높다.[22]

문재인 정부는 2017년 5월 출범과 동시에 국민 생명과 직결된 산업재해·자살·교통사고 분야에 대한 집중관리를 추진하였다. 2017년 7월 3일 제50회 산업안전보건의 날 기념식에서 대통령은 영상 축사를 통하여 다음과 같이 산재 사망사고 감축의 중요성을 강조하였다.

"정부의 최우선 가치는 국민의 생명을 보호하는 것입니다. 산업현장에서도 마찬가지입니다. 그 어떤 것도 노동자의 생명과 안전보다 우선될 수 없습니다."

또한 2018년 1월 10일 신년사에서 '국민생명 지키기 3대 프로젝트'를 집중 추진하여

---

22 2014~2020 평균 산재 사망만인율(‰): 한국 0.51, 미국 0.48, 영국 0.17, 독일 0.11, 일본 0.08 (OECD).

2022년까지 산업재해로 인한 사고사망자를 2017년 기준 절반으로 줄이겠다는 의지를 밝혔다. 이 과정에서 위험의 외주화 방지 등을 내용으로 하는 '김용균법'으로 불린 「산업안전보건법」 전부개정안이 2018년 12월 국회를 통과하고 2020년부터 시행되었다.

그러나 2020년 들어 코로나19라는 예상치 못한 상황이 발생하면서 정부의 산재 사망사고 감축 노력에 차질이 발생하였다. 연초부터 코로나19 바이러스가 크게 확산되면서 산업안전 정책역량도 코로나19의 사업장 확산 방지에 주력하게 되었다. 현장 산업재해 위험요인 지도·점검에 투입되어야 할 인력이 방역 지도·점검으로 전환되었고, 코로나19에 따른 기업의 어려움을 고려하여 사법처리보다는 계도 중심의 행정처분(과태료)으로 무게 중심이 옮겨졌다. 그 결과 현장에서 안전을 중시하는 분위기가 약해졌다는 평가도 나왔다.

한편 정부는 2020년 5월 「제5차 산재예방 5개년 계획」을 수립하여 중장기적 관점에서 산재 사망사고 감축과 안전 인프라 조성, 노동자의 건강권 강화 등을 추진하고자 하였다. 그러나 2020년 4월 이천 물류창고 공사 현장에서 화재사고가 발생하면서 근로자 38명이 숨졌다.

이처럼 코로나19 바이러스 사태에 따른 현장 안전 약화와 이천 사고의 영향으로 2020년 산재 사고사망자가 882명으로, 2019년의 855명에 비하여 더 늘어나는 결과가 발생하였다. 대통령은 2021년 5월 11일 국무회의에서 이렇게 언급하였다.

"제가 공약하였던 것 가운데 제대로 지키지 못하고 있어서 자책이 되는 부분이 산재 사고입니다. 산재 사고를 획기적으로 줄일 수 있는, 특히 이렇게 후진적인 사고, 그리고 사망사고를 획기적으로 줄일 수 있는 그런 강력한 대책을 마련하여서 시행하여 주기 바랍니다. 산업안전본부 그런 것을 설치하여도 좋을 것 같습니다."

이에 고용노동부를 중심으로 산재 사망사고 감축에 필요한 조직·인력·예산에 대하여 검토하였다. 대대적인 조직·인력 보강이 2021년 7월 1일 단행되었다. 산재예방예산도 2022년도에 1조 원 이상으로 증액하는 등 산업안전보건 인프라가 강화되었다.

2021년은 산재 사망사고 감축의 중요한 변곡점을 기록한 해였다. 우선 2020년 하반기부터 산재 사망사고를 포함한 중대재해에 대한 사회적 관심이 높아지면서 「중대재해 처벌 등에 관한 법률」에 대한 논의가 활발히 진행되었다. 국회의 논의는 미적지근하였는데, 급기야 김용균 사망 사건이 발생하자(2018.12.10.), 집중적인 심의를 거친 끝에 여야 합의로 2021년 1월 26일 제정되었다.

한편 고용노동부는 대통령의 강력한 의지에 부응하여 현장 위험요인 중심 점검·감독을 강화하는 대책을 추진하였다. 2021년 7월부터 매월 2차례 전국의 안전감독관과 안전보건공단 직원들이 「추락·끼임, 보호구 미착용」 등 제조업과 건설업의 3대 위험요인을 집중적으로 점검하는 '현장점검의 날'을 운영하기 시작하였으며, 12월에는 관계 부처 합동 「산재 사망사고 감축 특별대책」을 마련하여 추진하였다.

정부 출범 이전인 2016년 969명을 기록하였던 산재사고사망자 수는 2021년 828명으로 역대 최저수준을 기록하였고, 사고사망만인율(‰)도 2016년 0.53에서 2021년 0.43으로 역대 최저를 기록하는 성과를 거두었다.

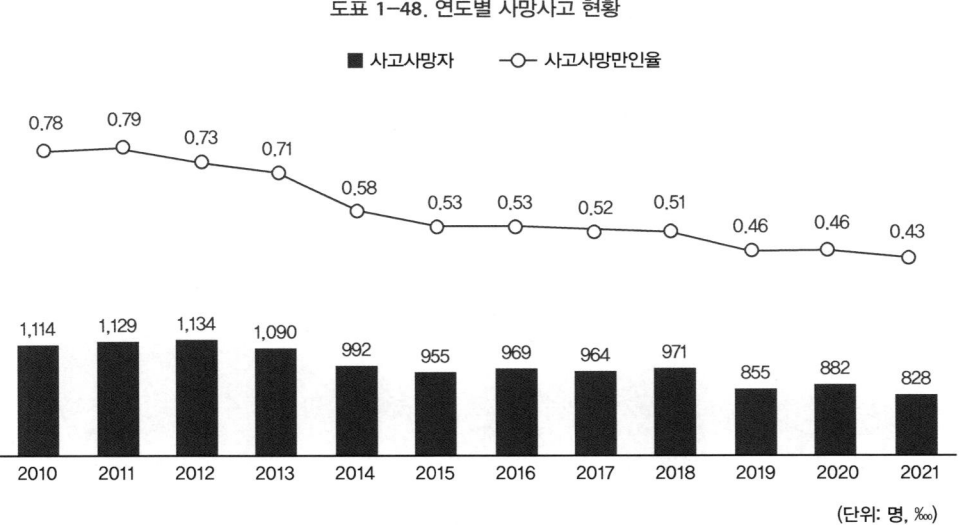

도표 1-48. 연도별 사망사고 현황

■ 사고사망자   ─○─ 사고사망만인율

0.78 0.79 0.73 0.71 0.58 0.53 0.53 0.52 0.51 0.46 0.46 0.43

1,114 1,129 1,134 1,090 992 955 969 964 971 855 882 828

2010 2011 2012 2013 2014 2015 2016 2017 2018 2019 2020 2021

(단위: 명, ‰)

제2절 정책의 기반

Ⅰ. 「산업안전보건법」 전부개정 (2019.1.15. 공포, 2020.1.16. 시행)

골프장 캐디, 택배원 및 배달라이더 등 산업재해로부터 보호가 필요함에도 「근로기준법」상 근로자가 아니라서, 「산업안전보건법」의 보호를 받지 못하는 자를 보호하여야 한다는 지적이 있었다. 또한 2016년 5월 구의역 스크린도어 협착사고, 2018년 12월 서부발전 태안화력발전소 사고 등 하청 노동자의 사고가 많이 발생함에 따라 원청의 산재예방책임을 강화할 필요성에 대하여 사회적인 공감대가 형성되었다. 그리고 그동안 「산업안전보건법」은 부분적으로 개정되면서 전체적인 정비가 없어 법체계의 정합성이 부족하다는 지적이 있었다.

이러한 문제를 해소하고자 정부는 「산업안전보건법」 전부개정을 계획하고, 2018년 2월 「산업안전보건법」 전부개정(안)을 입법예고 하였다. 이후 각계의 의견을 수렴·반영하였으나 국회의 심의가 늦어졌다. 하지만 2018년 12월 고 김용균 씨 사망 사건으로 산재사망사고 감축에 대한 사회적 공감대에 힘입어 2018년 말 국회에서 법안이 통과됨으로써 「산업안전보건법」 전부개정이 이루어졌다. 전부개정 「산업안전보건법」은 2019년 1월 15일 공포되어 2020년 1월 16일 시행되었다. 이것은 1990년 1월 13일 공포된 「전부개정」 이후 두 번째 「전부개정」이다.

1. 보호 대상 확대

법률의 보호 대상을 '근로자'에서 '노무를 제공하는 자'로 개정하여 이른바 '근로기준법상의 근로자가 아닌 자'도 보호받을 수 있도록 하였다. 그리고 특수고용직이나 플랫폼을 활용한 이륜자동차 배달종사자에 대하여 개별 규정(제77조 및 제78조)에서 안전·보건조치 등을 하도록 규정하였다.

2. 위험의 외주화 방지

사내도급 금지 및 승인 제도를 도입하였다. 우선 유해 · 위험성이 매우 높고(직업성 암, 중추마비, 급성중독 등을 유발) 단시간에 직업병을 발견하기 어려워 지속적인 관찰과 안전 · 보건관리가 필요한 도금작업, 수은 · 납 · 카드뮴의 제련 · 주입 · 가공 · 가열작업, 허가대상물질의 제조 · 사용 작업은 사내도급을 예외적인 경우가 아닌 한 금지하였다.

3. 안전 · 보건계획 수립 의무 신설

먼저 사업장이 여러 장소에 분산된 회사가 전사적 차원에서 산업재해 예방노력을 하도록 대통령령으로 정하는 일정규모(상시근로자 500인 이상 또는 시공능력 상위 1,000위 이내 건설회사) 이상의 주식회사 대표이사에게 매년 안전 · 보건계획을 수립할 의무를 부과하였다.

4. 원청의 책임 강화

구법(舊法)에서는 도급이 원청 사업의 일부인지, 원 · 하청 노동자가 혼재하여 작업하는지, 고용노동부령에서 정하는 22개 위험장소인지에 따라 매우 제한적으로만 원청의 산업재해 예방책임을 묻고 있었다. 이에 따라 22개 위험장소가 아니라서 또는 원청 사업의 일부를 도급한 것이 아니라서 원청이 하청의 산업재해에 대하여 책임을 지지 않는 문제가 다수 지적되었다.

이러한 문제를 해소하기 위하여 전부개정 법률에서는 사업이 일부 도급인지, 원 · 하청 노동자가 혼재하여 작업하는지, 22개 위험장소인지와 관계없이 원청 사업장 전체와 더불어 원청이 지정 · 제공한 장소 중 원청이 지배 · 관리하는 장소로서 대통령령으로 정하는 장소에 대하여는 원청이 안전 · 보건을 책임지도록 하였다.

5. 원청 포함 사업주에 대한 형사처벌 강화

사업주가 안전 · 보건 조치의무를 위반하여 노동자를 사망하게 하는 죄를 5년 내에 두 번 이상 범하는 경우 구법의 7년 이하의 징역 또는 1억 원 이하의 벌금형을 2분의 1까지

가중하도록 하였고, 법인인 경우 벌금형의 상한을 1억 원에서 10억 원으로 상향하였다. 그리고 안전 · 보건 조치의무를 위반하여 노동자를 사망하게 한 자에게 유죄 선고를 하는 경우 200시간 내의 범위에서 수강명령을 병과할 수 있도록 하였다.

또한 도급인(원청)이 안전 · 보건 조치의무를 위반한 경우의 처벌 수준을 1년 이하의 징역 또는 1,000만 원 이하의 벌금에서 3년 이하의 징역 또는 3,000만 원 이하의 벌금으로 상향하였고, 노동자가 사망한 경우에는 사업주의 처벌 수준과 동일하게 7년 이하의 징역 또는 1억 원 이하의 벌금으로 상향하였다.

6. 건설업의 산재예방 규정 신설

건설업의 산업재해 예방을 위한 다양한 규정이 신설되었다. 일정 규모 이상의 건설공사에 대하여 발주자 · 설계자 · 시공자에게 계획 · 설계 · 시공 단계마다 안전보건대장을 작성 · 이행 · 확인하도록 하였다. 이는 건설공사를 계획하고 설계하는 단계부터 발주자가 산업재해 예방조치를 강구하도록 하는 것이 필요하다는 지적을 고려한 것이다.

그리고 계약의 형태에 관계없이 건설 현장 등 사업장에서 안전을 총괄 · 관리하는 건설공사 도급인(원청)이 자신의 사업장에서 사용되는 타워크레인 등의 설치 · 해체 · 작동의 전 과정에 대하여 안전 · 보건 조치에 대한 책임을 부담하도록 규정하였다. 타워크레인 설치 · 해체업 등록제를 시행하도록 하면서, 사업주로 하여금 등록한 자에게 설치 · 해체 작업을 맡기도록 하였다.

7. 물질안전보건자료 제도 개선

화학물질을 제조 · 수입하려는 자는 화학물질을 양도 · 제공받은 자뿐만 아니라, 고용부장관에게도 물질안전보건자료를 제출하도록 개정하였다.

또한 영업비밀이라는 이유로 화학물질 명칭과 함유량 정보를 기재하지 아니하는 폐해를 방지하기 위하여, 영업비밀을 이유로 비공개하기 위하여는 고용부장관의 사전 심사를 받도록 하였다. 그리고 명칭과 함유량을 비공개하더라도 그 위험성을 유추할 수 있도록 대체

명칭과 대체함유량을 기재하도록 하였다.[23]

8. 가맹본부 정보제공 의무 신설

가맹점 사업을 영위하는 일정 규모 이상의 가맹본부에는 소속 가맹점의 산업재해 예방을 위하여 안전 · 보건 프로그램을 마련 · 시행하고, 가맹본부가 공급하는 기계 · 설비 등에 대한 안전 · 보건 정보를 제공하도록 의무를 신설하였다.

9. 위험성평가 노동자 참여 명시

위험성평가의 실효성을 담보하기 위하여 위험성평가를 실시할 때 노동자를 참여시키도록 법에 명시하였다.

II. 산업안전보건법 추가 개정 (2021.5.18. 공포, 11.19. 시행)

1. 도급인 역할 강화

관계수급인의 혼재작업으로 인한 위험을 최소화하기 위하여 같은 장소에서 이루어지는 도급인과 관계수급인 등의 작업에 있어서 도급인에게 관계수급인 등의 작업 시기 · 내용, 안전 · 보건조치 등을 확인하도록 하고, 확인 결과 관계수급인 등의 작업혼재로 인하여 화재 · 폭발 등 대통령령으로 정하는 8가지 위험(화재 · 폭발, 끼임, 충돌, 추락, 비래, 전도, 붕괴, 질식 · 중독)이 발생할 우려가 있는 경우에는 작업 시기 · 내용 등을 조정하도록 하였다.

2. 건설공사 발주자 의무 추가

건설공사 발주자로 하여금 안전보건 전문가로부터 안전보건대장에 기재된 내용의 적정

---

23 구법은 화학제품 양도 · 제공자가 화학물질의 정보에 대하여 영업비밀 여부를 자의적으로 판단하여 적지 않을 수 있도록 규정되어 있었다. 이로 인하여 영업비밀이 적용된 비율이 2009년 45.5%에서 2014년 67.4%로 증가하여 화학물질 정보에 대한 노동자의 알권리가 심각하게 제약되는 문제가 있었다.

성 등을 확인받도록 하였다. 또한 건설공사 설계자 및 수급인이 건설 현장의 안전을 우선적으로 고려하여 설계·시공 업무를 수행할 수 있도록 건설공사 발주자로 하여금 적절한 공사비용과 기간을 보장하도록 하였다.

III. 「고용보험 및 산재보험 보험료징수법」 개정 (2022.1.1. 시행)

1. 개요-개별실적요율제 개선

개별실적요율 제도는 하도급·파견 사업장 노동자에게 발생한 산업재해 실적은 제외하고 당해 사업장 노동자에게 발생한 산업재해 실적만으로 산재보험료를 할인 또는 할증하고 있어, 산재보험료 할증을 우려한 사업장에서 유해·위험 업무는 도급·파견을 이용하는, 소위 위험의 외주화 유발의 요인이 되고 있었다.[24] 이렇게 되자 사내하청의 경우 하청이 원청에 비하여 사망 비율이 8배나 높게 나타났다. (〈도표 1-49〉 참조)

도표 1-49. 원청업체와 하청업체 사고사망만인율

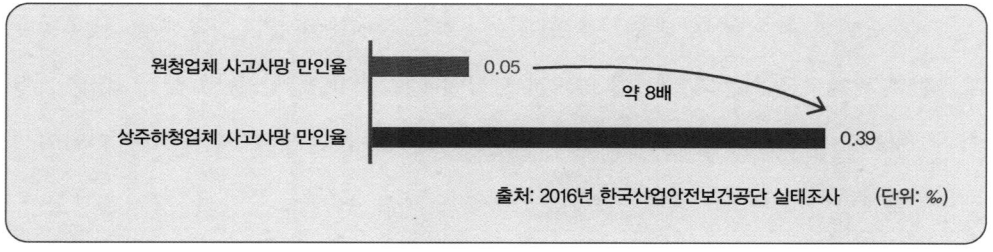

이런 문제를 해결하기 위하여 정부는 2021년 「고용보험 및 산업재해보상보험의 보험료징수 등에 관한 법률」을 개정하여 하도급·파견노동자의 산업재해 가운데 「산업안전보건법」의 도급제한 의무를 위반한 기간 중 발생한 재해, 파견근로자에게 발생한 재해, 「산업안

---

24   이와 함께 2020년 현재 개별실적요율 대상 중 상시근로자 1,000인 이상 사업장 수 비율은 1.3%이지만 이들 사업장의 보험료 할인액 비율은 45.6%에 달하는 등 할인이 대기업에 편중되어 결과적으로 보험료 수입 감소분이 영세사업장에 전가된다는 지적도 있었다.

전보건법」에서 정하는 원청의 책임이 있는 재해는 도급·사용 사업장의 개별실적요율에 반영하도록 하였다. 또한, 대규모 기업의 경우 직접 고용한 근로자뿐만 아니라 하도급 근로자 및 파견근로자를 포함하여 사망사고가 다발하는 경우에는 보험료를 과다하게 할인받지 못하도록 하였다.

2. 주요 개정 내용

하청근로자 재해가 원청의 책임이 있는 사유에 의하여 발생한 경우 산재보험료 산정 시 원청의 보험료율에 100% 반영하며, 만약 하청업체에도 안전보건 조치위반의 책임이 있는 경우에는 원청과 하청에 각각 50%씩 반영하도록 하였다.

종전에는 사고가 적게 발생한 경우 최대 20%까지 할인을 받고 있었는데, 500인 이상 기업 또는 60억 원 이상 건설공사의 경우 최근 3년간 사망사고가 3건 이상 발생하면 보험료 할인 폭을 40%에서 100%까지 줄였다. 이와 함께 사망사고가 다발하면서 산업재해 은폐를 하였거나 산업재해 보고를 하지 않아 공표된 사업장은 보험료 할인 폭이 더 줄어들도록 하였다. 이렇게 하면 사망사고가 다발하는 대기업의 경우 산재보험료를 할인받지 못하게 된다. 〈도표 1-50〉 참조)

도표 1-50. 할인율 조정 방법

이전 3년간 (2019.7.1~2022.6.30)통합 사고 사망자 수(단위: 명)	3명	4명	5명	6명 이상
산재은폐 및 미보고 무(無)	40%	60%	80%	100%
산재은폐 또는 미보고 유(有)	50%	70%	90%	100%

Ⅳ. 중대재해처벌법 제정 (2021.1.26. 공포, 2022.1.27. 시행)

1. 배경 및 경과

'중대재해처벌법'은 제20대 국회 회기인 2017년 4월 의원이 발의한 「재해에 대한 기업 및 정부 책임자 처벌에 관한 특별법안」이 원형이다. 이 법안은 제20대 국회 임기 만료로 폐기되었고, 제21대 국회에 이르러 2020년 6월 의원이 「중대재해에 대한 기업 및 책임자 처벌 등에 관한 법률안」을 발의하였고, 이후 2020년 12월까지 총 5건의 중대재해 처벌 관련 법률이 발의되었다.

국회 법제사법위원회는 2020년 11월 이후 이 법률안들을 본격적으로 심의하였고, 법안들의 내용을 통합하여 위원장이 제안한 대안이 2021년 1월 8일 국회 본회의에서 가결되었다. 정부는 2021년 1월 26일 제정법률안을 공포하였다.

법의 제정을 두고 노동계는 5인 미만 사업장 적용 제외, 50인 미만 사업장 적용 유예 등을 비판하면서 즉각 개정을 요구하였고, 경영계는 과도한 처벌 규정 등으로 인하여 기업 경영에 차질이 발생한다고 비판하면서 역시 개정을 요구하였다. 당시 대통령은 국회 법안 통과 직후인 2021년 1월 18일 신년 기자회견에서 "…서로 불만을 표시합니다만, 시행하여 나가면서… 보완·발전시켜 나갈 것이라고 보고… 우리 산업현장의 안전문제도 진일보할 수 있게 되었다"고 하였다.

2021년 1월 26일 '중대재해처벌법'이 제정·공포된 후 경영계 등을 중심으로 법 내용이 모호하고 현장의 준비기간이 부족하다는 우려가 있었다. 이에 정부는 '중대재해처벌법'이 다수 부처 소관 법률인 점을 감안하여 관계 부처 합동(국무조정실, 법무부, 고용노동부, 환경부, 국토부, 산업부, 공정위)으로 시행령을 검토하였고, 전문가뿐만 아니라 노사·시민단체 등 각계의 의견수렴을 거쳐 시행령안을 마련하고 입법예고 하였다(2021년 7월 12일부터 8월 23일까지 40일간). 정부는 적정한 인력·예산 기준 등 입법예고 시 제기된 의견을 최대한 반영하여 시행령안을 확정하였으며, 규제심사 및 차관회의, 국무회의를 거쳐 2021년 10월 5일 최종 공포하였다.

2. 주요 내용

» 주요 용어의 정의

'중대산업재해'란 「산업안전보건법」 제2조 제1호에 따른 산업재해 중 ㉠ 사망자가 1명 이상 발생, ㉡ 동일한 사고로 6개월 이상 치료가 필요한 부상자가 2명 이상 발생, ㉢ 동일한 유해요인으로 급성중독 등 대통령령으로 정하는 24종 직업성 질병자가 1년 이내에 3명 이상 발생한 재해를 말한다.

'중대시민재해'란 특정 원료 또는 제조물, 공중이용시설 또는 공중교통수단의 설계, 제조, 설치, 관리상의 결함을 원인으로 하여 발생한 재해로서 ㉠ 사망자가 1명 이상 발생, ㉡ 동일한 사고로 2개월 이상 치료가 필요한 부상자가 10명 이상 발생, ㉢ 동일한 원인으로 3개월 이상 치료가 필요한 질병자가 10명 이상 발생한 재해를 말한다.

'경영책임자 등'이란 ㉠ 사업을 대표하고 사업을 총괄하는 권한과 책임이 있는 사람 또는 이에 준하여 안전보건에 관한 업무를 담당하는 사람, ㉡ 중앙행정기관의 장, 지방자치단체의 장, 지방공기업의 장, 공공기관의 장을 말한다.

» 경영책임자 등의 안전 · 보건 확보의무

중대산업재해와 관련하여 사업주 또는 경영책임자 등은 사업주나 법인 또는 기관이 실질적으로 지배 · 운영 · 관리하는 사업 또는 사업장에서 종사자의 안전 · 보건상 유해 또는 위험을 방지할 의무가 있고, 사업주나 법인 또는 기관이 제3자에게 도급, 용역, 위탁 등을 행한 경우 제3자의 종사자에 대한 안전 및 보건 확보의무를 부담한다.

중대시민재해와 관련하여서는 사업주 또는 경영책임자 등은 생산 · 제조 · 판매 · 유통 중인 원료나 제조물의 설계, 제조, 관리상의 결함이나 공중이용시설 또는 공중교통수단의 설계, 설치, 관리상의 결함으로 인한 그 이용자 등의 생명, 신체의 안전을 위하여 안전보건 관리체계 구축 조치를 하는 등 안전 및 보건 확보의무를 부담한다.

» 처벌규정 및 손해배상 책임

사업주 또는 경영책임자 등이 안전보건 확보의무를 위반하여 중대산업재해 또는 중대시민재해에 이르게 한 경우 사업주와 경영책임자 등을 처벌하고(사망자가 1명 이상 발생한 경우 1년 이상의 징역 또는 10억 원 이하의 벌금, 그 외의 경우 7년 이하의 징역 또는 1억 원 이하의 벌금), 법인 또는 기관의 경영책임자 등이 처벌 대상이 되는 위반행위를 하면 그 행위자를 벌하는 외에 그

법인 또는 기관에 대하여서도 벌금형을 부과한다(사망자가 1명 이상 발생한 경우 50억 원 이하의 벌금, 그 외의 경우 10억 원 이하의 벌금).

사업주 또는 경영책임자 등이 고의 또는 중대한 과실로 법에 정한 의무를 위반하여 중대재해를 발생하게 한 경우, 해당 사업주, 법인 또는 기관은 중대재해로 손해를 입은 사람에 대하여 그 손해액의 5배를 넘지 않는 범위에서 배상책임을 지게 된다.

» 정부의 사업주 등에 대한 지원 및 보고

정부는 중대재해 예방을 위한 대책을 수립 · 시행하여야 하고, 사업주, 법인 및 기관에 대하여 중대재해 예방사업에 소요되는 비용을 지원할 수 있으며, 그 상황을 반기별로 국회 소관상임위원회에 보고하여야 한다.

» 적용 범위 및 시행 시기

상시근로자가 5명 미만인 사업 또는 사업장의 사업주(개인사업주에 한정) 또는 경영책임자 등에게는 중대산업재해 관련 규정을 적용하지 아니한다. 법은 공포 후 1년이 경과한 날인 2022년 1월 27일 시행되는데, 다만 법 시행 당시 개인사업자 또는 상시근로자가 50명 미만인 사업 또는 사업장(건설업의 경우에는 공사금액 50억 원 미만의 공사)에 대하여는 공포 후 3년이 경과한 날인 2024년 1월 27일부터 시행한다.

V. 산업안전보건본부 신설 및 집행조직 확충

1. 정책 · 집행 역량 강화 필요성

2020년 산재사망사고가 다시 증가하고 건설업 등에서의 후진국형 산업재해가 계속 발생하는 상황에서 대통령은 2020년 11월 17일 국무회의에서 산재사망사고를 줄이기 위한 지속적인 노력을 강조하고 근로감독관의 확충, 정책 · 집행 역량의 강화를 지시하였다. 또한 2021년 4월 평택항 이선호 씨 사망사고가 발생한 직후인 같은 해 5월 11일 국무회의에서 "산재사망사고를 획기적으로 줄이는 강력한 대책을 마련할 것"을 지시하면서 이를 위하여 산업안전본부와 같은 조직의 신설을 검토하라고 국무위원들에게 지시하였다. 2021년「산재사망사고 감축 특별대책」을 준비하는 과정에서도 고용노동부에 있는 1국(局) 규모의 정책조직으로는 체계적인 대응이 어렵고, 산재사망사고를 줄이기 위하여서는 산재예방 정책과 집행 역량의 강화가 필요하다는 점이 인식되었다.

2. 산업안전보건본부의 신설 및 집행조직의 확충

대통령의 지시 이후 고용노동부는 관계 부처와의 협의를 거쳐 2021년 7월 1일 산업안전보건 조직을 산업안전보건본부로 확대하고, 산업안전보건 분야 근로감독관을 대폭 증원하였다. 종전의 본부 인력·조직인 1국 5과 47명으로는 급격하게 늘어나는 산업안전보건 정책 수요에 적시 대응하는 데 어려움이 컸었는데, 이를 1본부, 2정책관, 10과·팀, 82명으로 확대하였다.

신설된 부서는 ① 건설업 재해예방을 전담하는 부서, ② '중대재해처벌법' 시행에 대비하여 중대산업재해의 수사·감독을 전담하는 부서, ③ 기업의 안전보건관리체계 구축 등 사전 예방시스템 구축 지원 부서와 ④ 늘어나는 근로감독관들을 체계적으로 감독할 수 있는 감독 기획·총괄 부서였으며, ⑤ 감정노동·과로·직업성 암 등 새로운 산업보건 수요를 충족하기 위하여 직업건강 증진에 관한 부서도 신설하였다.

또한 지방고용노동관서에 특별감독 및 중대산업재해 조사를 전담하는 광역중대재해관리과와 건설업 예방·감독을 전담하는 건설산재지도과 등 총 17개를 증설하였고, 산업안전 근로감독관을 종전 705명에서 총 815명으로 늘렸다.

이와 같은 인력·조직의 확충과 병행하여 산재예방에 필요한 예산도 2022년도에 1조원 이상으로 증액하는 등 산업안전보건 인프라를 강화하였다.

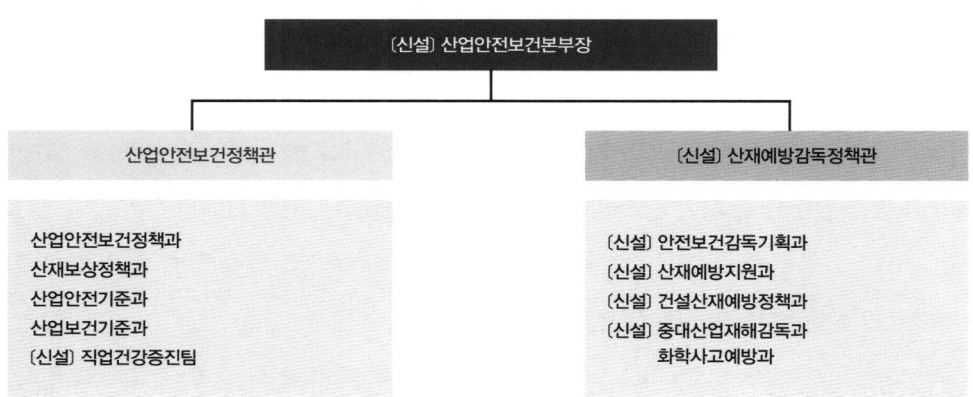

도표 1-51. 확대된 본부 산업안전보건 조직

(신설) 산업안전보건본부장

산업안전보건정책관

산업안전보건정책과
산재보상정책과
산업안전기준과
산업보건기준과
(신설) 직업건강증진팀

(신설) 산재예방감독정책관

(신설) 안전보건감독기획과
(신설) 산재예방지원과
(신설) 건설산재예방정책과
(신설) 중대산업재해감독과
　　　 화학사고예방과

VI. 근로감독관 증원 및 역량 강화

1. 증원

정부는 출범 후 한 달 만인 2017년 6월 12일 국회에서 추경 시정연설을 하면서 소방관, 복지 분야 공무원 등 안전·복지·교육 등 국민 모두를 위한 민생 서비스 향상에 기여하는 현장 중심의 공무원 증원의 필요성을 강조하면서 "근로감독관도 부족합니다. 감독관 1명이 근로자 1만 2,000여 명, 사업장 1,500여 개를 담당하고 있는 실정입니다. 최저임금 위반이나 아르바이트비 체불 등은 단속할 엄두조차 내지 못합니다"라고 근로감독관 증원의 필요성을 역설하였다.

정부가 출범한 2017년의 산업안전 근로감독관 정원은 448명이었다. 이후 2018년 1월 23일 마련한 '산업재해 사망사고 감소대책'에 따라 산업안전보건 분야 근로감독관 정원을 매년 지속적으로 증원하였고, 그 결과 2021년 말에는 815명으로 늘어났다.

도표 1-52. 연도별 산업안전 근로감독관 정원

연도(연도 말 기준)	2016	2017	2018	2019	2020	2021
정원(명)	412	448	570	681	705	815

2. 교육

이처럼 일선 현장에서 산업재해로부터 근로자를 보호하고 사업주의 산업재해 예방책임을 감독하는 근로감독관이 증원됨에 따라 산재 사망사고 감축을 위한 중요한 집행 기반이 마련되었다. 다만 복잡·다양하고 변화가 빠른 산업현장의 산업재해를 감소시키기 위하여 근로감독관의 양적 확대뿐만 아니라 산업현장의 안전보건 시설 및 체계 등을 감독하고 지도하는 근로감독관의 역량 강화를 위한 직무교육이 필요하였다.

고용노동부는 근로감독관 역량 강화를 위하여 초임 근로감독관이 업무에 적응할 수 있도록 산업안전보건업무 전반에 대한 교육을 실시하고, 경력이 있는 근로감독관에게는 제조·건설·보건·화공 등 분야별로 경력에 맞춘 전문교육을 실시하고 있다. 2021년에는 초임 근로감독관에 대한 집체교육 기간을 3주에서 6주로 대폭 늘렸고, 2022년 1월 '중대재해처벌법' 시행에 대비하여 관련 교육과정을 추가 편성하였다. 사업장의 안전보건관리체계 구축과 안전보건관련 의무이행 등에 대한 법 이해와 적용 역량도 강화하였다. 2022년에는 기존의 이론 및 참관(공급자 입장) 중심의 교육과정을 실습·체험(수요자 입장) 중심으로 개편하여 사업장 근로감독과 재해조사에 필요한 전문 역량을 이론이 아닌 체험을 통하여 습득할 수 있도록 하였다.

Ⅶ. 산재예방 협력 거버넌스 구축

1. 지자체와의 협업 강화

정부는 산재예방 및 안전사각지대 해소를 위하여 중앙부처 간, 중앙부처와 지자체 간 협업을 지속적으로 강화하였다. 2021년 4월 29일 「산업안전보건법」 개정을 통하여 지방자치단체장이 관할 지역 내 산재예방을 위한 자체 계획을 수립하고, 교육, 홍보, 사업장 지도 등 필요한 조치를 하도록 하였고, 정부는 행정적·재정적 지원이 가능하도록 근거 규정을 마련하였다.

앞서 언급하였듯이, 2021년의 산재사망사고 감축 특별대책을 마련하면서 고용노동부가

지자체의 가용자원을 효과적으로 활용하지 못하고 있는 점을 개선하기 위하여 고용노동부가 지자체와 사업장의 기초 안전관리를 함께 맡고, 지자체의 점검 과정에서 불량한 사업장은 고용노동부의 근로감독으로 연계하기로 하였다. 또 각 시·도에 지역별 안전협의체를 설치하여 지역산업안전정책을 수립하고 정보를 공유하며 고용노동부와의 합동 점검을 추진하기로 하였다.

이어 고용노동부는 2021년 10월 28일 17개 광역지자체와 지자체 협의회를 개최하여 지역별 산재사고 현황과 지역별 정책 공유 및 협업 방안을 논의하였다. 또한 권역별로 지방고용노동관서와 시·도 안전보건협의체를 구성하여 정기 및 실무회의를 개최하였으며, 2021년에는 지자체 공무원 및 안전보안관 1,099명을 대상으로 총 46회 교육을 실시하였다.

지자체와의 산업안전 합동점검의 경우 2021년 11월부터 12월까지 지자체(지방공기업 포함) 발주공사 중 공사금액 50억 원 미만 소규모 건설 현장을 대상으로 전국 일제 합동점검을 실시하였다. 총 257개 현장에 대한 점검 결과 사법처리 1건과 시정조치 85개소, 과태료 1,551만 2,800원 부과 조치가 있었다. 2022년에 행안부의 지방자치단체 합동 평가지표에 합동 점검 실적을 반영하고, 앞으로도 합동점검을 지속적으로 실시하기로 하였다.

2. 안전보건 감독자문회의 등 소통의 감독행정 추진

2021년 7월 산업안전보건본부 출범을 계기로 고용노동부는 관계 부처, 노동계, 경영계, 전문가로 산업안전보건 감독자문회의(産業安全保健監督諮問會議)를 구성하여 운영하였다. 산업안전보건 감독자문회의는 그동안 고용노동부 중심의 일방향적 근로감독에서 벗어나 현장 의견을 수렴하고 산재예방 사각지대를 해소하기 위하여 관계 부처 등과의 협업을 강화하였다는 점에서 의미가 깊다.

2021년 10월 7일 제1차 자문회의에서는 그동안의 산업안전보건 정책 추진 현황과 2021년 4분기 산업안전 감독계획이 공유되었고 산업안전보건 감독자문회의의 향후 운영 방안이 논의되었다. 같은 해 12월 10일 제2차 회의에서는 2022년 산업안전보건 감독의 주요 사항과 '중대재해처벌법' 준비 상황 및 향후 계획, 산재 사망사고 감축을 위한 추가 보완대책을 논의하였다. 이처럼 정부는 산업안전보건 감독자문회의를 통하여 사회적 논의가 필요한 주요 안건이 있을 경우 산업안전보건 현장의 목소리를 수렴하고 현장의 실질적인 변화를 이끌 수 있는 방향으로 산업안전보건 감독행정을 추진하기로 하였다.

제3절 주요 정책 방향

Ⅰ. 제5차 산재예방 5개년 계획 (2020~2024)

1. 계획의 개요

새 정부 출범 이후 산재사망사고 감축 대책을 지속적으로 추진하면서 「산업안전보건법」 전부개정, 산재사망사고 대폭 감소 등의 성과를 거두었으나, 사고사망만인율은 OECD 선진국에 비하여 여전히 높은 상황이었다.

이에 개정법이 현장에서 제대로 작동할 수 있도록 하고, 과로·미세먼지 등 새로운 유해·위험 요인에 선제적으로 대응할 필요가 있었고, 중장기적 관점에서 산재사망사고 감축과 안전 인프라 조성, 노동자의 건강권 강화 등을 추진할 필요성이 제기되었다. 「제5차 산재예방 5개년 계획」(2020~2024)은 2020년 5월 확정되었다.

2. 계획의 주요 내용

제5차 계획은 「안전하게 일할 수 있는 나라, 국민의 생명을 보호하는 대한민국」을 비전으로 잡고, 산재사망 감축 및 안전보건 격차 완화, 사고사망만인율 2019년 0.46‰에서 2024년 0.2‰대 진입을 목표로 제시하며, 5개 분야 총 13개 세부 과제를 수립하였다.

» 안전한 일터를 위한 법과 제도의 현장 안착 지원

의무주체와 보호대상 확대를 위하여 전부개정 「산업안전보건법」에서 산재예방 의무주체로 새롭게 포함된 건설공사 발주자, 대표이사, 가맹본부, 배달대행업체의 안전·보건조치 이행을 지원하며, 상시근로자 5인 미만 또는 사무직만을 사용하는 사업장 적용 제외, 양형기준 상향, 하한형, 중대재해 발생 기업 처벌법, 과징금 도입 여부 등을 종합적으로 검토하며, 산업재해 은폐 의도 판단기준 마련 등을 추진하기로 하였다.

또한 원·하청이 함께하는 사업장 안전보건관리를 위하여 원·하청 통합 산재관리 업종 확대 검토, 도급인이 발주자의 책임으로 회피하지 않도록 모니터링, 적격 수급인 선정 평가시스템 구축 지원, 원·하청 안전보건협의회 활성화 우수사례 발굴, 안전보건평가 매뉴얼 개발·배포 등을 추진하기로 하였다. 또한 화학물질 관리기준의 정립 및 실행을 위하여 물질안전보건자료(MSDS) 대체자료 세부 기준 등을 마련하고 유해·위험 화학물질 취급 사업장의 위험 관리체계 구축, 화학물질 취급작업 계획서 작성·이행 여부 평가 및 차등 관리를 추진하기로 하였다.

» 산재 사망사고 감축

추락·끼임 등 5대 사고사망 요인을 집중 관리하기 위하여 건설업의 추락, 제조업의 끼임·추락을 집중 관리하고, 감독 대상의 5배수 선정 후 자율개선 유도 및 불시 감독을 하며, 안전보건공단, 민간산재예방기관, 지방자치단체의 기술지도 및 점검실시 후 불량 사업장에 대한 감독 연계를 추진하기로 하였다.

안전보건 주체별 역할 강화를 위하여 민간 산재예방기관이 현장의 최일선 안전 지킴이로서 안전관리를 진단하도록 기술지도 방안을 마련하고, 건설업의 기술지도 계약 상대방을 시공사에서 발주처로 변경하며, 지자체·공공기관이 모범적인 사업주로서 역할을 하도록 발주공사·수행사업 안전관리계획 이행 여부 관리·평가 및 지자체 합동평가지표(행안부) 반영, 공공기관의 안전관리 수준 평가결과의 경영평가 반영을 추진하기로 하였다.

빅데이터를 활용하여 감독대상 및 산재예방사업 대상을 자동으로 선정하고, 사업장에서 안전관리 정보를 쉽게 검색·활용하는 인공지능 플랫폼을 2024년까지 단계적으로 구축하기로 하였다. (〈도표 1-53〉 참조)

도표 1-53. 안전관리 정보검색 플랫폼 구축

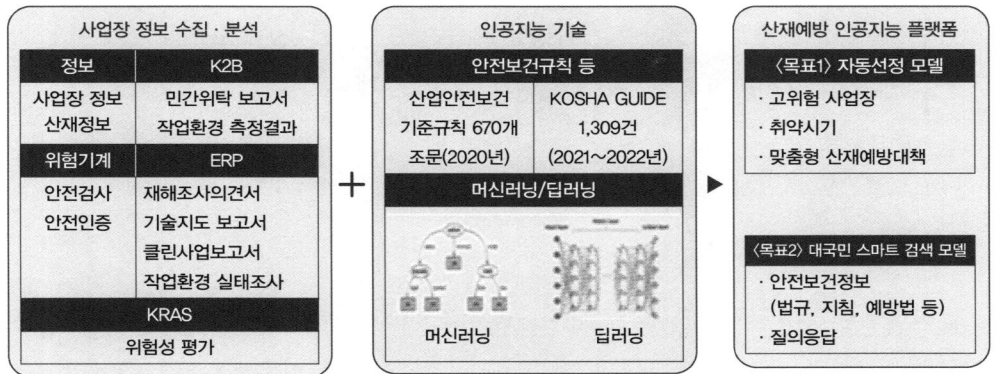

» 산업보건 사각지대 해소

업무상질병의 예방, 감시·진단, 사후관리 등 단계별 관리를 강화하고자 하였다. 작업환경측정 제도의 합리화를 통하여 질병 유발요인을 제거하고, 위험성평가 개념을 접목한 포괄적 작업환경평가 제도를 도입하며, 화학물질 중독 등 질환 감시 및 관리시스템을 구축·운영하며, 과학적 근거에 기반한 근로자 건강진단 제도 개편을 추진하면서 건강진단 결과 위험군을 집중 사후 관리하기로 하였다.

또한 유해요인별 사각지대 해소를 위하여 장시간 근로·과로(뇌심혈관질환), 비정형작업·부담작업(근골격계질환), 밀폐공간 작업(질식) 등 기존 요인 외에도 감정노동·트라우마 등 정신건강 보호 확대, 미세먼지·폭염 등 자연환경적 유해요인 등 새로운 신규 유해요인에 적기 대응하는 내용을 포함하였다.

» 사업장 안전·보건관리 체계 확립

안전보건 관리체계의 현장 작동성 제고를 위하여 300인 이상 사업장의 안전·보건관리자 직접 채용을 추진하고, 중소기업에서도 위험성평가를 쉽게 활용할 수 있도록 지침을 제공하고 중장기적으로 제도를 재설계하기로 하였다.

유해위험방지계획서의 내용, 절차, 점검 등도 개선하고, 공정안전관리(PSM) 사업장의 사고 유발요인 제거를 위하여 작성내용·심사를 개선하기로 하였으며, 소규모 사업장의 안전보건관리를 지원하기 위하여 재해예방 시설지원 사업(클린사업)을 사망사고 예방 중심으로 개편하고 50인 미만 제조업 사업장에 매월 1회 기술지원 비용 지원 등을 추진하기로 하였다.

» 안전보건 인프라 확충 및 문화 확산

중대재해조사보고서, 산업재해통계DB 등 안전·보건 데이터를 개방하여 다양한 전문 연구를 촉진하고, 안전·보건 교육의 실효성 제고를 위하여 체험교육장 확충·VR 콘텐츠 개발 등을 추진하기로 하였다. 또 전 사회적 인식 확산을 위한 합동 안전캠페인 등을 지속 추진하기로 하였다.

Ⅱ. 국민생명 지키기 3대 프로젝트 (2018)

1. 개요

새 정부 출범 전인 2016년 기준으로 산재사고 사망자는 969명, 교통사고 사망자는 4,292명, 자살 사망자는 1만 3,092명이었으며, 이 3대 분야에서 총 1만 8,353명의 안타까운 생명을 잃었다. 경제협력개발기구(OECD) 국가들과 비교하여 보면, 2016년 기준 인구 10만 명당 교통사고 사망자 수(8.4명)는 OECD 평균의 1.7배(35개국 중 32위), 근로자 1만 명당 산재사고 사망자 수(0.53명)는 독일(0.13명), 일본(0.2명) 등 선진국의 2~3배 수준, 인구 10만 명당 자살자 수는 25.6명으로 OECD 최하위 수준(OECD 평균 12.1명)이었다.

대통령은 2018년 1월 10일 신년사에서 "2022년까지 자살예방, 교통안전, 산업안전 등 3대 분야 사망 절반 줄이기를 목표로 「국민생명 지키기 3대 프로젝트」를 집중 추진하겠습니다"라고 밝히면서 정부는 3대 분야 사망자 수를 줄이기 위한 노력에 박차를 가하였다. 국민생명 지키기 3대 프로젝트는 국무조정실(이하 '국조실')과 고용부, 복지부, 국토부 등 유관

부처가 공동으로 추진하였다.[25] 2018년 1월 23일 정부는 2022년까지 사망만인율을 0.27로 줄이기로 하고 고용부 주관으로 관계 부처 합동 「산업재해 사망사고 감소대책」을 발표하였다. (〈도표 1-54〉 참조)

도표 1-54. 산재사망사고 절반 감축 수립 시 당초 목표(2018)

연도	2017	2018	2019	2020	2021	2022
사고사망자 수(명)	964	886	815	725	616	505
사망만인율(‰)	0.52	0.48	0.44	0.39	0.33	0.27

이후 정부는 2017년 8월 17일 국무총리 주재 국정현안점검회의 심의를 거쳐 중대 산업 재해 예방대책을 서둘러 마련하였다. 우선 대책의 목표로 2022년까지 산업재해 사고사망 자 절반 감축, 사고사망만인율 0.27‰, 사고사망자 500명 이하 달성을 명시하였다. 산재사 고사망만인율(‰) 목표인 2022년까지 0.27 달성은 2016년 산재사고사망만인율 0.53의 약 50% 수준으로 목표를 수립한 것이다. 이 수치를 산재 사망사고자 수로 보면, 2016년 969 명에서 2022년 505명까지 줄이는 것을 목표로 정한 것이었다. 산재사망사고 절반 감소라 는 명확한 목표 달성을 위하여 4대 추진전략 및 15개 중점 추진과제를 제시하였다.

첫째, 「주체별 역할·책임 명확화 및 실천 추진 전략」에서는 건설 공사 발주자에게 공사 단계별 안전조치 이행 책임 부여, 「산업안전보건법」 등 관련 법령 개정, 책임장소의 대폭 확대를 통한 원청의 안전관리 책임 확대, 위험의 외주화 방지화를 위한 유해·위험 작업에 대한 도급금지 확대 및 도급인가 대상 확대, 위험성평가를 통한 하청의 안전관리 개선, 노 동자 안전수칙 준수 및 참여를 통한 사고방지를 세부 대책으로 잡았다.

둘째, 「고위험 분야 집중관리 추진 전략」에서는 고위험 분야에 대한 지도·감독 역량 집 중, 건설공사의 시공단계별 위험요인 관리 및 관계기관 협업 강화, 사고위험이 큰 건설기

---

25 복지부 주관으로 19개 부처가 「자살예방 국가행동계획」(2018~2022)을 마련하여 자살 사망자를 2011년 최고점 대비 약 50%를 감축하기로 하고 2016년 1만 3,092명에서 2022년 8,727명으로 약 33% 감축 목표를 수립하였다. 국토부 주관 으로 「교통안전 종합대책」을 수립하여 사망자 수를 2016년 4,292명의 약 50% 수준인 2,000명으로 2022년까지 감축하 기로 하였다.

계·장비의 임대·사용 과정에서의 주체별 책임 명확화, 조선·화학업종의 특별관리체계 강화, 금속·기계(소규모) 제조업의 기술지도, 재정지원을 통한 재해예방을 주요 내용으로 하였다.

셋째,「현장 관리·감독 시스템의 체계화 전략」에서는 산업안전 감독의 실효성 제고 및 체계화를 위하여 컨설팅형 지도·감독, 안전보건정보 연계 시스템 구축, 근로감독관 증원 및 전문성 강화를 위한 채용·교육·경력관리 대책 등을 제시하였다.

넷째,「안전 인프라 확충 및 안전 중시 문화 확산 전략」에서는 안전기술 개발 및 사업장 보급, 현장 중심의 안전보건교육, 범국민 안전의식 제고 및 안전중시 문화 확산 등을 대책으로 제시하였다. 관계 부처 합동 '산업재해 사망사고 감소대책' 발표 이후 고용부는 산재사망사고 TF팀을 설치하는 등 산재사망사고 감축 대책을 본격적으로 추진하였다.

2. 이행

국민생명 지키기 3대 프로젝트의 일환으로 수립하여 추진된「산업재해 사망사고 감소대책(2018)」이행 점검 결과에 따르면, 제도 개선 과제는 2019년 1월 15일「산업안전보건법」전부개정을 통하여 대부분 완료하였다. 다만 조선업 산업안전보건관리비 도입은 외국 발주자를 고려하여 도입을 유보하기로 하였고, 국민참여 사고조사위원회는 일부 운영되고 있으나 활성화되지 않았다. 산업안전 조직과 인력은 대폭 확충되어 정책 인프라가 개선되었다.

Ⅲ. 산업재해 사망사고 감소 특별대책 (2021)

1. 추진 배경

문재인 정부 들어 산재사망사고 감축 대책을 지속적으로 추진하면서 2019년에 성과가 나타나기도 하였으나, 2020년 들어 코로나19 사태에 따르는 산업안전 정책역량의 분산, 현장 위험요인 점검·감독의 약화에 따른 안전중시 분위기의 위축 결과 2020년 산재사고

사망자가 882명으로 다시 증가하였다.

그동안 「산업안전보건법」 전부개정, 2021년 7월 고용부 산업안전보건본부의 신설 등 제도적 기반을 마련하고 사업장 점검 · 감독을 강화하였지만 추락 · 끼임 등 재래형 사고가 지속적으로 발생하고, 산재 사망사고 감소세가 정체됨에 따라 현장에서 작동되는 특별대책을 마련할 필요가 있었다.

2. 기존 대책의 평가

가시적인 안전조치 중심의 기술지도로는 사업장 전반의 안전보건관리시스템을 구축하기 어렵다는 점이 평가되었다. 또한 산재사망사고를 획기적으로 감축하기 위하여 사망사고가 발생하는 요인에 대한 집중적인 점검 · 감독을 지속적으로 추진하여야 한다는 점이 중요하게 평가되었다. 즉 추락 · 끼임 등 주요 사망사고 요인을 예방지도, 패트롤 점검, 불량 사업장 감독, 사법처리의 흐름으로 집중 점검 · 감독하여 2019년 산재사고 사망자가 800명대로 진입하였으나, 2020년 코로나로 사법처리가 감소하면서 '미개선＝처벌'이라는 정책 신호가 제대로 전달되지 못한 것이 2020년 산재사망사고 증가의 원인으로 평가된 것이다.

그리고 산재예방 정책 추진 주체 및 거버넌스 강화 차원에서 보면, 산재예방의 주무 부처인 고용노동부에 1국 규모의 정책조직으로는 체계적인 범정부 대응에 역부족이며, 각 부처의 산재예방에 대한 관심과 지원을 이끌어내는 데에 어려움이 많고, 건설 · 항만 등 분야를 담당하는 관계 부처와 지방자치단체의 가용자원을 효과적으로 활용하지도 못하였다는 평가가 있었다.

3. 특별대책의 주요 내용

이상 평가를 토대로 정부는 2021년 12월 15일 국무조정실장 주재 국민생명 지키기 3대 프로젝트 점검협의회에서 산재사망사고 감축 특별대책을 마련하였다. 주요 내용은 다음과 같다.

첫째, 2021년 7월부터 매달 2회 현장점검의 날을 운영하며 고용노동부와 안전보건공단의 인력을 총동원하여 전국의 중소 건설ㆍ제조현장 4,000여 개의 3대 위험요인(추락ㆍ끼임ㆍ보호구)을 집중 점검하고 미개선 시 근로감독으로 연계하는 현장 중심의 체계적인 안전점검과 근로감독을 지속적으로 강화하기로 하였다.

둘째, 종전의 분산적 점검체계를 개선하기 위하여 민간재해예방기관의 기술지도, 안전보건공단의 패트롤 점검, 고용부의 근로감독 연계를 강화하여 정부의 중대재해 예방 정책 의지를 재확인하고, 현장의 경각심을 제고하여 현장에 '미개선=처벌' 인식을 확립하기로 하였다.

셋째, 관계 부처ㆍ지자체와의 점검ㆍ지원을 연계하는 것으로서 고용노동부 외에도 국토부ㆍ해수부ㆍ지자체 등이 소관 사업장의 기초 안전관리를 맡고, 불량 사업장은 고용부의 근로감독으로 연계하며, 각 시ㆍ도에 지역별 안전협의체를 설치하여 지역 산업안전 정책을 수립하고 정보를 공유하며 고용부와의 합동 점검을 추진하기로 하였다. (〈도표 1-55〉 참조)

넷째, 산재예방 정책과 집행 역량을 강화하기 위하여 2021년 7월 신설된 고용노동부 산업안전보건본부의 산재예방 정책ㆍ집행 역량을 향상하고, 목표 중심의 산재예방정책을 일관성 있게 추진할 인프라를 구축하기로 하였다. 또한 재해조사 결과 등 빅데이터를 활용하

도표 1-55. 관계 부처ㆍ지자체와의 근로감독 연계

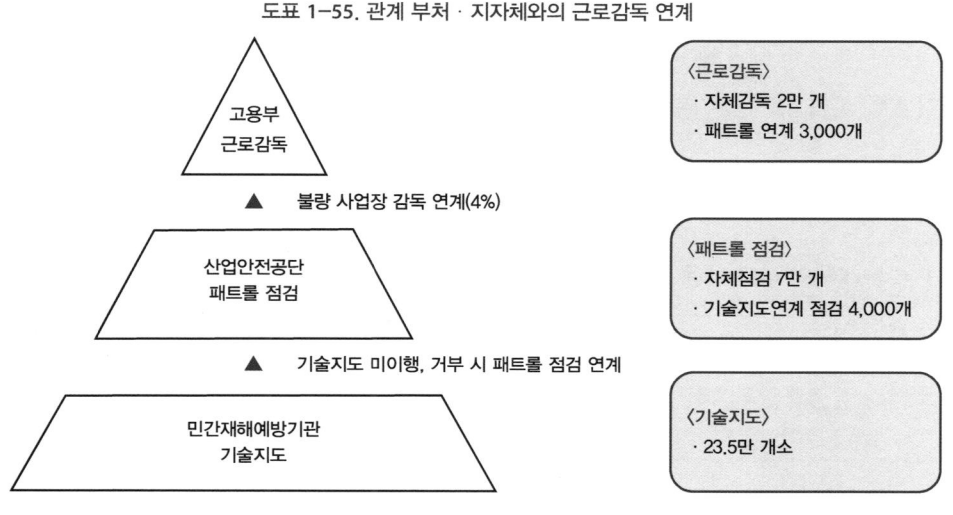

여 감독 · 지원 대상을 선정하는 과학적 시스템을 구축하고, 국무총리, 관계장관, 노사대표로 구성되는 가칭 국가산업안전보건위원회를 신설하여 산재예방 정책 수립 시 노사의견을 반영함으로써 정책의 현장 수용성을 강화하고, 평가에 기반한 중장기 정책을 추진하기로 하였다.

끝으로 기업과 근로자의 산업안전 내실화 · 체질화를 위한 교육과 홍보를 강화하고, 사업장 안전관리체계 구축을 위한 컨설팅 · 기술지도 확대, 노사의 예방의식 · 행동을 체질화하기 위한 안전캠페인을 2024년까지 지속 추진하기로 하였다.

IV. 공공기관 작업장 안전대책 및 발전산업 안전 강화 방안 (2019)

1. 공공기관 작업장 안전대책

산재사망사고를 줄이려는 정부의 강력한 의지와 대책 추진에도 불구하고 2018년 12월 10일 서부발전 태안화력발전소에서 하청업체 노동자가 컨베이어에 끼어 스물넷의 젊은 나이에 숨지는 사고가 발생하였다. 대통령은 2018년 12월 17일 수석 보좌관회의에서 철저한 사고 조사와 재발 방지 대책을 지시하였다. 이후 정부는 국무조정실 주관으로 정부합동 TF를 설치하여 공공기관의 유사한 사고의 재발을 막기 위한 대책을 강구하였다. 주요 공공기관의 작업현장을 점검하였고, 전문가 의견수렴을 거쳐 2019년 3월 19일 문재인 대통령 주재 국무회의에서 「공공기관의 작업장 안전대책」을 확정하였다.

이 대책은 2022년까지 공공기관의 산재사망자를 절반 이상(60%) 줄이는 것을 목표로 잡고, 기관의 경영방식, 현장의 작업방식과 환경, 원하청 협력 구조 및 안전인프라 등 4대 분야의 세부 개선대책이 제시되었다.

첫째, 공공기관의 경영구조를 수익보다 안전 중시로 전환하는 것을 목표로, 모든 공공기관은 안전관리기본계획을 수립하고 안전 분야 인력 충원과 시설투자를 신속히 추진하며 산재위험이 큰 기관은 '안전관리 중점기관'으로 선정하여 매년 산재 감축 목표를 설정 · 관리하는 등 평가와 책임의 원칙을 확립하여 공공기관의 안전에 대한 역할을 강화하고자 하였다.

둘째, 작업현장의 잠재된 위험을 발굴하여 사고를 예방하기 위하여 작업장 위험요소 평가·진단을 강화하고, 2인 1조 작업 등 사고예방형 작업방식을 도입하는 한편, 시스템 작업대, 컨베이어벨트 방호 장치 등 핵심시설을 개선하고 안전 시설물 개선이 긴급하게 필요한 경우 수의계약을 허용하였다.

셋째, 협력업체의 산업재해에 대한 공공기관의 책임을 강화하기 위하여 원청의 책임이 있는 경우 하청업체의 산재를 원청의 산재보험료율 산정에 반영하고, 원·하청 산재 통합관리 대상을 확대하였으며, 모든 공공입찰에 안전관리 평가를 확대 적용하고 중대재해 유발업체의 입찰참가자격 제한을 확대하였다. 또한 현장의 안전관리활동을 강화하기 위하여 안전관리자, 안전관리비 제도를 개선하였다.

넷째, 안전 인프라 차원에서 안전의식, 지도 감독, 통계·규정 등 안전관리 시스템을 개선하고 안전교육, 홍보를 강화하면서 공공기관 작업장에 대한 산업안전감독을 확대하고 매 분기별로 공공기관의 산재 현황을 공개하기로 하였다.

2. 발전산업 안전 강화 방안

2018년 김용균 씨 사망사고 이후 정부는 국무총리 산하에 민관 합동으로 특별노동안전조사위원회를 설치하였고, 이 위원회의 권고 사항을 반영하여 2019년 12월 12일 56개 세부 과제를 내용으로 하는 관계 부처 합동 「발전산업 안전강화 방안」을 마련하였다.

이 대책의 주요 내용은, 첫째, 원청의 안전보건 책임 강화를 위하여 2018년 말에 전부 개정된 「산업안전보건법」 등 법·제도의 현장 안착, 통합 데이터베이스 구축, 원·하청 협의체 운영, 위험성 평가에 하청 노동자 참여 등 안전 중심 원하청 시스템을 추진하기로 하였으며, 산업재해 예방 및 은폐 방지를 위하여 평가방식을 개선하기로 하였다.

둘째, 근로조건·안전보건 관리체계 개선 분야의 경우 비정규직 노동자의 정규직 전환 등 고용 안정, 적정임금제 추진, 2인 1조 근무 등을 위한 인력확충 등 근로조건 개선, 안전 관련 설비 등 환경 개선과 산업보건의 위촉, 보건관리자 확충 등 노동자 보건관리체계 마런을 추진하기로 하였다.

셋째, 발전산업 노사정의 역할 강화 차원에서 안전 관련 요구권, 산업재해사고 조사 시 노동자 참여 등 노동자의 안전에 대한 참여와 권리를 확대하고, 발전사고 시 사업주의 책임 명확화, 안전사고 은폐 시 처벌 강화, 위험개선 노력 등 질적 지표 개발, 그리고 정부의 산업안전 관리·감독을 강화하기 위한 산업안전 감독 인력의 확대, 전담 부서의 확충 등을 추진하기로 하였다.

「발전산업 안전강화 방안」을 확정한 후 정부는 정부·민간위원 합동 이행점검 6회, 현장점검 3회 등 이행점검 절차를 통하여 대책의 추진 상황을 확인하였으며, 2021년 12월 고 김용균 3주기를 맞아 작성한 민관합동 이행점검결과 보고서를 통하여 총 56개 과제 중 43개를 완료하였고 연료·환경 분야 정규직 전환, 적정임금 제도화 등 13개 과제를 추진 중이라고 밝혔다.

세부적으로 살펴보면, 첫째, 원청의 안전보건 책임 강화의 경우 2020년 1월에 시행된 전부개정 「산업안전보건법」의 주요 내용, 즉 도급인의 안전·보건조치 책임범위 확대, 대표이사에게 매년 안전보건계획 수립 등 의무 부과, 사망사고 시 사업주·도급인에 대한 벌칙 강화 등의 현장 안착을 위하여 장·차관 간담회, 지방관서 설명회 및 집중 지도·감독을 실시하였고, 원·하청 산재통합관리 대상 업종에 발전업 추가, 안전보건 관련 원·하청 통합협의체 구축·운영, 산재 예방 및 은폐 방지를 위하여 발전사 평가 지표 개선, 노동환경 개선 노력의 공공기관 경영평가 반영 등을 이행하였다.

둘째, 근로조건과 안전보건 관리체계 개선의 경우, 안전펜스·조명 교체 등 위험요인을 지속적으로 개선하였으며, 유해·위험 작업은 2인 1조로 일할 수 있도록 2020년 11월에 411명을 충원하였다. 연료·환경 분야 노동자의 정규직 전환을 위하여 한전산업개발을 공공기관으로 전환하여 정규직으로 채용하기로 하였고, 한국자유총연맹이 보유한 한전산업개발 지분인수를 위하여 한전·발전자회사·한국자유총연맹 간 협의를 진행하였다. 한편 경상 정비 분야는 2021년 2월 22일 노사정협의회에서 현행 민간위탁 방식을 유지하되, 위탁계약기간을 3년에서 6년으로 늘리고 고용승계를 통하여 고용안정을 도모하고 적정노무비 지급 시범사업, 노무비 지급 전용계좌 등 처우개선에 합의하였다.

셋째, 안전 관련 노사정 역할과 책임 강화와 관련하여서는 발전사 사내 명예산업안전감독관 실태 파악 및 선임, 발전소 관리·감독자의 책임·역할 구체화, 산재예방 관련 질적 지표 개발 등을 추진하였다.

제4절 중점 추진 사업

Ⅰ. 건설 현장 화재안전 대책 (2020)

1. 이천 물류센터 화재사고

2020년 4월 29일 발생한 이천 물류센터 화재사고로 38명이 사망하고 10명이 부상을 당하였다. 이후 정부는 건설 현장 화재를 예방하기 위하여 국무조정실 주관으로 고용부, 국토부, 소방청 등 관계 부처 합동으로 건설 현장의 화재사고 발생 요인별 대책을 마련하고, 민간 전문가 의견 수렴을 거쳐 같은 해 6월 18일 건설 현장 화재안전대책을 발표하였다. 이 대책은 2016년 및 2019년에 완공 건축물을 대상으로 수립된 범정부 화재안전대책과는 달리 시공 중인 건설 현장 중심으로 마련되었다.

2. 대책의 주요 내용

첫째, 건설 현장을 화재로부터 안전하게 만들기 위하여 모든 건설공사에 대하여 적정 공사기간 산정을 의무화하고, 안전관리 불량 건설업체 명단 공개를 통하여 적격 업체 선정을 유도하며, 유해위험방지계획서 활용 강화, 근로자 재해보험 가입 의무화를 추진하였다. 건축자재의 화재안전 기준을 대폭 강화하였는데, 마감재 화재안전기준(난연성능 이상)을 모든 공장·창고까지 확대하고, 샌드위치패널도 준(準)불연 이상 성능으로 하며, 우레탄폼 등 내단열재에 대하여도 난연성능을 확보하도록 하였다.

화재위험 작업은 안전조치를 한 후 작업을 하도록 제도 개선을 추진하며, 가연성 물질 취급작업과 화기 취급작업의 동시 작업 금지, 인화성 물질 취급작업 시 가스경보기·강제 환기장치 등 안전설비 설치 의무화, 안전 전담감리 도입, 원청업체의 하청업체 작업조정 의무 부과, 시공 중 건축물에도 화재안전관리자 선임 의무화 등 위험작업에 대한 현장 감시기능을 강화하였다.

둘째, 위험작업에 대한 촘촘한 관리·감독을 위하여 건설 현장에 대한 적시 점검·감독 및 위험작업 실시간 파악 시스템 구축, 지자체·민간순찰자·관계 부처 협업체계를 구축하도록 지자체의 현장 지도 근거 규정을 「산업안전보건법」에 마련하며, 지자체·민간인력의 순찰에도 불구하고 안전 경시 현장은 즉각 패트롤 점검 및 감독과 연계하도록 하였다.

셋째, 기업과 경영책임자의 산업안전보건 경각심을 제고하기 위하여 「산업안전보건법」 위반사건에 대한 구형기준을 개선하고, 양형위원회와 양형기준 개선을 협의하기로 하였다. 또 경영책임자의 책임을 강화하는 방향으로 「산업안전보건법」 개정을 추진하며, 다중이용시설, 산업재해 등으로 다수의 사망자가 발생하는 다중인명피해범죄에 대한 특례법 제정을 추진하기로 하였다.

이 중 양형기준의 경우 2021년 3월 대법원 양형위원회가 과실치사상·산업안전보건범죄의 양형기준을 상향하기로 의결하였다. 또한 특례법 제정은 2021년 1월 국회의 중대재해처벌법안 제정을 통하여 입법화되었다.

다음으로 건설 현장 화재안전 대책 수립 후 국조실을 중심으로 관계 부처는 정기적으로 대책의 이행현황을 점검하였다. 2021년 말 기준 점검 결과에 따르면, 총 44개 과제 중 37개 과제가 완료되었고, 6개 과제가 지연, 1개 과제가 정상 추진으로 파악되었다. 지연 과제들은 대부분 법령 제·개정 등 입법 사항인데, 적정 공기산정 의무화, 근로자 재해보험 가입 의무화, 보험료 발주자 부담 등 내용의 '건설안전특별법' 제정은 2020년 9월 최초 발의 이후 2021년 6월 재발의, 같은 해 9월 공청회, 12월 국회 국토교통위원회 법안 상정상태이며, 2022년 상반기 제정을 목표로 하였다. 건설업 산업안전보건관리비 계상 및 사용기준(고시) 개정의 경우 2021년 11월 전문가·관련 업계 의견청취를 거쳐 연구용역을 종료하였다.

또한, 가스경보기 설치 의무화 공사비 반영, 화기 작업 시 적정 사용기준 마련(공사장 화재안 전기준 제정)과 관련하여서 근거 법률인 '소방시설법'을 2021년 11월 30일 개정한 후 2022년 6월 시행을 목표로 '소방시설법' 시행령과 관련 행정규칙의 제·개정 절차를 진행하였다.

나아가 안전보건정보 빅데이터 구축은 2020년 9월 제조업 사업장 안전보건정보 조사, 2020년 빅데이터 구축 시범모델 연구용역 및 빅데이터·인공지능 활용 산재예방시스템 개발, 2021년 빅데이터 구축 2차 연구용역 등을 정상적으로 추진하였다.

Ⅱ. 패트롤 점검의 도입

정부는 2019년 7월 패트롤(현장순찰) 점검을 도입하였다. 산재사망사고의 절반을 차지하는 건설 현장, 특히 소규모 건설 현장에 대하여 안전보건공단 및 지방자치단체의 안전보건 지킴이로 순찰점검반을 편성·운영하여 지역별로 샅샅이 점검하였으며, 위험요인은 즉시 시정하도록 하거나 계도기간 내 시정하도록 하고, 이를 이행하지 않을 경우 지방고용노동 관서에 통보하여 근로감독을 실시하였다.

현장 위험요인 중심 점검·감독에서 긴급자동차(패트롤카)의 배차 및 운영은 중요한 역할을 하였다. 정부는 2019년 7월 건설 현장 패트롤 점검을 실시하면서 우선적으로 안전보건 공단에 긴급자동차 27대를 배정하였다. 이후 2020년 4월 29일 발생한 이천 화재사고를 계기로 추경 예산을 통하여 긴급자동차 81대를 추가 도입하였으며, 2021년에는 296대를 추가 도입하여 2022년 1월 기준 총 404대의 패트롤카를 운영하면서 소규모 현장 발굴 및 안전 순찰에 활용하고 있다.

패트롤카 도입을 통하여 넓은 구역에 산재한 사업장의 점검이 쉬워졌고, 특히 소규모 사업장에 대한 현장점검을 확대하는 것이 가능하여졌다. 사업장 밀집 지역의 경우에는 패트롤카 운행을 통하여 전시 효과를 높이는 등 사업주 및 근로자의 경각심 제고와 현장 위험 요인의 즉시 개선을 유도하는 데 보탬이 되었다.

III. 일하는 사람의 건강권 강화

1. 배경

사고 사망재해는 2019년에 800명대에 진입하는 등 감소 추세를 보였다. 반면 질병 사망재해는 2016년까지 700명에서 800명대 수준이었다가 2017년 993명을 시작으로 2018년부터는 1,000명대를 기록하는 등 증가 추세다. (〈도표 1-56〉 참조)

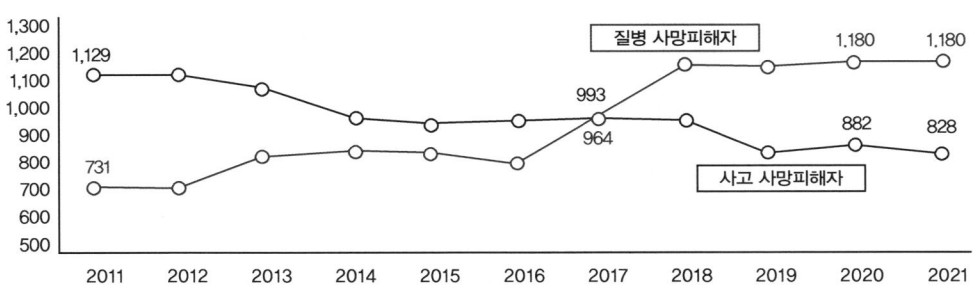

도표 1-56. 업무상 질병 및 사고 사망재해 현황(2011~2020)

업무상 질병의 증가 원인은 몇 가지 측면에서 추정하여 볼 수 있다. 먼저 업무상 질병에 대한 사회적 관심의 증가와 그에 따른 인식의 변화다. 과거에는 개인적 질병으로 여기던 뇌심혈관 질환이나 난청, 암 등이 직업에 기인하였을 수 있다는 인식의 변화가 산재신청의 증가를 이끌었다는 것이다. 일례로 뇌심혈관 질환의 경우 산재인정 인원이 2011년 526명에서 2020년 1,167명, 소음성 난청의 경우 2011년 268명에서 2020년 2,711명, 직업성 암의 경우 2011년 29명에서 2020년 301명으로 증가하였다.

여기에는 그동안 산업재해로 인정받기 힘들었던 질병들에 대하여 정부가 산재보험의 사회보장성 강화 차원에서 추진한 산재 인정기준 개선(추정의 원칙(2017.9.), 만성 과로 인정기준 확대(2018.1.) 등도 중요한 역할을 하였을 것으로 보인다.

다만 이러한 업무상 질병의 증가에는 사회적 관심 증가나 제도 개선에 따른 효과 외에도 새로운 직종이나 기술 출현에 따라 우리가 예측하지 못한 질병의 발생 가능성도 원인으로 작용할 수 있다. 일례로 2007년 삼성반도체 종사 노동자의 백혈병 사망사건이나 2016년 핸드폰 부품 제조 하청 노동자 실명사고, 최근 사회적 문제가 되고 있는 2020년 삼차원프린팅(3D프린팅) 노동자의 육종암, 2021년 학교 급식 종사자 폐암 논란 등이 사례라고 할 수 있을 것이다.

특별히 직업성 암에 대한 산재 승인이 크게 증가하고 있다는 점이 우려되었다. 직업성 암은 2011년 29명(사망 18명)에서 2020년 301명(사망 162명)으로 10배나 증가하였다. 이에 정부는 안전보건공단 산업안전보건연구원을 통하여 직업성 암 예방을 위한 선제적 대응체계를 구축하여 가고 있다. 직업병 역학조사는 1992년 개별 노동자의 암 사례 조사에서 시작하여 코호트와 환자대조군 조사, 작업환경 정밀조사로 발전하여 왔다. 2017년부터는 고용노동부와 복지부 등 정부가 가진 사회적 데이터베이스를 통합 연결하여, 노동자의 암 발생·사망을 모니터링하고 위험업종과 직종을 조기에 감지하기 위한 시스템 구축으로 무게중심을 옮겨가고 있다.

2. 주요 사건과 사회적 요구

2007년 3월 과거 삼성반도체에서 근무하였던 황유미 씨(23)가 급성 백혈병으로 사망한 사건이 발생하였다. 이후 집단 역학조사를 거쳐 2019년까지 추적조사를 실시한 결과 반도체 소자 제조 공정에서 근무하는 여성 노동자가 전체 노동자 및 일반 인구 대비 백혈병, 비호지킨림프종 등 림프조혈기계암 발병 위험이 큰 것으로 나타났다. 한편 반도체 제조공정에서 일하던 젊은 노동자의 백혈병 사망은 반도체 작업환경에 대한 논란을 가져왔고, 사고 발생 후 11년이 지난 2018년 11월 삼성전자는 사과문을 발표하고 피해자에 대한 보상과 작업환경개선 등을 하겠다는 입장을 밝혔다.

2016년 1월부터 2월 사이에 경기도 부천 및 인천 소재 핸드폰 부품 제조업체 3개소에서 메틸알코올 중독사고가 발생하여 근로자 6명이 실명 등의 피해를 입었다. 정부는 이 중독사고 이후 근본적인 화학물질 중독사고 예방을 위하여 관계전문가, 노사, 현장 실무자 등으로 TF팀을 구성하여 소규모 사업장 안전보건관리 강화, 화학물질 정보전달 실효성 제고,

관리감독 효율화 등의 예방대책을 마련, 추진하였다.

그리고 직업병 모니터링 체계를 2017년부터 2020년까지 인천 지역에서 가천대학교 길병원을 중심으로 시범 운영하였으며, 2022년부터는 '중대재해처벌법' 시행에 맞추어 권역별로 직업병 발생을 모니터링할 지역거점병원을 지정하여 지방노동관서 및 안전보건공단과 협력하면서 급성중독 사고를 신속히 확인하고, 원인조사 등 수사 협조체계도 본격적으로 구축하고 운영하였다.

노동자들에게 발생한 암이나 질병들이 언론을 통하여 보도되며 사업장에서 일하는 근로자의 건강과 작업환경에 대한 관심이 증가하였고, 작업장 내 화학물질 등 유해인자 노출수준을 기록한 작업환경측정이나 취급 화학제품의 성분 등이 기재된 물질안전보건자료(MSDS)에 대한 정보공개 요구가 커졌다.

2018년 3월 정부는 반올림[26] 등이 정보공개 청구한 삼성전자 · 삼성디스플레이 · 삼성SDI의 작업환경측정 결과보고서에 대하여 공개 결정을 하였다. 이 결정은 그동안 비공개되어 온 작업환경측정 결과의 주요 내용을 공개함으로써 국민 및 노동자의 알권리에 더 비중을 두었다는 점에서 의의가 있었다. 다만 2020년 2월 국가핵심기술에 관한 정보를 원칙적으로 비공개로 하는 「산업기술의 유출방지 및 보호에 관한 법률」이 개정 · 시행되는 등 정보공개와 관련한 쟁점은 여전히 남아 있다.

삼성전자는 전자산업을 비롯하여 취약 노동자의 안전과 건강을 보호하고 중대 산업재해를 예방하기 위하여 500억 원의 산업안전보건 발전기금을 2019년 6월에 안전보건공단에 기탁하여 전자산업안전보건센터 등 산업안전 보건 인프라 구축에 사용하는 협약을 체결하였다. 공단은 2020년부터 이 기금을 활용하여 전자산업안전보건센터, 건설산업안전센터로 조직된 미래전문기술원을 조직 · 운영하고 있다. 미래전문기술원은 전자산업 사업장의 화학물질 노출 상태를 사물인터넷(IoT) · 센서 등을 활용하여 모니터링하는 스마트 상시 모

---

26 반도체 노동자의 건강과 인권지킴이 반올림의 약칭. 2007년 11월 20일 19개 노동시민단체가 모여 삼성반도체 집단 백혈병 진상규명 대책위원회가 발족하였다. 이후 장기적인 활동을 위해 반올림으로 이름을 바꾸었다.

니터링, 드론 · 지능형 CCTV를 탑재한 건설 현장 감시 특수차량을 운용하는 등 최신 기술을 활용한 미래 지향적인 산업안전보건 예방체계를 시범 운용하고 있다.

Ⅳ. 코로나로부터 안전한 일터 구축

1. 코로나19 감염증 확산

2019년 말 발생한 코로나19가 우리나라에서는 2020년 1월 20일 처음으로 확진자가 보고되었다. 코로나19가 지속되고, 사회적 거리두기 기간이 길어지면서 방역에 대한 경각심이 줄어들고 생활의 불편이 증가함에 따라 사회 일각에서는 방역수칙을 위반하는 사례가 종종 발생하였다. 사업장에서의 집단감염은 콜센터, 외국인 고용사업장, 건설 현장 등에서 지속적으로 발생하였고 특히 2021년 3월에 사업장 집단감염이 집중되었다.

2. 취약사업장 점검 · 감독 강화

2021년 2월 외국인 근로자가 다수 근무하는 중소규모 산단을 중심으로 제조업 사업장 500개소와 외국인이 다수 종사하는 건설 현장 500개소에 대한 방역점검을 실시하여 환기 및 마스크 착용 여부, 식당 · 휴게실 · 기숙사 방역수칙 준수 여부를 중점적으로 점검하였다.

2021년 3월에는 국내 체류 외국인을 중심으로 코로나19 감염사례가 연이어 발생함에 따라 기숙사를 보유하고 외국인 근로자(E-9, H-2 비자) 5인 이상을 고용하고 있는 제조업 사업장 1만 1,918개소에 대한 현장점검을 대대적으로 실시하였다. 또한 외국인 5인 미만 사업장(2만 3,253개소)에 대한 자체 점검을 실시하였고, 이 중에서 자체 점검표 미제출, 자체점검 결과 취약 사업장, 허위작성 의심 사업장 등 2,000개소에 대하여 현장지도를 실시하였다.

2021년 4월에는 전국의 콜센터에서 집단감염이 연이어 발생하였다. 이에 전국 콜센터와 전화 권유 판매업체 5,654개소를 대상으로 사례전파 및 사업장 긴급 자체 점검을 지도하였고, 지방관서별로 간담회를 개최하여 근로자 간 거리두기, 업무 중 마스크 상시 착용, 휴게실 음식 섭취 금지 등을 지도하였다.

2021년 5월에서 7월까지 농업, 종교 행사 참여 외국인 등에 대한 집중 점검을 실시하였다. 2021년 6월부터 8월까지 수도권 감염확산에 따라 수도권 사업장 중심으로 1,152개소를 지속적으로 현장점검 하였다. 2021년 8월에는 지속적인 방역점검에도 불구하고 외국인 근로자 고용 사업장에서의 집단감염이 끊이지 않아 외국인 근로자 고용 취약사업장 4,084개소에 대한 특별점검을 실시하였다. 또한 매월 2회 전국적으로 실시하는 현장점검의 날 점검 시 외국인이 다수 근무하는 전국 건설 현장 5,447개소에 대한 일제 점검을 실시하였다.

고용노동부에서 제정한 '코로나19(COVID-19) 예방 및 확산 방지를 위한 사업장 대응 지침'은 2020년 1월 29일 제정되어 2021년 12월까지 총 11판이 제·개정되었다. 사회적 거리두기 지침의 경우 2020년 3월 23일 처음 제정되어 코로나19 상황에 따라 2020년에 15번 개정되었다. 2021년 7월에는 '코로나19 예방 및 확산방지를 위한 사회적 거리두기 지침'으로 개정하였고 11월에는 '단계적 일상회복을 위한 사회적 거리두기 지침'으로 개정하였다. 사업장 방역지침의 주요 내용은 사업장 특성에 맞는 예방 체계 마련, 유연근무 및 휴가 활용, 회의·교육 및 모임·회식·출장 등 관리, 의심증상 모니터링 및 유증상자 발생 시 조치 사항, 기타 사항으로 구성되었다.

3. 마스크 등 방역물품 지원 확대

코로나19 상황이 장기화하는 가운데 경로가 불명확한 산발적 감염이 지속되면서 사업장 집단감염도 증가하였다. 특히 국내체류 외국인 중심으로 코로나19 감염사례가 연이어 발생함에 따라 중앙재난안전대책본부 차원에서 외국인 종사 사업장 방역에 대한 고용노동부의 역할을 강조하였다.

이에 외국인 고용 사업장 등의 감염 확산방지를 위하여 외국인 고용 사업장, 기숙사 보유 사업장 등 감염취약사업장에 대한 방역수칙 집중지도 및 마스크(미세먼지용 마스크 긴급지원)를 지원하였다. 방역 역량을 단기에 집중하고자 3차례에 걸쳐 방역점검 시 방역마스크 64만 9,290개를 배포하였으며, 추가적으로 국내 입국하는 E-9 외국인 근로자가 국내 격리

시설 해제 시 코로나19 국내확산 방지를 위하여 방역마스크 2만 4,000개를 배포하였다.

마스크뿐만 아니라 코로나19 재확산·장기화에 따른 영세사업장의 3밀(밀집·밀접·밀폐) 방역 강화를 위하여 상시근로자 50인 미만 사업장 중 감염에 취약한 콜센터, 물류센터, 육가공·식품 제조업 사업장 270개소를 대상으로 집단감염 예방품목 등 재정지원(3억 1,600만 원)을 통하여 사업장 방역지원을 적극 추진하였다.

4. 백신 추가 접종 지도·홍보 강화

코로나19 감염확산 방지를 위하여 가장 중요한 수단은 방역수칙 준수와 백신접종이다. 이에 따라 방역수칙 준수를 위하여 지속적인 사업장 지도·점검을 추진하였고, 이와 병행하여 백신을 접종하도록 적극적으로 지도·안내하였다.

전국 50인 이상 사업장 약 4만 9,000개소에 근로자 이동자제, 휴가 후 복귀 전 PCR 검사 및 재택근무 권고, 백신접종, 백신휴가 이용 권고 등의 메시지를 전파하였으며 한국경영자총협회, 중소기업중앙회 등을 통하여 회원사에 방역수칙을 지도하도록 요청하였다. 특히 외국인 고용사업장에는 외국인들이 예방접종 등을 통한 강제 출국 등에 대한 두려움을 해소하기 위하여 미등록 외국인 통보의무 면제, 예방접종 관련 정보를 지속 홍보하였다.

백신 접종률 제고를 위하여 30대 건설사 간담회를 통하여 전국의 모든 건설 현장에 대한 백신접종 현황을 일일 관리하도록 안내하였고, 제조업 등에 대하여는 보건관리전문기관, 기업체산업보건협의회 등을 통하여 백신접종을 안내하였다.

또한 제조업이 밀집하고 있는 산단에서의 집단감염을 방지하기 위하여 외국인 확진 다수 발생 지자체에 속하는 산단 8개를 선정하여 해당 산단에 보도자료 배포 등 지역별 홍보를 강화하고, 산단별 표본을 선정하여 조사하는 등 백신접종 제고를 위하여 다양한 방법으로 적극적으로 노력하였다.

고용노동부는 24시간 가동, 3밀 환경 등 취약 요인을 보유하고 부속의원이 있는 사업장에 대한 자체접종을 추진하여 집단면역을 조기에 확보하도록 일조하였다. 부속의원을 보유하고 있는 43개 사업장 30만 5,004명을 대상으로 2021년 7월 27일부터 8월 18일까지 1

차 접종을 실시하였고, 8월 25일부터 9월 17일까지 2차 접종을 실시하였다. 주요 참여 업종은 반도체, 전자, 디스플레이, 자동차, 중공업 등이었으며, 해당 사업장의 사내 협력사 근로자를 포함하여 본인 동의하에 접종이 실시되었다.

V. 고객응대 근로자 보호제도의 도입

1. 배경과 조치

비행기 라면 서비스 불만으로 인한 승무원 폭행 사건(2013.4.), 골프장 성추행 사건(2014.9.), 백화점 점원 무릎 꿇리기 사건(2015.9.) 등이 뉴스매체에 보도되었다. 이런 피해사례가 보도되면서 고객응대업무에 종사하는, 이른바 감정노동자의 보호가 사회적 문제가 되었다.

고객응대 과정에서 발생하는 고객의 폭언 등으로부터 고객응대근로자의 건강장해를 예방하기 위한 감정노동자 보호법이라고 불리는 개정 「산업안전보건법」에 따른 고객응대근로자 보호제도(법 제41조)가 2018년 10월 18일부터 시행되면서 제도적 보호 방안이 마련되었다.

2. 제도 정착을 위한 지원

» 매뉴얼 보급

정부는 제도 시행에 앞서 사업주의 인식개선 및 법 이행률을 높이기 위하여 「감정노동 종사자 건강보호 핸드북」(2017.11.)을 제작하여 배포하였다. 그리고 고객응대근로자 건강보호를 위한 구체적인 예방조치 방법, 건강장해 발생 시 조치 방법과 사업장의 우수사례 등의 내용을 포함한 고객응대근로자 건강보호 가이드라인(2019.12.), 고객응대업무를 주로 수행하는 20개 직종에 대한 직종별 건강보호 매뉴얼(2020.1.) 등을 마련하여 보급하였다.

» 실태 점검

또한 감정노동 고위험 사업장을 대상으로 고객응대업무로 인한 건강장해 예방 및 대응

체계 구축을 지원하기 위하여 컨설팅 및 실태점검을 실시하였다. 컨설팅의 경우 제도 시행 원년인 2018년부터 2021년까지 총 6,855개 사업장을 대상으로 제도 시행을 위한 지원과 2만 5개 사업장에 대한 방문캠페인을 추진하였으며, 2018년부터 매년 감정노동 고위험 업종인 유통·판매, 콜센터 등 사업장 849개소를 대상으로 고객응대근로자 건강보호 실태점검을 추진하였다.

3. 보호대상 확대

2018년 10월에 아파트 입주민의 폭언 및 폭행으로 70대 경비원이 사망하였다. 2018년 10월 18일 시행된 보호조치는 일반 근로자는 보호 대상에 포함되지 않으며, 고객이 아닌 사람에 의한 폭언 등은 보호 범위에 포함되지 않았다. 이로 인하여 입주민에 의한 폭언과 폭행 등에 노출되는 아파트 경비원과 같이 감정노동에 노출되는 근로자의 범위가 확대되고 있음에도, 이들이 기존 제도의 사각지대에 방치되는 문제가 사회적 이슈가 되었다.

이 문제를 해결하기 위하여 2021년 4월 13일 「산업안전보건법」 제41조 개정으로 업무와 관련하여 '고객 등 제3자의 폭언 등에 노출되는 모든 근로자'에 대하여 건강장해 발생(또는 현저한 우려) 시 조치 요구 및 조치를 요구한 근로자에 대한 불리한 처우 금지가 이루어지도록 하였다. 즉 법적인 보호 대상을 모든 근로자로 확대하고 고객뿐만 아니라 업무와 관련한 제3자의 폭언까지 보호 범위를 확대하는 등 감정노동 종사 근로자를 보다 폭넓게 보호할 수 있는 제도적 장치가 마련되어, 모든 근로자가 「산업안전보건법」 시행령 제41조에 따른 건강장해 발생 시 보호조치를 받을 수 있게 되었다.

정부는 사업주의 개정법 이행을 지원하고자 2019년도에 제작·배포하였던 고객응대근로자 건강보호 가이드라인에 개정법의 내용을 반영하여 고객응대근로자뿐만 아니라 일반 근로자에 대하여서도 보호조치를 이행할 수 있도록 기존의 가이드라인을 감정노동종사자 건강보호 가이드로 개정하고(2021.12.), 돌봄서비스종사원 등 취약직종 10종에 대한 방문서비스 직종별 건강보호 매뉴얼도 개발·보급하였다(2021.12.).

VI. 산업보건 사각지대 해소

1. 근로자건강센터 설치 확대

근로자건강센터에는 의사, 간호사, 물리치료사, 운동처방사, 심리상담사, 산업위생기사 등이 상주하며 건강진단 결과에 따른 사후관리, 직업환경 상담, 직무스트레스 예방관리, 안전보건교육 등의 업무를 수행한다. 이 같은 직업건강서비스는 소규모 사업장 근로자의 건강보호를 위하여 전액 무상으로 지원하고 있어 근로자건강센터 이용은 매년 증가하였다. 정부는 소규모 사업장이 밀집한 산단을 중심으로 전국 23개의 근로자건강센터를 설치·운영하고 있고, 근로자건강센터로의 접근이 어려운 근로자에게도 직업건강서비스를 균등하게 제공하기 위하여 근로자건강센터 분소도 21개 운영하였다. (〈도표 1-57〉, 〈도표 1-58〉 참조)

도표 1-57. 근로자건강센터 · 분소 설치지역

근로자건강센터(23개소) 설치지역
서울2, 인천1, 경기5, 부산1, 대구1, 광주1, 대전1, 울산1, 경남1, 경북2, 충남1, 충북1, 전남2, 전북1, 강원1, 제주1

분소(21개소)설치지역
· 수도권(9개소) : 서울중구, 서울성동, 인천부평, 김포고촌, 김포양촌, 남양주, 군포, 성남, 평택
· 경상권(7개소) : 대구달서, 대구달성, 영천, 구미, 양산, 울산북구, 창원
· 전라권(2개소) : 광주광산, 완주
· 충청권(1개소) : 아산
· 강원권(1개소) : 춘천
· 제주권(1개소) : 제주연동

도표 1-58. 근로자건강센터 주요 서비스

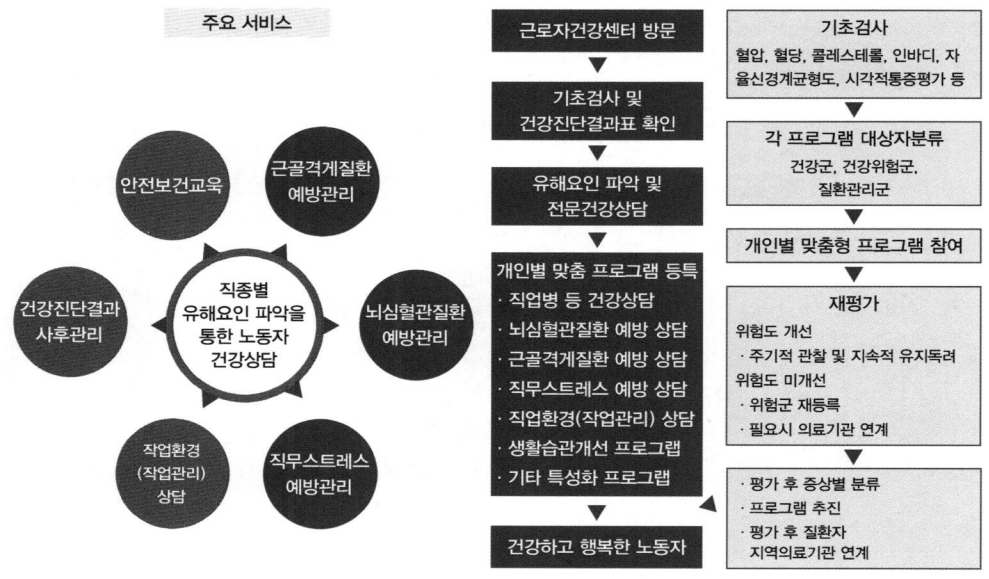

2. 배달플랫폼 종사자에 대한 안전보건 관리 강화

온라인 음식서비스 거래액은 2017년 2조 7,326억 원에서 2020년 17조 3,336억 원으로 늘어났다. 2020년 이후에는 코로나19 영향으로 인한 음식 배달 증가도 거래액 규모 확대에 영향을 미쳤다. 이러한 상황에서 배달플랫폼 종사자의 사망사고가 2017년 2명에서 2020년 17명으로 증가하였고, 특히 2021년 8월 서울 강남구 선릉역 사거리에서 종사자의 사망사고가 발생한 이후 서울 금천구에서 2건의 사망사고가 잇따라 발생하면서 배달 종사자 안전에 대한 국민들의 관심도 증대되었다.

정부는 2021년 10월부터 11월간 전국의 17개 배달플랫폼 운영 업체를 대상으로 배달종사자 안전조치 의무이행 여부 등을 점검하였으며, 그 결과 12개 업체에서 16개의 법 위반 사항을 적발하여 과태료를 부과하고 시정을 지시하였다. 또한 배달플랫폼 종사자 약 6,000명을 대상으로 설문조사를 하고, 배달 중 교통사고 경험, 종사자의 안전의식 등을 조사하였다(2021.10.~11.).

이를 토대로 2022년 1월 주요 배달플랫폼 업체와 함께 음식 배달플랫폼 종사자의 안전하고 건강한 일터 조성을 위한 협약을 체결하였고, 정부와 업계는 협약을 통하여 종사자의 안전을 고려한 플랫폼 운영, 종사자에 대한 안전 정보제공, 배달 관련 사회적 인식개선 등을 자발적으로 이행함으로써 우리나라에 안전한 배달 문화가 자리 잡을 수 있도록 노력하였다.

3. 택배 및 물류센터 등 필수노동자 건강보호

1992년 최초로 택배서비스가 출범한 이래 택배산업은 2004년부터 2019년까지 연평균 12.1% 수준의 높은 성장률을 보였으며, 산업 성장세도 지속적으로 증가하여 왔다. 특히 2020년에는 모바일 쇼핑의 급격한 성장과 코로나19 상황 등으로 택배 수요가 급증하여 국민 보편 서비스로 자리 잡았다(2020년 택배시장은 전년 대비 18.4% 성장한 7조 4,900억 원 규모로 총 택배물량은 33억 7,000만 개로 국민 1명당 연간 65.1개를 수령했다).

그러나 택배산업의 성장과 신속하고 저렴한 서비스 이면에는, 여름철 폭염에 노출되는 물류센터의 열악한 노동환경과 택배 노동자의 장시간 · 고강도 노동이라는 그늘이 있었다. 이는 택배산업을 뒷받침하여야 할 제도와 인프라, 기술이 산업의 급격한 성장을 따라가지 못하며, 그 간극으로 인한 부담이 산업의 기반을 지탱하는 노동자들에게 집중된 것에 기인하였다.

이에 정부는 택배 및 물류센터 노동자의 건강보호와 실태확인을 위하여 2020년 10월 21일부터 11월 13일까지 주요 택배사 소속 서브터미널 및 대리점을 대상으로 산업안전보건 감독 및 실태조사를 실시하고 그 결과를 발표하였다.

서브터미널 44개소와 이와 연계된 협력업체 40개소에 대한 감독 결과, 안전조치를 미이행한 사업장에 대하여는 사법 조치 및 과태료 부과 조치를 하였고, 택배기사의 뇌심혈관질환 등을 예방하기 위한 직무 스트레스 관리와 근골격계질환 예방을 위한 유해요인조사 및 유해성 주지 등에 대하여 중점적으로 개선을 유도하였다.

택배기사 1,862명을 대상으로 업무시간 및 배송물량, 건강관리 등에 대한 실태조사를 병행한 결과 하루 10시간 이상 업무를 수행하는 택배기사가 대다수이며, 건강검진 결과에 따른 업무 조정 등이 제대로 이루어지지 않는 등 전반적인 노동 여건이 열악한 것으로 확인되었다. 이에 고용노동부에서는 택배 및 물류센터 노동자의 건강보호를 위하여 관계 부처와 협조하여 2020년 11월 13일 택배기사 과로 방지대책을 발표하고, 택배기사 과로 방지 대책과 사회적 합의 이행을 지속적으로 독려하여 오고 있다.

[칼럼] 폭염 재해, 꿩 먹고 알 먹기 대처법

기후위기로 여름철 폭염이 심각하다. 여름철 덥고 습한 북태평양 고기압의 영향이다. 최근에는 장기간에 걸쳐 강한 무더위를 발생시키는 현상까지 나타나고 있다. 폭염은 자연재난의 일종이다.

폭염은 인체에 심각한 영향을 미친다. 기상청에서는 체감온도 33℃ 이상인 상태가 2일 이상 지속될 것으로 예상될 때 '폭염주의보'를, 35℃ 이상인 상태가 2일 이상 예상될 때 '폭염경보'를 발령한다.

체감온도는 습도가 높을수록 높다. 바깥 기온이 35℃인 경우 습도가 50%라면 체감온도는 35℃로 견딜 만하다. 공기에 물기가 많아 습도가 70%로 높아지면 체감온도가 무려 37℃에 이르므로 우리 몸은 폭염경보 수준을 감당해야 한다. 일상 용어로 말하자면 불쾌지수(不快指數)가 올라가는 것이다.

일반적으로 밤이 되면 지구가 흡수한 열이 대기 중으로 방출돼 기온이 떨어진다. 하지만, 습도가 높거나 구름이 많으면 온실효과로 밤이 돼도 온도가 떨어지지 않는다. 열대야(熱帶夜)다. 열대야의 정의는 나라마다 다른데, 우리나라 기상청은 오후 6시부터 다음 날 오전 9시까지 25℃ 이상인 경우로 정했다. 도시에서는 열섬효과로 열대야가 더 자주 발생한다.

여름철 야외활동이나 옥외 작업 때 열사병, 열탈진, 열실신과 같은 온열질환에 유의해야 한다. 매년 폭염에서 야외 작업 중 사망자가 나와 안타깝다. 폭염 대비는 의외로 간단하다. 세 가지만 생각하면 된다. 물, 그늘, 휴식이다. 휴식은 1시간 주기로 취하는 것이 중요하다. 산업안전보건법에서는 33℃ 이상인 경우 2시간에 20분 휴식을 의무화하고 있다.

폭염 때 휴식을 취하는 것을 생산성이 떨어진다고 생각하면 안 된다. 무더운 시간대에 서늘한 실내에서 안전교육을 하거나 경미한 작업을 하면 오히려 시간을 더 생산적으로 쓸 수 있다. 뙤약볕 아래 야외 일을 하는 대신 안전교육으로 대체하면 근로자도 좋고 사용자도 좋다.

---

4. 휴게시설 설치 · 관리 기준 도입

휴게시설 설치는 위반 시 벌칙이 없는 훈시적 규정으로 산업안전보건기준에 관한 규칙 제79조에 규정되어 있었고, 2018년에 마련한 '사업장 휴게시설 설치 · 운영 가이드'를 통하여 사업주의 이행을 지도하여 오고 있었다.

그러나 휴게시설 설치의무를 규정할 뿐 구체적인 설치 및 관리기준을 별도로 정하고 있지 않으며, 휴게시설을 설치하지 않았다고 하더라고 이에 대한 처벌이 없어 실효성이 없다는 문제 제기가 많았다. 그리고 2019년과 2021년 연이어 발생한 청소노동자 사망사건, 계단 밑이나 냉난방 시설이 없는 열악한 휴게시설을 이용하는 노동자들의 실태가 언론을 통하여 조명받으며 사회적으로 큰 반향을 일으켰다. 특히 2021년 6월 청와대 국민청원을 통하여 제기된 "청소노동자들이 화장실에서 식사하지 않도록 휴게공간을 보장할 것을 의무화해 주세요"라는 제목의 국민청원은 20만 명의 공감을 얻었다.

정부는 이러한 문제점을 개선하기 위하여 2021년 8월 17일에 「산업안전보건법」 제128조의2 신설을 통하여 휴게시설 미설치 시 제재 규정과 설치·관리기준을 준수하도록 하는 규정을 마련하여 2022년 8월 18일 시행하였다. 이에 맞추어 영세·소규모 사업장에 대한 휴게시설 설치 지도·지원도 지속적으로 추진하고 있다.

Ⅶ. 안전투자 혁신사업

안전투자 혁신사업은 정부의 「국민생명 지키기 3대 프로젝트」 추진에 따른 산재사고 사망자 50% 감축에 기여하고, 코로나19로 인한 위기를 기업 경쟁력 강화의 기회로 전환하기 위한 한국판 뉴딜정책의 일환으로 2021년부터 한시 사업(2021~2023)으로 추진되었다.

3년의 기간 동안 총 9,084억 원이 투입된 사업으로 안전에 대한 투자가 근로자의 안전과 기업의 경쟁력 강화로 선순환되는 구조로 사업 방향이 설정되었다. 50인 미만 사업장 중 산업의 노후화와 경쟁력 상실로 사고·사망 발생 위험이 큰 뿌리산업 및 정책의 사각지대에 있었던 미인증 위험기계의 근원적 개선을 목표로 하였다.

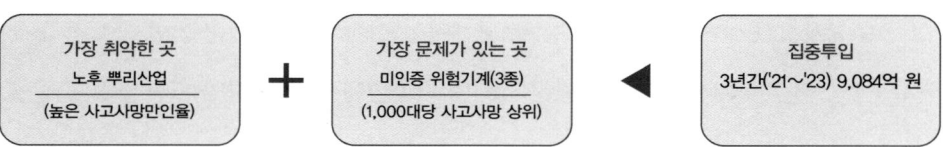

도표 1-59. 안전투자 혁신사업 추진 방향

| 가장 취약한 곳
노후 뿌리산업
(높은 사고사망만인율) | + | 가장 문제가 있는 곳
미인증 위험기계(3종)
(1,000대당 사고사망 상위) | ◀ | 집중투입
3년간('21~'23) 9,084억 원 |

지원 대상은 안전 투자를 위한 재정 여력이 부족한 산재보험에 가입된 50인 미만 사업장으로 구조적 안전성이 미확보된 미인증 위험기계(3종), 30년 이상 된 위험기계(6종) 교체 및 뿌리기술을 활용하는 노후 위험공정과 제조업 끼임·추락 고위험 3대 업종의 공정 개선에 소요되는 비용의 50%(위험기계 최대 7천만 원, 위험공정 최대 1억 원)를 지원하였다.

2022년 한 해 동안 50인 미만 중소사업장을 대상으로 근원적 안전확보를 위한 안전투자 혁신사업을 추진하여 위험기계 1,716대 교체 및 위험공정 2,812개소에 대한 개선 비용으로 총 3,271억 원을 지원하였다. 또한 산재예방정보 공유플랫폼을 통해 교육 영상 약 791만 회와 사고다발구역 알림 약 594만 회를 송출하여 배달 종사자, 택배기사, 대리운전 기사 등 플랫폼 종사자의 안전사고 예방을 위해 노력하였다.

도표 1-60. 안전투자 혁신사업 지원 내용

지원대상	지원분야	지급대상 품목	예산규모	지원조건
산재보험에 가입한 50인 미만 사업장의 사업주		총계	3,271억 원	(총 소용비용의 50%)
	위험기계 교체	• 이동식크레인, 고소작업대, 리프트 • 노후(30년 이상) 위험기계(6종*)	1,762억 원	최대 7,000만 원 한도
	위험공정 개선	• 뿌리공정** 유해 위험요인 개선 설비 • 제조업 끼임·추락 고위험 3대 업종***	1,509억 원	최대 1억 원 한도

* 프레스, 사출성형기, 크레인(타워·이동식크레인 제외), 전단기, 컨베이어, 롤러기
** 주조, 소성가공, 표면처리
*** 기계기구·금속·비금속광물제품제조업(218**), 화학 및 고무제품제조업(209**), 수제품 및 기타제품제조업(229**)

사업 운영은 코로나19로 인한 비대면 사업환경에 대응하기 위해 온라인시스템을 기반으로 운영하여 투명성과 공정성을 확보토록 하였다. 특히, 재정 여건이 취약한 50인 미만 사업장이 초기 투자 비용을 마련하는 데 어려움이 없도록 자부담 납부 방식에 금융 방식(리스·할부)을 도입하여 사업주의 자부담 방식 선택권을 확대하고 재정 부담을 완화토록 조치

하였다.

한편, 2022년 11월 21일에는 과학기술정보통신부와 '디지털 기반 안전일터 조성 MOU'를 체결하여 부처 간 협업과 소통을 통해 스마트 안전 장비의 산업현장 보급·확산, 연구개발, 관련 산업 육성 등을 위한 기반을 조성하였다. 나아가 2023년에는 재해예방 효과가 입증된 스마트 안전 장비 보급·확산 사업을 250억 원 규모로 추진하였다.

제5절 국제협력

문재인 정부(2017~2022)는 '노동 존중 사회'를 표방한 시기로 '한국형 산업안전보건 모델의 해외 확산'을 추진하였다. ILO 핵심협약인 결사의 자유(87호·98호), 강제노동 금지(29호) 비준(2021)을 통해 국제노동기준 준수를 천명하였다. '국제사회와 함께하는 노동존중 사회 구현'이라는 국정과제에 따라, 산업안전보건정책이 국제적 기준에 부합하도록 정비되고, 국제협력도 내용과 깊이가 한층 강화되었다. 기존에 추진해 오던 정책과 방식을 심화·발전시키는 방식으로 추진되었다.

I. ILO 및 UN 산하기구와의 전략적 협력

ILO SafeWork와의 공동연수 및 기술교류 프로그램을 운영하였다. ILO가 주관하는 "Vision Zero Fund"에 기여금을 납부하고, 아시아 개도국 대상 산재 예방 기술지원 사업을 지속적으로 추진하였다. WHO, UNDP와 연계하여 산업보건(occupational health) 측면의 협력도 추진하였다.

II. ODA 지속 추진

개도국을 대상으로 지속적으로 산업안전보건 역량 강화를 지원하였다. 안전보건공단이

KOICA와 협업하여 산업안전관리체계 정립사업(미얀마, 2018~2021), 산업안전관리시스템 구축 협력(라오스, 2019~2022) 등 다수의 ODA를 추진하였다. 캄보디아, 필리핀, 우즈베키스탄을 대상으로 산업안전보건법제 자문, 감독자 및 근로자 교육, 기준과 장비 도입 컨설팅, 보호구 기술 이전 및 생산 기술 공유 등을 위하여 초청연수 및 현장컨설팅을 실시하였다.

III. 한국형 산업안전보건제도 수출

KOSHA School을 통한 외국 공무원 · 전문가 초청연수를 확대하고, 베트남, 인도네시아, 몽골 등과 산업안전협력 MOU를 갱신 · 확대하였다. 한국의 위험성평가제도, 산재통계시스템, 산업보건서비스 체계 등을 패키지로 수출하였다.

IV. 국제포럼 및 글로벌 정책 협의체 참여

2019년 서울에서 국제산업안전보건포럼을 개최하였고(Seoul International Safety & Health Forum), APOSHO(아시아 태평양 산업안전보건기구), ISSA, EU OSHA 등과의 협력을 확대하였다. 코로나19 시기에는 '산업보건 분야의 감염병 대응 경험'을 주제로 국제 웨비나(webinar)가 개최되었다.

제7장

윤석열 정부

중대재해 감축을 위한 전환기

제1절 총설

중대재해법 시행으로 현장 안전이 강조되는 변곡점이 마련되면서, 중대재해의 실질적인 감축을 목표로 한 시기라고 할 수 있다. 2022년 5월 10일 출범한 윤석열 정부는 산재예방을 위한 정책 인프라가 다른 어느 시기에 비하여 좋았다. 전 정부에서 산업안전보건법의 전면 개정·시행(2020.1.) 및 중대재해처벌법의 제정·시행(2022.1.), 산재예방 조직·인원·예산의 대폭 확충으로 정책 추진을 위한 충분한 여건이 마련되었기 때문이다.

정부는 산업재해 예방정책과 관련하여 종합대책을 제시하기로 하고, 출범한 해 말 관계부처 합동으로 「중대재해 감축 로드맵」이라는 이름의 종합적인 정책 패키지를 수립하여 발표하였다(2022.11.30.).

그러나, 고용노동부를 중심으로 「로드맵」을 추진하던 중, 정부 출범 2년 만에 실시된 중간선거 격의 총선에서(2024.4.10.) 집권당이 300석 중 108석이라는 최악의 성적으로 참패하였다. 정부는 국정 동력을 상실하였고 정권 레임덕 현상이 공공연하였다. 급기야 임기 절반이 지난 2024년 12월 3일 대통령의 비상계엄 선포에 뒤이어 곧바로 대통령에 대한 탄핵소추가 가결되어 직무가 정지되고(2024.12.14.), 이후 파면되었다(2025.4.4.).

윤석열 정부의 산재예방 정책은 위와 같은 정치적인 사정으로 법령·기구·인원·예산의 이렇다 할 변동은 없다. 다만, 정부의 산재예방정책은 「중대재해 감축 로드맵」에 집약적으로 나타나 있다. 「로드맵」원문은 개조식으로 되어 있으나 독자의 편의를 위하여 서술식으로 바꾸었고, 독자의 이해를 위하여 필요한 곳에는 적절한 변경과 함께 설명을 덧붙였다.[27]

제2절 중대재해 감축 로드맵

I. 추진 배경

중대재해는 개인의 생명, 가족의 행복을 파괴하고, 사회적 갈등과 국가적 손실을 초래한다. 그러므로 생명과 안전을 지키는 것은 핵심 국정과제다. 그동안 경제·기술 발전, 정책적 노력, 안전의식 향상 등이 결합하여 20년간 사고사망만인율을 3분의 1 수준으로 감축하였다(2001: 1.23 → 2021: 0.43‰).

그러나, 우리나라 중대재해 규모는 여전히 경제적 수준을 훨씬 상회한다. 2021년 사고사망자 828명, 만인율 0.43‰로 OECD 38개국 중 34위다. (〈도표 1-61〉 참조) 이는 영국의 1970년대, 독일이나 일본의 1990년대 수준이다.[28]

도표 1-61. 산재 사망사고 비교

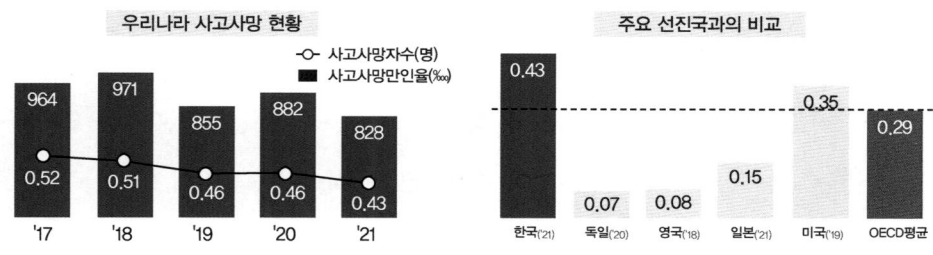

<hr>

27   원문: '산업안전 선진국으로 도약하기 위한 「중대재해 감축 로드맵」, 2022.11.30., 관계 부처 합동.

28   영국 0.34(1974), 독일 0.42(1994), 일본 0.46(1994), 한국 0.43(2021).

최근 산업안전보건법 전면개정과 시행(2020.1.), 중대재해처벌법 시행(2022.1.) 등 처벌을 강화하였으나, 8년째 사고사망만인율이 0.4~0.5‰대 수준에서 정체하고 있고, 중처법 시행에도 불구하고 50인(억) 이상 사업장 중대재해는 오히려 증가하였다. 우리나라는 제조업·건설업 비중이 높고,[29] 원·하청 이중구조가 심하며 안전 취약계층(고령자, 외국인 등)이 증가하면서 안전보건 여건은 더욱 악화될 우려가 있다.

지금은 소득 3만 달러를 넘어선 선진국으로서 중대재해 감축 정체기를 극복하고 명실상부한 안전선진국으로 발돋움하기 위한 분수령에 있다. 이에 기존 사고와 방식에서 탈피하여 산업안전 패러다임 전환을 통해 중대재해 감축에 범국가적 역량을 총집결할 시기다.

II. 중대재해 현황과 진단

1. 현황

» 높은 사망사고

중대재해는 국민소득 2만 달러 시기에 1.0‰ 미만 진입(2006), 3만 달러 시기에 0.52‰로 경제 발전에 따라 감축되었으나(2017), 현재는 정체기에 직면하여 연간 800명 이상 사고로 사망하고 8년째 만인율이 0.4~0.5‰ 수준에 머물러 있다. (〈도표 1-62〉 참조)

도표 1-62. 산재 사망사고 추이

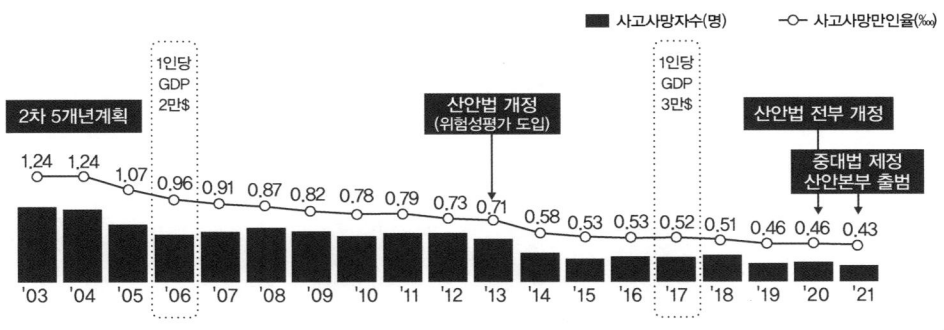

29　제조업·건설 비중(%, 2020): 한국 33.0 vs. 미국 15.2, 영국 15.4, 독일 25.8, 일본 25.9.

» 다수 발생 부문: 소기업, 건설업 · 제조업, 하청

① 규모: 2021년 50인 미만 사업장의 사고사망 비중이 80.9%로 급속히 증가하였고, 50인 미만 사업장의 중대재해 감축 속도(2010: 1.00 → 2021: 0.58‰)는 50인 이상(2010: 0.53 → 2021: 0.20‰)에 비해 느리다.

도표 1-63. 50인 미만 소규모사업장 사망사고 규모 및 만인율 추세 비교

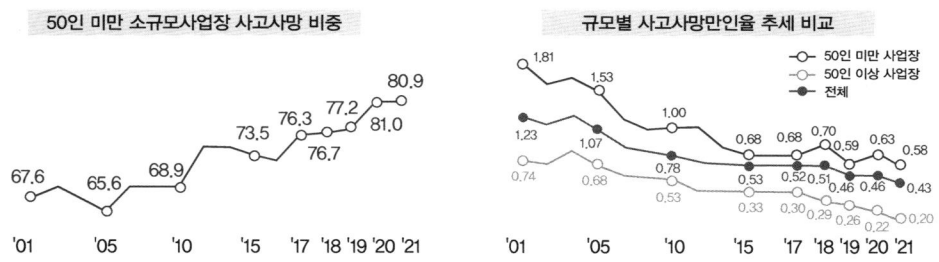

② 업종: 건설(50.4%) · 제조(22.2%)에서 중대재해의 72.6%가 발생하였다. 이를 건설 · 제조업 근로자 비중(26.7%)과 비교하면 3배 수준에 육박한다(2021). 특히, 건설업은 근로자 비중이 감소했는데도(2005: 8.9 → 2021: 8.3%) 중대재해 비중은 증가 추세이다(2005: 41.3 → 2021: 50.4%).

도표 1-64. 건설업 및 제조업 근로자 · 사망자 비중

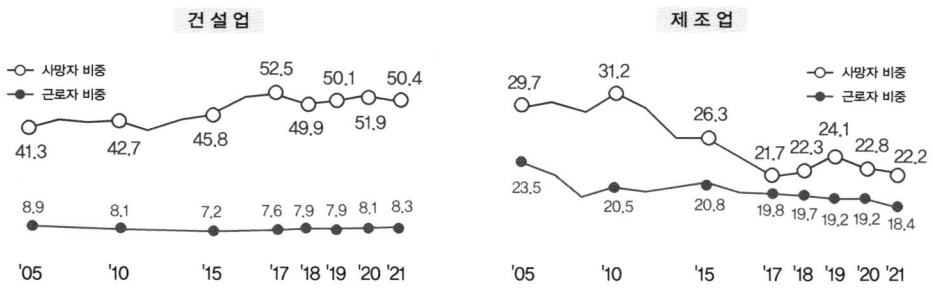

③ 원 · 하청: 하청 사망사고가 40% 수준을 차지하고(2017~2021 평균), 특히 하도급이 관행화된 건설(54%) · 조선(73%)에서 하청 근로자 사망사고가 다발하는 실정이다.

» 안전수칙 미준수로 인한 사고가 절반 이상

① 유형별: 기본적인 안전수칙 준수로 예방 가능한 추락(42.4%) · 끼임(11.5%) · 부딪힘 (8.7%) 등 사고가 전체의 62.6%(2021)로 20년간 50~60% 내외로 고착화되어 있다.

② 원인별: 최근 3년간(2019~2021) 재해조사 의견서상 기재된 직 · 간접적인 재해 발생 원인에 의하면, 방호조치 불량(30.9%), 작업절차 미준수(16.5%), 위험성평가 미실시 (16.1%), 보호구 미착용(15.6%) 등이 사고 원인이다.

» 재발 사고, 고령자 · 외국인 · 특수고용직 등 증가

① 재발 사고: 첫 사망사고 발생 후 1년 이내 재발하는 경우가 37.9%(2001~2021)이며, 특별감독을 실시한 83개 기업(2018~2022.8.) 중 12개 기업에서 재발하였다.

② 취약계층: 55세 이상 고령자가 58.5%, 외국인이 12.3%로 지속적으로 증가하고 있고 (2021), 2021년에는 특수고용직 사망이 36명으로(2017년 5명), 최근 5년간 급격히 증가 하였다.

2. 진단

» 위험요인 발굴 · 제거 예방 체계 미비

① 기업 시스템과 역량 빈약: 법령에 의한 규제 · 처벌 위주 행정으로 인해, 기업은 타율적 규제에 길들여져 자체적으로 위험요인을 개선하는 시스템과 역량이 빈약하다. 대기업은 자체적으로 예방 시스템을 구축해 가고 있으나 내실 있는 이행에 이르지 못하고, 중소기업은 예방 역량 자체가 부족하다.

② 처벌 회피 집중 경향: 중처법 시행(2022.1.27.) 후에도, 기업은 안전보건 역량 강화에 투자를 늘리기보다 대형 로펌 자문 등을 통한 처벌 회피에 집중하는 경향이다. 중처법 적용 50인(억) 이상 기업(공사현장)의 사망사고는 오히려 증가했다(2022.10., 전년동기 대비 +17명). 이로 인해 과거 발생 재해와 같거나 비슷한 사고가 재발되고 있는 상황이다. 중대재해가 발생했던 사업장의 재발 확률이 일반 사업장에 비해 6.7배 높은 수준이다

(2001~2020. 중대재해 통계 분석). 그런 가운데, 정부의 중대재해 발생 원인 조사보고서가 기업에 공유되지 않아 반면교사 자료로 활용되지 못하고 있는 실정이다.[30]

③ 자기규율 예방체계로 전환 필요: 영국·독일 등 선진국은 70년대부터 규제와 처벌의 한계를 인식하고,「자기규율 예방체계」를 구축하여 사고사망만인율을 획기적으로 감축하였다. 선진국은 경제적 제재를 통해 중대재해 예방 동기 부여 및 제재의 실효성을 확보하고 있다. 영국은 로벤스보고서에 입각하여,[31] 촘촘한 '법과 규제'만으로는 중대재해 예방에 근본적 한계가 있음을 인식하고, '자기 규제', '자기 통제', '자기 모니터링'에 기반한 "자기규율 예방체계"로 전환했다.[32] 독일은 조합주의 문화 및 업종별 협회 중심의 노사자치입법으로 '재해예방규칙'을 제정하여 시행한다.

④ 위험성평가 실시 필요: 따라서, 정부가 제시하는 하위규범·지침을 토대로 노사가 함께 사업장 특성에 맞는 자체 규범을 마련할 필요가 있다. 그리하여 위험성평가 등을 핵심 수단으로 사업장 내 위험요인을 발굴·제거하고, 사고 발생 시 기업의 예방 노력 적정성을 엄정히 따져 결과 책임을 부여해야 한다.

» 현장의 변화를 이끌지 못하는 법령 및 감독, 지원 행정

① 법령과 서류 위주 행정: 산업안전보건법령이 1,220개 조항(산업안전보건법 175조, 시행령

---

30 정부 발표 자료에 있는 표현과 같이 '산업안전보건 행정사의 가장 큰 과오는 과거 발생한 중대재해로부터 충분한 교훈을 얻지 못했다는 것이다.' 이는 전적으로 중대재해 조사결과를 공개하지 않은 정부 탓이다.

31 영국에서는 1970년 '일터에서의 안전과 보건에 관한 위원회(로벤스 위원회)'가 출범하고 2년 뒤인 1972년 6월 보고서가 제출됐다. 보고서는 기존의 지시·규제·처벌 중심의 접근에 한계가 있음을 지적하였다. 로벤스 위원회는 노동당 정부에서 출발해 보수당 정부에서 보고서를 제출했고, 다시 들어선 노동당 정부에서 1974년 일터안전보건법(HSWA)이 통과되고 안전보건청(HSE)이 만들어졌다. 로벤스 보고서의 원제목은 Safety and Health at Work, Report of the Committee 1970-72, Chairman LORD ROBENS이다.

32 산업안전보건법 전면개정, 중대재해처벌법 제정 등의 분위기 속에서 중대재해의 지속 발생에 대한 우려로 영국의 로벤스 보고서에 대한 관심이 높아졌다. 어느 국회의원실에서 번역한 바 있다. '산업안전보건 관련 법제 및 행정조직 선진화를 위한 로벤스 보고서, 번역 및 해제' 2022.10. 번역진이 의료인 중심이어서 그런지 보건의료 관련 용어의 번역은 정확하나 안전, 산업, 경제, 법률 용어는 익숙하지 않은 예가 드물지 않다.

123조, 시행규칙 243조, 안전보건기준규칙 679조)으로 방대하고 세세하게 규정하여 현장 수용성이 낮고, 자발적인 예방 역량 형성 동기를 저해하고 있다. 매년 2~3만 개소를 대상으로 실시되는 산업안전감독도 규정 위반 위주의 적발과 처벌에만 중점을 두어 사고 다발 요인보다는 적발하기 쉬운 서류상 점검(안전관리자 선임, 교육 등)에 치중하고 있는 실정이다.

② 부실한 위험성평가: 자기규율 방식과 맞지 않는 법·제도 시스템하에서는, 2013년 위험성평가를 도입했으나 기업의 66.2%가 실시하지 않는 실정으로 (2019년 작업환경 실태조사) 현행 법제도에서는 작동하지 않고 있다. 대기업은 서류 작업(paper work) 등 일시적 면피성 대응에 치중하고, 중소기업은 안전관리를 방치하거나 포기하는 사례가 발생하고 있다.

③ 공급자 중심의 기술지도: 민간 기술지도는 법 위반 사항 위주로 지적하는 실정이고, 산재예방 예산은 해마다 증가하고 있지만(3,644억 원(2019) → 4,198(2020) 4,198 → 9,770(2021) → 10,921(2022)) 재정지원은 공급자 중심 구조로 이루어져 기업의 위험요인 개선 수요를 반영하지 못하는 한계가 있다.

» 산업안전보건 책임을 다른 사람의 일로만 인식

① 안전을 남의 일로 생각하는 의식: 중대재해 예방을 위해서는 모든 주체의 참여가 중요하나, 안전보건관리자 등 일부 특정인만이 산업안전보건 책임이 있다고 인식하고 있다. 현장에서는 '생산은 우리들이 하고 안전은 안전보건 스태프가 하는 것'이라는 인식이 퍼져 있어 책임 있는 안전보건 행동을 하기가 어렵다. 경영자 사이에는 안전을 비용으로만 접근하고, 생산에 부가적 요소로 치부하는 경영 문화·관행이 여전하다.

② 의무를 망각한 사고방식: 안전은 근로자에게 '권리'이자 '의무'임에도 그동안 사업주 책임에 부가된 근로자의 '권리' 중심으로 강조한다.[33] 근로자가 스스로를 보호대상으

---

33 안전보건이 근로자의 '의무'인 측면이 경시되어 온 것은 관습 때문이라고 할 수 있다. 다만 그런 경향이 짙어지게 된 데에는 안전보건공단의 책임이 있다. 안전보건공단(이사장 박두용)은 2019년 1월 30일 소속 기관장 회의에서 '안전은 권리입니다'라는 슬로건을 결의·발표했던 것이다. 이후 공단의 홈페이지의 초기 화면, 각종 홍보에 이 슬로건을 앞세웠다. 안전보건공단, 보도자료, '안전은 권리입니다' 슬로건 발표 소속기관장 회의 신규 슬로건 결의, 2019.1.30.

로만 여겨, 안전보건 주체로서의 현장 참여 및 실천적 행동이 부족하다. 심지어 보호구 미착용, 안전장치 제거 등 기본적 안전수칙 미준수도 사업주 책임으로 귀결시킨다.

③ 원·하청 간 안전관리 역할 불명확: 원·하청 간 안전관리 역할도 명확하지 않아, 서로 책임을 방기함에 따라 하청근로자 중대재해 예방에 회색지대가 발생한다. 원청은 하도급 계약 시 적정 수준의 안전보건 예산을 지급하지 않고, 하청은 모든 안전보건 관리 책임을 원청에 떠넘기는 경우가 빈번하다.

» 미성숙한 안전 의식과 문화

① '빨리빨리' 문화: '생산' 우선 관행과 '빨리빨리' 문화가 여전히 잔존하고, 사회 전체의 '안전을 보는 눈'이 취약하다. 선진국은 경미한 고장이나 장애 요인도 허투루 넘어가지 않고 작업절차서가 있어야만 작업을 시작하나, 우리는 절차서가 없더라도 직관이나 경험에 의존해서 작업을 한다.

② 미성숙한 안전문화: 사회 구성원 모두가 공감할 수 있는 안전문화가 정착되어 경영자가 안전을 '법과 규제'가 아닌 '사회 전반의 문화적 압박'으로 느낄 때 중대재해 감축이 가능하다. 그러나, 안전의식과 안전문화 활동을 범사회적으로 실시하지 못하고, 단발성의 형식적인 캠페인 위주로 진행한다.

③ 서류 행정: 서류 위주의 확인 방식으로 안전 점검을 하는 실정이고, 안전보건 교육 내용과 방식 등을 획일적으로 규제함에 따라 안전의식·문화 형성에 한계가 있다.

III. 중대재해 감축 추진 방향

1. 기본 원칙

① 책임성: 처벌·감독을 통한 타율적 규제만으로는 한계가 있는 만큼 안전주체들의 책임에 기반한 '자기 규율'과 '예방 역량' 향상을 지원한다.

② 현장성: 안전보건 정책은 결국 현장의 실질적 변화를 견인해야 하므로 현장 근로자에게까지 정책이 단절 없이 전달되도록 설계한다.

③ 혁신성: 법·제도 및 정책, 산업재해 예방 기법과 방식, 안전의식과 문화 전반에 걸쳐 기존의 관점을 넘는 혁신적 방안을 모색한다.

2. 추진 방향

① 선진국 벤치마킹: 우리의 상황은 안전 선진국의 70~90년대 수준으로, 유사하게 정체기를 경험한 선진국(예: 1970년대 영국) 사례를 벤치마킹할 필요가 있다.

② 안전문화 내면화 지향: 우리나라도 수동적·타율적 규제인 '처벌·감독 단계'를 넘어 '자기규율 단계'에 진입하고, '안전문화 내면화 단계'를 지향한다.

도표 1-65. 안전문화 내면화

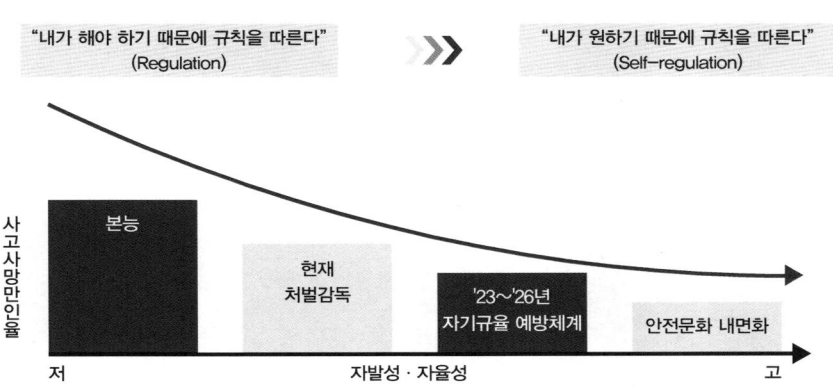

3. 추진 목표: 2026년까지 사고사망만인율을 0.29‰로 감축한다

① 분석의 기초: 근로자 수는 인구 수준, 사고사망자 수는 경제력 수준(1인당 실질GDP)의 영향만 받는다고 가정하고, 정책적 노력을 배제한 경제적 요인에 의한 자연적 증감 추세를 추정·분석하였다.

② 과거 기록 분석: 20년간(2001~2021) 상관계수를 분석한 결과, 인구 1명이 감소하면 근로자가 2.16명 감소하고, 1인당 GDP가 100달러 증가하면 사고사망자 수가 2.28명 감소하였다.

③ 자연 감축 예측: 이에 따라 2022~2026년 사고사망만인율을 예측해 보면, 2022년

0.43에서 2026년 0.39‰로 0.04‰p 자연 감축이 예측된다.

④ 정책 의지 반영: 자연 감축 추세 예측치인 0.39에 정책적 노력에 의한 0.1을 반영하여 0.29‰로 설정하였다.[34]

4. 추진 방향 총괄

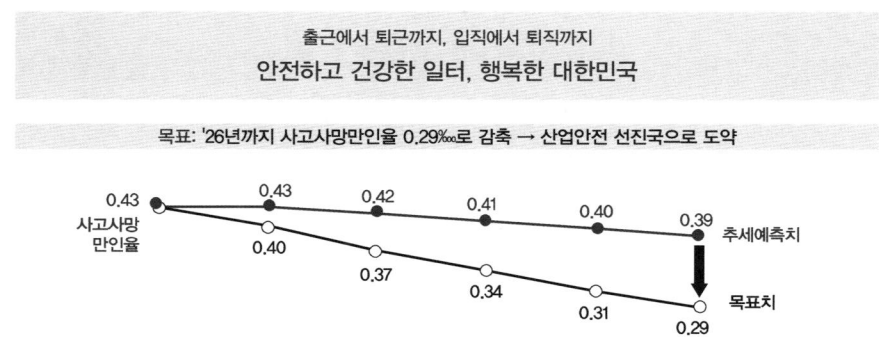

원칙	책임성	현장성	혁신성
1. 위험성평가 중심의 자기규율 예방체계 확립	• 예방과 재발방지를 위한 핵심수단으로 위험성평가 개편 • 자기규율 예방체계 뒷받침 위한 감독행정, 법령 · 기준 정비		
2. 중소기업 등 중대재해 취약분야 집중지원 · 관리	• 50인 미만 89.9% : 중소기업 집중기업 • 건설제조 72.6% : 스마트 기술 · 장비 중점 지원 • 추락 · 끼임 · 부딪힘 62.6% : 8대 요인 현장중심 특별관리 • 하청 40% : 원하청 상생협력 강화 • 새로운 위험 : 산업구조 및 기후변화 대비		
3. 참여와 협력을 통한 안전의식 · 문화 확산	• 근로자의 안전보건 책임과 참여 강화 • 안전문화 캠페인 확산(중앙–지역–업종) • 현장 중심 안전보건교육 강화		
4. 산업안전 거버넌스 재정비	• 전문기관 간 연계 협업 • 응급의료 비상상황 대응체계 • 중앙–지역 협업 · 거버넌스		

---

34 이와 같은 방식으로 2001~2016년을 기초로 분석한 결과, 2017 → 2021년은 자연감소예측은 △0.07‰이었는데, 실제 감축량은 △0.09‰였다. 정책적 노력에 의한 감축분이 △0.02‰라고 볼 수 있다. 「로드맵」이 정책적 노력에 의한 감축분을 0.02보다 훨씬 높은 0.1로 잡은 것은 정부의 정책 의지라고 간주된다.

Ⅳ. 정책 과제: 4대 전략, 14개 핵심 과제

[전략1] 위험성평가 중심의 「자기규율 예방체계」 확립

노·사가 함께 스스로 위험요인을 진단·개선하는 안전관리시스템을 구축하고, 예방 노력에 따라 결과에 책임을 지는 「자기규율 예방체계」로 패러다임을 전환한다.

① '위험성평가' 제도를 개편해서, 「자기규율 예방체계」의 핵심 수단으로 정착시킨다.

② 산업안전 정기감독은 '위험성평가 점검'으로 전환하되, 중대재해 발생 시 수사 및 기획감독을 통해 엄중 제재한다.

③ '위험성평가' 현장 정착 지원을 위해 법령·기준 체계 정비를 추진한다.

1. 예방과 재발방지의 핵심 수단으로 위험성평가 개편

» 위험성평가 단계적 의무화 추진

① 대기업부터 위험성평가를 의무화한다. 중소기업은 업종·규모별로 연차적으로 적용을 확대한다. 2023년 내로 300인 이상, 2024년 50~299인, 2025년 5~49인에 의무화한다.

② 위험성평가를 실시하지 않거나, 부적정하게 실시하는 경우 시정명령 또는 벌칙을 신설한다. 이를 위해 2023년 산안법 개정을 추진한다.

③ 사업장 지도·점검 시 위험성평가 실시 여부, 개선대책(재발방지)의 적정성, 노·사 참여 여부, 현장 적용성 등을 위주로 확인한다.

④ 위험성평가 실시 기업에서 중대재해 발생 시, 자체 노력 사항을 수사자료에 적시하여 검찰·법원에서 구형·양형 판단 시 고려하게 한다.

» 「핵심 위험요인」 발굴·개선 중심으로 운영

① 기업 내 아차사고 및 실제 사고를 토대로 실질적으로 사고발생 위험이 있는 작업·공정에 대하여 중점적으로 위험성평가를 실시한다. 아차사고 등 사고 분석 지원을 위해 「재해원인 분석·공유 매뉴얼」을 마련하고(2024), 업종별 주요 사고사례를 제공한다(2023).

② 중대재해 예방을 위한 공적 자원(公的資源)으로 활용하기 위하여, 중대재해 발생원인이 담긴 재해조사의견서를 공개하고, 사고 발생부터 수습까지의 과정, 기업 문화, 안전보건관리체계 등 구조적 문제까지 분석·제시하는 '중대재해 사고백서'를 발간한다(2023).

③ 아차사고와 휴업 3일 이상 사고에 대해 모든 근로자에게 사고사례를 전파·공유하고, 위험성평가에 재발방지대책을 마련하여 교육하도록 지도한다. 사업장 점검 시 근로자 인터뷰 등을 통해 사고사례 인지·공유 여부를 중점 확인한다.

» 기업 규모·작업별 특성에 맞는 위험성평가 적용·확산

① 중소기업 등이 쉽고 간편하게 위험요인을 발굴·평가할 수 있도록 체크리스트 방식, 사다리·고소작업대 등을 사용하는 단순한 작업은 작업 전 1페이지 서술식 위험성평가(OPS: One Point Sheet) 방식 등 다양한 평가 기법을 개발·보급한다(2023~).

② 사업장 여건·특성에 맞게 업종·직종, 예를 들면 고령자 집중 사업장 등 유해·위험요인별로 매뉴얼 및 우수사례 등을 보급한다(2023~).

도표 1-66. 위험성평가 단계별 개선(안)

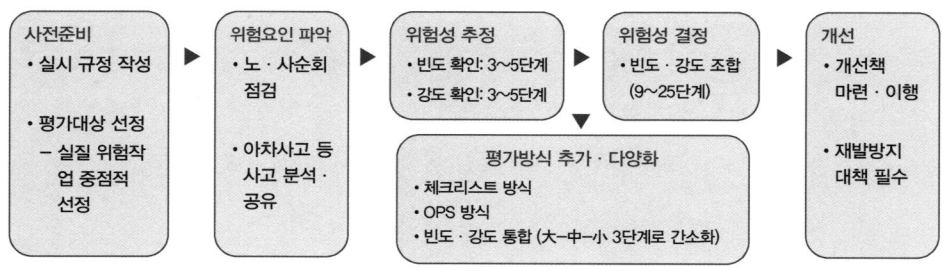

» 위험성평가 현장 실행력 제고

① 노·사 참여: 위험성평가 모든 단계에 노·사 참여 및 협업을 강화한다. 위험요인 파악, 개선대책 수립 단계뿐 아니라 사전준비, 위험성 추정·결정 등 전체 단계에 근로자 참여를 확대한다. 개선대책, 재발방지대책 수립·이행 등에 대해서는 산업안전보

건위원회에 보고·공유한다.

② TBM 활성화: 사업장별 정기(연 단위)·수시(공정·설비 변경 시) 평가 결과가 현장 근로자까지 상시 전달·공유될 수 있도록 구조화한다(2023~ 사례 보급). 작업 전 안전점검회의(TBM: Tool Box Meeting)를 현장 공유의 핵심 수단으로 활용토록 업종·공정별 'TBM 활용 가이드'를 보급한다(예, 건설: 현장별 매일 TBM, 제조: 본사–공장 간 사내방송, SNS 등 활용한 공유). 스마트기기를 통해 위험성평가 결과가 현장 근로자까지 실시간 공유되는 모바일 APP을 개발·보급한다.

도표 1-67. '월-주-일' 단위 3단계 공유체계 확산(안)

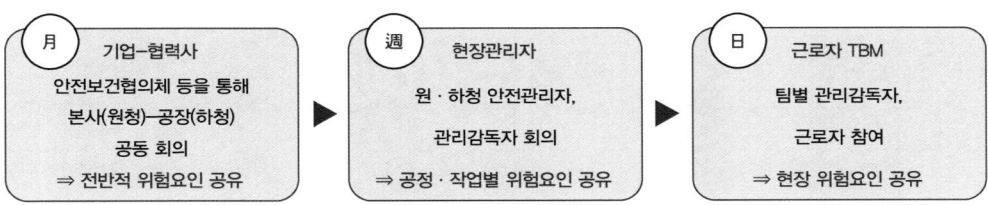

③ 관리감독자 역할 강화: 작업·공정을 가장 잘 아는 관리감독자가 위험요인 파악 등 핵심 역할을 하도록 가이드를 마련하고 교육을 강화한다(2023). 근로자 지도·감독·훈련, 위험요인별 관리 방법 등 핵심 직무별 표준 교육과정을 개설한다.

④ 위험성평가 운영 시스템: 위험성평가 모든 단계를 현장에서 쉽게 운영할 수 있도록 위험성평가 운영 시스템을 구축한다(2023). 동종·유사 기업과 위험성평가 운영 수준을 비교할 수 있는 '자가 진단' 시스템을 마련한다. 이를 위해 사업장 지도·감독, 컨설팅 시 기업의 위험성평가 수준을 측정·입력하여 DB를 구축하고, '모바일 앱'을 통해 사업주 자가진단 결과와 동종·유사 평균 수준을 비교하여 미비점을 확인·개선할 수 있게 한다. 권역별 포럼 개최, 위험성평가 경진대회 등을 개최하여 평가 사례를 공유한다.

> **[칼럼] 위험성평가, 현실 외면한 단어만 고급화한 정책(?)**
>
> "아직도 현장에 가보면 위험성평가가 형식적으로 이루어지는 곳이 많아요. 그래도 작업 전에 위험 요인에 대해서 파악하고 개선대책을 실행 후 작업을 해야 한다는 마인드가 확산되고는 있어요. 다만 빈도와 강도 추정단계가 불분명하고 어렵다 보니 형식적으로 이루어지는 곳이 많습니다." 일본 기업에도 근무했고, 안전공단에 오래 근무하다 퇴직 후 지금은 안전 컨설팅 업무에 종사하고 있는 류○○ 씨의 현장 경험담이다.
>
> "지방으로 와서 제조업체, 건설현장 몇 군데를 가 봤더니 위험성평가가 paperwork으로 끝나고 있는 실정이다. ○○철강을 가 봤는데, 정기 위험성평가의 경우 CrtlC+CtrlV(전년도 것 베끼기)가 태반이더라. 위험성평가 중심의 안전관리? 말뿐이다. 위험성평가 따로, 안전관리 따로 놀고 있다. 앞으로 벌칙도 두고 위험성평가 중심으로 안전정책을 집행한다는데 현장은 기본이 안 돼 있는 실정이다." 고용노동부 본부에서 중대재해처벌법 시행령을 마련할 때 중요한 역할을 한 간부 황○○ 씨가 일선 책임자로 발령받아 근무하면서 현장을 가 보고 하는 말이다.
>
> "○○유화 ○○공장 위험성평가, 중대재해처벌법 진단하고 있는 중입니다. 여기 근무하는 안전관리자나 화공안전기술사 가운데 현장 설계도면 볼 줄 아는 사람 없다고 보면 됩니다. 저에게도, 공장 설비 전체에 대한 것은 그만두고, 그저 법 위반 사항만 지적해 달라고 하는 실정입니다. 총체적으로 수준이 좀 황당합니다." 대한석유공사, SK 등 정유 회사에 오랜 기간 근무한 50대 베테랑 이○○ 씨가 석유화학 공장의 '위험성평가'를 포함한 중대재해처벌법 준수사항을 점검하면서 걱정하는 내용이다.
>
> 굴지의 제철 회사와 석유화학 공장의 현실이 이럴진대 중소 제조업과 서비스업, 건설 현장의 경우는 더 말할 나위가 없을 것이다. 많은 안전관리자들은 이렇게 말한다. "자체 공정의 리스크 파악은 피상적이거나 점검 대비용이다. 위험성평가의 허점을 짚을 수 있는 안전감독관의 역량이 부족하다."
>
> 앞으로의 산재예방정책을 '위험성평가' 중심으로 추진하고자 한다면 이상과 같은 지적과 우려에 대하여 깊은 검토와 진지한 연구가 필요하다는 점을 지적하고 싶다.

2. 산업안전 감독 및 행정 개편

» 정기감독: 위험성평가와 예방 중심으로 전환

① 감독 방향: 정기감독을 '위험성평가 점검'으로 전환한다.[35] 근로자 인터뷰 등을 통해 위험성평가 결과 공유·인지, 참여 여부, 사고사례 공유 등을 중점 확인하여 위험성평가 실시·이행을 점검한다. 사고사례 분석 기반 재발방지대책 수립·시행, 자체

---

35 현재, 산업안전감독(2021. 2.7만 개소)은 정기감독(1.1만 개), 기획감독(위험요인별 1.5만 개), 특별감독(일부 대형 사고 발생 사업장) 체계로 실시·운영하고 있다. 현장에서는 감독에 적발되면 실질적인 안전수준을 개선하는 기회로 삼기보다는 일시적으로 "재수 없다"고 치부하고 넘어가는 게 관행이다.

안전보건관리규정 이행, 산업안전보건위원회 운영, 평상시 안전관리 관행 등 안전보건관리체제 구축·이행 여부를 필수적으로 확인한다(2023). 소규모(50인 미만) 사업장은 안전보건 수준, 위험 기계·기구 보유현황 등을 고려하여 컨설팅, 재정지원 사업으로 연계한다.

② 대상 선정: 산재통계(보상) 분석을 통해 재해 발생 경향성을 사전에 확인 후 감독 방향을 설정한다. 빅데이터(기업+위험요인+예방지원) 및 AI 분석 기반 사고위험 예측 모델을 개발하여(2023) 고위험 기업은 자동 선정되게 한다(2023).

③ 워크넷(work-net)상의 '디지털 기업지도'(2021.7.~)와 연계하여 기업별 고용 현황과 산재예방 정보를 결합하여 제공받아 지역별 실시간 재해 현황, 산업·고용 동향 등에 따라 위험 업종을 사전에 포착하는 '디지털 산업안전 지도'를 구축·활용한다.

» 수사·기획감독: 결과책임 확보 및 재발방지에 중점

① 수사: 중대재해 발생원인 철저히 규명, "반드시 지켜야 할" 의무(Golden Rule)의 위험성 평가 반영 여부를 중점 수사하여 엄중 처벌·제재한다. 사고사례, 재발방지 대책 등을 분석해서 "충분히 막을 수 있는 사고"와 "반드시 지켜야 할 의무"를 특정한다(예: 정비작업 중 기계 끼임사고 → Lock Out, Tag Out). 위험성평가를 토대로 충분한 예방 노력을 한 기업에 대해서는 수사에 반영한다.

② 기획감독: 사고 원인(예: 끼임 방호조치 부실)에 따라 동종·유사 업종에도 사고 확산 우려가 있는 경우 기획감독을 실시한다. 식품제조업체 등 14만 개 대상으로 식품혼합기 등 위험기계에 대한 기획감독 사례가 있다. 사고재발 방지대책 마련·이행 회피를 차단하기 위해서 산재 미보고, 은폐에 대한 기획감독을 실시한다(반기별).

③ 작업중지: 중대재해 발생 시 작업중지 기간·범위, 해제절차 등 합리화, 급박한 위험 시 사전 예방 목적의 '한시 작업중지'의 예외적 실시 근거를 마련한다. 현장 운영사례, 해외 사례 등 검토·논의를 통해 방안을 마련하여 산업안전보건법 개정을 추진한다(2023~).

④ 사후관리: 감독 후, 보고명령 제도(사업장 개선계획 제출), 확인감독 등을 통해 개선 상황을 지속적으로 확인한다.

» 중대재해 발생 여부를 산재보험료율에 반영

① 중대재해 발생 사업장은 산재보험료를 할증한다(2024, 보험료징수법 개정).

② 산재보험 미가입 사업장에서 중대재해가 발생하면 보험료 징수 상한액을 현재 5배에서 10배로 상향한다(2024, 보험료징수법 개정).

» 산업안전감독관 역량 강화

① 안전감독관 입 · 보직 단계별 '역량 강화 프로그램'을 개발 · 운영하여(2023) 맞춤형, 실습 · 체험형 교육을 강화한다.

② 실무경력에 따라 기초 안전수칙 점검 · 감독 → 중대재해 수사 → 위험성평가 점검 및 안전보건관리체계 구축 컨설팅 순으로 경력경로(career path)를 설정 · 관리한다.

3. 산업안전보건 법령 · 기준 정비

① 현행화: 체계, 용어 및 자구, 내용 등 안전보건기준규칙을 현행화한다.

② 위험성평가 관련 법령 정비: 위험성평가의 적정한 실시, 재발방지대책 수립 · 시행 등 중대재해 예방을 위한 핵심 사항 중심으로 처벌요건을 명확화하고, 상습 · 반복, 다수 사망사고 등에 대해서는 형사처벌을 확행한다.[36]

③ 법령 정합성 검토: 중대재해 예방 실효성 강화, 안전투자 촉진을 위해 선진국 사례 등을 참조하여 제재방식 개선, 체계 정비 등을 강구한다.[37]

---

36 고용노동부는 산안법 · 중처법 정비를 위한 「산업안전보건법령 개선 TF」를 구성 · 운영하였다(2023). TF 내에 전문가, 안전보건공단, 노사 등이 참여하는 「산업안전보건기준규칙 정비 자문회의」를 별도 운영하였다.

37 선진국의 경우 경제적 제재를 통해 "안전보건 미확보 사업의 불법적 이익을 환수"하는 방식으로 중대재해 예방 동기 부여 및 제재의 실효성을 확보하고 있다. 영국의 기업과실치사법은 상한 없는 벌금형을 부과한다. 매출액의 8.6배 벌금

[전략2] 중소기업 등 중대재해 취약 분야 집중 지원 · 관리

① 50인 미만 사망사고(80.9%): 중대재해 대부분을 차지하는 중소기업은 역량 자체가 부족하다. 안전관리 역량을 전폭적으로 지원한다.

② 건설 · 제조업(72.6%): 건설 · 제조업의 중대재해 다발은 현장의 불안전 행동과 기계 · 설비 결함 등이 중첩된 구조화된 문제이다. 스마트 기술 · 장비를 중점 지원한다.

③ 추락 · 끼임 · 부딪힘(62.6%): 3대 사고유형 대상으로 특별대책을 시행한다.

④ 하청(40%): 원 · 하청 사이의 안전관리 역할을 명확히 하고, 원 · 하청 상생 안전 협력을 통해 하청업체의 예방 역량 제고를 지원한다.

4. 중소기업: 안전관리 역량 향상 집중 지원

» 중소기업 「안전일터 패키지」 프로그램 제공

① 신규 또는 고위험 중소기업 대상 '진단-시설개선-컨설팅'을 종합 지원하는 「안전일터 패키지」 프로그램을 제공한다(2024~).

② 사업자등록 정보 연계(국세청)를 통해, 신규 설립 사업주에게 산재예방 정보 및 교육, 「안전일터 패키지」 프로그램 참여를 안내한다(2023~).

» 맞춤형 안전시설 및 인력 지원 확대

① 시설 지원: 현행 '안전투자 혁신사업'(229쪽 참조)을 개편하여, 소규모 제조업(50인 미만)의 노후 · 위험 공정 개선 비용을 지원하는 「안전 리모델링 사업」을 추진한다(2024). 기업의 위험성평가 결과를 최대한 반영하여 지원할 수 있도록 포괄적 방식으로 지원 품목과 시설을 확대한다(2023).

② 인력 양성: 2026년까지 안전보건 인력을 2만 명 이상 추가 양성한다. 현재 안전관리를 위탁하고 있는 사업장(50~299인 사업장, 약 1.9만 개소)에 전담 안전관리자가 선임될 수 있게 목표를 잡는다. 전문대학에 기업 수요 맞춤형 프로그램 및 일학습병행 교육

부과 사례가 있다. 대기업은 법원 양형기준에서 매출액 40%로 상한을 설정하였다.

과정을 확충하고, 한국기술교육대학교에 산업안전보건 관련 학과 신설 및 교과목 확충을 추진한다. 안전보건·공학 등 관련 강의과목 이수 실적과 안전보건관리자 자격 기준을 연계·검토한다(2023).

③ 인력 지원: 업종·규모별 직무 분석을 통해 「안전보건 인력 운영 가이드」를 마련한다 (2023). 안전관리 전담인력 추가 선임 시 재정지원을 검토한다(2024). 안전보건 자격 소지자 등을 '안전보건 인력뱅크'로 운영하여 고용센터와 연계, 안전관리자 구인 필요 기업에 우선 채용을 지원한다(2023).

④ 산단 특화: 소규모기업(50인 미만)이 집적된 주요 산업단지에 공동 안전보건관리자 선임을 지원한다. 2023년도 시범 운영 후 확대를 검토한다. 공모를 통해 '안전보건 지원센터'를 선정·운영하여 산업안전 전문 교육 및 컨설팅 등을 실시한다. 현재의 '중대산업사고예방센터'(7개, 지방노동관서 내의 '부서' 형태)의 기능·인력 등을 확대·개편하여, 노후화 산업단지 내 종합안전진단, 교육, 예방활동을 수행하는 「화학 안전보건 종합센터」를 신설·운영한다(2023 여수·울산 → 2024~ 확대).

》 민간 기술지도를 위험성평가 기반으로 전환

① 현재 민간에서 수행하고 있는 방식인 개별 안전조치 미비점 지적 위주에서 위험성평가 컨설팅으로 전환, 시설·공정 전반의 위험요인 발굴 및 진단까지 기술지도를 하도록 지원한다.[38]

② 위험성평가 컨설팅(기술지도) 결과에 따라, 재정지원 사업으로 연계한 경우, 지원절차 간소화 및 일부 서류 제출을 생략하는 'Quick-Pass'를 우선 적용하여 신속 지원을 확대한다.

---

38 2022년 기준 전문대행기관에 위탁하여, 50인 미만 사업장 34만 6천 개소에 대하여 기술지도가, 3천5백 개소에 대하여 안전보건관리체계 컨설팅 사업이 실시되었다.

» 소규모기업 대상 안전보건 인증제 마련

현재 시행 중인 위험성평가 인정 제도를 개편하여 소규모기업을 대상으로 한 안전수준 확인·향상을 위한 인증제도를 신설한다(2024).

5. 건설·제조업: 스마트 기술·장비 중점 지원

» 건설업

① 근로자 안전 확보 및 구조물 붕괴 등 예방을 위해 붕괴 징후 감지센서, AI CCTV, 인공지능 인체감지 경보장치, 건설장비 접근경보 시스템 등 스마트 안전장비를 건설 현장에 특화 지원한다(국토부, 2023).

② 건설업 산업안전보건관리비를 활용, 현행 스마트 장비 구입·임대 비용의 20% 이내인 한도를 단계적 확대·폐지하여 스마트 안전장비 사용을 촉진한다.[39]

» 제조업

① 중대재해의 22.2%가 제조업에서 발생한다.[40] 선진국 산재사망사고 감축의 주요 요인 가운데 하나가 안전장치 내장형 설비다(1989, OECD 고용전망). 중소기업부에서 추진하는 '스마트공장' 사업에 산재예방 협업 모델(예: Safe&SMART 팩토리)을 신설하여(2023) 설비·장비 제작 단계부터 안전장치 내장(built-in)을 유도한다.

② AI 카메라, 자동 위험알림 등을 통해 불안전한 작업환경을 모니터링하여 위험 상황에 신속 대응하는 안전관리 시스템을 확산시킨다.

③ 위험한 작업환경 모니터링 및 위험요인 제거·개선, 중대재해 원인 파악을 목적으로 한 CCTV 설치를 제도화한다(2023~ 법 개정).

---

39 중대재해의 50.4%가 건설업에서 발생한다. 그 가운데 추락사고가 59.5%로 가장 많고, 120억 원 이상 공사가 31.2%, 1~120억 원 공사가 48.7%, 1억 원 미만 공사가 20.1%를 차지한다.

40 제조업의 산업재해는 50인 미만 사업장에서 73.3%, 50인 이상 사업장에서 26.7%가 발생했다. 끼임사고가 31.5%로 가장 많다.

» 스마트 안전장비 공급 체계 구축

① 개발: 대기업·대학(연구소)과 민·관 협력 MOU를 통해 스마트 안전기술·장치 연구·개발을 활성화한다(2023~). 고용부와 과기부 간 스마트 안전 MOU가 체결되어 있으며(2022.11.21.), 주요 대기업과 대학 간 기술협력 MOU 등을 확산시킨다. 산업안전공단 미래전문기술원(219쪽 참조) 중심으로 안전기술 창업지원(벤처, 스타트업 등)과 연계하여 안전산업 생태계 조성을 지원한다.

② 인증: 가칭 「스마트 안전보건 인증 위원회」를 통해 중대재해예방을 위한 민간 개발 스마트 안전장비에 대하여 효과성, 유지·관리 및 보급·확산 용이성 등을 종합 평가·심사하여 신속하게 인증한다(2023~).

③ 보급·확산: '클린사업장 조성 지원 사업'을 통해 「스마트 안전 시설·장비 지원 사업」을 지속적으로 지원한다. 대기업이 자체 개발한 스마트 안전 장비 등은 상생협력 프로그램 참여 시 가점 부여 등으로 협력사와 계열사로 확산을 유도한다.

6. 추락·끼임·부딪힘: 3대 사고유형 현장 중심 특별 관리

» 3대 사고유형 8대 요인 특별 관리

① 8대 요인 핵심 안전수칙 점검 강화: 3대 사고유형, 즉 추락(42.4%)·끼임(11.5%)·부딪힘(8.7%) 사고가 전체 사고사망의 63% 수준이다(2021). 추락(비계, 지붕, 사다리, 고소작업대), 끼임(방호장치, LOTO(Lock Out, Tag Out)), 부딪힘(혼재작업, 충돌방지장치) 등 8대 요인 중심으로 특별 관리한다. 점검 시, 8대 요인 핵심 안전수칙[41] 준수 및 근로자의 위험 인지·공유 여부를 필수적으로 확인한다. 근로자 인터뷰 방식 등을 활용하여 LOTO(위험기계·기구 다수 보유 사업장), 혼재작업(대형물류창고, 유통업체, 사내하청 다수 사업장)에 대한 기획 점검을 강화한다.

② 위험성평가 및 핵심 안전수칙 지도·교육: 위험성평가 결과가 반영된 작업계획서 마

---

41 (추락예방) 작업발판·안전난간·추락방지망 설치, 개구부 덮개 설치 등 (끼임예방) 덮개·울 설치, 정비·보수작업 시 운전정지, 잠금조치, 표지판 설치 등 (개인 보호구 착용) 안전모, 안전대, 안전화 착용 등.

런, TBM을 통한 위험공유 상시화(모바일 앱), 8대 요인 핵심 안전수칙 교육·홍보 등을 강화한다.

③ 요인별 안전관리 여건·특성에 따라 맞춤형 관리를 실시한다.
  - 지붕: 농협, 산업단지공단 등 유관기관 협업을 통한 안전수칙 홍보·지도
  - 사다리·고소작업대: 사업주 또는 관리감독자에게 자체 사전 작업 허가, OPS(One Point Sheet) 방식 위험성평가 실시, 2인 1조 작업 지도·권고, 안전모·안전대 필수 착용 교육
  - 방호장치: 민간 기술지도 시 방호장치 유무, 무단해제 여부 등 확인 의무화, 위험기계 보유 등 고위험기업(50인 미만)은 '안전일터 패키지' 지원

④ 스마트 안전장치·설비 비용 등 지원을 확대한다.
  - 방호장치: 자동 비상정지장치(인터락) 등 지원 확대
  - 충돌방지장치: 긴급제동장치, 작업자-신호수 간 무선통신장치 지원 확대
  - 비계: 시스템 비계 등 신규 개발 및 지원 확대
  - 지붕: 채광창 덮개 지원 확대

» 핵심 안전수칙 위반 시 엄정 조치

3대 사고유형, 8대 요인 핵심 안전수칙을 위반하여 중대재해가 발생하는 경우 무관용 원칙을 적용한다.

7. 원·하청: 안전 상생 협력 강화

» 원·하청 간 안전관리 역할 가이드라인 마련

① 현행 산안법령 체계 내 원·하청 기업 간 역할·범위 등을 명확화한다. 안전보건을 위한 원청의 작업지시 등이 불법파견 소지가 없도록 기준을 제시한다. 표준 안전관리 도급 계약, 원·하청 공동 위험성평가 실시 등을 명시한 가이드라인을 마련한다(2023).

② 중층적 도급관계에서 중간 하수급인의 안전보건 법적 책임을 명확화한다(2024 법 개정).

» 대 · 중소기업 상생 협력 프로그램 지원 확대

① 대기업(원청)의 중소기업(협력업체) 위험성평가 역량 향상 지원 등을 위한 「대-중소기업 안전보건 상생 협력 사업」을 확대한다(2022: 5.3억 원 → 2023: 99.1억 원).

② 협력업체 지원 등 상생 협력 우수 대기업에 대해서는 동반성장지수 평가 시 우대한다(공정거래위원회, 2023~).

» 원청(대기업)의 「Safety in ESG」 경영 우대 지원

① 안전관리 강화 등 산업안전 관련 사항을 지속가능경영보고서에[42] 포함 · 공시하고 (2025~), ESG 평가기관으로 하여금 활용을 유도한다(금융위원회).

② 산업안전 등 ESG 우수기업에 대한 정책금융 지원 확대를 검토한다(2024 금융위).

8. 새로운 위험요인: 산업구조 및 기후변화 등 대비

» 특수고용직 및 플랫폼 종사자의 산재예방 역량 강화

① 특정 교육기관에서 교육을 이수한 경우 업무를 수행할 수 있도록 제도화하기 위하여 최초 입직 시 건설업과 유사한 방식으로 기초안전보건교육을 도입하고, 2~3년마다 보수교육을 의무화한다(2024~ 법 개정).

② 배달업 종사, 유지 · 보수(엔지니어), 청소 · 경비 등에 대해 직종별 안전보건교육, 산재 예방 정보, 스트레스 관리 등 정보를 제공하기 위하여 「1인 작업자(lone-worker) 안전보건 가이드라인」을 마련 · 배포한다(2023).

» 고령근로자 안전보건 가이드라인 마련

직무 위험도 분석을 통해 고령자 신체 · 정신적 특성을 반영하여 중량물 등 안전보건 기준, 작업 속도, 근로시간 및 휴게시간 기준 등을 제시하는 「고령 근로자 안전보건 가이드라

---

42 (2022년 현재) 자율적 운영 → (2025~) 일정 규모(예: 자산 2조 원) 이상 코스피 상장사 의무화.

인」을 마련하여 배포한다(2023).

» 계절적 위험요인 사전 경보 및 대응 체계화

① 폭염, 한파 등 계절적 위험 요인에 대한 위험상황 경보 발령 및 매뉴얼(예방 가이드)을
마련 · 보급한다(2023).

② 지침 · 가이드는 SNS · 지역 네트워크(안전관리자 SNS, 공단 · 민간재해예방기관 네트워크, 지자
체 협업 등)를 활용하여 현장까지 전달한다(2023).

» 환기, 직업성 암 등 새로운 위험요인 관리

① 급성중독 예방에 필수적인 국소배기장치 설치비용을 지원하고(설치비용의 50~70% 내 최
대 5천만 원), 위험성평가 시 환기 여부를 진단한다(2023~).

② '직업성 암 안심센터' 지정 등 위험성 추정 · 분석을 위한 집중 관리 · 예방체계를 마
련하고, 지역 · 직종별 직업성 암 지도를[43] 구축한다(2024).

③ 직업성 암의 조기 발견 · 치료를 위해 발급되는 건강관리카드 발급대상을 확대한다
(예: 조리흄에 장기 노출된 은퇴 근로자 등, 2023~).

④ 근로자 건강권 보호 강화 등을 위한 '산업보건 혁신방안'을 마련 · 추진한다(2023).

[전략3] 참여와 협력을 통한 안전의식 및 문화 확산

「자기규율 예방체계」가 제대로 작동하기 위해서는 안전보건 주체로서 근로자의 역할과 책임을 명확히 하
고, 참여 확대가 필요하다. 그러므로 노 · 사가 참여하고, 국민이 공감하는 안전문화 · 관행을 조성하여 지속
적으로 중대재해가 감축될 수 있는 여건을 마련한다.

---

43   각종 산업보건DB를 통합 · 분석, 지역 · 성별 · 업종별 직업성 암 고위험군 추정 및 지도상 시각화한다. (예) 폐암-제철
· 광업, 혈액암-전자산업, 후두암-중공업, 간암-플랜트건설업, 방광암-운수업 등.

9. 근로자의 안전보건 책임 및 참여 확대

» 근로자의 안전수칙 준수 의무 확립

① 근로자를 안전보건의 '주체'로 안전보건 관계 법령 준수, 안전행동, 교육 등 기본 역할과 안전수칙 준수 의무를 명확하게 한다(2023~ 법 개정).

② 안전수칙을 반복적으로 준수하지 않는 근로자에 대한 제재 사유·절차 등을 포함한 「표준안전보건관리규정」을 마련·보급한다(2023). 안전보건관리규정 작성 대상 사업장을 단계적으로 확대한다(2022: 100인 이상 → 2026: 10인 이상). 안전보건관리규정을 안전 분야의 취업규칙으로 활용되도록 제도화한다(2023 법 개정).

③ 취업규칙 작성 시 작업 현장에서 근로자의 안전수칙 준수 여부에 따라 포상과 제재가 가능토록 지도한다(2023~ 표준취업규칙에 반영).

» 근로자의 안전보건 참여 확대

① 협의체: 산업안전보건위원회(現 100인 이상), 건설업 노사협의체(現 120억 이상) 의무 설치 대상을 30인 이상, 50억 이상으로 확대한다(2023 산안법 시행령 개정).

② 명예산업안전감독관: 규모·위험요인별 적정 업무·인력 수준(현재: 사업장당 1명 원칙)을 제시하고 활동 시간을 보장한다. 적정기준보다 추가 위촉 시 '안전일터 패키지' 등 재정지원 사업 우선 선정 등 인센티브를 부여한다. '안전보건협의체'에서 근로자 안전 제안을 심의하게 하고, 사례 경진대회 등을 통해 지원한다.

③ 근로자 작업중지: 작업중지의 구체적 범위·요건 등 매뉴얼을 마련한다. 우수기업 선정과 포상에 작업중지 활용실적을 반영한다(2023). 중앙단위, 지자체, 산업단지, 업종별 노·사·정 실천협약을 통해 활성화를 추진한다(2023~).

④ 근로자 제안: 현장 근로자 안전개선 제안(예: ○○현장 안전신문고)을 활성화하고, 채택 시 실질적 보상 등을 통한 선순환을 유도한다(2023).

10. 범국민 안전문화 캠페인 확산

» 중앙-지역-업종별 특화 캠페인 강화

① 중앙: 상시적인 안전보건 협력을 내용으로 하는 중앙 단위 '노사정 안전일터' 공동 선언을 한다. 산업 · 직종별 노 · 사가 함께 참여하는 범국민적 안전보건 캠페인 의제, 실천 방식 및 전국적 확산 방안을 마련한다.

② 지역: 지역 내 안전보건 기관 간 '안전문화실천 추진단' 구성 · 운영하여, 3대 사고유형 8대 요인 핵심 안전수칙 위주로 공동 · 협업 캠페인을 전개한다.

③ 업종별: 위험요인별, 계절 · 시기별로 위험경보 발령 및 특화 캠페인을 전개하고, 안전수칙 가이드를 배포한다. 중대재해 발생 없이 건축물 완공 시, '안전명품건축물'로 브랜드 홍보를 해주고, 이를 통하여 건설안전문화를 확산시킨다.

도표 1-68. 업종별 · 요인별 · 시기별 위험관리

건설 · 제조업 주요 요인	지붕, 사다리, 비계	비계, 방호장치, LOTO	LOTO, 혼재작업, 충돌방지장치	충돌방지장치, 고소작업대, 비계

| 3월 ← 봄철 → 6월 ← 여름철 → 9월 ← 가을철 → 12월 ← 겨울철 → 3월 |

계절 · 시기	해빙기(건설현장매뉴얼)	폭염(물 · 그늘 · 휴식) 장마(예방시설설치 등)	태풍 · 호우 (기상정보확인)	한파(온열관리)

» 「산업안전보건의 달」 등 신설

① 「산업안전보건의 달(7월)」을 신설 · 운영(현재: 7월 첫 주 강조주간)하여, 전국적 노 · 사 참여 안전활동 장려 및 범국민 안전 캠페인을 확산한다(2023~).[44]

② 매월(예: 4일) 「안전일터 조성의 날」, 특정 시기별 「사망사고 예방 특별 강조 주간」을[45] 신설하여(2023~) 노 · 사 공동 현장 점검 · 개선을 확산한다.

44　호주는 10월을 '국가 안전 작업의 달'로, 미국은 3월을 '국가 사다리 안전의 달'로 지정하고 있다.

45　미국은 5월 첫째 주를 건설 현장 추락 예방을 위한 안전휴식(Stand-down) 주간으로 지정하고 있다.

» 한국형 안전문화 평가 지표(KSCI) 도입 · 확산

① 기업 안전의식 수준, 노 · 사 참여도, 안전제안제도 운영 등을 반영한 한국형 안전문화 평가지표(Korea Safety Culture Index)를 마련 · 보급한다(2024).

② 기업 자체적으로 평가지표별 노 · 사 공동 안전문화 활동을 추진하게 한다.

11. 안전보건교육 내용 및 체계 정비

» TBM 등 현장 중심 교육 확대 · 강화

① 근로자: 강의 방식 외에 현장 TBM 활동, 포럼 · 세미나 등 참여를 교육 이수 시간으로 인정한다(2023~). 정기교육(연간 24시간), 채용 시 교육(8시간) 과정에 위험성평가 내용을 필수적으로 반영한다. 타워크레인 설치 · 해체, 전기작업 등 39개 유해 · 위험 작업 특별교육(16시간)은 산업 · 기술 변화를 반영하여 현장에 맞게 대상을 재조정한다.

② 외국인: 산업단지, 외국인노동자지원센터, 지역별 커뮤니티 등과 연계, 국가별 안전보건교육 과정을 개설하고, '찾아가는 외국인 교육'을 확대한다(2023~).

③ CEO: 안전경영 의식이 상대적으로 낮은 50인 미만 기업 CEO 대상 안전보건교육 기회를 확대 · 제공한다(2023~). 한국기술교육대학교에 'Safety MBA' 개설을 추진한다.

» 생애 안전보건 교육 확대 · 강화

① 학령 단계: 초 · 중 · 고(직업계고), 대학 등 학령 단계별로 안전보건교육을 확대 · 제공한다(2023~ 교육부). 초 · 중 · 고는 학교안전교육 7대 표준안의 직업안전교육 내용을 강화한다. 직업계고는 산업안전보건 교과서를 개발하고(~2024), 교원 직무 연수교육 등 역량을 강화한다(2023~). 대학은 안전보건을 공학 관련 학과의 교양필수과목으로 지정하도록 유도한다(2023~ 고용부).

② 구직 단계: 구직자 대상 직업훈련(1.5만 개) 및 재취업지원(중장년 일자리 희망센터 등)에 안전보건교육을 포함시킨다(2023~).

» 안전보건 교육 콘텐츠 및 인프라 내실화

① 콘텐츠: MZ 세대를 위한 숏폼을 활용한 교육 콘텐츠를 개발하여 메타버스 등을 통해 제공한다(2023~). 위험 기계·기구, 화학물질 등 현장 위험요인별 교육 콘텐츠를 개발·보급한다.

② 우수기관 육성: 교육의 질적 수준 평가 및 우수기관 선정 등을 통해 질 높은 교육 서비스를 제공·확산한다(2023~).

[전략4] 산업안전 거버넌스 재정비

현장 중심형으로 중대재해 감축 정책의 효과성을 제고하기 위해 현장에서 직접 서비스를 전달하는 기관 간 협업 및 거버넌스 구축을 추진한다.

---

12. 산재예방 전문기관 기능 재조정

» 민간 재해예방기관 전문성 제고

① 안전·보건·건설 등 13개 분야, 1,368개소(2022.7.)에 이르는 민간 재해예방기관은 소규모기관이 난립하여 가격덤핑 등으로 기술지도 서비스가 부실하다는 우려가 높은 실정이다. 자체 대형화, 컨소시엄 시 각종 평가에서 우대 등을 통하여 양질의 종합 기술지도·컨설팅을 제공하는 「안전보건 종합 컨설팅 기관」을 육성한다.

② 평가체계를 개편하여 위험성평가 컨설팅 실적 및 중대재해 감축 성과 위주로 평가하고 형식적 서류 점검은 축소한다. 평가 결과 우수기관에 대하여 공공기관 안전관리 용역 발주 시 가점 부여 등 인센티브를 확대한다(2023~).

» 안전보건공단의 중소기업 지원기능 강화

① 안전공단은 본연의 지원 업무보다는 감독기관의 보조기관화 되었다는 비판이 고조되어 있고 존폐론이 거론되는 실정이다(281쪽 참조). 공단의 기술지도, 재정지원 등 중소기업 지원기능을 확대·개편하고, 위험성평가제 전담 조직을 신설한다.

② 연구·교육, 사고조사 등의 업무를 공단에서 분리하여 별도 산하기관이나 고용노동부 소속기관으로 하는 방안을 검토하여 추진한다.

13. 비상대응 및 상황공유 체계 정비

» 골든타임 확보를 위한 응급의료 비상대응 체계 정비

① 초동조치: 응급상황 초동 대처를 위해 사업장(현장) 근로자 대상 CPR(심폐소생술) 교육 실시 및 AED(자동제세동기) 보급을 확대한다(2023~). 사업주의 CPR 교육시간을 의무 교육시간으로 인정하고, 기초안전보건교육에 CPR 교육을 포함시킨다. 2026년까지 사업장 내 CPR 가능자를 50% 수준으로 확대한다. 응급상황 시 동료들이 비상상황을 즉시 알릴 수 있는 '비상상황 알림 시스템' 구축을 지원한다(2023~).

② 비상대응: 현장 인근 응급의료기관 위치·연락처 등을 현행화하여 게시하고, 이를 안전보건책임자 업무 범위에 추가한다(2023). 사업장(현장)별 비상상황 초기대응(CPR), 응급의료기관 이송경로 등을 포함한 「현장 비상상황 대응 가이드라인」을 보급한다(2023).

③ 응급처치·진료: 골든타임 준수를 위해 응급실·외상센터를 확보한다. 중증응급 진료수준을 상급 종합병원 지정 기준에 포함·반영한다(2024. 복지부). 지자체, 응급의료기관 등과 연계한 지역 외상체계를 구축하고, 산재병원 재활센터 지원 등을 통해 조속한 일터 복귀를 지원한다.

» 중대재해 상황 상시 공유체계 구축

① 행정안전부에서 운영 중인 국민비서(구삐)를 참고하여 산업안전 정보제공 플랫폼을 구축하고, '산업안전비서' 챗봇 시스템 및 교통사고 전광판을 통해 일반 국민들에게 실시간으로 중대재해 속보를 전파·공유한다(2023). 지자체, 직능단체(노·사, 업종별협회 등), 민간기관, 안전관리자 네트워크 등 지역 유관 연락망을 구축하여 사고속보를 문자로 전송한다(2023).

② 산업재해 보고, 지원사업 신청·확인, 산재예방 정보(법령·지침) 등을 원스톱으로 제공하는 종합 포털(가칭 '산재예방 365')을 구축한다(2023년 ISP 수립). 중대재해 사고속보 및 분석(재해조사의견서 DB 분석)에 기반하여 지도 형태로 시각화한 플랫폼을 구축한다.

14. 중앙-지역 간 협업 거버넌스 구축

» 지역·업종이 주도하는 특화 예방 사업 추진

① 지역: 1억 원 미만 축사·공장 지붕 보수, 인테리어 등 초소규모 건설 현장, 외국인 근로자 쉼터 등 플랫폼 종사자 안전보건 인프라 조성, 산업단지 신규근로자 중심 민·관 합동 체험형 안전교육장 구축 등 지자체가 신도시 개발 등 지역 여건별 자체 예방 사업을 추진할 경우 인센티브를 부여하는 방안을 검토한다.

② 업종: 조선업(하청근로자 보호), 화학업(화재·폭발 예방), 폐기물처리업(끼임사고 예방)과 같이 업종별 협회에서 지자체와 연계하여 업종별 특화 예방사업을 기획하여 추진할 경우 인센티브 부여 방안을 검토한다.

» 지역·현장 중심 협업 전달체계 강화

① 지방노동관서, 안전공단, 민간재해 예방기관을 중심으로 지자체, 노·사단체, 지역별 업종협의회·안전보건협의회, 산업단지공단 등이 참여하는 광역 지자체 단위 안전보건협의체(민-관 공동 업종별협의체)를 활성화하여 지역 단위 산재예방을 총괄하게 한다. 지역의 기업이 안전일터 패키지, 소규모기업 인증 등 정부지원사업에 참여하는 경우 지역협의체로 하여금 의견을 제시하게 한다.

② 중앙정부 예방정책이 지역 주민, 개별 근로자까지 전달될 수 있도록 '지방관서-지자체-안전관리자' 간 네트워크·협업 체계를 구축한다. 지자체는 주민센터 공무원을 '안전관리 파수꾼'으로 지정, 각종 예방 정보를 생활밀착형으로 제공한다. 지역 내 건설, 화학 등 업종별 안전관리자 네트워크를 전달체계로 활용한다. 지자체의 건축 인·허가, 착공신고 시 정보 연계(지방관서, 공단) 강화, 근로자에게 실시간 정보 제공이 가능한 '스마트 건설안전 앱'을 활성화한다.

제2편

현
재

산업안전보건의 인프라

제1절 산업안전보건 서비스 수요자

위생적인 환경에서 안전하게 일한다는 것은 일하는 모든 사람에게 필요한 근로조건이다. 그러므로 안전과 보건은 일하는 모든 사람에게 필요한 조건이지만, 역사적인 유래와 현실적인 이유로 안전과 보건에 관한 논의는 피용 근로자, 즉 타인에게 대가를 받고 노무를 제공하는 사람을 보호의 객체로 전제하고 논하게 된다.

이런 이유로 사용자 또는 1인 자영업자의 안전과 보건보다는 산업안전보건법은 "'노무를 제공하는 사람'의 안전 및 보건을 유지ㆍ증진함을 목적"으로 하고 있는 것이며(동법 제1조, 목적), 중대재해처벌법은 "'종사자'의 생명과 신체를 보호함을 목적"으로 하는 것이다(동법 제1조 목적). '노무를 제공하는 사람'이나 '종사자'라는 표현은 '일하는 사람'보다는 개념적으로 좁은 의미이지만, 둘 다 '대가를 받고 노무를 제공하는 사람'에 해당한다. 이런 사람에게 안전과 보건이라는 서비스가 제공되어야 하는 것이다. 실정법에서 사용하는 용어의 개념을 정리하면 다음과 같다.[1]

---

1 통계청의 전국사업체조사에 의하면, 2023년 말 기준 전국의 모든 사업체(사업장) 수는 6,246,489개소이며, 총종사자 수는 25,445,897명이다, 사업체란 자영업 포함 실제 노동이 이루어지는 모든 근로 조직 단위이다(통계청, 전국사업체조사). 고용노동부의 월별사업체노동력조사에 의하면 2024년 말 기준 전국의 근로자 수는 20,173,000명이다(고용노동부, 월별사업체노동력조사). 산업안전보건법이 적용되는 근로자는, 법 조항 중 일부 적용 사업장도 있어 불분명하지만, 산재보험 적용 근로자로 보았을 때 21,421,000명이다. 산업안전보건법이 적용되는 사업장은 법 규정에 따라 '모든 사업장'이므로 2023년 말 기준으로 6,246,489개소이다. 2023년 말 기준으로 전국 5인 이상 사업장 수는 2,761,000개, 5인 이상 사업장에서 일하

Ⅰ. 근로자

1. 근로자의 정의

근로기준법에서는 근로자를 ① 직업의 종류와 관계없이 ② 임금을 목적으로 ③ 사업이나 사업장에서 ④ 근로를 제공하는 자로 정의하고 있다. 임금은 사용자가 근로의 대가로 근로자에게 임금, 봉급, 그 밖에 어떠한 명칭으로든지 지급하는 일체의 금품을 말한다. 그리고 근로에는 정신노동과 육체노동이 모두 포함된다.

직업의 종류와 관계가 없으므로 사무직·생산직, 단순노무종사자 등을 모두 포함한다. 기간의 정함이 있는지, 시간제로 일하는지 등도 문제가 되지 않는다. '사업이나 사업장'에는 사기업뿐만 아니라 공공기관, 국가 및 지방자치단체도 모두 포함된다.

근로기준법상 근로자에 해당하는지 여부에 대하여는 '사용종속관계'가 가장 본질적이고 중요한 판단기준이 된다. 근로자란 임금을 목적으로 종속적인 관계에서 사용자에게 근로를 제공하는 자를 의미한다(대법원 2006.12.7., 2004다29736).

근로기준법상 근로자로 인정받을 경우 부당해고나 부당징계, 임금체불, 퇴직금 등과 관련하여 권리구제를 받을 수 있지만, 인정받지 못할 경우 법의 보호를 받지 못하므로 권리구제를 받을 수 없다. 근로기준법상 근로자 개념은 산업안전보건법, 산재보험법, 최저임금법, 임금채권보장법, 근로자참여법 등에서 준용된다.

2. 근로자의 의무

산업재해 예방에는 근로자의 협조가 필수적이므로, 근로자는 안전 및 보건 '기준' 준수 의무를 지며, 사업주 등의 산업재해 예방에 관한 조치에 따라야 한다. 산업안전보건법도 '근로자의 의무'라는 제목으로 "근로자는… 산재예방기준을 지켜야 하며, 사업주·근로감독관·공단의… 산재예방조치에 따라야 한다"고 규정하고 있다(제6조).

는 근로자 수는 17,645,664명으로 추산된다(KOSIS, 전국 산업별·성별·규모별 사업체 수 및 종사자 수(종사상지위별)).

다만 이와 같은 근로자의 의무는 사업주에 대한 것이 아니고 어디까지나 국가에 대한 것이다. 산안법 제6조는 선언적 규정이어서 의무 위반에 대한 제재는 없다. 이것은 사업주 의무의 경우도 마찬가지다. 근로자에 대한 제재는 구체적인 의무 위반에 대하여 부과된다. 즉, 사업주의 안전조치(제38조) 및 보건조치(제39조)로서 고용노동부령으로 정하는 조치 사항을[2] 지킬 의무(제40조)를 이행하지 않거나, 건강진단 수진의무(제133조)를 위반하는 경우 300만 원 이하의 과태료가 부과된다(제175조 제6항 제3호).

사업주는 근로자의 안전보건 의무위반에 대하여 제재를 가할 수 있다. 이를 위해서는 자치규범인 취업규칙이나 안전보건관리규정에 근로자가 준수해야 할 의무와 그 위반에 대한 제재를 명시하여야 한다.

II. 노무제공자 · 특수형태근로자 · 종사자

1. 산업안전보건법의 규정

산업안전보건법은 '노무를 제공하는 자'의 안전과 보건을 유지 · 증진함을 목적으로 한다고 하면서, 특수형태근로자라고 하여, 산업재해로부터 보호할 필요가 있음에도 「근로기준법」 등이 적용되지 아니하는 자로서 (1) 주로 하나의 사업에 노무를 상시적으로 제공하고 보수를 받아 생활할 것, (2) 노무를 제공할 때 타인을 사용하지 아니할 것, 이상 두 요건을 충족하는 직종에 종사하는 사람을 보호의 객체로 규정하고 있다.[3]

한편, 「근로기준법」상의 근로자가 아니면서 사고가 많이 발생하는 직종의 하나가 이륜차로 물건을 수거 · 배달하는 작업이다. 이에 따라 산업안전보건법은 배달앱 등 이동통신

---

2 예: 사업주로부터 보호구를 받거나 착용 지시를 받은 근로자는 그 보호구를 착용하여야 한다(산업안전보건기준에 관한 규칙 제32조 제2항).

3 보험설계사 및 전업 우체국보험 모집인, 건설기계(27종)를 직접 운전하는 사람, 학습지 교사, 골프장 캐디, 택배원인 사람으로 택배사업(소화물을 집화 · 수송 과정을 거쳐 배송하는 사업)에서 집화 또는 배송 업무를 하는 사람, 택배원인 사람으로서 하나의 퀵서비스업자로부터 업무를 의뢰받아 배송하는 사람, 대출모집인, 신용카드회원 모집인, 대리운전 업무를 하는 사람.

단말장치로 물건의 수거나 배달을 '중개하는 자'에게 이륜자동차로 물건을 수거하거나 배달하는 자의 산업재해 예방을 위한 안전보건 조치를 하도록 규정하고 있다.

2. 중대재해처벌법의 규정

중대재해처벌법은 보호의 대상을 '종사자'라고 하면서, 여기에 근로자와 '근로자 외에 도급·용역·위탁 등 계약의 형식에 관계없이 그 사업의 수행을 위하여 대가를 목적으로 노무를 제공하는 자'를 포함시키고 있다.

여기에는 산업안전보건법의 특수형태근로종사자는 물론이고 직종과 무관하게 다수의 사업에 노무를 제공하거나 타인을 사용하는 경우라 하더라도 이와 상관없이 대가를 목적으로 노무를 제공하는 자이기만 하면 종사자에 해당한다. 다만, 노무를 제공하는 자로서 종사자는 대가를 목적으로 하므로 호기심이나 취미로 노무를 제공하는 자, 해당 사업장에 일시적으로 방문한 일반 방문자는 포함되지 않는다.

III. 수급인 및 수급인과 근로관계를 맺은 사람

도급인의 안전보건 의무에 따라 수급인 및 그 근로자를 보호의 객체로 하고 있는 산안법의 내용을 본받아, 중처법도 사업이 여러 차례의 도급에 의해 행하여지는 경우에 각 단계의 수급인 및 각 단계의 수급인과 근로계약 관계에 있는 사람, 각 단계의 수급인에게 대가를 목적으로 노무를 제공하는 사람도 '종사자'에 포함시킨다. 즉, 도급계약이 여러 단계에 걸쳐 체결된 경우에 각 단계별로 모든 수급인 및 수급인의 모든 종사자는 중처법이 말하는 '종사자'에 포함된다.

제2절 산업안전보건 서비스 공급자

Ⅰ. 기업

1. 사업주 또는 경영책임자등

산업안전보건 서비스의 공급자라 함은 안전보건 서비스의 공급체계를 구성하는 시스템·행위자·기구 등을 일컫는다. 산업안전보건에 관한 법률에서[4] 사업주 또는 경영책임자를 정한 목적은 이들이 일을 시키는 지위에 있기 때문이다. 그러므로 이들은 자기에게 노동 서비스를 제공하는 사람들의 안전과 보건에 대한 책임을 질 의무를 갖는다.

» 사업주

산업안전보건법에서 사업주란 근로자를 사용하여 사업을 하는 자를 말한다. 산업안전보건법의 대부분의 조문은 그 시작이 "사업주는~"으로 되어 있고, 마지막에는 대체로 "~하여야 한다"로 끝을 맺고 있다. 사업주란 '근로자를 사용하여 사업을 하는 자'로서 법인인 사업주인 경우에는 법인, 또는 개인 사업자인 경우에는 개인을 가리킨다. 사업주가 법인인 경우에는 벌칙 적용에 있어서, 법인의 종업원 등이 법인의 업무에 관하여 위반행위를 하면 그 행위자를 벌하는 외에 그 법인에게도 벌금형을 과한다.

한편, 중대재해처벌법에서 사업주란 '자신의 사업을 영위하는 자' 또는 '타인의 노무를 제공받아 사업을 하는 자'를 말한다. '자신의 사업을 영위하는 자'란 타인의 노무를 제공받음이 없이 자신의 사업을 영위하는 자를 말하므로 중처법에 따른 사업주는 근로자를 사용하여 사업을 하는 자로 한정하고 있는 산안법에 따른 사업주보다 넓은 개념이다. 중처법이 산안법과 달리 제반 의무를 개인으로서의 사업주와 경영책임자 등에게 부과하고 개인사업

---

4   산업안전보건에 관한 법률이란 산업안전보건법과 중대재해처벌법에 국한되는 것이 아니다. 광산안전법, 원자력안전법, 철도안전법, 식품위생법, 시설물안전관리에 관한 법률 등 수많은 실정법이 노동안전에 관하여 규율하고 있다. 이러한 노동안전 관련 법률의 모법(母法) 역할을 하는 것이 산업안전보건법임은 부인할 수 없다.

주가 아닌 사업주를 경영책임자 등과 구분하여 법인 또는 기관으로 표현하고 있는 점에 비추어 볼 때 중처법에서 규정하는 사업주는 행위자로서 개인사업주만을 의미한다.[5]

» 경영책임자등

이는 중처법에서 창설한 개념으로 경영책임자 등이란 다음 어느 하나에 해당하는 자를 말한다.

① 사업을 대표하고 사업을 총괄하는 권한과 책임이 있는 사람 또는 이에 준하여 안전보건에 관한 업무를 담당하는 사람

② 중앙행정기관의 장, 지방자치단체의 장, 지방공기업의 장, 공공기관의 장

'사업을 대표하고 사업을 총괄하는 권한과 책임이 있는 사람'이란 통상적으로 상법상 주식회사의 경우 그 대표이사를 말한다. 현장소장, 공장장 등 대표이사의 지시를 받아 개별 사업장에서 생산활동을 총괄하는 자와는 개념상 구별되어야 한다.

'이에 준하여 안전보건에 관한 업무를 담당하는 사람'이란 사업 또는 사업장 전반의 안전 및 보건에 관한 조직·인력·예산 등에 관하여 경영책임자에 준하여 총괄하는 권한과 책임을 가지는 등 최종 결정권을 가진 사람을 의미한다.

따라서 안전보건 업무를 전담하는 최고책임자라 하더라도 사업 경영대표자 등으로부터 사업 또는 사업장 전반의 안전·보건에 관한 조직 인력 예산에 관한 총괄 관리 및 최종 의사결정권을 위임받은 경우로 평가될 수 있는 경우가 아니라면 '이에 준하여 안전보건에 관한 업무를 담당하는 사람'이 아니다.

---

5   중처법 제3조(적용범위) 상시근로자가 5명 미만인 사업 또는 사업장의 사업주(개인사업주에 한정한다. 이하 같다) 또는 경영책임자 등에게는 이 장의 규정을 적용하지 아니한다.

» 개념상의 비교 – 경영책임자등, 안전보건관리책임자, 사업경영담당자, 대표이사

① 경영책임자등 vs. 안전보건관리책임자 vs. 사업경영담당자

중대재해처벌법의 「경영책임자등」은 사업 전체를 대표하고 사업을 총괄하는 권한과 책임이 있는 자 또는 이에 준하여 안전보건에 관하여 업무를 담당하는 자이고, 산업안전보건법의 「안전보건관리책임자」는 '하나의 사업장을 단위'로 하여 산업재해 예방에 관한 사항에 대한 사업주의 업무를 총괄 관리하고, 안전관리자·보건관리자를 지휘·감독하며, 산업안전보건법의 안전보건관리 체제하에서 그 역할이 의무화되어 있는 자를 의미한다. 다만, 특정 법인사업주가 운영하는 사업장이 하나이거나 복수이더라도 법인의 대표자가 특정 사업 또는 사업장의 안전보건관리책임자에 해당하는 경우에는 동시에 중처법상 「경영책임자등」에 해당할 수 있다. 한편, 근로기준법의 '사업경영담당자'는 사업주가 아니면서도 사업 경영 일반에 관하여 책임을 지는 자로서, 사업 경영의 전부 또는 일부에 대하여 포괄적 위임을 받아 대외적으로 사업을 대표하거나 대리하는 자를 말한다. 사업경영담당자로서 사업주로부터 사업 경영의 전부를 위임받은 사람은 중처법 제2조 제9호 가목의 '사업을 대표하고 사업을 총괄하는 권한과 책임이 있는 사람', 즉 「경영책임자등」에 해당할 수 있다.

② 중대재해처벌법의 경영책임자 vs. 산업안전보건법의 대표이사

또한 중처법의 「경영책임자」와 산업안전보건법의 「대표이사」를 비교하면, 전자는 사업을 대표하고 사업을 총괄하는 권한과 책임이 있는 자로서 예산, 인력, 조직 등 사업 경영에 '실질적인 결정 권한'을 가지는 자를 말하고, 후자는 회사의 정관에서 정한 절차에 따라 매년 안전 및 보건에 관한 계획을 수립하여 이사회에 보고하고 승인을 받아야 할 의무가 있는 법률상의 지위를 의미한다. 즉 상법상의 「대표이사」는 원칙적으로 사업을 대표하고 사업을 총괄하는 권한과 책임이 있으므로 중처법에 따른 「경영책임자」에 해당한다.

중처법상 경영책임자를 특정할 경우의 사례

① 사업을 대표하고 사업을 총괄 관리하는 사람이 2명 이상인 경우(공동대표)

- 2명 모두 경영책임자가 될 수 있으며, 안전 및 보건 확보 의무도 역시 공동으로 부여된 것으로 볼 수도 있음.

- 특히 복수의 대표이사가 있는 경우 회사 내에서의 1) 직무, 2) 책임과 권한 및 3) 기업의 의사결정 구조 등을 종합적으로 고려하여 실질적으로 해당 사업에서 최종 경영책임자가 누구인지를 판단할 수 있을 것임.

② 하나의 법인에 복수의 사업 부문을 두는 경우

- 하나의 법인에 두 개 이상의 사업이 있고 각각의 사업을 대표하고 총괄하는 권한과 책임이 있는 자가 있고, 각 사업 부문이 독립성을 가지고 분리되어 있어 별개의 사업으로서 평가될 수 있는 경우에는 각 사업을 대표하고 총괄하는 권한과 책임이 있는 사람이 각자 해당 사업 부문의 경영책임자에 해당할 수 있음.

③ 복수의 사업 부문별로 대표가 있으면서, 법인을 대표하고 사업 전체를 총괄하는 대표가 별도로 있는 경우

- 사업 부문별 대표가 각 사업 부문의 조직, 인력, 예산 등 경영의 독립성을 가지고 별개의 사업으로서 운영되는 경우에 원칙적으로는 각 사업 부문별 대표가 경영책임자에 해당함.

  - 다만 여러 사업 부문들을 총괄하는 차원에서 해당 사업 부문의 경영상의 중요한 의사결정을 총괄대표가 하거나 부문별 대표와 공동으로 하는 경우에는 법인 내에서의 직위나 직무, 해당 사업 부문에서 실질적인 권한 행사 등 기업의 의사결정 구조에 따른 영향력 등을 종합적으로 고려하여 사업을 총괄하는 대표가 경영책임자에 해당하는지 여부를 판단하여야 할 것임.

» 사업주 또는 경영책임자등의 의무

산업안전보건법이 의무에 있어 사업주 '등'이라고 표현한 이유는 근로기준법상의 '근로자가 아닌 자'인 '택배원 등 특수형태근로종사자로부터 노무를 제공받는 자'와 '이륜자동차 운전자로부터 노무를 제공받아 물건의 수거배달 등을 중개하는 자'를 포함시키기 위한 것이다. 이들 사업주 등은 근로자의 안전 및 건강을 유지·증진시키고 국가의 산업재해 예방 정책을 따르기 위한 다음 사항을 이행하여야 한다(제5조).

① 산업안전보건법과 법에 따른 명령으로 정하는 산업재해 예방을 위한 기준 준수
② 근로자의 신체적 피로와 정신적 스트레스 등을 줄일 수 있는 쾌적한 작업환경의 조성 및 근로조건 개선
③ 해당 사업장의 안전 및 보건에 관한 정보를 근로자에게 제공

이때 사업주 등이 준수하여야 할 의무는 직접적으로는 국가에 대한 의무이고 근로자에 대한 의무는 아니다. 사업주 등의 일반적인 행동기준을 정하고 있는 것이어서 위반에 따른 제재가 수반되지 않는다. 즉, 산안법이 선언하는 '사업주 등'의 의무는 일반적이고 추상적인 의무를 선언한 것이다.

한편, 중대재해처벌법상 '경영책임자등'은 다음의 의무를 갖는다.

① 재해예방에 필요한 안전보건관리체계의 구축 및 이행 (9가지)
② 재해 발생 시 재발 방지 대책의 수립 및 이행
③ 중앙행정기관·지방자치단체가 관계 법령에 따라 개선 시정 등을 명한 사항의 이행
④ 안전·보건 관계 법령에 따른 의무이행에 필요한 관리상 조치 (4가지)

경영책임자등의 의무의 법적 성격: 중처법이 규정하고 있는 경영책임자등의 의무는 동법 시행령에 구체적으로 규정하고 있으며, 경영책임자등이 이를 이행하지 않아 중처법이 정한 중대재해가 발생한 경우 처벌을 받을 수 있다. (〈도표 2-1〉 참조)

도표 2-1. 중처법상의 경영책임자등의 안전보건 확보의무

안전 및 보건 확보의무 개관	
법 제4조(사업주와 경영책임자등의 안전 및 보건 확보의무)	
1. 재해예방에 필요한 인력 및 예산 등 안전보건관리체계의 구축 및 그 이행에 관한 조치 (법 제4조제1항제1호)	① 안전·보건 목표와 경영방침의 설정 ② 안전·보건 업무를 총괄·관리하는 전담 조직 설치 ③ 유해·위험 요인 확인 개선 절차 마련, 점검 및 필요한 조치 ④ 재해예방에 필요한 안전·보건에 관한 인력·시설·장비 구비와 유해·위험 요인 개선에 필요한 예산 편성 및 집행 ⑤ 안전보건관리책임자 등의 충실한 업무수행 지원(권한과 예산 부여, 평가기준 마련 및 평가·관리) ⑥ 산업안전보건법에 따른 안전관리자, 보건관리자 등 전문 인력 배치 ⑦ 종사자 의견 청취 절차 마련, 청취 및 개선방안 마련·이행 여부 점검 ⑧ 중대산업재해 발생 시 등 조치 매뉴얼 마련 및 조치 여부 점검 ⑨ 도급, 용역, 위탁 시 산재예방 조치 능력 및 기술에 관한 평가기준절차 및 관리비용, 업무수행기관 관련 기준 마련·이행 여부 점검
2. 재해 발생 시 재발방지 대책의 수립 및 그 이행에 관한 조치(법 제4조제1항제2호)	
3. 중앙행정기관·지방자치단체가 관계 법령에 따라 개선, 시정 등을 명한 사항의 이행에 관한 조치 (법 제4조제1항제3호)	

안전 및 보건 확보의무 개관	
4. 안전 · 보건 관계 법령에 따른 의무이행에 필요한 관리상의 조치 (법 제4조제1항제4호)	① 안전 · 보건 관계 법령에 따른 의무 이행 점검
	② 인력 배치 및 예산 추가 편성 · 집행 등 의무 이행에 필요한 조치
	③ 유해 · 위험 작업에 대한 안전 · 보건 교육의 실시 여부를 점검
	④ 미실시 교육에 대한 이행의 지시, 예산의 확보 등 교육 실시에 필요한 조치

법 제5조(도급, 용역, 위탁 등 관계에서의 안전 및 보건 확보의무)

- 사업주 또는 경영책임자등은 사업이나 법인 또는 기관이 제3자에게 도급, 용역, 위탁 등을 행한 경우에는 제3자의 종사자에게 중대산업재해가 발생하지 아니하도록 제4조의 조치를 하여야 한다.
- 다만, 사업이나 법인 또는 기관이 그 시설, 장비, 장소 등에 대하여 실질적으로 지배 · 운영 · 관리하는 책임이 있는 경우에 한정한다.

2. 산업안전보건위원회

» 제도의 의의

산업안전보건위원회는 안전보건에 관한 의사결정에 있어서 근로자들의 참여와 협력의 필요를 전제하면서 출발한 제도이다. 안전과 보건 서비스의 공급자로 산안위를 따로 지목하는 것은 산안위가 사업주 또는 경영책임자의 안전보건 의사결정에 막대한 영향을 미치는 법적인 의사결정기구이기 때문이다. 산업재해를 줄이기 위해서는 근로자들의 참여와 협력이 무엇보다 중요하다. 유해 · 위험 요인을 가장 잘 알고 있는 근로자가 함께 개선해 나가는 노력을 할 때 산업재해를 효과적으로 예방할 수 있기 때문이다.

영국을 비롯한 유럽연합의 국가들도 사업주가 안전보건 문제를 관리하고 해결하고자 할 때, 근로자와의 협의와 참여를 필수적으로 활용해야 한다고 강조한다. 실제 근로자의 협의와 참여가 안전보건에 미치는 영향을 분석한 보고서에 의하면 근로자들이 안전보건 문제 해결에 적극적으로 참여할수록 산재 발생률과 직업의 위험도가 낮아진다.[6]

산업안전보건위원회 제도는 산안법 제정 당시부터 법에 규정되어 있는 제도이다. 같은 취지로 중처법도 경영책임자등에게 '안전보건에 관한 종사자 의견 청취 절차 마련 및 이행 여부 점검'을 의무화하고 있는데, 산업안전보건위원회를 설치 · 운영하는 경우 동 의무를 이행한 것으로 간주한다.

---

6 European Survey of Enterprises on New and Emerging Risks, ESENER. 유럽 31개 국가 안전보건관리자와 근로자대표들을 대상으로 유럽 기업들에 새롭게 나타나는 위험에 대한 조사.

» 산업안전보건위원회 개요

산업안전보건위원회는 사업장의 자율적 재해예방 활동을 위해 필요한 안전과 보건에 관한 중요 사항을 사업주와 근로자들이 협의하고 결정하기 위한 상호 존중과 협력에 기반한 회의체라고 할 수 있다. 안전과 보건의 유지 · 증진을 위해 필요한 사항을 노 · 사가 함께 심의하고 의결함으로써 근로자의 이해와 협력을 구하고, 의견을 반영하는 노사 소통기구 역할을 한다.

사업장의 위험을 가장 먼저 감지할 수 있는 현장 근로자가 위험한 상황에 대하여 의견을 제시하는 것은 문제를 해결하는 출발점이 된다. 산업안전보건위원회는 안전보건 문제를 발견하고 해결하는 모든 과정에서 사업주와 근로자의 공식적인 참여를 보장하는 소통기구로 작동한다. 위원회를 효과적으로 운영하면, 노사 공동의 노력을 통한 산업재해 예방과 생산성 향상 및 직원의 근무 만족도를 높일 수 있다. 산업안전보건위원회의 구성과 운영을 그림으로 표현하면 다음 그림과 같다.

도표 2-2. 산업안전보건위원회 구성 및 운영 흐름도

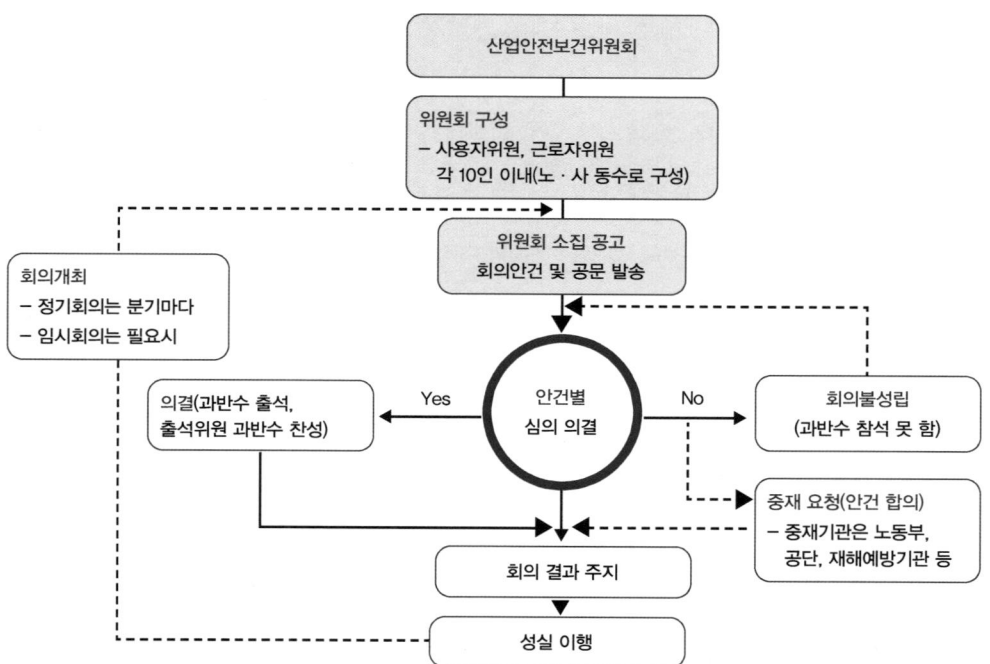

» 산업안전보건위원회와 노사협의회

노사협의회는 법적으로 '근로자와 사용자가 참여와 협력을 통하여 근로자의 복지증진과 기업의 건전한 발전을 도모하기 위하여 구성하는 협의기구'를 말한다. 안전보건 문제를 포함한 근로자의 복지증진 및 기업의 경영 관련 사항까지 포괄하여 협의하는 '노사 협의 및 의결 기구'로서, 근로조건에 대한 결정권이 있는 사업이나 사업장 단위로 설치하여야 하지만 상시 30명 미만의 근로자를 사용하는 사업 또는 사업장은 적용 제외이다.

산업안전보건위원회와 노사협의회는 근로자와 사용자를 대표하는 동수의 위원으로 구성된다는 점, 분기(3개월)마다 개최되는 정기회의와 필요시 개최되는 임시회의로 구분된다는 점, 안건은 심의(협의) 사항과 의결 사항으로 구분된다는 점에서는 동일하다. 하지만 노사협의회는 30인 이상 사업장을 대상으로 하는 반면, 산업안전보건위원회는 100인 이상(유해업종은 50인 이상) 사업장으로 규정되어 설치 대상 업종과 규모에 있어 차이가 있다.

양 제도는 기본적으로 유사하다. 이러한 유사성으로 산업안전보건법 제1차 개정(1990.1.13.)에서 단서를 신설하여 노사협의회가 설치된 사업장에서는 노사협의회를 산업안전보건위원회로 갈음하도록 하였다가, 제8차 개정(2006.3.24.)에서 노사자율의 재해예방활동 강화를 위해 단서를 삭제하고 노사협의회와 별도의 산업안전보건위원회를 설치하도록 의무화하였다.[7] 산업안전보건위원회와 노사협의회를 비교하면 다음 표와 같다.

---

7   산업안전보건위원회(산안위)와 노사협의회(협의회)를 별도로 설치하도록 법에 규정한 것은 바람직하지 않다고 사료된다. 노사협의회와 별도로 산안위를 설치하도록 하는 법 규정은 안전보건의 중요성을 강조하고 사업장의 자율적·창의적 안전보건관리를 촉진함에 목적이 있다. 하지만, 산안위와 협의회는 노사 참여와 협력이라는 제도의 취지도 유사하거니와 이 때문에 구성원도 비슷하다. 노사 분쟁이 잦고 갈등이 심화된 사업장에서 회의체가 많아지는 경우 산안위·협의회가 참여와 협조가 아니라 대립과 분쟁의 씨앗을 배태하는 계기가 되기 십상이다.

구분	산업안전보건위원회	노사협의회
근거 법률	산업안전보건법	근로자참여 및 협력증진에 관한 법률
입법 취지	근로자와 사용자가 함께 산업안전·보건에 관한 중요 사항을 심의·의결하기 위함	근로자와 사용자가 참여와 협력을 통하여 근로자의 복지증진과 기업의 건전한 발전을 도모하기 위한 협의기구
설치 대상	• 상시근로자 100명 이상 사업장 • 상시근로자 50인 이상 유해·위험 업종 • 공사금액 120억 원 이상(토목공사업은 150억 원 이상) 건설업 • 상시근로자 300인 이상 농어업, 금융 및 보험업, 사회복지 서비스업 등	• 상시근로자 30인 이상 사업장 단위(전 업종)
협의 또는 의결 사항	〈심의·의결 사항〉 1. 산업재해 예방계획의 수립에 관한 사항 2. 안전보건관리규정의 작성 및 변경에 관한 사항 3. 근로자의 안전·보건교육에 관한 사항 4. 작업환경측정 등 작업환경의 점검 및 개선에 관한 사항 5. 근로자의 건강진단 등 건강관리에 관한 사항 6. 중대재해의 원인 조사 및 재발 방지대책 수립에 관한 사항 7. 산업재해에 관한 통계의 기록 및 유지에 관한 사항 8. 유해하거나 위험한 기계·기구와 그 밖의 설비를 도입한 경우 안전·보건조치에 관한 사항 9. 그 밖에 해당 사업장 근로자의 안전 및 보건을 유지·증진시키기 위하여 필요한 사항 ※ 「심의」 사항 ▲ 공정안전보고서 작성(법 제44조) ▲ 안전보건개선계획 수립(법 제49조) ※ 「요구」할 수 있는 사항 ▲ 작업환경측정결과 설명회 등 개최(법 제125조제7항) ※ 「의결」 사항 ▲ 역학조사 요청(법 제141조)	〈의결 사항〉 1. 근로자의 교육훈련 및 능력개발 기본계획의 수립 2. 복지시설의 설치와 관리 3. 사내근로복지기금의 설치 4. 고충처리위원회에서 의결되지 아니한 사항 5. 각종 노사공동위원회의 설치 〈협의 또는 의결 사항〉 1. 생산성 향상과 성과 배분 2. 근로자의 채용·배치 및 교육훈련 3. 근로자의 고충처리 4. 안전, 보건, 그 밖의 작업환경 개선과 근로자의 건강증진 5. 인사·노무관리의 제도 개선 6. 경영상 또는 기술상의 사정으로 인한 인력의 배치전환·재훈련·해고 등 고용조정의 일반원칙 7. 작업과 휴게 시간의 운용 8. 임금의 지불방법·체계·구조 등 제도 개선 9. 신기계·기술의 도입 또는 작업공정 개선 10. 작업 수칙의 제정 또는 개정 11. 종업원지주제와 그 밖에 근로자의 재산형성에 관한 지원 12. 직무 발명 등과 관련하여 해당 근로자에 대한 보상에 관한 사항 13. 근로자의 복지증진 14. 사업장 내 근로자 감시 설비의 설치 15. 모성보호 및 일과 가정생활의 양립을 지원하기 위한 사항 16. 직장 내 성희롱 및 고객 등에 의한 성희롱 예방에 관한 사항 17. 그 밖의 노사협조에 관한 사항

» 중대재해처벌법과 산업안전보건위원회

중대재해처벌법은 경영책임자등이 안전보건에 관한 종사자의 의견을 청취하고 개선 방안을 마련하여 이행하는지를 반기 1회 이상 점검한 후 필요한 조치를 하도록 규정하면서, 산업안전보건위원회에서 안전 및 보건에 관하여 논의하거나 심의 · 의결한 경우 해당 종사자의 의견을 들은 것으로 간주한다.

산업안전보건위원회와 같이 안전 및 보건에 관하여 논의하거나 심의 · 의결한 경우 해당 종사자의 의견을 들은 것으로 간주하는 협의체는 제조업 · 서비스업의 도급의 경우(도급인의 안전 및 보건에 관한 협의체)와 건설업의 도급의 경우(건설공사의 안전 및 보건에 관한 협의체)도 마찬가지로 적용된다.

Ⅱ. 공공 부문

1. 고용노동부 (본부 및 지방)

고용노동부는 2021년 7월 1일 산업안전보건 조직을 대폭 확대하고, 안전감독관을 종전 705명에서 총 815명으로 증원하였다.

도표 2-4. 연도별 산업안전 근로감독관 정원

연도(연말)	2016	2017	2018	2019	2020	2021
정원(명)	412	448	570	681	705	815

종전 본부 인력 · 조직은 1국 5과 47명으로 급격하게 늘어나는 산업안전보건 정책수요에 적시 대응하는 데 어려움이 컸다. 이를 1본부(산업안전보건본부), 2정책관, 10과 · 팀, 82명으로 확대하였다. 신설된 부서는 건설업 재해예방을 전담하는 부서, 중대재해처벌법 시행에 대비하여 중대산업재해의 수사 · 감독을 전담하는 부서, 기업의 안전보건관리체계 구축 등 사전예방시스템 구축 지원 부서, 감독 기획 · 총괄 부서다. 감정노동 · 과로 · 직업성 암 등 새로운 산업보건 수요를 충족하기 위하여 직업건강 증진에 관한 부서도 신설하였다. (〈도표 2-5〉 참조)

도표 2-5. 산업안전보건본부 조직도 및 업무분장

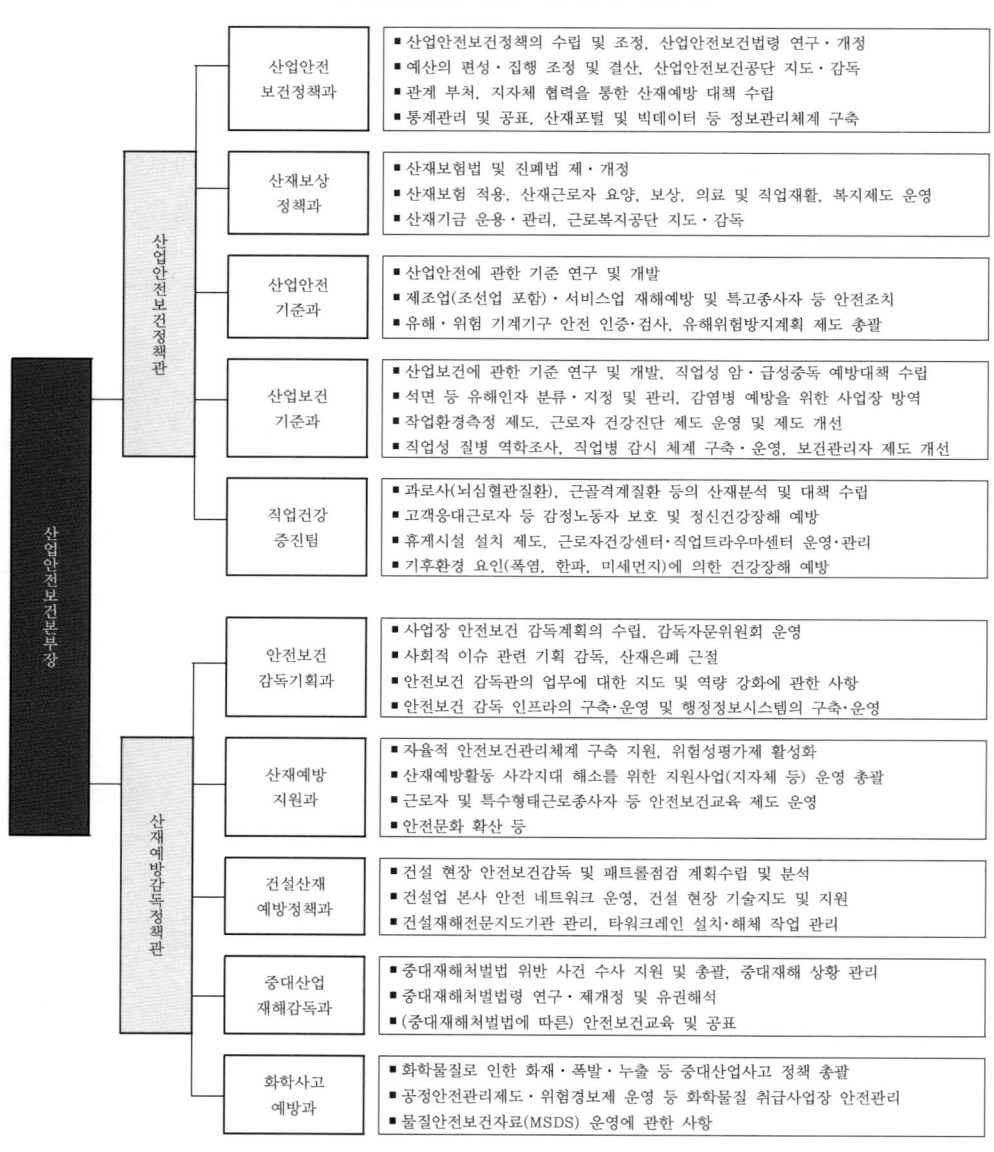

산업안전보건본부장

산업안전보건정책관

산업안전보건정책과
- 산업안전보건정책의 수립 및 조정, 산업안전보건법령 연구·개정
- 예산의 편성·집행 조정 및 결산, 산업안전보건공단 지도·감독
- 관계 부처, 지자체 협력을 통한 산재예방 대책 수립
- 통계관리 및 공표, 산재포털 및 빅데이터 등 정보관리체계 구축

산재보상정책과
- 산재보험법 및 진폐법 제·개정
- 산재보험 적용, 산재근로자 요양, 보상, 의료 및 직업재활, 복지제도 운영
- 산재기금 운용·관리, 근로복지공단 지도·감독

산업안전기준과
- 산업안전에 관한 기준 연구 및 개발
- 제조업(조선업 포함)·서비스업 재해예방 및 특고종사자 등 안전조치
- 유해·위험 기계기구 안전 인증·검사, 유해위험방지계획 제도 총괄

산업보건기준과
- 산업보건에 관한 기준 연구 및 개발, 직업성 암·급성중독 예방대책 수립
- 석면 등 유해인자 분류·지정 및 관리, 감염병 예방을 위한 사업장 방역
- 작업환경측정 제도, 근로자 건강진단 제도 운영 및 제도 개선
- 직업성 질병 역학조사, 직업병 감시 체계 구축·운영, 보건관리자 제도 개선

직업건강증진팀
- 과로사(뇌심혈관질환), 근골격계질환 등의 산재분석 및 대책 수립
- 고객응대근로자 등 감정노동자 보호 및 정신건강장해 예방
- 휴게시설 설치 제도, 근로자건강센터·직업트라우마센터 운영·관리
- 기후환경 요인(폭염, 한파, 미세먼지)에 의한 건강장해 예방

산재예방감독정책관

안전보건감독기획과
- 사업장 안전보건 감독계획의 수립, 감독자문위원회 운영
- 사회적 이슈 관련 기획 감독, 산재은폐 근절
- 안전보건 감독관의 업무에 대한 지도 및 역량 강화에 관한 사항
- 안전보건 감독 인프라의 구축·운영 및 행정정보시스템의 구축·운영

산재예방지원과
- 자율적 안전보건관리체계 구축 지원, 위험성평가제 활성화
- 산재예방활동 사각지대 해소를 위한 지원사업(지자체 등) 운영 총괄
- 근로자 및 특수형태근로종사자 등 안전보건교육 제도 운영
- 안전문화 확산 등

건설산재예방정책과
- 건설 현장 안전보건감독 및 패트롤점검 계획수립 및 분석
- 건설업 본사 안전 네트워크 운영, 건설 현장 기술지도 및 지원
- 건설재해전문지도기관 관리, 타워크레인 설치·해체 작업 관리

중대산업재해감독과
- 중대재해처벌법 위반 사건 수사 지원 및 총괄, 중대재해 상황 관리
- 중대재해처벌법령 연구·제개정 및 유권해석
- (중대재해처벌법에 따른) 안전보건교육 및 공표

화학사고예방과
- 화학물질로 인한 화재·폭발·누출 등 중대산업사고 정책 총괄
- 공정안전관리제도·위험경보제 운영 등 화학물질 취급사업장 안전관리
- 물질안전보건자료(MSDS) 운영에 관한 사항

지방관서에 특별감독 및 중대산업재해 조사를 전담하는 '광역중대재해관리과'와 '건설산재지도과' 등 총 17개 과를 증설하였다. 《도표 2-6〉 참조)

도표 2-6. 지방노동관서 조직 편제

광역중대재해관리과	▲청 관할 특별감독 ▲중대법 관련 사항, 현장점검의 날 운영 등 ▲관할 내 둘 이상의 소속 지청 및 출장소에 걸친 감독계획 수립
산재예방지도과	▲사업장 지도 및 산안법 위반 조치 ▲재해원인조사 및 조치 ▲국정감사 업무처리 ▲기관평가 등 그 밖에 산업안전보건에 관한 사항 및 본부 시달 점검·감독 결과 취합 등
건설산재예방과	▲건설업 감독 ▲건설회사 및 건설공사 발주자 등 건설 관련 일체

이와 같은 인력·조직의 확충과 병행하여 산재예방에 필요한 예산도 2022년도에 1조 원 이상으로 증액하는 등 산업안전보건 인프라를 강화하였다.

2. 한국산업안전보건공단

» 공단 설립 전후의 사정

1960년대 이후 우리나라는 경제개발 5개년 계획을 수립하는 등 경제개발에 박차를 가하여 놀라운 경제성장을 이룩하였다. 특히 제1·2차 경제개발계획 기간 중에는 매년 평균 11%대의 경이적인 고도성장을 기록하였다. 그러나 성장의 이면에는 수많은 산업재해자들이 발생하고 있었다. 산업재해는 소중한 노동 인력의 손실을 초래하였고, 기업의 국제경쟁력을 약화시킴으로써 국가 경제발전에도 상당한 걸림돌로 작용하게 되었다.

이에 노동부에서는 1986년 2월 24일, 산업안전보건단체 기능합리화 방안으로 산업재해예방 법정단체 설립계획안을 수립하여 당정협의를 거치게 되었다. 같은 해 11월 6일, 민주정의당 국책연구소는 산업재해예방 법정단체 설립(안)을 정책 연구과제로 선정하고, 가칭 '한국산업재해예방사업단' 설립 방침을 결정하였다.

1987년 4월 21일, 민주정의당 보건사회분과위원회는 설립계획을 일부 수정하여 '한국산업재해예방공단'을 설립하기로 하였으나, 4월 29일에 민주정의당 주최로 열린 경제기획원, 상공부, 동력자원부, 노동부 등 4개 관계 부처 차관회의에서 〈한국산업안전공단법〉을 제정하기로 확정하였다.

같은 해 5월 4일, 민주정의당 의원 33명의 발의로 한국산업안전공단법(안)을 국회에 제출하여 5월 13일에 제133회 임시국회 본회의를 통과하였다. 이 법안은 5월 22일에 국무회의 의결을 거쳐 5월 30일에 법률 제3931호로 공포되고, 12월 1일에는 대통령령 제2281호로 그 시행령이 공포되어 한국산업안전공단의 설립 근거가 마련되었다.

» 한국산업안전공단 설립

1987년 5월 13일, 한국산업안전공단법이 국회를 통과함에 따라 5월 27일 노동부 근로기준국에서는 노동부장관의 재가를 받아 공단 설립추진계획을 수립하였고, 6월 29일에는 공단의 원활한 설립추진을 위하여 설립위원회위원장에 한진희 노동부 차관을 임명하였으며 구연춘 근로기준국장, 김기덕 노동보험국장을 설립위원으로 하는 한국산업안전공단 설립위원회를 발족하였다.

같은 해 9월 9일에는 설립운영 기본계획을 확정하였고, 9월 15일부터 설립준비 실무작업반이 가동되게 되었다. 실무작업반은 총괄반장인 장선식 산업안전과장을 주축으로 노동부와 민간 안전보건 관련 단체 등 관계 전문가 13명으로 구성되어 인천직할시 북구 구산동에 소재한 국립노동과학연구소 12호실에 사무실을 마련하고 설립운영 세부계획 수립 등 설립 업무에 본격 착수하였다.

같은 해 11월 30일에는 정동철 전 노동부 차관이 공단의 초대 이사장으로 임명되었으며, 설립위원회에서는 공단의 정관(안)을 작성하여, 12월 5일 노동부장관의 인가를 받아, 12월 9일 설립등기를 마쳤다. 12월 11일에는 산업안전교육원 청사에 본부 사무실을 두고 교육원 강당에서 이헌기 노동부장관, 박준병 국회보사위원장, 김동인 한국노총 위원장, 이동찬 한국경총 회장 등 정부·국회·노사단체 및 관계 전문가와 공단의 임직원 300여 명이 참석한 가운데 창립식이 거행되었다. 이로써 명실상부하게 우리나라 산업안전보건의 중추 역할을 맡게 될 한국산업안전공단이 탄생하였다.

특수법인 형태의 공단이 발족함으로써 국가적 차원의 종합적이고 전문적인 산업재해 예방활동체계를 비로소 확립하게 되었으며, 공단 설립을 계기로 근로자에게는 안전하고 쾌적한 작업환경을 제공하고, 국가적으로도 범국민적 안전의식 확산에 기여할 수 있게 되었다. 또한 선진 복지국가 진입의 걸림돌이던 산업재해를 감소시켜 국가경쟁력을 제고할 수 있는 기반을 마련하게 되었다.

» 공단의 규모 · 업무

2025년 6월 말 현재 안전보건공단의 인원은 2,300여 명을, 예산은 약 1조 3천억 원을 상회한다. 산업안전보건법 제165조(권한 등의 위임 · 위탁)의 규정에 따라 산업안전보건 광범위한 분야에 걸친 업무를 비롯하여 안전보건 행정의 기획 · 수사 등을 제외한 업무 대부분을 수행하고 있다. 산안법에 의하여 위탁받은 업무만도 21종에 이르며, 그 외에 교육 · 연구 기능 등 대부분을 수행한다.

» 공단 존폐론

2025년 현재 설립 38년이 되는 안전보건공단이 설립 목적을 달성하여 존재의 의의를 상실했다는 시각이 있다. 공단은 다른 나라에 유례를 찾기 어려운 특수한 조직으로 전액 국가의 출연금(出捐金)으로 운영되는 기구다. 공단의 설립 목적은 민간에 대한 '산재예방 기술지도'였으나 이제는 단순한 산업안전보건 '행정업무 대행기구'로 변했다는 시각이 내외에 퍼져 있다. 이러한 시각의 요지는, 이제 산업재해 예방기술은 상당한 정도로 민간에서 갖추었고, 안전보건 서비스를 더 이상 공공 부문(공단)이 아닌 시장에서 거래되게 해야 산업재해 예방에 효율적이라는 것이다. 무엇보다도 방대한 인력과 예산에 비하여 효과성에 의문이 간다는 것이다.[8] 고용노동부에서 산업안전보건 업무를 분리하여 산업안전보건청을 신설하되, 공단의 연구 기능은 별도로 하고 그 외 기능과 인력을 산업안전보건청에 흡수시

---

8 공단과 같은 특수한 조직이 없는 미국의 경우 2024년 현재, 우리의 고용노동부 산업안전보건 부문에 해당하는 연방 산업안전보건청(OSHA)의 종업원은 1,896명이고, 예산은 632백만 달러(약 8,830억 원)이다. 미국에 비하여 경제 규모가 훨씬 작은 우리나라의 인력과 예산이 얼마나 방대한지 짐작할 수 있다.

켜야 한다는 주장이 있는가 하면, 산업안전보건청을 설치할 필요없이 안전감독관 증원과 관련하여 공단을 해체하고 그 인력을 안전감독관으로 전환, 활용해야 한다는 주장 등이 있다.

III. 민간 부문

1. 개요

산안법에 규정된 사업장의 안전·보건 관련 서비스를 제공하는 기관으로 지정된 민간기관은 2021년 8월 현재 14개 유형의 전체 1,442개소가 운영 중이다.

수행 업무 분야별로 '안전', '보건', '교육'으로 구분할 수 있으며,[9] 유형별 지정요건을 갖추면 중복 지정이 가능하다. 중복을 제거하면 전체 1,054개소이다. (〈도표 2-7〉 참조)

도표 2-7. 민간 재해예방 기관 현황 (2021년 8월 기준)

	기관 수	업무 주기	기관 점검	기관 평가	비고
소 계	1,442 개소				* 업종 내, 업종 간 중복 제거 시 전체 1,054개소
안전관리전문기관	150개소	매월 2회	청(연 1회)	공단(연 1회)	중소규모 사업장 안전관리자 업무 대행
건설재해예방전문지도기관	182개소	매월 2회	청(연 1회)	공단(연 1회)	안전관리자 선임의무가 없는 중소규모 건설 현장 기술지도
보건관리전문기관	130개소	의사: 분기 1회 간호: 매월 1회 위생: 격월 1회	청(연 1회)	공단(격년 1회)	중소규모 사업장 보건관리자 업무 대행
안전보건진단기관	33개소	수시	청(연 1회)	공단(연 1회)	고용부의 안전보건진단명령을 수행, 그 외 시스템 컨설팅 등
근로자안전보건교육기관	171개소	수시	청(연 1회)	공단(연 1회)	사업주로부터 근로자 교육을 위탁받아 수행
안전인증기관	4개소	수시	본부(수시)	공단(연 1회)	고위험 기계, 안전방비 등의 품질을 심사
안전검사기관	3개소	연 2회	본부(수시)	공단(연 1회)	사업장에서 사용 중인 유해, 위험 기계, 기구 설비 안전검사

---

9 〈안전〉 안전관리전문기관, 건설재해예방전문지도기관, 안전검사기관 등, 〈보건〉 보건관리전문기관, 특수건강진단기관, 작업환경측정기관, 석면조사기관 등, 〈교육〉 근로자안전보건교육기관, 직무교육기관, 유해위험작업교육기관 등.

	기관 수	업무 주기	기관 점검	기관 평가	비고
자율안전검사기관	24개소	연 1회	청(연 1회)	공단(연 1회)	위험기계에 대해 사업주가 자율검사를 실시하지 못하는 경우 해당 검사를 실시
특수건강진단기관	241개소	연 1회	청·지청 (연 1회)	공단(연 1회) (야간 격년 1회)	특수건강진단, 배치전건강진단, 수시건강진단 등을 수행(의료기관)
작업환경측정기관	185개소	연 2회	청·지청 (연 1회)	공단(격년 1회)	근로자의 유해인자 노출 측정, 평가 등 사업장 작업환경 측정
석면조사기관	211개소	수시	청(연 1회)	공단(격년 1회)	석면 해체작업 사전 조사기관
직무교육기관	29개소	수시	청(연 1회)	공단(연 1회)	안전보건관리책임자, 관리감독자 등에 대한 교육
유해·위험 작업 교육기관	6개소	수시	청·지청 (연 1회)	–	유해·위험 작업에 대한 전문 안전교육 실시
건설업 기초안전보건 교육기관	73개소	수시	공단(수시)	공단(연 1회)	건설 일용근로자 대상 안전교육 실시

운영에 있어서 고용노동부가 지정하고 연 1회 법 위반 여부를 점검한다. 안전보건공단이 연 1회 평가한다(S~D등급, 보건 분야의 경우 격년). 민간단체가 자율계약에 따라 사업장에 서비스를 제공하고, 점검결과는 K2B에 입력하는 시스템으로 운영되고 있다.

민간 재해예방기관 중 사업장에 정기적으로 방문(월 2회 이상)하여 안전 또는 보건관리자 업무를 위탁받아 수행하는 곳은 안전관리 전문기관 150개소, 보건관리 전문기관 130개소, 건설재해예방 전문지도기관 182개소이다.

2. 민간기관의 의의와 문제점

사고사망자의 94%가 제조업 300인 미만, 건설업 120억 미만 공사에서 발생하는 실정으로, 중대재해 감소를 위해서는 대다수의 중대재해가 발생하는 중·소 규모 사업장의 안전관리 강화가 핵심이다.

그러나, 모든 중·소 규모 사업장에 안전관리자·보건관리자 선임을 의무화하는 것은 현실적으로 어렵고 그 실효성도 의문이다. 이에 전문적 기술지도를 제공하는 민간기관의 산재예방 역량을 효과적으로 활용하는 것이 중요하다. 하지만, 현실을 보면, 민간기관 간의 지나친 경쟁에 의한 가격덤핑, 사업주의 낮은 안전의식 등으로 질 낮은 서비스가 횡행하는 실정이다.

중대재해의 감소를 위해 질 높은 기술지도 서비스에 대한 수요와 공급이 시장 내에서 선순환될 수 있도록 정책 개입이 불가피한 측면이 있다. 한편, 민간기관의 기능과 역할을 강화하여 소규모 사업장과 가까운 곳에서 서비스를 용이하게 제공하게 할 필요도 있다.

Ⅳ. 그 외의 공급자

1. 학회 및 대학의 관련 학과

학회로는 대한직업환경의학회,[10] 한국안전학회, 한국직업건강간호학회, 한국산업보건학회의 활동이 활발하다.

현재 각 대학에 설치되어 있는 안전공학 관련 학과는 모두 그 전신이 산업안전공학과이다. 산업안전보건법의 제정 이후 정부(노동부 · 문교부) 주도로 '산업안전공학과'를 설치한 것이다. 초기 학과 설치 학교는 후에 '산업'을 빼고 '안전공학과'로 명칭을 바꾸었다.

1984년에 충북대학교(1992 안전공학과로 변경), 서울과학기술대학교(1993 안전공학과로 변경)에 산업안전공학과가 설치된 것이 처음이다. 이후, 부경대학교(통합 전 부산공업개방대학 1985 산업안전공학과 발족, 부산공업대학교와 부산수산대학교가 부경대학교로 통합 후 1992 안전공학과로 변경), 인천대학교(1989 산업안전공학과 발족, 1997.9. 안전공학과로 변경), 한경대학교(1999 안전공학과 발족, 2022 사회안전시스템공학부 안전공학전공으로 명칭 변경) 등에 안전 관련 학과가 설치되었다.

2. 법무법인 및 노무법인

유앤, 홍익 등 노무법인과 KIM & CHANG, 태평양, 세종, 화우 등 법무법인의 활동이 활발하다.[11]

---

10   1988.8. 대한산업의학회 창립, 1995 산업의학전문의 제도 도입, 2011 대한직업환경의학회로 명칭 변경.

11   법무법인은 본래 산업안전보건 업무에 큰 관심이 없어 산업안전보건법 관련 소송 외에는 관련 업무를 수행하는 법인이 없었으나 중대재해처벌법 시행 이후 대형 법인들이 자문, 소송 대리 등에 나서고 있다. 노무법인의 경우도 정도의 차이가 있으나 비슷한 실정이다. 중처법 시행 이후 고용노동부 및 안전보건공단의 전 · 현직 고위직을 비롯한 많은 인력이

3. 산업안전지도사 및 산업보건지도사

산업안전지도사 및 산업보건지도사 제도는 1995년 1월 산안법 개정으로 도입되었다. 산업안전보건에 관한 평가 · 지도 · 상담을 담당할 전문인력을 배출하고자 하는 제도이다. 1996년 시험을 시행한 이후 15년간 중단되었다가, 2012년 재개하여 오늘에 이르고 있다. 2024년 7월 기준 시험 합격자는 총 1,831명이며(안전 1,595, 보건 236), 현업에 종사하는 등록 지도사는 582명(안전 509, 보건 73)이다.

산업안전지도사와 산업보건지도사 제도는 산업안전과 산업보건 분야의 기술사 · 기사 · 산업기사 외에 산업안전과 산업보건 분야의 자문 기능을 수행할 수 있는 전문가 제도를 창

법무법인으로 흘러 들어갔다.

설하여 산업재해 예방에 기여하고자 하는 제도이다.

산업안전지도사의 업무 영역은 기계안전 · 전기안전 · 화공안전 · 건설안전 분야로 구분하고, 산업보건지도사의 업무 영역은 직업환경의학 · 산업위생 분야로 구분한다. 위험성평가의 지도와 안전보건개선계획서의 작성은 지도사라면 누구나 할 수 있으나, 다른 영역의 직무는 안전지도사와 보건지도사별로 구분되어 있다.

제3절 산업안전보건 서비스의 법적 기반

Ⅰ. 산업안전보건법

1. 개요

» 산업안전보건법 제정 이전

군정 시대였던 1946년 9월 18일 군정법령 제112호 '아동노동법규'와 동년 11월 7일 군정법령 제121호로 근로자 보호입법인 '최고노동시간법(Regulation on Maximum Working Hours)'을 제정하였고 과도정부 법령 제4호로 '미성년자 노동보호법'이 제정되었다. 이들 법령은 1953년 근로기준법이 제정 · 공포됨에 따라 부칙 제114조에 의하여 폐지되었다.

근로기준법은 1948년 제1공화국 헌법 제17조에서 "근로조건의 기준은 법률로써 정하고 여자와 연소자의 근로는 특별보호를 받는다"고 규정한 지 약 5년 후인 1953년 5월 10일에 법률 제286호로 제정 · 공포된 최초의 노동입법이다. 제6장에 "안전과 보건"에 관한 10개 조항을 규정하였다. 근로기준법은 제정 이후 8차에 걸쳐 개정이 있었으나 "안전과 보건"에 관한 규정은 개정 없이 산업안전보건법이 제정 · 공포될 때까지 약 28년간 시행되었다.

산업화 시기였던 1960년대는 우리나라의 산업재해예방을 위한 제도적 체계가 구축된 시기다. 1961년 근로보건관리규칙이, 1962년에 근로안전관리규칙이 제정되었다. 1963년 3월에는 광산보안법이 제정되었다. 동년 11월 5일에는 법률 제1438호로 전문 37조로 구성된 산업재해보상보험법이 공포되었고, 이듬해인 1964년 6월에는 시행령이 제정·공포되었다.

» 산업안전보건법 제정

산업안전보건법은 1981년 11월 29일 국회 보건사회위원회 소속 김집 의원 외 35인의 발의로 제안되어 1981년 12월 18일 통과되었으며, 1981년 12월 31일 법률 제3532호로 공포됨으로써 산업안전보건에 관한 독립된 법으로 탄생하였다.

제정 당시 동법의 목적은 다음과 같았다. ① 산업재해예방을 위한 사업주 및 근로자의 기본적 의무를 명시함. ② 노동부에 산업안전보건정책심의위원회를 두어 산업재해예방에 관한 주요 정책을 심의조정 하도록 함. ③ 유해·위험성이 있는 사업에는 안전보건관리책임자와 안전관리자 및 보건관리자를 선임하게 하고 안전보건위원회를 설치하도록 하며 안전보건관계자 및 근로자에 대한 안전보건교육을 실시하도록 함. ④ 작업환경이 인체에 해로운 작업장에 대하여는 작업환경을 측정 기록하고, 근로자에 대한 건강진단을 실시하게 함. ⑤ 산업재해 예방시설의 종류와 설치, 운영방법 및 정부의 지원육성 방안을 정하고 산재예방에 관한 과학기술의 진흥과 연구개발을 추진하여 그 성과를 보급할 수 있도록 함.

» 산업안전보건법 개정

산안법은 제정 이후 여러 차례 개정되었으나, 전부 개정은 1990년 법률 제4220호에 의한 개정과 '김용균법'으로 불린 2020년의 개정이다.

1990년 개정은 사업장 안전보건관리체제에 있어서의 제반 문제점을 해소하고 자율재해 예방활동이 촉진될 수 있도록 하며, 산업재해 예방사업을 효율적으로 추진하기 위하여 산업재해예방기금을 설치하여 산업재해의 감소와 근로자의 안전과 보건을 유지·증진시키기 위한 것이었다. 주요 내용으로는 산업안전보건업무에 대한 정부의 책무 규정, 건설 표준안전관리비 계상 근거 마련, 방호장치 성능검사, 유해화학물질 제조금지, 제조·사용 허가제, 성분·함유량 등의 표시제 내지 유해성 조사 및 조치 의무, 건강관리수첩제도 도입,

유해·위험 작업 근로시간 1일 6시간, 1주 34시간으로 제한, 중대재해 발생 사업장 안전·보건진단 실시, 산업재해예방기금 설치·운용 등이 있다.

한편, 2020년 개정은 산재 사망이 주요 선진국보다 2배 이상 높은 수준으로서, 산업재해를 획기적으로 줄이고 안전하고 건강하게 일할 수 있는 여건을 조성하기 위한 것이었다. 이를 위해 다양한 고용형태의 노무제공자가 법의 보호대상에 포함될 수 있도록 하고, 근로자가 작업을 중지하고 긴급대피할 수 있음을 명확히 규정하여 근로자의 작업중지권 행사를 실효적으로 뒷받침하는 등 안전규제를 강화했다. 그 밖에 법의 장·절을 새롭게 구분하며 법조문을 체계적으로 재배열하여 국민이 법 문장을 이해하기 쉽도록 했다.

주요 내용으로는 보호 대상 확대(근로자 → 노무를 제공하는 자), 근로자 작업중지권 부여, 도급 금지 및 제한, 도급인의 재해예방 책임 강화, MSDS 정보제공 대상 확대 및 영업비밀 이유로 비공개 시 사전심사, 타워크레인 규제 강화, 법 위반에 대한 제재 및 처벌 강화, 조문체계 등 정비 등이 포함된다.

2. 산안법의 주요 내용

산안법은 사업 또는 사업장의 안전보건 관리체제 등, 안전보건교육, 유해·위험 방지조치, 도급 시 산업재해 예방, 건설업 등의 산업재해 예방, 유해·위험 기계 등에 대한 조치, 유해·위험 물질에 대한 조치, 근로자 보건관리 등으로 구성되어 있다.

II. 중대재해처벌법

1. 개요

» 제정 배경 및 경위

중대재해처벌법은 2017년 4월 국회의원 노회찬이 대표 발의한 「재해에 대한 기업 및 정부책임자 처벌에 관한 특별법안」이 원형(原型)이다. 이 법안은 제20대 국회 임기 만료로 폐기되었다. 제21대 국회에 이르러 2020년 6월 정의당 국회의원 강은미가 「중대재해에 대한 기업 및 책임자 처벌 등에 관한 법률안」을 대표 발의하였고, 이후 2020년 12월까지 총 5건의 중대재해 발생 시의 처벌 관련 법률안들이 발의되었다.

국회 법제사법위원회는 2020년 11월 이후 법안심사소위원회에서 이 법률안들을 본격적으로 심의하였고, 법안들의 내용을 통합하여 법제사법위원장이 제안한 대안이 2021년 1월 8일 국회 본회의에서 가결되었다. 정부는 2021년 1월 26일 제정법률안을 공포하였고, 2022년 1월 27일부터 시행되었다.

» 제정 이유 및 비판

위 대안에서는 중대재해처벌법의 제정 이유를 다음과 같이 밝혔다. "현대 중공업 아르곤 가스 질식 사망사고, 태안화력발전소 압사사고, 물류창고 건설 현장 화재사고와 같은 산업재해로 인한 사망사고와 함께 가습기 살균제 사건 및 4·16 세월호 사건과 같은 시민재해로 인한 사망사고 발생 등이 사회적 문제로 지적되어 왔음. 이에 사업주, 법인 또는 기관 등이 운영하는 사업장 등에서 발생한 중대산업재해와 공중이용시설 또는 공중교통수단을 운영하거나 위험한 원료 및 제조물을 취급하면서 안전·보건 조치의무를 위반하여 인명사고가 발생한 중대시민재해의 경우, 사업주와 경영책임자 및 법인 등을 처벌함으로써 근로자를 포함한 종사자와 일반 시민의 안전권을 확보하고, 기업의 조직문화 또는 안전관리 시스템의 미비로 인하여 일어나는 중대재해 사고를 사전에 방지하려는 것임."

법의 제정을 두고 노동계는 5인 미만 사업장의 중대산업재해 적용 제외, 50인 미만 사업장의 적용 유예 등을 비판하면서 즉각 법 개정을 요구하였고, 경영계는 과도한 처벌 규정 등으로 인하여 기업 경영에 차질이 발생한다고 비판하면서 역시 법 개정을 요구하였다.

주요 내용(중대산업재해)은 경영책임자 등의 안전·보건 확보의무, 처벌규정 및 손해배상책임, 정부의 사업주 등에 대한 지원 및 보고, 적용 범위 및 시행시기 등이다.

제4절 산업재해 통계

I. 산업재해 통계의 중요성

산업재해 통계는 과거 일정 기간에 발생한 산업재해에 관한 제 요소를 정리·파악함으로써 동종 재해의 재발을 방지하고, 효과적인 재해예방 대책을 수립하기 위한 자료로 매우 중요하다.

산업재해 통계는 산업재해 및 업무상질병의 효과적인 예방을 위한 기초자료로서 재해의 발생 상황을 여러 가지의 각도에서 고찰하기 위하여 작성한다. 연도별 재해 추이, 매월·매 분기별 재해발생 동향, 산업별 재해현황, 동종 업종 재해현황 비교 등을 통하여 외국과의 비교, 산재 예방정책 방향 설정 및 산재 예방사업 추진실적 평가 등에 주로 활용된다.

산업재해 통계와 관련하여 ILO 기준 등 국제적으로 인정된 기준은 없는 실정이다. 나라마다 산출 방법, 적용 범위, 업무상 재해 인정 범위 등이 다르기 때문에 국가 간에 재해율 등을 단순 비교하기는 곤란하다. 예를 들면 통계산출방식이 우리나라와 가장 유사한 일본의 경우, 4일 이상 '요양' 재해를 산업재해통계 산출기준으로 하는 우리나라와 달리, 4일 이상 '휴업' 재해를 대상으로 하고 있고, 근로자 수의 경우에도 우리나라는 산재보험 가입 근로자를 대상으로 하나, 일본은 우리나라의 경제활동인구조사와 유사한 총무성의 「노동력조사」상 고용자를 대상으로 하고 있다.

이런 이유로 산업재해 국제비교에 가장 객관적인 데이터는 사망자에 관한 통계이다. 여기에는 사고로 인한 사망자와 업무상질병으로 인한 사망자가 포함된다. 안전 선진국의 경우 업무상질병에 의한 사망자가 많고, 후진국은 사고로 인한 사망자가 많은 경향을 보인다. 우리나라에서 중대재해 예방대책을 수립할 때 중대재해라고 하는 것은, 법적인 의미와는 별도로, 업무상 사고로 인한 사망을 가리키는 것이다. 즉 일하다가 사고 등으로 즉시 사망하거나 이에 준하는 사망 사건을 가리키는 것이다.

II. 산업안전보건 통계의 산출방법

» 재해율

근로자 100명당 발생하는 재해자 수의 비율을 의미한다.

$$재해율 = \frac{재해자수}{근로자수} \times 100$$

근로자 수란 산업안전보건법 적용 근로자 수를 말하는 것이나, 우리나라에서는 여기에 「산업재해보상보험법」이 적용되는 근로자 수를 넣는다.

재해자 수란 산업안전보건법이 정한 산업재해가 발생한 재해자 수를 넣어야 한다. 우리 나라에서는 산재보험 유족급여가 지급된 사망자 및 근로복지공단에 최초요양신청서(재진요 양신청이나 전원 요양신청서는 제외)를 제출한 재해자 중 요양승인을 받은 재해자를 의미한다. 지 방노동관서의 산재 미보고 적발 재해자를 포함한다.[12]

» 사망만인율

근로자 10,000명당 발생하는 사망자 수의 비율을 의미한다.

$$사망만인율 = \frac{사망자수}{근로자수} \times 10,000$$

사망자 수란 유족급여가 지급된 사망자를 의미한다. 지방노동관서의 산재 미보고 적발 사망자를 포함한다. 사업장 밖의 교통사고·체육행사·폭력행위에 의한 사망, 사고발생일 로부터 1년을 경과하여 사망한 경우는 제외한다. 다만, 운수업, 음식숙박업의 사업장 밖의 교통사고는 포함시킨다.

---

12 우리나라 산업재해 통계에는 문제가 많다. 자세한 내용에 대하여는 다음을 참고할 수 있다. 김윤배, 믿을 수 없는 산재 통계, 한국 산업안전 불평등 보고서, 한울 아카데미, 2017, 26~32쪽.

» (업무상)사고 사망만인율

근로자 10,000명당 발생하는 업무상사고 사망자 수의 비율이다.

$$업무상사고 \ 사망만인율 = \frac{업무상사고 \ 사망자수}{근로자수} \times 10,000$$

업무상사고 사망자 수란 산재보험 유족급여가 지급된 사망자 수를 의미한다. 산재 미보고 적발 사망자를 포함한다. 질병에 의해 사망한 경우와 사업장 밖의 교통사고·체육행사·폭력행위에 의한 사망, 사고발생일로부터 1년을 경과하여 사망한 경우는 제외한다. 다만, 운수업, 음식숙박업의 사업장 밖의 교통사고는 포함시킨다. 국제비교에서 가장 많이 사용하는 통계이다. 국제적으로는 소숫점 이하 읽기의 혼란을 피하기 위하여 만인율보다 십만인율을 사용한다. 즉 십만 명당 사망자 숫자를 사용한다.

» 경제적 손실(추정)액

직접손실액과 간접손실액의 합으로서 직접손실액은 산재보험 급여 지급액이고, 간접손실액은 하인리히 방식에 의하여 직접손실액의 4배로 계상한다.

경제적 손실(추정)액 = 직접손실액 + 간접손실액(직접손실액 × 4)

직접손실액은 근로복지공단의 산재보상금 지급액을 말한다. 간접손실액이란 산재보상금 지급액 이외에 재해로 인한 가동 중단에 따른 생산차질액 등 재해로 인해 회사가 입는 유·무형의 손실을 금액으로 환산한 가치 총액을 말한다.

산업재해 국제비교에서 업무상사고 사망만인율을 많이 사용하는데, 이는 나라마다 산업재해 통계 방식이 상이하지만, 사고로 인한 사망의 경우 거의 동일한 기준에 의하기 때문이다. 즉, 공식의 분자가 같은 것이다. 분모는 다를 수 있다. 우리나라와 같이 산재보험이 적용되는 근로자만 분모에 잡는 경우가 있고, 일본과 같이 다른 방식의 통계에 의한 근로자를 분모로 잡는 경우가 있다(사실은 분자의 경우도 마찬가지인데, 우리나라의 경우 산재보험으로 급여가 지급된 재해자만이 분자에 들어간다. 즉, 군인, 공무원, 사립학교 교직원인 근로자는 분모, 분자에 다 들어가지 않는다).[13]

---

13 이런 이유로 산업재해 통계를 이제까지처럼 산재보험에 기초할 것이 아니라, 산업안전보건법상의 산재발생 신고서를

[칼럼] 하인리히 법칙을 뛰어넘는 우리의 안전학을!

큰 사고가 나면 사람들은 흔히 '하인리히 법칙'을 이야기한다. 한 건(1)의 큰 사고가 발생하기 전에 스물아홉 건(29)의 작은 사고가 그 전조로 발생하며, 또 그 이전에 부상을 수반하지 않은 삼백 건(300)의 작은 사고가 발생한다는 식으로 설명하곤 한다. 이것은 정확한 설명과 거리가 있다.

하인리히는 1929년 논문에서 다음과 같은 현상을 소개했다. "삼백삼십 건의 사고(330 accidents)가 있으면 거기서 한 건의 중상(one major injury)과 스물아홉 건의 경상(29 minor injuries)이 나타난다." '사고'와 '부상'을 별개의 현상으로 간주하고 기술한 것이다.

하인리히는 보험에 가입한 공장 관리자들이 제출한 1만 2,000건의 보험청구서와 6만 3,000건의 부상보고서를 분석했다. 그 결과 산업재해의 88%는 근로자들의 잘못된 행동에 기인한 것이라고 결론을 내렸다. 하인리히의 분석은 하나의 원인(불안전한 행동)이 대부분의 사고를 발생시킨다는 것이다. 현실에서는 그러한 경우란 좀체 없다.

하인리히의 시대는 대부분 남성 근로자들이 지금과 달리 조잡한 기계와 도구를 갖고, 목재나 금속 가공, 화학제품이나 종이 제조, 기계 조립, 주물 제작 등을 하던 시절이었다. 석유화학, 물류, 항공 등과 같은 현대 산업사회와 비교하기 거의 불가능한 것이다. 하인리히의 분석이 지금에 와서는 더는 타당할 수 없다는 것을 쉽게 알 수 있다.

우리는 아직도 사고가 발생하면 전문가조차도 '1:29:300'이라는 비현실적인 비율을 되뇌고 있다. 사고로 인한 비용 추계도 우리만의 계산을 위한 방식과 결론을 도출하지 못한 채 하인리히의 직접비용 대 간접비용 1 대 4를 적용하고 있다. 우리 사회가 산업화 시대를 넘어 서비스 산업이 지배적인 정보화 사회에 접어든 지 오래다. 그에 맞춰 안전이라는 학문의 토착화 작업이 시급한 실정이다.

III. 통계의 정확성을 기하기 위한 제도

1. 산업재해 발생사실 은폐금지

산업재해의 재발방지 등 기업 차원의 미시적인 목적과, 산재 통계의 적정한 확보를 통한 예방 정책의 수립 등 국가 차원의 거시적 목적을 위하여 산업재해의 실상을 정확하게 파악하는 것은 중요한 일이다. 즉, 산업재해의 재발방지 대책의 수립과 대응능력 제고 등을 위

기초로 하자는 주장이 힘을 얻고 있다. 사업주는 산업재해로 사망자가 발생하거나 3일 이상의 휴업이 필요한 부상을 입거나 질병에 걸린 사람이 발생한 경우에는 산업재해가 발생한 날부터 1개월 이내에 산업재해조사표를 작성하여 제출해야 한다(법 제57조 제3항, 시행규칙 제73조 제1항). 미보고나 거짓 보고의 경우 1천500만 원 이하의 과태료 처분이 있다(법 제175조 제3항 제2호).

하여 산재 발생 기록과 보존이 필요하고, 정부 차원의 효과적인 예방정책의 수립과 시행을 위하여 정확한 산재 기록을 확보할 필요가 있다.

다른 한편으로, 개별실적요율제에 따른 산재보험료 감면, 공공기관 입찰 시 우대, 근로 감독 대상 제외 등 기업의 부당한 이익 취득에 대한 제재로서도 산재 은폐에 대한 제재가 필요하다. 이러한 이유와 목적 때문에 산업재해가 발생하였을 때에 그 발생 사실을 은폐한 사업주에 대하여는 형사벌을 부과한다.

산재 은폐는 산재가 발생했을 때 당사자 사이의 이해관계, 사업의 규모와 업종에 따른 은폐 목적의 상이함, 하청 제도에 기인하는 문제점, 증거 확보의 어려움, 입찰제도와 같은 은폐를 유도하는 의도하지 않은 제도적인 이유 등으로 적발이 어렵다.

2. 산업재해 기록 · 보존과 보고

사업주는 산업재해가 발생한 때에는 ㉠ 사업장의 개요 및 근로자의 인적 사항, ㉡ 재해 발생의 일시 및 장소, ㉢ 재해 발생의 원인 및 과정, ㉣ 재해 재발방지 계획에 관한 사항을 기록 · 보존해야 한다. 다만, 산업재해조사표의 사본을 보존하거나 요양신청서의 사본에 재해 재발방지 계획을 첨부하여 보존한 경우에는 그렇지 않다.

한편, 기록 · 보존 외에 보고해야 하는 산업재해가 있다. 즉, 사망자가 발생하거나 3일 이상의 휴업이 필요한 부상을 입거나 질병에 걸린 사람이 발생한 산업재해에 대하여는 재해 발생 개요 · 원인 및 보고 시기, 재발방지계획 등을 재해 발생일로부터 1개월 이내에 '산업재해조사표'로 작성하여 관할 지방고용노동관서의 장에게 제출해야 한다(전자문서로 제출하는 것을 포함한다).

산업재해조사표에는 근로자대표의 확인을 받아야 하며, 그 기재 내용에 대하여 근로자대표의 이견이 있는 경우에는 그 내용을 첨부해야 한다. 다만, 근로자대표가 없는 경우에는 재해자 본인의 확인을 받아 산업재해조사표를 제출할 수 있다. 보고 대상인 산업재해를 보고하지 아니하거나 거짓으로 보고한 자에게는 과태료를 부과한다.

3. 산재통계의 정확을 기하기 위한 행정업무

» 산재 은폐, 산재 미보고, 사실과 상이한 보고

산재 '은폐'란 산업재해를 적극적으로 숨겨 산재예방이나 산재보상을 담당하는 기관이 알 수 없도록 하는 행위를 가리킨다. 산업재해를 산업재해가 아닌 사고로 처리하는 것이 대표적인 예다. 산재 은폐는 산재 미보고의 한 유형으로, 산재 발생 사실을 은폐하면 행위자·교사자·공모자는 1년 이하의 징역이나 1천만 원 이하의 벌금에 처하고(법 제170조 제3호), 행위자는 과태료도 부과받게 된다. 다만, 사실과 다르게 보고하는 것은 '발생 사실' 자체를 숨기는 것은 아니어서 과태료 부과 대상은 되지만 은폐에 해당하지 않는다.

» 국제비교

중대재해 보고의무와 중대하지 않은 산업재해의 미보고는 그 취지와 목적이 달라 처벌의 수위가 다르다. '중대재해'가 발생한 사실을 보고하지 아니한 자에게는 3천만 원 이하의 과태료를 부과하고(법 제175조 제2항 제2호), '3일 이상 휴업이 필요한 산업재해'를 보고하지 아니하거나 거짓으로 보고한 자에게는 1천500만 원 이하의 과태료를 부과한다(법 제175조 제3항 제2호).

» 산재발생 보고대상 파악

지방노동관서는 중대재해 발생 보고자료와 근로복지공단으로부터 온라인으로 전송되는 ㉠ 사망재해 자료, ㉡ 요양재해 승인자료, ㉢ 휴업재해 자료, ㉣ 요양신청서 접수자료를 확인하여 산재발생 보고대상을 파악한다.

사망재해자와 휴업재해자는 당연히 보고대상이며, 요양재해자는 요양신청서 첨부 초진소견서상에 ㉠ 입원예상기간이 3일 이상인 경우, ㉡ 재가요양 예상기간이 3일 이상인 경우와, ㉢ 통원 중 취업치료 불가능 예상기간이 3일 이상인 경우에는 모두 보고대상이다.

» 산재발생 보고 지도 및 미보고 사업장 처분

보고기한(재해발생일로부터 1개월 이내)이 지나지 않은 사업장은 보고기한 내 산업재해조사표를 제출하도록 촉구하고, 보고기한이 지난 경우에는 즉시 과태료 부과 조치한다. 산재 해당 여부에 대한 다툼이 있어 산업재해인지 여부가 불분명한 경우 산업재해임이 확정되는 시점을 재해 발생일로 간주 처리한다.

업무상질병의 경우, 업무상질병판정위원회의 심의 결과에 따른 근로복지공단의 요양결정 시점을 산업재해 확정 시점으로 하되, 공단의 결정에 대해 이의 제기가 있는 경우에는 산재심사위원회 심의결과, 산재재심사위원회의 재결, 행정소송의 판결에 따른 공단의 요양결정 시점을 산업재해 발생일로 간주 처리한다.

산재 미보고 또는 지연보고는 과태료 부과 대상이므로 산업재해조사표는 산재예방 관련 부서에서 접수한 건(件)도 반드시 민원실에서 접수 조치한다.

» 과태료의 부과

'중대재해에 해당하는 산업재해' 발생 사실을 보고하지 않거나 거짓으로 보고한 경우에는 회차(回次) 구분 없이 3천만 원의 과태료를 부과한다. 한편 '중대재해에 해당하지 않는 산업재해'를 보고하지 않거나 거짓으로 보고한 경우 7백만 원(1차), 1천만 원(2차), 1천500만 원(3차)의 과태료를 부과한다. 하나의 사업장에서 '여러 건의 산재를 보고하지 아니한 경우'에는 각각 별개의 위반 행위로 간주하여 법 적용하는 것을 원칙으로 한다. '1건의 재해에 다수의 재해자가 있는 경우'에는 산재 보고 제도가 '산업재해가 발생한 사실'을 보고하는 제도이므로, 1건의 미보고로 간주하여 처리한다.

» 미보고 상황 파악을 위한 정보 수집

노·사 관계자에 대한 탐문 및 의료원 관계자와의 간담회, 면담 등을 통해 공상처리·건보처리 관련 정보를 수시 파악한다. 또한 산재은폐 신고센터를 운영하여, 사업장·병원·노사단체 등에 산재 미보고 사례에 대한 공익신고제도를 안내한다. 공익신고자보호법에 따라 누구든지 산업안전보건법 위반 사실을 행정관청에 신고할 수 있으며, 확정 시 과태료의 20%를 보상금으로 지급한다.

사업장에 대한 각종 조사 · 점검 · 감독 시 산재 발생원인, 재발방지대책 등 기록유지 의무 이행 여부에 대하여 확인한다. 산업재해발생 기록 시점은 정당한 사유가 없는 한 발생 시점(질병 등 발생사실 여부가 불분명한 경우에는 재해발생 사실을 인지한 때로부터)으로부터 가장 빠른 시일 내에 기록하여야 한다.

제2장

안전보건 관리체제

제1절 산업안전보건법상의 관리체제

I. 정의

산안법에서 말하는 '안전보건 관리체제'는 "사업장 안전보건 관리에 관여하는 조직의 구성과 역할"을 가리킨다. 즉, 안전보건관리책임자, 관리감독자, 안전관리자 및 보건관리자, 산업보건의, 안전보건관리담당자와 같은 안전보건 직무담당자와 명예산업안전감독관, 산업안전보건위원회를 포함한 안전보건 담당 조직체를 가리킨다.

II. 구성 및 역할

산안법은 안전보건 관리체제를 (i) 대표이사의 안전보건관리계획 이사회 보고, (ii) 안전보건관리책임자, (iii) 관리감독자, (iv) 안전관리자 및 보건관리자, (v) 안전보건관리담당자, (vi) 산업보건의, (vii) 명예산업안전감독관, (viii) 산업안전보건위원회로 구성되는 것으로 규정하고 있다(산안법 제14조부터 제24조까지). 사업주는 산안법이 정하는 바에 따라 안전보건 관리체제를 갖추어야 한다. 산안법이 제시하는 안전보건 관리체제를 도식화하면 다음 그림과 같다. 그림에서 안전보건총괄책임자라는 것은 도급사업의 경우 수급업체 근로자의 안전보건관리까지를 관장하는 도급업체 관리자를 의미한다. 사업주는 안전보건 관계자의 채용·임명 등 선임, 역할 부여 등을 통하여 근로자의 안전보건에 차질이 없도록 해야 한다. 안전보건 관계자의 선임 대상 사업장 · 자격 · 직무를 도식화하면 다음 표와 같다.

도표 2-8. 산안법상 안전보건 관리체제

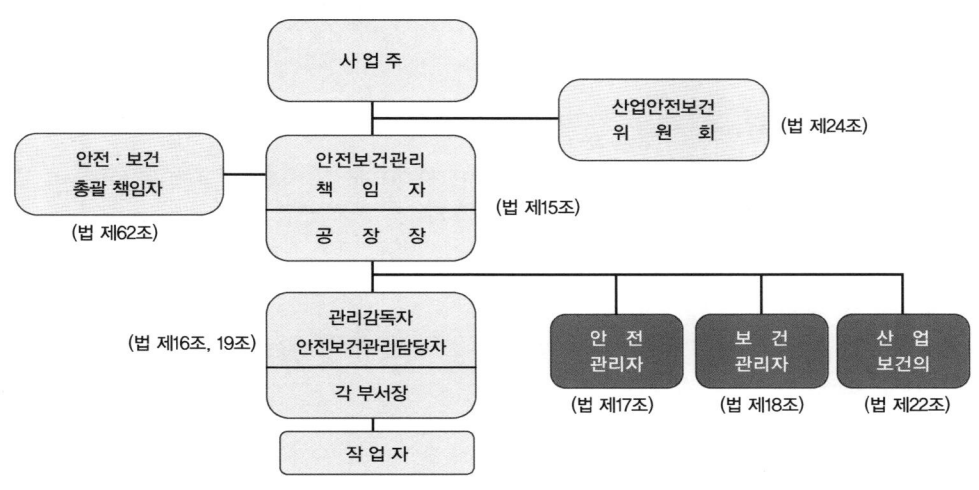

도표 2-9. 산안법상 안전보건 관계자 선임 대상 사업장, 자격, 업무

구분	적용 사업장	선임대상/자격	주요 업무
안전 보건 관리 책임자 (15조)	• 업종별 상이 -(건설) 20억 원↑ -(제조) 50명↑ -(서비스업, 농업, 어업 등) 300명↑ -(기타) 100명↑ · 공장장, 현장소장 등	실질적 사업장 총괄 · 관리자	• 산재예방계획수립, 안전보건관리규정작성 · 변경 • 안전보건교육, 근로자건강관리 • 산재 원인조사 및 재발방지대책 수립 • 산재 통계 기록 · 유지, 위험성평가 실시 • 안전장치 · 보호구 적격품 여부 확인 • 근로자 위험, 건강장해 방지
관리 감독자 (16조)	• 5인 이상 · 부서장, 직장 · 반장 등 중간관리자	생산 관련 직원(업무) 지휘(감독) 담당자	• (해당작업) 기계 · 기구 또는 설비 점검, 작업장 정리정돈 • 작업복 · 보호구 · 방호장치 점검, 교육 · 지도 • 산재 보고 및 응급조치 • 안전 · 보건관리자 업무에 대한 협조 • 위험성평가 관련 위험요인 파악 및 개선
안전 관리자 (17조)	• 업종별 상이 -(건설) 80억 원↑ -(제조 등) 50명↑ -(부동산, 사진처리업) 100명↑ · 건설 120억 원↑, 제조 등 300명↑ 사업장은 전담자 선임	관련 자격증 또는 학위 취득자 등	• 위험성평가, 위험기계 · 기구, 안전교육, 순회점검에 대한 지도 · 조 언 및 보좌 • 산재 발생 원인 조사 · 분석, 재발방지를 위한 기술, 산재통계 유 지 · 관리 · 분석 등에 대한 지도 · 조언 및 보좌

구분	적용 사업장	선임대상/자격	주요 업무
보건 관리자 (18조)	• 업종별 상이 -(건설) 800억 원↑ · 토목공사는 1,000억 원↑ -(제조 등) 50명↑ · 300명↑ 사업장은 전담자 선임	관련 자격증 또는 학위 취득자 등	• 위험성평가, 개인 보호구, 보건교육, 순회점검에 대한 지도 · 조언 및 보좌 • 산재 발생 원인 조사 · 분석, 재발방지를 위한 기술, 산재통계 유지 · 관리 · 분석 등에 대한 지도 · 조언 및 보좌 • 가벼운 부상에 대한 치료, 응급처치 등에 대한 의료행위(의사 또는 간호사에 한함) • MSDS 게시 · 비치, 지도 · 조언 및 보좌
산업 보건의 (22조)	• 보건관리자 선임 대상 사업장과 동일 · 보건관리자를 의사로 선임하거나 위탁한 경우 미선임 가능	직업환경 또는 예방의학 전문의	• 건강진단 결과 검토 및 근로자 건강보호 조치 • 건강장해 원인 조사 및 재발방지 조치
안전 보건 관리 담당자 (19조)	· 아래 업종 20~49인 사업장은 1명 이상 선임 · 제조, 임업, 하수 · 폐수 및 분뇨처리 등 업종	안전 · 보건 관리자 자격 또는 교육 이수 (겸임 가능)	• 안전관리자 및 보건관리자의 역할 수행

Ⅲ. 문제점

산안법은 안전관리자 · 보건관리자가 안전 · 보건에 관한 '기술적인 사항'에 관하여 사업주 또는 안전보건관리책임자를 보좌하고 관리감독자에게 지도 · 조언하는 업무를 수행하도록 규정하고 있다. '기술적인 사항'이라고 되어 있어 안전 · 보건에 관한 경영관리적인 사항에 대해서는 안전관리자 · 보건관리자가 개입하지 못하는 한계가 있다.

제2절 중대재해처벌법상의 관리체계

Ⅰ. 의의

중처법은 경영책임자 등에게 '안전보건관리체계의 구축 및 이행'이라는 의무를 부과하고 있다. 여기서 '안전보건관리체계'는 일반적인 의미의 조직이나 운영의 시스템을 가리킨다기보다 "사업장 안전보건 전반의 운영 또는 경영"을 의미하는 것으로 해석된다. 따라서 중처법이 개인사업주 또는 경영책임자 등에게 요구하는 바는 단순히 안전보건 관리를 위한 조직을 구성하고 역할을 부여하라는 의미에 한정되는 것이 아니라 종사자의 안전과 보건이 확보될 수 있도록 사업 전반을 운영하라는 의미로 이해해야 한다.

산안법은 "안전보건관리'체제'"라는 표현을 사용하는 데 대하여 중처법은 "안전보건관리'체계'의 구축과 이행"이라는 표현을 쓰고 있다. 산안법상의 안전보건관리'체제'는 안전보건관리를 위한 조직의 구성과 역할을 의미한다. 이에 대하여 중처법이 말하는 안전보건관리'체계'는 "안전보건 전반의 운영 또는 경영"을 의미한다고 이해하여야 한다. 중처법의 제정으로 동법상의 "안전보건관리'체계'"가 그 기초요소로서 산안법의 "안전보건관리'체제'"를 흡수한 결과가 되었다.[14]

Ⅱ. 체계 구축 요소

중처법은 '안전보건관리체계의 구축과 이행'의 구체적인 내용은 시행령에 위임하고 있는데 시행령은 9가지 사항을 열거하고 있다. 즉, '안전보건관리체계'는 9가지 의무 사항의 이행으로 구축된다. 관리체계 구축을 위한 9가지 의무 사항의 이행은 유해·위험 요인을 중심으로 유기적으로 연계되어 있다. 조직은 그 조직이 운영하는 사업 또는 사업장의 규모·특성 등에 따른 각기 다른 유해·위험 요인을 가지고 있고, 인력 및 재정 사정 등도 다르므로 유해·위험 요인을 통제하는 구체적 수단 방법을 일률적으로 정할 수 없다. 기업 등 조직 여건에 맞게 자율적인 판단이 이루어져야 한다. 중처법상 안전보건 관리체계의 구축과 이행을 도식화하면 다음 표와 같다.

---

14 이렇게 산안법상의 "안전보건관리'체제'"의 내용이 중처법상의 "안전보건관리'체계'의 구축과 이행"에 흡수되게 된 연유는, 고용노동부에서 중처법 시행령을 만들면서, 산안법상의 안전보건관리에 대한 사업주의 의무를 중처법에 포함시키고자 했기 때문이다(당시 산업안전보건 국장과의 대화). 결국, 중처법이 적용되는 사업의 경우 "안전보건관리'체계'의 구축과 이행" 의무를 다하면 산안법상의 안전보건관리체제를 구축한 것이 된다.

도표 2-10. 중처법상 안전보건 관리체계의 구축과 이행

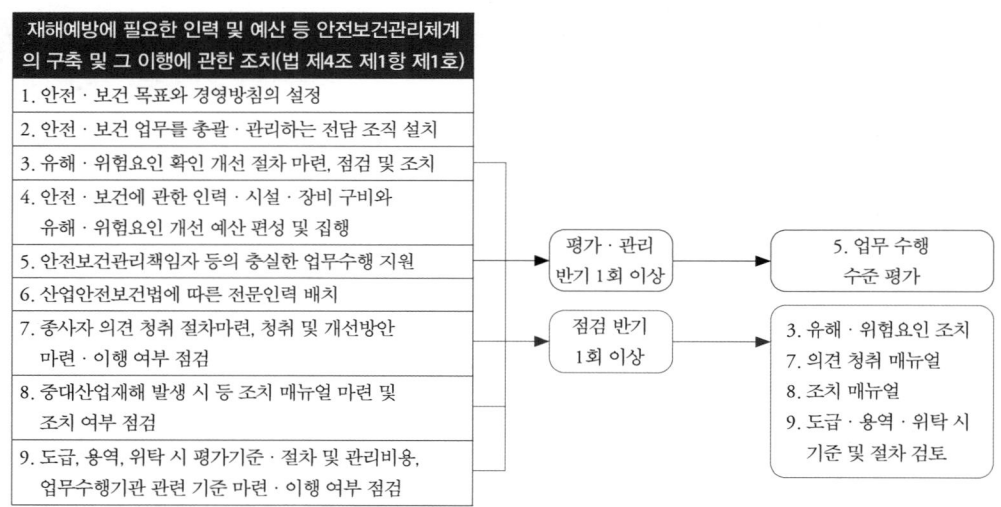

재해예방에 필요한 인력 및 예산 등 안전보건관리체계의 구축 및 그 이행에 관한 조치(법 제4조 제1항 제1호)
1. 안전 · 보건 목표와 경영방침의 설정
2. 안전 · 보건 업무를 총괄 · 관리하는 전담 조직 설치
3. 유해 · 위험요인 확인 개선 절차 마련, 점검 및 조치
4. 안전 · 보건에 관한 인력 · 시설 · 장비 구비와 유해 · 위험요인 개선 예산 편성 및 집행
5. 안전보건관리책임자 등의 충실한 업무수행 지원
6. 산업안전보건법에 따른 전문인력 배치
7. 종사자 의견 청취 절차마련, 청취 및 개선방안 마련 · 이행 여부 점검
8. 중대산업재해 발생 시 등 조치 매뉴얼 마련 및 조치 여부 점검
9. 도급, 용역, 위탁 시 평가기준 · 절차 및 관리비용, 업무수행기관 관련 기준 마련 · 이행 여부 점검

평가 · 관리
반기 1회 이상

점검 반기
1회 이상

5. 업무 수행
수준 평가

3. 유해 · 위험요인 조치
7. 의견 청취 매뉴얼
8. 조치 매뉴얼
9. 도급 · 용역 · 위탁 시
기준 및 절차 검토

제3장

산업재해 예방을 위한 정책수단

제1절 총괄적인 정책수단

I. 안전보건관리규정

1. 서언

안전보건관리규정은 사업장의 안전과 보건에 관하여 모든 근로자에게 적용되는 일종의 자치규범이다. 노동법 체계상 기본적으로 안전보건관리규정은 사업주가 제정하는 취업규칙의 일종이다. 이런 이유로 안전보건관리규정에 관하여 산업안전보건법에서 규정한 것을 제외하고는 그 성질에 반하지 아니하는 범위에서 근로기준법 중 취업규칙에 관한 규정을 준용한다.

안전보건관리규정에 관한 산업안전보건법의 규정은 근로기준법상의 안전과 보건에 관한 사항을 구체화한 것이다. 취업규칙은 상시 10명 이상의 근로자를 사용하는 사용자가 작성하여 신고해야 하는 것으로, 근로기준법도 여기에 필요적 기재 사항으로 안전과 보건에 관한 사항, 근로자의 성별·연령 또는 신체적 조건 등의 특성에 따른 사업장 환경의 개선에 관한 사항을 포함하도록 하고 있다.

따라서 안전보건관리규정은 단체협약 또는 취업규칙에 반할 수 없다. 안전보건관리규정 중 단체협약 또는 취업규칙에 반하는 부분에 관하여는 그 단체협약 또는 취업규칙으로 정한 기준에 따른다.

2. 작성 및 변경

안전보건관리규정의 작성은 사업장 단위로 한다. 상시근로자 100명 이상을 사용하는 모든 사업장은 안전보건관리규정을 작성하여야 한다. 다만, 다음의 사업장의 경우에는 상시근로자 300명 이상을 사용하는 경우에 작성하여야 한다.

① 농업
② 어업
③ 소프트웨어 개발 및 공급업
④ 컴퓨터 프로그래밍, 시스템 통합 및 관리업
⑤ 정보서비스업
⑥ 금융 및 보험업
⑦ 임대업(부동산 제외)
⑧ 전문, 과학 및 기술 서비스업(연구개발업은 제외한다)
⑨ 사업지원 서비스업
⑩ 사회복지 서비스업

안전보건관리규정을 작성하거나 변경할 때 사업주는 산업안전보건위원회의 심의 · 의결을 거쳐야 한다. 다만, 산업안전보건위원회가 설치되어 있지 아니한 사업장의 경우에는 근로자대표의 동의를 받아야 한다.

안전보건관리규정의 내용에는 안전 · 보건 관리조직과 그 직무에 관한 사항, 안전 · 보건 교육에 관한 사항, 작업장 안전 및 보건관리에 관한 사항, 사고 조사 및 대책 수립에 관한 사항, 위험성평가에 관한 사항 등이 포함되어야 한다. 안전보건관리규정을 작성할 때에는 소방 · 가스 · 전기 · 교통 분야 등 다른 법령에서 정하는 안전관리에 관한 규정과 통합하여 작성할 수 있다.

3. 미준수자 징계

사업주와 근로자는 안전보건관리규정을 지켜야 한다. 안전보건관리규정은 취업규칙의 일종 내지 중요 구성 부분이어서, 취업규칙 위반자에 대하여 제재를 할 수 있는 것처럼, 안전보건관리규정에 동 규정을 위반한 자에 대한 해고, 정직, 감급, 견책 등 징계에 관한 내용을 담을 수 있다.

다만, 징계의 양정에 대하여 취업규칙에 관한 근로기준법의 규정이 적용되므로, 안전보건관리규정에서 감급의 제재를 정할 경우에 그 감액은 1회의 금액이 평균임금의 1일분의 2분의 1을, 총액이 1임금지급기의 임금 총액의 10분의 1을 초과하지 못한다.

Ⅱ. 안전조치 및 보건조치

1. 안전조치

산업재해 예방을 위한 안전조치 의무는 근로자의 '신체의 완전성'을 보호하기 위한 것이며, 산업재해를 예방할 제1차적 책임은 사업주에게 있다. 이윤 추구라는 영업 활동의 본질상 안전조치를 위하여 사업주가 들이는 비용은 산업재해가 실제 발생하지 않으면 공연한 지출에 해당하므로 가급적 이를 줄이고자 한다.

반면 생계유지를 위하여 임금을 받을 목적으로 근로를 제공해야 하는 근로자 입장에서는 안전조치가 제대로 되어 있지 않다는 이유로 근로 제공을 거부하기보다는 위험한 근로조건을 무릅쓰고라도 근로를 제공해야 하는 입장이다. 이런 사업주와 근로자 사이의 구조적 특징 때문에 안전조치 의무를 사업주에게 부과하여야 한다.[15]

안전조치의 대상은 다음과 같다.

① 설비·물질·에너지에 의한 위험: 기계·기구, 그 밖의 설비에 의한 위험, 폭발성, 발화성 및 인화성 물질 등에 의한 위험, 전기, 열, 그 밖의 에너지에 의한 위험

② 작업방법에 따르는 위험: 굴착, 채석, 하역, 벌목, 운송, 조작, 운반, 해체, 중량물 취급, 그 밖의 작업을 할 때 불량한 작업방법 등에 의한 위험

③ 작업장소에 있는 위험: 근로자가 추락할 위험이 있는 장소, 토사·구축물 등이 붕괴할 우려가 있는 장소, 물체가 떨어지거나 날아올 위험이 있는 장소, 천재지변으로 인

15　참고: 헌법재판소 2017.10.26. 2017헌바166결정.

한 위험이 발생할 우려가 있는 장소

안전조치에 있어 사업주가 하여야 할 구체적인 사항은 고용노동부령으로 정한다. 고용노동부령인 산업안전보건기준에 관한 규칙(안전보건규칙)에 사업주가 취해야 할 안전조치의 내용이 규정되어 있다. '안전보건규칙'은 산업안전보건법의 위임에 따라 제정되어 국민에게 의무를 부과하는 법규명령이다. 사업주에게 구체적인 안전조치의무를 부과하고 그 불이행에 대하여 제재를 가하려면 의무로서 이행해야 하는 사항이 구체적으로 명시되어야 하는데, 그와 같은 구체적인 행위목록을 명시한 것이 '안전보건규칙'이다.

그러나 모든 안전조치의무를 완벽하게 법령에, 예를 들면, 안전보건규칙에 규정할 수는 없는 노릇이다. 안전조치의 구체적 사항은 광범위한 분야의 일반적인 사항부터 전문적인 사항까지 망라되는 것이고, 생산 기술의 변화에 따라 지속적으로 추가되고 변경되는 유동적인 것이어서 안전보건기준에 관한 규칙에 규정되어 있는 사항은 예시적인 것이다. 안전보건규칙에 정해지지 않은 안전조치 미이행이라는 사업주의 부작위로 산업재해가 발생했을 때 산업안전보건법 위반으로 형사적 제재를 가할 수는 없지만, 당연히 요구되는 주의의무를 기울이지 않았다면 형법상 업무상 과실치사상죄의 책임을 묻거나 근로계약에 내재하는 안전배려의무 위반으로 민사적 책임 추궁이 가능하다.

2. 보건조치

보건조치는 근로자 신체의 완전성이라는 법익을 보호하기 위하여 사업주가 취하여야 할 안전조치 외에 필요한 사업주의 의무, 즉 건강장해를 초래할 수 있는 각종 유해인자, 작업의 특성, 작업환경 등으로부터 근로자를 보호하기 위한 사업주의 의무를 규정한 것이다.

보건조치의 대상은 근로자에게 초래될 수 있는 건강장해이다. 근로자에게 건강장해를 미치는 것은 모두 보건조치를 하여야 할 대상에 포함되며 법에 열거되어 있는 것은 예시에 지나지 않는다.

» 화학적 요인에 의한 건강장해

원재료·가스·증기·분진·흄·미스트(mist: 공기 중에 떠다니는 작은 액체 방울을 말한다)·산소결핍·병원체 등에 의한 건강장해를 가리키며, 유해가스·증기·분진·흄·미스트 등의 흡입중독, 피부장해, 산소결핍에 의한 산소결핍증 또는 병원체에 의한 감염으로 인한 질병 등 화학적 요인에 의한 건강장해를 열거하고 있다.

» 물리적 요인에 의한 건강장해

방사선·유해광선·고열·한랭·초음파·소음·진동·이상기압 등에 의한 건강장해를 가리키며, 방사선·유해광선이 피부, 혈액 등에 미치는 장해, 적외선·자외선·레이저광선·방전아크광선·플라즈마광선에 의한 건강장해, 고온에 의한 화상·열중독, 저온에 의한 동상·냉방병, 초음파에 의한 피부심부 등에의 장해, 소음에 의한 난청증, 진동에 의한 신경염이나 백랍병 등 진동장해 또는 이상기압에 의한 감압증 등 물리적인 요인에 의한 건강장해를 예시적으로 열거하고 있다.

» 배출 기체·액체·찌꺼기 등에 의한 건강장해

유해물질을 함유하는 배기, 배액 또는 찌꺼기 등에 의한 건강장해에 대해 포괄적으로 정하고 있다. 이것들은 사업장 부근 일대의 환경을 오염시켜 공해의 원인이 되기도 한다.

» 정밀 작업에 의한 건강장해

계측과 감시, 컴퓨터 단말기 조작, 정밀공작과 같이 고도의 신경긴장, 정신적 활동의 지속을 필요로 하는 특수한 작업에서의 스트레스, 시신경의 피로, 대뇌피로에 관련된 건강장해를 예시하고 있다.

» 근골격계질환 유발 작업에 의한 건강장해

자동차·전자부품조립 등의 단순반복적 작업 또는 중량물을 들어 올리는 작업 등의 인체에 과도한 부담을 주는 작업에 의한 근골격계질환을 열거하고 있다. 부적절한 작업 자세에 의한 질환도 여기에 해당한다.

» 부적절한 작업환경에 의한 건강장해

환기 · 채광 · 조명 · 보온 · 방습 · 청결 등의 적정기준을 유지하지 아니하여 발생하는 건강장해를 가리킨다.

» 폭염 · 한파에 장시간 작업함에 따라 발생하는 건강장해

이는 특히 기후변화에 따른 폭염 현장 작업의 위험에 대응하기 위한 것이다. 열사병 등 온열질환 관리는 체감온도 31도를 기준으로 하고 있다. 중처법 시행령에서도 "고열작업 또는 폭염에 노출되는 장소에서 하는 작업으로 발생한 심부체온상승을 동반하는 열사병"을 포함하여(시행령 별표1, 제24호) 열사병이 1년 이내에 3명 이상 발생한 경우를 중대산업재해로 정하고 있다. 이 내용은 2025년 6월 1일 시행 개정 산안법에서 추가되었다.

사업주는 건강장해를 예방하기 위한 보건조치를 하여야 하며, 사업주가 취해야 할 보건조치의 내용은 '산업안전보건규칙'에 규정되어 있다(법 제39조 제2항). 안전조치의 경우와 마찬가지로 산업안전보건규칙에 규정되어 있는 보건조치는 예시적인 것이다.

3. 사업주의 조치에 대한 벌칙[16]

» 벌칙 1

안전조치(제38조 제1항부터 제3항까지), 보건조치(제39조 제1항)를 위반하여 근로자를 사망에 이르게 한 자는 7년 이하의 징역 또는 1억 원 이하의 벌금에 처한다(제167조 제1항). 형을 선고받고 그 형이 확정된 후 5년 이내에 다시 안전조치 또는 보건조치 의무 위반으로 근로자를 사망에 이르게 한 자는 그 형의 2분의 1까지 가중한다(제167조 제2항).

---

16   벌칙에 관한 설명은 2025년 5월 현재의 법령을 기준으로 하였다.

» 벌칙 2

법원은 안전조치(제38조 제1항부터 제3항까지), 보건조치(제39조 제1항)를 위반하여 근로자를 사망에 이르게 한 사람에게 유죄의 판결(선고유예는 제외한다)을 선고하거나 약식명령을 고지하는 경우에는 200시간의 범위에서 산업재해 예방에 필요한 수강명령을 병과할 수 있다. 다만, 수강명령을 부과할 수 없는 특별한 사정이 있는 경우에는 그러하지 아니하다(법 제174조 제1항).

» 벌칙 3

안전조치(제38조 제1항부터 제3항까지), 보건조치(제39조 제1항)를 위반한 자는 5년 이하의 징역 또는 5천만 원 이하의 벌금에 처한다(법 제168조 제1호).

» 양벌규정

법인의 대표자나 법인 또는 개인의 대리인, 사용인 그 밖의 종업원이 안전조치(제38조 제1항부터 제3항까지), 보건조치(제39조 제1항)를 위반하여 근로자가 사망한 경우 법인인 사업주에게는 10억 원 이하의 벌금을, 개인에게는 1억 원 이하의 벌금을 부과한다(법 제173조 제1호). 안전조치 또는 보건조치 의무를 위반하였으되 근로자가 사망한 경우가 아니면 법인 또는 개인에게 5천만 원 이하의 벌금을 부과한다(법 제173조 제2호).

» 사고 미발생 시 처벌

산업재해가 발생하여야만 사업주가 안전조치 또는 보건조치 의무위반 책임을 부담하는 것은 아니다. 사업주가 법 제38 · 39조를 위반하여 안전조치 · 보건조치를 하지 않았다면 이로 인하여 실제로 사고가 발생하였는지 여부에 관계없이 산업안전보건법 위반죄가 성립한다.[17] 안전조치 · 보건조치를 하지 않은 행위 자체가 처벌의 대상이고, 법 제168조 제1호 (5년 이하의 징역 또는 5천만 원 이하의 벌금)가 적용된다.

---

17 참고: 대법원 2006.4.28. 2005도3700판결.

» 과잉형벌 시비

사업주의 안전조치 · 보건조치 의무는 근로자의 신체의 완전성을 보호하기 위한 규정이다. 산업안전보건법은 근로자의 안전을 유지하는 것을 목적으로 하고, 신체의 완전성은 인간 존엄의 기반이 되므로 이를 보호하는 것은 중요한 공익에 해당한다. 산업안전보건법이 정한 안전조치 · 보건조치 위반행위는 행정 목적과 공익을 직접적으로 침해하는 행위에 해당한다. 위반행위에 대해 형사처벌과 같은 엄격한 공적 제재를 가하지 않는다면 안전상의 공백이 커지기 쉽다. 그에 따른 위험이 현실화되어 산업재해가 발생하면, 근로자는 심한 경우 사망하거나 평생 동안 산업재해로 인한 고통을 안고 살아가야 한다. 이와 같은 결과는 금전적으로 완전히 회복할 수 없다. 행정 목적과 공익을 직접적으로 침해하는 행위인 산업안전보건법이 정한 안전조치 · 보건조치 위반행위에 대해 행정제재가 아닌 형벌을 부과하는 것은 과잉형벌에 해당하지 않는다.[18]

4. 근로자의 준수의무와 벌칙

근로자는 사업주가 한 안전조치 또는 보건조치로서 안전보건규칙으로 정하는 조치 사항을 지켜야 한다. 사업주가 한 안전조치 또는 보건조치로서 안전보건규칙으로 정하는 조치 사항을 지키지 아니한 자에게는 300만 원 이하의 과태료가 부과된다(법 제175조 제6항 제3호). 구체적인 예로, 안전보건규칙에는 "근로자는 지급된 개인보호구를 사업주의 지시에 따라 착용하여야 한다"는 내용이 있는데, 사업주가 보호구를 비치하여 두고 착용을 지시하였음에도 불구하고 착용하지 않은 근로자에게 과태료가 부과된다.

이는 위험으로 인한 산업재해와 건강장해 예방을 위하여 필요한 안전조치와 보건조치를 사업주의 의무로 규정하고, 더불어 근로자의 협조가 절대적으로 필요하므로 안전조치 및 보건조치 준수를 근로자의 의무로 규정한 것이다.

18　참고: 헌법재판소 2017.10.26. 2017헌바166결정. 개정(2019.1.15.) 전 산업안전보건법 제23조 제3항 위반에 대하여 5년 이하의 징역 또는 5천만 원 이하의 벌금에 처할 수 있는 조항(개정 전 제67조)에 대하여 제기된 헌법소원 사건에 대한 결정이다.

근로자의 의무위반이 성립하기 위해서는 근로자가 의무의 존재를 알았거나 알 수 있어야 한다. 즉, 근로자가 정상적으로 안전보건에 관하여 교육을 받고 또한 사업주의 지시를 받아 이를 숙지하고 있는 상태이어야 한다. 그러므로 사업주는 미리 안전보건에 관한 법령의 게시나 설명, 교육 등 의무를 이행해야 한다.

근로자의 안전조치 및 보건조치 준수 의무는 공법상의 의무로서 위반한 경우 공법상의 처벌(과태료)을 받게 되고, 사규(취업규칙이나 취업규칙의 일종인 안전보건관리규정)에 의하여 징계 대상이 될 수 있으며, 의무위반이라는 불법행위로 동료 근로자나 고객과 같은 제3자에게 손해를 끼친 경우 민법의 규정에 따라 인과관계 있는 손해에 대하여 배상 의무를 진다.

다만 근로자가 안전조치와 보건조치를 준수해야 하는 의무는 산업재해 예방에 필요한 공법상의 요구로 법에 규정된 근로자의 의무를 구체화한 것이다.[19] 따라서 근로자가 의무를 부담한다고 하여 사업주의 산업재해 예방의무, 즉 안전조치 또는 보건조치를 취해야 할 사업주의 의무가 면제되거나 경감되는 것은 아니다.

Ⅲ. 위험성평가

1. 의의

» 필요성

현대 산업 사회의 생산 양식은 새로운 기계·기구 설비의 사용, 화학물질 등 새로운 재료의 도입으로 유해·위험 요인이 증가하고 있어 기존의 법령에 따른 방식, 즉 최저기준설정 방식으로는 근로자의 안전과 보건을 담보하기 어려워짐에 따라 기업이 자율적으로 유해·위험 요인을 파악하고 그 리스크(위험성) 정도를 추정·결정하여 감소 조치를 실시하는 방법을 도입하게 된 것이다. 이에 2013년 6월 위험성평가 제도가 법에 신설되었고, 위험성

---

19 산업안전보건법 제6조(근로자의 의무) 근로자는 이 법과 이 법에 따른 명령으로 정하는 산업재해 예방을 위한 기준을 지켜야 하며, 사업주 또는 「근로기준법」 제101조에 따른 근로감독관, 공단 등 관계인이 실시하는 산업재해 예방에 관한 조치에 따라야 한다.

평가의 방법, 절차 및 시기, 그 밖에 필요한 사항은 고용노동부장관이 정하여 고시한 '사업장 위험성평가에 관한 지침'에 자세히 규정하고 있다.

» 정의

위험성(risk)이란 「건설물, 기계 · 기구 · 설비, 원재료, 가스, 증기, 분진, 근로자의 작업행동 또는 그 밖의 업무로 인한 유해 · 위험 요인이 현실화하는 경우 초래할 부상 및 질병, 재산 손실의 중대성 정도」를 가리킨다. 그러나 산안법에서는 재산 손실은 제외되어 있다.

위험성평가(risk assessment)란 「위험성의 크기와 허용 가능한 범위인지를 평가하는 활동」이다. 구체적으로는 「위험의 현실화 가능성과 현실화되었을 때 손실의 중대성을 가늠하는 활동」이라고 할 수 있다.

실정 법규에서는 종래 「위험성평가란 유해 · 위험 요인을 파악하고 해당 유해 · 위험 요인에 의한 부상 또는 질병의 발생 가능성(빈도)과 중대성(강도)을 추정 · 결정하고 감소대책을 수립하여 실행하는 일련의 과정을 말한다」고[20] 하다가 「위험성평가란 사업주가 스스로 유해 · 위험 요인을 파악하고 해당 유해 · 위험 요인의 위험성 수준을 결정하여, 위험성을 낮추기 위한 적절한 조치를 마련하고 실행하는 과정을 말한다」로[21] 바꾸었다.[22]

2. 제도의 추진 경과

2004년부터 2008년까지 위험성평가 제도 도입 방안에 대한 연구 용역 수행 등 준비작

---

20 고시 제정(2012. 9. 26. 제2012-104호) 이후 최근 개정되기 전까지의 위험성평가의 정의이다.

21 중대재해 감축 로드맵 발표(2022.11.30.) 이후 개정(2023. 5. 22. 제2023-19호) 고시에서 규정하고 있는 위험성평가의 정의이다.

22 고시에서 위험성평가에 대한 정의 규정을 두는 것은 문제가 있다. 그리고, 현행 정의 규정은 오류를 범하고 있다. 우선 (1) 본래부터 있던 오류는, '위험성' 및 '위험성평가'라는 용어에 대한 정의를 일개 부처의 고시에 두는 오류이다. 두 용어에 대한 법적 정의가 필요하면 상위 규범에 둘 필요가 있다. 다음으로 (2) 최근 개정의 오류는, 개정 전에는 위험성 '결정' 이전에 '추정'이라는 단계가 있었는데, 이것을 생략한 것이다. 위험성의 '추정'이란 현실적으로 나타날 위험한 정도를 가늠해 보는 과정이고, 위험성의 '결정'이란 수용 가능한 위험성의 정도를 확정하는 과정이다. 그러므로 추정 단계가 없으면 결정할 수 없는 것이다. 내용에 대한 이해 부족에서 나타난 오류일 수도 있고, 법제상의 기술적 실수일 수도 있고, 기타 원인이 있겠다.

업을 한 후, 산업안전보건법 개정을 통하여 제5조 사업주의 의무에 위험성평가에 관한 규정을 두어 실시의 법적 근거를 마련하였다(2009.2.6.).

2010년부터 2012년까지 위험성평가 시범사업을 실시하였으며, 2012년 9년 26일 '사업장 위험성평가에 관한 지침'을 고용노동부 고시로 제정하였다(제2014-48호). 동 지침 제3장에 소규모 사업장 위험성평가 활성화를 위한 위험성평가 인정제도를 도입했다.

이후 산업안전보건법을 개정하면서 제5조 제1항 후단을 삭제하고 제41조의2를 신설하여 위험성평가의 법적 근거를 명확히 하였다(2013.6.12.). 나아가 안전보건관리책임자, 관리감독자, 안전관리자, 보건관리자 직무에 위험성평가에 관한 사항을 추가하였다(2014.3.12.).

또한 '사업장 위험성평가에 관한 지침' 고시를 개정하여(2016-17호, 2016.03.25.), 안전·보건관리자 및 관리감독자의 직무에 반영하고, 인정사업장 의미를 명확하게 하였다. 이후 두 차례 개정을 통하여(2017.7.1., 2020.1.14.), 평가절차 합리화, 사후심사 대상 확대, 컨설팅 대상 확대 등을 하였다.

그로부터 '지침'이 중대재해 감축 로드맵(2022.11.)에 따라 전면 개정되었다. 위험성평가 제도를 위험요인 파악과 개선대책 마련에 집중하도록 새로 정의하였다. 평가를 쉽고 간편하게 실시할 수 있도록 다양한 평가 방법을 제시하였다. 평가 시기를 명확화하며 상시평가를 신설하고, 근로자의 참여를 확대하였다(2023.5.22., 2023-19호).

3. 제도의 운용

» 위험성평가의 내용과 방법

위험성 평가는 ㉠ 유해·위험 요인을 찾아내야 하고, ㉡ 당해 요인의 위험성이 허용 가능한 정도인지 평가하여야 하며, ㉢ 평가 결과에 따라 법에 따른 조치를 취함과 아울러 근로자에 대한 위험 또는 건강장해를 방지하기 위하여 필요한 경우에는 추가적인 조치를 하여야 한다.

위험성평가의 방법, 절차 및 시기, 그 밖의 필요한 사항은 '사업장 위험성평가에 관한 지침'에 자세히 규정되어 있다. 실무적인 사항은 산업안전보건공단에서 운영하고 있으며, 온라인상에서도 작성이 가능하다. 위험성평가를 실시하는 사업장에 대한 감독면제나 산재보험료 감면 혜택의 부여 조건인 '우수사업장' 인정 여부도 공단이 결정한다.

만약 사업주가 다음 어느 하나에 해당하는 제도를 이행한 경우에는 그 부분에 대하여 위험성평가를 실시한 것으로 본다.

① 위험성평가 방법을 적용한 안전 · 보건진단(법 제47조)
② 공정안전보고서(법 제44조). 다만 공정안전보고서의 내용 중 공정위험성 평가서가 최대 4년 범위 이내에서 정기적으로 작성된 경우에 한함
③ 근골격계부담작업 유해요인조사(안전보건규칙 제657조부터 제662조까지)
④ 그 밖에 산안법과 산안법에 따른 명령에서 정하는 위험성평가 관련 제도

» 혜택과 벌칙

상시근로자 수가 100명 미만 사업장 또는 공사금액 120억 원(토목공사 150억 원) 미만의 건설공사의 경우 위험성평가를 실시하고 우수사업장 인정을 받으면 최대 30% 산재보험료율 감경 혜택을 부여할 수 있다. 이때 적용되는 요율을 '산재예방요율'이라고 한다.[23]

법에 위험성평가의 미실시에 대한 처벌 규정은 없다. 우리나라의 제도는 위험성평가를 실시한 사업주에 대하여 혜택을 주는 제도이지 실시하지 아니한 사업주를 처벌하는 제도가 아니다.[24]

---

23 이는 법령 체계상 고용산재보험료징수법에 규정하고 있다(동법 제15조 제3항). 현행 산재예방요율제는 매우 그릇되게 운영되고 있다. 산재예방의 효과가 실현되지 않은 상태에서 '사전에' 보험료를 경감하는 것으로서 도덕적 해이를 유발하고 다른 사업주의 부담을 증가시키는 단점이 있다. 동 제도는 위험성평가를 적정하게 실시하고 산재가 일정한 정도 이상 경감하는 등 소정의 요건을 충족하는 경우 '사후에' 경감하는 방향으로 운영되어야 한다.

24 다만, 2023년 11월 정부가 발표한 '중대재해 감축 로드맵'에서는 위험성 평가의 미실시 또는 부적정 실시에 대하여 제재 규정 마련을 검토한다는 내용이 있다.

Ⅳ. 작업중지제도

1. 사업주의 작업중지

사업주는 산업재해가 발생하지 않더라도 산업재해가 발생할 '급박한 위험'이 있을 때에는 즉시 작업을 중지시키고 근로자를 작업장소에서 대피시키는 등 안전 및 보건에 관하여 필요한 조치를 하여야 한다(산안법 제51조).

이때 "급박한 위험"이란 안전이 확보되지 않아 즉각적으로 생명·신체에 심각한 위해가 가해질 개연성이 지극히 높아 노무를 제공할 수 없다고 사회통념상 인정되는 위험을 가리킨다. 심각하고 즉각적인 위험(프랑스), 직접적이고 중대한 위험(독일), 급박한 위험(일본), 사망 또는 중대한 재해의 현실적 위험(미국) 등 여러 나라의 입법례에서도 유사한 용어를 사용한다. '심각한' 또는 '중대한'이라는 용어의 의미는 사고나 직업성 질병으로 인하여 사망에 이르거나, 부상이나 질병의 치료 후 장애인이 될 수 있는 상황을 가리킨다.

한편 "필요한 안전 및 보건 조치"는 산업안전보건규칙에 정하고 있는 조치를 말한다. 이는 예시적인 것이다.

2. 근로자의 작업중지

산업재해가 발생할 급박한 위험을 인지한 근로자가 작업을 중지하고 상급자에게 보고하여 필요한 조치를 취할 수 있도록 하는 것은 당연하다. 이는 이러한 근로자의 작업중지권을 명시한 것이다. 산업재해 발생이 임박했을 경우에는 법의 규정이나 사업주의 조치를 기다릴 필요 없이 근로자는 긴급피난의 일환으로 자주적 판단에 의해 당연히 그 작업에서 대피할 수 있다(산안법 제52조).

보다 구체적으로, 작업을 중지하고 대피한 근로자는 지체 없이 그 사실을 관리감독자 또는 그 밖의 부서의 장에게 보고하여야 하며, 보고를 받은 관리감독자 등은 안전 및 보건에 관하여 필요한 조치를 하여야 한다. 사업주는 산업재해가 발생할 급박한 위험이 있다고 근로자가 믿을 만한 합리적인 이유가 있을 때에는 작업을 중지하고 대피한 근로자에 대하여 해고나 그 밖의 불리한 처우를 해서는 아니 된다. 보다 구체적인 행사 방법은 다음과 같다.

» 허가 불요

작업 도중 '급박한 위험'이 있어서 작업을 중지함에는 사업주의 허가를 필요로 하지 않는다. 사업주는 '급박한 위험'을 인지하여 작업을 중지하기 전에 특정 절차를 거치도록 하는 등 작업중지권을 제한하는 내부규정을 둘 수 없다. 이는 긴급피난의 법리상 당연한 것이다. 작업 도중 발생한 '급박하지 않은 위험'의 경우에는 필요한 안전조치 또는 보건조치를 요구하고 사업주가 합리적인 이유 없이 이에 응하지 않는 경우 작업을 거절할 수 있다.

» 한계

작업중지가 다른 근로자나 일반 대중에게 피해를 줄 수 있는 상황으로 연결되지 않아야 하며, 위험이 급박한 당해 업무만 거부할 수 없고 근로계약의 전반적인 이행을 거부할 수는 없다.

» 급박한 위험 존부 판단 기준

급박한 위험이 존재하는지 여부의 판단은 개별 근로자의 숙련·경험·지식에 기초한 판단이지 평균적인 근로자의 판단이 아니다. 개별 근로자의 판단에 착오가 있어 사고가 발생하지 않더라도 급박한 위험이 있다고 판단하기에 상당한 이유가 있으면 작업을 중지할 수 있다.

» 의무가 아닌 권리

급박한 위험의 인지에 따른 근로자의 작업중지는 '의무'가 아니고 '권리'다. 그러므로 근로자가 급박한 위험을 알지 못했거나 어느 정도 예측하고서도 감히 작업을 계속한 결과 사고가 발생하더라도 근로자에게 고의 또는 중대한 과실이 없는 한 징계할 수 없고, 재해 관련 사업주의 책임이 경감되는 것이 아니다.

» 중지 후 보고

작업을 중지하고 대피한 근로자는 지체없이 그 사실을 관리감독자 또는 그 밖에 부서의 장에게 보고하여야 한다.

» 작업중지권의 남용

예를 들어 급박하지 아니한 위험을 이유로 작업을 중지한다든지, 다른 이유를 급박한 위험으로 핑계를 삼는다든지 하는 작업중지권의 남용은 금지되며 해고 등 징계사유가 된다.

» 임금청구권

근로자는 정당한 작업중지권의 행사로 노무제공이라는 근로계약상의 채무불이행의 책임을 지거나 임금청구권을 상실하지 않는다. 급박한 위험으로 인한 작업중지로 제공되지 않은 노무는 사장되어 소멸한다. 그러므로 작업중지 상태가 종료되고 근로자가 후에 제공하는 노무는 작업중지권 행사로 제공하지 못한 노무의 제공이 아니다.

» 불이익 처우 금지

사업주는 산업재해가 발생할 급박한 위험이 있다고 근로자가 믿을 만한 합리적인 이유가 있을 때에는 작업을 중지하고 대피한 근로자에 대하여 해고나 그 밖의 불리한 처우를 해서는 아니 된다. 이에 대하여 산업안전보건법상 벌칙은 없으나 근로기준법상의 부당해고 또는 부당징계의 죄책을 부담한다.

3. 근로감독관의 작업중지

근로감독관은 사업장에 대한 감독·검사·점검 결과 건설물 또는 그 부속건설물 및 기계·기구·설비·원재료(이하 "기계·설비 등")에 필요한 조치를 사업주가 하지 아니하여 근로자에게 현저한 유해·위험이 초래될 우려가 있다고 판단될 때에는 해당 "기계·설비 등"에 대하여 사용중지·대체·제거 또는 시설의 개선, 그 밖에 안전 및 보건에 관하여 필요한 시정조치를 명할 수 있다(산안법 제53조).

이때 "필요한 조치"란 사용금지, 허가 및 필요한 안전조치 및 보건조치를 말한다. 사업주가 안전 및 보건에 필요한 조치를 하지 않은 경우 사용중지, 작업중지 등 시정조치 명령을 할 수 있다.

» 사용중지

사업주가 "기계·설비 등"에 대하여 안전 및 보건에 관한 필요한 조치를 하지 아니하여 근로자에게 현저한 유해·위험이 초래될 우려가 있다고 판단될 때에 사용중지를 명할 수 있다. 사용중지 명령을 받은 사업주는 명령서 발부 때부터 해제 때까지 "기계·설비 등"을 사용하여서는 아니 된다.

» 작업중지

사업주가 "기계·설비 등"에 대한 시정조치 명령을 이행하지 아니하여 ㉠ 유해·위험 상태가 해소 또는 개선되지 아니하는 경우 또는 ㉡ 근로자에 대한 유해·위험이 현저히 높아질 우려가 있는 경우 작업중지를 명할 수 있다. 작업중지 명령은 해당 건설물 또는 그 부속건물 및 기계·기구·설비·원재료와 관련된 작업의 전부 또는 일부에 대하여 발할 수 있다.

V. 중대재해 발생 시 조치

1. 의의

중대재해는 한 번 발생하면 연이어 발생할 가능성이 크고 근로자들과 때로는 사업장 인근 주변에 큰 영향을 줄 우려가 있으므로 필요한 조치를 즉시 취해야 할 뿐만 아니라 그 원인을 조사하여 동일 유사한 재해를 예방할 필요가 있다. 산안법은 중대재해가 발생했을 때 사업주와 고용노동부가 취해야 할 임무를 정하고 있다(산안법 제54·55·56조).

"중대재해"란 산업재해 가운데 다음 어느 하나에 해당하는 재해를 말한다.[25]

① 사망자가 1명 이상 발생한 재해

② 3개월 이상의 요양이 필요한 부상자가 동시에 2명 이상 발생한 재해

③ 부상자 또는 직업성 질병자가 동시에 10명 이상 발생한 재해

2. 사업주의 작업중지 등 조치

중대재해 발생 시 사업주는 즉시 해당 작업을 중지시키고 근로자를 대피시키는 등 필요한 조치를 하여야 한다. 또한 중대재해가 발생한 사실을 알게 된 경우에는 지체 없이 고용노동부장관에게 ㉠ 중대재해 발생개요와 피해상황, ㉡ 조치 및 전망, ㉢ 그 밖의 중요한 사항을 전화·팩스 또는 그 밖의 적절한 방법으로 보고하여야 한다. 다만, 천재지변 등 부득이한 사유가 발생한 경우에는 그 사유가 소멸되면 지체 없이 보고하여야 한다.

3. 고용노동부장관의 작업중지 명령

고용노동부장관은 중대재해가 발생하였을 때 ㉠ 중대재해가 발생한 해당 작업, ㉡ 중대재해가 발생한 작업과 동일한 작업으로 인하여 해당 사업장에 산업재해가 다시 발생할 급박한 위험이 있다고 판단되는 경우에는 그 작업의 중지를 명할 수 있다.[26]

또한 고용노동부장관은 토사·구축물의 붕괴, 화재·폭발, 유해하거나 위험한 물질의 누출 등으로 인하여 중대재해가 발생하여 그 재해가 발생한 장소 주변으로 산업재해가 확산될 수 있다고 판단되는 등 불가피한 경우에는 해당 사업장의 작업을 중지할 수 있다.

---

25 산업안전보건법에 정한 산업재해 중 '중대재해'는 중대재해처벌법에 정한 중대재해 중 '중대산업재해'와 상이하다.

26 작업중지와 관련하여 실무적으로 문제가 되는 경우는 여기 논하는 '중대재해 발생 시 고용노동부장관의 작업중지 명령'이다.

4. 작업중지 해제

사업주는 유해·위험 요인을 개선하고 그 내용에 대하여 중대재해와 관련된 작업근로자의 의견을 들어 작업중지의 해제를 신청하여야 한다. 이때 근로감독관은 안전·보건에 관한 유해·위험 요인이 개선되었는지를 확인하여야 하고, 지방고용노동관서장, 공단 소속 전문가 및 해당 사업장과 이해관계가 없는 외부전문가 등을 포함하여 4명 이상으로 작업중지해제심의위원회를 구성하여야 한다. 그리하여 천재지변 등 불가피한 경우를 제외하고는 신청일로부터 4일 이내에 '작업중지해제심의위원회'를 개최하여 안전·보건조치가 충분히 개선되었는지 심의하여 해제 여부를 결정하고 그 결과를 즉시 사업주에게 알려주어야 한다.

5. 중대재해 원인조사 등

중대재해에 대하여는 필요한 경우 원인을 규명하여 예방대책을 수립함으로써 재발을 방지할 필요가 있으므로 고용노동부장관은 원인조사를 할 수 있고, 정확한 원인조사를 위하여 누구든지 중대재해 발생 현장을 훼손하거나 원인조사를 방해해서는 아니 된다(산안법 제56조).

원인조사는 중대재해 발생 현장을 방문하여 행하며, 재해조사에 필요한 안전보건 관련 서류 및 목격자의 진술 등을 확보하도록 노력하여야 한다. 이 경우 중대재해 발생의 원인이 사업주의 법 위반에 기인한 것인지 여부 등을 조사하여야 한다(시행규칙 제71조).

고용노동부장관은 중대재해가 발생한 사업장의 사업주에게 안전보건개선계획의 수립·시행, 그 밖에 필요한 조치를 명할 수 있다.

VI. 안전보건진단

1. 의의

안전보건진단이란 전문가에게 사업장의 안전과 보건의 현실에 대하여 조사하고 미흡한 점을 발견하여 적절한 조치를 취하는 것으로, 종합진단, 안전기술진단, 보건기술진단으로

[칼럼] 중대 사고는 누구 책임인가?

블랙스완(black swan·검은 백조)은 전혀 예기치 못한 사건이 발생하는 경우를 나타내는 비유적 표현이다. 우리는 흰색 말고 다른 색의 백조는 존재할 수 없다는 고정관념을 갖고 있다. 하지만 1697년 호주에서 검은색의 백조가 발견되면서 이러한 믿음은 잘못된 것으로 밝혀졌다.

다수의 인명 피해를 초래하는 중대사고는 미리 예견해 예방할 수 없는 것일까. 한번 발생한 것과 본질적으로 유사한 사고는 미연에 방지하는 것이 불가능한가. 중대사고란 '대규모'로 발생한 '예기치 못한' 사건이라는 특징을 갖는다.

국제적으로는 '사망 10명 이상 또는 부상 100명 이상 초래된 경우'를 '대규모' 재난의 범주에 포함한다. 우리나라 법에서는 사망자가 1명 이상 발생한 경우 등을 중대사고 또는 중대재해로 간주한다. 지식과 기술의 발전에 따라 '예측불가성'은 중대사고의 특성이 될 수 없다는 것이 일반적인 학설이다. 지진과 같은 천재지변과 달리 중대사고는 인간의 지혜로 예방할 수 있다는 것이다. '모든 사고와 직업병은 예방할 수 있다(All injuries and illness can be prevented).' 안전 모범기업인 듀폰그룹의 안전 제1원칙이다.

모든 중대사고는 미연에 방지할 수 있는 인재(人災)다. 인재는 다단계 하청 구조, 부실시공, 감리 소홀, 감독 부재, 최고경영진의 무관심, 현장의 안전불감증 등 요소가 복합적으로 작용해 발생한다. 이런 모든 요소는 예측 가능하고 관리 가능 범위 내에 있다.

인명을 앗아가는 중대사고는 누가 책임져야 하는가. '경영진의 책임이다(Management is responsible).' 듀폰그룹의 안전 제2원칙이다. 예외적인 사건인 중대사고의 발생을 예측·예방·대비·대응하는 상상력을 발휘하고 유지하는 것은 일선 근로자나 중간 관리자에게 미룰 일이 아니다. 중대사고에 대한 궁극적인 책임자인 최고경영자와 감독책임자는 '검은 백조'를 잊어서는 안 된다.

구분된다. 고용노동부장관은 추락·붕괴, 화재·폭발, 유해하거나 위험한 물질의 누출 등 산업재해 발생의 위험이 현저히 높은 사업장에 안전보건진단을 받을 것을 명할 수 있다(산안법 제47조). 그 대상은 추락·붕괴, 화재·폭발, 유해하거나 위험한 물질의 누출 등 산업재해 발생의 위험이 현저히 높은 사업장의 사업주로, 고용노동부장관의 명령은 '안전보건진단명령서'를 발부해야 하며, 기계·화공·전기·건설 등 분야별로 한정하여 명할 수 있다.

2. 진단의 실시와 평가

사업주는 안전보건진단 명령을 받은 경우 안전보건진단기관에 안전보건진단을 의뢰하여야 한다. 사업주는 안전보건진단에 적극 협조하여야 하며, 정당한 사유 없이 이를 거부하거나 방해 또는 기피해서는 아니 된다. 이 경우 근로자대표가 요구할 때에는 진단에 근로자대표를 참여시켜야 한다. 안전보건진단기관은 '진단'을 실시하고, 산업재해 또는 사고의 발생원인, 직업조건·작업방법 등 진단내용에 해당하는 사항에 대한 조사·평가 및 측정결과와 그 개선방법이 포함된 '안전보건진단 결과보고서'를 '진단'을 의뢰받은 날로부터 30일 이내에 해당 사업장의 사업주 및 지방고용노동관서의 장에게 제출하여야 한다.

안전보건진단기관이 되려는 자는 인력·시설 및 장비 등의 요건을 갖추어 고용노동부장관의 지정을 받아야 한다. 진단기관이 갖추어야 할 인력·시설·장비 요건에 대해서는 종합진단기관·안전진단기관·보건진단기관별로 정하고 있다. 고용노동부장관(안전보건공단 위탁)은 진단기관에 대하여 평가하고 그 결과를 공개할 수 있다.

Ⅶ. 안전보건개선계획

1. 취지와 대상

고용노동부장관은 산업재해 예방을 위하여 종합적인 개선조치를 할 필요가 있다고 인정되는 사업장의 사업주에게 안전 및 보건에 관한 개선계획(안전보건개선계획)을 수립하여 시행할 것을 명할 수 있다. 그런 사업장 가운데 필요한 사업장에 대하여는 안전보건진단을 받아 개선계획을 수립하여 시행할 것을 명할 수 있다(산안법 제49조). 그 대상은 다음과 같다.

① 개선계획 수립·시행 명령 대상 사업장
 - 산업재해율이 같은 업종의 규모별 평균 산업재해율보다 높은 사업장
 - 사업주가 안전조치 또는 보건조치를 이행하지 아니하여 중대재해가 발생한 사업장
 - 연간 직업병 질병자 수가 2명 이상 발생한 사업장
 - 유해인자(38종) 노출기준을 초과한 사업장
② 진단을 받아 개선계획을 수립·시행해야 하는 사업장
 - 산업재해율이 같은 업종 평균 산업재해율의 2배 이상인 사업장
 - 사업주가 안전조치 또는 보건조치를 이행하지 아니하여 중대재해가 발생한 사업장

- 직업성 질병자가 연간 2명(상시근로자 1천 명 이상 사업장의 경우 3명) 이상 발생한 사업장
- 그 밖에 작업환경 불량, 화재·폭발 또는 누출 사고 등으로 사업장 주변까지 피해가 확산된 사업장으로서 고용노동부령으로 정하는 사업장

2. 안전보건개선계획의 수립과 준수

안전보건개선계획 수립·시행의 명령은 명령서 전달 방식으로 하며, 사업주는 명령을 받은 날부터 60일 이내에 관할 지방고용노동관서의 장에게 해당 계획서를 제출(전자문서 포함)해야 한다. 개선계획에는 시설, 안전보건관리체제, 안전보건교육, 산재예방 및 작업환경 개선을 위하여 필요한 사항이 포함되어야 한다.

별도로 안전보건 진단을 받아 개선계획을 수립할 것을 명받은 사업주는 진단기관에 의뢰하여 진단을 받아 개선계획을 수립하여야 한다. 안전보건개선계획을 수립할 때에는 산업안전보건위원회의 심의를 거쳐야 한다. 위원회가 설치되어 있지 아니한 사업장의 경우에는 근로자대표의 의견을 들어야 한다.

안전보건개선계획을 접수한 지방노동관서는 접수일부터 15일 이내에 심사하여 사업주에게 그 결과를 알려야 한다. 심사를 할 때에는 필요한 사항이 적정하게 포함되어 있는지 검토하여야 한다. 계획의 적정 여부 확인은 공단 또는 산업안전·보건지도사에게 요청할 수 있다. 지방노동관서의 장은 심사결과 필요하다고 인정하는 경우 해당 계획의 보완을 명할 수 있다.

사업주와 근로자는 심사를 받은 '안전보건개선계획서'를 준수하여야 하고, 준수하지 아니한 자에게는 500만 원 이하의 과태료를 부과한다. 사업주와 근로자 모두에게 적용된다.

Ⅷ. 도급사업의 산업재해 예방

1. 의의

직업병 발생 등 중대한 건강장해를 초래할 수 있는 물질을 취급하는 '위험한 작업'은 '사

내도급'을 원칙적으로 금지하고, 일시·간헐적인 작업이나 수급인이 보유한 기술이 전문적이고 도급인의 사업 운영에 필수적인 경우 등 승인을 받은 경우에만 예외적으로 사내도급을 허용하는 제도이다. 제도의 원활한 운영을 위하여 고용노동부에서는 「도급금지·도급승인 제도 운영지침」을 제정하여 운영하고 있다(산안법 제58조 내지 제61조).

보다 구체적으로, 사업주는 근로자의 안전 및 보건에 유해하거나 위험한 작업인 ㉠ 도금 작업, ㉡ 수은, 납 또는 카드뮴을 제련, 주입, 가공 및 가열하는 작업, ㉢ 허가대상물질을 제조하거나 사용하는 작업을 도급하여 자신의 사업장에서 수급인의 근로자가 작업을 하도록 해서는 아니 된다.

다만 도급의 금지로 도급인의 사업 운영에 지장을 초래해서는 안 되므로 ㉠ 일시·간헐적으로 하는 작업을 도급하는 경우, ㉡ 수급인이 보유한 기술이 전문적이고 도급인의 사업 운영에 필수 불가결한 경우로서 고용노동부장관의 승인을 받은 경우에는 작업을 도급하여 자신의 사업장에서 수급인의 근로자가 그 작업을 하도록 할 수 있다. 해석기준은 다음과 같다(「도급금지·도급승인 제도 운영지침」).

» 일시적 작업

작업 수요가 갑자기 발생하여 상시 인력 고용이 어려운 사정이 객관적으로 인정되는 경우로서 '30일 이내에 종료되는 1회성 작업'을 말한다.

» 간헐적 작업

작업수요가 예측은 되나 오랜 기간 간격을 두고 발생하여 상시 인력 고용이 어려운 사정이 객관적으로 인정되는 경우로서 '연간 총 작업 일수가 60일을 초과하지 않는 작업'을 말한다.

» 전문적 기술

도급금지의 목적은 도급인이 직접 할 수 있는 작업을 위험 회피 및 인건비 절감 목적으로 도급하는 것을 방지하기 위한 것이다. 수급인이 전문적인 기술을 가진 경우란 수급인이 보유한 기술이 도급인이 습득·보유하기 어려운 전문적인 기술임이 특허 등에 의해 객관적으로 확인 가능한 경우로 해석한다. 객관적으로 확인 가능한 경우란 특허, 실용신안, 지정, 고시, 공고, 인증, 기술도입계약, 장비제조사 등 전문성이 객관적으로 확인 가능한 경우를 가리킨다.

» 필수 불가결한 경우

필수 불가결한 경우란 수급이 보유한 해당 기술이 없다면 도급인의 전체 사업 가운데 '도급과 관련된 사업의 운영이 불가능한 경우'를 말한다.

» 하도급 금지

이때 도급승인 대상작업은 수급인이 작업하는 것을 전제로 도급인이 안전조치 및 보건조치를 완료한 것이고, 하도급이 이루어지는 경우 도급인과 하도급 받은 자 사이의 의사소통이 어려우므로, 도급 승인을 받은 작업을 도급받은 수급인은 그 작업을 하도급할 수 없다.

» 적격 수급인 선정

사업주는 산업재해 예방을 위한 조치를 할 수 있는 능력을 갖춘 사업주에게 도급하여야 한다. 적격 수급인이란 건설산업기본법에 따른 화학물질 취급설비 개조·분해·해체·철거 작업의 시공능력과 실적이 있는 사업자를 말한다. 건설업 이외의 경우 고용노동부의 '적격 수급업체 선정을 위한 도급사업 안전보건관리 매뉴얼'상 수급업체 안전보건평가 결과 A등급 이상을 말한다. 또 유해·위험 작업 도급금지와 도급승인은 '사내도급'에 한하여 적용되나, 적격수급인 선정의무는 '모든 도급'의 경우에 적용된다.

2. 도급인의 안전조치 및 보건조치

» 안전보건총괄책임자

도급 관계에 있어서, 수급인 근로자가 도급인의 사업장에서 작업을 하는 경우 수급인 근로자를 포함한 모든 근로자의 안전보건을 총괄하여 관리하는 자를 안전보건총괄책임자라고 한다. 사업의 '일부' 또는 '전부' 도급에 관계없이 도급인은 그 사업장의 안전보건관리책임자를 안전보건총괄책임자로 지정하여야 한다. 안전보건관리책임자를 두지 아니하여도 되는 사업장에서는 그 사업장에서 사업을 총괄하여 관리하는 사람을 안전보건총괄책임자로 지정하여야 한다.

지정 대상 사업(장)은 수급인에게 고용된 근로자를 포함한 상시근로자가 100명(선박 및 보트 건조업, 1차 금속 제조업 및 토사석 광업의 경우에는 50명) 이상인 사업이나 관계수급인의 공사금액을 포함한 해당 공사의 총 공사금액이 20억 원 이상인 건설업으로 한다.

안전보건총괄책임자의 직무는 다음과 같다.

① 위험성평가의 실시에 관한 사항
② 중대재해 또는 급박한 위험이 있을 때 따른 작업의 중지 및 재개
③ 도급 시 산업재해 예방조치
④ 산업안전보건관리비의 관계수급인 간의 사용에 관한 협의 · 조정 및 그 집행의 감독
⑤ 안전인증대상기계 등과 자율안전확인대상기계 등의 사용 여부 확인

» 도급인의 안전조치, 보건조치 및 예방조치

도급을 주어 사업을 하는 경우 작업장소, 시설 등에 대하여 도급인이 지배 · 관리권이 있다면 사업의 일부 또는 전부 도급과 같은 도급의 유형, 작업 장소를 가리지 않고 도급인이 관계수급인 근로자의 산업재해를 예방하기 위하여 필요한 조치를 하여야 한다.

도급인이 관계수급인 근로자의 산업재해를 예방하기 위한 안전조치 및 보건조치를 하여야 할 사업은 사무직에 종사하는 근로자만 사용하는 사업을 제외한 사업을 말한다. 도급인은 자기의 사업장에서 관계수급인 근로자가 하는 모든 작업에 대하여 안전보건조치를 하여야 한다.

이때 관계수급인의 자기 근로자에 대한 조치의무는 근로계약에 내재되어 있는 안전배려

의무 및 사업주로서의 안전조치 및 보건조치 의무에 근거한 것이고, 도급인의 안전보건조치 의무는 별도로 규정되어 있으므로 그 법적 성격이 상이하다.

한편, 도급에 따른 도급인의 산업재해 예방조치는 다음과 같다.

① 안전 및 보건에 관한 협의체 구성 및 운영
② 작업장 순회점검
③ 관계수급인이 근로자에게 하는 안전보건교육을 위한 장소 및 자료의 제공 등 지원
④ 관계수급인이 근로자에게 하는 '유해 · 위험 작업 특별교육'의 실시 확인
⑤ 발파, 화재, 폭발, 붕괴, 지진 등의 경우에 대비한 경보체계 운영과 대피방법 등 훈련
⑥ 위생시설 설치 장소의 제공 또는 도급인이 설치한 위생시설 이용의 협조
⑦ 정기 또는 수시 작업장 안전보건 점검

» 수급인에 대한 정보제공 및 시정조치

유해 · 위험한 화학물질과 관련된 작업을 도급할 경우 그로 인한 산업재해 예방을 위해서는 도급인이 안전보건 정보를 수급인에게 제공할 필요가 있다. 도급인은 해당 작업 시작 전에 수급인에게 안전 및 보건에 관한 정보를 문서로 제공하여야 하며, 제공된 정보에 따른 조치 여부를 확인할 의무가 있다.

특히 다음의 작업을 도급하는 자는 그 작업을 수행하는 수급인 근로자의 산업재해를 예방하기 위하여 해당 작업 시작 전에 수급인에게 안전 및 보건에 관한 정보를 문서로 제공하여야 한다.

① 폭발성 · 발화성 · 인화성 · 독성 등의 유해성 · 위험성이 있는 화학물질 중 고용노동부령으로 정하는 화학물질 또는 그 화학물질을 포함한 혼합물을 제조 · 사용 · 운반 또는 저장하는 반응기 · 증류탑 · 배관 또는 저장탱크로서 고용노동부령으로 정하는 설비를 개조 · 분해 · 해체 또는 철거하는 작업

② 제1호에 따른 설비의 내부에서 이루어지는 작업

③ 질식 또는 붕괴의 위험이 있는 작업으로서 다음의 작업

- 산소결핍, 유해가스 등으로 인한 질식의 위험이 있는 장소로서 고용노동부령으로 정하는 장소에서 이루어지는 작업

- 토사·구축물·인공구조물 등의 붕괴 우려가 있는 장소에서 이루어지는 작업

이때 도급하는 자는 ㉠ 위험물질 및 관리대상 유해물질의 명칭과 그 유해성·위험성, ㉡ 안전·보건상 유해하거나 위험한 작업에 대한 안전·보건상의 주의 사항, ㉢ 안전·보건상 유해하거나 위험한 물질의 유출 등 사고가 발생한 경우에 필요한 조치의 내용을 적은 문서(전자문서 포함)를 해당 도급작업이 시작되기 전까지 수급인에게 제공해야 한다.

수급인이 도급받은 작업을 하도급하는 경우에는 제공받은 문서의 사본을 해당 하도급 작업이 시작되기 전까지 하수급인에게 제공해야 한다. 만약 도급인이 안전 및 보건에 관한 정보를 해당 작업 시작 전까지 제공하지 아니한 경우에는 수급인이 정보 제공을 요청할 수 있다. 요청에도 불구하고 도급인이 정보를 제공하지 아니하는 경우, 수급인은 해당 도급 작업을 하지 아니할 수 있다. 이 경우 수급인은 계약의 이행 지체에 따른 책임을 지지 아니한다.

한편, 도급하는 작업에 대한 정보를 제공한 자는 수급인이 사용하는 근로자가 제공된 정보에 따라 필요한 조치를 받고 있는지 확인하여야 하며, 확인을 위하여 필요한 때에는 해당 조치와 관련된 기록 등 자료의 제출을 수급인에게 요청할 수 있다. 도급인은 관계수급인 근로자가 도급인의 사업장에서 작업을 하는 경우에 법 또는 법에 따른 명령을 위반하면 관계수급인에게 그 위반행위를 시정하도록 필요한 조치를 할 수 있다. 이 경우 관계수급인은 정당한 사유가 없으면 그 조치에 따라야 한다.

Ⅸ. 특수형태근로자·배달종사자·가맹점종사자를 위한 보호조치

1. 특수형태근로종사자를 위한 보호조치

근로자와 유사하게 노무를 제공하여 업무상의 재해로부터 보호할 필요가 있음에도 「근로기준법」 등이 적용되지 아니하여 산업안전보건법상의 보호를 받지 못하는 자에게 산업재해 예방을 위하여 필요한 안전조치 및 보건조치를 할 필요가 있다.

특수형태근로종사자란 업무상 재해로부터 보호할 필요가 있음에도 「근로기준법」 등이 적용되지 아니하는 자로서 ㉠ 주로 하나의 사업에 노무를 상시적으로 제공하고 보수를 받아 생활할 것, ㉡ 노무를 제공할 때 타인을 사용하지 아니할 것, 이상 두 요건을 충족하는 다음 직종에 종사하는 자를 말한다.

① 보험설계사 및 전업 우체국보험모집인　② 건설기계(27종)를 직접 운전하는 사람

③ 학습지 교사　　　　　　　　　　　　④ 골프장 캐디

⑤ 택배원인 사람으로 택백사업(소화물을 집화·수송 과정을 거쳐 배송하는 사업)에서 집화 또는 배송 업무를 하는 사람

⑥ 택배원인 사람으로서 하나의 퀵서비스업자로부터 업무를 의뢰받아 배송하는 사람

⑦ 대출모집인　　　　　　　　　　　　⑧ 신용카드회원 모집인

⑨ 대리운전 업무를 하는 사람

특수형태근로종사자로부터 노무를 제공받는 자는 특수형태근로종사자의 산업재해 예방을 위하여 필요한 안전조치 및 보건조치를 하여야 한다. 특히 특수형태근로종사자(5개 직종, 건설기계운전자, 골프장캐디, 택배원, 퀵서비스기사, 대리운전자)로부터 노무를 제공받는 자는 소정의 안전보건 교육을 실시하여야 한다.

2. 배달종사자를 위한 보호조치

「근로기준법」상의 근로자가 아니면서 사고가 많이 발생하는 직종의 하나가 이륜차로 물건을 수거·배달하는 작업이다. 이에 '배달앱 등 이동통신 단말장치로 물건의 수거나 배달을 중개하는 자'에게 '이륜자동차로 물건을 수거하거나 배달하는 자'의 산업재해 예방을 위

한 안전보건 조치를 하도록 하였다.

'이동통신단말장치로 물건의 수거·배달 등을 중개하는 자'는 그 '중개를 통하여 이륜자동차로 물건을 수거·배달 등을 하는 사람'의 산업재해 예방을 위하여 필요한 안전조치 및 보건조치를 하여야 한다. 양자 사이에 사용종속관계가 성립하지 않아도 마찬가지이다. 구체적인 안전조치는 다음과 같다.

» 보호구 착용지시 및 착용의무

사업주는 물건을 운반하거나 수거·배달하기 위하여 이륜자동차를 운행하는 작업에 승차용 안전모를 작업하는 근로자 수 이상으로 지급하고 착용하도록 하여야 한다. 보호구를 받거나 착용지시를 받은 근로자는 그 보호구를 착용하여야 한다.

» 탑승의 제한

사업주는 전조등, 제동등, 후미등, 후사경 또는 제동장치가 정상적으로 작동되지 아니하는 이륜자동차에 근로자를 탑승시켜서는 아니 된다.

3. 가맹점 종사자를 위한 보호조치

가맹점의 서비스나 생산방식은 가맹본부의 정형화된 매뉴얼에 따라 이루어지므로, 가맹본부에게 가맹점 사업자와 그 소속 근로자의 산업재해 예방을 위하여 직접 일정한 안전보건 조치의무를 지우고 있다. 가맹점 사업자와 그 소속 근로자의 산업재해예방을 위한 조치를 하여야 하는 가맹본부는 ㉠ 업종 대분류가 "외식"인 업종, ㉡ 대분류가 "도소매"이면서 중분류가 "편의점"인 업종으로서 가맹점의 수가 200개소 이상인 가맹본부를 말한다. 구체적인 안전보건 조치의무는 다음과 같다.

» 안전 및 보건 프로그램 마련 · 시행

가맹본부는 가맹점 사업자에 대하여 안전보건 경영방침 및 안전보건 활동계획 등이 포함된 안전 및 보건 프로그램을 연 1회 이상 교육하여야 한다.

» 안전보건 정보제공

가맹본부는 가맹점에 설치하거나 공급하는 설비 · 기계 및 원자재 또는 상품 등에 대하여 가맹점 사업자에게 안전 및 보건에 관한 정보를 제공하여야 한다.

X. 근로자 건강보호 정책

건강진단과 작업환경관리를 사업주의 의무로 하는 외에, 근로자 건강센터의 설치 · 운영, 다양한 유해인자에 대한 적시 대응, 고객응대 종사자 보호 활동을 통하여 근로자 건강을 보호한다. 직업성질환의 업무관련성 규명, 안전보건서비스 기관의 신뢰성평가, 화학물질에 대한 유해성 · 위험성 평가 및 정보관리를 통해 업무상질병을 예방한다. 주요 내용을 살펴보면,

① 근로자건강센터 설치 · 운영: 근로자 건강관리가 취약한 소규모 사업장 근로자에게 직업병 예방 상담 등 기초 직업건강 서비스를 제공

② 산업보건 이슈 감시 및 대응: 새롭게 발생하거나 인자별 · 시기별 · 지역별로 발생되는 산업보건 현안에 적시 대응하고, 사업장 건강증진활동 프로그램 컨설팅 및 인증

③ 옥외근로자 마스크 지원: 미세먼지에 노출되는 옥외 노동자에 대한 마스크 배포 및 올바른 마스크 착용 교육을 통한 사업장 자율관리 유도

④ 고객응대 종사 근로자 건강보호: 감정노동에 대한 사업주의 보호 의무를 안착시키고 사회적 인식을 개선하여 고객응대 종사 근로자의 정신건강 보호

⑤ 직업병 역학조사: 직업성질환의 진단 및 예방, 발생원인 규명을 위하여 근로자 질환과 작업장 유해요인과의 상관관계에 관한 역학조사를 통하여 근로자 건강보호에 기여

⑥ 안전보건 서비스 기관 정도관리: 특수 · 진폐건강진단기관, 작업환경측정기관, 석면조사기관 정도관리를 통한 민간기관의 진단 · 분석 수준 향상 및 신뢰성 제고

⑦ 화학물질 유해 · 위험성 평가

　- 산업현장에서 사용되는 화학물질에 대한 유해성 평가 및 독성시험을 통해 화학물질
　정보를 알기 쉽게 제공하고 화학물질의 유해성을 분류하여 노동자 건강보호

　- 화학물질에 대한 물리적 위험성 시험 · 평가를 통해 화재 · 폭발 등 화학사고 예방에 기여

⑧ 물질안전보건자료(MSDS) 제출 및 비공개 정보심사: 국내 화학물질 · 제품 물질안전보
건자료(MSDS)를 제출받고, 대체 정보에 대한 사전승인을 통하여 국가 주도의 국내 유
통 화학물질정보 종합관리체계 구축

XI. 안전보건교육과 산재예방지원

1. 안전보건교육

» 근로자 교육

사업주가 사업장 내 유해 · 위험 요인 및 산재예방을 위한 안전 및 보건조치 등을 근로자
에게 교육하여 근로자가 안전하게 업무를 수행할 수 있도록 하기 위한 것이다.

사업주는 해당 사업장의 근로자를 대상으로 정기적으로 '정기안전보건교육'을, 근로자를
신규로 채용하여 직무 배치 전 '채용 시 교육'을, "다른 작업으로 전환한 때"나 "작업설비나
작업방법 등의 변경이 있는 때" 근로자가 변경된 작업을 하기 전에 '작업내용 변경 시 교육'
을, 유해하거나 위험한 작업에 채용하거나 그 작업으로 작업내용을 변경할 때에 '특별교육'
을 실시해야 한다.

① 정기교육

사업주가 ㉠ 사무직 종사 근로자, ㉡ 판매업무에 직접 종사하는 근로자, ㉢ 그 외 근로자,
㉣ 관리감독자의 지위에 있는 사람을 대상으로 매 분기 및 매년 등 정기적으로 실시해야
하는 교육을 말한다.

② 채용 시 교육

사업주가 새롭게 채용한 근로자를 대상으로 직무 배치 전 실시해야 하는 교육을 말한다.

③ 작업내용 변경 시 교육

기존에 수행하던 작업내용과 다른 작업을 수행할 근로자를 대상으로 변경된 작업에 배치하기 전 실시해야 하는 교육을 말한다.

④ 특별교육

사업주가 유해·위험한 작업(40개 작업)에 근로자 또는 특수형태근로종사자를 채용하거나 그 작업으로 작업내용을 변경하는 경우 실시해야 하는 교육을 말한다. 특별교육 규정은 다음 3가지 업종을 제외한 모든 업종·규모의 사업 및 사업장에 적용된다. ㉠ 초등·중등·고등 교육기관, 특수학교·외국인학교 및 대안학교 외의 교육서비스업(청소년수련시설 운영업은 제외), ㉡ 국제 및 외국기관, ㉢ 사무직에 종사하는 근로자만을 사용하는 사업장(사업장이 분리된 경우로서 사무직에 종사하는 근로자만을 사용하는 사업장 포함).

» 안전보건 직무교육

사업주가 안전보건업무를 담당하는 종업원을 대상으로 안전보건과 관련한 법과 제도 등 기본적인 소양과 유해·위험 요인 및 관리방식 등을 습득하게 함으로써 사업장 내 안전·보건을 확보하고자 하는 교육이다. 여기서 '직무'란 안전과 보건을 말한다.

사업장의 안전보건관리책임자, 안전관리자, 보건관리자, 안전보건관리담당자에게는 사업주가, 안전·보건관리전문기관, 건설재해예방전문지도기관, 안전검사기관, 자율안전검사기관, 석면조사기관 등 재해예방 관련기관 종사자에게는 당해 기관 책임자가 안전보건에 관한 신규교육과 보수교육을 실시해야 한다.

» 건설업 기초 안전보건 교육

사업주가 건설 현장의 유해·위험 요인 및 안전 및 보건조치 등을 건설업 일용근로자에게 교육하여 건설업 일용근로자가 안전하게 업무를 수행할 수 있도록 하기 위함이다. 건설업 사업주는 건설업 일용근로자에게 기초안전보건교육을 실시해야 한다. 대행기관에 위탁되어 있다. 건설업에 종사하는 일용근로자 외의 근로자는 근로자 안전보건교육 대상이다.

» 특수형태근로종사자 안전보건교육

특수형태근로종사자('특고')로부터 노무를 제공받는 자가 특고를 대상으로 근무형태 및 업무 특성을 고려한 안전·보건교육을 실시함으로써 특고가 안전하게 업무를 수행할 수 있도록 하기 위함이다. 건설기계(27종) 운전자, 골프장 캐디, 택배원, 퀵서비스 배달원, 대리운전기사 등 5개 직종에 종사하는 특고로부터 노무를 제공받는 자는 특고에게 최초로 노무를 제공받기 전 안전·보건교육을 실시하여야 하며, 또한 유해하거나 위험한 작업에 채용하거나 그 작업으로 작업내용을 변경할 때는 특별교육을 실시해야 한다.[27]

» 산업안전·보건지도사 교육

지도사 자격이 있는 사람이 직무를 수행하려면 지도사 등록을 하기 전 1년의 범위에서 업무교육 및 실무수습 등 연수교육을 받아야 한다. 지도사 자격시험의 일부를 면제받은 사람 중 산업안전 또는 산업보건 분야에서 5년 이상 실무에 종사한 경력이 있는 사람은 연수교육을 받지 않아도 된다. 산업안전보건교육원 및 산업안전·보건지도사협회에서 업무교육 시간 및 실무수습 기간을 합산하여 3개월 이상 실시한다.

한편, 갱신등록하려는 지도사 중 산업안전·보건 관련 기관 및 단체에서 지도하거나 종사한 실적의 기간이 3년 미만인 지도사가 갱신등록을 하려면 업무교육 및 직업윤리교육 등 보수교육을 받아야 한다. 산업안전보건교육원에서 업무교육 및 직업윤리교육 시간을

---

27 안전보건교육 체계에 대해서는 이 장 말미에 '안전보건교육 체계도'로 정리해 두었다.

합산하여 지도실적이 2년 미만은 20시간 이상, 2~3년 미만은 10시간 이상 실시한다.

» 기타 교육

① 산재예방요율제 사업주교육

「고용보험 및 산업재해보상보험의 보험료 징수 등에 관한 법률 시행령」제18조의2를 근거로 하며, 제조업, 임업, 위생 및 유사서비스업으로서 상시근로자 수가 50명 미만인 사업장의 사업주를 대상으로 ㉠ 안전의식 제고, ㉡ 사업주의 산재예방 책임, ㉢ 사업장 위험성평가, ㉣ 자체 산재예방계획 수립에 관한 내용(실습 포함)을 각 1시간 이상 총 4시간 이상을 집체교육으로 실시한다. 사업주 교육을 이수하고 산재예방계획 수립 등 산재예방활동을 인정받은 경우 산재보험료율을 10% 인하하는 혜택이 있다.

② 위험성평가 교육

사업장 위험성평가에 관한 지침(고용노동부 고시)을 근거로, 한국산업안전보건공단 광역본부·지역본부·지사 및 산업안전보건교육원에서 사업주, 평가담당자, 전문가를 대상으로 교육하고 있다.

참고로 안전보건교육을 포함하여 사업주가 의무적으로 실시하여야 하는 5대 법정교육의 근거법률, 교육대상, 교육시간 등을 정리하면 다음 〈도표 2-11〉〈도표 2-12〉와 같다.

도표 2-11. 안전보건교육 체계도

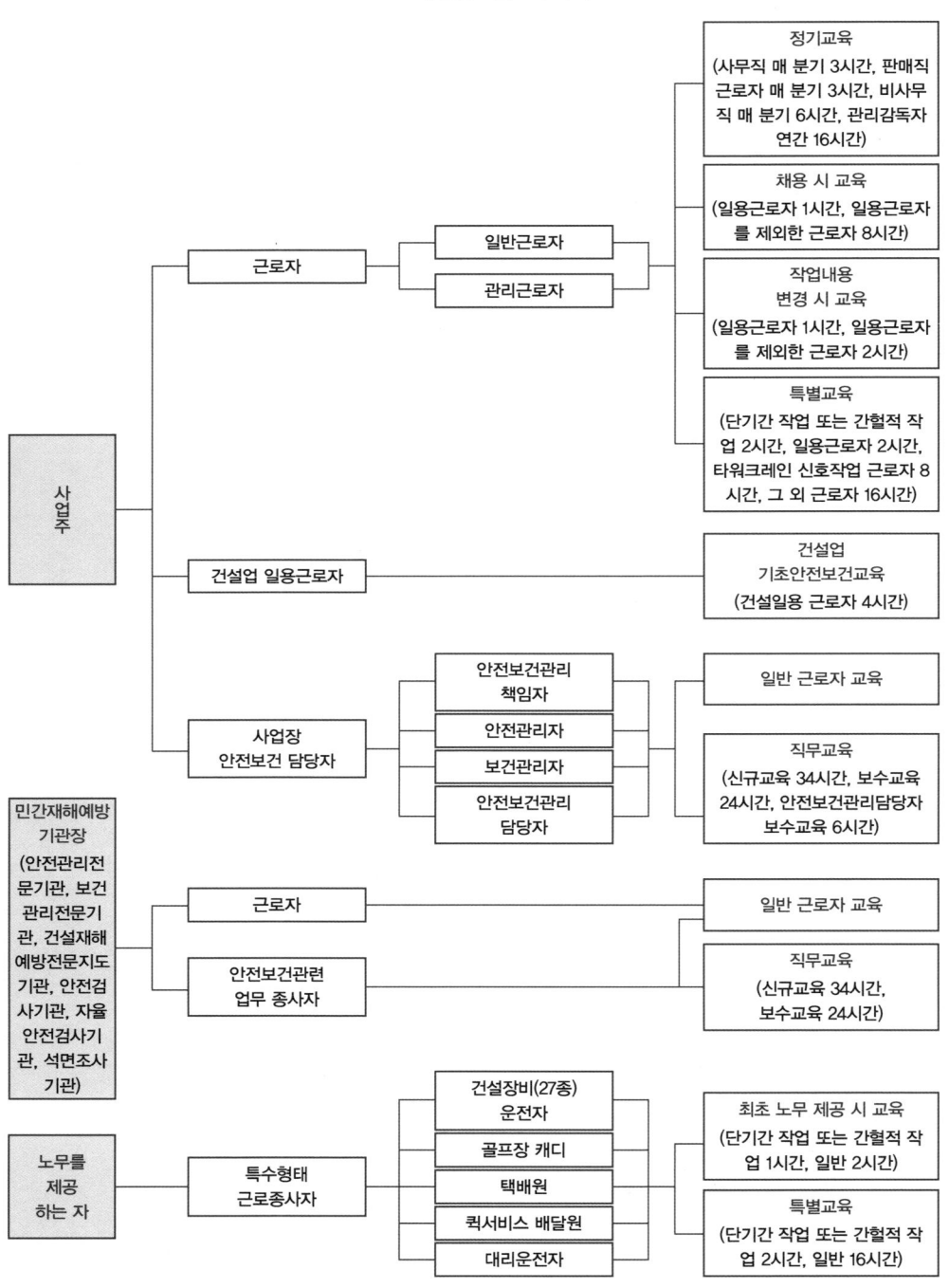

도표 2-12. 5대 법정 의무교육

구분	근거 법률	대상	교육시간	강사자격	미실시에 대한 과태료
산업안전 보건교육	(생략)				
직장 내 성희롱 예방교육	「남녀 고용 평등과 일·가정 양립 지원에 관한 법률」 제13조	근로자를 사용하는 모든 사업장 (상시근로자 10인 미만 및 어느 한 성(性)으로만 구성된 사업은 교육자료 배포 등의 방법으로 대체 가능)	연 1회 이상, 1시간이상	없음	500만 원 이하
개인정보 보호교육	「개인정보보호법」 제28조	개인정보를 처리하는 자	연 1~2회 (권고)	없음	-
장애 인식개선 교육	「장애인 고용 촉진 및 직업재활법」 제5조의2	사업주 및 모든 근로자 (50인 미만 사업장은 간이교육 가능)	연 1회 이상, 1시간이상	1. 사업주 또는 내부 직원 직접 실시 2. 한국장애인고용공단의 강사 양성 과정을 수료한 강사	300만 원 이하
퇴직연금 교육	「근로자 퇴직급여 보장법」 제32조	퇴직연금 가입자	연 1회 이상	퇴직연금 사업자	1천만 원 이하

2. 산재예방지원

» 업종별 재해예방 지원

산재보험 가입 사업장을 대상으로 사망사고 핵심 고위험 요인을 집중적으로 관리하기 위해, 업종별 위험 특성을 고려한 맞춤형 사업을 실시하여 사망사고 및 휴업일수 90일 이상의 중상해 재해 감소에 기여하고자 하는 사업이다.

지원 대상은 산재보험에 가입한 전체 사업장(제조업 50인 미만, 건설업 120억 원 미만, 서비스업 및 운수·창고·통신업 중심)이며, 사고사망자가 다발하는 핵심 고위험 요인(건설업 떨어짐, 제조업 끼임 등) 보유 사업장 또는 건설 현장에 대하여 기술지도(패트롤현장점검 등), 위험성평가 등 다양한 산재예방활동을 전개한다. 지원은 안전보건공단을 통하여 실시되며 주요 내용은 다음과 같다.

① 사망사고 핵심 고위험 요인 집중관리

사고사망자가 다발하는 핵심 고위험 요인(건설업 떨어짐, 제조업 끼임 등) 보유 사업장 또는 건설 현장에 대하여 기술지도(패트롤현장점검 등), 위험성평가 등 다양한 산재예방활동을 전개한다.

② 사고성 재해 집중관리

제조업 및 서비스업 고위험 사업장, 공사금액 120억 원 미만 건설 현장을 중심으로 업종별 위험 특성에 맞는 사고성 재해 예방활동 지원, 공사금액 50억 원 미만 중·소 건설 현장을 대상으로 안전보건지킴이 순찰, 건설업 유해위험방지계획서 확인 현장 모니터링, 재해가 다발하는 조선업 등 특수 업종, 산재취약계층(장년, 여성, 외국인근로자)에 대한 다양한 재해예방활동 전개 등을 진행한다.

③ 법정 위탁사업

- 화재·폭발위험 및 유해·위험 물질 제조·취급설비를 보유한 화학공장 등의 공정안전보고서(PSM) 심사·확인
- 재해발생 위험이 높은 금속가공제품제조업 등 13개 업종 또는 기계·설비를 설치·이전하거나 주요 구조 부분을 변경하는 사업장의 유해위험방지계획서 심사·확인
- 높이 31m 이상 건축물 등 대형 사고 위험 건설 현장을 대상으로 유해위험방지계획서 심사·확인
- 종합건설업체 및 주요 공공기관 발주공사에 대한 사고사망만인율 산정 등

④ 자율안전관리체계 구축

- 원청의 하청에 대한 안전보건지원 활성화를 도모하는 「공생협력프로그램」 및 사업장의 자율 안전보건활동을 촉진하는 「안전보건경영시스템(KOSHA MS)」 구축지원
- KOSHA-Guide 개발 및 보급 등 사업장 재해예방활동 지원

» 유해·위험 기계 등 제조등록업체 자금지원

안전인증 대상 위험기계 및 방호장치·보호구를 제조하는 등록업체의 제품 품질 수준과 성능 향상을 위해 연구개발자금 또는 시험장비 구매자금을 지원하는 사업이다. 안전인증 취득 또는 자율안전확인 신고를 필한 위험기계 및 방호장치·보호구를 제조하는 국내 사업

장, 최근 2년간 인증취소 또는 자율안전확인 표시 사용금지 또는 제품 수거·파기 사례가 없는 사업장, 또는 기술능력 및 생산체계 심사결과 적합 판정 사업장을 그 대상으로 한다.

위험기계 및 방호장치·보호구의 안전보건 성능 향상을 위한 제품설계·연구개발 등의 비용을 사업장당 5,000만 원(소요비용의 60% 한도) 지원, 제품 안전성능 확인을 위한 시험장비 구매 비용을 사업장당 5,000만 원(소요비용의 50% 한도) 지원 등을 한다.

» 위험 기계·기구의 근원적 안전성 확보

유해·위험 기계·기구의 근원적 안전성 확보를 위하여 안전인증, 자율안전확인신고 및 안전검사 제도가 운영된다.

안전인증은 대상 기계·기구 등의 안전성능과 제조자의 기술능력 및 생산체계가 안전인증기준에 맞는지에 대하여 종합적으로 심사하는 제도이며, 프레스, 전단기, 절곡기, 크레인, 리프트, 압력용기, 롤러기, 사출성형기, 고소작업대, 곤돌라 등이 그 대상이다.

자율안전확인신고는 자율안전확인 대상 기계·기구 등을 제조 또는 수입하는 자가 해당 제품의 안전에 관한 성능이 자율안전기준에 맞는 것임을 확인하여 고용노동부장관에게 신고하는 제도이다. 그 대상은 연삭기 또는 연마기(휴대용 제외), 산업용 로봇, 혼합기, 파쇄기 또는 분쇄기, 식품가공용기계(파쇄, 절단, 혼합, 제면기), 컨베이어, 자동차정비용 리프트, 공작기계(선반, 드릴기, 평삭, 형삭기, 밀링), 고정용 목재가공용 기계(둥근톱, 대패, 루타기, 띠톱, 모떼기), 인쇄기 등이다.

마지막으로 안전검사는 안전검사 대상 기계·기구를 사용하는 사업주가 기계·기구 등의 안전에 관한 성능이 안전검사기준에 적합한지 여부에 대하여 안전검사를 받도록 하는 제도이다. 프레스, 전단기, 크레인, 리프트, 압력용기, 곤돌라, 국소배기장치, 원심기, 롤러기, 사출성형기, 고소작업대, 컨베이어 및 산업용 로봇 등을 대상으로 한다.

» 유해 작업환경 개선 지원

산재보험 가입 소규모 사업장(50인 미만 위주)을 대상으로 산업보건 기초제도 이행에 필요한 비용지원, 질식위험 영역 관리, 석면 등 유해인자 취급에 대한 기술지도 및 노출정보 제공, 소규모 사업장에 대한 보건관리 지원 등을 통한 유해작업환경 개선을 목적으로 하는 사업이다.

사업 내용으로는 질식재해 예방 현장지원을 통해 질식 고위험·취약 사업장에 기술지원을 실시하고, 밀폐공간 작업 시 예방 장비를 적시에 지원하는 현장 중심의 찾아가는 서비스를 제공하며, 작업환경측정·특수건강진단을 통해 30인 미만 사업장을 대상으로 작업환경측정 및 특수건강진단 비용 지원으로 근로자 건강을 보호한다. 또한 비용 지원 및 작업환경 측정결과의 신뢰성 평가를 통해 전문기관의 수준 향상을 유도하고, 근로자가 취급하는 미지의 화학물질 유해성 및 노출수준에 대한 정보를 제공하며, 특히 석면해체·제거작업의 안전성 평가, 현장 모니터링 실시 등 석면해체·제거 업체의 수준 향상을 통해 석면에 의한 직업병을 사전에 예방한다.

또한 50인 미만 소규모 사업장에 산업보건전문기관 전문인력이 방문하여 보건관리 요령을 지도하는 등 기초적인 산업보건 서비스를 제공하는 한편, 필수노동자의 업무상질병을 예방하기 위해 근골격계 유해요인조사 및 건강진단 비용을 지원한다.

» 산재예방시설 자금융자

사업장의 안전·보건시설 개선을 위하여 산재예방 시설 개선에 소요되는 자금을 장기 저리 조건으로 융자·지원하여 산업재해예방 및 작업환경개선에 기여하려는 사업이다. 근로자를 고용하고 산업재해보상보험에 가입한 사업 또는 사업장의 사업주, 산업재해 예방을 목적으로 설립된 법인 또는 민간기관을 대상으로 하며, 사업장당 10억 원 한도(고정연리 1.5%, 3년 거치 7년 분할상환)이다.

융자금 지원 신청 사업장에 대한 산업재해 예방 설비 투자계획의 타당성 확인, 투자 설비 또는 공정에 대한 안전·보건관리 기술지원을 진행하며, 이때 융자금 지원 대상자(우선순위)는 융자금 지원 심사위원회의 "융자대상자 우선지원 선정기준"에 따라 결정된다. 융자금 지원 이후 융자 설비 가동 상태 확인 및 사업장 유해·위험 요인에 대한 사후 기술지도 역시 실시한다.

» 클린 사업장 조성지원

유해·위험 요인 시설개선과 안전투자 혁신사업으로 나뉜다. 전자는 기술·재정적 능력이 취약한 산재보험가입 50인 미만 사업장 및 공사금액 50억 원 미만 건설 현장, 산업단지를 대상으로 유해·위험 요인 개선을 위한 자금을 지원하는 사업으로, 내용은 다음과 같다.

① 사망사고 등 고위험 개선: 고용노동부의 감독, 공단의 기술지원 결과 시급히 개선이 필요한 사업장 또는 사고사망 예방품목을 지원받고자 하는 사업장에 이동식크레인, 고소작업대 과부하방지장치 및 권과방지장치 등의 방호장치, 건설기계(굴착기 및 로더) 충돌방호장치, 화재·폭발 등 사망사고 예방품목 등 구입 지원(사업장당 최대 3,000만 원, 공단 판단금액의 70% 지원)

② 추락방지 안전시설(건설업): 공사금액 50억 원 미만 건설 현장에 시스템비계, 안전방망, 사다리형 작업발판 임차 및 구입비용(건설 현장당 최대 3,000만 원, 50~65% 지원, 시스템비계·수직보호망은 조견표에 따른 정액제 지원)

③ 산업단지 내 입주 사업장 또는 산업단지 관리주체 지원: 산재예방시설(자료실 및 상담실, 교육시설, 체력증진시설, 목욕·샤워·세탁시설) 등 지원(산업단지당 10억 원 한도, 공단 판단금액의 50%)

한편, 안전투자 혁신사업은 구조적으로 위험한 위험기계기구 교체 및 노후 위험공정 개선을 통한 안전성 확보 및 생산성 향상으로 국내 중소산업의 경쟁력을 강화할 목적으로 하는 사업이다. 50인 이하 사업장에서 아래와 같은 안전보건 개선사업을 하는 경우 소요비용의 50% 이내를 지원한다.

① 위험기계 교체: 이동식크레인, 고소작업대, 리프트, 30년 이상 노후 안전검사 대상기계 6종(프레스, 사출성형기, 크레인, 전단기, 컨베이어, 롤러기)을 교체하고자 하는 사업주(최대 7천만 원)

② 위험공정 개선: 뿌리공정 보유 사업장(주조, 소성가공, 표면처리) 또는 고위험 3대 업종(기

계기구 · 금속 · 비금속광물제품제조업, 화학 및 고무제품 제조업, 수제품 및 기타제품제조업) 제조공정을 개선하고자 하는 사업주(최대 1억 원)

제2절 안전을 위한 정책수단

Ⅰ. 건설업의 산재예방을 위한 규제

1. 발주자의 산재예방조치

건설공사 발주자는 공사의 계획 · 설계 · 시공 등 모든 과정에서 공사 기간, 금액 등을 결정하는 데 큰 영향을 미친다. 그러므로 개정법(2019)은 건설공사 발주자를 법의 수규자로 지정하고(법 제5조 제2항 제3호), 건설공사의 계획 · 설계 · 시공 단계별로 발주자의 안전 및 보건 조치 의무를 규정하였다. 이에 따라 건설공사 발주자는 건설공사의 계획(기본안전보건대장), 설계(설계안전보건대장) 및 시공(공사안전보건대장) 단계에서 안전보건대장을 작성하거나, 제공하고 확인하여야 하는 의무가 있다.

2. 안전보건조정자

2개 이상의 건설공사가 같은 장소에서 행해지는 경우 작업의 혼재로 인하여 발생할 수 있는 산업재해를 예방하기 위한 조치로 안전보건조정자를 두도록 한 제도이다. 즉, 같은 장소에서 행해지는 각 건설공사 금액의 합이 50억 원 이상인 2개 이상의 건설공사를 도급한 건설공사 발주자는 현장에 안전보건조정자를 두어야 한다.

안전보건조정자의 업무는 다음과 같으며, 업무수행에 필요한 경우 도급인과 수급인에게 자료의 제출을 요구할 수 있다.

① 각각의 공사 간에 혼재된 작업의 파악

② 혼재된 작업으로 인한 산업재해 발생의 위험성 파악

③ 혼재된 작업으로 인한 산업재해를 예방하기 위한 작업의 시기·내용 및 안전보건조치 등의 조정

④ 각각의 공사 도급인의 안전보건관리책임자 간 작업 내용에 관한 정보 공유

3. 공사기간의 단축 및 공법변경 금지

이는 설계도서 등에 따라 산정된 공사기간의 단축 또는 공사비를 줄이기 위한 공법의 변경이 산업재해의 위험성을 증대시키기 때문에 규정한 내용이다. 금지 의무의 이행 주체는 발주자와 건설공사 도급인 모두로, ㉠ 건설공사 발주자 또는 ㉡ 최초로 도급받은 수급인(건설공사 도급인) 및 ㉢ 시공을 주도하여 총괄·관리하는 자이다. 그 내용으로는 설계도서 등에 따라 산정된 공사기간을 단축해서는 안 되고, 공사비를 줄이기 위하여 위험성이 있는 공법을 사용하거나 정당한 사유 없이 정해진 공법을 변경해서는 아니 된다.

4. 공사기간 연장

악천후 등 불가항력의 사유가 있거나 건설공사 발주자에게 책임이 있는 사유로 착공이 지연되거나 시공이 중단된 경우 무리하게 공사를 진척시키면 산업재해의 위험이 있기 때문에 공사기간을 연장하도록 한 규정이다. 다음 어느 하나에 해당하는 사유로 건설공사가 지연되어 해당 건설공사 도급인이 산업재해 예방을 위하여 공사기간의 연장을 요청하는 경우에, 발주자는 특별한 사유가 없으면 공사기간을 연장하여야 한다(법 제70조 제1항).

① 태풍·홍수 등 악천후, 전쟁·사변, 지진, 화재, 전염병, 폭동, 그 밖에 계약 당사자가 통제할 수 없는 사태의 발생 등 불가항력의 사유가 있는 경우

② 건설공사 발주자에게 책임이 있는 사유로 착공이 지연되거나 시공이 중단된 경우

불가항력적인 사유 또는 건설공사 도급인에게 책임이 있는 사유로 착공이 지연되거나

시공이 중단되어 해당 건설공사가 지연된 경우에 산업재해 예방을 위하여 건설공사 도급인에게 공사기간의 연장을 요청할 수 있다. 이 경우 건설공사도급인은 특별한 사유가 없으면 공사기간을 연장하거나 발주자에게 그 기간의 연장을 요청하여야 한다.

5. 설계변경

가설구조물의 붕괴 등으로 산업재해가 발생할 위험이 있거나, 유해위험방지계획서 심사 결과 근로자의 안전 및 보건의 유지·증진을 위하여 공사중지 또는 계획서 변경을 명령받았을 경우 설계변경을 요청할 수 있다.

도급인(관계수급인)은 일정 규모 이상의 구조물을 설치·운용할 때 해당 구조물의 붕괴·낙하 등 산업재해 발생의 위험이 높은 경우 발주자에게(관계수급인은 도급인에게) 해당 건설공사의 설계변경을 요청할 수 있다. 또한 유해위험방지계획서 심사 결과 공사중지 또는 계획서의 변경 명령을 받은 건설공사 도급인은 설계변경이 필요한 경우 발주자에게 설계변경을 요청할 수 있다. 이렇게 설계변경 요청을 받은 건설공사 발주자 또는 도급인은 그 요청받은 내용이 기술적으로 적용이 불가능한 명백한 경우가 아니면 이를 반영하여 해당 건설공사의 설계를 변경하여야 한다.

6. 건설공사 등의 산업안전보건관리비 계상 등

'산업안전보건관리비' 제도는 건설업과 선박건조업에서 도급금액 또는 사업비 중 일정 금액을 안전관리자 인건비, 안전시설비·기술지도비 등 산업재해 예방활동에만 사용하도록 함으로써 근로자의 안전과 보건을 도모하기 위한 제도이다.

건설공사 발주자가 도급계약을 체결하거나 건설공사의 시공을 주도하여 총괄·관리하는 자(건설공사 발주자로부터 건설공사를 최초로 도급받은 수급인은 제외한다)가 건설공사 사업계획을 수립할 때에는 산업재해 예방을 위하여 사용하는 비용을 도급금액 또는 사업비에 계상하여야 한다. 선박의 건조 또는 수리를 최초로 도급받은 수급인은 사업 계획을 수립할 때 산업안전보건관리비를 사업비에 계상하여야 한다. 계상 및 사용 기준은 다음과 같다.

① 사업의 규모별 · 종류별 계상 기준

② 건설공사의 진척 정도에 따른 사용비율 등 기준

③ 그 밖에 산업안전보건관리비의 사용에 필요한 사항에 대하여 고용노동부장관의 고시로 정한 기준

이는 「건설업 산업안전관리비 계상 및 사용기준」에 고시되어 있고, 총 공사금액 2천만 원 이상인 건설공사에 적용되어 시행되고 있다. 선박 건조 · 수리업에는 아직 마련되어 있지 않다.

건설공사 도급인(발주자로부터 건설공사를 최초로 도급받은 수급인은 제외한다)은 도급금액 또는 사업비에 계상된 산업안전보건관리비의 범위에서 그의 관계수급인에게 해당 사업의 위험도를 고려하여 적정하게 지급하여 사용하게 할 수 있다.

7. 건설공사 산재예방 기술지도

일정 규모에 해당하는 건설공사의 도급인은 안전보건관리비의 사용 여부와 관계없이 산업재해 예방을 위한 지도를 받아야 한다. 대상은 공사금액 1억 원 이상 120억 원(토목공사는 150억 원) 미만인 공사와 건축허가의 대상이 되는 공사이다.

건설공사 산재예방 기술지도 계약의 당사자는 건설공사 발주자와 건설재해예방 전문지도기관이다. 산안법 개정으로 2022년 8월 18일부터 종전 도급인이던 계약 주체가 발주자로 변경되었다. 이는 발주자가 직접 지도기관과 계약함으로써 기술지도의 독립성을 확보하고, 현장의 안전 수준을 높이기 위한 조치다. 기술지도는 특별한 사유가 없으면 공사 시작 후 15일마다 1회 실시한다. 공사금액이 40억 원 이상인 공사에 대해서는 추가로 분야별 해당 분야 전문가가 4회 한 번 이상 지도한다.

한편, 산업재해가 많이 발생하는 취약 업종인 건설공사의 재해예방을 위한 제도의 하나로 건설재해예방 전문지도기관을 지정하는 제도를 두고 있다. 등록한 전기안전 또는 건설안전 분야의 '산업안전지도사' 또는 재해예방업무 '법인'으로서 소정의 인력 · 시설 및 장비

를 갖춘 자로 한다.

8. 안전 및 보건 협의체 등의 구성 · 운영에 관한 특례

도급에 의하여 사업이 진행되는 건설공사의 특성을 반영하여 '산업안전보건위원회' 또는 사내도급의 경우에 있어서 원하청 사업주 사이의 '안전보건협의체'에 관한 사항을 규정한 것이다. 그러므로 기본적으로 산업안전보건위원회에 관한 규정이 적용된다.

공사금액이 120억 원(토목공사업은 150억 원) 이상인 건설공사의 도급인은 해당 건설공사 현장에 근로자위원과 사용자위원이 같은 수로 구성되는 안전 및 보건에 관한 협의체를 구성 · 운영할 수 있다. 노사협의체를 구성 · 운영하는 경우 산업안전보건위원회 및 도급사업에 있어서 '안전보건협의체'를 각각 구성 · 운영하는 것으로 본다. 건설공사 노사협의체의 기능은 다음과 같다.

① 심의 · 의결 사항(산업안전보건위원회의 심의 · 의결 사항과 같다)

- 산업재해예방계획의 수립에 관한 사항

- 안전보건관리규정의 작성 및 변경에 관한 사항

- 근로자의 안전보건교육에 관한 사항

- 작업환경측정 등 작업환경의 점검 및 개선에 관한 사항

- 근로자의 건강진단 등 건강관리에 관한 사항

- 산업재해에 관한 통계의 기록 및 유지에 관한 사항

- 중대재해의 원인조사 및 재발 방지대책 수립에 관한 사항

- 유해 · 위험한 기계 · 기구와 그 밖의 설비를 도입한 경우 안전보건조치에 관한 사항

② 협의 사항

- 산업재해 예방방법 및 산업재해가 발생한 경우의 대피방법

- 작업의 시작시간, 작업 및 작업장 간의 연락방법

- 그 밖의 산업재해 예방과 관련된 사항

9. 기계 · 기구 등에 대한 건설공사 도급인의 안전조치

건설 현장의 안전을 총괄하여 관리하는 건설공사 도급인으로 하여금 영세소규모 사업주가 다루는 타워크레인 등 재해가 많이 발생하는 기계기구에 대하여 설치부터 해체에 이르기까지 필요한 조치를 하게 한 제도이다. 대상 기계 · 기구는 ㉠ 타워크레인, ㉡ 건설용 리프트, ㉢ 항타기(해머나 동력을 사용하여 말뚝을 박는 기계) 및 항발기(박힌 말뚝을 빼내는 기계) 등이며, 해당 기계 · 기구 또는 설비가 설치되어 있거나 작동하고 있는 경우 또는 이를 설치 · 해체 · 조립하는 등의 작업을 하는 경우에는 다음 사항을 실시 · 확인 또는 조치해야 한다.

① 작업 시작 전 기계 · 기구 등을 소유 또는 대여하는 자와 합동으로 안전점검 실시
② 작업을 수행하는 사업주의 작업계획서 작성 및 이행 여부 확인(타워크레인, 항타기 및 항발기에 한함)
③ 작업자가 자격 · 면허 · 경험 또는 기능을 가지고 있는지 여부 확인(타워크레인, 항타기 및 항발기에 한함)
④ 그 밖에 해당 기계 · 기구 또는 설비 등에 대하여 안전보건규칙에서 정하고 있는 안전보건 조치
⑤ 기계 · 기구 등의 결함, 작업방법과 절차 미준수, 강풍 등 이상 환경으로 인하여 작업 수행 시 현저한 위험이 예상되는 경우 작업중지 조치

Ⅱ. 유해위험방지계획서

1. 의의

일정한 작업을 개시하거나 공사에 착수하려고 할 때 산업재해 발생이 예상되는 설비가 설치되거나, 생산방법 · 공법 등의 채용이 이루어지는 것을 방지하기 위하여 작업이나 공사에 따르는 유해위험방지계획서를 일정한 기일까지 정부(산업안전보건공단에 위탁)에 제출하게 하여, 심사 · 보완 · 변경 및 작업 · 공사의 중지를 명하는 제도이다.

유해위험방지계획서의 작성기준, 작성자, 심사기준, 이행 확인 등 제도의 시행을 위하여 「제조업 등 유해위험방지계획서 제출·심사·확인에 관한 고시」가 있다.

2. 제도의 운용

계획서 제출 대상은 아래와 같다.

① 전기 계약용량이 300킬로와트 이상인 13종의 제조업[28]

② 유해하거나 위험한 작업 또는 장소에서 건강장해를 방지하기 위하여 사용하는 기계·기구 및 설비를[29] 설치·이전하거나 그 주요 구조 부분을 변경하려는 경우(기계·기구 및 설비의 구체적인 대상 범위는 '제조업 등 유해위험방지계획서 제출·심사·확인에 관한 고시'에 규정)

③ 일정 규모 이상의 공사를[30] 착공하려는 사업주(고용노동부령이 정하는 자격을 갖춘 자의 의견을 들은 후, 사업장별로 '건설공사 유해위험방지계획서'를 해당 공사의 착공 전날까지 제출)

만약 사업주가 공정안전보고서를 제출한 경우에는 해당 유해·위험 설비에 대해서는 유해위험방지계획서를 제출한 것으로 본다. 계획서는 접수일부터 15일 이내에 심사하여 사업주에게 그 결과를 알려야 하며, 이때 공단은 유해위험방지계획서의 심사 결과를 적정,

---

28 1. 금속가공제품 제조업; 기계 및 가구 제외, 2. 비금속 광물제품 제조업, 3. 기타 기계 및 장비 제조업, 4. 자동차 및 트레일러 제조업, 5. 식료품 제조업, 6. 고무제품 및 플라스틱제품 제조업, 7. 목재 및 나무제품 제조업, 8. 기타 제품 제조업, 9. 1차 금속 제조업, 10. 가구 제조업, 11. 화학물질 및 화학제품 제조업, 12. 반도체 제조업, 13. 전자부품 제조업.

29 1. 금속이나 그 밖의 광물의 용해로, 2. 화학설비, 3. 건조설비, 4. 가스집합 용접장치, 5. 허가대상·관리대상 유해물질 및 분진작업 설비.

30 1. 지상 높이가 31m 이상인 건축물 또는 인공구조물, 연면적 30,000㎡ 이상인 건축물 또는 연면적 5,000㎡ 이상의 문화 및 집회시설(전시장 및 동물원·식물원은 제외한다), 판매시설, 운수시설(고속철도의 역사 및 집배송시설은 제외한다), 종교시설, 의료시설 중 종합병원, 숙박시설 중 관광숙박시설, 지하도 상가 또는 냉동·냉장창고시설의 건설·개조 또는 해체, 2. 연면적 5,000㎡ 이상의 냉동·냉장창고시설의 설비공사 및 단열공사, 3. 최대 지간 길이가 50m 이상인 교량건설 등 공사, 4. 터널 건설 등의 공사, 5. 다목적댐, 발전용댐 및 저수용량 2천만 톤 이상의 용수 전용 댐, 지방상수도 전용 댐 건설 등의 공사, 6. 깊이 10m 이상인 굴착공사.

조건부 적정, 부적정으로 구분 · 판정한다.

제조업과 기계 · 기구 · 설비 관련 계획서 제출자는 시운전 단계에서, 건설공사는 공사 중 6개월 이내마다, 계획서의 내용과 실제공사 내용 부합 여부 등에 관하여 공단의 확인을 받아야 한다. 안전관리 우수 건설업체에 대하여는 계획서 심사 및 확인을 면제하여 자율적 인 안전관리를 유도하는 제도를 운용하고 있다.[31] 사업주는 스스로 심사하거나 고용노동부 장관이 심사한 유해위험방지계획서와 그 심사결과서를 사업장에 갖추어 두어야 한다.

III. 공정안전관리 (Process Safety Management)

1. 제도의 배경

사업장 내의 근로자에게 즉시 피해를 주거나 사업장 인근 지역에 피해를 줄 수 있는 사 고(중대산업사고)를 예방하기 위하여 유해하거나 위험한 설비로부터의 위험물질 누출, 화재 및 폭발 등을 예방하기 위하여 공정안전자료, 위험성평가, 안전운전계획, 비상조치계획을 담은 공정안전보고서를 작성하고 제출하여 심사를 받고, 적합하다고 통보받기 전에는 관 련된 설비를 가동해서는 아니 되게 하는 제도이다. 고용노동부 고시로 「공정안전보고서 제 출 · 심사 · 확인 및 이행상태 평가 등에 관한 규정」이 있다.

중대산업사고란 유해하거나 위험한 설비로부터 위험물질 누출, 화재 및 폭발 등으로 인 하여 사업장 내에 즉시 피해를 주어 근로자가 사망 또는 부상하거나 사업장 인근 지역에 피 해를 주어 주민이 인적 피해를 입을 수 있는 사고를 말한다. 중대산업사고를 야기할 가능성 이 있는 공정 · 설비들을 체계적이고 지속적으로 관리하고, 사업장 특성에 맞는 사고예방체

---

31 안전관리 우수 업체 선정기준:

　　1. 고용노동부장관이 정하는 규모 이상인 건설업체(시공능력평가액 순위 200위 이내)

　　2. 직전 3년간의 평균산업재해발생률 이하

　　3. 안전전담 과 또는 팀 이상이 별도조직이 있을 것(안전관리자 자격을 갖춘 사람 1명 이상 포함, 3명 이상의 안전전담직원으로 구성)

　　4. 직전연도 건설업체 산업재해 예방활동 실적 평가 점수 70점 이상인 건설업체로서 전년 8월 1일~당년 7월 31일 동시 에 2명 이상의 사망재해가 없었을 것. 다만, 동시 2명 이상 사망재해 발생 경우 즉시 제외.

계를 구축하기 위해 「공정안전관리(PSM: Process Safety Management)」 제도를 도입하였다.

공정안전관리(PSM) 제도는 사업장 자율적으로 생산 공정상에 잠재하고 있는 사고의 위험요인을 사전에 발굴·제거하여 중대산업사고를 체계적으로 예방하기 위한 제도이다. 유해·위험 설비를 보유한 사업주는 공정안전보고서를 의무적으로 작성 → 산업안전보건위원회의 심의 → 제출 → 심사·변경 → 확인 → 이행해야 한다.

2. 제도의 운영

제출 대상은 업종(7개 업종) 및 물질(51종) 기준으로 정해져 있다. 원자력 설비, 군사시설 등 8개 시설·설비는 제출 대상에서 제외되어 있다. 공정안전보고서는 공정안전자료, 공정위험성평가서 및 잠재위험에 대한 사고예방·피해 최소화 대책, 안전운전계획, 비상조치계획 등의 내용으로 구성되며, 사업주는 산업안전보건위원회의 심의를 거쳐 보고서를 작성해 요건에 해당되는 날 30일 이전까지 제출해야 한다.

안전보건공단은 제출받은 날부터 30일 이내에 적정, 조건부 적정, 부적정으로 구분·판정하여 1부를 사업주에게 송부하고, 그 내용을 지방고용노동관서의 장에게 보고해야 한다. 공정안전보고서를 심사한 결과 「위험물안전관리법」에 따른 화재의 예방·소방 등과 관련된 부분이 있다고 인정되는 경우, 그 관련 내용을 관할 소방관서의 장에게 통보해야 한다. 또한 사업주는 공정안전보고서를 사업장에 갖추어 두어야 하고, 내용을 변경하여야 할 사유가 발생한 경우에는 지체 없이 그 내용을 보완하여야 한다. 사업주와 근로자는 보고서의 내용을 지켜야 한다.

이후 사업주는 심사를 받은 공정안전보고서의 내용을 실제로 이행하고 있는지 여부에 대하여 확인을 받아야 한다. 안전공단은 확인 결과를 적합, 조건부 적합, 부적합으로 구분하여 사업주에게 통보하고 지방고용노동관서장에게 보고해야 한다. 화공안전 분야의 자격요건을 갖춘 사람에게 자체감사를 하게 하고 그 결과를 공단에 제출한 경우에는 공단의 확인을 생략할 수 있다.

또한 고용노동부장관은 공정안전보고서의 확인 후 1년이 지난 날부터 2년 이내에 이행

상태를 평가해야 한다. 이행상태평가는 보고서의 세부 내용에 관하여 실시한다. 지방고용노동관서장은 평가 결과에 따른 점수 및 등급(P, S, M+, M-)을 사업장 또는 단위공장별로 부여하고, 평가결과에 대한 소견서를 첨부하여 3개월 이내에 사업주에게 통보한다.

Ⅳ. 위험 기계 · 기구에 대한 조치

1. 방호조치

유해 · 위험한 기계 · 기구에 의한 산업재해를 방지하기 위하여는 양도 · 대여 · 설치 · 사용의 모든 단계에서 사업주만이 아니라 '누구나' 방호조치를 하여야 한다. 보다 구체적으로 보면,

» 동력 기계 · 기구 방호조치

누구든지 동력으로 작동하는 기계 · 기구에 대하여 방호장치를 하지 아니하고 양도, 대여, 설치 또는 사용에 제공하거나 양도 · 대여의 목적으로 진열해서는 아니 된다.

» 국소방호조치 의무

동력으로 작동하는 기계 · 기구로서 작동 부분에 돌기 · 동력전달 · 속도조절 부분이나 회전기계에 물체 등이 말려 들어갈 부분이 있는 것은 방호조치를 하지 아니하고는 양도, 대여, 설치 또는 사용에 제공하거나 양도 · 대여의 목적으로 진열해서는 아니 된다. 사업주와 근로자는 방호조치 해체 등을 하려는 경우 필요한 안전조치 및 보건조치를 하여야 한다. 사업주는 방호조치의 기능 상실 신고가 있으면 즉시 수리, 보수 및 작업 중지 등 적절한 조치를 하여야 한다.

» 방호조치의 성능유지 의무

사업주는 방호조치가 정상적인 기능을 발휘할 수 있도록 방호조치와 관련되는 장치를 상시적으로 점검하고 정비하여야 한다. 이는 다른 규정의 '누구든지'와 달리 '사업주'의 의

무로 규정되어 있다.

» 대여자와 대여받는 자의 조치 의무

기계·기구·설비 및 건축물 등을 타인에게 대여하는 자와 대여받는 자는 법이 정한 유해·위험 방지조치를 해야 한다.

» 타워크레인 설치·해체업의 등록 등

타워크레인의 설치·해체를 영세한 개인 사업자가 그때그때 근로자를 모집하여 수행함에 따라 숙련도가 낮은 사람이 안전작업절차를 준수하지 않아 사고가 많이 발생하므로 타워크레인 설치·해체업의 등록제를 도입하였다.

2. 안전인증과 자율안전 확인신고

» 안전인증

안전인증이란 유해하거나 위험한 기계·기구·설비 및 방호장치·보호구("유해·위험 기계 등")의 사용 전 안전성을 확인하고 방호장치·보호구의 불량품 생산 및 유통을 근절하여 제조·유통 단계부터 근원적 안전성을 확보하기 위한 제도이다. 고용노동부장관은 안전인증기준을 고시하여야 하고, 유해·위험 기계 등을 제조 또는 수입하는 자는 안전인증을 받아야 한다. 안전인증을 받은 자는 인증을 받은 기계 등에 안전인증 표시를 해야 하며, 인증을 받지 않은 경우 대상 기계 등을 제조·수입·양도·대여·사용하거나 양도·대여의 목적으로 진열할 수 없다.

고용노동부장관은 "유해·위험 기계 등"의 안전성을 평가하기 위하여 그 안전에 관한 성능과 제조자의 기술능력 및 생산체계 등에 관한 기준("안전인증기준")을 정하여 고시하여야 하며, 이에는 「위험 기계·기구 안전인증 고시」, 「보호구 안전인증 고시」, 「방호장치 안전인증 고시」, 「안전인증·자율안전확인 신고의 절차에 관한 고시」가 있다.

안정인증기준은 유해·위험 기계 등의 종류별, 규격 및 형식별로 정할 수 있고, 유해·

위험 기계 등이 안전인증기준에 적합한지를 확인하기 위하여 안전인증 기관이 하는 심사에는 예비심사, 서면심사, 기술능력 및 생산체계 심사, 제품심사가 있다.

한편, 고용노동부장관은 ㉠ 연구 · 개발을 목적으로 제조 · 수입하거나 수출을 목적으로 제조하는 경우, ㉡ 고용노동부장관이 정하여 고시하는 외국의 안전인증기관에서 인증을 받은 경우, ㉢ 다른 법령에 따라 안전성에 관한 검사나 인증을 받은 경우로서 고용노동부령으로 정하는 경우 안전인증의 전부 또는 일부를 면제할 수 있다. 또한 외국의 안전인증기관에서 인증을 받은 경우, 국제전기기술위원회(IEC, International Electrotechnical Commission)의 국제방폭전기기계 · 기구 상호인정제도(IECEx Scheme)에 따라 인증을 받은 경우, 「국가표준기본법」에 따른 시험 · 검사기관에서 실시하는 시험을 받은 경우, 「산업표준화법」 제15조에 따른 인증을 받은 경우, 「전기용품 및 생활용품 안전관리법」 제5조에 따른 안전인증을 받은 경우, 해당 인증 또는 시험이나 그 일부 항목에 한정하여 안전인증이 면제된다.

» 자율안전 확인신고

자율안전 확인신고제도는 유해 · 위험 기계기구 중에서 그 위험도를 고려하여 안전인증이 불필요하다고 판단되는 제품에 대하여 안전인증 대상 기계 · 기구 등과 차별화하여 제품의 특성에 맞는 관리를 위해 마련된 제도이다. 안전인증 대상 기계 등이 아닌 유해 · 위험 기계 등으로서 대통령령으로 정하는 것("자율안전확인대상기계 등")을 제조하거나 수입하는 자는 고용노동부장관이 정하여 고시하는 안전기준("자율안전기준")에 맞는지 확인("자율안전확인")하여 고용노동부장관에게 신고하여야 한다(신고한 사항을 변경하는 경우를 포함한다). 이때 자율안전확인대상기계 등의 종류, 규격 및 형식은 「위험기계 · 기구 자율안전확인 고시」, 「보호구 자율안전확인 고시」, 「방호장치 자율안전확인 고시」에 정하고 있다.

3. 안전검사와 자율안전검사

» 안전검사

안전검사란 유해 · 위험 기구 · 설비에 대해 사용 과정에서 일정 기간마다 안전검사를 받게 하여 안전 성능 유지에 대해 확인하고, 일정한 규격, 방호장치 등의 안전기준을 갖추지 아니하면 양도, 설치 등을 하지 못하도록 함으로써 불안전한 기계·기구의 사용에 따른 산업재해를 예방하기 위한 제도이다.

대상은 프레스, 전단기 등 13종으로 정해져 있다. 기계 등을 사용하는 사업주(근로자를 사용하지 아니하고 사업을 하는 자를 포함)가 받아야 하고, 사업주와 소유자가 다른 경우에는 소유자가 받아야 한다. 안전검사대상기계 등의 세부적인 종류, 규격 및 형식은 「안전검사고시」, 「안전검사 절차에 관한 고시」로 정하여 고시한다.

안전검사대상기계 등이 다른 법령에 따라 안전성에 관한 검사나 인증을 받은 경우로서 고용노동부령으로 정하는 경우에는 안전검사를 면제할 수 있다.

» 자율안전검사

사업주는 안전검사대상기계 등에 대하여 안전검사를 받는 것이 원칙이지만, 근로자대표와 협의하여 고용노동부가 고시하는 안전검사기준, 검사주기 등을 충족하는 검사프로그램(자율검사프로그램)을 정하고, 고용노동부장관의 인정을 받아 법정요건을 충족하는 성능검사를 할 수 있는 사람으로부터 자율검사프로그램에 따라 안전검사대상기계 등에 대하여 안전에 관한 성능검사를 받으면(이상이 '자율안전검사' 절차이다) 안전검사를 받은 것으로 보는 제도이다.

자율안전검사를 할 수 있는 자는 법에서 ㉠ 안전에 관한 성능검사와 관련된 '자격 및 경험을 가진 사람', ㉡ 안전에 관한 성능검사 '교육을 이수하고 해당 분야의 실무 경험이 있는 사람'을 들고 있는데, 7종이 규정되어 있다.

V. 유해·위험 기계 등의 조사 및 지원 등

1. 제조과정 조사 및 성능시험

고용노동부장관은 안전인증대상기계 등 또는 자율안전확인대상기계 등의 안전성능의 저하 등으로 근로자에게 피해를 주거나 줄 우려가 크다고 인정하는 경우에는 대통령령으로 정하는 바에 따라 유해ㆍ위험 기계 등을 제조하는 사업장에서 ㉠ 제품 제조 과정을 조사할 수 있으며, 제조ㆍ수입ㆍ양도ㆍ대여하거나 양도ㆍ대여의 목적으로 진열된 유해ㆍ위험 기계 등을 ㉡ 수거하여 안전인증기준 또는 자율안전기준에 적합한지에 대한 성능시험을 할 수 있다.

유해ㆍ위험 기계 등의 제조 과정 조사를 하는 경우에는 제조하는 사업장에서 안전인증기준 또는 자율안전기준에 적합하게 생산하는지 여부를 조사하며, 성능시험의 경우 제조ㆍ수입ㆍ양도ㆍ대여하거나 양도ㆍ대여의 목적으로 진열된 유해ㆍ위험 기계 등 중에서 시료를 수거하여 실시한다. 그 밖에 제조과정 조사 및 성능시험의 절차 및 방법은 안전인증 심사의 종류와 방법, 자율안전확인의 방법에 관한 규정을 준용한다.

2. 유해ㆍ위험 기계 등 제조사업 등의 지원

산업재해 예방을 위하여 안전인증대상기계 등, 자율안전확인대상기계 등, 그 밖에 산업재해가 많이 발생하는 ㉠ 유해ㆍ위험 기계 등을 제조하는 자 및 ㉡ 작업환경 개선시설을 설계ㆍ시공하는 자의 등록을 받아, 제품의 품질ㆍ안전성 또는 설계ㆍ시공 능력 등의 향상을 위하여 예산의 범위에서 필요한 지원을 하는 제도이다. 한국산업안전보건공단을 통하여 시행하고 있으며, 지원 내용은 다음과 같다.

① 설계ㆍ시공, 연구ㆍ개발 및 시험에 관한 기술 지원

② 설계ㆍ시공, 연구ㆍ개발 및 시험 비용의 일부 또는 전부의 지원

③ 연구개발, 품질관리를 위한 시험장비 구매 비용의 일부 또는 전부의 지원

④ 국내외 전시회 개최 비용의 일부 또는 전부의 지원

⑤ 공단이 소유하고 있는 공업소유권의 우선사용 지원

⑥ 그 밖에 고용노동부장관이 등록업체의 제조ㆍ설계ㆍ시공능력의 향상을 위하여 필요하다고 인정하는 사업의 지원

3. 유해 · 위험 기계 등의 안전 관련 정보의 종합관리

고용노동부장관은 사업장의 유해 · 위험 기계 등의 보유현황 및 안전검사 이력 등 안전에 관한 정보의 종합관리를 위하여 보유현황 및 검사이력 등 안전에 관한 종합정보망을 구축 · 운영하여야 한다. 이는 안전보건공단으로 하여금 운영하게 하고 있다.

또한 고용노동부장관은 사업장의 유해 · 위험 기계 등의 보유현황 및 안전검사 이력 등 안전에 관한 정보를 종합 관리하고, 해당 정보를 안전인증기관 또는 안전검사기관에 제공할 수 있으며, 정보의 종합관리를 위하여 안전인증기관 또는 안전검사기관에 사업장의 유해 · 위험 기계 등의 보유현황 및 안전검사 이력 등의 필요한 자료를 제출하도록 요청할 수 있다.

제3절 보건을 위한 정책수단

Ⅰ. 근로자 건강진단

1. 일반건강진단

일반건강진단이란 상시 사용하는 근로자의 건강관리를 위하여 실시하는 건강진단을 말한다.

사업주는 상시 사용하는 근로자의 건강관리를 위하여 건강진단을 실시할 의무가 있다. 다만, 「국민건강보험법」에 따른 건강검진, 「선원법」에 따른 건강진단, 「진폐의 예방과 진폐근로자의 보호 등에 관한 법률」에 따른 정기 건강진단, 「학교보건법」에 따른 건강검사, 「항공안전법」에 따른 신체검사, 일반건강진단의 검사항목을 모두 포함하여 실시한 건강진단을 실시한 경우에는 그 건강진단을 받은 근로자에 대하여 일반건강진단을 실시한 것으로 본다.

일반건강진단에 있어서 사업주는 근로자의 작업장소에 관한 정보 및 건강진단 결과, 작업환경측정 결과 등 건강진단에 필요한 정보를 제공하여 적극 협조해야 하고, 근로자는 건강진단 및 의학적 조치에 적극 협조해야 한다. 한편, 건강진단기관은 사업주가 요청하는 경우에는 출장검진을 할 수 있다.

2. 특수건강진단

특수건강진단이란 특수건강진단 대상업무에 종사하는 근로자의 건강관리를 위하여 실시하는 건강진단을 말한다.

사업주는 ⊙ 특수건강진단 대상 유해인자에 노출되는 업무에 종사하는 근로자, ⓛ 건강진단 실시결과 직업병 소견이 있는 근로자로 판정받아 작업 전환을 하거나, ⓒ 작업장소를 변경하여 해당 판정의 원인이 된 특수건강진단 대상업무에 종사하지 아니하는 사람으로서 해당 유해인자에 대한 건강진단이 필요하다는 의사의 소견이 있는 근로자의 건강관리를 위하여 특수건강진단을 실시하여야 한다.

사업주는 유해인자별로 정한 시기 및 주기에 따라 특수건강진단을 해야 하고, 특히 노출기준 이상인 작업공정에서 해당 유해인자에 노출되는 모든 근로자, 직업병 유소견자가 발견된 작업공정에서 해당 유해인자에 노출되는 모든 근로자에 대해서는 다음 회에 한하여 관련 유해인자별로 특수건강진단 주기를 2분의 1로 단축해야 한다. 또한 건강진단 결과 직업병 소견이 있는 근로자로 판정받아 해당 유해인자에 대한 건강진단이 필요하다는 의사의 소견이 있는 근로자에 대해서는 진단한 의사가 필요하다고 인정하는 시기에 특수건강진단을 실시해야 한다.

한편, 사업주는 특수건강진단 대상업무에 종사할 근로자의 배치 예정 업무에 대한 적합성 평가를 위하여 건강진단을 실시하여야 하며, 이를 '배치전건강진단'이라 한다. 사업주는 특수건강진단 대상업무에 근로자를 배치하려는 경우에는 해당 작업에 배치하기 전에 배치전건강진단을 실시해야 하고, 특수건강진단기관에 해당 근로자가 담당할 업무나 배치하려는 작업장의 특수건강진단 대상 유해인자 등 관련 정보를 미리 알려 주어야 한다.

마지막으로 사업주는 특수건강진단 대상업무에 따른 유해인자로 인한 것이라고 의심되는 건강장해 증상을 보이거나 의학적 소견이 있는 근로자 중 보건관리자 등이 사업주에게 건강진단 실시를 건의하는 등 고용노동부령으로 정하는 근로자에 대하여 건강진단을 실시하여야 한다. 이를 '수시건강진단'이라 한다. 사업주는 수시건강진단 대상에 해당하는 근로자에 대해서는 지체 없이 수시건강진단을 실시해야 한다.

3. 임시건강진단

임시건강진단이란 같은 유해인자에 노출되는 근로자들에게 유사한 질병 증상이 발생한 경우 등에 특정 근로자에 대하여 실시하는 건강진단을 말한다.

고용노동부장관은 ⊙ 같은 부서에 근무하는 근로자 또는 같은 유해인자에 노출되는 근로자에게 유사한 질병의 자각 · 타각 증상이 발생한 경우, ⓒ 직업병 유소견자가 발생하거나 여러 명이 발생할 우려가 있는 경우, ⓒ 그 밖에 지방고용노동관서의 장이 필요하다고 판단하는 경우에는 근로자의 건강을 보호하기 위하여 사업주에게 특정 근로자에 대한 건강진단의 실시나 작업전환, 그 밖에 필요한 조치를 명할 수 있다.

4. 건강진단 관련 의무

» 사업주의 의무

사업주는 건강진단 비용을 부담하며, 일반건강진단, 특수건강진단, 배치전건강진단, 수시건강진단, 임시건강진단의 비용은 「국민건강보험법」에서 정한 기준에 따른다. 또한 작업장소, 근로시간 등 근무환경에 관한 정보 등 건강진단에 필요한 정보를 요청하는 경우 이를 제공하는 등 근로자의 건강진단이 원활히 실시될 수 있도록 적극 협조해야 한다. 나아가 근로자대표가 요구하면 근로자대표를 건강진단에 참석시켜야 하고, 직접 또는 건강진단을 한 건강진단기관으로 하여금 건강진단 결과를 설명하도록 하여야 한다.

한편, 사업주는 건강진단의 결과를 근로자의 건강보호 및 유지 외의 목적으로 사용해서는 아니 된다. 또한 사업주는 건강진단의 결과 필요하다고 인정할 때는 작업장소 변경, 작업 전환, 근로시간 단축, 야간근로(오후 10시부터 다음 날 오전 6시까지 사이의 근로)의 제한, 작업환경측정 또는 시설·설비의 설치·개선 등 고용노동부령으로 정하는 바에 따라 적절한 조치를 하여야 한다. 나아가 건강진단 결과표를 송부받은 날부터 30일 이내에 사후관리 조치 결과 보고서에 건강진단 결과표, 조치의 실시를 증명할 수 있는 서류 또는 실시 계획 등을 첨부하여 관할 지방고용노동관서의 장에게 제출해야 한다.

» 근로자의 의무

근로자는 사업주가 실시하는 건강진단을 받아야 한다. 다만, 사업주가 지정한 건강진단 기관이 아닌 건강진단기관으로부터 이에 상응하는 건강진단을 받아 그 결과를 증명하는 서류를 사업주에게 제출하는 경우에는 사업주가 실시하는 건강진단을 받은 것으로 본다.

» 검진기관의 의무

건강진단기관은 건강진단을 실시한 후, 근로자에게 건강진단개인표를, 사업주에게 건강 진단결과표를 건강진단을 실시한 날부터 30일 이내에 각각 송부해야 한다. 질병 유소견자가 발견된 경우에는 건강진단을 실시한 날부터 30일 이내에 해당 근로자에게 의학적 소견 및 사후관리에 필요한 사항과 업무수행의 적합성 여부(특수건강진단기관인 경우만 해당한다)를 설명해야 한다.

II. 근로자 보건관리

1. 휴게시설의 설치

사업주는 근로자(관계수급인의 근로자를 포함)가 신체적 피로와 정신적 스트레스를 해소할 수 있도록 휴식시간에 이용할 수 있도록 설치·관리기준에 맞는 휴게시설을 갖추어야 한다.

그 대상은 관계수급인의 근로자를 포함하여 상시근로자 20명 이상을 사용하는 사업장 (건설업의 경우 총 공사금액 20억 원 이상인 사업장), 전화상담원·요양보호사 및 간병인·노인 및 장애인돌봄종사자·텔레마케터·배달원·청소관련종사자·아파트경비원·그 외 건물관리원 중 건물경비원, 이상 어느 하나에 해당하는 직종의 상시근로자가 2명 이상인 사업장으로서 상시근로자 10명 이상 20명 미만을 사용하는 사업장이며, 사업주는 휴게시설을 설치할 때 크기, 위치, 온도, 습도, 조명, 환기, 비품 등 고용노동부령으로 정하는 설치·관리 기준을 준수하여야 한다.

2. 건강관리카드

고용노동부장관은 고용노동부령으로 정하는 건강장해가 발생할 우려가 있는 업무에 종사하였거나 종사하고 있는 사람 중 고용노동부령으로 정하는 요건을 갖춘 사람의 직업병 조기발견 및 지속적인 건강관리를 위하여 건강관리카드를 발급하여야 한다. 발급 대상은 건강장해가 발생할 우려가 있는 화학물질, 석면, 염화비닐, 크롬, 벤젠, 카드뮴, 갱내 파쇄 작업 등 유해인자 취급 업무에 일정 기간 이상 종사한 사람 등으로, 현재 안전보건기준에 관한 규칙으로 15종이 정해져 있다.

건강관리카드를 발급받은 근로자가 카드의 발급 대상 업무에 더 이상 종사하지 않는 경우에는 안전보건공단 또는 특수건강진단기관에서 실시하는 건강진단을 매년(카드 발급 대상 업무에서 종사하지 않게 된 첫해는 제외한다) 1회 받을 수 있다. 의료기관은 건강진단 결과에 따라 카드소지자의 건강 유지를 위하여 필요하면 건강상담, 직업병 확진 의뢰 안내 등 고용노동 부장관이 정하는 바에 따른 조치를 하고, 카드소지자에게 해당 조치 내용에 대하여 설명해야 한다. 만약 건강관리카드를 발급받은 사람이 「산업재해보상보험법」에 따라 요양급여를 신청하면, 이를 해당 재해에 관한 의학적 소견을 적은 서류 대신 제출할 수 있다.

3. 질병자 근로금지·제한

사업주는 감염병, 정신질환 또는 근로로 인하여 병세가 크게 악화될 우려가 있는 질병으로서 고용노동부령으로 정하는 질병에 걸린 사람에게는 의사의 진단에 따라 근로를 금지하여야 한다.

또한 사업주는 일반건강진단이나 특수건강진단 결과 ㉠ 유기화합물·금속류 등의 유해물질에 중독된 사람, ㉡ 해당 유해물질에 중독될 우려가 있다고 의사가 인정하는 사람, ㉢

진폐의 소견이 있는 사람 또는, ㉣ 방사선에 피폭된 사람을 해당 유해물질 또는 방사선을 취급하거나 해당 유해물질의 분진 · 증기 또는 가스가 발산되는 업무 또는 해당 업무로 인하여 건강을 악화시킬 우려가 있는 업무에 종사하는 것을 제한하여야 한다.

만약 근로가 금지되거나 제한된 근로자가 건강을 회복하면 사업주는 지체 없이 근로를 할 수 있도록 하여야 한다. 이때는 미리 의사인 보건관리자, 산업보건의 또는 건강진단을 실시한 의사의 의견을 들어야 한다.

4. 유해 · 위험 작업에 대한 근로시간의 제한 등

사업주가 근로시간을 제한하여 근로자에게 1일 6시간, 1주 34시간을 초과하여 근로하게 해서는 아니 되는 작업은 '잠함(潛函) 또는 잠수작업 등 높은 기압에서 하는 작업'을 말한다. 잠함 · 잠수 작업시간, 가압 · 감압 방법 등 해당 근로자의 안전과 보건을 유지하기 위하여 필요한 사항은 안전보건규칙에 상세히 정하고 있다.

안전조치 및 보건조치 외에 근로자 건강보호를 위한 조치를 하여야 하는 유해 · 위험 작업은 다음과 같다.

① 갱(坑) 내에서 하는 작업

② 다량의 고열물체를 취급하는 작업과 현저히 덥고 뜨거운 장소에서 하는 작업

③ 다량의 저온물체를 취급하는 작업과 현저히 춥고 차가운 장소에서 하는 작업

④ 라듐방사선이나 엑스선, 그 밖의 유해 방사선을 취급하는 작업

⑤ 유리 · 흙 · 돌 · 광물의 먼지가 심하게 날리는 장소에서 하는 작업

⑥ 강렬한 소음이 발생하는 장소에서 하는 작업

⑦ 착암기(바위에 구멍을 뚫는 기계) 등에 의하여 신체에 강렬한 진동을 주는 작업

⑧ 인력(人力)으로 중량물을 취급하는 작업

⑨ 납 · 수은 · 크롬 · 망간 · 카드뮴 등의 중금속 또는 이황화탄소 · 유기용제, 그 밖에 고용노동부령으로 정하는 특정화학물질의 먼지 · 증기 또는 가스가 많이 발생하는 장소

에서 하는 작업

5. 자격 등에 의한 취업제한 등

유해하거나 위험한 작업으로서 상당한 지식이나 숙련도가 요구되는 고용노동부령으로 정하는 작업의 경우 그 작업에 필요한 자격·면허·경험 또는 기능을 가진 근로자가 아닌 사람에게 그 작업을 하게 해서는 아니 된다. 고용노동부령으로 「유해·위험 작업의 취업제한에 관한 규칙」이 제정되어 있다.

「유해·위험 작업의 취업제한에 관한 규칙」은 22개 작업과 그 작업에 필요한 자격·면허·기능·경험에 대하여 규정하고 있다. 취업제한은 해당 법령에서 정하는 경우를 제외하고는 해당 작업을 직접 하는 사람에게만 적용하며, 해당 작업의 보조자에게는 적용하지 아니한다.

6. 역학조사

역학조사란 질병과 그 원인의 연관 관계 또는 질병의 발생기전(發生機轉)을 규명하는 조사로서, 고용노동부장관(안전보건공단 위탁)은 직업성질환의 진단 및 예방, 발생원인의 규명을 위하여 필요하다고 인정할 때에는 근로자의 질환과 작업장의 유해요인의 상관관계에 관한 역학조사를 할 수 있다. 공단은 다음 경우 역학조사를 할 수 있다.

① 작업환경측정 또는 건강진단 결과만으로 직업성 질환 여부를 판단하기 곤란하여 사업주·근로자대표·보건관리자 또는 건강진단기관의 의사가 요청하는 경우
② 근로복지공단이 업무상 질병 여부의 결정을 위하여 요청하는 경우
③ 공단이 직업성 질환의 예방을 위하여 필요하다고 판단하여 역학조사평가위원회의 심의를 거친 경우
④ 그 밖에 사회적 물의를 일으킨 질병에 대하여 작업장 내 유해요인과의 연관성 규명이 필요한 경우 등으로서 지방고용노동관서의 장이 요청하는 경우

7. 고객응대 근로자 보호

건강장해를 초래할 수 있는 고객 등 제3자의 폭언, 폭행, 그 밖에 적정 범위를 벗어난 신체적·정신적 고통을 유발하는 행위로부터 근로자를 보호하려는 제도이다. 고객응대근로자는 주로 고객을 직접 대면하거나 정보통신망을 통하여 상대하면서 상품을 판매하거나 서비스를 제공하는 업무에 종사하는 근로자를 가리키며, 속칭 '감정노동자'라고 한다. 사업주는 이들의 평소 건강장해 예방을 위하여 다음의 조치를 하여야 한다.

① 고객이 폭언 등을 하지 않도록 요청하는 문구 게시 또는 음성 안내
② 고객과의 문제 상황 발생 시 대처방법 등을 포함하는 고객응대업무 매뉴얼 마련
③ 고객응대업무 매뉴얼의 내용 및 건강장해 예방 관련 교육 실시
④ 그 밖에 고객응대근로자의 건강장해 예방을 위하여 필요한 조치

또한 건강장해 발생 시, 사업주는 다음 조치 중 필요한 조치를 하여야 한다.

① 업무의 일시적 중단 또는 전환
② 휴게시간의 연장
③ 폭언 등으로 인한 건강장해 관련 치료 및 상담 지원
④ 관할 수사기관 또는 법원에 증거물·증거서류를 제출하는 등 폭언 등으로 인한 고소, 고발 또는 손해배상 청구 등을 하는 데 필요한 지원

한편, 고객응대근로자는 건강장해가 발생하거나 발생할 현저한 우려가 있는 경우에는 ㉠ 업무의 일시적 중단 또는 전환, ㉡ 휴게시간의 연장, ㉢ 건강장해 치료 및 상담지원, ㉣ 고소, 고발 등을 하는 데 필요한 지원을 요구할 수 있다. 사업주는 고객응대근로자의 이러한 요구를 이유로 해고 또는 그 밖의 불리한 처우를 해서는 아니 된다.

8. 작업환경관리

사업주는 유해인자로부터 근로자의 건강을 보호하고 쾌적한 작업환경을 조성하기 위하여 인체에 해로운 작업을 하는 작업장에 대하여 작업환경을 측정하여야 한다. 도급인의 사업장에서 관계수급인 또는 관계수급인의 근로자가 작업을 하는 경우에는 도급인이 작업환경측정을 하여야 한다. 고용노동부 고시인 「작업환경 측정 및 지정측정기관 평가 등에 관한 고시」에서 구체적인 사항을 규정하고 있다.

근로자가 인체에 해로운 작업을 하는 작업장으로서 측정 대상 유해인자는 고용노동부령으로 정하고 있다. 다만, 허용소비량을 초과하지 않는 작업장, 단시간 작업을 하는 작업장, 유해인자의 노출수준이 노출기준에 비하여 현저히 낮은 경우로서 고용노동부장관이 정하여 고시하는 작업장 등은 측정을 하지 않아도 된다.

① 화학적 인자: 유기화합물 114종, 금속류 24종, 산 및 알칼리류 17종, 가스 상태 물질류 15종, 허가대상 유해물질 12종, 금속가공유 1종
② 물리적 인자(2종): 8시간 이상 시간가중평균 80dB 이상의 고음, 안전보건규칙 제558조에 따른 고열
③ 분진(7종): 광물성 분진, 곡물 분진, 면(綿) 분진, 목재 분진, 석면 분진, 용접 흄, 유리섬유

사업주가 작업환경측정을 할 때에는 측정의 주기와 횟수, 절차와 기준을 준수해야 하고, 그 작업장에 소속된 사람으로서 산업위생관리산업기사 이상의 자격을 가진 사람이 해야 한다. 사업주는 작업환경측정을 위탁할 수 있으며, 필요한 때에는 작업환경측정 중 시료의 분석만을 위탁할 수 있다. 또한 근로자대표(관계수급인의 근로자대표를 포함)가 요구하면 작업환경측정 시 근로자대표를 참석시켜야 한다.

작업환경측정이 완료되면 사업주는 결과를 기록하여 보존하고, 시료채취를 마친 날부터 30일 이내에 관할 지방고용노동관서의 장에게 보고하여야 한다. 또한 작업환경측정 결과를 설명회 개최 등의 방법으로 해당 작업장의 근로자(관계수급인 및 관계수급인 근로자를 포함)에

게 알려야 한다. 측정결과에 따라 근로자의 건강을 보호하기 위하여 해당 시설·설비의 설치·개선 또는 건강진단의 실시 등이 조치되어야 하고, 시료채취를 마친 날부터 60일 이내에 해당 작업공정의 개선 증명 서류 또는 개선 계획이 관할 지방고용노동관서의 장에게 제출되어야 한다.

9. 물질안전보건자료 (MSDS)

화학물질에 의한 산업재해를 예방하기 위해선 화학물질의 유해성·위험성에 관한 정보를 정확하게 파악하고 전달하여 산업현장에서 위험 또는 건강장해 방지 조치를 취할 필요가 있다. 물질안전보건자료(MSDS: Material Safety Data Sheet)란 화학물질의 명칭, 구성성분의 명칭 및 함유량, 취급 시 주의 사항, 유해성·위험성 등 16가지 항목을 기재한 자료를 말한다.[32] 영어로는 MSDS라고 표기하다가, 최근에는 SDS라고만 표기한다.

물질안전보건자료를 작성하는 경우에는 신뢰성이 확보될 수 있도록 인용된 자료의 출처를 함께 적어야 한다. 물질안전보건자료에는 제품명, 화학물질의 명칭 및 함유량, 안전 및 보건상의 취급 주의 사항, 건강 및 환경에 대한 유해성, 물리적 위험성 등을 기재하여야 한다.

제출 의무자는 화학물질 또는 이를 함유한 혼합물로서 산업안전보건법에 따른 분류기준(제104조)에 해당하는 것(유해·위험한 화학물질 전부를 가리킨다)을 제조하거나 수입하려는 자와 양도·제공 없이 제조·수입하여 사용하는 자다. 단, 개별법에 의한 작성·제출 제외 화학물질이 있다.

MSDS 대상물질을 양도하거나 제공하는 자(제조·수입자로부터 양도·제공받아 다시 양도하거나 제공하는 자 포함)는 양도받거나 제공받는 자에게 MSDS를 제공하여야 하며, 이때 당초

---

32   1. 화학제품과 회사에 관한 정보, 2. 유해성·위험성, 3. 구성성분의 명칭 및 함유량, 4. 응급조치요령, 5. 폭발·화재 시 대처방법, 6. 누출사고 시 대처방법, 7. 취급 및 저장방법, 8. 노출방지 및 개인보호구, 9. 물리화학적 특성, 10. 안정성 및 반응성, 11. 독성에 관한 정보, 12. 환경에 미치는 영향, 13. 폐기 시 주의 사항, 14. 운송에 필요한 정보, 15. 법적 규제 현황, 16. 그 밖의 참고 사항.

MSDS 및 변경된 MSDS를 제공하여야 한다. MSDS를 제공하는 경우에는 MSDS 시스템 제출 시 부여된 번호를 해당 MSDS에 반영하여 대상물질과 함께 제공하거나 그 밖에 고용노동부장관이 정하여 고시한 바에 따라 제공해야 한다. 「화학물질의 분류·표시 및 물질안전보건자료에 관한 기준」으로 고시되어 있다.

MSDS를 게시하는 사업주는 ⊙ 대상물질을 취급하는 작업공정이 있는 장소, ⓒ 작업장 내 근로자가 가장 보기 쉬운 장소, ⓒ 근로자가 작업 중 쉽게 접근할 수 있는 장소에 설치된 전산장비에 이를 갖추어 두어야 한다. 또한 사업주는 ⊙ MSDS 대상물질을 제조·사용·운반 또는 저장하는 작업에 근로자를 배치하게 된 경우, ⓒ 새로운 MSDS 대상물질이 도입된 경우, ⓒ 유해성·위험성 정보가 변경된 경우, 해당 작업장에서 취급하는 대상물질의 MSDS에서 '안전보건교육 교육대상별 교육내용'에 해당되는 내용을 교육하여야 한다.

한편, 물질안전보건자료의 일부 비공개 승인 제도가 있다. 현대 사회는 많은 화학물질을 사용하고 있고, 날로 새로운 화학물질을 생산하고 있으며, 이는 기업의 경쟁력을 좌우하는 영업비밀인 경우가 적지 않다. 화학물질에 담긴 유해성·위험성 정보가 영업비밀이라는 이유로 공개되지 않으면 근로자에게 위험과 건강장해를 초래하기 쉽다. 물질안전보건자료의 일부 비공개 승인 제도는 영업비밀이라는 이유로 비공개 승인을 하는 경우에도 유해성·위험성을 유추할 수 있도록 대체명칭 및 함유량을 기재하게 하는 제도이다. 대체명칭에는 물질의 주된 작용기(作用基, functional group)가 나타나므로 노출 시 유해성 등을 유추할 수 있어 안전보건을 위한 최소한의 정보가 제공된다.

영업비밀과 관련되어 화학물질의 명칭 및 함유량을 MSDS에 적지 아니하려는 자는 고용노동부장관에게 신청하여 승인을 받아 해당 화학물질의 명칭 및 함유량을 대체할 수 있는 명칭 및 함유량("대체자료")으로 적을 수 있다. 다만, 근로자에게 중대한 건강장해를 초래할 우려가 있는 화학물질로서 산업재해보상보험 및 예방심의위원회의 심의를 거쳐 고용노동부장관이 고시하는 것은 그러하지 아니하다.[33]

---

33   1. 산안법 제117조에 따른 제조등금지물질, 2. 법 제118조에 따른 허가대상물질, 3. 「산업안전보건기준에 관한 규칙」

고용노동부장관은 신청을 받은 경우 화학물질의 명칭 및 함유량의 대체 필요성, 대체자료의 적합성 및 물질안전보건자료의 적정성 등을 검토하여 승인 여부를 결정하고 승인 신청 또는 연장승인 신청을 받은 날부터 1개월 이내에 그 결과를 신청인에게 통보해야 한다. 승인의 유효기간은 승인을 받은 날로부터 5년으로 한다. 유효기간의 연장승인을 신청하면 유효기간이 만료되는 다음 날부터 5년 단위로 그 기간을 계속하여 연장 승인할 수 있다.

Ⅲ. 유해 · 위험 물질에 대한 조치

1. 유해 · 위험 물질의 분류 및 관리

유해인자란 근로자에게 건강장해를 일으키는 ㉠ 화학물질, ㉡ 물리적 인자, ㉢ 생물학적 인자를 말한다. 고용노동부장관은 유해인자의 유해성 · 위험성 분류기준을 마련하여야 하며, 이에 따라 다음 표와 같은 유해성 · 위험성 분류기준이 마련되어 있다.

도표 2-13. 유해인자의 분류 기준

유해인자(총 37종)	분류기준
화학물질(29종)	물리적 위험성(16종) 폭발성 물질, 인화성 가스, 인화성 액체, 인화성 에어로졸, 물반응성 물질, 산화성 가스, 산화성 액체, 산화성 고체, 고압가스, 자기반응성 물질, 자연발화성 액체, 자연발화성 고체, 자기발열성 물질, 유기과산화물, 금속부식성 물질
	건강 및 환경 유해성(13종) 급성 독성 물질, 피부부식성 또는 자극성 물질, 심한 눈손상 또는 자극성 물질, 호흡기 과민성 물질, 피부 과민성 물질, 발암성 물질, 생식세포 변이원성 물질, 생식 독성 물질, 특정 표적 장기 독성 물질(1회 노출), 특정 표적 장기 독성 물질(반복 노출), 흡인유해성 물질, 수생환경 유해성 물질, 오존층 유해성 물질
물리적 인자(5종)	소음, 진동, 방사선, 이상 기압, 이상 기온
생물학적 인자(3종)	혈액 매개 감염인자, 공기 매개 감염인자, 곤충 및 동물 매개 감염인자

고용노동부장관은 유해인자가 근로자의 건강에 미치는 유해성 · 위험성을 평가하고 그

제420조에 따른 관리대상 유해물질, 4. 규칙 별표 21의 작업환경측정 대상 유해인자, 5. 규칙 별표 22의 특수건강진단 대상 유해인자, 6. 「화학물질의 등록 및 평가 등에 관한 법률 시행규칙」 제35조 제2항 단서에서 정하는 화학물질.

결과를 관보 등에 공표할 수 있다. 선정된 유해인자에 대해선 유해성 · 위험성 평가를 실시하여야 하며, 유해인자의 관리에 필요한 자료를 확보하기 위하여 유해인자의 취급량 · 노출량, 취급 근로자 수, 취급 공정 등을 주기적으로 조사할 수 있다. 이때 유해성 · 위험성 평가의 대상이 되는 유해인자의 선정기준은 다음과 같다.

① 노출기준 · 허용기준 설정대상 물질, 금지물질, 허가물질 등으로 분류하기 위하여 유해성 · 위험성 평가가 필요한 유해인자

② 노출 시 변이원성(유전적인 돌연변이를 일으키는 물리적 · 화학적 성질), 흡입독성, 생식독성(생물체의 생식에 해를 끼치는 약물 등의 독성), 발암성 등 근로자의 건강장해 발생이 의심되는 유해인자

③ 그 밖에 사회적 물의를 일으키는 등 유해성 · 위험성 평가가 필요한 유해인자

고용노동부장관은 유해성 · 위험성 평가 결과 등을 고려하여 유해인자를 다음의 물질 또는 인자로 정하여 관리하여야 한다.

① 노출기준 설정 대상 유해인자(법 제106조)

② 허용기준 설정 대상 유해인자(법 제107조 제1항)

③ 제조 등 금지물질(법 제117조)

④ 제조 등 허가물질(법 제118조)

⑤ 작업환경측정 대상 유해인자(법 제186조 제1항)

⑥ 특수건강진단 대상 유해인자(별표 22 제1호부터 제3호까지)

⑦ 관리대상 유해물질(안전보건규칙 제420조 제1호)

» 유해인자의 노출기준 설정

노출기준이란 근로자가 유해인자에 노출되는 경우 노출기준 이하 수준에서는 거의 모

든 근로자에게 건강상 나쁜 영향을 미치지 아니하는 기준을 말하며, 1일 작업시간 동안의 시간가중평균노출기준(TWA: Time-Weighted Average), 단시간노출기준(STEL: Short-Term Exposure Limit), 최고노출기준(C: Ceiling)으로 표시한다.

노출기준은 ㉠ 해당 유해인자에 따른 건강장해에 관한 연구·실태조사의 결과, ㉡ 해당 유해인자의 유해성·위험성의 평가 결과, ㉢ 해당 유해인자의 노출기준 적용에 관한 기술적 타당성을 고려하여 정하여 고시하여야 한다. 고용노동부 고시인 「화학물질 및 물리적 인자의 노출기준」에는 화학물질(731종, 고시 별표1), 소음(별표2의1), 충격소음(별표2의2), 고온 (별표3), 라돈(별표4)에 대하여 노출 기준을 정하고 있다.

» 유해인자 허용기준의 준수

사업주는 발암성 물질 등 유해인자의 '작업장 내 노출농도'를 허용기준 이하로 유지하여야 한다. 다만, 다음 경우에는 그러하지 아니하나, 그럼에도 불구하고 사업주는 유해인자의 노출농도를 허용기준 이하로 유지하도록 노력하여야 한다(법 제107조 제1항·제2항).

① 유해인자를 취급하거나 정화·배출하는 시설 및 설비의 설치나 개선이 현존하는 기술로 가능하지 아니한 경우
② 천재지변 등으로 시설과 설비에 중대한 결함이 발생한 경우
③ 고용노동부령으로 정하는 임시 작업과 단시간 작업의 경우
④ 그 밖에 대통령령으로 정하는 경우

발암성 물질 등 근로자에게 중대한 건강장해를 유발할 우려가 있는 유해인자는 38종이 정해져 있고, 유해인자별 노출농도의 허용기준은 고용노동부령으로 정해져 있다. 허용기준 설정 대상 유해인자의 노출농도 측정은 작업환경 측정방법을 준용한다. 한편, 위의 '임시 작업'이란 일시적으로 하는 작업 중 월 24시간 미만인 작업을 말한다. 다만, 월 10시간 이상 24시간 미만인 작업이 매월 행하여지는 작업은 제외한다. 또한 '단시간 작업'이란 관

리대상 유해물질을 취급하는 시간이 1일 1시간 미만인 작업을 말한다. 다만, 1일 1시간 미만인 작업이 매일 수행되는 경우는 제외한다.

» 신규화학물질의 유해성 · 위험성 조사

제조 · 수입업자는 신규화학물질을 제조하거나 수입하려는 날 30일(연간 제조하거나 수입하려는 양이 100킬로그램 이상 1톤 미만인 경우에는 14일) 전까지 신규화학물질 유해성 · 위험성 조사보고서를 고용노동부장관에게 제출해야 한다. 다만, 그 신규화학물질을 「화학물질의 등록 및 평가 등에 관한 법률」 제10조에 따라 환경부장관에게 등록한 경우에는 고용노동부장관에게 유해성 · 위험성 조사보고서를 제출한 것으로 본다.

또한 신규화학물질 제조자 등은 유해성 · 위험성을 조사한 결과 해당 신규화학물질에 의한 근로자의 건강장해를 예방하기 위하여 필요한 조치를 하여야 하는 경우 이를 즉시 시행하여야 한다. 신규화학물질 제조자 등이 신규화학물질을 양도하거나 제공하는 경우에는 근로자의 건강장해 예방을 위하여 조치하여야 할 사항을 기록한 서류를 함께 제공하여야 한다.

한편, 고용노동부장관은 신규화학물질의 유해성 · 위험성 조사보고서가 제출되면 그 신규화학물질의 명칭, 유해성 · 위험성, 근로자의 건강장해 예방을 위한 조치 사항 등을 공표하고 관계 부처에 통보하여야 한다. 또 사업주가 신규화학물질의 명칭과 화학물질식별번호(CAS No.)에 대한 정보보호를 요청하는 경우 그 타당성을 평가하여 해당 정보보호기간 동안에 「화학물질의 등록 및 평가 등에 관한 법률」 제2조 제13호에 따른 총칭명(總稱名)으로 공표할 수 있으며, 그 정보보호 기간이 끝나면 그 신규화학물질의 명칭 등을 공표해야 한다. 나아가 신규화학물질의 유해성 · 위험성 조사보고서를 검토한 결과 근로자의 건강장해 예방을 위하여 필요하다고 인정할 때에는 신규화학물질제조자 등에게 시설 · 설비를 설치 · 정비하고 보호구를 갖추어 두는 등의 조치를 하도록 명할 수 있다. 단, 일반 소비자 생활용품으로 확인을 받은 경우, 수입량이 일정량 이하인 경우, 원소 · 천연화학물질 · 건강기능식품 등 대통령령으로 정하는 경우에는 신규화학물질의 유행성 · 위험성을 조사하지 않아도 된다.

마지막으로 고용노동부장관은 근로자의 건강장해를 예방하기 위하여 필요하다고 인정할 때에는 암 또는 그 밖에 중대한 건강장해를 일으킬 우려가 있는 화학물질을 제조ㆍ수입하는 자 또는 사용하는 사업주에게 해당 화학물질의 유해성ㆍ위험성 조사와 그 결과의 제출 또는 유해성ㆍ위험성 평가에 필요한 자료의 제출을 명할 수 있다. 화학물질의 유해성ㆍ위험성 조사 명령을 받은 자는 유해성ㆍ위험성 조사 결과 해당 화학물질로 인한 근로자의 건강장해가 우려되는 경우 근로자의 건강장해를 예방하기 위하여 시설ㆍ설비의 설치 또는 개선 등 필요한 조치를 하여야 한다.

2. 유해ㆍ위험 물질의 제조 등 금지, 사용신청, 제조 등 허가

직업성 암을 유발하는 것으로 확인되어 근로자의 건강에 특히 해롭다고 인정되는 물질이나 중대한 건강장해를 일으킬 우려가 있는 물질로서 현재의 기술로 건강장해 예방방법이 없는 유해물질에 대하여 제조 등을 금지하는 제도이다. 누구든지 다음 각 호의 어느 하나에 해당하는 물질로서 대통령령으로 정하는 물질을 제조ㆍ수입ㆍ양도ㆍ제공 또는 사용해서는 아니 된다.

① β-나프틸아민[91-59-8]과 그 염(β-Naphthylamine and its salts)

② 4-니트로디페닐[92-93-3]과 그 염(4-Nitrodiphenyl and its salts)

③ 백연[1319-46-6]을 포함한 페인트(포함된 중량의 비율이 2퍼센트 이하인 것은 제외)

④ 벤젠[71-43-2]을 포함하는 고무풀(포함된 중량의 비율이 5퍼센트 이하인 것은 제외)

⑤ 석면(Asbestos; 1332-21-4 등)

⑥ 폴리클로리네이티드 터페닐(Polychlorinated terphenyls; 61788-33-8 등)

⑦ 황린(黃燐)[12185-10-3] 성냥(Yellow phosphorus match)

⑧ 제1호, 제2호, 제5호 또는 제6호에 해당하는 물질을 포함한 혼합물(포함된 중량의 비율이 1퍼센트 이하인 것은 제외)

⑨ 「화학물질관리법」 제2조 제5호에 따른 금지물질(같은 법 제3조 제1항 제1호부터 제12호까지

의 규정에 해당하는 화학물질은 제외)[34]

⑩ 그 밖에 보건상 해로운 물질로서 산업재해보상보험 및 예방심의위원회의 심의를 거쳐 고용노동부장관이 정하는 유해물질[35]

다만 시험·연구 또는 검사 목적의 경우로서, 제조·수입 또는 사용을 위하여 고용노동부령으로 정하는 요건을 갖추어 고용노동부장관의 승인을 받은 경우 및 화학물질관리법에 따른 금지물질의 판매허가를 받은 자가 판매허가를 받은 자나 사용승인을 받은 자에게 제조 등 금지물질을 양도 또는 제공하는 경우에는 제조 등 금지물질을 제조·수입·양도·제공 또는 사용할 수 있다.

한편, 산업활동에 필요한 물질로서 대체물질이 개발되지 않은 유해물질("허가대상물질")은 건강장해를 예방할 수 있도록, 제조·사용설비, 작업방법, 그 밖의 기준을 갖추어 사용해야 한다. 이에 제조허가 또는 사용허가를 받으려는 자는 제조·사용의 목적·양 등에 관한 사항이 포함된 사업계획, 산업보건 관련 조치, 취급하는 물질의 종류·취급량 등을 기재한 서류를 첨부하여 신청하여야 한다.

'제조 등 금지물질'로서 대체물질이 개발되지 아니한 다음의 물질 등을 제조하거나 사용하려는 자는 고용노동부장관의 허가를 받아야 한다.

① *α*-나프틸아민[134-32-7] 및 그 염(*α*-Naphthylamine and its salts)

② 디아니시딘[119-90-4] 및 그 염(Dianisidine and its salts)

③ 디클로로벤지딘[91-94-1] 및 그 염(Dichlorobenzidine and its salts)

---

34   위해성이 크다고 인정되는 화학물질로서 모든 용도로의 제조, 수입, 판매, 보관·저장, 운반 또는 사용을 금지하기 위하여 환경부장관이 관계중앙행정기관의 장과의 협의와 「화학물질의 등록 및 평가 등에 관한 법률」 제7조에 따른 화학물질평가위원회의 심의를 거쳐 고시한 것을 말함. 이 규정에 따라 환경부는 '제한물질·금지물질의 지정' 고시 별표4에서 니프로펜 및 이를 0.1% 이상 함유한 혼합물 등 85개 물질을 금지물질로 지정하고 있다.

35   누구든지 함유된 석면의 중량이 제품 중량의 1%를 초과하는 석면함유제품을 제조·수입·양도·제공 또는 사용하지 못한다(「석면함유제품의 제조·수입·양도·제공 또는 사용에 관한 고시」 제2조).

④ 베릴륨(Beryllium; 7440-41-7)

⑤ 벤조트리클로라이드(Benzotrichloride; 98-07-7)

⑥ 비소[7440-38-2] 및 그 무기화합물(Arsenic and its inorganic compounds)

⑦ 염화비닐(Vinyl chloride; 75-01-4)

⑧ 콜타르피치[65996-93-2] 휘발물(Coal tar pitch volatiles)

⑨ 크롬광 가공(열을 가하여 소성 처리하는 경우만 해당한다)(Chromite ore processing)

⑩ 크롬산 아연(Zinc chromates; 13530-65-9 등)

⑪ o-톨리딘[119-93-7] 및 그 염(o-Tolidine and its salts)

⑫ 황화니켈류(Nickel sulfides; 12035-72-2, 16812-54-7)

⑬ 제1호부터 제4호까지 또는 제6호부터 제12호까지의 어느 하나에 해당하는 물질을 포함한 혼합물(포함된 중량의 비율이 1퍼센트 이하인 것은 제외)

⑭ 제5호의 물질을 포함한 혼합물(포함된 중량의 비율이 0.5퍼센트 이하인 것은 제외)

⑮ 그 밖에 보건상 해로운 물질로서 산업재해보상보험 및 예방심의위원회의 심의를 거쳐 고용노동부장관이 정하는 유해물질

Ⅳ. 석면에 대한 조치

1. 석면 조사

우리나라에서는 1960년대 이후 산업화와 경제개발 시대에 잠복주기가 20년 이상 발암물질인 석면이[36] 다량 사용되었으며, 2000년대 들어서 노후 건축물의 해체 작업이 시작되면서 석면에 노출될 우려가 커서 환경과 안전 측면에서 규제를 하고 있다. 근로자 안전 측

---

36 석면(石綿, asbestos)은 돌(石)에서 뽑아낸 실(綿)이다. 일명 돌솜. 자연계에서 분포하는 섬유상 규산염 광물의 총칭이며 마그네슘이 많은 함수규산염으로 구성되어 있다. 석면 결정에서 섬유 한 가닥의 굵기는 대략 머리카락의 5,000분의 1 정도. 석면 슬레이트 등의 건축자재, 보온재, 단열재, 방화재, 내화재, 전기절연재, 전해막용재, 브레이크라이닝 용재 등 다양한 용도로 사용되었으며, 1970년대 이후 호흡을 통하여 석면 가루를 마시면 미세한 크기의 석면이 폐로 들어가 폐암이나 폐증, 늑막이나 흉막에 악성종양을 유발할 수 있다고 밝혀져 국제암연구소(IARC)에서 1급 발암물질로 발표하였다.

면의 규제를 산업안전보건법에 규정하고 있으며, 이에 따라 건축물이나 설비를 해체하거나 건축물이나 설비의 소유주 또는 임차인 등(건축물·설비소유주 등)은 ㉠ 해당 건축물이나 설비에 석면이 함유되어 있는지 여부, ㉡ 해당 건축물이나 설비 중 석면이 함유된 자재의 종류, 위치 및 면적을 조사한 후 그 결과를 기록하여 보존하여야 한다. 일정한 규모 이상의 건축물이나 설비의 경우 개인이 아닌 기관이 조사하여야 하고, 그 구체적인 사항은 고용노동부 고시인 「석면조사 및 안전성 평가 등에 관한 고시」에 정하고 있다.

2. 석면 해체 · 제거

석면의 해체·제거 작업이란 석면함유 설비 또는 건축물의 파쇄(破碎), 개·보수 등으로 인하여 석면분진이 흩날릴 우려가 있고 작은 입자의 석면폐기물이 발생하는 작업을 말한다. 석면의 해체·제거 작업은 등록된 업자로 하여금 하게 하여야 하며, 업자는 작업 완료 후 공기 중 석면농도가 기준(0.01개/㎤) 이하로 되게 하여야 한다.

석면해체·제거를 업으로 하려는 자는 토목·건축 분야 건설기술자 등 석면 해체·제거에 필요한 전문 인력 및 음압기, 위생설비 등 안전한 석면 해체·제거 작업을 위한 시설 및 장비를 갖추어 등록하여야 한다. 고용노동부장관은 등록한 자의 석면해체·제거작업의 안전성을 평가하고 그 결과를 공개할 수 있다. 석면해체·제거업자가 일정 요건에 해당할 때에는 등록을 취소하거나 6개월 이내의 기간을 정하여 그 업무의 정지를 명할 수 있다.

기관석면조사 대상인 건축물이나 설비에 대통령령으로 정하는 함유량과 면적 이상의 석면이 포함되어 있는 경우 해당 건축물·설비소유주 등은 석면해체·제거업자로 하여금 그 석면을 해체·제거하도록 하여야 한다. 단, 해당 건축물이나 설비에 대하여 기관석면조사를 실시한 기관이 해체·제거해서는 아니 된다. 건축물·설비소유주 등이 석면을 해체하려면, 석면해체·제거업 등록에 필요한 인력, 시설 및 장비를 갖추고 이를 증명할 수 있는 서류를 포함하여 신고하여야 한다.

석면해체·제거업자는 작업 시작 7일 전까지 고용노동부장관에게 신고하고, 석면해체·제거작업에 관한 서류를 보존하여야 한다. 석면이 함유된 건축물이나 설비를 철거하거나 해체하는 자와 작업에 참여하는 근로자는 안전보건규칙이 정한 석면해체·제거의 작업기준을 준수하여야 한다. 또 석면해체·제거작업이 완료된 후 해당 작업장의 공기 중 석면농도가 1 m^3당 0.01개 이하가 되도록 하고, 기준의 준수 여부에 대한 증명자료를 제출하여야 한다.

V. 정도관리

검사·진단·측정·분석의 정확성·정밀도·신뢰성을 확보하기 위하여 담당 기관의 검사·진단·측정·분석 등 능력을 평가하는 것을 정도관리(精度管理, precision control)라고 한다.

고용노동부장관은 근로자에 대한 특수건강진단의 정확성·신뢰성을 유지하기 위하여 해당 기관에 대하여 정도관리를 실시하고, 지도하거나 교육할 수 있다. 안전보건공단에 위임하며, 진단·분석능력의 확인, 특수건강진단기관에 대한 지도 및 교육의 방법, 절차, 그 밖에 필요한 사항은 「특수건강진단기관의 정도관리에 관한 고시」에 정하고 있다.

또한, 고용노동부장관은 근로자가 작업하는 작업장의 작업환경측정의 정확성·신뢰성을 유지하기 위하여 관련 기관에 대한 정도관리를 실시하고, 지도하거나 교육할 수 있다. 역시 안전보건공단에 위임하며, 측정·분석능력의 확인, 작업환경측정기관에 대한 교육의 방법·절차, 그 밖에 필요한 사항은 「작업환경측정 및 정도관리 등에 관한 고시」에 정하고 있다.

제4절 산재보험을 통한 산재예방 유인설계

Ⅰ. 개별실적요율제도

경제적인 관점에서 분석하면, 산업재해는 노동시장에서 근로자의 효용극대화와 기업의 이윤극대화의 결과로서 발생한다. 그리고 근로자와 기업의 합리적 선택은 산재보험을 비롯한 노동시장에 존재하는 산업재해 관련 제도와 정책에 의해 영향을 받는다. 산재보험의 개별실적요율 제도(experiencing rate)는 개별 기업의 산재발생 결과에 따라 보험료율을 차등 적용함으로써 사업주에게 산재 예방의 경제적 유인을 제공하는 제도이다. 이 제도는 1963년 산재보험법 제정 당시부터 규정되어 있었으며, 1969년부터 적용되기 시작하였다.

개별실적요율은 각 업종 내의 개별 사업장별로 재해 발생이 많고 적음에 따라 일정한 범위에서 당해 업종에 적용되는 평균보험요율보다 증가 또는 경감시켜 적용하는 보험요율 조정방식이다. 요율의 증감은 개별 사업장의 보험수지(保險收支)에 따른다. 시행 당시 보험요율의 증감범위는 ±30%로 한정되었으나, 1986년 ±40%로 확대되었고, 1997년 산재보험의 민영화 논의와 함께 다시 증감 범위가 ±50%까지 확대되어 적용되고 있다.

보험관계가 성립된 이후 3년 이상 경과하고 상시 30인 이상의 사업장(연인원 7,500명 이상)으로 광업, 제조업, 전기·가스 및 수도업 그리고 건설업에 대하여 실시되며, 건설업의 경우에는 동종사업의 일괄 적용이 되는 사업으로서 매 보험연도 2년 전의 총 공사금액이 100억 원 이상 되는 사업에 적용되고 있다.

사업장의 산재보험 급여액이 보험료 납부액의 75% 이하 또는 85% 이상인 경우에 법정비율에 따라 보험요율이 인하 또는 인상된다. 즉, 보험요율의 할인 혜택을 받기 위해서는 사업장 근로자에게 지급된 보험급여액이 보험료 납부액보다 25% 이상 낮아야 한다. 3년간 보험수지율이 5% 이하인 경우 50%를 감(減)하고, 75% 초과 85%인 경우 0%, 160%를 초과하는 경우 50%를 증(增)하는 경우까지 19단계를 두고 있다.

도표 2-14. 개별실적 요율제도의 보험요율 증감 폭

수지율	증감률
5% 이하	50% 감한다
5% 초과 10%	48% 감한다
10% 초과 20%	42% 감한다
20% 초과 30%	36% 감한다
30% 초과 40%	30% 감한다
40% 초과 50%	24% 감한다
50% 초과 60%	18% 감한다
60% 초과 70%	12% 감한다
70% 초과 75%	6% 감한다

수지율	증감률
75% 초과 85%	0%
85% 초과 90%	6% 증한다
90% 초과 100%	12% 증한다
100% 초과 110%	18% 증한다
110% 초과 120%	24% 증한다
120% 초과 130%	30% 증한다
130% 초과 140%	36% 증한다
140% 초과 150%	42% 증한다
150% 초과 160%	48% 증한다
160% 초과	50% 증한다

개별실적요율제도의 운영에 있어서 필요한 전제는 개별기업의 재해예방 노력과 보험요율의 밀접한 연계성이다. 이를 위해서는 보다 합리적인 기준에 의한 세분화된 업종별 분류가 선행되어야 한다. 나아가 적용 대상 사업과 사업장의 확대 및 차등 폭의 확대가 바람직하다. 다만, 현재 시행 중인 제도의 산재예방 효과는 아직 실증적으로 확인되지 않으므로, 특히 차등 폭의 확대를 위해서는 실증분석을 선행적으로 수행할 필요가 있다.

그간 개별실적요율 제도는 ㉠ 하도급·파견사업장 노동자에게 발생한 산업재해 실적은 제외하고 당해 사업장 노동자에게 발생한 산업재해 실적만으로 산재보험료를 할인 또는 할증하고 있어, 산재보험료 할증을 우려한 사업장에서 유해·위험 업무는 도급·파견을 이용하는, 소위 위험의 외주화 유발의 요인이 되고 있다는 비판이 있었다. 이와 함께 ㉡ 2020년 현재 개별실적요율 대상 중 상시근로자 1,000인 이상 사업장 수 비율은 1.3%이지만 이들 사업장의 보험료 할인액 비율은 45.6%에 달하는 등 대기업에 할인이 편중되어 결과적으로 보험료 수입 감소분을 영세사업장에 전가시킨다는 지적이 있었다. 〈도표 2-15〉 참조)

도표 2-15. 원청업체와 하청업체 사고사망만인율

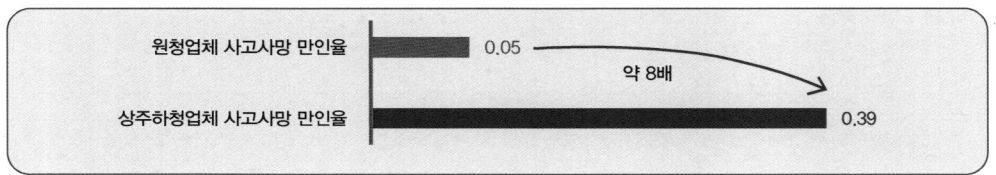

문제를 해결하기 위하여 정부는 2021년「고용보험 및 산업재해보상보험의 보험료징수 등에 관한 법률」을 개정하여 ㉠ 하도급·파견노동자의 산업재해 가운데「산업안전보건법」의 도급제한 의무를 위반한 기간 중 발생한 재해, 파견근로자에게 발생한 재해, 원청의 책임이 있는 재해는 도급·사용 사업장의 개별실적요율에 반영하도록 하였다. 또한, ㉡ 대규모 기업의 경우 직접 고용한 근로자뿐만 아니라 하도급 근로자 및 파견근로자를 포함하여 사망사고가 다발하는 경우에는 보험료를 과다하게 할인받지 못하도록 하였다. 즉 하청근로자 재해가 원청의 책임이 있는 사유에 의하여 발생한 경우 산재보험료 산정 시 원청의 보험료율에 100% 반영하며, 만약 하청업체에도 안전보건 조치위반의 책임이 있는 경우에는 원청과 하청에 각각 50%씩 반영하도록 하였다.

II. 산재예방요율제도

사업주가 산업재해 예방활동을 실시하고 이에 대한 인정을 받은 사업장에 대하여 다음 연도의 산재보험료율을 인하해 주는 제도이다. 2014년 1월부터 시행하고 있다.[37] 근거 규정으로 '고용보험 및 산재보험 보험료징수 등에 관한 법률 시행령' 제18조의2(산재예방요율의 적용) 및 고용노동부 고시(2015.12.31.)로「산재예방요율제 운영에 관한 규정」이 있다. 적용 대상은 제조업, 상시근로자 수 50명 미만 사업장이다. 다만, 산재보험 일괄적용 사업장은 각각의 사업개시번호별 상시근로자 수를 합산하여 산정한다.

사업주가 산재예방요율제를 적용받을 수 있는 재해예방활동은 ㉠「위험성평가」인정 또는 ㉡「사업주교육」인정이 있으며, 각각의 인정 유효기간 동안 산재보험료율을 인하하여 산재보험료가 징수된다. 요율 인하는 인정일이 속한 연도의 다음 보험연도부터 적용하되 연도 중인 경우 일할계산을 한다.

---

37 산재예방요율제는 2006.12.13. 노사정위원회에서 대상 및 지표를 중장기적으로 검토하기로 합의하였고, 2009.4.~8. 연구용역을 실시했으며, 저자가 산업안전보건국장으로 재직하던 2010년부터 관련 TF를 구성하여 본격 시행을 위한 검토에 들어갔다.

- 위험성평가 인정: 3년 20%

- 사업주교육 인정: 1년 10%

　사업주가 2가지 예방활동 모두를 인정받은 경우(위험성평가 및 사업주교육), 근로복지공단에서는 해당 보험연도 적용 인하율을 각각 계산한 후 인하율이 높은 것을 적용한다.

　기관별 역할을 보면, 고용노동부는 제도운영 총괄 및 재해예방활동 인정취소를 담당하고, 안전보건공단은 사업주 재해예방활동을 인정하고, 근로복지공단은 산재예방요율이 적용된 산재보험료율을 결정 및 통지한다.

» 위험성평가 인정

　위험성평가를 실시하고 위험성평가 인정 및 재해예방활동 신청서를 제출한 사업장에 대해 공단 심사원이 평가기준 및 인정절차에 따라 심사한 후 일정 기준 이상의 사업장에 대하여 인정서를 발급하는 일련의 절차를 말한다.

　위험성평가 인정 신청 대상은 제조업 중 상시근로자 수 50명 미만 사업장이다. 다만, 감독면제 등 다른 혜택이 부여되는 위험성평가 인정은 근로자 수 100명 미만(건설업종은 120억원 미만)이다. 위험성평가 우수사업장 혜택은 다음과 같다.

① 재해예방활동 인정기간(3년) 동안 산재보험료율 20% 인하
② 인정 유효기간(3년) 동안 정부의 안전·보건 감독 유예
③ 정부 포상 또는 표창 우선 추천
④ 공단의 클린사업장 조성지원 보조금 추가 지원

» 사업주교육 인정

　사업주가 고용노동부장관이 정한 재해예방교육을 이수하고, 산재예방계획을 수립·제출하여 안전보건공단이 재해예방활동으로 인정한 것을 말한다. 사업주 본인이 산재예방교

육을 이수하는 경우 실질적인 혜택, 즉 산재보험료율 감경 혜택을 줌으로써 산업재해를 예방하자는 것이다.

교육 대상은 제조업 중 상시근로자 수 50명 미만을 사용하는 사업장의 사업주 본인(법인은 대표이사)이고, 교육 시간은 4시간, 내용은 안전의식 제고, 사업주의 산재예방책임, 위험성평가 및 자체 산재예방계획 수립(실습) 등이다. 사업주교육 인정을 받으면 재해예방활동 인정기간(1년) 동안 산재보험료율 10% 인하 혜택을 받는다. 사업주교육을 이수하면 '위험성평가' 인정을 위한 사업주교육을 이수한 것으로 간주한다.

» 비판과 제언

보험 일반론에서 보자면 산재보험 가입자인 사업주의 산업재해 예방활동이 산업재해 감소라는 결과를 나타냈을 때 그 이후의 보험료를 인하하는 것이 옳다. 그러나 산재예방요율제는 산재감소라는 결과가 시현되기도 전에 산재예방활동이라는 것을 인정하여 미리 보험료를 경감한다. 이는 나타나지 않은 결과에 대하여 사전에 산업재해가 줄어들 것이라고 '임의로' 평가하여 보험료를 경감하는 것이므로 옳지 않다. 다른 가입자의 부담을 가중시키는 제도이다.

우선, 위험성평가를 제대로 했는지 판별하여 평가하는 것은 매우 어려운 일이다. 공단 심사원에게 맡긴 결과 위험성평가 우수 사업장이라고 평가받은 사업장에서 대규모 산업재해가 발생하는 경우 누구에게 어떤 방식으로 손해(경감된 보험료)를 보전받을 수 있는가를 생각해 보면 금방 알 수 있는 일이다. 현실로 눈을 돌려보면 위험성평가를 부실하게 하는 예가 부지기수다.[38]

다음으로, 사업주교육 제도는 사업주가 산재예방 교육을 이수하면 투자 · 교육 · 시설 등

---

38   단적인 예를 든다. 2024년 6월 24일 경기도 화성시 전곡산업단지에 위치한 일차 리튬전지 업체 아리셀 회사의 공장에서 발생한 화재사고로 23명이 사망하였다. 회사는 2021~2023년 산업안전보건공단의 위험성평가 인정심사를 통과해 3년 연속 우수사업장으로 선정됐다. 2021년 첫해 인정기준 70점을 넘는 81점을 받았고, 2022~2023년엔 각각 88점, 75점을 받아 우수사업장이 됐다. 안전보건공단은 "아리셀이 위험성평가를 위한 사업주 및 담당자 교육을 잘 이수하고 현장에 잘 적용하고 있는 점을 우수한 사항으로 평가"한 것으로 알려졌다. 회사는 위험성평가를 근거로 우수사업장으로 선정된 이듬해인 2022~2024년 산재보험료율 17~20% 인하 혜택을 받았다(한겨레신문, 2024.6.30.).

산재예방에 더 주의를 기울일 것이라는 전제가 참일 경우에 의미가 있는 제도이다. 그러나 교육을 받은 사업주라고 산재예방에 전보다 더 힘쓰고, 교육을 받지 않은 사업주라고 산재예방에 소홀할 것이라는 전제는 성립하지 않는다. 현실로 눈을 돌려보면, "교육 참석 시 본인 확인을 위하여 반드시 사진이 있는 신분증을 지참해 주세요"라고 안내하고 있지만, 많은 전문가들은 이 교육이 소기의 설계대로 운영되고 있는지는 의문시하고 있다.[39]

이에 위험성평가 및 사업주교육 인정 후 예컨대 최소 1년간과 같이 일정 기간 산재감소 결과를 보고, 사후적으로, 감면해 주어야 할 필요가 있다.

[칼럼] 산업재해 예방에 눈 감고 있는 산재보험

산재보험은 근로자를 피보험자로 해 보험료 전액을 사업주가 부담한다. 일하다가 다치거나 직업병에 걸리면 나라에서 치료비를 전액 부담하고 임금의 70%를 휴업급여라는 이름으로 지급한다. 사고 후 대비 장치인 보험은 사고 전 예방 기능도 갖고 있다. 하지만 우리나라의 산재보험은 사고 예방 노력을 촉구하는 기능이 너무 허술하다.

자동차보험과 비교해 보자. 운전을 적게 하거나 조심 운전을 해서 사고가 적게 나면 보험료를 깎아 준다. 반대로 사고가 많은 운전자로부터는 보험료를 더 징수한다. 산재보험에도 개별실적요율이라는 개념이 있다. 자동차보험의 할증·할인과 비슷하다. 하지만, 종업원 30인 미만 사업장에만 적용된다. 할인 할증의 폭도 법에는 50%까지로 돼 있는데도 실제로는 20%까지만 운영하고 있다.

자동차보험의 경우 자동차 사고가 나면 사고가 초래한 비용의 일정 부분은 운전자가 부담한다. 조심 운전을 하게 해 사고를 예방하려는 장치다. 이런 '부분보험'이 산재보험에는 없다. 사고 발생에는 인적·물적·환경적 요소가 개입하는데 부분보험이 도입되면 산재 예방 노력을 촉진하는 장치가 될 것이다.

'피보험자 중과실'이라는 개념도 마찬가지다. 도덕적 해이 현상의 예방을 위해 피보험자의 고의나 중과실로 인한 사고에 대해 보상을 거절하거나 제한하는 장치다. 이런 도덕적 해이 방지 장치는 손해보험에 보편적으로 장착되어 있다. 산재보험에 피보험자 중과실 공제제도가 있다면 작업자의 부주의한 행동과 자세는 많이 사라질 것이며, 회사는 안전교육과 안전관리에 더욱 신경을 쓰게 될 것이다.

우리나라의 산업재해 예방 제도는 과도하게 처벌만능주의 접근이다. 게다가 제대로 작동되지도 않고 있다. 처벌 아니고도 할 수 있는 게 많은데 그게 잘 안 되고 있다.

---

39 2014년의 경우, 위험성평가 인정률은 인정심사 사업장 23,391개소 대비 13.0%(3,040)이다. 사업주교육 인정은 교육접수 31,761명, 교육실시 26,653명, 교육인정 23,247명이다(고용노동부, 정책실명제 사업관리이력서, 등록번호 2014-14).

제5절 감독과 명령, 지도 및 점검

I. 근로감독관의 지위 · 권한 · 의무

1. 근로감독관의 지위

안전보건을 포함한 근로조건의 기준을 확보하기 위하여 고용노동부와 그 소속 기관에 근로감독관을 둔다. 노동관계법령에 따른 현장조사, 서류의 제출, 심문 등의 수사는 검사와 근로감독관이 전담하여 수행한다. 근로감독관은 노동관계법령 위반의 죄에 관하여「사법경찰관리의 직무를 행할 자와 그 직무범위에 관한 법률」에서 정하는 바에 따라 사법경찰관의 직무를 수행한다.

산업안전보건 업무를 담당하는 근로감독관은 산업안전보건법, 진폐법, 중대재해처벌법 중 중대산업재해, 산업재해보상보험 중 일부 사항에 대한 수사, 조사, 감독 업무를 수행한다. 고용노동부 훈령으로 업무 수행의 기준 등을 규정한「근로감독관 집무규정(산업안전보건)」이 있다.

2. 근로감독관의 권한

근로감독관은 법 또는 법에 따른 명령을 시행하기 위하여 필요한 경우 사업장, 산재예방전문기관, 석면 해체 · 제거 업자, 산업안전 · 보건지도사 사무소에 출입하여 질문을 하고, 장부, 서류, 그 밖의 물건의 검사 및 안전보건 점검을 하며, 관계 서류의 제출을 요구할 수 있다. 또한 기계 · 설비 등에 대한 검사를 할 수 있으며, 검사에 필요한 한도에서 무상으로 제품 · 원재료 또는 기구를 수거할 수 있다. 이 경우 근로감독관은 해당 사업주 등에게 그 결과를 서면으로 알려야 한다.

근로감독관은 법 또는 법에 따른 명령의 시행을 위하여 관계인에게 보고 또는 출석을 명할 수 있다. 보고 또는 출석의 명령은 문서로 하여야 하며, 7일 이상의 기간을 주어야 한다. 다만, 긴급한 경우에는 그러하지 아니하다. 한편 의사인 근로감독관이나 근로감독관의 위촉을 받은 의사는 취업을 금지하여야 할 질병에 걸릴 의심이 있는 근로자에 대하여 검진할 수 있다.

3. 근로감독관의 직무집행

근로감독관은 다음 어느 하나에 해당하는 경우 질문 · 검사 · 점검하거나 관계 서류의 제출을 요구할 수 있다.

① 산업재해가 발생하거나 산업재해 발생의 급박한 위험이 있는 경우
② 근로자의 신고 또는 고소 · 고발 등에 대한 조사가 필요한 경우
③ 법 또는 법에 따른 명령을 위반한 범죄의 수사 등 사법경찰관리의 직무를 수행하기 위하여 필요한 경우
④ 그 밖에 고용노동부장관 또는 지방고용노동관서의 장이 법 또는 법에 따른 명령의 위반 여부를 조사하기 위하여 필요하다고 인정하는 경우

근로감독관은 법 또는 법에 따른 명령을 시행하기 위하여 사업장 등 법에 정하는 장소에 출입하는 경우에 그 신분을 나타내는 증표를 지니고 관계인에게 보여주어야 하며, 출입 시 성명, 출입시간, 출입 목적 등이 표시된 문서를 관계인에게 내주어야 한다. 이 과정에서 근로감독관은 직무상 알게 된 비밀을 엄수하여야 하고, 근로감독관을 그만둔 경우에도 마찬가지다.

II. 감독기관에 대한 신고

산업재해의 예방을 위하여는 법 위반 사실에 대한 제보(提報)도 중요하다. 사업장에서 발생하는 산업안전보건법 위반 사실에 대하여 근로자로 하여금 신고할 수 있게 하고 그에 따른 불이익 처우를 금지하고 있다. 또한, 환자의 진료과정 중 업무상재해라고 판단되는 경

우에 의사의 신고에 관해서도 규정하고 있다.

사업장에서 법 또는 법에 따른 명령을 위반한 사실이 있으면 근로자는 그 사실을 고용노동부장관 또는 근로감독관에게 신고할 수 있다. 또한 의사·치과의사 또는 한의사는 3일 이상의 입원치료가 필요한 부상 또는 질병이 환자의 업무와 관련성이 있다고 판단할 경우에는 의료법의 정보누설금지 의무규정에도 불구하고 치료과정에서 알게 된 정보를 고용노동부장관에게 신고할 수 있다. 이때 사업주는 법 또는 명령 위반 사실 신고를 이유로 해당 근로자에 대하여 해고나 그 밖의 불리한 처우를 해서는 아니 된다.

III. 감독 및 점검 · 조사

1. 사업장 감독

사업장 감독이란 근로감독관이 산업안전보건법에 따라 사업장의 법 위반 여부를 조사하는 활동을 말한다. 종류는 다음과 같다.

① 정기감독: 사업장 안전보건감독 종합계획에 따라 실시하는 감독
② 수시감독: 사업장 안전보건감독 종합계획이 확정된 이후 정기감독 계획에 반영하지 못한 사항 중 다음에 해당하는 사업장 또는 업종을 대상으로 실시하는 감독
  - 중대재해 또는 중대산업사고가 발생한 사업장
  - 산업재해예방을 위해 감독이 필요하다고 판단하여 장관이 지방관서장에게 지시하거나 지방관서장이 필요하다고 판단한 사업장
③ 특별감독: 다음에 해당하는 경우 그 사업 또는 사업장을 대상으로 산업안전보건본부장, 지방고용노동청장 또는 지청장이 실시하는 감독
  - 안전 · 보건 조치 미비로 동시에 2명 이상이 사망한 경우
  - 안전 · 보건 조치 미비로 최근 1년간 3회 이상의 사망재해가 발생한 경우
  - 작업중지 등 명령 위반으로 중대재해 등이 발생한 경우

감독은 산안법 관련 사항 전반에 걸쳐 종합적으로 실시(종합감독)하거나 감독의 목적, 사업장 규모 또는 유해·위험 요인에 따라 사업장의 일부 공정·작업 또는 안전보건의 일부 분야에 한정하여 감독(부분감독)을 실시할 수 있다. 감독은 산업안전보건 감독점검표 및 건설업 산업안전보건 감독점검표를 활용하여 실시하며, 다만, 감독의 목적에 따라 감독 종합계획 등에서 감독점검표를 달리 정하는 경우에는 그에 따른다.

감독은 감독 실시일 전 3년간 해당 사업장에서 이루어진 산안법 관련 사항을 대상으로 한다. 다만, 산안법 위반 행위가 그 이전부터 반복되거나 그 이전에 산안법 위반이 있었다고 판단할 만한 상당한 이유가 있는 경우에는 공소시효 또는 제척기간이 완료되지 아니한 산안법 위반행위까지 감독 범위를 확대할 수 있다. 특히 중대재해 또는 중대산업사고가 도급인의 사업장에서 발생하여 수시감독 대상에 해당되는 경우에는 도급인 및 수급인에 대하여 수시감독을 실시하여야 한다. 이 경우 재해 발생형태, 공정의 관련성, 업종 특성 및 사업장 규모 등을 고려하여 감독대상 범위를 결정할 수 있다.

감독 결과의 조치 및 확인에 있어서, 근로감독관은 감독결과 법 위반 사항을 확인한 경우 범죄인지 보고, 시정명령, 시정지시 또는 과태료 부과 등의 조치를 하여야 한다. 이때, 시정명령, 시정지시 또는 과태료 부과(사전통지) 등 행정조치는 감독결과 보고일로부터 5일(휴일은 제외한다) 이내에 하여야 하며, 이를 초과하여 조치하여야 할 경우 사전에 그 지연 사유를 별도 보고하여야 한다. 다만, 장관이 감독의 목적·취지 등을 감안하여 별도의 조치기준을 시달한 경우에는 이에 따른다.

또한 근로감독관은 감독결과 법 위반 사항이 범죄인지 또는 과태료 대상이 아닌 경우에는 시정지시 또는 명령 등 행정조치를 하여야 하며, 조치를 하는 경우에 시설의 개선 등이 필요하다고 판단되는 경우에는 시정명령 또는 명령 등 행정조치를 병과하여야 한다.

시정지시 또는 시정명령을 하는 경우 사업주가 시정지시 또는 시정명령 내용을 해당 사업장의 근로자가 잘 볼 수 있는 장소에 게시하도록 지도하여야 하고, 산안법에서 별도로 정한 경우를 제외하고는 재해발생과 직접적인 관련성이 높은 안전·보건상의 조치는 10일 이내, 그 밖의 사항은 20일 이내에서 적정한 시정기간을 부여하되, 시정기간이 객관적으로 부족하다고 판단되는 경우에는 시정에 필요한 적정 기간을 시정기간으로 부여할 수 있다.

만약 사업주가 부득이한 사유로 시정지시서 또는 시정명령서에서 정한 기간 내에 시정을 완료하지 못하여 해당 기간이 끝나기 전에 연장을 요청한 때에는 1차 시정기간의 범위에서 시정기간을 연장할 수 있다. 동일 사업장에 시정기간을 달리하는 2건 이상의 법 위반 사항에 대하여 동시에 시정조치한 경우, 시정 여부의 확인은 각 사항별로 하여야 한다. 다만, 시정결과 보고는 시정기간이 가장 긴 사항을 기준으로 1회의 보고로 갈음할 수 있다.

조치 이후 근로감독관은 시정지시 등 행정조치에 대하여 사업장으로부터 시정결과보고서를 받은 경우 우선 서류에 따른 시정 여부를 확인하여야 하며, 서류에 따른 확인이 불가능한 사항은 사업장에 출장하여 직접 확인하여야 한다. 확인 결과 시정이 완료되었을 경우에는 행정정보시스템을 통해 확인결과보고서에 따라 종결하여야 한다. 근로감독관은 범죄인지보고 사건을 송치하는 경우에는 위반 사항의 시정 여부를 확인하여 송치서류에 기록하여야 한다.

2. 사업장 점검 및 조사

지방노동관서장은 다음 어느 하나에 해당하는 사업장에 대하여 사업장 점검을 실시할 수 있다. 다만 점검대상 사업장이 감독대상 사업장과 중복된다면 감독을 실시한다. 이 경우 감독과 그 범위, 대상 등이 다른 경우에는 특별한 사정이 없는 한 그 다른 부분을 포함하여야 한다.

① 장관이 산업재해예방을 위하여 전국적으로 특정한 업종 또는 작업, 유해 · 위험 요인 등에 대한 안전 · 보건 실태를 집중 확인하고 조치하기 위해 필요하다고 인정하여 지방관서로 시달한 사업장

② 지방관서장이 안전 · 보건관리 전문기관 등 지정 또는 등록기관에 대한 점검을 위해 사전 계획에 따라 위탁관리 사업장을 대상으로 안전 · 보건 실태를 확인하는 사업장

③ 지방관서장이 안전 · 보건관리 실태 등을 평가하고 안전 · 보건관리 수준에 따라 차등

관리하는 사업장

지방관서장은 장관이 산재예방을 위해 필요하다고 판단하여 지시하거나 자체적으로 필요하다고 판단하는 경우에는 산재발생 미보고, 안전검사·작업환경측정·건강진단 등의 미실시 또는 유해위험방지계획서·공정안전보고서 등의 미제출 등에 대한 조사계획을 수립하여 조사할 수 있다. 근로감독관은 산재발생 미보고, 안전검사·작업환경측정·건강진단 등의 미실시 또는 유해위험방지계획서·공정안전보고서 미제출 등 법령을 위반한 사실에 대하여 조사를 실시하여야 한다. 지방관서장은 산업재해예방을 위하여 동향 파악, 실태조사·확인 등의 업무를 수행할 수 있다.

근로감독관은 사업장에 대해 점검을 실시한 결과 법령 위반 사항이 과태료 대상인 경우에는 즉시 부과하고, 형사처벌 대상인 경우에는 시정지시, 시정명령 또는 명령 등 행정조치를 우선하여야 하며, 이를 이행하지 아니할 경우에는 범죄인지보고를 하고 수사를 개시하여야 한다. 또 사업장에 대해 조사한 결과 법령 위반 사항이 확인된 경우에는 정기감독 결과 조치기준에 따라 행정·사법 처리하여야 한다. 지방고용노동관서장은 사업장에 대한 업무수행 결과에 대해 그 업무의 목적 및 결과 등에 따라 적절한 조치를 하도록 할 수 있다.

Ⅳ. 공단 직원의 검사 · 지도

산업재해 예방을 위하여 고용노동부는 산하기관으로 한국산업안전보건공단을 공공기관으로 두고 있다. 산안법은 공단 소속 직원의 업무수행에 필요한 사항을 정하고 있다.

공단 소속 직원은 산업재해 예방에 필요한 검사 및 지도 등을 하거나, 역학조사를 위하여 관계자에게 질문하거나 필요한 서류의 제출을 요구할 수 있다. 공단 소속 직원이 사업장에 출입하는 경우 그 신분을 나타내는 증표를 보여주어야 하며, 성명, 출입 시간, 출입 목적 등이 표시된 문서를 관계인에게 내주어야 한다.

제3편

미
래

미래 변화와 한국의 당면 과제

제1절 미래의 변화 개관

산업안전보건, 즉 일하는 사람의 안전과 보건을 둘러싼 미래는 자연, 기술, 환경, 사회구조 등 다양한 요인이 복합적으로 영향을 미치며 변화하고 있다. 주요 변화 요소에 대한 현재까지의 연구와 논의를 저자의 의견과 함께 소개한다.

1. 팬데믹과 같은 세계적 사건

코로나 바이러스 감염증(COVID-19)은 2019년 11월 17일에 중국에서 최초 보고된 이후 지구 전체에 전파되어 세계 사람들의 삶과 노동에 광범위한 영향을 끼쳤다. 일상은 비대면이 되었고 유연근무·재택근무·원격근무의 가능성을 시험해 볼 수 있는 계기가 되었다. 27개 EU 회원국 주민 87,477명을 대상으로 실시한 조사에 의하면 전체 노동시간의 약 40%가 원격근무로 수행되었다.[1]

이제 세계적인 사건이나 기술의 진보는 업종과 산업을 불문하고 모든 노동자에게 빠른 속도로 영향을 미치게 될 것이다. 미래는 팬데믹과 같이 예상되는 혹은 예측할 수 없는, 돌발적인 또는 점진적인, 사건에 의해 좌우된다. 이러한 위기에 대응하기 위해서는 새롭고

---

[1] Eurofound(2020), Living, working and COVID-19, COVID-19 series, Publications Office of the European Union, Luxembourg. https://www.eurofound.europa.eu/en/publications/2020/living-working-and-covid-19

유연한 태도가 요구된다. 불확실성이 고조되는 미래에 대비하여 노동자의 안전과 건강을 보호하기 위해 과학적 증거에 기반을 둔 정책을 마련해야 한다.

2. 기술 변화 (디지털화 · 자동화 · AI…)

우선, 논의되는 것은 스마트 안전관리다. 센서, IoT, AI 기술을 활용한 실시간 위험 모니터링과 예측 시스템이 특정 산업 분야에 국한되지 않고 확대되고 있다. 웨어러블 디바이스(wearable device)를 통하여 작업자의 체온, 움직임 등등 생체신호를 감지 및 이상징후가 나타나면 경보를 전파한다.

로봇 사용의 확대와 자동화의 발달로 위험한 작업을 기계가 대체하면서 사고가 감소할 것으로 기대된다. 반면, 신기술의 광범위한 이용으로 협동 로봇 사고, 알고리즘 오류 등으로 인한 새로운 위험도 증가할 것이다. 미래에는 디지털화가 가속되면서 오피스 중심에서 벗어나 재택 · 모바일 근무가 일반화되며, 정신건강, 근골격계질환, 고립감 등 새로운 보건 이슈가 부각될 것이다. 기술의 변화는 안전과 보건에 기회를 제공하는 동시에 새로운 과제를 제시할 것이다.

3. 환경 및 기후변화

미래에는 기후 위기(climate crisis)의 징후인 고온 · 폭염 등 기상이변으로 인한 산업현장의 재해 위험이 증가할 것이다. 특히 건설, 물류 등 야외 작업자에 대한 열사병 예방 및 대응 체계가 필요하다.

환경 보전을 위한 노력의 일환으로 강조되는 탄소중립 · 신재생에너지 산업과 같은 친환경 산업구조로의 전환에 따라 새로운 작업환경에 맞는 안전 규정, 보호 장비, 작업 매뉴얼 등이 필요하게 된다.

4. 고령화 및 인구구조 변화

기대수명의 연장, 저출산으로 사회의 고령화가 빠른 속도로 진행되고 있다. 반응속도가 느리고 체력이 약화된 고령 근로자가 증가함에 따라 이들의 사고 위험이 높아진다. 고령자 맞춤형 설비, 근골격계 보호 프로그램에 대한 수요가 급격히 증가한다.

일하는 집단의 구성이 변한다. 즉, 이주노동자·비정규직이 증가하여 언어·문화의 차이와 교육 기회 부족 등의 문제가 현실화된다. 취약계층 맞춤형 교육·정보 전달과 인권 존중 기반의 보호정책 강화 목소리가 높아진다.

5. 정신건강과 감정노동

제조업보다 서비스업의 비중이 압도적으로 높아짐에 따라 직무스트레스, 번아웃(burnout), 우울증, 자살예방 등 정신건강 이슈가 핵심으로 부상한다. 특히, 고객응대근로자인 서비스직, 콜센터, 보건의료 등에서의 감정노동 보호정책을 강화할 필요가 증대된다. 이러한 이슈에 대하여 선진국 기업에서는 심리사회적 위험(psychosocial risk) 관리로 대응하는 움직임이 나타나고 있다.

6. 새로운 유해인자 등장

아직 채 유해성이 규명되지 않은 물질로 인한 유해인자가 새롭게 등장한다. 나노물질, 화학물질, 3D printing, 전자파 등 신종 유해요소에 대한 노출이 증가하여 원인불상의 질병이 나타난다. 이에 아직 유해성이 충분히 규명되지 않은 물질에 대한 선제적 규제 및 연구가 중요하게 된다. 아울러, 실내 공기질, 미세먼지 등 사무환경의 보건 문제도 주목을 받게 된다.

7. 제도 및 규제 변화

이제까지의 안전보건에의 접근방식이 사고 발생 후 대응이었다면, 앞으로는 빅데이터 기반 리스크 예측·개입 모델로 진화할 것이다. 즉, 첨단 기술의 발전과 응용에 따라 제도 및 규제가 리스크 예측·관리 중심으로 전환되는 것이다.

첨단 기술의 범세계적 응용으로 글로벌 기준이 강화된다. ILO협약, ESG경영, 공급망 실

사법 등 국제기준이 기업 활동에 규제요인으로 작용하고 안전보건관리에도 직접적인 영향을 미치게 된다.

안전보건이 단순한 규제 준수 차원을 넘어, 기업의 사회적 책임으로 확대되어 지속가능경영(ESG) 관점에서 안전보건 책임이 강조될 것이다. 이상을 정리하면 다음 〈도표 3-1〉과 같다.

도표 3-1. 산업안전보건을 둘러싼 미래의 변화 양상

변화 요소	기회와 도전
팬데믹과 같은 세계적 사건	유연 · 재택 · 원격근무, 업종 · 산업 불문 모든 노동자에게 빠른 속도로 영향
기술변화	AI, 로봇, 스마트 안전, 자동화, 원격근무
환경 · 기후 변화	고온 작업, 재난 대응, 녹색 산업
인구구조 변화	고령자, 이주노동자, 여성 및 취약계층
정신건강	감정노동, 스트레스, 자살 예방
새로운 유해요인	나노물질, 미세먼지, 실내환경 등
제도 · 정책 변화	예측형 안전관리, 글로벌 기준 준수, ESG 대응

8. 사회적 시스템 차원의 관리로

이와 같은 미래 변화는 이제까지 사업장 중심의 안전관리에서 벗어나 사회적 시스템 차원의 안전보건체계 구축을 요구하게 된다. 앞으로는 정부, 기업, 노동자, 이해관계자 모두가 협력하여 포괄적이고 선제적으로 안전보건 문제에 접근하는 하나의 문화를 만들어가는 것이 핵심 과제가 될 것이다. 이렇게 형성된 문화는 사회적 압력으로 작용하여 법률 형태로 전화(轉化)하여 기업을 규제하게 될 것이다. 규제와 처벌을 규정하는 법이 먼저가 아니다.

제2절 포스트 코로나 시대 안전보건의 과제

2020년 초, 전 세계로 확산되기 시작한 코로나19는 단기간에 사회, 경제, 문화 모든 부문에 영향을 미치며, 포스트 코로나(post COVID-19) 시대라는 새로운 환경을 만들었다. 재택근무의 확산, 필수노동자의 장시간 노동, 과로사 등 건강문제, 디지털 플랫폼 중심의 비정형업무 종사자 증가, 비대면 환경 조성을 위한 제조공장의 스마트화 등 기술혁신이 확대되고 있다.[2]

산업안전보건 분야 역시 코로나19로 인한 사회경제적 변화에 영향을 받고 있으며, 이러한 변화에 대응하기 위한 적극적인 준비가 필요하다. 이에, 포스트 코로나 시대 산업안전보건 변화를 주제별로 살펴보고, 디지털화와 기술혁신, 그리고 이에 따른 산업과 노동력의 구조적인 변화에 대응하기 위한 산업안전보건의 역할과 방안을 마련할 필요가 있다.[3]

특히 코로나 팬데믹 이후 임시직·일용직 근로자의 비중이 57%로 증가하였고, 이러한 증가는 5인 미만 소규모 사업장에서 더욱 높았다(통계청 고용동향, 2021년 4월). 소규모 사업장의 임시·일용 근로자는 산재 예방과 보상의 사각지대에 있는 대표적인 취약계층으로, 향후 이들을 보호하기 위한 법·제도 개선 방안이 마련되어야 한다.

코로나19 이후, 전 산업의 근로시간은 전반적으로 감소하였으나, 5인 미만 소규모 사업장의 비정형근로자 근무시간은 큰 폭으로 증가하여, 장시간 노동, 과로사 등 취약계층의 보호 방안 마련이 긴요하다.

I. 안전보건 사각지대 없어야

코로나19 이전부터 안전보건 사각지대에 있던 노동자들의 상황은 감염병을 매개로 더욱 악화되었다. 이러한 상황 속에서 사업주의 안전·보건조치 의무에서 제외될 수 있는 사각지대서 일하는 많은 사람들에 대한 고민이 필요하다.

팬데믹의 광풍이 휩쓰는 가운데 디지털 기술의 무한 질주는 고용과 노동 환경의 대격변

---

2   다음을 참고하였다. 산업안전보건공단, 포스트 코로나 시대 안전보건 전망과 해결과제, 2021.

3   https://www.eurofound.europa.eu/en/publications/2020/living-working-and-covid-19
    Eurofound(2020), Living, working and COVID-19, COVID-19 series, Publications Office of the European Union, Luxembourg.

을 가져온다. 새로운 고용형태와 노동환경에 적절하게 대응할 수 있는 제도 개선 추진이 필요하다. 산업안전보건법의 목적인 '노무를 제공하는 자'의 안전·보건조치가 제대로 이루어지기 위해서는 사업주가 보호해야 할 '근로자성(性)'이 인정되는 산업안전보건법상 근로자의 범위 확대가 필요하다.

사업장 단위를 넘어서서 국가적 차원의 산업안전보건 거버넌스 구축을 통한 시스템적 접근이 안전보건 사각지대에 놓여 있는 근로자의 안전과 보건을 담보할 수 있는 현실적인 대안이 될 수 있다. 근로기준법에 바탕을 두고 있는 산업안전보건법 체계를 수정해야 할 필요에 대하여 검토할 필요도 있다.

II. 포스트 코로나 시대, 사고사망 예방

포스트 코로나 시대, 산업안전 측면에서 문제점으로 부각될 주요 이슈는 ㉠ 배달플랫폼 노동의 사고 위험성, ㉡ 온라인 유통시장 확대에 따른 물류센터의 위험성, ㉢ 3D프린팅 적용 현장 비중 증가에 따른 새로운 위험성, ㉣ 노동자 숫자만큼 늘어날 로봇 사용 환경의 위험성, ㉤ 배터리 경제 실현에 따른 잠재 위험성 등 5가지로 예상된다.

2019년 서울지역 교통사고 데이터 기준 이륜차 교통사고 사망자 중 36.9%가 배달업에 종사한 것으로 밝혀졌다(한국경제, 2021.3.8.). 배달 플랫폼 종사자는 음식배달을 기준으로 약 8~10만 명으로 추산되며, 이들 중 배달 종사자의 재해예방은 선제적으로 다뤄져야 할 문제다.

물류창고 건설 현장은 2016년 30개소에서 2020년 100개소로 증가했으며 추정 근로자 수는 동 기간 6천여 명에서 24만 명으로 증가하였다.

코로나19의 여파로 인해 우리나라 노동자 1만 명당 로봇 밀도는 2019년 868대로 세계 2위 수준이며, 글로벌 로봇 시장은 2020년 말 444억 달러 규모에서 2025년 1,772억 달러로 성장할 것으로 전망되고, 최근 10년간 국내 산업용 로봇으로 인한 재해자는 총 355명(사망자 29명)으로, 재해자 사망 비율은 전체 업종 대비 약 8배 높고, 근로손실일수는 전체 제조업 대비 약 2배 높은 수준이다.

4차 산업혁명과 더불어 포스트 코로나 시대의 사망사고 예방을 위해서는 IoT를 활용한 통합안전관리 시스템 도입, 시각 AI 기술의 활용, 시스템안전 방향성 탐색 등 신기술과 시스템 혁신이 요구된다.

III. 재택근무와 안전보건

정보통신기술의 발달과 더불어 저출산, 고령화 등 인구구조 변화 등에 대응하고자 1990년대 이후 재택근무가 본격적으로 시행되었으나, 코로나19 대유행으로 인해 급속히 확산되었으며, 새로운 일과 삶의 방식(new normal)으로 자리매김하였다.

통계청에 따르면 2020년 8월 기준 가정 내 근로자 수는 전년 동기 대비 7.44% 증가하였고, 고용노동부는 동일 시점 기준으로 국내 기업의 약 48.8%가 재택근무를 운영하는 것으로 추정하였다. 또한 재택근무를 지속할 것이라고 응답한 기업의 비율이 51.8%에 달해, 재택근무 추세는 지속될 것으로 예상된다.

재택근무는 업무 환경, 생활 패턴 등 여러 측면에서 변화를 가져올 수 있고 이로 인해 안전보건 위협요인이 발생한다. 가정은 개인의 주거를 목적으로 설계된 공간이므로 조명·소음·공간 등이 업무에 부적합할 수 있다.

재택근무 수행 중 의사소통이 제한적일 수 있어 업무상 문제해결에 어려움을 겪을 수 있고, 격리로 인한 심적인 불안, 우울증 등 정신적·사회적 문제가 생길 수 있으며, 생활 패턴에 부정적 변화를 초래할 수 있다.

따라서 사업주는 재택근무로 인해 발생할 수 있는 다양한 안전보건 문제에 대한 관리의 필요성을 직시할 필요가 있다. 재택근무를 위해 일과 생활의 균형, 근무시간 관리, 성과와 생산성, 가족 돌봄, ICT 장비와 적정한 작업 공간 마련, 자료 보호 및 보안, 대화와 소통, 상호신뢰 및 책임공유, 안전과 보건, 직원의 훈련과 개발 등 다양한 분야에서 적절한 대응 수단을 강구해야 한다.

Ⅳ. 직업건강적 접근

4차 산업혁명시대를 맞이한 플랫폼 노동환경에서는 근로자의 직종 및 업종뿐만 아니라 근무조건, 근무환경에 따라 건강 수준이 매우 다르게 나타난다. 직업적으로 표출되는 건강 불평등을 해소하고, 직종별 업무상 질병을 예방하기 위해서 직종별 건강실태 및 근로자 건강서비스 전달체계, 건강진단의 실효성에 대한 연구가 필요하다.

법적 보호를 받지 못하는 취약계층으로 부각된 플랫폼 노동자와 돌봄, 보건, 미화 등의 필수노동자에 대해 우선적으로 건강보호 방안을 마련해야 한다. 고용과 소득의 위기로 근로자의 직업병 위험성이 증가할 수 있기 때문에 건강 형평성을 고려한 고용현황과 노동실태가 검토되어야 한다.

플랫폼 노동자의 근골격계질환, 감정노동, 식생활 등 전반적인 보건관리의 문제점이 제기되는 만큼 제조업 중심의 근로자건강센터에서 벗어나 도심형 근로자건강센터 설치를 고려해야 한다.

제3절 한국의 당면 과제: 중대재해, 진단과 처방

여기서 말하는 중대재해란 산업재해 가운데 사망을 가리킨다. 중대재해는 개인의 생명을 앗아가 가족의 행복을 파괴하고, 사회적 갈등을 야기하며, 국가적 손실을 초래한다. 국민의 생명과 신체를 지키는 것은 국가의 기본적 책무이다.

우리나라는 경제 · 기술의 발전, 정책적 노력, 안전의식 향상 등에 힘입어 우리나라의 사망만인율은 2001년 1.23에서 2021년 0.43‰로 하락하여 지난 20년간 일하다 죽는 확률을 3분의 1 수준으로 줄였다. 하지만, 일하다가 사망하는 정도는 우리의 경제 수준에 비하여 매우 높다. 2021년 사망만인율이 0.43인데, 이는 영국(0.34, 1974), 일본(0.46, 1994), 독일(0.42, 1994), 미국(0.35, 2023)과 비교하면 지나치게 높은 실정이다. 아직 우리는 안전 후진국이라고 해야 옳다.

이와 같은 배경에서, 산업안전보건법을 전면적으로 개정하여 처벌을 강화하고(김용균법, 2020.1.) 중대재해처벌법을 제정하여 시행하고 있지만(2022.1.) 사망사고는 좀체 줄지 않고 있다. 2022년 중대재해처벌법 시행 후 2년간에 국한하여 보면, 50인 이상 사업장과 50억 이상 건설 현장의 사망재해는 오히려 증가한 실정이다.

우리의 산업구조는 아직 제조업과 건설업 비중이 높고(33%, 미국 15.2, 영국 15.4, 독일 25.8, 일본 25.9, 2020년 기준), 원·하청 이중 구조가 고착되어 있으며, 외국인과 고령자와 같은 안전취약계층이 증가하고 있어 일하는 사람의 안전과 보건을 둘러싼 여건은 여전히 우려스러운 실정이다.

Ⅰ. 우리의 중대재해 발생 양상

우리나라의 중대재해 발생 양상을 살펴보면 다음과 같이 정리할 수 있다.

1. 연령

사망사고를 당하는 연령 분포를 보면 55세 이상 근로자가 전체의 58.5%를 차지한다. 그 중 55~64세가 34.3%, 64세 이상이 24.2%다. 2021년 기준 건설업 종사 55세 이상 근로자 비중은 37%인데 건설업 사망자 가운데 68.3%를 차지했다. 제조업의 경우도 엇비슷하여 55세 이상 근로자 비중이 21%인데 제조업 사망자 중 45.3%가 이들 연령대였다.[4]

2. 특수고용직

고용형태의 변화로 특수형태 근로 종사자가 증가하고 이들에게 산재보험을 적용함에 따라, 2021년 특수형태 근로 종사자 사고사망자는 36명으로 2017년(5명) 이후 증가추세에 있

---

4   중대재해 발생 양상에 대한 수치는 「중대재해 감축 로드맵」(2022.11.30.)에 의한 것이다.

다. 직종별로는 퀵서비스기사(50%), 화물차주(25%), 건설기계종사자(19.4%) 순이다.

3. 외국인 근로자

전체 임금근로자 중 외국인 근로자 비중은 큰 변동이 없는 실정이다(2012년 3.7% → 2021년 3.9%). 하지만, 사고사망자 가운데 외국인 근로자는 숫자와 비중 모두 대폭 증가했다(2001년 4.4%, 57명 → 2021년 12.3%, 102명).[5]

4. 최초 발생 시기

사업장 설립 초기에 많이 발생한다. 설립일로부터 6개월 이내에 15.6%, 1년 이내에 20.9%가 발생한다. 2001년부터 2021년까지 분석 결과, 사망사고가 발생한 사업장 가운데, 건설업은 60일 이내(13.3%), 제조업은 1년 이내(12%), 서비스업 등 그 외 업종은 1년 이내에 (19.6%) 발생했다.

5. 재발 간격

사망사고가 재발한 사업장에서는 첫 사망사고 발생 후 6개월 이내 재발한 경우가 25.9%, 1년 이내 재발한 경우가 38%였다.

6. 연중 빈발 시기

건설업은 공사가 집중되는 3~5월, 8~10월에 사망사고가 집중적으로 발생하고, 제조업은 생산이 본격화되는 4월과 혹서기인 8월에 많이 발생한다.

---

5 2024년 6월 24일 경기도 화성시 전곡산업단지에 위치한 일차 리튬 전지 업체 아리셀 공장에서 발생한 화재 사고로 23명이 사망하였는데, 외국인 근로자가 18명이었다.

7. 발생 원인

2019년부터 2021년까지 사망사고를 조사한 결과, 위험방지조치 불량(19%), 작업절차 미준수 등 부적절한 작업방법(16.5%), 부실한 안전보건계획(16.1%)이 주요 원인인 것으로 분석되었다. 특히 기본적인 안전수칙만 지키면 예방할 수 있는 떨어짐, 끼임, 부딪힘 등 재래형 사고가 62.6%를 차지한다. 안전수칙 미준수로 인한 사망 비중은 2001년 46.6%에서 2021년 62.6%로 현저히 증가하였다.

II. 진단과 처방

이상과 관련하여, 우리나라 중대재해의 진단과 처방을 간략히 살펴보면 아래와 같다.

1. 자율관리를 위한 기본토대 미흡

사망사고가 발생하면 안전보건공단이 중심이 되어 사고 조사를 실시한다. 그런데, 그 결과 공단이 작성하는 '중대재해 발생 원인 조사보고서'가 2022년 말까지 일반에 공개되지 않았다. 심지어 기업에조차 공유되지 않는 실정인 가운데, 규제·처벌 위주의 행정으로 인해 기업은 타율적 규제에 수동적으로 반응하는 데 그치고 있다. 자체적으로 위험요인을 개선하는 시스템과 역량이 빈약할 수밖에 없다. 중대재해처벌법 시행 이후 대기업은 자체적으로 예방 시스템을 구축해 가고 있으나 내실 있는 이행에 이르지 못하고, 중소기업은 예방 역량 자체가 부족한 실정에 머물러 있다.

2022년 1월 27일 중대재해처벌법 시행 후에도 기업은 안전보건 역량 강화에 투자를 늘리기보다 대형 로펌 자문 등을 통한 처벌 회피에 집중하는 경향이다. 2022년의 경우 중처법이 적용되는 50인(억) 이상 기업(공사현장)의 사망사고는 오히려 증가했다.[6]

---

6 중대재해가 발생했던 사업장의 중대재해 재발 확률이 일반 사업장에 비해 6.7배 높은 수준이다(고용노동부, 2001-2020 중대재해 통계분석).

안전감독관을 증원하는 것만이 옳은 처방은 아니라고 생각된다.[7] 위험성평가를 핵심 수단으로 위험요인을 발굴·제거·저감·예방하게 하고, 사고 발생 시 기업의 예방 노력의 적정성을 엄정히 따져 그 결과에 상응하게 책임을 물어야 한다. 정부가 제시하는 규범·지침을 토대로 노사가 함께 사업장 특성에 맞는 자체 규범을 마련하여 시행하는 자율안전관리 방향으로 나아가야 한다.

2. 변화를 수용하는 법과 행정 불비

산업안전보건법 175개 조문, 시행령 123조, 시행규칙 243조, 안전보건기준규칙 679조로 법령이 방대하고 세세하게 규정하여 현장수용성이 낮아 자발적인 예방 역량 형성 동기를 저해한다.

안전보건 감독과 행정이 여전히 구태에 머물러 있는 실정이다. 매년 2~3만 개소를 대상으로 실시되는 안전감독은 사고다발 요인보다는 적발하기 쉬운 안전관리자 선임, 안전보건교육 등 분야를 서류상으로 점검하는 데 치중하면서 규정위반 위주의 적발과 처벌에 중점을 두어왔다.

2013년 위험성평가를 도입했으나, 자기규율 방식과 맞지 않는 법·제도 시스템하에서 제대로 운용되지 못하였다. 부실하게 실시하는 경우는 차치하고, 기업의 66.2%가 위험성평가를 실시하지 않는 실정이다(2019년 작업환경 실태조사). 이런 가운데, 대기업은 서류 작업(paper work)으로 일시적·면피성 대응에 치중하고, 중소기업은 안전관리를 방치하거나 포기하기 일쑤이다.

소위 민간전문기관의 '기술지도'는 법 위반 사항을 지적하는 데서 나아가지 못하고 있다.

---

7 문재인 정부 시기에 국민 생명과 안전 분야의 인력 증원 방침에 따라 안전감독관이 815명으로 대폭 증원되었다. 미국 연방 OSHA의 경우 2024년 현재 감독관 약 1,850명이 8백만 개 이상의 사업장, 약 1억 3천만 명의 근로자를 커버하고 있다. (https://www.osha.gov/data/commonstats?utm_source) 우리나라의 경우 2023년 말 기준으로 전국 5인 이상 사업장 수는 2,761,000개, 5인 이상 사업장에서 일하는 근로자 수는 17,645,664명으로 추산되고 있다(KOSIS, 전국 산업별·성별·규모별 사업체 수 및 종사자 수(종사상지위별)).

안전공단의 안전관리를 위한 재정지원도 공급자 중심 구조로 인해 기업의 위험요인 개선 수요를 반영하지 못하는 한계를 보였다.

3. 남의 일로 치부하는 인식

안전은 현장의 일임에도 불구하고, "생산은 우리들이 하고 안전보건은 안전관리자나 보건관리자와 같은 안전보건 스태프가 하는 것"이라는 인식이 퍼져 있다. 산업재해예방을 위해서는 기업 공동체를 구성하는 모든 주체의 참여가 중요하나, 안전관리자나 보건관리자의 업무로 치부하는 인식이 퍼져 있다.

이에 더하여, 사업주는 안전을 비용 차원으로 접근하여 생산에 부가적 요소로 치부하는 경영 문화·관행이 여전하다. 근로자는 안전이 '권리'이자 '의무'임에도 사업주 책임에 부가된 근로자의 '권리'로 생각하는 경향이 강하다. 이에 따라 근로자는 스스로를 보호의 객체로나 여긴 나머지 안전과 보건의 주체로서 참여 및 실천이 부족했다. 사업주는 근로자의 안전의식 결여를 책임회피 수단으로 삼는 경향을 보였다.

이러한 경향은 원하청 관계에서도 나타난다. 원·하청 사업주 사이에 안전관리 역할도 명확하지 않아, 서로 책임을 방기(放棄)한 결과 하청근로자 재해예방에 회색지대가 발생할 수밖에 없는 구조이다. 원청은 하청에 적정 수준의 안전보건 예산을 지급하지 않고, 하청은 모든 안전관리 책임을 원청에 떠넘기는 경우가 빈번하다.

4. 미성숙한 안전문화

'생산' 우선 관행과 '빨리빨리' 문화가 여전한 가운데, 안전에 대한 관심과 인식이 상시적·실천적이 되지 못하고 일회적·형식적 수준에 머물러 있다.

현행 안전교육은 안전 의식·문화 형성에 뚜렷한 한계가 있다. 기업이 실시하는 안전보건 교육이 법령상 의무 이행 정도로 간주되고 있으며, 교육 내용과 방식도 관(官) 주도의 획일적 규제 수준에 머물러 있다. 교육에 관한 점검도 내용과 실질보다 서류 확인에 그치는 실정이다.

안전이 '법과 규제'가 아닌 '사회 문화적 풍토'로 정착되어야 사고 예방이 가능하다. 안전 관련 행사나 활동도 단발성, 형식적인 캠페인이 아닌 범사회적 운동으로 전개되어야 사고 예방이 가능하다. 기업 경영에 있어서 안전이 사회적 압력으로 작용하는 풍토가 조성되어야 한다.

[칼럼] 사고 징후와 신호를 회피하는 심리

2022년 10월 29일 밤 서울 이태원 159명 압사 사고. 사고 당일 오후 내내 끊임없이 밀려오는 인파로 현장에 있던 사람들은 위험을 감지했다. 저녁 6시 34분에 압사 언급을 하며 최초 신고가 접수되었고, 사고는 3시간 40분 후 발생하였다. 관할인 용산구청은 현장에서 5백여 미터 거리에 있고, 거기에는 20명 이상 공무원이 근무하는 재난안전과가 있다.

무려 2,977명이 희생된 9·11테러 발생 후 3년이 지난 2004년에 발간된 240쪽짜리 미국 정부 보고서에 따르면 테러와 관련해 FBI, CIA 등이 테러 계획을 직접적 또는 간접적으로 인식하고 있었다. 그러나 기관 상호 간에 비밀주의로 정보교류가 없었다. 이런 경우를 난로 연통에 비유해 연통 현상(Stove Piping)으로 부른다.

1995년 6월 29일, 사망 501명에 실종 6명이라는 참혹한 결과를 가져온 삼풍백화점 붕괴 사고. 경영진은 전날부터 사고 위험에 대한 보고를 받았고, 사고 당일 긴급회의까지 가졌지만 강력하게 긴급대피를 제안하거나 주장한 사람은 없었다.

사람은 위험 속에서는 살 수 없다. 그래서 위험 신호가 있더라도 그 신호가 조금이라도 막연하거나, 사고 징후 사이에 모순점이 있다고 느끼거나, 조금이라도 모호한 점이 있으면 이를 빌미로 애써 또는 무의식적으로 정상인 것으로 간주하는 경향이 있다. 위험 신호를 스스로 낮게 평가하고 남에게 알리려고 생각하지도 않는다.

조직 내부에서 사고를 예고하는 검은 안개가 깔려 있어도 아무도 모른다. 안전 문제가 의제인 회의에서조차 위험 신호에 대한 분석은 아무도 거론하지 않고 금전상의 손실, 조직의 체면만 따진다. 의사결정권자들은 보안을 중시한다. 외부에 사고의 위험이 알려지는 건 물론이고 안전 정보를 내부에서 공유하는 것도 금기시한다.

위험은 제거하거나 피해야지 감수해야 하는 현상이 아니다. 안타까운 사고 사례를 분석해 보면 명령과 통제 제일주의, 안전과 위험 상황에 관한 비밀주의가 안전에 대한 제일의 적이다.

제2장

해외의 시각과 전망

제1절 지난 100년의 경험으로 본 미래의 안전보건: ILO의 견해

국제노동기구(ILO)가 발표한 최근 추산에 따르면, 매년 278만 명의 노동자가 업무상 사고나 업무 관련 질병으로 사망한다. 이 중 240만 명 정도가 질병으로 인한 사망자다. 사망자 외에 3억 7천4백만 명의 노동자가 업무상 사고로 고통받는다. 이로 인한 근로손실일수는 전 세계 GDP의 4%에 달하는 것으로 집계되고, 일부 국가에서 이 비율은 6% 이상이 되기도 한다.[8]

최신의 추산에 따르면 문제의 규모는 매우 크다. 지구적으로 하루에 약 1,000명이 사고성 산업재해로 사망하고, 6,500명이 업무 관련 질병으로 사망한다. 전체적으로 보면 업무로 인한 사망은 증가하고 있는 것으로 보인다. 업무로 인한 사망자는 2014년 233만 명, 2017년 278만 명으로 추산된다. 순환기계질환(31%), 업무관련성 암(26%), 호흡기계질환(17%)이 전체 업무관련 사망의 거의 4분의 3을 차지한다. 질병이 업무 관련 사망의 절대다수를 차지한다(240만 명, 86.3%). 업무상 사고에 의한 사망은 13.7%를 차지한다. 지구적 수준

---

8   국제노동기구, '100년의 경험으로 본 미래 일터의 안전보건'을 정리한 것이다.
    https://www.ilo.org/sites/default/files/wcmsp5/groups/public/@dgreports/@dcomm/documents/publication/
    wcms_686645.pdf; International Labour Office, SAFETY AND HEALTH AT THE HEART OF THE FUTURE OF
    WORK, Building on 100 years of experience, 82 pages, 2019. (번역본) '박기형 · 신희주 · 최민, 일의 미래를 위한 노동안
    전보건.' 번역본은 전문가에 의한 것이 아니어서인지 용어의 번역에 손색이 있는 부분이 있다.

에서 전체 사망의 5~7%는 업무상 요인에 의한 것이다.

경제적인 손실이 크지만, 여기에 다 포착되지 않는 무형의 비용도 있다. 업무상 사고와 업무 관련 질병 때문에 야기된 헤아릴 수 없이 많은 인류의 고통이 그것이다. 이는 비극적일 뿐만 아니라 매우 후회스러운 일이다. 왜냐하면 이 사고와 질병은 대부분 예방 가능하기 때문이다.

변화와 발전은 가속화되며, 이미 노동환경과 노동자의 안전과 건강에 막대한 영향을 끼쳐왔다. 그리고 미래에도 계속해서 영향을 미치리라 예상된다. 이는 전 세계 노동이 '4차 산업혁명'을 겪고 있다는 걸 의미한다.

미래의 시간에 걸쳐 나타날 기술의 발전, 일하는 방식의 변화, 인구구조 등 사회변동이 어느 방향으로 갈지 예측하기는 힘들다. 하지만 이러한 변화의 속도가 느려질 거라 보긴 어렵다. 이러한 발전과 변화의 전망과 안전보건에의 도전 및 기회 요인을 살피는 것은 중요한 작업이다.

I. 기술의 발전

기술의 발전은 누가 또는 무엇이 노동하는지, 어디서 어떻게 노동하는지, 노동 과정이 어떻게 조직되는지, 노동 조건은 어떠한지, 노동자의 안전과 건강 등 노동의 모든 측면에 영향을 미친다.

이제까지의 기술혁명이 증기기관, 전기, 컴퓨터의 출현으로부터 기인한다면, 4차 산업혁명은 정보 디지털화에 의해 추동되었다. 디지털화와 ICT와 그와 함께 발전한 AI, 애널리스틱, 로봇, 자동화, 자율주행, 드론, 스마트 기기, 3D 프린터, 새로운 인간-기계 인터페이스(human-macine interfaces), IoT, 빅데이터, 사이버-물리 시스템, 센서 기술, 클라우드 컴퓨팅, 퀀텀 컴퓨팅, 커뮤니케이션 네트워크, 온라인 소매(e-retail), 전자폐기물(e-waste) 기타 등등이 갈수록 흔해지고 있다.

1. 디지털화와 ICT

디지털 정보의 사용 및 소통에서의 발전은 4차 산업혁명을 추동한 핵심 기술발전에 해당된다. 점점 더 사람들은 디지털 정보에 언제 어디서나 연결될 수 있기에 이 변화는 안전보건에 영향을 미친다.

안전보건에 대한 한 가지 중요한 영향은, 어떤 경우에 이전에는 노동자가 담당했던 더럽고 위험하고 수치스러운 일들을 변화된 기술이 대체할 수 있다는 점이다. 이와 연관된 것은 인간의 사고를 따라 하려는 컴퓨터, 즉 AI 사용의 증가다. 의학적 진단의 경우처럼, AI는 어떤 식으로든 점점 더 노동자의 안전과 건강을 지원하는 데 사용된다. 그러나 어떤 경우엔 기술의 사용이 금융 애널리스트나 개인 비서와 같은 노동자를 대체하는 결과를 낳기도 한다. 그로 인해 고용 불안정, 실업 또는 불완전 고용이 노동자의 심리사회적인 건강에 영향을 줄 수 있기 때문에 이러한 기술 변화는 노동자의 고용안정과 행복에 중요한 의미를 갖는다.

디지털화가 노동에 가져오는 핵심적인 변화는 일의 가상화(virtualization)가 진행되고 있다는 것이다. 이는 기업조직, 근무시간 배치와 재택근무와 관련한 유연성에 대한 요구를 증가시킨다. 디지털화와 ICT의 발전과 확산은 직장과 심지어 집에서까지 사람들이 소통하는 방식을 바꾼다. 일과 여가 사이의 경계를 점점 모호하게 만든다. 재택근무와 ICT 기반 모바일 근무와 유연근무 같은 업무 방식의 확산이 급증하고 있다.

이런 변화는 사람들과 기업에 안전보건의 측면에서 새로운 기회를 제공할 수 있다. 예를 들어, 재택근무는 출퇴근 시간, 직장 내 스트레스, 업무 관련 질환(직업병)의 위험을 줄여 줄 수 있고, 더 나은 일과 삶의 균형을 잡는 데 기여할 수 있다. 그러나 작업환경의 인체공학적 문제, 단독작업으로 인한 심리사회적 위험과 일과 개인적 삶 사이의 경계선이 침식당할 가능성과 같은 안전보건의 문제 또한 나타날 수 있다.

그러는 동안, 점점 더 노동자가 전통적인 작업장 바깥에서 일하거나 멀리 떨어져 일할 확률이 크다. 이는 노동자를 위험한 장소로부터 벗어날 수 있도록 하지만, 또한 새로운 위험을 안겨줄 수 있다. 이상의 변화를 관리하는 방식을 포함해, 사회심리적이고 조직적인 요인들이 일의 형태나 속도만큼이나 중요해질 것이다. 점차 증가하는 인간-기계 인터페이스, 예컨대 모바일 기기 사용과 부차적인 업무의 증가로부터 또 다른 새로운 위험과 그에 연관된 인간공학적 위험 및 인지 부하가 나타날 것이다.

또한, 스마트 기술과 착용 가능한 스마트 기기는 안전보건에 기회를 제공해 줄 수 있다. 그러한 기기들은 안전보건관리자가 근로자의 행동을 감시하고, 실시간으로 조언이나 정보를 소통하도록 해줄 수 있다. 예를 들어, 착용 가능한 스마트 기기는 피로, 낙상 감지, 공기질의 측정을 발전시켰다. 착용 가능한 스마트 기기와 피로도(疲勞度) 측정과 연결된 사물인터넷은 트럭 기사들과 중장비 운전자의 졸음운전을 방지할 수 있도록 해주었다.

그럼에도 불구하고 스마트 기기를 사용하는 노동자들은 그들의 업무 수행과 동료와의 상호작용에서 자율성을 잃어버릴 수 있으며, 그로 인해 스트레스를 받고 고립감을 느낄 수 있다. 예를 들어, 아마존(Amazon)은 창고 노동자의 위치를 추적하고 그들에게 다음 업무 지시를 내리는 손목밴드를 특허 받았다. 많은 아마존 노동자들이 교대 근무 중에 중요한 의사소통을 동료보다는 기계와 했다고 느낀다는 얘기가 보고되고 있다. 미래에는 착용 가능한 기기에서 체내 주입물로 옮겨가는 것이 많은 연구의 주제다. 그리고 아마도 그러한 이동은 미래 노동의 한 부분으로, 그 자체로 안전보건 위기를 초래할 것이다.

또한, 안전보건 지식을 확산시키고 노동자들의 안전보건 기술과 숙련을 증진시키는 디지털화, ICT 그리고 다른 신기술의 활용으로 새로운 기회가 나타난다. 예를 들어 안전보건 관련 앱(APP)을 통해 온라인 훈련 프로그램 또는 훈련을 가능하게 해주는 가상·증강 현실의 사용이 가능해졌다. 작업장뿐만 아니라 작업 그 자체를 감시하기 위해 디지털 기기를 사용하면 매우 많은 데이터셋(또는 빅데이터)을 처리할 수 있다. 예컨대, 노동자의 업무 스트레스에 주의를 기울일 수 있고, 이를 해당 노동자 인사 배치에 활용해 업무 스트레스를 완화할 수도 있다. 안전보건 관리의 관점에서 보면 더 나은 데이터 분석이 더 나은 의사결정을 할 수 있도록 해준다.

그러나 동시에, 소프트웨어와 애플리케이션 감시(예를 들어, 컴퓨터 사용 기록, 무작위 컴퓨터 화면 캡처), GPS 추적기, 노동자의 신분증을 기록하는 장치를 통해 직장 내 노동자 감시가 증가하는 추세다. 노동안전보건과 직접 관련되진 않지만 아마도 사이버안보와 데이터 보호가 노동자 행복에 영향을 미칠지도 모른다. 노동자 감시의 두 방법, 생산성 앱과 노동자 건강 프로그램은 모두 노동자의 프라이버시를 침해하고 사적인 시간과 개인의 삶을 지킬 수 있는 능력을 약화시키는 것으로 나타났다.

디지털화와 ICT는 안전보건에 관한 모니터링을 개선시켜 결과를 개선할 수 있도록 해 준다. 예를 들어, 드론은 미국 OSHA에 의해 무인 항공감시를 수행하는 데 사용되었다. 이 것들은, 제한된 인적 자원으로 현재 할 수 있는 것을 넘어, 노동 감시 능력을 증가시켜 줄 것이다.

도표 3-2. 디지털화와 ICT: 안전보건의 기회와 도전

기회	도전
■ 심리사회적 위험의 감소 　- 재택근무로 일과 삶의 균형 개선 　- 의사소통과 관련된 스트레스 감소 ■ 위험 환경 제거 　- 출장 필요성 감소 　- 일과 삶의 균형에 대한 노동자 통제력 증대 　- 예방 수단을 실제로 실험할 필요성 감소 　- 실시간 위험 노출 감시 ■ 건강 증진 　- 생리학적 실시간 감시와 컴퓨터 사용 중 휴식과 같은 행동들 취하기 ■ 예방 수단 개선 　- 인간 행동과 기저 원리의 이해 증진 　- 안전보건 업무의 상호작용 개선 　- 안전보건 연구·개발·학습의 새로운 기회 　- 정확한 안전보건 기록의 수집과 공유 증진 ■ 불평등 감소 　- 개발도상국에 비용 대비 효율적인 안전보건 방식 보급 　- 안전보건 교육훈련에 개선되고 확산된 접근	■ 증가하는 심리사회적 위험 　- 상시 대기 필요성 증대에 따른 일과 삶의 균형 약화 　- 고립(원격 업무와 사회적 상호작용의 부족) 　- 성과 관리 　- 고용 불안정 　- 사이버 불링(bulling), 사이버 공격 　- 테크노 스트레스와 기술 중독 및 과부하 　- 절차 무시 압력 증가(휴식 덜 취하기, 위험 감수, 자양강장제 복용) ■ 안전과 프라이버시 위험 증가 　- 민감한 개인정보 수집 및 기록 　- 직업과 역할의 상실 ■ 인간공학적 위험 증가 　- 모바일 기기 사용과 부차적 업무 증가 　- 건강 관련 위험의 증대(근골격계질환, 시각피로, 비만, 심장질환, 기타) ■ 새로운 화학·생물학적 위험 또는 전자기장 노출 　- 전자기장 ■ 노출과 사고 위험 증가 　- 재택근무 장소, 특히 공공장소의 위험성 평가 부족(카페, 도로교통 등) ■ 안전보건 관리 및 결과에 대한 도전 　- 고용 확대에 따른 다양한 인력 　- 원격 근무로 인한 분산된 인력

2. 자동화와 로봇

작업장에서 자동화와 로봇은 새롭지 않다. 오늘날 변화하는 것은 그것들의 발전 속도와 사용 범위의 확장이다. 예를 들어, 아마존에서 사용하는 창고 로봇의 수는 2년이 채 되지 않아 1,400대에서 30,000대로 증가했다. 로봇은 AI와 함께 오직 인간에 의해서만 가능했던 인지 업무들을 더 많이 자동화할 수 있게 해주었다.

기계 학습 프로세스는 AI가 자동으로 의사결정을 내리는 걸 가능케 해준다. 또한 '코봇 (cobots)'으로 알려진 로봇들은 완전히 자동화되어 일할 뿐만 아니라 인간과 협동하면서 일한다. 로봇공학은 노동자들을 위험한 상황으로부터 벗어날 수 있도록 해준다. 하지만 인간과 기계 간 상호작용의 관점에서 로봇이 안전보건에 끼치는 영향에 관한 우려가 있다.

자동화와 로봇의 확산은 노동자의 안전보건에 혜택을 안겨줄 수 있다. 로봇공학과 AI는 반복적이고 스트레스가 높아 근골격계질환이나 정신건강에 위험을 초래할 수 있는 업무를 덜어줄 수 있다. 예를 들어, 강화된 외골격(powered exoskeletons)은 사람의 습관적인 물리적 · 인간공학적 움직임을 수정하는 데 익숙하다. 그래서 무거운 중량물을 들 수 있도록 해주지만, 더 간단한 움직임은 어렵게 할 수 있다. 외골격은 의학적 상황, 조립라인, 건설공사와 같은 다양한 분야에 사용되고 있으며, 근골격계질환 예방에 유용할 수 있고 작업 효율을 개선할 수 있다. 하지만 장비를 작동할 때 작업자에게 다른 위험이 수반될 수 있다.

그러나 인간이 AI와 로봇과 상호작용을 한다는 점에서 인간과 기계 사이 접점의 증가, 새로운 사이버보안 위협, 알려지지 않은 심리사회적 위험들 때문에 신규 로봇과 자동화 신기술의 채택은 인체공학적 위험을 불러올 수 있다. 노동자가 철판에 끼여 로봇에 의해 사망한 사고처럼 최근 산재사망사고는 로봇에 의해 일어나기도 한다. 제조업뿐만 아니라 농업, 원예업, 물류업에서도 로봇 사용이 점점 늘어남에 따라 로봇과의 상호작용에 따른 산업재해가 발생할 가능성이 증가할 것이다. 로봇이 사용하는 장비와 인간이 접촉하기 때문에 부상의 위험 또한 증가할 것이다.

AI와 디지털화 기술과 같이, 자동화와 로봇공학은 장비 자동화의 위협에 관한 상당한 논쟁을 일으켰다. 일반적으로 자동화가 대다수 직업을 대체할 가능성은 낮지만, 대신에 그것은 여러 일과 관련된 인간 업무의 형태와 숫자를 변화시킨다. 자동화, 로봇 그리고 디지털화가 새로운 일을 많이 만들어 내겠지만 업무 대체(業務代替)로 인해 일자리를 잃은 사람들은 새로운 기회를 잡을 수 있는 능력이 가장 부족할 수 있다. 노동자들이 새로운 업무와 연관된 안전보건 위험들에 관해서 재교육받을 필요 또한 있을 것이다. 실업과 불완전고용은 노동자의 건강, 특히 심리사회적 건강에 중요한 영향을 미친다. 이것은 노동자 생애주기 전체에 걸쳐 안전보건이 중요해진다는 의미다.

도표 3-3. 자동화와 로봇: 안전보건의 기회와 도전

기회	도전
■ 위험한 작업환경에 인력 대신 자동화 추진 및 로봇 대체 투입 ■ 로봇공학 및 외골격은 스트레스 또는 근골격계질환을 유발할 수 있는 위험하거나 일상적인 작업 수행의 필요성을 줄임 ■ 자동화로 예방 조치 구현 ■ 위험을 감수하는 행동에 대한 이해 향상	■ 새로운 형태의 인간-기계 상호작용에 따른 인체공학적 위험 증가 ■ 새로운 위험에 노출 　- 전자기장 　- 작업 프로세스에 대한 이해 · 통제 · 지식의 상실, 로봇 · AI에 대한 과도한 신뢰로 인한 사고(특히 인간과 로봇이 밀접하게 상호작용을 하는 곳) ■ 안전보건 관리 및 결과와 관련된 당면 과제 　- (고용 확대에 따른) 보다 다양한 인력 및 (원격 근무로 인한) 분산된 인력 　- 업무 대체와 업무 전환

3. 나노 기술

일반적으로 나노 물질은 1개 이상의 차원 길이가 1에서 100나노미터 사이의 크기에 해당하는 물질로 정의된다. 세계 시장에서 유통되는 나노 물질의 양은 1,100만 톤, 그 시장가치는 200억 유로로 평가된다. 유럽에서 나노 물질 분야에 직접 고용된 인원은 30만 명에서 40만 명 사이로 추정된다. 세계적으로 나노 기술을 적용한 제품의 규모는 2009년 2,000억 유로에서 2015년에는 2조 유로까지 성장하였다.

나노 물질은 크기가 큰 물질과는 다른 고유한 건강상의 위험을 제기할 수 있다. 세계 공급망 사슬을 따라 노동자들이 나노 물질 노출의 최전선에 있으며 동시에 노동자의 건강에 부정적 효과가 미칠 잠재적 위험이 증대한다. 유럽산업안전보건청(EU-OSHA)은 산화 스트레스, 염증, 조직 손상, 섬유증, 종양 발생을 증거로 나노 물질이 건강에 미치는 효과가 폐 (肺)에서 뚜렷하게 드러난다고 발표하였다. 게다가 나노 물질이 폐에서 혈관으로 옮겨가 뇌, 신장, 간 등을 포함한 다른 장기로 흡수되는 것이 밝혀졌다. 탄소 나노 튜브의 몇몇 종류들은 석면과 같은 효과를 일으킬 수 있는 것이다.

나노 물질은 가공된 상태에 따라 고유한 유해성을 가지나 그 위험이 자명하진 않다. 안전보건자료(SDS: Safety data sheets)는[9] 나노 물질에 관한 신뢰할 만한 정보를 항상 제공하지 못한다. 그렇기에 노동자와 사용자는 잠재적 한계에 대해 유의해야 한다. 나노 물질은 대형 물질의 경우와는 상이한 구체적인 통제 수단을 요구한다.

4. 인구구조

세대 및 젠더와 관련하여, 그리고 이주와 같은 문제의 측면에서, 일터는 끊임없이 변화하고 있다. 현재 그리고 미래의 모든 노동자들을 위한 효과적인 정책과 전략을 세우는 데 있어, 안전보건과 관련한 인구구성의 변화가 갖는 함의를 고려하는 것이 중요하다. 세계 중 일부에서는 청년 인구가 증가하고 있지만, 다른 나라에서는 고령화가 진행되고 있다. 이러한 변화는 노동시장과 사회보장체계에 압력을 가하지만, 다른 한편으로 포괄적이고 적극적이며 안전하고 건강한 사회를 위한 새로운 기회 또한 제공하고 있다.

5. 청년 노동자

아프리카와 남아시아와 같은 몇몇 지역들에서는 대규모의 청년 인구가 노동시장으로 유입되어 노동인구에 영향을 미친다. 25세 이하 청년들은 실업 또는 불완전 고용에 처할 가능성이 크다. 전 세계적으로 청년 실업의 비율은 13%로 4.3%인 노인 실업과 비교해 약 3배 수준이다.

청년 노동자들은 고령 노동자와 비교해 상당히 높은 비율로 직업상 상해를 경험한다. 최

---

9   앞서 언급한 것처럼 영어권 국가에서는 종래의 MSDS 대신 SDS로 표기한다.

근 유럽 데이터에 따르면, 고령 노동자보다 18~24세 청년 노동자가 작업 중 비치명적 부상을 입을 확률이 40%가 더 높았다. 미국에서는 15~24세 사이의 청년 노동자가 작업 중 비치명적 부상을 겪을 위험이 25세 이상 노동자의 경우와 비교해 거의 2배였다.

청년 노동자의 위험 증가에는 매우 다양한 요인들이 기여한다. 여기엔 낮은 수준의 물리적 · 심리사회적 그리고 감정적 성숙, 교육, 직무 기술 그리고 업무 경험이 포함된다. 숙련된 노동자가 지니는 협상력이 청년 노동자들에게는 부족하다. 그렇기 때문에 청년 노동자들은 유해한 작업환경과 업무 또는 불확실한 고용과 연관된 근로조건들을 받아들이게 된다. 그들은 표준적이지 않은 계약을 맺고 비공식경제(informal economy) 영역에 고용된다. 그리고 많은 경우 안전보건 권리와 책임에 대해 알지 못한다. 또 그런 탓에 안전보건 위험 또는 사고를 보고하는 것을 주저할 것이다.

청년 노동자의 노동안전보건을 개선하는 일은 정부와 사용자 단체, 노동자 단체, 시민사회단체, 중요하게는 청년과 청년 단체의 노력이 합쳐졌을 때 성취될 수 있다. 국가적인 안전보건 프로세스를 점검하기 위한 공동의 목표를 세우는 것과 안전보건 지식, 태도, 행동을 개선하기 위한 전략적 단계를 밟아가는 일은 회복탄력성을 높일 수 있으며, 작업장의 예방문화를 위한 방향을 가르쳐준다. 청년 노동자의 안전보건 개선을 위한 도전에 효과적으로 대응하는 일은 최소한 다섯 가지 영역에 주력해야 한다.

① 청년 노동자에 대한 데이터 및 정보의 수집 및 분석 개선
② 청년 노동자의 안전보건을 효과적으로 보호하기 위한 법률, 규제, 정책, 가이드라인의 개발 · 업데이트 및 시행
③ 정부, 사용자, 노동자 및 그들의 조직이 청년 노동자의 안전보건 요구를 충족하도록 지원하는 것을 목표로 하는 역량 구축
④ 일반적인 교육 및 직업훈련 프로그램에 안전보건을 통합해 더 안전하고 건강한 노동자 세대 양성
⑤ 안전보건 유해 · 위험 요인에 대한 청년 노동자의 취약성에 대한 변호, 관심 및 연구 강화

6. 고령 노동인구

세계적인 인구성장은 상당히 느려졌다. 1980년에서 2017년 사이에 세계 인구는 65% 증가했으나, 2018년에서 2050년 사이엔 약 35% 감소할 것으로 예상된다. 이는 개발도상국에서 빠르게 나타나고 있는 기대수명 증가 및 출생률 감소의 결합을 반영하는 것이다.

세계적으로 65세 이상의 인구 비율은 현재 약 9%에서 2030년까지 11% 이상, 그리고 2050년에는 거의 16%까지 늘어갈 것으로 예상된다. 이는 경제의 노년층에 대한 의존도(즉 전체 노동력 중 65세 이상의 비율)를 높이고, 안전보건의 미래에 중요한 결과를 가져온다.

몇몇 기능적인 능력들, 다시 말해 물리적·인지적 능력은 나이가 들어감에 따라 자연적인 노화의 결과로 감소할 것이다. 예를 들어, 미끄러짐·헛디딤·추락은 고령 노동자들 사이에서 더욱 흔하며, 그 결과 발생하는 업무상 상해는 입원, 사망, 골절을 초래할 가능성이 더 크며, 고령 여성들에겐 특히 위험하다.

많은 고령 노동자들은 업무와 경험을 통해 얻은 전략을 활용해 신체적, 정신적 능력의 자연 감퇴를 보완할 수 있다. 노동인구의 고령화에 대한 안전보건의 초점은 생물학적 연령(chronological age)에 따라 변하는 신체적·정신적 능력에 맞게 업무 환경을 조정하는 것이다. 지속 가능한 업무 환경을 조성하기 위해서는, 정부와 사회적 파트너가 연령이 업무능력에 미치는 영향과 일하는 생애(the working life) 내내 누적적으로 노출되는 충격에 대해 보다 더 넓게 이해할 수 있어야 한다.

노화와 연관된 신체적 능력의 변화는 성별에 따라 다르며, 특히 고령 여성 노동자의 능력에 큰 영향을 미칠 수 있다. 노동시장의 수직적·수평적 분할은 여성, 특별히 고령 여성에게 고령 남성과는 다른 위험을 초래한다. 여성은 평균적으로 남성에 비해 오래 살며, 업무와 관련한 위험이 여성들이 일하는 동안, 그리고 직장 생활 내내 여성의 건강에 영향을 미칠 것이다. 남성보다 여성이 근골격계질환, 골관절염, 골다공증 진단을 더 자주 받으며, 이런 질병은 연령과도 연관되어 있다. 사용자들은 고령 노동자의 고유한 문제에 적합한 건강한 노동환경을 조성하기 위해 작업장 위험성평가에 나이와 성별 모두를 포함시켜야 한다.

게다가 고령 노동인구의 건강을 관리하기 위해, 노인의학(geriatric medicine)의 원리와 경험

을 활용해 예방전략을 개선할 필요가 있다. 나이 들어감에 따라 고령 노동자들이 일을 안
정적으로 잘할 수 있기 위해서, 산업안전보건체계는 고령 노동자들의 필요를 반드시 포함
해야 한다. 여기에는 평생학습기회에 대한 투자가 포함된다.

NHS 노동자의 사례

영국의 보건부(NHS, The National Health Service)는 65~68세 퇴직 연령 집단의 증가가 갖는 효과를 다
루기 위해 연령과 성별을 포함시킨 산업안전보건 위험성평가를 시행했다. NHS 사례에서 여성이 77%를
차지하고, 그중 3분의 2가 40세 이상 간호사다. 이 평가를 통해 고령 여성 노동자의 건강 상태가 양호하고
업무가 적합하다면, 동등한 지위나 상황에 있는 젊은 사람만큼 생산적으로 일할 수 있다는 것이 밝혀졌다.

이 평가의 결과는, 특정한 분야에서 정년을 연장하는 가이드라인 시행이 건강에 부정적이지 않다는 것을
확인시켜 준다는 점에서 중요하다. 더구나 이렇게 노령인구의 문제를 반영한 위험성평가 체계는 조직이 장
기간의 노동 생활에서 누적되는 위험들을 최소화할 수 있도록 하는 데 효과적인 도움을 줄 수 있다는 것을
강조한다.[*]

[*] NHS Employers, 2018. https://www.nhsemployers.org/your-workforce/retain-and-improve/ staff-
experience/health-and-wellbeing/protecting-staff-and-preventing-ill-health/partnership-working-across-
yourorganisation/hswpg-resources/working-longer-in-the-nhs/job-design/ risk-assessments

---

7. 젠더(gender)

선진국과 개발도상국 모두에서 노동시장 내 남녀 격차가 지속된다. 2018년엔 남성 고용
수준보다 여성 고용 수준이 26.0%p 적었다. 지난 27년간 고용에서의 남녀 격차는 2%p 미
만 줄었을 뿐이다. 여성들은 구직할 때 일자리를 찾기 어렵고, 일을 하더라도 비표준적인
노동방식으로 하는 경향이 크다. 예를 들어, 전체 고용 규모에서 여성의 비중이 40% 미만
인데, 파트타임 노동의 57%를 여성이 담당한다.

이는 여성의 교육 및 취업에 대한 제약뿐만 아니라, 남성과 여성 사이에서 무급가사노동
이 불평등하게 분배되어 있는 상황 및 그 결과가 표준적인 일자리를 얻을 가능성에 반영된
다는 걸 보여준다. 이와 유사하게 여성들은 비정형적인 노동 및 비표준적인 형태의 고용뿐
만 아니라, 복지 부문과 같은 특정 종류의 노동에 집중되어 있다.

특정 업종에 편중된 결과, 여성 노동자들은 특정한 부상과 질병의 패턴을 겪는다. 근육 경직과 피로를 초래하는 반복 노동, (여성 일자리에서 상당히 자주 발생하는) 업무 방해와 낮은 자율성, 더 적은 교육·훈련 기회와 같은 조직적 문제들 때문에, 여성들은 업무와 관련한 급성 또는 만성적 질환을 일으킬 수 있는 위험에 직면할 수 있다. 예를 들어, 여성들은 동일한 업무를 수행하는 남성에 비해 근골격계질환 발생의 위험이 더 크다. 재택 기반 온라인 플랫폼 노동에서 여성들은 노동기본권을 보장받지 못하기 때문에 발생하는 위험 및 가정폭력의 위험에 노출되며 이는 안전보건에 대한 이중 부담을 의미한다. 게다가 플랫폼 경제의 성장이 집과 직장의 경계를 허물고 있다. 이러한 변화는 직장 생활에서의 요구 및 육아와 같은 가정에서의 책임 사이의 균형을 점점 맞춰가고 있는 여성들에게 심리사회적 압력을 가중시킨다.

만약 미래의 건강증진정책이 여성과 남성 모두에게 효과적이려면 안전보건 및 행복과 성 역할 사이의 변화하는 관계를 고려해야 한다. 특히 여성 노동자들이 집중된 영역에서 국가의 정책을 통해서 여성 노동자의 안전보건 증진전략을 개발해야 한다.

이에 더해, 공식적인 제도와 비공식적인 제도 간의 경계를 무너뜨리는 플랫폼 노동이 점점 증가하는 추세인 노동시장에서, 안전보건과 관련된 젠더 평등이 가정 내에서 진정으로 실현되도록 하는 것이 필수적이다. 이런 점에서 부모가 동등하게 돌봄의 책임을 공유하도록 장려하는 출산·육아·휴가 등 복리후생의 개발 및 확대뿐만 아니라 남성과 여성 간 돌봄 및 가정적 책임의 나눔을 증진시킬 정책을 마련하기 위해 정부와 사회적 파트너들이 함께 노력해야 한다.

8. 이주노동자

국제노동기구(ILO)에서 2013년에서 2017년까지 세계 이주노동자 숫자를 추산한 바에 따르면, 약 2억 7천7백만 명의 국제 이주민 중 1억 6천4백만 명이 이주노동자에 해당한다. 심지어 처음엔 취업이 주요한 동기가 아니었더라도, 이주자 중 86.5%가 20세에서 64세 사이라는 것을 고려할 때, 보통은 이주 과정의 어떤 시점에서 이주 노동의 특징을 띠게 될 것이다.

일반적으로 이주노동자들은 건강한 상태에서 이주 과정을 시작한다. 그러나 다양한 차원에서 복잡한 이주 과정을 지나면서 건강 상태가 매우 악화되어 신체적·정신적으로 취약해지기 쉽다. 일부 이주노동자들이 고숙련 직업을 가지는 반면에, 대다수 이주민들은 농업이나 건설업과 같이 대개 비공식적이거나 규제되지 않는 영역들, 3D 직업, 또는 노동으로 인정받지 못하고 여타의 보호도 받지 못하는 가사노동에 고용된다. 이런 노동은 노동집약적이고 일시적 또는 계절적인 특성을 띠며 매우 위험한 작업을 수반한다.

이는 안전보건 및 행복에 의미하는 바가 크다. 일반적으로 이주노동자들의 안전보건은 낮은 수준이고, 괜찮은 수준의 노동조건을 거의 제공받지 못하며, 빈번히 비표준적인 형태로 고용된다. 또한 그들 대부분은 사회적 보호 범위에 들어갈 자격을 갖지 못한다.

II. 지속가능 발전과 안전보건

1. 기후변화

21세기 말까지 지구 온도가 1.5°C 상승할 것이라고 예상되기 때문에, 2030년에 이르면 너무 더워서 전체 노동시간 중 2%에 해당하는 시간 동안은 일을 할 수 없을 것이며, 이는 7천2백만 명의 상근직 손실을 의미한다. 이러한 효과는 세계적으로 고르게 영향을 미치지 않는다. 남부 아시아와 서부 아프리카가 가장 많이 영향을 받는다.

실내 업무도 영향을 받겠지만, 옥외·야외 업무에 종사하고, 햇빛에 노출되거나 육체적 활동을 하는 노동자들은 매우 높은 위험에 처한다. 예를 들어, 농업, 건설업, 임·어업을 포함하는 천연자원과 관련한 노동이 대부분 영향받는다. 2030년에 이르면 온열 스트레스 때문에 농업 및 건설업 노동자의 노동시간은 각각 60%, 19% 줄어들 것이다. 뜨거워지고 해수면이 상승하는 등등으로 인해 노동 가능한 영역과 사람들의 노동 능력이 감소한다. 예를 들어, 중동 지역은 이미 너무 더워서 밖에서 일할 수 없다.

기후 위기로 건강 관련 영향이 증가한다. 열사병, 화학물질 저항력 저하, 피로, 부상과 안전 부주의 위험 증가, 화학적·생물학적 유해요인 노출에 대한 반응 변화, 탈수증, 호흡기

질환 및 심혈관계질환의 증가, 백내장, 피부암, 안암, 면역기능 약화 등이 그것이다. 온열과 관련한 안전보건 위험들은 환기 불량, 냉각 시스템 부족, 열 발생 작업, 적절한 개인보호구 부족에 의해 악화된다.

이상 기후는 또한 비상상황 대처, 구조 작업, 청소 작업에 참여하는 노동자들에게도 영향을 미친다. 그들은 화학물질 및 감염요인 노출, 부상, 신체 회복과 관련된 위험, 군중 통제, 폭행 및 관련 심리 및 정신질환의 위험이 증가한다.

화석 연료 연소에서 발생한 대기오염, 특히 미세 물질은 안전보건에 또 다른 심각한 위협이다. 대기오염은 모든 노동자의 건강에 위험을 증가시키며, 온열 스트레스와 같이 야외 육체 활동 종사자들에게 특히 영향을 미친다. 질병의 악화를 포함하여 대기오염 노출로 인한 조기 사망은 최대 5배까지 증가할 것으로 추정되며, 2060년에는 전 세계 예상 사망자의 3분의 1에 달할 것으로 보인다. OECD에 따르면, 2060년에는 600만 명 이상의 근로자들이 질병 때문에 일자리를 잃을 것이다.

노동자의 안전보건에 영향을 주는 다른 환경적 위험은 해수면 상승과 같은 기후변화, 사막화와 토지 생산성 저하, 녹아내리는 극지 빙하 해빙, 들불·산불, 자외선 복사(輻射), 극한 기후 사건, 만성적 질환뿐만 아니라 벡터 매개체 감염·동물원성 감염 질환을 포함한다.

노동자 건강의 잠재적인 결과는 다음과 같은 질병과 위험을 초래한다. 천식, 호흡기 알레르기, 기도 질환, 암, 심혈관계질환과 뇌졸중, 온열 관련된 질병과 사망, 비전통적 원인의 만성 신장 질환, 정신 건강 및 스트레스 관련 장해, 신경 질환과 장해, 수인성 질환, 날씨와 관련된 질병과 사망, 라임병, 계곡열병(콕시디오이데스 진균증), 치쿤구니야 열병, 말라리아, 뎅기열병과 같은 벡터매개체성 전염병, 동물성 전염병 및 기타 전염병, 중금속, 생물학적, 화학적, 먼지 및 기타 위험 노출.

2. 녹색경제

재생 에너지 생산, 수도 공급 사업, 친환경 교통, 쓰레기 관련 산업, 친환경 건축, 지속 가능 농림업, 재활용과 저탄소 기술 사용 및 개발 등 녹색 산업이 급속히 성장하고 있다. 이에 더해 건설업 등 일부 전통 산업에서도 에너지 관리 건물 등 '녹색 활동'으로의 전이가 눈에 띈다. 이에 따라 고용 패턴과 구조도 변하고 있다. 예를 들어 광산 채굴에서 재생 에너지 생산으로 직업도 이동하고 있다.

세계적으로 2천5백만 명이 쓰레기를 줍는 일을 한다고 추산된다. 쓰레기 줍는 노동자들은 가정, 산업, 상업 쓰레기를 모두 모은다. 이들은 개인 쓰레기통, 거리나 수로의 쓰레기통, 덤프나 매립지에서 쓰레기를 모은다. 일부는 거기서 생필품을 뒤지기도 하고, 어떤 사람들은 재활용품을 찾아내 중개인이나 사업장에 팔기도 한다. 일부는 협동조합 등이 운영하는 재활용 공장이나 재활용 창고에 고용되어 일한다. 중국 한 국가에서만 쓰레기 산업에 1천만 명이 종사하고 있다. 쓰레기 줍는 사람들은 거의 사회경제적 또는 법적 보호를 제공받지 못하며, 그들 중에는 여성과 아이들이 다수이다. 그들은 전기 폐기물과 같이 새롭고 복잡한 쓰레기 더미뿐만 아니라 유해·위험 요인 및 물질과 병원균에 계속해서 노출된다. 다른 예로는 긴급히 해결해야 할 주요 안전보건 위험에 직면한 선박해체 산업이 있다.

녹색경제가 초래할 수 있는 안전보건 위험 사례

- 풍력 터빈 발전: 에폭시 수지, 스티렌, 용매(solvent), 유해 가스, 증기 및 분진에 대한 노출, 작동 부분과 수동 조작으로부터의 물리적 위험, 유리섬유(fiberglass), 경화기(hardeners), 에어로졸 및 탄소섬유에서 나오는 먼지와 가스(일반적인 건강 관련 문제로는 피부염, 현기증, 졸림, 간 및 신장 손상, 물집, 화학적 화상, 생식 효과 등이 있음), 이에 더해 높은 곳에서의 추락, 근골격계질환·장해, 어색한 자세, 물리적 부하, 감전, 회전체 및 낙하물로 인한 위험

- 태양 에너지 산업과 광전극 패널 등과 같은 사후 재활용: 카드뮴 텔루라이드(cadmium telluride)와 갈륨 비소(gallium arsenide)에 대한 노출

- 형광등 제조: 수은 노출과 중독의 위험

- 재활용 산업: 급작스러운 부상의 위험, 중금속·폴리브롬화 디페닐 에테르·화염방지제(flame retardants)에 노출 증대, 유기먼지(organic dust)·생물학적 물질 노출과 관련한 증상의 증가

- 환경친화적인 물질로 대체한 결과 발생하는 위험: 예컨대 지용성 페인트를 수용성 페인트로 대체하면 살생물제(biocides)가 추가됨. 수소염화불화탄소(hydro-chlorofluorocarbons)를 염화불화탄소로 대체하면 화재 위험뿐만 아니라 발암물질에 노출될 위험도 증가

필요한 원재료의 추출, 기술·기계의 제조부터 그것의 운송, 설치, 운영, 해체 및 폐기까지, 녹색기술 전반에 걸쳐 안전보건 측면의 문제가 나타나기 시작한다. 이는 다양한 노동자 집단을 포함해 여러 국가와 지역을 가로질러서 발견된다. 녹색기술에 종사하는 노동자들이 이러한 위험에 직면하게 된다.

그러나 화석 연료가 재생 에너지로 대체됨에 따라 석탄 채굴 과정에서의 사망, 부상 및 질병이 감소할 수 있다. 비슷하게, 유기농 재배가 확대됨에 따라 농장 노동자들의 농약과 다른 약품에 대한 노출이 감소할 것이다.

III. 일하는 조직의 변화

1. 장시간 노동 (excessive hours of work)

세계 노동인구의 3분의 1 정도(36.1%)는 보통 주당 48시간을 초과하여 노동을 한다. 과도한 노동시간은 종종 저임금 때문에 필요하게 되는데, 이러한 노동조건에 처한 노동자들은 개발도상국에 훨씬 더 많다. 남성들은 과잉노동을 할 가능성이 더 큰 반면, 가사노동이나 육아에 훨씬 더 많은 시간을 소비하는 여성들은 과잉노동을 하는 경우가 그렇게 많지는 않다.

과도한 노동시간은 높은 수준의 불안, 우울, 불면 등과 같이 정신건강을 저해할 뿐만 아니라 심혈관 및 소화기계질환 같은 건강문제를 야기할 수 있는 만성적 피로와 관련이 있다.

비감염성 질병 위험의 증가는 과도한 노동시간과 관련이 있으며 여성들에게서 그 위험이 더 높게 나타나는데, 이것은 고용주들이 여성 노동자들과 남성 노동자들의 일-가족생활 간의 균형에 대한 요구를 어떻게 더 잘 관리할 것인가에 대해 고려해야 한다는 것을 의미한다. 자율성, 초과 노동과 적은 보상 등 다른 요소들 또한 그러한 위험 요인에 기여하지만, 일반적으로 과도한 근무 시간을 줄이는 것은 안전보건 결과를 개선하는 데 기여할 수 있다.

2. 비표준적인 고용 (non-standard forms of employment)

정규직에 비해 임시직이나 파견 노동자들의 상해율은 뉴질랜드에서는 두 배이며, 이탈리아와 인도에서도 월등히 높다. 아시아에서 이러한 상황의 전형적인 사례는 말레이시아의 건설업에 종사하는 계약직 이주노동자들, 그리고 베트남의 제조업 공장에 고용된 파견노동자(dispatched worker)들의 경우에 나타난다. 파견노동자들의 사고율은 정규직 노동자들보다 높은데, 프랑스(13.8% 대 8.5%), 스페인(2.5배), 벨기에(천인율로 두 배)의 사례가 그 증거이다.

길고 불규칙한 노동시간이 노동자들의 안전보건 결과에 영향을 줄 수 있는 한편, 비전형적인 고용형태의 경우에는 부정적인 영향을 미칠 가능성이 훨씬 더 크다. 부상 관련 위험 및 사고, 심리사회적 및 괴롭힘 위험, 열악한 작업 조건과 위험에 대한 노출, 그리고 피로 문제 등 최소한 네 가지 범주의 위험이 이러한 형태의 작업 조직과 연관되어 있다.

임시직이나 파견직 노동자들의 경우 상해율은 다른 노동자들보다 훨씬 더 높다. 이는 이들이 정규직 노동자들이 꺼려 하는 유해한 작업에 고용되거나 젊고 경험이 없거나, 위험에 대한 경험, 협상력 및 대표성이 제한되어 있기 때문이다. 비정규 노동자들은 사고 예방에 필수적인 교육 접근성이 낮다.

하청(특히 중층 하도급)은 노동자들이 작업 현장 사이를 이동하고, 비공식 노동에 시달리고 있기 때문에 더 높은 사고 위험을 안고 있다. 하청 트럭 운전사의 경우 많은 나라들에서 초과시간 노동, 약물사용, 과속 및 정비를 비롯한 광범위한 안전보건의 위험요소를 갖고 있는 것으로 나타난다.

비표준적 고용형태는 상해 및 사고 관련 위험과 더불어 심리사회적 위험과도 연관되어 있다. 비자발적으로 임시직이나 시간제 직업을 갖게 되는 노동자들은 직업 불안정성에 대한 인지로부터 오는 스트레스를 겪을 수 있다. 직업 불안정에 노출된 노동자들은 그렇지 않은 노동자들보다 경미한 정신의학적 증상 보고가 많고, 질병 자각 증세 보고도 높다. 임시직 노동자들은 경제적으로 불안정하여 높은 수준의 감독 남용 위험에 노출되어 폭력이나 성희롱 등의 괴롭힘을 쉽게 당하기도 한다. 일본의 예를 들면, 임시직 노동자들은 (정규직 노동자들보다) 더 심한 괴롭힘에 시달리며, 호주에서 시간제 노동자들이 당하는 성희롱도 높은 수준인 것으로 나타났다.

게다가, 비표준적 고용형태 노동자들에게는 양질의 작업조건이 결여되어 있을 수 있는 데, 이 때문에 다양한 위험요소에 노출되기도 한다. 이 문제에 대한 증거는 엇갈리고 있다. 고용주는 더욱 위험한 일에 임시직이나 파견노동자들을 고용하긴 하지만, 시간제 노동자들은 소음이나 좋지 않은 인체공학적 환경 같은 유해요소에 상대적으로 더 짧은 시간 노출될 수 있다. 예를 들면, 농업의 경우 제초제에 단기적으로 노출된 노동자들은 낮은 위험에 노출되어 있다. 그러나, 만약 그들이 열악한 세탁 시설이나 숙소 시설을 갖게 된다면, 이는 근로시간 단축효과를 상쇄할 수도 있다.

마지막으로, 비표준적 고용형태는 높은 수준의 피로와도 관련되어 있다. 유연한 노동시간은 여성과 남성들에게 일-가정 균형을 이룰 수 있게 도와준다. 그러나 이와 관련된 연구 결과들은, 일-가정 균형 이점(利點)에 대한 인지도는 직업들 사이에 상이하고, 그리고 자신의 노동시간에 영향을 미칠 수 있는 노동자들의 능력에 따라서 유의미하게 다르다는 것을 보여준다.

도표 3-4. 비표준적 고용형태의 안전보건 위험요소

■ 위험 요소	■ 규제 실패
- 짧은 근속, 경험 부족	- 법적 권리 및 의무에 대한 지식 부족
- 훈련, 감독, 안내 부족	- 안전보건, 산재보상에 대한 접근 제한
- 비효율적인 공정과 소통	- 법적 권리의 중단 혹은 방해
- 안전보건 관리체계의 비효율과 구축 미흡	- 법규 미준수와 감독 부재

■ 결과	
- 직업불안정성	- 불규칙적이고 조건적인 급여
- 장시간 혹은 불규칙한 노동시간	- 추가 업무, 변하는 업무 강도
- 여러 직장 전전	- 낮은 임금, 낮은 안정성, 낮은 혜택
- 일-생활 불균형	- 공중보건과 안전보건 훼손

3. 근로시간 조정 (working-time arrangements)

새로운 기술의 등장과 함께 정보통신기술 기반 모바일 작업(ICT-Mobile work), 재택근무, 유연근무 형태의 노동시간 배치는 더욱 흔해졌다. 고용주가 더욱 유연한 인력을 요구하긴 하지만, 변화하는 생활방식과 가족구조는 많은 노동자들 역시 더욱 유연한 근로시간 제도를 필요로 한다는 점을 보여주고 있다.

유연근로시간제는 특히 가족이 있는 여성과 남성 노동자들이 더 나은 일과 생활의 균형을 찾고, 고령의 노동자들이나 장애를 가진 사람들과 같이 이런 노동형태가 아니라면 경제활동을 하지 못할 사람들에게 경제 활동을 가능하게 해준다. 그러나 유연근로시간제는 일, 여가 및 다른 활동들 사이의 경계를 침식하는 결과를 가져오기도 하고, 일과 시간에 관련된 스트레스를 심화시키기도 하며, 심리적·사회적 건강위험을 초래하기도 한다.

재택근무는 종종 더욱 높은 노동강도와 일-가정 갈등의 가능성을 증가시킨다. 이것은 다시 노동자들의 복지에 영향을 주어 그들의 스트레스 수준을 높일 수 있다. 실제로, 모바일 중심으로 일(ICTM)을 하는 노동자들의 41%는 고용된 회사의 시설에서 일하는 사람들에 비해서 25% 높은 수준의 스트레스를 경험한다. 이것은 보통의 노동시간을 초과하여 집에서 일해야 하는 경우에 더욱 심각하다. 재택근무와 ICTM은 수면장애와도 관련이 있으며 이는 다시 스트레스와 관련되어 있다. 안전보건을 이러한 근무시간 조정 문제에 적용할 때의 문제점은 회사 시설 밖에서 이루어지는 작업을 감독하기가 어렵다는 점이다.

4. 비공식 경제 (the informal economy)

우리가 논하는 대부분의 안전보건 사실들은 공식 경제(formal economy)와 관련이 있다. 그러나 세계 고용인구의 60% 이상이 비공식 경제에서 일하고 있다. 지역에 따라 차이가 있다. 예를 들면, 남아시아 지역에서 비공식 고용은 비농업 부문 고용의 82%, 사하라 사막 이남 아프리카에서는 66%, 동아시아와 동남아시아에서는 65%, 라틴아메리카에서는 51%, 그리고 중동과 북아프리카에서는 45%에 이르지만 동유럽과 중앙아시아에서는 10% 남짓이다. 이러한 비공식 경제에서 일하는 노동자들은 특히 비공식 노동의 위험에 노출되어 있을 수 있다.

비공식 경제에 있는 노동자들은 규칙적인 수입이 없고 법적·사회적 보장이 없거나 있어도 매우 허술하고, 노조나 다른 형태의 대표체제, 단체교섭권이나 사회적 대화의 권한이 없으며, 그들의 노동은 노동감독관의 감독 범위 밖에 존재하는 경우가 많다. 이 때문에 그들은 안전보건 규제와 통제의 범위 밖에 놓이게 된다.

비공식 경제 부문의 안전보건, 나아가 노동조건 개선을 위해서는 비공식 노동시장의 노동자들을 공식화하는 전환 전략이 포함된다. 공식화 전략 외에, 그들의 역량훈련 프로그램과 함께 노동조건을 향상시키고 중소기업의 생산성을 증가시키는 전략은 비공식 노동자들의 상태를 즉시 개선하는 데 도움이 된다.

5. 디지털 노동 플랫폼 사례 (the example of digital labour platforms)

직업 세계에서 지난 10년간 이루어진 중요한 일은 디지털 노동 플랫폼의 등장이었다. 디지털 노동 플랫폼에는 지역적으로 흩어져 있는 노동자들에게 외주를 주는 웹기반 플랫폼, 그리고 업무가 특정한 지역을 대상으로 하는 위치 기반 애플리케이션(앱)이 있다. 디지털 노동 플랫폼은 사실상 모든 분야에서 지역적 · 국가적 · 국제적으로 이루어진다. 디지털 노동 플랫폼 역시 매우 넓은 범위의 노동 관련 제도와 관계를 포괄한다.

디지털 노동 플랫폼에서의 노동은 임시노동, 파견 노동, 특수고용이나 유사 자영업(quasi-self-employment), 비공식 노동, 도급, 재택 작업, 클라우드 노동을 들 수 있다. 플랫폼 노동은 디지털 혹은 수동으로, 조직 내부에서 혹은 외주로, 숙련 혹은 저숙련, 현장 혹은 외부, 대규모 혹은 소규모, 종신 혹은 임시의 형태로 매우 다양하다.

업무에 대한 통제와 고용안정의 관점에서 본다면, 이러한 디지털 노동 플랫폼의 영향력은, "19세기 후반 이후 산업화된 국가에서 규제와 노동조합의 영향으로 조성된 노동보호"보다 "'새로운' 것으로의 촉진과 그에 따른 더욱 비정규적인 (그리고 불안정한) 고용"이 우위를 점하게 된 것을 의미한다. 디지털 노동 플랫폼 위에서 이루어지는 일은 도급에 기반을 두고 길드(guild)를 통해 조직되었던 1800년대 노동 제도와 비슷한 면이 있다.

현재 디지털 노동 플랫폼 고용이 차지하는 비중은 상대적으로 적다. 적게는 미국의 경우 전체 노동력의 0.5%이며, 유럽의 경우는 5% 정도이다. 그러나 말레이시아 및 나이지리아 같은 개발도상국에서는 정부가 이러한 종류의 디지털 노동을 장려하는 전략을 채택하고 있기 때문에 틀림없이 증가할 것이다.

디지털 노동 플랫폼에서의 일은 그 일을 하는 사람들의 1차적 수입원이라기보다는 부가적인 수입을 제공하는 전형적인 2차 직업으로 수행되는 것으로 이해되곤 한다. 이러한 일들은 개인 및 기업에 중요한 새로운 기회를 제공할 수 있다. 하지만 이렇게 말하면 '외견상 지속 가능 노동'이라고 강조하는 측면이 있게 된다. 게다가, 플랫폼 노동이 '제대로 된' 직업으로 벌어들이는 수입에 대한 부수입으로 이해되는 것은 그 직업이 '진짜 직업'이 아니고 따라서 전통적인 노동보호를 받을 가치가 없다고 인식되는 것을 의미한다. 이것은 일-생활 균형과 노동자들의 자존감에 영향을 주는 심리사회적 측면에서 노동자들의 안전보건에 중요한 영향을 미친다.

디지털 플랫폼 노동은 노동자들의 일과 일-생활 균형에 대한 통제력을 높이고, 비공식 노동에서 일반적으로 이루어지는 노동을 안전보건에 대한 규제와 보호가 고양되는 공식 부문으로 이동하는 등의 안전보건의 기회를 만들어낼 수 있다. 그러나 플랫폼 노동은 많은 안전보건 문제가 생길 수도 있고, 안전보건 보호정책의 부족으로 어려움을 겪을 수 있다.

플랫폼 노동은 위험성평가가 제대로 이루어지지 않는 등 작업장에서의 안전보건 관리가 악화될 수도 있다. 게다가 플랫폼 노동자들은 전통적인 계약상 혜택(휴가와 병가, 안전보건 정보, 교육과 훈련, 서비스와 지원)이나 고용주에 의해 제공되는 작업장, 장비, 개인보호구에 접근이 제한되는 경우가 많다. 예를 들면, 인체공학적·환경적 및 안전보건 표준에 부합하지 않는 장비를 이용하거나 집에서 일을 한다. 실제로 많은 경우 플랫폼 노동자들은 안전보건 및 보험 등에 대해 스스로 책임을 감당한다. 지구적으로 작동하는 플랫폼 노동에서 국제적인 수준에서의 거버넌스 요구를 강조하면서 안전보건을 규제하는 것은 어려운 일이다.

IV. 대응 전략의 방향

1. 예방문화를 향하여

안전문화라는 개념은 1986년의 체르노빌 핵 참사 이후에 주목받게 되었다.[10] 최근의 일

---

10 1986년 4월 우크라이나 체르노빌 핵발전소의 4개 원자로 중 하나가 폭발하였다. 나가사키와 히로시마에 투하된 원자폭탄의 100배에 달하는 방사선이 방출되어 31명이 즉시 사망하고, 이후 수천 명이 추가로 사망하였다. 갑상선암의 극

부 연구나 보고서는 주요 사고 원인을 규명하고자 할 때, 안전문화의 부재가 근본적인 문제인 것으로 고찰하고 있다. 지구적 차원에서 정치경제는 20세기의 마지막 4분기 동안 크게 변화했다. 이 시기 노동안전보건에서는 두 가지 중요한 발전이 있었다.

첫째는 '작업환경'이라는 개념의 사용이 증가한 것이다. 문제의 이해와 개선에서 좀 더 전체적인 접근을 하자는 것인데, 예를 들어 1960년대 이후 스칸디나비아 국가들의 정책이 전형적인 예가 된다. 둘째는 규범적인 규제로부터 좀 더 결과 중심적이고 과정에 기반을 둔 규제로의 이동이다. 아마도 최초로 가장 영향력 있는 문제 제기는 영국에서 1972년에 나온 로벤스 보고서일 것이다.

1980년대의 발전은 안전보건 정책이 좀 더 위험-기반 정책으로 변화했다는 것이다. 이런 변화를 가져온 이유가 여럿 있는데, 여기에는 주요 산업재해 참사(예를 들어, 1976년 이탈리아 세베소 참사)를 분석한 결과가 포함된다. 또 다른 근거는 위험을 인지 · 분석 · 제어하는 과학의 발전에서도 기인했다. 예를 들어 화학적 · 물리적 · 생물학적 유해물질 노출과 관련해서뿐만 아니라 프로세스 엔지니어링(process engineering)의 위험을 인지하고 평가하고 제어하는 데 발전한 산업위생이 활용될 수 있기 때문이다.

그 결과 위험 관리에서 좀 더 체계적인 접근법에 정책의 초점이 모이게 되었다. 위험의 인지 · 평가 · 제어라는 접근, 즉 위험성평가가 주요 유해 산업에서의 안전관리뿐만 아니라 일터 어디서나 좀 더 일반적인 위험관리기법으로 제안되었다.

2. 안전보건 리스크 예측

새로운 기술, 인구학적 변화, 환경의 변화 및 일의 세계를 모양 짓는 다양한 고용형태들과 노동제도들이 나타나면서 새롭게 출현하는 노동안전보건 위협을 예측하는 것이 더욱 중요해질 것이다. 위험을 예측하는 것은 효과적으로 그것을 관리하고 변화무쌍한 세계에

적인 증가를 포함한 장기간에 걸친 영향 때문에 해당 지역의 사망자 수는 해가 갈수록 증가하였다. 사고 원인을 조사한 국제원자력기구(IAEA)는 보고서에서 '안전문화'의 부재를 지적하였다. '안전문화(safety culture)'라는 용어가 처음으로 사용된 문헌이다.

서 예방적인 안전문화를 만들기 위해 중요한 첫 번째 단계이다.

새로운 기술과 관련해서 디지털화의 부상, 정보통신기기의 새로운 응용, 인공지능, 로봇 및 나노 재료 같은 새로운 기술의 효과에 대한 심층적인 연구가 필요하다. 심리사회학적 위험은 일 관련 스트레스와 정신건강에 영향을 주는 상황 및 고용 관행의 측면에서 특히 더 많은 주의를 필요로 한다. 예를 들어 생체지표는 스트레스 수준을 감지하고 진단하는 데 쓰일 수 있다.

노동자들이 점점 더 독자적으로 혹은 고용주들이 제공하는 작업장에서 떨어져 일하는 노동제도에서의 새로운 경향은 현재의 안전보건관리, 법, 정책 및 프로그램에 대해 다시 고찰할 것을 요구한다. 플랫폼 노동을 포함하여 여러 경우에 고용관계가 성립될 수도 있고, 성립되지 않을 수도 있고, 노동자들이 자영업자일 수도 있다.

고립, 실업 시에 생기는 사회화, 개인보호구, 정보에의 접근, 대표성, 작업의 조직, 질병이나 사고에 대한 책임 등과 같은 많은 문제들은 미래에 예방문화를 예측하고 갖추어 나가기 위해 다루어져야 하는 핵심적 주제들이다. 미래를 위한 이러한 전망은 안전보건 서비스에 애플리케이션, 빅데이터 분석, 인공지능과 같은 신기술을 통합시킬 수 있다.

새롭게 출현하는 위험에 대한 예측은 급속하게 변하고 있는 일의 세계에서 점점 더 중요해지고 있지만, 이 때문에 세계적으로 존재하는 지속적인 전통적 위험(지역적·경제적 부문에서 다양하게 존재하는)에 대한 관심을 거두어서는 안 된다.

3. 다학문적 접근

노동안전보건에 대한 다학문적 접근은 안전보건 전문인의 미래 및 앞으로 관련 분야의 전문가가 된다는 것이 무슨 의미인지에 대한 문제와 연결된다. 안전보건 분야 직업의 성격과 역할은 많은 나라에서 경제구조의 변화에 따라 변해 왔다. 예를 들어 산업위생전문가는 제조업, 중화학공업, 광업이 감소하고 있는 나라들에서는 직업의 수나 그 영향력이 줄어드는 반면 일반적인 직업보건의는 숫자가 늘고 있고 영향력이 더 커질 수 있다. 노동안전보건 전문인의 위치는 고정적인 것이 아니라 변화한다.

일의 구조 · 조직 · 통제에 있어 지속적으로 이루어지는 변화 때문에 사람들이 일도 하고 살아가기도 하는 공동체에서 직업, 사적인 생활, 공적 역할 사이의 경계는 점점 더 흐릿해질 것이라 예상된다. 이 때문에 그러한 변화로부터 생기는 다양한 관심을 다룰 여러 학문의 조합이 필요하다.

노동안전보건에 대해 더 광범위한 초점을 두는 것은 각 분야에 새로운 기술들에 대한 고려와 적용을 요구한다. 여기에는 사회심리학과 경제학 분야가 포함된다. 현재와 미래의 노동력을 보호하기 위해서는 노동자들이 경험하는 위험과 그 위험의 결과로 나타나는 부정적 영향의 범위에 대한 총체적 관점이 필요하다. 예를 들어 불완전고용은 제대로 된 고용이 갖는 건강 효과보다 실업이 갖는 효과에 더 가깝다.

따라서 노동안전보건에 대한 학제간 접근은 인적자원과 더불어 법(공공정책과 고용법), 워크 디자인(공학기술, 인체공학, 소프트웨어, 자동화), 도구(기술, 헬스테크, 감응), 환경, 신체적 · 사회적 영향(공중보건, 영양학, 체육학, 인구학), 인문학(심리학, 사회학, 경제학), 의학과 신경과학, 작업조직 등의 여러 학문을 종합하는 것을 목표로 해야 한다.

4. 안전보건 전문역량 강화

노동안전보건의 지난 100년의 시간 동안, 안전보건은 노동자와 관리자, 그리고 고용주가 일의 세계에서 자신과 타인을 가장 잘 다루는지를 배우는 동안 경험하는 것으로 여겨졌다. 이런 점에서, 안전보건에 대한 학습은 대체로 직장에 국한된 것이었으며 일반적 교육으로부터는 동떨어진 것이었다.

이제는 노동안전보건을 모든 사람들이 일의 세계에 들어가기 전에, 그리고 그들의 직업 생애 전반에 걸쳐 지속될 일반 교육과정의 핵심 과정으로 만들 필요가 점점 커지고 있다. 안전보건 정책 수립자들 사이에 이러한 필요에 대한 인식이 점점 더 증가하는 경향이 있지만, 이것이 사회적으로 현실화되기 위해서는 거쳐야 하는 일정한 과정이 있다.

일반 교육과정과 직업훈련 프로그램에 노동안전보건을 통합시키는 것은 더 안전하고 건강한 미래 세대를 육성하는 데 도움이 된다. 노동자들이 일반 교육의 모든 단계에서 안전보건에 관한 교육과 훈련 기회를 갖는 것은 노동자 자신과 고용주, 특히 젊은 노동자가 안전보건에 대한 지식 및 기술을 습득하는 매우 효과적인 방법이다.

기술을 다시 배우고(reskill), 새로운 기술을 배울(upskill) 수 있도록 하는 평생학습은 기초교육을 거쳐 모든 성인학습에 이르기까지 공식적·비공식적 학습에 걸쳐 있다. 평생학습에 안전보건 교육과 훈련을 포함시키면 새롭게 부상하는 지속적인 위험에 적응하고 작업장에서의 안전보건 개선에 도움이 된다.

5. 공중보건과의 연계

노동안전보건은 직장에서 끝나지 않는다. 안전보건의 효과와 결과는 일반적으로 사회의 건강과 복지에도 명백한 영향을 미친다. 만약 직업이 건강에 영향을 주는 사회적 결정요인으로 인정된다면 노동안전보건과 공중보건 간의 연계, 그리고 산업보건에 부여되는 새로운 역할에 더 큰 관심을 기울여야 한다. 후자의 경우 예를 들면 건강증진에서 새로 등장하는 사회심리적 위험, 정신건강 장애, 만성 비감염성 질환의 예방과 관리 등이 포함된다.

대부분의 노동자에게는 더 이상 단일 고용주를 위해 일하는 것은 표준이 아니다. 대신 노동자의 생애주기는 다수의 고용주와 다양한 직업과 경력을 아우른다. 노동자의 생애주기는 또한 교육에서부터 직업훈련, 직업, 다양한 책무, 사회적 보호, 은퇴에 이르기까지 다양하다. 평생교육은 점점 더 생애주기의 일부가 되어 간다. 따라서 노동자로서뿐만 아니라 인간으로서 개인의 안전과 보건은 그것이 모든 형태의 직업에서 항상적 요인이기 때문에 공중보건과 노동안전보건에 매우 중요하다.

직장에서의 안전과 보건은 단일한 업무에서의 위험에 대해서만 말하는 것이 아니라 일과 생활 전체의 연속성을 따라 다루어져야 한다. 이것은 고용불안(비표준적 업무형태와 관련된 것)과 그에 수반되는 스트레스와 불안, 그리고 일과 일 사이에 단절된 시간, 중대한 건강문제를 야기할 수 있는 실업과 불완전 고용에 대해 다루는 것을 의미한다.

일과 가정생활 사이의 경계가 변화하는 것, 또는 일이 전통적인 일터의 범위 밖에서 이루어지는 것과 관련하여, 공중보건은 노동자들의 보건과 복지를 보호하는 데 있어서 또 다른 도전에 직면하게 된다. 비표준적 고용관계는 점점 더 세분화되고 있다. 노동자들은 더욱 다양한 노동조건과 노동방식에 직면한다. 많은 노동자들은 불완전고용이나 실업상태에 직면하게 되며 이는 부정적 건강 효과를 가져와 공중보건의 부담을 증가시킨다.

노동안전보건의 중요성은 아무리 강조해도 지나치지 않지만, 지난 100년의 시간 동안 일반적으로 사회적·경제적 발전과 함께 개선되어 왔다. 사회적·경제적 발전을 달성하기 위한 전략은 안전보건보다 범주가 넓은 것이다. 노동안전보건은 사회적·경제적 발전을 위한 더 넓은 접근방식에 적절히 통합되어야 한다.

6. 안전보건 파트너십과 거버넌스

안전보건 분야의 근로감독(labor inspectorate)과 여타의 법적 규제 메커니즘은 오랜 기간 동안 해온 방법인 '체크리스트의 해당 항목에 표시하는' 감독으로부터 작업장에 대한 체계적·전체적 관점으로 이동했다. 이는 다른 직업 요소 및 요소 서로 간의 상호작용이 고려된다는 점, 그리고 감독관들이 바로 보이는 단점들을 해결하기보다는 기업 행위의 원인을 찾고 지속 가능한 변화를 유지하기 위해 기업의 정책과 경영 관행에 영향을 주는 과정에 참여한다는 것을 의미한다.

그렇게 하면, 법 집행이라는 좁은 관점을 넘어서서 생각하고, 행동적·환경적·체계적·시장기반적·금융적·제도적·정치적·법적·문화적 그리고 그 이외 요소들의 광범위한 영향력을 활용하여 안전보건을 준수하게 할 가능성을 높인다. 또한 그것은 그들이 특정 회사에 대한 엄격한 법 집행 등 감독의 결과가 어떻게 해당 부문의 비슷한 사업 모델을 가진 기업 혹은 가치 사슬 전체에 걸쳐 긍정적인 파급효과를 가질 수 있는지에 대해 연구하도록 한다.

안전보건에 있어서 노동자들의 이해와 관심이 자율적으로 표현되면 작업장 안전보건의 결과가 개선된다고 널리 인식되어 왔다. 산업안전보건위원회가 노동자 대표성을 갖는 것이 안전보건의 결과를 크게 향상시키는 것으로 나타나고 있다. 노·사·정으로 이루어지는 3자 대표체제는 노동안전보건에 대한 국제적인 노동표준 및 도구의 핵심이다. 효과적인 사회적 대화는 아직 알려지지 않은, 많은 미래의 안전보건 문제를 해결하는 데 중요한 역할을 할 것이다. 사회적 파트너십은 공식·비공식 노동 모두에서 안전보건에 대한 이해를 증진시킬 수 있다.

노·사·정 조직은 여전히 안전하고 건강한 작업환경이라는 목표를 수행하기 위한 선도적인 파트너이다. 특히 중소기업에까지 그 영향력을 미치기 위해서는 민간 부문을 참여시키는 것이 핵심이다. 많은 국가에서 중소기업의 비율은 증가해 왔고 그 위치는 상승해 왔다. 중소기업은 전 세계적으로 50% 이상의 새로운 직업을 창출하고 있고, 대부분의 개발도상국과 신흥 산업국에서는 대기업보다 더 많은 수의 노동자들을 고용할 것으로 추정된다. 이 노동자들의 상당수가 비공식 경제에 고용되어 있다.

따라서 중소기업은 사회경제적 발전뿐 아니라 노동안전보건과 복지에 기여할 가능성이 크다. 그럼에도 불구하고 중소기업은 양질의 노동조건을 결여하고 있고, 저임금·저숙련 직업인 경우가 너무 많다. 중소기업을 위한 안전보건을 증진시키는 정책은 노동자들의 안전보건에 크게 기여할 수 있으며, 중소기업의 성과를 향상시키고 경제발전에 기여할 잠재력을 가지고 있다.

제2절 미래에 닥칠 10대 위험 전망: 독일의 경험

미래의 변화로부터 야기될 위험은 경제의 모든 부문에 걸쳐 결코 동일하지 않을 것이다. 예를 들면, 디지털화로 가장 영향을 받는 부문은 금융 및 보험, IT산업, 자동차 제조업이다. 반면 운송과 물류, 에너지 산업, 물 공급 산업 분야는 영향이 매우 적을 것으로 예측된다. 이런 예로 볼 때 예방적 차원의 안전보건을 위해서 무엇이 필요한가의 문제는 체계적인 연구를 필요로 한다. 독일 사회보험청의 산업안전보건연구소에서는 2012년부터 소위 '위험 관측소(Risk Observatory)'를 운영하였다. 3년에 걸쳐 인터뷰, 평가, 연구, 토의와 평가를 진행하였다. 그 결과 다음 10개 분야가 미래의 예방 노력, 즉 안전보건의 역할을 필요로 한다는

결과를 얻었다.[11]

1. 이동의 필요성과 교통량 증가

독일에서 정의하는 장거리 출퇴근은 최소 주 3일, 편도 45분 이상 소요되는 통근을 말하며, 새로운 사회현상 가운데 하나로 장거리 통근이 스트레스를 추가로 유발한다. 2004년 이후 10년간 장거리 통근자의 숫자는 240만 명에서 310만 명으로 증가하였다.

통계에 따르면, 일반적인 교통사고의 경우 100만 킬로미터당 0.53명의 사망자가 발생하는 데 비하여, 업무 관련 이동을 할 때는 100만 킬로미터당 1.14명의 사망자가 발생한다. 업무를 위하여 길에서 소비하는 시간이 많은 사람의 경우 그렇지 않은 사람에 비해 가족과 친지와 보내는 시간을 놓치게 되며 건강한 식습관, 운동시간, 건강을 돌보는 시간이 부족할 수 있다.

2. 인간공학적 불균형

인간공학적 설계를 적용한 작업장이 늘어가는 추세이긴 하지만 여전히 장시간 입식 또는 좌식 업무, 운동 부족, 불편한 자세가 동반되는 작업(예: 무릎을 꿇거나 고개를 젖히고 위를 봐야 하는 행동), 장시간 동일한 행동을 반복하는 작업, 중량물을 들거나 옮기는 작업 등에 의하여 노동자는 인간공학적인 불편을 겪고 있다.

조사에 따르면 응답자의 18%가 불편한 자세를 동반하는 작업과 중량물 들기를 신체에 가장 부담이 되는 작업이라고 응답하였다. 정보통신기술의 발달로 책상에서 일하는 업무의 양이 눈에 띄게 증가하면서 허리, 팔, 손, 눈 등에 피로 및 부담이 증가한다. 세계보건기구(WHO)는 2020년이 되면 뼈나 관절에 문제가 생기는 사람 숫자가 2000년 대비 두 배가 될 것이라고 예측한다. 사무직의 경우 하루 업무의 85% 정도가 앉은 채로 행해지며, 제대로 된 자세로 근무하는 노동자의 경우에도 응답자의 12%는 무릎 통증을 호소한다(2015, 독일).

---

11   IFA(Institut fur Arbeitschutz), It's all about people – Priorities for tomorrow's occupational safety & health, 2016.10.

3. 숙련된 노동력 부족

세계적으로 인구구조 변화에 따라 숙련된 기술을 가진 노동력 부족 문제가 점점 더 뚜렷해지고 있으며, 많은 기업들이 숙련 노동자 부족을 중요한 경영문제로 인식하고 있다. 독일 기업의 46%가 직원을 구하는 데 어려움을 겪고 있다. 가장 구하기 어려운 10대 직종은 숙련기술자, 관리직, 기술직, IT전문가, 엔지니어, 재무회계, 판매직, 판매관리직, 운전기사, 의료종사자이다.

숙련된 노동자가 부족한 현상은 기존 직원들이 정규 시간 이상 일을 해야 함을 의미하는데 이는 신체적·정신적 부담을 가중시킨다. 독일 기업의 63%는 신규 직원 채용보다 기존 직원 유지가 극히 중요하거나 아주 중요하다고 응답하였다.

4. 불안정한 일자리

새로운 관리 방법과 디지털화는 일하는 시간과 장소를 유동적으로 만드는 동시에 정규직이 채울 수 없는 자리를 메우기 위한 임시직·일용직 노동자 숫자를 증가시킨다. 1980년 이후 35년간 독일의 임시직 노동자 숫자는 꾸준한 증가 추세를 보였고, 독일 연방 고용청에 의하면, 2015년 기준 독일 기업에서 일하는 계약직의 숫자는 약 961,000명으로 나타났다. 임시직 노동자가 가장 많은 직종은 철강 및 전기 산업이며, 고객센터 등 서비스 산업의 경우 전체 노동자의 49% 이상이 임시직 노동자이다.

임시직 노동자는 정규직 임금의 최대 30%까지 적게 받으며 이런 힘든 업무 환경으로 인해 때때로 육체적 질병을 경험한다. 독일 호스피스 산업의 경우 종사자의 50%가량이 본인의 역량을 충분히 발휘하지 못하는 업무를 하고 있으며, 3분의 2 이상이 낮은 임금을 받는다. 호출근로도 불안정과 심리적 압박으로 인하여 육체적·정신적 건강에 부정적인 영향을 끼친다.

5. 소음

소음 문제는 산업안전의 단골 주제로 이에 관한 조사 연구는 많다. 많은 사람이 85데시

벨 이상의 소음에 8시간 이상 수년간 노출되거나 폭발과 같은 청력에 충격을 주는 일을 겪는 경우 청력에 손상을 입는다. 소음에 노출될 경우 집중력 저하, 생산성 저하를 야기할 수 있다.

2014년 독일에서 인정된 직업병 16,112건 중 40%인 6,425건이 소음성 난청으로 조사되었다. 50~65세 노동자의 25%는 치료가 필요한 난청을 겪고 있으며, 2015년 소음성 난청을 겪는 6,300명에게 들어간 산재요양 치료비는 1,700만 유로(약 224억 원)가 넘었다. 소음에 취약한 업종은 건설 현장, 광산, 철강, 식당, 어린이집, 학교 종사자 등이다.

6. 운동 부족

현대 사회에서는 힘이 드는 업무를 기계가 대신하면서 육체적인 활동이 부족해지고 이는 특히 공공행정, 은행, 보험, 병원과 같이 모니터 앞에서 대부분의 업무 시간을 보내는 직종에서 나타난다. 또한 원거리 업무가 늘어남에 따라 차량에서 보내는 시간이 많은 것도 운동 부족을 초래한다. 세계보건기구에 의하면 전 세계 성인 30% 이상이 운동 부족이며, 운동에 할애하는 시간이 주당 2.5시간 미만인 것으로 조사되었다.

지속적으로 앉아 있는 것은 차량 등교, 책상 수업 등 어린 나이부터 시작되어 장시간 앉아 있는 생활에 따라 잘못된 자세로 인하여 근골격계질환 등의 발생 위험이 높아진다. 8~18세의 61%, 즉 3명 가운데 2명은 자세에 문제가 있는 것으로 조사되었고, 점점 더 많은 어린이와 청소년들이 잘못된 자세로 인해 성장 후 만성 요통을 호소한다.

또한 하루 중 미디어를 접하는 시간이 많아졌다. TV 앞에 앉아 있는 시간은 연령층이 높아지면서 더 긴 것으로 나타났으며, 이것으로 연령층이 높아짐에 따라 운동량이 부족하다는 것을 알 수 있다(하루 평균 TV 시청 시간을 보면 50세 이상 301분, 30~49세 212분, 14~29세 118분, 3~13세 82분으로 조사되었다).

7. 건강하지 못한 식습관

건강하지 않은 기름진 음식은 체지방과 비만을 야기한다. 비만은 운동 부족과 더불어 건강 위험을 증가시키고 비만 인구의 기대수명은 정상 인구보다 짧다. 특히 병원이나 응급 서비스 종사자의 교대근무나 장시간 근무는 패스트푸드나 과자 등으로 식사를 하게 하는 환경을 조성한다. 수면 부족 또한 건강하지 않은 식습관을 갖는 데 영향을 준다.

이런 식습관이 장기화되면 고혈압, 동맥경화, 심장마비, 뇌졸중 등과 심혈관 질환을 일으켜 생명을 위협하는 결과를 낳는다. 한 연구에 의하면 미국 소방관의 70%가 과체중이며 소방 작업 중 심장 문제 발생이 소방관 주요 사망 원인 중 하나로 밝혀졌다.

독일 청년의 30%는 동맥성 고혈압을 앓고 있으며, 30~65세 남성의 50%, 여성의 60%가 동맥성 고혈압을 앓고 있다. 식습관은 다양한 질병과 암의 주요 원인으로, 암 발생 사례의 30~40%가 건강하고 균형 잡힌 식사와 운동을 병행하면 예방 가능한 것으로 나타났다. 심혈관 질환에 의한 사망자 중 3분의 1은 식습관에 문제가 있는 것으로 조사되었다.

8. 업무량 증가와 책임 증대

일과 여가의 경계가 허물어지고 있으며, 독일 근로자의 42%가 일과 후 업무 관련 이메일을 확인한다. 45%의 근로자가 적어도 가끔 재택근무를 하며, 3분의 1은 규칙적으로 재택근무를 하고 있다.

이런 현상이 지속됨에 따라 근로자에게 기대되는 스킬이 늘어나고 있다. 빨라야 하고, 유연해야 하고, 찾을 때 항시 있어야 한다. 이런 것이 네트워크로 연결된, 가상적으로 통제되는 생산과정에서 사람들이 기능해야 하는 모습이다. 시간이나 장소에 얽매이지 않고 지구적 과정을 거쳐야 하는 업무는 다양한 기술이 연결된 프로젝트 업무인데 이런 것은 1주일 내내 24시간 돌아간다.

일이 빨라지고 복잡해지며 시간을 더 소요한다. 업무의 위계가 붕괴되고 있다. 이는 개인에게 있어서 발전 기회이자 업무량 증대를 의미한다. 자동화와 분산된 감독은 근로자에게 지속적인 주의를 요구한다. 계속 들어오는 정보와 다른 업무 방해 요인으로 많은 사람이 방해받고 있다고 느낀다. 데이터의 양과 질, 그에 따른 책임이 증대한다. 적절한 우선순위를 빨리 설정해야 하고 결정도 빨라야 한다. 언제라도 찾으면 있어야 한다는 생각 때문에 휴식을 취하는 데 부담을 느낀다.

너무 많은 일을 하거나 책임이 무거운 사람은 사고, 심혈관 질환, 비만 등의 위험에 처하기 쉽다.

9. 고령 인구 증가

고령 근로자에게서는 출퇴근 중 미끄러짐(Slip), 헛디딤(Trip), 넘어짐(Fall) 재해(STF)가 자주 발생한다. 2013년 기준 STF 재해 가운데 나이대별 비중을 보면, 30세까지가 23%, 30~50세가 37%, 50세 이상이 40%를 차지하였다.

독일의 인구구조가 현저하게 변하고 있다. 2030년이 되면 65세 이상이 28%에 달하고 20세 이하는 17%가 된다(현재는 각각 15%, 21%이다). 2013년 기준 공공부문 종업원 460만 명 가운데 4분의 1이 55세 이상이다. 인구구조의 고령화가 진전됨에 따라 다음과 같은 고려가 필요하게 된다.

- 점점 더 많아지는 고령 근로자가 점점 소수가 되어 가는 젊은 층과 일을 하게 된다.
- 고령층은 흔히 덜 생산적이라고 추정되는데, 이는 개인별로 다른 것이다.
- 업무 과몰입, 운동 부족, 업무과다, 저고용이 종업원들의 불만 요인으로 지목되는데, 이것은 나이가 들수록 심해진다. 이런 현상은 특히 소음이나 교대근무로 더 악화된다.
- 디지털화가 고연령 근로자들에게 과제인데 적절한 훈련을 통하여 해결 가능하다.

지금의 젊은 근로자가 미래의 고령 근로자다. 기업이 그들의 건강을 돌보고 지속적으로 일할 수 있게 하는 것은 인구학적 변동의 시대에 매우 중요하다.

10. 정보통신기술(ICT)을 통한 네트워킹 문제

독일 기업의 91%가 디지털화가 미래 경쟁력 확보에 중요하다고 한다. 디지털화는 조직 생존에 필수이다. 단, 노동안전을 고려하는 경우에 타당한 말이다. 디지털화된 일터는 기회이자 위기이다. 교육 기관에서도 디지털 미디어를 점점 더 많이 이용하고 있으며, 교실 밖에서 의사소통에도 이용되고 있다.

지식은 디지털화로 분해된다. 그리하여 시간과 장소에 구애받지 않고 배우는 것이 가능해진다. 데이터 처리와 교환이 점점 더 빨라짐에 따라 사람과 기업 모두 모바일 워킹, 예를 들면 텔레 워킹(홈오피스) 기회를 활용한다. 사무실이건 공장이건 일 처리 과정이 자동화됨에 따라 인간-기계 인터페이스가 복잡해진다.

디지털화가 급속히 진전되고 새로운 응용 분야가 지속적으로 나타난다. 이는 전에 학습한 활동을 계속 변화시킨다는 의미다. 인간은 많은 어려운 과업으로부터 해방된다. 동시에 업무 집중도 증가, 고정된 근로시간이 없어짐, 감독의 공포와 같은 새로운 도전이 출현한다.

디지털화는 전통적인 직업과 소득을 얻는 고용 모델을 변화시킴으로써 개인적 차원과 사회적 차원에서 많은 것을 고려하게 만든다. 교육, 건설, 병원 및 사회사업 분야를 제외하고는, 대부분의 산업에서 정보기술에 의한 네트워킹(networking), 호출(availability), 감독(surveillance)이 행해지고 있다. 예를 들어 지속적인 호출에 시달리는 경우 심리적 불안을 겪는다. 호출 빈도가 잦을수록 불안감이 심해지는데, 네 명 가운데 한 명이 우울증을 겪는다.

제3절 디지털화가 초래할 직업안전 및 건강위험: 유럽 대륙의 고민

로봇공학 및 인공지능(AI)과 같은 ICT-ET(ICT-enabled technologies, ICT를 기반으로 한 기술)를 포함한 디지털화는 향후 업무의 특성과 장소에 큰 영향을 미칠 것이다. 기술은 과거보다 훨씬 빠르게 확산되고 있으며 '4차 산업혁명'이 진행 중이다. 일하는 장소, 일하는 방식, 일하는 사람, 일을 인식하는 방식이 근본적으로 바뀔 것으로 예상된다.

유럽산업안전보건청(EU-OSHA: European Agency for Safety and Health at Work)은 2016년 미래 예측 연구를 수행하고, 미래에 전개될 정보통신기술과 일하는 장소 변화의 추세와 촉진 요인을 제시하고 안전보건 분야에 나타날 새로운 위험에 대한 보고서를 발간하였다. 보고서는 미래의 변화된 노동환경에서 나타날 것으로 예상되는 세부적인 노동위험을 망라하여

소개하고 있다.[12]

Ⅰ. 고용 유형의 변화와 관련된 문제

1. 유연근무와 안전보건

새로운 형태의 유연근무가 확대되고 있다. 탄력적 근무시간, 파트타임, 호출형 근로계약(zero-hours' contracts), 재택근무, 모바일근무, 단기 계약직, 자영업, 하도급 등이 유연근무의 대표적인 예들이다. 상당수의 노동자들이 비정규직 고용계약하에서 일하고 있다. 파트타임이나 계약직으로 일하거나 자영업에 종사하는 사람들은 '주문형(on-demand) 근로자'로 불리는데 날로 증가하고 있다. 호출형 근로계약을 받아들이는 사람들은 보통 25세 이하 또는 65세 이상이다. 2030년까지 전체 노동자의 절반 정도가 호출형 근로계약을 체결할 수도 있다. 노동자들은 동시에 몇 가지 직업을 한꺼번에 가지거나 여러 번 직업을 바꿀 가능성이 있다. 기성세대보다는 젊은 세대가 불안정한 직업을 가질 가능성이 높지만, 직업의 불안정성에 대해 느끼는 걱정은 젊은 세대가 기성세대보다 적을 것이다.

유연근무는 고용주와 복수의 일을 하는 병행 노동자에게는 유용하다. 하지만 불안정한 유연근무가 확대되면서 규제 성격의 감독과 안전보건 감시 시스템도 약화되어 간다. 또한 직업 불안정성 및 불안정 고용의 증가는 안전보건 악화와 상관관계가 있다. 다양한 형태의 유연근무의 확산으로 일과 생활의 경계가 희미해지면서 충분한 휴식시간이 부족하게 되어 번아웃(burn-out)의 가능성을 높인다. 전 세계적으로 약 50%의 사람은 집에서도 일과 관련된 이메일을 확인한다. 특히 영국, 스페인, 독일의 35세 이하의 사람들은 전자통신기기와 떨어져 있을 때 불안감을 느끼는데, 이런 현상을 '테크노 스트레스(technostress)'라고 부른다.

한 명의 노동자가 가질 수 있는 다양한 직업 때문에 그들의 안전보건 수요를 관리하거나

---

12 European Agency for Safety and Health at Work (EU-OSHA), Key trends and drivers of change in information and communication technologies and work location: Foresight on new and emerging risks in OSH Working report, 2017.

양질의 안전보건 수준을 유지하기가 더욱 어려워질 수 있다. 그러나 더 많은 개방형 클라우드 데이터의 활용은 이러한 문제를 해결하는 데 도움이 될 수 있다. 이직률이 높아지면 안전보건 사고기록이 유지, 관리되기 어렵고, 이는 사고와 질병 발생 가능성을 증가시킬 수 있다.

2. 가상작업장(virtual workplaces)과 안전보건

20년 안에 세계적으로 10억 명이 넘는 새로운 온라인 노동자들이 노동시장에 진입할 것으로 예측되고 있다. 모바일 브로드밴드(mobile broadband)가 장소를 불문하고 사용 가능하도록 계속 증가하고 있는 상황에서 개인들은 언제 어디서든 일을 할 수 있다. 가상작업장(virtual workplaces)은 긍정적인 피드백 루프(feedback loop)를 창조해 내고 있다. 클라우드(cloud) 기술 역시 누구나 전 세계의 다른 사람들과 함께 데이터와 정보를 공유하면서 함께 일할 수 있도록 해준다. 따라서 집이 직장이 될 수 있고, 여행 중에도 일할 수 있으며, 고용주와의 지리적 거리와 상관없이 와이파이(WiFi)만 있으면 어디서든 일할 수 있다. 직장은 점차 가상작업장(virtual workplace)으로 대체될 것으로 기대되고 있다. 이러한 경향은 직업과 조직이 점차 유동적으로 변하는 프로젝트 경제(project economy)를 창조할 가능성이 높다. 현재 이런 방식으로 일하는 노동자들의 절반가량이 26세에서 35세 사이의 연령층이다.

작업공간의 가상화는 정보통신기술의 급속한 발전에 의해 더욱 촉진되는데, 이러한 변화는 일과 가정생활의 경계 소멸, 업무 관계의 가상화 심화, 고립 공포(Fear of Missing Out), 급한 일과 중요한 일 사이의 혼란과 같은 결과를 낳고 있다. 이와 같은 상황은 스트레스, 사회불안, 번아웃 등 안전보건에 위험이 될 수 있다. 또한 시차가 있는 근무자끼리는 협업을 위해 개인 시간을 포기해야 할 수도 있다. 정해진 근무시간이 없다 보니 일의 강도가 증가할 수도 있으며, 스트레스와 번아웃으로 이어질 수 있다. 노동자들은 일과 생활 사이의 적절한 균형을 유지할 수 있도록 업무량을 관리할 능력이 필요하다.

가상작업장은 은퇴를 앞두고 일하는 시간을 줄이고자 하는 노동자와 병행 노동자에게는 적절하나, 일이 필요 없는 사람도 일할 수 있는 환경을 제공한다. 이것은 노동시장에서 공급과잉을 발생시켜 직업 불안정성, 낮은 급여, 좋지 않은 근로조건 등을 유발할 수 있다. 고용법제 및 사회보장법제는 이러한 변화를 다루기에는 융통성이 없다. 가상작업장에서 다양한 경험과 관점을 지닌 노동자들이 한 팀을 이루어 함께 일할 경우 많은 갈등이 있을 수 있기 때문에 인력관리가 어려워질 수 있다.

한 명의 노동자가 다양한 직업을 갖고 있을 경우에는 노출되는 건강 위험요소들을 모두 파악하기가 쉽지 않다. 가상작업장 속에서 노동자들은 회사의 관리를 피하고 자신들의 상업적·개인적 데이터를 보호하기 위해 점점 자기 소유의 기기를 사용할 가능성이 높다.

3. 집단작업(crowd-working)과 안전보건

문제를 해결하거나 특정한 서비스 혹은 재화를 구입하기 위해 조직이나 개인이 무제한적으로 다른 조직이나 사람을 접촉할 수 있게 하기 위해 점차 온라인 플랫폼이 활용되고 있다. 새로운 앱인 'Talent Cloud'는 'Task Rabbit'처럼 처리가 필요한 업무와 그 업무에 필요한 인력을 연결시켜 준다. 세계적으로 이러한 집단작업에 참여하는 전체 인력의 수는 2010년과 2011년 사이에 2배로 늘었고 수익은 75% 증가했다.

집단작업(crowd-working)에 속하는 인력은 매우 다양해서 일정한 개념 정의가 어렵다. 다양한 방식으로 온라인상에서 작업 교환이 이루어지고 그러한 거래를 범주화하기 어렵기 때문에 그들이 자영업자인지 프리랜서인지 분류하기가 어렵다. 또한 그들을 고용한 사람이 누구인지 뚜렷하지 않기 때문에 안전보건에 관한 책임, 보험, 법적 의무에 대한 의문도 있다. 고용법제 및 사회보장법제는 이러한 변화를 다룰 만한 융통성이 없는 실정이다.

집단작업을 바탕으로 한 고용이 발생시키는 다양한 근로조건은 사회적 및 심리적 위험을 발생시킬 수 있지만, 기존의 작업환경에 바탕을 둔 방식으로는 위와 같은 위험을 예방하기 어렵다. 예를 들면, 서로 다른 시간대에서 근무하는 사람들끼리는 협업을 위해 개인을 위한 시간을 포기해야 할 수도 있다. 짜인 근무 스케줄이나 정해진 근무시간이 없다 보니 일의 강도가 증가하여 스트레스와 번아웃으로 이어질 수 있다. 팀원들이 다양하고 지리적으로 멀리 떨어져 있기 때문에 인력을 관리하거나 적절한 산업안전보건 훈련을 제공하기 어려울 수 있다. 서로 다른 다양한 경험과 관점을 지닌 노동자들이 한 팀을 이루어 함께 일할 경우 더 많은 갈등이 있을 수 있다.

한 명의 노동자가 다양한 직업을 갖고 있을 경우에는 그가 노출되는 건강상의 위험요소들을 모두 파악하기가 쉽지 않다. 그러나 더 많은 개방형 클라우드 데이터의 활용은 이러한 문제를 해결하는 데 도움이 될 수 있다. 노동자들은 근골격계 문제를 발생시킬 수 있는 인체공학적으로 부적절한 장치를 활용하거나 부적절한 장소에서 일하는 경우가 있을 수 있다. 노동자들은 시력검사를 받거나 작업에 필요한 보호용 렌즈를 구입할 경제적 능력이 없어 시력이 나빠지거나 두통을 앓을 수도 있다.

4. 유동적인 공동작업공간과 안전보건

유동적인 공동작업공간(fluid co-working space)이란 서로 다른 조직에 속한 개인들이 함께 일할 수 있도록 물리적으로 공유된 작업공간을 뜻한다. 회사들은 생산성을 높이기 위해 점차 사무공간을 줄이고 공동의 작업공간을 만들거나 사용한다. 작업공간이 직장을 조금씩 대체해 나가는 상황 속에서 공동작업은 급속히 증가하는 트렌드 가운데 하나다.

2006년 이후 전 세계적으로 공동작업을 위한 공간의 수는 매년 두 배씩 증가하고 있다. 이러한 공동작업공간은 보다 유연한 형식의 업무에 적합하게 디자인되어 있고, 조직과 개인들의 다양한 욕구에 부응하기 위해 회의실과 공동 책상 등을 구비하고 있다. 이러한 시설들은 편안하면서도 전문적인 분위기 속에서 교류를 이어 나가고 아이디어를 공유할 수 있도록 한다.

어떤 사람들은 보다 유연한 분위기의 공동작업공간을 선호할 수도 있는 반면, 어떤 사람들은 자신만의 자리를 원할 수도 있다. 공동작업공간을 활용하는 사람이 지속적으로 바뀌기 때문에 안전보건 관리가 더 어려워진다. 이러한 작업환경에서는 안전보건 책임이 누구에게 있는지가 불분명해지기 쉽다.

5. 인사관리의 변화와 안전보건

정보통신기술의 발달은 원격작업을 증가시키고, 생산성 향상을 위한 노력은 너무 많은 종류의 새로운 인사관리 스타일을 창출한다. 이러한 변화는 데이터를 기반으로 근로자의 위치, 활동, 생산성을 감시하고 모니터링하는 것에서부터 근로자들이 덜 감시받고 더 많은 자율성을 지니게 하며 성과와 혁신에 의해 평가받을 수 있도록 조직 구조를 개편하는 것까지 모든 시도가 포함된다.

증가하는 작업장 모니터링과 스크리닝은 노동자들의 프라이버시를 침해할 수 있다. 노동자들이 모니터링받고 있음을 인지하게 되면 스트레스를 받고 안정감이 떨어질 수 있다. Y세대와 Z세대에 속하는 노동자들은 자신들이 감시받는다는 것을 잘 받아들이지 못하는 경향이 있다. 생산성을 향상시키기 위한 인사관리 방법들은 업무의 강도를 증가시키고, 이는 업무량을 과중하게 만들 수 있다. 보다 수평적인 조직(flatter organizations)에서는 노동자들이 더 많은 자율성과 통제권을 갖게 하므로 그들의 직무만족도와 웰빙을 개선하는 인사관리 방법을 고민해야 한다.

6. 교대근무와 안전보건

교대근무(shift working)는 규칙적으로 낮 시간에 하는 근무를 제외하고, 저녁 혹은 야간에 하는 근무, 윤번교대근무, 분할근무, 대기근무, 24시간 교대제 등을 모두 포함한다. 세계 경기침체 이후, 정기적으로 야간 근무를 하는 근로자의 수는 3백만 명 이상으로 증가했고 (남성 근로자의 14.9%, 여성 근로자의 9.7%), 앞으로도 계속 증가할 가능성이 높다.

교대근무는 근로자의 생활 균형을 교란할 가능성이 높고 이에 따라 질병을 초래할 수 있다. 이러한 질병은 일에 기인한 것인지 생활 습관에 기인한 것인지 알기 어려울 수 있다. 정기적으로 야간에 일하는 노동자일수록 뇌 활동과 관련된 질환에 취약한 것으로 보고되고 있다. 교대근무자의 경우 일과 생활의 균형을 찾지 못하는 경우가 있을 수 있다. 특히 가족과의 불균형을 조정할 능력이 부족한 근로자가 있을 수 있다.

II. 스킬(skills)과 관련된 문제

1. 정보통신기술 활용능력 향상과 안전보건

젊은 세대의 정보통신기술 습득, 인터넷 사용요금 인하, 온라인 서비스의 확대 등으로 사람들의 기본적인 정보통신기술 활용 능력은 성장할 것으로 기대된다. 그러나 국가 간 상당한 차이가 나타날 것으로 예상된다. 온라인을 통한 산업안전보건 가이드와 훈련의 공급은 유용하고 효과적일 수 있다.

2. 정보통신기술 활용능력 격차와 안전보건

영국 3천만 명의 노동자들을 361개의 표준직업코드(Standard Occupation Codes)로 분류한 연구는 ICT(정보통신기술)가 각 분야로 보급됨에 따라 미래에는 전체 일자리 가운데 약 93%가 ICT 활용 능력을 요구하게 될 것이라고 예상했다. 유럽에서 ICT 활용 능력의 수요는 매년 4%씩 증가하고 있고 2020년까지 900,000개의 관련 분야 일자리에 근로자가 채용되어야 할 것으로 예측된다. ICT의 변화 속도는 언어, 수리, 협업 능력은 물론 고급의 ICT 활용 능력을 가진 인력이 더 많이 필요하다는 것을 의미한다. 하지만 현재 이러한 인력은 부족한 상태이고, 그 수준에 있어서 국가 간 상당한 차이가 나타난다. 또한 기술이 진보할수록 기존 디지털 기술은 금세 구식이 될 것이다.

정보통신기술의 중요성이 점차 커짐에 반해 과학·기술·공학·수학을 공부하는 사람의 수는 줄어들고 있기 때문에 이 분야에서 인력의 수요 공급 격차는 더 커질 것으로 보인다. 적절한 ICT 활용 능력의 부재는 안전보건에 대한 지식 부족과 부적절한 안전보건 훈련으로 이어져 위험성을 증가시킬 수 있다.

반면, 빈번한 재훈련의 필요성이 발생하는 상황에서 MOOC(대형 공개 온라인 과정)는 교육과 훈련의 디지털화와 모듈화를 가능하게 할 수 있다. 학습자들의 유형 분석을 통해 대형 공개 온라인 과정의 품질을 향상시켜야 한다.

3. 고도화된 추론능력 필요성 증가와 안전보건

자동화, 인공지능, 로봇 등이 점차 작업공간을 파고드는 상황에서 문제해결능력, 불확실성 상황에서의 판단력, 창의성, 대(對)인간지능 및 감성지능 등과 같이 고도화된 추론능력의 중요성은 더욱 커질 것이다. 앞으로 신입 직원들은 높은 수준의 추론능력을 요구받게 된다. 성공적인 디지털 회사의 직원들은 기술적인 능력과 창의적인 능력을 동시에 갖고 있고, 고용주들은 점점 창의적인 능력을 강조하는 사례들이 많다.

이러한 능력들은 안전보건 위험을 효과적으로 관리하기 위해서도 중요하다. 특히 불확실성, 상호모순적인 정보나 의견, 이해관계 등에 직면했을 때 더욱 그렇다. 또한 이러한 능력은 중대한 사고가 발생했을 경우 비상적인 상황에 적절한 대응을 가능하게 한다.

4. 평생학습과 안전보건

일하는 환경의 급속한 변화와 일하는 기간이 늘어남에 따라 일하는 기간 동안 여러 차례 재교육을 받아야 할 가능성이 상승하고 있다. 학교를 떠난 사람들은 어떤 능력이나 내용을 재교육받아야 하는지 파악하기 어렵다. 안전과 건강에 대한 지식과 이해는 점차 복잡해지기 때문에 고용주들은 작업장에서 산업안전보건 관리를 하기가 더 어려워진다.

5. 일자리 모기지와 안전보건

변화하는 근무 유형들로 인해 근로자들은 스스로 직업 교육을 받아야 하는 상황에서 직업 교육에 필요한 비용을 미래의 잠재적 수입을 담보로 대출을 받아 충당하기도 한다. 미래에는 이러한 일자리 모기지(job mortgage) 현상이 다양하게 나타날 것이다.

노동자들이 자신들의 직업훈련에 대해 더 많은 책임을 담당하게 되기 때문에 작업장에서 안전보건에 대한 지식과 이해는 더욱 다양해질 수 있다. 고용주가 산업안전보건 훈련에 대한 기록을 유지하기 힘들어질 수 있고, 이 때문에 고용주들은 작업장에서 적절하게 산업안전보건 관리를 하기가 더 어려워진다. 그러나 클라우드 기술은 이직자의 교육, 자격, 훈련, 경험에 관한 데이터를 저장하는 데 도움을 줄 수 있다.

6. 빨라지는 지식 이전 속도와 안전보건

즉각적인 글로벌 커뮤니케이션 덕분에 지식 이전 속도가 빨라지고, 이는 노동자들 사이의 기술 이전에 도움이 된다. 이는 산업안전보건 관련 정보의 즉각적이고, 전 세계적인 공유를 가능하게 할 수도 있다.

7. 온라인 교육 접근과 안전보건

점점 네트워크로 연결되고 있는 세계는 가상학습에의 보편적 접근을 가능하게 할 수 있다. 또한 집단지성은 개인의 지능을 보완할 수도 있다. 대형 공개 온라인 과정(MOOC)은 교육과 훈련의 디지털화와 모듈화를 가능하게 할 수 있고, 학습자들의 유형 분석도 가능하다. 온라인 교육 접근은 노동자와 조직이 갖고 있는 경험과 지성을 공유하게 함으로써 산업안전보건을 증진시킬 수 있다. 또한 산업안전보건을 위한 협력을 개선할 수도 있다.

8. 탈숙련화와 안전보건

자동화, 기계 학습, 인공지능의 활용이 증가함에 따라 일부 직업은 탈숙련화(de-skilling)를 촉진하여 사람의 숙련된 능력을 필요로 하지 않게 될 것이다. 숙련도가 떨어지는 인력은 안전보건의 잠재적인 위험이 될 수 있다. 예를 들어 기계의 작동 오류 등과 같은 예상치 못한 사고가 발생할 경우, 숙련도가 떨어지는 노동자는 그러한 상황에 적절히 대응하지 못할 가능성이 높다.

III. 자율 시스템과 관련된 문제

1. 자동화와 안전보건

제조 과정에서의 자동화(automation)는 등장한 지 꽤 시간이 지났다. 하지만 아직도 많은 유형의 작업을 자동화하기 위한 관심은 계속되고 있다. 일정한 법칙에 따라 반복적이고 구조화된 정례적 활동들은 수십 년 내에 모두 자동화될 가능성이 높다. 자동화는 상해나 질병을 유발할 위험이 있는 작업을 피할 수 있도록 해준다. 반면, 미숙련 노동자들은 기계로 대체되어 노동시장에서 퇴출되거나 더욱 불안정한 고용 상태에 처하게 되고, 이는 안전보건 수준의 하락으로 이어질 수 있다.

2. 로봇 및 협력로봇과 안전보건

고도화된 로봇(robot)은 육체노동의 필요성을 크게 감소시킬 것이다. 협력로봇(collaborative robotics)은 점점 복잡한 작업을 스스로 처리할 수 있음은 물론 인간과 협업할 수 있도록 발전하고 있다. 또한 점차 자율적인 방법과 자체학습을 통해 작동하고 있다. 선진경제에서는 대부분의 육체노동이 로봇으로 대체됨으로써 사라질 가능성이 있다. 이것은 노동자들에게 요구되는 능력에 영향을 줄 것이다.

로봇의 발달로 산업안전보건 역시 혜택을 볼 수 있지만, 협력로봇이 작업 과정에서 사람에게 상해를 가할 위험성도 존재한다. 아직 협력로봇은 느리고 무게도 가벼운 편이지만, 앞으로 더 빨라지고 더 큰 힘을 가질 것으로 예상되는 만큼 협력로봇이 노동자들에게 가할 수 있는 상해의 위험성도 더 커질 것이다. 어렵고 위험한 환경의 작업에 로봇이 인간을 대체하는 것뿐만 아니라 로봇은 상해의 위험성을 줄이면서 인간을 보조할 수 있다. 환자를 들어 올리는 로봇이 그러한 사례다.

미숙련 노동자들은 기계로 대체되어 노동시장에서 퇴출되거나 더욱 불안정한 고용 상태에 처하게 되고, 이는 산업안전보건 수준의 하락으로 이어질 수 있다. 협력 로봇과 함께 일하는 사람들은 로봇의 스피드에 압도당해 성과를 올려야 한다는 압박을 받을 수 있다. 미래에 로봇은 작업 스케줄 관리를 담당할 수도 있다. 그렇게 되면 로봇이 인간의 상급자가 될 수 있다. 이러한 상황은 인간이 항상 최상의 효율을 달성할 수는 없다는 것을 로봇이 이해하지 못한 상태에서 벌어질 것이고, 이는 업무 증대, 스트레스, 탈진과 같은 심리사회적 문제로 이어질 수 있다. 또한 작업장에서 성과를 향상시키기 위한 약물 남용이 증가할 수도 있다.

3. 생체공학과 안전보건

생체공학(bionics)은 인간활동을 증대시키거나 장애를 극복하는 데 사용될 수 있다. 외골격(exoskeleton)의 활용이 하나의 사례다. 외골격과 같은 장치에 대한 연구와 개발은 지속적으로 진보하고 있으며 이런 기술의 기능은 향상되고 그 가격은 저렴해지고 있다.

산업안전보건 측면에서 생체공학기술을 활용함으로써 얻을 수 있는 혜택이 분명히 있다. 예를 들면, 무거운 물체의 이송을 도와줌으로써 노동자들의 신체적 무리를 경감시켜준다. 또한 생체공학기술은 고령 노동자들과 장애가 있는 노동자들이 작업장에서 문제없이 일할 수 있도록 도와주기도 한다.

외골격의 고장, 배터리 방전, 오작동 등의 이유로 상해가 발생할 잠재적 위험성이 존재한다. 외골격은 소프트웨어 해킹에 취약하다는 약점도 있다. 작업 중 다른 노동자들과 충돌함으로써 상해가 발생할 수도 있다. 외골격은 그것을 이용하는 사람에게 과도한 자신감을 갖게 함으로써 이 장치를 과용하게 만들 수 있고 이는 위험성 증대로 이어진다.

4. 인공지능(AI)과 안전보건

규칙 기반 의사결정을 행하는 기계들로 대표되는 AI는 점차 스스로 경험을 통해 학습할 수 있게 되고 있다. AI의 활용과 복잡성은 급속히 확장되고 있다. 데이터 마이닝(data mining), 기계 시각(machine vision), 컴퓨터 통계 등이 AI의 주요 발전 분야이다. 정례적이지 않은 사무도 자동화시키는 융합업무소프트웨어(Work Fusion Software)는 AI 발전의 한 사례다. 현재 다양한 AI 프로그램들이 식품산업, 콜센터, 창고 등에서 사용되고 있다.

'디지털 테일러리즘(Digital Taylorism)'은[13] AI 기계들이 인간의 상사가 되는 것을 가능하게 한다. 미래에 AI의 활용으로 자동화될 가능성이 가장 높은 세 가지 직업군은 사무처리, 판매프로세스, 산업공정으로 예측된다. 재무, 법률, 세일즈, 공공행정 역시 자동화될 가능성

---

13   디지털 테일러리즘(Digital Taylorism): 지식노동을 코드화 및 정례화시켜 사람은 낮은 수준의 기술만으로 단순 작업을 하고, 높은 수준의 작업은 컴퓨터 알고리즘이 수행한다.

이 높다. 반면 AI 발전이 어려운 부문도 있다. 창의적인 작업, 사회지능, 세밀한 조작과 인지가 필요한 작업 등은 전산화하기에 어려움이 있다. AI가 자각능력을 갖게 되면 인간성을 말살할 수 있다는 두려움이 AI의 발달을 저지시킬 수도 있다는 주장도 있다.

정교한 AI 알고리즘은 방대한 양의 데이터 분석을 가능하게 함으로써 산업안전보건에 대한 인식을 업그레이드시킬 수 있다. 예를 들면, 사고의 인과관계를 분명히 밝힘으로써 더 나은 의사결정과 예방대책을 제시할 수 있는 것이다. 인간과 컴퓨터는 서로 다른 능력과 역량을 가졌지만 상호보완적이기 때문에 함께 일한다면 강력한 효과를 발휘할 수 있다. IBM의 Watson은 이러한 접근법을 바탕으로 한다.

그러나 미래에 많이 활용될 것으로 보이는 개방형 기계학습 시스템은 산업안전보건에 예상치 못한 영향을 줄 수도 있다. 통합적이고 복잡한 시스템들은 산업안전보건의 측면에서 바람직하지 않은 결과를 낳기도 한다.

사회가 AI 시스템에 더욱 의존하게 됨에 따라 시스템의 안정성과 신뢰성을 확보해야 할 필요가 있다. 사람들이 AI와 함께 일을 한다면 그들은 컴퓨터의 스피드에 압도당해 성과를 올려야 한다는 압박을 받을 수 있다.

5. 인더스트리 4.0과 안전보건

사물인터넷(IoT: Internet of Things)과 사물통신(machine-to-machine communication)은 제조업이 사라지고 있음을 암시한다. 엄청나게 많은 저렴한 가격의 센서들이 상황을 측정하여 그 정보를 인터넷에 보내면, 그 정보들은 실시간으로 엄청나게 많은 양의 데이터로 구축되어 예측 알고리즘과 기계학습을 통해 분석된다. 이러한 정보는 제조업을 위해 자동화된 기계나 로봇에 전달된다. 이런 방식의 거대한 공장들을 'Megafabs'라고 부르고,[14] 현재 반도체 산업에서 그 사례를 찾을 수 있다.

---

14 Megafab(메가팹)은 Mega(초대형) + fab(제조공장, fabrication plant)의 합성어로 '초대형 제조공장'을 의미한다. 반도체 산업의 제조공장이 초대형인 경우가 많아 '초대형 반도체 생산시설'을 가리킬 때 많이 사용하는 용어이다.

일반적으로 정보통신기술의 진보는 노동자들을 위험한 공정과 상황에서 벗어나게 하여 안전한 제조업 현장을 구현한다. 그러나 노동력의 투입을 줄이고 컴퓨터에 의해 통제되는 공장은 복잡성이 증대되면서, 우선, 위험관리 업무가 공장 유지보수 활동과 같은 생산공정의 다른 단계로 이동할 것이다. 한편, 노동자들은 공정에 관여하기보다 컴퓨터와의 상호작용이 많아질 것이다. 이것은 시간이 흐를수록 노동자들의 숙련도가 감소할 수 있음을 뜻한다. 따라서 공정에 문제가 발생할 경우, 노동자들은 해결방법을 찾는 데 어려움을 겪을 수 있고, 이는 안전 문제로 이어질 수 있다.

세계적으로 숙련된 인력에 대한 수요가 급증하면서 미래에 요구되는 정보와 생산을 동시에 다룰 수 있는 능력의 소유자를 채용하기 어려워질 것이다. 이러한 경향은 미숙련 노동자의 채용을 발생시킬 것이고, 이는 안전과 건강에 문제를 유발할 수 있다.

인간과 로봇 사이의 상호작용에서 안전상의 위험이 발생할 수 있다.

고객의 수요에 대응하기 위해 유연하고 급격하게 공장 구조를 바꾸다 보면 공장 내 위험요인들도 계속 변하게 된다. 이 점은 안전상의 위험도를 증가시킬 수 있다. 따라서 구조 변화를 겪은 공장들은 위험성평가를 보다 자주 실시할 필요가 있다.

신소재나 미생물을 다루는 공장에서는 위험물질에의 노출 혹은 폭발의 위험이 존재한다.

6. 3D 프린팅과 안전보건

적층가공(3D 프린팅)은 물질의 연속적인 추가를 통해 디지털 모형에서 직접 3차원 사물을 생산하는 자동화된 공정을 뜻한다. 3D 프린팅은 완성품이나 부품을 한 번에 만들기 위해 첨가제작공정을 활용한다. 3D 프린팅 산업은 급속히 성장하고 있고, 관련 연구개발도 활발하다. 향후 10년 동안 지속적으로 비용도 감소함에 따라 그 활용 빈도는 계속 증가할 것이다. 사람들이 이 기술에 익숙해지면서 소상공인들의 수가 크게 늘어날 수도 있다. 세계 3D 프린팅 시장 규모는 2022년까지 300억 달러 이상에 달하고, 2016년에서 2022년까지 매년 28.5%씩 증가할 것으로 예측된다. 2020년쯤에는 유럽의 3D 프린팅 시장점유율이 미국을 앞설 것으로 보인다.

3D 프린팅이 점차 확대됨에 따라 공장이나 건설 현장에서 노동자들이 기계를 이동시킬 일이 줄어들어 위험성이 감소하기 때문에 산업안전보건 측면에서의 혜택도 기대된다. 그러나 3D 프린팅에 사용되는 분말과 관련해서 안전보건의 위험성이 존재한다. 노동자들이 제조과정에서 이 분말을 흡입할 수 있고, 이 분말은 화재나 폭발을 일으킬 수도 있다. 가내수공업이나 중소기업에서 3D 프린팅을 활용할 경우, 프린터 이용자가 안전하게 사용하고 유지하는 방법을 제대로 숙지하지 못할 가능성도 크다. 이러한 상황은 이용자들을 위험에 노출시킬 수 있다.[15]

3D 프린팅은 제조업을 광범위한 지역으로 분산시키는 결과를 낳을 수 있다. 중소기업, 도소매, 교육 분야에서 3D 프린팅 기계들이 점차 많이 활용되면, 그로 인한 위험 역시 광범위하게 작은 작업 단위로 퍼질 것이고, 이 작업에서 비롯되는 공정의 위험과 독성 물질에 노출되는 새로운 노동자 집단이 발생할 것이다. 이러한 위험성을 막기 위해 산업안전보건 측면의 개입이 필요하지만, 3D 프린팅으로 생산되는 제품은 대량생산이 아니기 때문에 일정한 규정을 만들어 통제하기에 어려움이 있다.

7. 자율주행차와 안전보건

자율주행차(self-driving vehicle)는 공장이나 공항 등 사유지에서 점차 활용되고 있고, 최근에는 공도(公道)에서도 테스트하고 있다. 자율주차 및 충돌회피 시스템 등 자율주행차의 부분적인 기능들은 이미 상용화되고 있다.

자율주행차는 운전자에게 더 많은 휴식시간과 작업시간을 줄 수 있고, 도로교통과 연료효율을 개선할 수도 있다. 또한 기차 이용객들의 선호를 바꿔 도로를 이용하게 할 수도 있다. 자율주행 기술은 다른 운송수단에도 적용될 수 있다. 예를 들면, 쉘(Shell)사는 선원 없

---

15 본문에서 말하는 분말은 주로 3D 프린팅의 재료 가운데 하나인 필라멘트에서 생성되는 분말을 가리키는데, 우리나라에서는 2021년 12월 8일 3D프린터 사용 교사 7명에게서 육종암·유방암 발병이 확인되었다는 보도가 있었다. 박근혜·문재인 정부를 거쳐 학교 5천7백여 곳에 보급된 3D 프린터가 무려 2만 6천여 대에 이른다. (https://science.ytn.co.kr/program/view.php?mcd=0082&key=2021120812021148508)

이 자율적으로 운항할 수 있는 선박을 시험하고 있다.

차량 간 통신(V2V)이나 인프라 간의 연결 확대는 자율주행 기술을 더욱 발전시킬 것이다. IEEE(국제전기전자기술자협회, Institute of Electrical and Electronics Engineers)에 따르면 자율주행차가 2040년까지 전체 도로교통량의 75%를 차지하게 될 것이다. 생산성과 이동성의 향상 덕분에 자율주행차는 새로운 일자리를 창출할 수 있다. 새로운 시장은 디지털 미디어나 전기통신과 같은 분야에서 발생할 것이다.

자율주행차는 교통사고를 상당히 감소시킬 것으로 예상된다. 무엇보다 대형 수송차량의 운행에 있어 교통사고가 많이 줄어들 것으로 보인다. 그러나 자율주행차에 대한 이해가 낮을 경우 사고로 이어질 가능성이 있다. 특히 도로 내에 자율주행차의 비율이 낮을 때 이러한 사고 확률이 높을 것이다. 출퇴근을 위해 자율주행차가 이용된다면, 개인들은 스트레스를 덜 받고 일에 더 집중할 수 있을 것이다. 이 점은 안전보건 측면에서 혜택이 될 수 있다.

8. 드론과 안전보건

드론(drone)은 영화 제작, 미디어, 원거리 조종 및 모니터링 등 다양한 상황에 활용되고 있다. 작업 목적의 활용은 급속히 확대되고 있고, 앞으로 그 활용이 계속 증가하면서 새로운 일자리를 창출할 것으로 기대된다. 농업, 기반시설, 감시·배달 서비스 등의 분야에서는 노동자들이 드론으로 대체될 가능성이 높다. 드론을 이용한 배달은 계속 논의되고 있으며 외곽 지역에서는 시험 운행 중이다. 영국 리즈대학교의 과학자들은 가로등, 구덩이, 파이프 등을 점검하고 관리하는 드론을 개발하는 연구를 수행하고 있다.

드론은 높은 지역이나 좁은 공간에서의 작업, 살충제나 제초제 살포 등과 같이 위험한 조건에 있는 노동자들을 구해 줄 수 있을 것이다. 드론이 기반시설이나 조직의 자산을 모니터링하는 일에도 유용하다고 증명됐다. 그러나 그 숫자가 너무 많아진다면, 그에 따른 문제도 함께 증가할 것이라는 우려가 있다. 드론이 하늘에서 떨어진다면 사람들을 덮칠 위험이 있다. 피해자는 사망에 이를 수도 있다. 또한 기반시설, 비행기, 기타 주요 장치들과 충돌할 우려도 있다. 드론의 충돌이 비극적 사건으로 이어질 수도 있는 것이다.

Ⅳ. 인간-기계 인터페이스 고도화와 관련된 문제

1. 증강현실과 안전보건

증강현실(augmented reality)은 현실 세계의 경관을 배경으로 맥락정보(contextual information)를 동시에 제공한다. 증강현실의 활용은 자동차나 작업환경에서 점차 증가하고 있다. 일반적으로 증강현실은 구글 글래스(google glaces)처럼 이용자의 시야에 정보가 함께 나타나도록 하는 디스플레이어를 통해 제공된다. 하지만 때론 특정 위치에 도달하면 모바일 장치에 맥락정보가 표시되는 방식으로도 증강현실이 발현된다. 증강현실은 이미 물류업, 창고업, 자동차 수리, 항공기 제작 등에 활용되고 있다.

증강현실은 실시간으로 맥락정보를 제공함으로써 유지 보수 작업을 할 때 실수를 줄이는 데 도움을 준다. 잘못된 유지 보수가 사고의 원인이 되는 경우가 많기 때문에 증강현실의 활용은 사고 방지에 기여할 것이다.

노동자가 사다리 위에서 중요한 자료를 확인하면서 두 손을 다 사용해야 하는 작업을 해야 한다면, 증강현실은 그로 하여금 안전한 자료 확인을 가능하게 할 것이다. 모바일 장치를 이용한 증강현실도 건설 부문에서 발생할 수 있는 사고를 줄일 것이다. 예를 들어, 지하에서 작업을 할 때 증강현실은 노동자에게 어느 곳에 전력 케이블이 있는지 미리 알려줌으로써 위험을 방지할 것이다. 그러나 그 성패는 얼마나 정확하고 유용한 정보를 제공하는지와 모바일 장치의 성능에 달려 있다. 증강현실 시스템은 노동자의 주의를 산만하게 하거나 상황 판단을 흐리게 하거나 방향감각을 잃게 할 수도 있다.

2. 가상현실과 안전보건

가상현실(virtual reality)은 가상적인 몰입형 3차원 환경 구축을 위해 컴퓨터 기술을 활용하는 것이라고 정의할 수 있다. 대부분의 가상현실 시스템은 헬멧 장착형 디스플레이로 구성되어 있다. 가상현실은 점차 폭넓게 활용되고 있고, 그 기술도 급속히 발전하고 있다. 가상현실과 관련하여 다양한 하드웨어와 소프트웨어가 출시되고 있다. Google Cardboard,

Samsung GearVR, Oculus Rift, Sony Project Morpheus 등이 대표적이다. 가상현실은 항공운항, 건설, 의료 등과 같은 분야에서 훈련과 작업을 위해 활용되고 있다. 다른 분야에서도 다양하게 가상현실을 시험 적용하고 있는 상태다. 가격이 내려가고 있기 때문에 가상현실 기술은 작업 현장에서 점차 많이 등장할 것이다.

위험을 감수할 필요 없이 가상의 상황에서 현실을 체험할 수 있기 때문에 가상현실은 특히 훈련 상황에서 더욱 안전한 환경을 제공할 수 있다. 폴란드에서는 지게차 운전자들의 훈련을 위해 가상현실이 활용되고 있다.

지금까지 연구에 따르면, 가상현실이 잘 맞는 사람들이 있는가 하면, 가상현실을 경험할 때 메스꺼움을 느끼는 사람도 있는 것으로 나타난다. 가상현실이 멀미를 일으키는지는 아직 불분명하지만 해결이 필요한 문제임에는 틀림없다. 또한 가상현실이 상황 판단을 어렵게 하거나 방향감각을 잃게 할 수 있는 위험도 존재한다.

3. 몰입적 의사소통과 안전보건

몰입적 커뮤니케이션(immersive communication)의 목적은 원거리에 있는 사람 및 장소와의 자연적인 경험과 상호작용을 구축하기 위해 정보통신기술을 활용하는 것이다. 지난 10년간 많은 연구팀이 원거리에 있는 사람·사물·장소를 캡처, 가공, 분석, 전송, 표현하기 위한 수많은 기술을 개발했다. 연구가 일어나고 있는 분야는 보건, 교육, 산업디자인 등이다. 몇몇 전문가들은 현재 텔레컨퍼런싱(teleconferencing)에서 더욱 효과적인 원거리 협업을 가능하게 하는 몰입적 커뮤니케이션의 한 종류인 텔레프레전스(telepresence)로 이행하고 있는 단계라고 말한다.

스크린 기술과 브로드밴드 네트워크가 좀 더 발전한다면, 몰입적 커뮤니케이션도 곧 가능해질 것이다. 가상현실과 증강현실은 몰입적 텔레프레전스를 제공할 것이고, 이것은 산업안전보건과 관련된 다양한 위험들이 발생할 수 있는 온라인 고용 유형들을 촉진시킬 수 있다.

4. 타인의 감각을 통한 인터페이싱과 안전보건

제스처 컨트롤(gesture-control), 안구 추적 기술, 음성인식, 실시간 번역 등과 같은 기술들이 점차 가능해지고 곳곳에서 활용되고 있다.

이러한 기술들은 산업안전보건에 긍정적으로 작용할 수 있다. 대형 수송차량 운전자의 주의력 모니터링을 위한 안구 추적기술, 키보드 작업의 부담을 없애줄 수 있는 음성인식 소프트웨어 등이 대표적인 사례들이다. 그러나 음성인식 소프트웨어의 과다한 사용은 목소리에 부담을 줄 수 있는 위험성이 있다. 이러한 기술들이 작업 현장의 안전에 영향을 미칠 수도 있다. 시스템이 제대로 작동하지 못한다면 사람의 제스처를 제대로 인식하지 못하여 의도치 않은 결과를 발생시킬 수 있기 때문이다.

5. 뇌-컴퓨터 연결과 안전보건

유럽연합의 HIVE(Hypothetical Interacting Viable Experiment, 초상호작용 실행 가능성 실험) 프로젝트는 물리적 침투 없이 뇌와 컴퓨터를 연결하는 인터페이스의 한계를 연구하고 있다. 이 프로젝트의 목표 가운데 하나는 뇌 자극을 통해 자각하도록 만드는 것이다. 이 프로젝트는 뇌와 컴퓨터 사이의 상호작용 및 컴퓨터를 매개로 한 뇌와 뇌 사이의 상호작용을 달성하는 것을 최종 목표로 하고 있다.

휴먼 머신 인터페이스(HMIs)가 지속적으로 전달하는 높은 수준의 인지 부하(認知負荷)에 대해 사람이 어떻게 반응하는지는 알려진 것이 없다. 이러한 인지 부하는 사람의 뇌에 직접적으로 입력될 것으로 보인다. 아직 정확히 발견되지는 않았지만 이러한 메커니즘은 건강이나 안전에 문제를 발생시킬 수도 있다.

V. ICT 서비스 및 인프라와 관련된 문제

1. 소셜 미디어와 안전보건

소셜 미디어(social media)는 개인뿐 아니라 비즈니스를 전 세계적으로 연결시키고 서로 협력할 수 있도록 하는 도구로서 점점 대중적이 되었다. 이러한 추세는 스마트폰의 사용에 의해 더욱 빨라졌다. 비즈니스 세계는 글로벌 인재와 연결될 수 있는 기회를 얻었고, 인력 채용을 위해서 소셜 미디어를 활용하고 있다. 소셜 미디어는 1 대 1 소통을 가능하게 할 뿐만 아니라 집단행동을 부추길 수도 있다.

소셜 미디어는 산업안전보건과 관련하여 메시지를 퍼뜨리고 노동자들을 교육시키는 유용한 도구로 활용될 수 있다. 또한 직장 내 소통을 용이하게 할 뿐만 아니라 전 세계 인력들을 쉽게 동원할 수 있게 한다. 이러한 특징은 업무 강도를 강화시키거나 원거리에서 작업하는 노동자의 건강과 안전을 모니터링하기 어렵게 만들 수 있다. 더욱이 소셜 미디어는 종종 해킹당하기도 하고, 발전소와 같은 기관들이 당하는 해킹의 빌미를 제공하기도 해서 안전을 위태롭게 할 수 있다.

직원들의 소셜 미디어를 스크리닝하는 회사가 점점 늘고 있다. 이러한 스크리닝은 노동자들의 프라이버시를 침해할 소지가 있고, 이는 직업 불안정성과 스트레스를 유발할 수 있다. 소셜 미디어는 사이버 폭력을 위해 사용되기도 하는데, 직장에서 사이버 폭력을 당한 사람들은 불안, 스트레스, 우울증 등을 겪을 수 있다.

2. 클라우드 컴퓨팅과 안전보건

클라우드 컴퓨팅(cloud computing)은 전 세계 사람들이 데이터와 정보를 공유함으로써 함께 일할 수 있도록 해준다. 기업들은 유동적인 작업공간, 유연근무, 협업환경 등을 구축하기 위해 클라우드 컴퓨팅을 활용한다. 이것은 또한 대규모의 아웃소싱과 업무 위탁을 가능하게도 한다. 2020년까지 클라우드를 통해 공유되는 데이터의 총량은 2013년의 두 배를 넘었다.

클라우드 컴퓨팅은 전 세계적으로 엄청난 양의 데이터 공유와 연결망을 만들어낼 것이다. 이 점은 교육, 조언, 지식 공유를 통해 산업안전보건의 지표들을 개선하는 데 도움이 될 것이다. 클라우드 컴퓨팅은 또한 값싸고 빠르게 활용할 수 있는 정보통신시스템을 가능하게 만들 것이다. 이것은 영세한 사업자들과 중소기업들이 손쉽게 새로운 상품을 개발하고 세계 어느 곳에서도 경쟁할 수 있도록 도와줄 것이다. 또한 소규모 사업자들과 중소기업의 수도 점차 늘어날 것으로 보인다. 그러나 클라우드 컴퓨팅에 기반한 작업환경은 결과적으로 업무의 강도를 강화시키거나 노동자들의 근무 환경 모니터링을 어렵게 만들 수 있다.

3. 개방형 지적 재산권 운동과 안전보건

개방형 지적 재산권에는 개방형 소프트웨어, 개방형 표준, 개방형 출판물이 포함된다. 데이터를 전면적으로 개방하지 않는다면 디지털 경제가 진보하지 못할 것이라는 염려가 표출되고 있다. 이러한 경향은 지식 공유와 기술 교환 및 훈련을 활성화시킬 뿐만 아니라 산업안전보건에 관한 정보를 전파하는 데 도움이 될 것이다.

4. 소프트웨어 정의 네트워킹 및 인터넷 프로토콜 버전6와 안전보건

고정식 브로드밴드 가입자는 2005년 2억 2천만 명에서 2014년 7억 7천만 명으로 증가했다. 다양한 종류의 네트워크 기술들이 인터넷을 더 유연하고 민첩하게 만들기 위해 고안되고 있다. 소프트웨어 정의 네트워킹(SDN: software-defined networking)과 'Open Flow'는 현재 가장 진보한 방식이다. 이러한 방식들은 훨씬 안전·투명·유연하고 기능적인 네트워크를 가능하게 해줄 것이다.

인터넷에 연결된 모든 것은 하나의 특정 IP주소를 갖는다. 현재 시스템은 IPv4를 기반으로 하지만 IPv4의 기능을 뛰어넘는 장치들이 출시되고 있다. 이에 대응하여 새롭게 나온 시스템이 IPv6(internet protocol version 6)이다. IPv6는 하나의 장치가 복수의 IP주소를 갖는 것을 가능하게 해준다. 따라서 거의 무한대의 장치가 인터넷에 동시에 연결될 수 있다.

이러한 기술 진보는 세계적인 기술이 업무 현장에도 보급되도록 해줄 것이다. 이것은 회사가 지역에 상관없이 세계에 퍼져 있는 인력을 활용할 수 있도록 해줄 것이고, 노동자들은 조금 더 평등한 상황에서 경쟁할 수 있을 것이다. 또한 산업안전보건에 관한 메시지, 조언, 안내서 등을 더 폭넓은 사람들에게 제공하는 데 도움이 될 것이다.

5. 5G 모바일 기술과 안전보건

5G 모바일 기술은 기존의 사무실 세팅과 자동화를 완전히 대체할 수 있다. 예를 들면, 로봇은 클라우드에 들어와 있는 컴퓨터에 의해 통제될 수 있다. 현재의 암호화 기술은 불필요해질 가능성이 높다. 5G 기술은 2016년 리우 올림픽에서 시범 운영을 거쳐 2020년쯤 유럽에 출시되었다. 5G는 초고속 브로드밴드 및 완벽한 음성을 구현하는 통신서비스를 제공함으로써 4G에 비해 대단히 큰 변화를 선보였다. 완벽한 이동성을 보장하고 일과 가정생활의 경계를 허물고 있다. 또한 시간 지체 없는 즉각적인 글로벌 커뮤니케이션을 가능하게 한다.

이 기술은 손으로 들고 다니는 장치의 사용 빈도를 높일 것이다. 따라서 손과 눈에 무리를 줄 수 있다. 음성 인식은 이러한 문제를 해결해 줄 수 있지만, 음성 인식 소프트웨어의 과다한 사용은 목소리에 부담을 줄 수 있는 위험성이 있다. 이 기술은 언제 어디서나 다양한 정보통신기술 활용을 용이하게 만들기 때문에 일과 가정생활의 경계를 허물 수 있다. 이러한 변화는 업무 스트레스 증가, 업무 강도 강화, 업무 과다 등을 유발할 수 있다.

6. 대형 공개 온라인 과정과 안전보건

대형 공개 온라인 과정(MOOC: Massive Open Online Course)은 모든 사람에게 최고의 강의와 그 자료들을 반복적으로 시청할 수 있도록 해준다. 또한 교육의 디지털화는 학습자들의 성취 수준 분석도 가능하게 해준다.

MOOC는 세계적으로 보다 효과적인 산업안전보건 훈련 및 학습이 이루어질 수 있도록 해줄 것이다. 그러나 그 학습 내용의 질이 보장되어야 할 필요가 있다. 이러한 방식의 교육이 대면교육 방식보다 좋기는 어렵기 때문이다. 관리가 잘 이루어진다면 이러한 기술을 활용하여 안전보건의 위험성을 줄일 수 있을 것이다.

7. 사이버 보안과 안전보건

통계에 따르면, 90% 이상의 미국 회사들이 IT 보안 시스템에 공격을 받는다. 공격 방법은 점차 정교해지고 있어 사이버 공격의 70% 정도는 감지조차 되지 않는다. 미국 국토안보부에 따르면 미국에서 가장 빠르게 증가하고 있는 사이버 공격은 에너지 기반시설과 주요 제조업을 목표로 한 공격이다. 독일의 한 철광회사가 해킹을 당했을 당시 해커들은 용광로를 정지시키기도 했다.

ICT 기반 기술과 빅데이터의 급격한 사용 증가는 사이버 공격에 더 많은 기회를 제공한다. 사이버 보안과 사이버 공격자들 사이에는 치열한 경쟁이 존재한다. 개방형 소프트웨어가 사이버 공격자들에게 유용한 정보를 제공하기도 한다. 많은 기관들이 급격히 진화하는 위협을 견디지 못하고 데이터 보호에 실패할 수도 있다. 따라서 더욱 발전된 IT 암호화가 필요하지만, 반면 이것은 향후 정보통신기술 발전 방향과 상충될 수 있다.

유해·위험 물질이 있는 곳이라면 노동자는 물론 일반인들까지 그 물질로 인해 피해를 입을 수 있다. 특히 이러한 공격이 작업장 외부로 이루어진다면 그 위험은 극도로 높아질 것이다. 만약 민감한 기밀 정보가 회사나 작업장 안에 있다면 사이버 공격으로 인해 정보가 누설되고 혼란이 초래될 수 있다.

사이버 공격은 신원 도용, 데이터 손실, 명성 파괴, 사기 등 다양한 방법으로 손해를 가할 수 있다. 주요 국가 기반시설, 특히 전기 공급 시설에 대한 공격은 수많은 노동자들과 일반인들에게 해를 끼칠 수 있다. 예를 들어 전력 공급이 중단되면 갑작스러운 어둠과 기계의 멈춤 등으로 위험이 닥칠 수 있다. 기계와 로봇이 있는 작업장에 공격이 가해지면 노동자들은 위험한 업무환경에 처할 수 있다.

8. 신소재와 안전보건

다양한 신소재(advanced materials)는 현재 정보통신기술의 성과와 작업환경을 향상시킬 수 있다. 평범한 물질도 나노 규모로 작아지면 놀라운 특성을 보인다. 뛰어난 반응성, 특이한 전기적 습성, 엄청난 강도 등이 그 예이다. 나노기술은 이미 신약, 코팅, 합성 등의 분야에서 많은 제품 생산에 활용되고 있다. 양자역학적 효과도 나노 규모에서 연구되고 있다.

EU의 ARTIST 프로젝트는[16] 분자의 세계와 마이크로 전자공학(microelectronics)의 세계를 연결하기 위해 전산화 작업의 한계를 연구하고 있다. 두 세계가 연결될 수 있다면, 완전히 새로운 나노 규모의 정보처리 기술이 탄생할 수도 있을 것이다. 그라핀(Graphene)은 초고효율 배터리, 얇고 유연한 디스플레이 및 반도체칩을 생산하는 데 사용될 수 있다.

압전물질(Piezoelectric materials)은 압력을 전기로 바꾸는 물질로서 옷의 압력으로 휴대폰을 충전시키는 데 활용될 수 있다. 압전물질을 활용하여 모바일 장치를 충전시킬 수 있다면, 이것은 착용형 장치의 증가로 이어질 것이다. 아직 명확하게 밝혀지지는 않았지만 신소재의 활용은 제조공정에 있는 노동자들의 건강에 위험요인이 될 수 있을 것이다. 몇몇 전문가들은 탄소-나노 튜브가 석면처럼 건강에 위험할 것이라고 주장한다.

VI. 요약: 디지털화의 위험과 대응 전략

디지털화에 따르는 위험과 안전보건 대응 전략을 요약해 보면 다음과 같다.

1. 디지털화에 따르는 위험

첫째, 디지털화와 자동화는 위험 환경으로부터 인력을 안전하게 하지만 새로운 위험을 제기하기도 한다. 특히 기본 알고리즘과 인간-기계 인터페이스의 투명성은 이에 영향을 미친다.

둘째, 디지털화는 작업 유형, 작업 속도, 방법, 장소, 시기, 관리 및 감독 방법 등의 변화를 주도할 수 있기 때문에 심리적·사회적·조직적 요인이 매우 중요해질 것이다.

셋째, 특히 웨어러블 기술 제품의 확산과 보편적 이용이 증가하여 항시 사용 가능성, 업무와 사생활 사이의 모호한 경계, 온라인 플랫폼 경제 등에 따르는 업무 관련 스트레스가 증가할 것으로 예상된다.

---

16 EU의 ARTIST 프로젝트는 유럽연합의 S+T+ARTS(Science + Technology + ARTS) 프로그램의 일환으로, 과학·기술·예술 분야의 협력을 촉진하여 문제 해결과 혁신을 추구하는 프로젝트이다.

넷째, 온라인 작업 증가 및 사무 환경이 아닌 장소에서의 모바일 기기 사용으로 인체공학적 위험이 증가한다.

다섯째, 새로운 인간-기계 인터페이스와 관련된 위험, 특히 인체공학 및 인지 부하와 관련된 위험이 출현한다.

여섯째, 심혈관질환이나 당뇨 같은 비전염성 질환이나 비만에 영향을 미치는 좌식 작업이 증가한다.

일곱째, 사물 및 사람의 상호연결성 증가로 인한 사이버 보안 위험이 증가한다.

여덟째, 자영업자로 취급되어(실제로 그러한지 여부와는 별개) 기존의 산업안전보건 규정 범위 밖에 있는 근로자가 증가한다.

아홉째, 온라인근무 및 유연근무의 증가와 함께 현재의 안전보건관리 메커니즘을 적용할 수 없는 알고리즘 및 AI의 도입으로 새로운 종류의 비즈니스 모델 및 고용 계층이 나타난다.

열째, 업무와 근로자의 알고리즘 관리, AI, 웨어러블과 같은 모니터링 기술, 사물인터넷 및 빅데이터는 근로자 데이터에 대한 통제로 이어져 데이터 보호 문제, 윤리적 문제, 안전보건 정보 불평등, 근로자에 대한 성과 압박 등의 문제를 야기할 수 있다.

열한째, 디지털 기술을 사용하고, 변화에 대처하며, 일과 생활의 균형을 관리하는 데 필요한 기술이 부족한 근로자가 나타난다.

열둘째, 근로 수명이 연장되면서 직업 변경이 잦아진다.

2. 안전보건 대응전략

첫째, 디지털화에 따른 행동 강령을 위한 윤리적 프레임워크를 개발할 필요가 있다. 특히 AI의 경우, 정교한 AI가 배치되기 전에 알고리즘의 적절한 거버넌스를 보장하고 감독해야 한다.

둘째, 이용자(근로자) 중심의 디자인을 접근 방식으로 채택하고, 조직 내의 통합적인 강력한 '설계를 통한 예방' 접근 방식을 강구할 필요가 있다.

셋째, 양질의 안전보건을 촉진하기 위하여, 디지털 기술 개발의 연구 및 혁신에 대해 학계, 산업계, 사회적 파트너 및 정부 간 협력하여야 하며, 이에 인간적인 측면이 충분히 고려되도록 한다.

넷째, 자동화 및 작업 프로세스의 구조에 가장 적합한 작업을 식별하기 위한 디지털화 전략의 구현에 그러한 기술의 지원을 받을 근로자가 참여하는 것이 중요하다.

다섯째, 디지털화와 정보통신기술이 제공하는 전례 없는 기회를 활용하여 안전보건 과제와 관련된 가능한 모든 영향을 고려한 첨단 작업장 위험성평가가 수행되어야 한다.

여섯째, 새로운 시스템과 새로운 작업 방식과 관련하여 안전보건의 책임을 명확히 하는 규제의 틀을 마련해야 한다.

일곱째, 근로자들이 디지털화된 업무 프로세스를 완전히 이해하고 안전하게 업무를 수행하는 배우기에 적합한 교육 시스템 및 훈련 과정이 필요하다.

여덟째, 디지털 근로자에게 효과적인 안전보건 서비스가 제공되도록 해야 한다.

제3장

지금 눈앞에 마주한 미래

제1절 법 및 정책 정비 방향

Ⅰ. 고용 및 노동의 변화

1. 집합노동 및 분절노동 활성화

사람과 기기, 네트워크가 긴밀하게 연결되는 초연결사회(hyper-connected society)가 도래하였다. SNS 등 네트워크가 단순한 정보와 소식을 전달하는 수단에서 업무와 관련된 전문적인 정보를 교류하고 상호 피드백을 주고받는 수단으로 변화하고 있다.

수요자가 요구하는 대로 서비스, 물품 등이 네트워크를 통하여 제공되는 온디맨드 경제(on-demand economy)의 활성화로 인해 기업과 사람들이 프로젝트에 따라 집합적으로 일을 하거나 분절해서 일을 하는 새로운 근로 형태가 더욱 확산될 것으로 전망된다.[17]

2. 고용 환경의 불안정성 심화

구인·구직 방식이 변화함에 따라 일자리의 의미가 조직 중심에서 개인 중심으로 변화한다. 조직 주도가 아닌 개인 주도로 경력을 개발하고 프로젝트 기반으로 일을 하는 경우가 많아진다. 기업은 소속감과 공간 공유라는 개념에서 벗어나 개인의 경제활동을 사회와

---

17 이 절은 다음을 참고하였다. 부족한 부분은 저자의 견해로 보완, 수정하였다. 산업안전보건공단, 노동환경 변화에 따른 안전보건정책의 미래전략 방안 연구, 2017. 10.

연결하는 매개체로서의 역할이 더욱 강화될 것이다.

이처럼 기업문화가 변화하면 고용 환경의 불안정성은 커질 것이다. 같은 공간이 아닌 각자의 공간에서 일을 할 수 있어 근로시간과 장소의 경계가 모호해진다. 근로자를 보호해주던 근로기준에 관한 법과 제도의 영향력이 감소되어 고용불안이 심화될 수 있다.

3. 인력 수요의 변화

서비스업의 인력 수요가 증가하면서도 자동화, 디지털화, 온디맨드 경제화 등으로 인력 채용의 증가로 이어지지 않을 가능성이 높다. 한국의 서비스업 고용 비중은 2015년 기준으로 전체 일자리의 70.1%를 차지하고 있으며(기획재정부, 서비스경제 발전 전략, 2016.7.5.), 향후 서비스업의 중요성은 더욱 커질 전망으로 고용비중 또한 앞으로 더 증가할 전망이다.

인공지능, 로봇 등의 기술이 진보됨에 따라 고숙련과 저숙련 고용자의 고용률은 큰 변화가 없지만, 단순 반복적이고 자동화되기 쉬운 중숙련 직업들은 감소할 것으로 예측된다. 국내의 경우, 노동시장 전체 일자리의 55~57%가 향후 수십 년 사이에 컴퓨터에 의해 대체될 확률이 높은 것으로 분석되었다.[18]

4. 산업구조 변화

3D 프린팅 등 스마트 기술의 발달로 소비자들이 스스로 물건을 만들어 활용할 수 있는 시대가 도래하여 물품 생산의 형태가 변화하였다. 또한 유튜브, 페이스북 등 개인 미디어의 영향력이 확대되면서 1인 인터넷 기업이 활성화되는 등 1인 기업, 즉 자가고용(self-employment)이 증가하였으며 앞으로 더욱 확대될 것이다.

플랫폼의 시대가 도래하여 오프라인과 온라인을 잇는 O2O 커머스가 등장하였다. '카카

---

18   한국노동연구원, 기술진보에 따른 노동시장 변화와 대응, 2015.12.30. 이 보고서는 Carl Benedikt Frey & Michael Osborne, "The Future of Employment: How Susceptible Are Jobs to Computerisation"(2013)의 직업별 컴퓨터 대체 가능성 추정치를 한국 직업 통계에 매칭하여 분석한 결과 한국 전체 일자리의 55~57%가 대체 확률이 높은 '고위험군'에 속한다고 추정하였다.

오드라이버', '배달의 민족' 등 스마트폰 앱을 이용하여 오프라인 리테일의 마케팅과 지역 제한성을 해결하는 사례가 늘어난다.

5. 인간–기계 인터페이싱

2003년 빌 게이츠가 제안한 심리스 컴퓨팅(seamless computing)은 컴퓨터와 스마트폰 등 다양한 디바이스들을 하나의 인터페이스로 통합해 사용자에게 항상 똑같은 환경을 제공한다. 심리스 컴퓨팅을 통해 구현되는 환경에서는 언제 어디서나 일할 수 있는 유연한 근무형태가 일상화되어 일하는 방식이 대대적으로 변한다.

이런 환경은 변화하는 기업문화와 시너지를 일으켜 생산성과 효율성을 극대화시킬 수 있을 것이다. 그러나 시간과 장소에 얽매이지 않고 업무를 수행하는 근무형태는 '저녁 없는 삶'을 초래하는 등의 부작용을 낳기도 한다.

II. 법과 정책의 변화 방향

1. 변화의 필요성

현재의 산업안전보건정책은 미래전략을 충분히 반영하고 있는지 미지수이다. 현행법은 사업장의 경계가 모호해지고 다양한 직종의 특수형태근로종사자가 발생하는 현실에 대응하는 데 한계가 있다. 산재보험법의 특수형태근로종사자에 대한 직종별 적용방식은 기존 특수형태근로종사자 및 향후 발생하는 다양한 취업형태를 포괄하지 못한다. 취업형태의 다양화에 대응하여 산업안전보건법의 재정비 및 산재보험, 고용보험 등 사회보험의 적용범위 확대가 필요하다.

후진국형의 중대재해가 아직도 빈발하고 있는 가운데 새로운 안전보건 위험요소가 속속 출현하고 있다. 법의 규제 방식이 산업화 시대의 기계공업 중심으로 고안되어 있다. 재래형 사고의 예방을 위한 법과 정책이 중요한 현실이면서, 정보화와 자동화, 디지털 시대에 효과적으로 대응할 수 있는 안전보건 규제의 틀이 필요한 상황이다.

2. 외국의 예

먼저 영국이 선택한 전략목표는 산업재해와 직업병 발생을 감소시키는 새로운 접근법을 개발하고, 안전보건 접근법과 여타 정부 프로그램을 연계시켜 최대한의 결과를 내는 것이다. 이를 위해 직업관련 위험예방과 작업환경의 변화에 따라 안전보건규정을 정비하고, 효과적인 안전보건경영이 이익을 불러오는 메커니즘을 규명한다. 또한 보험제도를 이용하여 산업재해가 초래하는 비용의 분배 문제를 규명하여 사업주에게 안전보건활동에의 참여를 촉진하고자 한다.

미국의 경우 산업 전반에 걸쳐 지식기반 근로자의 수요가 증가하고 있으나, 주요 산업에서는 공급 부족 현상이 일어나고 있다. 이러한 실정에 맞추어 미국 노동부는 2003년부터 2008년까지 산업안전보건 4대 전략목표를 세웠다. 미국 노동부는 양질의 사업장을 조성하기 위해 공정하고 효율적인 법규 시행, 지원과 교육 그리고 법규 준수 지원 확대, 마지막으로 협력과 자율 프로그램 장려라는 정책을 시행하고 있다.

일본의 경우 고용 및 노동 환경의 변화, 규제개혁과 세계화에 대응하기 위하여 새로운 산업안전보건 접근을 모색하면서 사업주 및 근로자에 의한 자율적 안전보건활동 추진을 강조한다. 주기적으로 노동재해방지 5개년 계획을 수립하여 시행한다. 최근의 목표는 무사망재해를 위한 중소기업의 안전보건 확보와 업무상 부담 가중에 따른 보건대책, 그리고 취업형태의 다양화 및 고용의 유동화에 대응하는 것이다.

3. 변화의 10대 방향

첫째, 산업안전과 보건에 관한 법제의 내용을 정비하고 형식을 간소화할 필요가 있다. 현재의 법제는 산업안전보건법과 중대재해처벌법이 중심이 되어 있으나, 산업안전보건법은 '종이호랑이'라고 할 정도로 법의 실효성이 비판받고 있고, 중대재해처벌법은 과잉 형벌 시비, 책임 범위의 모호함 등으로 위헌 논란이 있다. 두 법의 장단점과 산재예방 효과를 분석하여 통합 법률을 제정하여 시행할 필요가 있다.

둘째, 산업안전과 보건을 위한 법과 제도가 종래의 패러다임(paradigm)에서 탈피하여야 한다. 경제와 사회와 노동자는 서비스업·사람중심·임시고용·이동노동으로 옮아가고 있는데 산업안전보건법은 여전히 제조업·조직중심·평생고용·고착노동을 전제로 제정되고 운용되고 있다. 상징적인 논의이기는 하나, 법의 제목조차 여전히 '산업'안전보건법이다. 일하는 '사람'이 아닌 일하는 '장소'의 안전과 보건인 것이다. 법의 내용과 규율 형식에 대한 전면적인 재검토와 새로운 입법 체계가 필요하다.

셋째, 재해예방에 대한 접근법이 달라져야 한다. 우리나라는 1964년 산재보험제도의 시행과 1981년 산업안전보건법의 제정으로 산업재해의 보상과 예방의 형식적인 틀을 완성하였다. 산업재해 문제는 지금까지 산업공학(안전), 의학 및 간호학(보건) 영역에서 주로 논의되고 지금도 지속되고 있다. 하지만 이제는 그와 같은 공학적·보건학적으로 필요한 기술적 조치들을 몰라서 안전보건대책을 시행하지 못하는 경우는 드물다. 필요한 것은 재해예방에 필요한 공학적·보건학적 기술조치가 무엇인지 알면서도, 시행하지 않는(또는 시행하지 못하는) 문제를 어떻게 해결할 것이냐 하는 것이다.

넷째, 더구나 현행법과 정책은 고용형태의 다양화가 제기하는 안전보건 문제에 해결 대책을 제시하지 못하고 있는 상황이다. 최근 고용형태가 다양화되고 사내하도급을 포함한 중층적인 고용이 확산되면서 안전보건 수준이 향상되지 않는 상황에 있다. '위험의 외주화'에 대한 사회적 논의가 활발하다. 이러한 문제 제기에 대해서는 '구조적 원인'에 대한 접근이 필요하다. 정부 정책과 행정이 반복하여 외치는 공학적·보건학적 기술은 민간 기업에서도 다 아는 것들이다. 문제는 '구조적 원인'에 대한 대책이 필요한 상황이라는 것을 인식하는 것이다.

다섯째, 산업재해 예방 문제를 경제적·경영적 측면에서 접근할 필요가 있다. 사내하도급 구조로 인해 하청은 원청으로부터 공기단축 요구를 받고, 자체적인 설비투자가 불가능한 실정이다. 사내하도급 노동자의 잦은 이직과 열악한 처우가 문제가 되며, 산재예방 측면에서 하청은 안전보건교육 및 산업안전보건위원회에서 배제되고, 위험공정의 사내하도급화, 사내하도급 관리체계의 공백, 이원화로 인한 소통의 공백 등의 문제가 있다. 이러한 이중구조의 문제는 법적으로가 아닌 경영적 측면에서 해결방안을 찾는 것이 효과적이다.

안전보건관리의 사각지대에 있는 하도급 노동자들의 안전보건을 보장하기 위하여 지체된 안전보건제도 및 관리 수준을 끌어올려야 한다.

여섯째, 산재보험의 적정한 운영이 필요하다. 특히, 보상 측면에서 산재은폐 및 공상처리 강요, 산재보험 적용 시 불이익과 질병재해가 불인정되는 등의 문제가 여전하다. 이는 산업재해 통계를 왜곡할 뿐만 아니라, 도덕적 해이를 조장하기도 하는 커다란 문제이다. 산재보험의 공보험(公保險) 성격을 유지하면서도 민영 손해보험의 운용 실태를 참고하여 그 장점을 취할 방안을 찾아야 한다.

일곱째, 우리나라에서 발생하는 사망재해는 많은 부분을 건설공사가 차지하고 있는 실정이다. 현재와 같은 시공자 중심의 안전보건 관리체계로는 정부의 규제와 간섭을 통해 단기적으로는 건설공사 재해율을 감소시킬 수는 있으나, 장기적으로 한계에 직면할 수밖에 없다. 자발적인 안전보건 관리체계가 수립되어 안전에 대한 인식 변화를 이끌어야 하며, 특히 건설공사 재해율의 80%를 차지하는 소규모 사업장의 재해율을 감소시키기 위해서는 자발적인 안전의식 향상이 필요하다. 발주자가 적극적으로 안전보건관리를 이끌도록 하는 것이 필요하다. 이를 위하여 발주자가 특성에 맞게 효율적으로 책무를 수행할 수 있는 다양한 방법을 제도적으로 뒷받침해야 한다.

여덟째, 산재보험 제도의 혁신이 필요하다. 산업재해 예방을 위해서는 보험이 일정한 역할을 하여야 하고, 할 수 있다. 우리 산재보험의 법과 행정은 보험 제도가 속성으로 갖추고 있어야 할 사고예방 기능이 매우 취약하다. 위험성평가 및 사업주 노력으로 구성된 산재예방요율제도가 비과학적으로 설계되어 있고 중구난방으로 시행되고 있다. 보상에 있어서 피재자의 중과실을 전혀 반영하지 않는 이상한 형식으로 되어 있다. 부분보험 제도도 전혀 실시하지 못하고 있는 실정이다.

아홉째, 첨단기술과 신공법, 신물질에 대비한 안전보건 전략 수립을 위한 법 정책적 토대를 마련해야 한다. 법 만능적 사고방식에서 탈피하여 기업 자율적으로 규제하는 방식을 대대적으로 시행해야 한다. 이를 위하여 위험성평가에 대한 최대한의 정보를 제공하고 정보의 전파에 힘을 쏟아야 한다. 법 집행, 특히 벌칙의 적용에 있어서 기업의 자율성을 최대한 보장해 주는 방향으로 운용하여야 한다. 이에 대하여 자율적 규제를 촉진하는 정책 수단을 강구해야 한다. 산안법상으로도 일정한 기준을 준수하지 않는 사업주에 대해서는, 산업재해가 발생하지 않더라도, 제재를 가할 수 있는 제도를 활성화하여야 한다.

마지막으로, 산재 발생에 대한 책임을 묻는 제재의 수단이 기본적으로 인신의 구속과 같은 '형벌적 제재'가 아닌 '경제적 제재'가 되어야 한다. 산업재해는 기본적으로 경제적인 현상이며 법적으로는 '과실'로 판단되는 것이 일반적이다. 이렇게 '과실'에 의하여 발생하는 산업재해에 대한 제재의 정도는 '안전 보건 기준을 준수하는 데 소요되는 비용'보다 '산업재해가 발생했을 때 지불해야 할 비용'이 훨씬 크게 하여야 한다. 이를 위하여 사망재해에 지급되는 산

[칼럼] 산재예방을 위한 법과 정책. 효과 좀 따져봅시다

과거 국민생명 지키기 3대 프로젝트를 추진한 문재인 정부는 24년간 방치해 기형이 돼버린 법을 정비하고 위험작업 도급제한, 사망재해 징역 7년 등 처벌 강화를 보강하여 산업안전보건법을 전면 개정하였다. 안전감독관을 400여 명에서 800명 이상으로 증원했다. 고용노동부에 산업안전보건본부를 만들고, 지방의 안전감독 부서를 대폭 보강했다. 주요 재해유형인 추락·끼임 사고 예방에 집중하기로 하고 현장 순회 안전 패트롤카를 800대 가동하였다.

국민생명 지키기 3대 프로젝트, 김용균법, 산안법 위반 치사죄 양형기준 상향, 안전감독관 대폭 증원, 예산 증가… 모두 산업재해를 줄이자고 하는 일이다. 하지만, 산업재해는 줄지 않고 있다. 강압적 산재 예방 정책도 단기적으로는 산업재해 감소를 낳을 것이다. 하지만 겁주기식 정책이 지속된다면 산재의 장기적인 하향 안정세를 기대하기는 어렵다. 처벌을 피하려고 산재를 은폐하는 사례가 늘어날 수 있다. 정규직보다 비정규직의 희생이 많은 현실 문제가 악화할 수도 있다. 영세 소규모 사업장의 산업재해가 더 나빠질 것이란 우려도 나온다.

사고와 재해는 법이 없거나 처벌이 느슨해서 발생하는 것이 아니라는 것이 선진국의 경험이다. 우리나라의 안전공학 수준이 낮은 것도 아니며 안전기술이 부족한 것도 아니다. 강력한 법, 인력과 예산의 집중 투자, 엄중 처벌과 같은 정책도 중요하다. 근본적으로는 기업, 학교, 가정, 지역공동체 등 사회 전반에 걸친 안전문화의 확산이 중요하다.

현장 안전관리자들의 목소리를 가감 없이 전하자면 다음과 같다.

"법이나 제도는 상당한 수준이나 직접 일하는 작업자나 감독자들의 안전의식 수준은 아직까지 후진국 수준이다."

"안전시설이 있어도 자기가 작업하기 불편하면 무시하고 자기 편한 대로 한다. 지적하면 달려든다."

"법만 달랑 만들어 놓고서 자기 할 일을 다 했다고 뒷짐 지는 감독 기관 공무원들의 의식이 바뀌어야 한다."

재보상금의 일정 배율 이상을 예컨대 과징금으로 부과하는 방식을 고려할 수 있다. 다른 측면에서는 산업재해 예방에 노력하여 산재보상금이 현저하게 적게 지급되는 기업에 대하여는 현행 개별실적요율을 대폭 확대하여 산재보험료를 대폭 절약하는 혜택을 줄 필요가 있다.

제2절 스마트공장의 안전보건

Ⅰ. 스마트공장과 공장자동화의 차이

스마트공장(Smart Factory, 지능형 공장)은 설계, 개발, 제조, 유통, 물류 등 생산 전체 과정에 정보통신기술(ICT)을 적용하여 생산성, 품질, 고객 만족도 등을 향상시킬 수 있는 지능형 공장이다. 공장자동화(Factory Automation)의 연장선상에 있으며, 생산시설을 무인화하고 관리를 자동화한다는 공통점이 있다. 그러나 공장자동화는 단위 공정별로만 최적화가 이뤄져 있어 전체 공정이 유기적이라고 보기 어려운 반면, 스마트공장은 전후 공정 간 데이터를 자유롭게 연계할 수 있어 총체적인 관점에서 최적화를 이룰 수 있다.[19] 스마트공장의 특징은 다음과 같다.

1. 연결성

스마트공장에는 ICT와 제조업 기술이 융합해 공장 내 장비, 부품들이 연결되어 상호 소통을 한다.

2. 유연성

다품종 복합(대량 및 소량) 생산이 가능한 유연한 생산체계를 갖추고 있다. 이제까지의 생

---

19   다음을 요약 정리한 것이다. 김수근, 4차 산업혁명과 안전보건: 스마트공장의 작업조직과 안전보건, 산업보건협회지, 2019.

산자 중심에서 소비자와 수요자 중심의 생산체제로 변경되어 개방형 제조 및 서비스를 통한 개인 맞춤 생산을 한다.

3. 지능성

스마트공장은 변화하는 여건에 따라 스스로 의사결정을 내림으로써 능동적으로 대응한다.

Ⅱ. 스마트공장의 모습과 주요 기술

스마트(Smart)란 대상물이 사람다워지는 경우라고 할 수 있다. 이는 다음 세 가지 특징적 요소를 갖게 되는 것이 일반적이다. 첫째, 사람의 피부와 같이 외부의 변화를 감지할 수 있는 감지 기능을 갖는다(Sensor). 둘째, 사람이 갖고 있는 두뇌의 역할로 감지된 변화를 판단해 어떤 조치가 이루어지도록 조절하는 기능을 갖는다(Controller). 셋째, 판단에 따라 결정된 실행 방식이 조치되게 하는 기능, 즉 근육의 역할을 수행하는 기능을 갖는다(Actuator).

스마트공장은 이러한 세 가지 기능이 적용되어, 각각의 기능이 일체화된 사람처럼 유기적으로 연계되어 작동하는 공장을 의미한다. 스마트공장의 성공적 정착을 위해서는 일반적으로 'Sensor → Controller → Actuator' 기능의 순환적 구조를 갖추는 것이 효율적이다.

스마트공장을 구축하기 위해선 '9대 기술을 적용해야 한다'는 쪽으로 점차 그 의견이 모아지는 추세다. 현재 언급되는 '9대 기술'은 다음과 같다. 각각의 기술들은 서로 유기적으로 작용하며 비로소 모든 제조업체들이 목표로 하는 스마트공장의 모습을 만들어 낸다.

① 산업용 사물인터넷(IoT)
② 사이버 물리 시스템(CPS)
③ 클라우드 컴퓨팅
④ 가상현실(VR)
⑤ 증강현실(AR)

⑥ 빅데이터

⑦ 인공지능(AI)

⑧ 5G

⑨ 스마트 머신

한편, 빅데이터(Big data), 사물인터넷(Internet of Things), 사이버 물리 시스템(Cyber Physical Systems), 컴퓨터 네트워크(Computer networks), 코보틱스(Cobotics), 인공지능(Artificial Intelligence) 및 컴퓨터 시뮬레이션(Computer Simulations)이 작업조직에 미치는 변화와 영향에 논의가 필요하다. 다음 표는 이러한 기술의 도입과 관련된 일부 사항을 요약한 것이다.

도표 3-5. 스마트공장과 관련된 기술의 잠재적 영향

기술	장점	단점
빅데이터	- 무제한 데이터 수집 - 불확실성 감소 - 행동 분석 및 오류 예측을 위한 용량 향상	- 데이터 신뢰성 하락 - 데이터 선택 기준 불확실 - 개인 데이터 기밀성 하락
사물인터넷- 사이버 물리 시스템	- 장비/기계 및 검출기 간의 상호 작용과 비정상적인 상황의 검출 개선 - 프로세스 모니터링 및 제어 개선 - 원격 모니터링 및 제어	- 네트워크 신뢰성 하락 - 사이버 보안 침해 우려
코보틱스	- 유연성 및 접근성 향상	- 작업자의 신뢰성, 근접성 및 작업자의 상호작용의 예측 불가능 장치들 - 표준 부재
인공지능	- 위험 요소 학습 및 신속한 인식 - 시기적절하게 의사 결정	- 불확실한 신뢰성 - 잠재적 변이 - 표준 부재
컴퓨터 시뮬레이션	- 작업 시나리오 및 방법의 평가 및 비교 개선 - 원천 예방	- 모델의 신뢰성 및 견고성 불확실

III. 스마트공장의 경영환경과 노동자의 역할

일반적으로 사물인터넷, 빅데이터 및 유비쿼터스 혁명과 같은 기술요소들을 생산강화(Reinforcing production) 수단으로 간주하지만, 새로운 기술들은 우리에게 향상된 건강, 편의성, 생산성, 안전 및 사람과 조직에 대한 더 유용한 데이터, 정보 및 지식과 같은 많은 변화를 약속한다.

그러나 새로운 기술요소들의 잠재적인 단점은 개인의 사생활에 대한 도전, 지나친 기대감, 인간을 당황하게 하는 기술적 복잡성 증가 등을 제시하였다. 기존의 전통적인 경영과학(Management Science)과 관련하여 이러한 도전들의 의미를 진지하게 논의할 때가 되었다.

나아가 로봇공학, 인공지능, 자동화 등 기술 분야의 변화는 모든 종류의 지능과 스마트함을 증가시키고 있으며 조직문화(Organizational Culture)를 빠르게 변화시킬 것이다. 조직 프로세스(Organizational Processes)는 지식기반 의사결정(Knowledge-based Decision Making)을 형성한다. 빅데이터의 활용처럼 스마트 솔루션을 개발하고 활용하는 것은 개방형 시스템 사고의 중요성을 강조한다. 예를 들어 디지털화된 서비스는 서비스 제공자와 사용자 사이에 새로운 인터페이스를 생성할 수 있다.

또한 스마트공장이 확산되면 노동자는 대량생산 작업의 수행자에서 기계의 감독자로 변화하게 될 것이다. 독일의 유명한 글로벌 컨설팅사 롤랜드버거는 이를 '육체 작업자(Physical Worker)'에서 '디지털 감독자(Digital Supervisor)'로 변화하게 될 것이라는 설명으로 표현한다. 현장에서 조업하던 작업자는 이제 전체 생산일정과 로봇에 동작을 입력하는 작업계획관리 업무를 주로 하게 된다. 나아가 공정작업뿐만 아니라 각종 플랫폼 노동과 데이터 분석결과를 받아서 설비의 고장을 사전에 예측(Prediction)하거나 예방(Prevention)하기 위해 소프트웨어를 변경하는 보전업무(Maintenance)를 동시에 수행하게 될 것이다.

결국 현장 노동자는 스마트 설비를 조작하고 운영 현황을 모니터링하는 기계의 관리자로서 역할을 수행하게 될 것이다. 전사적으로 모든 생산 및 서비스 과정에 걸쳐 진행되는 기술변화에 대처하기 위하여 인력의 단계적 전환 배치가 필요하다. 스마트공장 인력의 역량 강화, 배치전환, 구조조정 등 변화과정을 안정적으로 관리하기 위한 인력운영계획을 수립하여 시행해야 한다.

Ⅳ. 스마트공장의 안전보건 기술

최근 지능형 센서(Intelligent Sensor), 사물인터넷, 사이버 물리 시스템 및 컴퓨팅의 발전으로 인해 산업안전보건(OHS)에 관한 수많은 애플리케이션이 시도되었다. 이런 종류의 지능형 장치(Intelligent Device)의 사용은 작업방법을 변경시켰고 생산공정에 복잡성을 더했다. 이러한 초기 문제에 대한 해결책으로서 '개인화된 동적 위험관리 패러다임(Personalized and Dynamic Risk Management Paradigm)'에 기초한 좀 더 역동적인 산업안전보건 개념체계가 제안되고 있다.

한편, 전자 및 정보통신기술(ICT) 분야의 역동적인 발전과 센서 기술의 발전으로 실제 물체 및 환경의 다양한 물리적·화학적·공간적 특성을 파악하기 쉽고 결과를 신뢰할 수 있으며 비교적 저렴한 비용으로 측정할 수 있는 상태가 되었다. 이러한 진보로 인해 주변 지능(AmI: Ambient Intelligence), 스마트 환경(SE: Smart Environment), 사이버 물리 시스템(CPS: Cyber Physical Systems), 유비쿼터스 컴퓨팅(Ubiquitous Computing), 광범위한 컴퓨팅(Pervasive Computing)과 사물인터넷(IoT: Internet of Things) 등의 용어로 문헌에 나타나고 있는, 다소 중복되고 상호 관련성이 있는 새로운 개념의 출현을 촉발시켰다. 언급된 개념은 산업 4.0(Industry 4.0) 및 스마트공장과 같은 제조와 관련한 새로운 개념(New Manufacturing Concept)과 직업안전보건(OSH)과 관련된 다양한 다른 탐사 분야를 포함하여 생명과 인간 활동의 모든 부문과 영역을 정복하기 시작하고 있다.

이러한 ICT 분야의 혁신은 일반적으로 업무와 생활의 질에 긍정적인 영향을 미치며, 사람과 시스템의 기능적 성과 향상으로 이어지고, 현대사회에서 심오한 변혁에 기여한다. AmI 및 IoT 개념의 개발과 함께 산업안전보건 분야에서도 혁신적인 ICT 애플리케이션을 적용하려는 시도가 있었다. 건강과 생명에 직접적인 위험이 발생할 수 있는 상황에서 새로운 스마트 재료(SM: Smart Materials) 및 웨어러블 전자장치(Wearable Electronics)가 장착된 개인보호장비(Smart PPE)를 이용해서 노동자를 보호하려는 것이다. 여기에는 일반적으로 인명구조작업이나 열악한 환경 또는 복잡한 위험이 존재하는 작업현장에서 수행되는 활동이 포함된다. 새로운 센서 기술(New Sensor Technologies)은 소음, 유해물질노출, 방사선 및 고온 또는 저온과 같은 유해·위험 요인을 실시간으로 모니터링하여 산업안전보건을 개선할 수 있는 수많은 가능성을 제공한다.

또한 ICT 애플리케이션은 위험식별 및 위험관리와 관련된 산업안전보건 관리의 다른 주요 기능을 용이하게 할 수 있다. 이러한 기능은 주요 생리학적 매개변수(예: 체온, 심박수, 호흡률 등)를 측정하여 노동자의 건강 상태, 작업 쾌적성(Work Comfort) 모니터링(예: 속옷 온도 및 습도, 작업 자세), 잠재적으로 위험한 물체 또는 위험이 높은 지역에 대한 노동자의 지리적 위치, 개인보호구에 의해 제공되는 전류보호레벨 모니터링, 노동자가 사용하는 개인보호구의 서비스 수명 종료 감지, 위험한 상황이 발생할 경우 노동자에게 경고 제공, 고위험 임계 값을 초과한 후 보호 시스템의 활성화 등을 모니터링하는 것 등이다.

동시에 작업환경 관리에서 개인보호구의 역할도 바뀌기 시작했다. 위험에 대한 수동적 보호 수단으로 사용되는 것 외에도 개인보호구는 작업환경 매개변수(Work Environment Parameters), 작업자의 건강상태(Worker's Health Status) 및 작업장 공간에서의 위치(Location in the Workplace Space)를 모니터링하기 위한 센서 캐리어(Sensor Carrier)로 사용되기 시작했다. 또 다른 추세는 개인보호구 모듈에 신호 시스템을 통합하는 것(Incorporating Signalisation Systems)과 관련이 있으며, 이는 작업자에게 경고, 예를 들어 위험 발생에 대한 정보 또는 이를 피하는 방법에 대한 지침을 표시할 수 있게 한다.

나아가 증강현실(AR: Augmented Reality) 기술을 기반으로 하는 이러한 내장형 시스템(ES: Embedded Systems)은 유지 보수, 수리 또는 용접과 같이 고도로 전문화된 작업에 유용한 정보를 작업자에게 제공할 수 있다. 또한 개인보호구의 보호성능 수준을 모니터링하기 위해 웨어러블 전자장치를 적용할 수 있으며, 이는 특정 작업장의 현재 위험요소를 고려한다. 이러한 기능을 통해 환경요인의 영향으로 발생할 수 있는 개인보호구의 보호 매개변수 변경을 식별하고 예측할 수 있다. 또한 스마트 물질(SM)을 개인보호구 품목에 내장하면 보호 및 유틸리티 매개변수를 빠르게 변경할 수 있을 뿐만 아니라 환경조건 및 개별 작업자의 요구 사항에 따라 속성을 능동적으로 조정할 수 있다.

다른 한편으로, 작업환경에서 새로운 ICT 기술의 구현은 작업방법을 변경하고, 신호를 수신·처리하면서 일정 정도의 불확실성으로 특징지을 수 있는 새로운 사물 및 복잡한 시스템을 도입함으로써 중대한 변화를 이끌어낸다. 결과적으로, 감지기에서 그러한 시스템은 사용자의 기대에 따라 작동하지 않을 수 있으며 예상치 못한 고장과 결과를 초래할 수 있다. 따라서 ICT 기반 응용 프로그램이 빠르게 증가하면 새로운 위험이 발생할 수 있으며, 기존 산업안전보건 솔루션 및 규칙이 유효하지 않을 수 있다.

이렇듯 산업안전보건 분야의 고급 ICT 솔루션 구현과 스마트공장 개념의 출현으로 기존의 산업안전보건법 적용의 장애(maladjustment of existing laws and practices)가 나타나고, 특히 산업안전보건 위험성평가에 대한 기존의 접근방식이 적합하지 않은 상황이 발생하고 있다. 즉, 스마트 기술이 채택된 곳에서는 실시간 위험탐지 및 위험 모니터링, 상황 인식 및 개인별 위험평가 등이 새로운 방식으로 가능하게 되었다. 따라서 기존의 정적 위험관리모델이 스마트 작업환경에서는 불충분하다.

V. 요약

첫째, 스마트공장에서 사이버 물리 시스템(CPS) 기술에 의해 부품과 기계장치들이 스스로 의사소통하여 인간의 필요를 채워줄 수 있다면 부품과 기계장치들이 마치 생명이 있는 것과 같은 자율성을 부여받는 셈이 된다. 부품 자체가 하나의 CPS가 되며 기계 설비들도 하나의 CPS가 된다. 이렇게 되면 부품들과 공장 설비들이 스스로 상호작용을 하면서 완제품으로 변화해 간다.

둘째, 스마트공장은 기술, 프로세스 및 조직 특성의 혁신적인 변수에 의해 특징지어지며 새로운 위험(NER: New and Emerging Risks)을 발생시킬 수 있다. 노동자와 기업에 새로운 과제가 생기고, 나아가 높은 수준의 안전과 건강을 보장하는 정치적 요구가 나타나고, 이에 필요한 행정적·기술적 접근방식이 요구된다.

셋째, 스마트공장에서 노동자들은 '육체 작업자(Physical Worker)'에서 '디지털 감독자(Digital

Supervisor)'로 변화하게 될 것이다. 조직과 경영환경의 변화가 생산성 향상과 고객만족도 증진뿐만 아니라, 노동자에게 안전보건과 휴식을 보장하는 사람 중심의 노동 현장으로 바뀌는 방향으로 발전하여야 할 것이다.

마지막으로, 스마트공장에서는 안전 향상, 업무강도 경감, 고용안정 등을 노동자가 체감할 수 있어야 할 것이다. 아울러 산업안전보건 분야의 고급 정보통신기술 솔루션 구현으로 스마트공장의 안전보건 분야에서 위험관리를 위한 사이버 물리 시스템(CPS) 구축을 목표로 한 연구가 필요하다.

제3절 '건강한 노동'을 위한 과제

I. 문제의 제기

인간사회가 존재한 이래로 '일'은 늘 행해지던 것이고, 그 '일'을 하기 위해서 인간은 늘 '기술'을 활용해 왔다. 기술은 반드시 물질적으로 체화되어야 하는 것이 아니므로, 선조로부터 전해 내려오는 맨손으로 고기 잡는 법도 기술이다. 이렇게 인간의 노동과 기술은 늘 함께 결합되어 있는 것인데, 그 결합방식을 결정짓는 요인은 때론 노동 측면에서의 기술적 논리이기도 하다. 그러나 현재 4차 산업혁명과 관련한 '일'에 관한 논의에서는 지나치게 기술적 측면에서 변화의 결정요인을 언급하는 경향이 있다.[20]

전통적으로 기술결정론의 시각에서 볼 때, 기술이 발전할수록 고용이 감소하고, 인간 노동이 기술에 의해 대체된다고 볼 수 있다. 4차 산업혁명과 '일'에 대한 논의는 대부분 일자리에 맞춰져 있고, 자동화나 지능화로 인해 인간 노동과 '일자리'는 사라질 것이라는 논조의 기사를 거의 매일 보고 있다.

---

20 이 절의 논의는 다음을 참고하였다. 서지영, 미래의 '건강한 노동'을 위한 연구개발 과제, 과학기술정책, 2017년 10월호

그러나 4차 산업혁명이 가져오는 변화가 과연 일자리 숫자의 증감뿐일까? 4차 산업혁명이라고 불리는 '디지털화', '지능형 자동화'된 생산방식의 변화가 우리의 삶에 미치는 영향에 대한 담론의 범위가 과연 '일자리 개수'를 전망하는 것으로 충분한 것인가? 4차 산업혁명이라는 추상적 개념 속에 포괄적으로 표현된 기술의 변화, 생산방식의 변화는 우리의 노동조직화 방식, 사회적 규범과 법, 교통, 주거, 교육 등 매우 광범위한 삶의 영역에 변화가 일어날 수 있다. 이제부터라도 4차 산업혁명의 논의를 '일자리 개수'나 '인간의 대체 가능성'을 계량화하는 노력뿐만 아니라, 우리 삶의 질적인 변화 가능성에 대한 전망과 현황 분석으로 넓혀야 한다. 이러한 문제의식 속에서 '노동의 질적 측면의 변화'와 '노동의 질 향상 방안'에 초점을 둘 필요가 있다.

지금까지 우리는 '노동의 질'이라는 문제에 있어 '노동' 그 자체의 질이라기보다는 노동의 결과물로 얻은 금전적 보상의 크기에 집중해 왔다. 그러나 노동과정에 연결되어 있는 다양한 물질적·비물질적 요소들이 노동자의 욕구나 특성과 조화롭게 배치되어 있는지에 대한 관심은 거의 도외시되어 왔다. 4차 산업혁명의 이름으로 불리는 기술과 산업의 변화로 인해 노동과정이 재구성된다고 할 때, 그로 인해 노동자의 건강과 삶에 부정적 영향을 주는 것은 무엇인지 살펴보고, 이를 예방하는 것도 정책적으로 매우 중요한 일일 것이다.

공장에서의 노동뿐만 아니라, 사무노동의 환경에서도 많은 변화가 예상된다. 매일같이 쏟아져 나오는 시장동향 데이터, 제품에 함유된 물질분석 데이터, 공장의 자원 수요공급 데이터 등을 자동화된 데이터 분석시스템으로 처리하게 된다. 생산현장에서 이루어지는 작업과 사무실의 관리작업과의 연계가 더욱 긴밀해질 것으로 예상된다.

II. '건강한 노동'을 위한 과제

미래의 노동은 지금보다 더 '건강'해져야 하고, 지금보다 더 '안전'해져야 한다. '웰빙(Well-Being)'이 궁극적으로 지향해야 할 목표다. 생산시스템의 변화가 예상되는 가운데, 지금부터 관심을 가지고 추진해야 할 일들 중의 중요한 하나는 미래 노동환경에서 발생할 것으로 예상되는 노동의 위험을 선제적으로 예방하는 것이다.

미래 노동의 위험에 대응하는 방안은 두 가지 차원에서 생각해 볼 수 있다. 하나는 스마트 디지털 생산환경에서 새롭게 부상하는 노동위험에 대한 대응이다. 또 하나는 현재 산업안전보건상의 취약성을 스마트 디지털 기술을 활용해 보완하는 방안이다. 후자가 간과될 수 없는 이유는 궁극적으로 미래의 위험에 대한 예방 방안을 도출하는 것이 목표이긴 하지만, 현재의 취약성을 그대로 두었을 때 미래의 노동위험을 증폭시키는 요인이 될 수 있기 때문이다. 우선 '현재' 시점에서 노동자의 건강과 안전을 위협하는 요소를 저감하기 위한 연구개발 중점과제는 크게 세 가지로 요약된다.

1. 데이터 기반 안전보건관리

'데이터 기반의 안전관리'로 이행할 수 있는 준비작업으로서 미비한 데이터 확보 및 기존 데이터의 빅데이터화를 시행하는 일이다. 기존의 DB를 업종별로 화학적 · 생물학적 · 물리적 유해인자 DB로 정비하며, 여기에 사회심리 및 인간공학적 유해인자 DB 항목도 보충되어야 한다. 또한 국가 단위에서 유해화학물질의 사용량과 사용처에 대한 빅데이터 구축이 필요하다. 작업장 단위에서의 마이크로 데이터도 실시간 수집 가능하므로, 이를 적극 활용하여 작업장 내 유해물질 사용 데이터를 개인 레벨에서 자동으로 수집 · 저장하는 시스템을 개발하여, 유사시 책임소재를 가리거나, 개인의 건강을 관리하는 데 활용해야 한다.

2. 데이터 활용 안전보건관리

IoT 센서, 모바일 기기 등을 적극 활용하여 '빈틈없는 건강과 안전의 관리'가 이루어질 수 있도록 해야 한다. On-Site 유해물질 유출감지 장치, 실시간 작업환경 모니터링, 밀폐공간 작업자 상태 모니터링 등의 장치들이 유용하게 활용될 수 있을 것이다.

3. 현재 상황 개선이 중요

무엇보다 중요한 것은 현재의 작업환경을 보다 건강하고 안전하게 개선하는 일이다. 수시로 발생하는 '경미한 사고'에 대한 빅데이터 분석을 통해 현재의 작업장에 잠재한 문제점을 보다 명확히 분석하고, 작업자의 오류가 덜 발생하는 방향으로 작업환경 디자인을 변경하는 등의 개선안을 마련할 수 있을 것이다.

Ⅲ. 미래 예방관리를 위한 과제

첫째, 인간-기계 협업(HMI: Human-Machine Interface)의 안전성 확보 문제가 중요하다. 미래의 작업환경에서는 지금보다 훨씬 더 많은 디지털 기기들이 활용될 것이다. 모든 자동화가 전부 사람에게 유익한 것은 아니다. 작업자의 특성을 고려하여 적절한 수준에서 자동화하는 것이 바람직하다. 로봇과 같은 높은 수준의 자동화 작업기기가 가장 적절한 효과를 발휘할 수 있도록 인적요인(Human Factor)을 로봇 설계와 공정설계 등에 반영해야 한다. 또한, 노동자의 행동적 특성, 신체적 특성, 인지적 특성 파악에 대한 연구가 선행되어야 한다.

둘째, '예상하지 못했던 위험'에 대비해야 한다. 어떤 기계든, 모든 경우에 다 적용되는 안전기준은 없다. 기계가 활용되는 해당 작업에 대한 심도 있는 이해와 생산시스템 전반에 대한 위험성평가가 중요하다. 앞으로는 기계와 연동되어 있는 생산시스템, 통제시스템의 위험성평가가 동시에 필요하다. 또한 작업에 관련된 모든 사람(일반 직원에서부터 상급 관리자까지)이 생산 전반의 시스템에 대한 이해력을 가지고 있어야 하고, 어떤 상황에서 긴급히 요청되는 행동요령과 상황대응능력을 갖춰야 한다. 이를 위해서는 맞춤형 교육프로그램 개발을 위한 연구가 필요하다.

셋째, 노동방식 변화에 따른 연구가 있어야 한다. 어디서든 일하는 플랫폼 노동 유형의 경우, 사회적 교류기회 상실, 일·휴식의 배분 균형 상실 등으로 인해 고립감, 우울감, 스트레스가 증가할 것으로 예상되므로, 이를 저감할 수 있는 연구가 필요하다. 어떤 작업에서 어느 정도의 스트레스가 발생되는지, 작업자 유형별 특징은 무엇인지 등에 대한 연구를 바탕으로, 지역단위, 생산 작업장 단위로 상담, 훈련, 치료 등을 위한 대응기반을 갖추는 것이 필요하다.

마지막으로, 규제와 법의 간극(gab)을 최소화하기 위한 연구가 필요하다. 미래의 작업환경은 신기술의 도입 속도가 더욱 빨라질 것으로 예상되며, 안전성 기준, 안전성 검증, 안전성 인증 등과 같은 제도적 조치들도 발 빠르게 뒤따라야 할 것이다. 미래 작업 환경에서의 재해를 예방하기 위해서는 빠르게 변하는 기술·산업과 안전보건 규제 사이에 간극이 벌어지지 않도록 제도 개선 연구가 활발히 이루어져야 한다.

제4절 현재와 미래를 위한 안전보건 10대 제언

우리 사회는 여전히 '위험사회'라는 말이 낯설지 않다. 더욱 우려스러운 것은 그 위험이 단순한 외부 요인이 아니라, 우리 내면에 자리한 문화적 심리구조와 결합해 더욱 증폭되고 있다는 사실이다. 한국 사회에는 "근거 없는 낙관주의", "대책 없는 모험주의", "자기 예외주의"라는 세 가지 인식이 뿌리 깊다.[21] 위험을 우습게 여기고, 재해가 나와는 무관하다고 믿으며, 아무런 준비 없이 '잘 되겠지'라며 시간을 흘려보낸다. 이처럼 안전에 대한 감수성이 둔화된 사회에서 사고와 재난은 예외가 아닌 일상이 될 수밖에 없다.

더 큰 문제는 우리가 맞닥뜨릴 미래의 고용·노동 환경이 지금보다 훨씬 복잡하고 취약하다는 데 있다. 산업구조는 빠르게 변하고 있으며, 고령자·외국인·여성 등 취약계층의 노동시장 진입은 늘고 있다. 디지털화, 인공지능, 무인공장, 협동로봇… 경제·산업의 변화로 고용환경과 노동환경이 빠르게 변하고 있다. 비정규직과 플랫폼노동이 일상이 된 현실에서 기존의 산업안전보건 시스템으로는 이들을 보호하기 어렵다. 착실하게 준비하지 않고 관념적이고 수구적인 안이한 태도에 머무른다면 미래의 노동현장은 현재보다 훨씬 위험하게 될 것이다. 다음은 우리 사회의 현재와 미래를 위한 안전보건 10대 대책 방향이다.

---

21 박길성, 이제 누구도 장담할 수 없다. 조선일보, 2011.1.20.

첫째, **안전보건을 과학으로 대하는 전문성**이 필요하다. 한국의 산업재해로 인한 사망만인율은 OECD 평균(약 0.4%)을 훨씬 웃돈다. 2024년 경기도 화성 아리셀 배터리 공장 화재로 23명이 사망했고, 이 중 18명이 외국인이었다. 통계와 사례가 시사하듯, 작업환경과 유해물질, 사회적 · 심리적 요인에 대한 과학적 분석과 진단이 절실하다. 단순히 제도만으로는 실효를 거둘 수 없다. 산업별 작업환경과 위험요인을 체계적으로 분석하고, 물리적 · 화학적 · 심리적 요인을 종합적으로 고려한 현장 밀착형 대책이 절실하다. 예컨대, 첨단 자동화된 제조 환경에서 일하는 근로자, 고령근로자, 외국인 노동자, 서서 일하는 근로자, 주로 이동하는 근로자 등 특수한 조건에 놓인 이들을 위한 맞춤형 접근이 필요하다.

둘째, **변화에 대응하는 유연한 안전보건 체계**가 시급하다. 지난 10년간 재해자 수는 연평균 136,800명에 달하는데 이는 특히 작업 관련 질병자가 증가하는 데 기인한다. 서비스업 · 플랫폼 노동의 확대, 외주화 · 고령화의 심화, 노동시장의 유연화는 필연적으로 새로운 위험요인을 낳고 있다. 이에 따라 기존의 '사고발생 후 조치' 중심에서 벗어나, '위험 감지 − 예방 − 대응'의 직업 생애 전 주기적 시스템으로 전환해야 한다.

셋째, **책임과 권한의 균형 있는 분배**가 핵심 과제다. 2024년 조사 대상 사망사고 553건 중 제조업이 175명, 건설업이 276명이었다. 이와 같은 사망사고 발생에는 으레 원청 · 하청 사이의 책임 회피 문제가 지속되고 있다. '시스템화된 안전질서'를 수립해야 한다. 원청의 책임 회피, 하청의 무지와 무관심, 정부의 미온적 감독이 이어진다면 일하는 사람들의 안전은 제자리에 머무를 수밖에 없다. 제도적으로는 원청의 실질적 책임 강화, 근로자의 참여 확대가 절실하고, 정책적으로는 정부의 강력한 법 집행이 긴요하다.

넷째, 정부의 산업안전보건 정책과 관심이 **중소기업 · 영세사업장에 집중**될 필요가 절실하다. 2024년 사망사고 가운데 중소규모 사업장(5~49명)에서 44.2%, 5명 미만 사업장에서 34.2%가 발생하였다. 대기업과 달리 자체 안전 인프라가 부족한 영세사업장은 정부의 지원과 개입 없이는 구조적으로 취약할 수밖에 없다. 현장 지원, 기술 보급, 재정 투자 확대 등을 통해 안전보건에 취약한 산업 부문 전체의 안전 수준을 끌어올려야 한다.

다섯째, **안전보건은 투자이자 공공재다.** 기업 차원에서 안전은 투자라는 인식의 전파, 사회적 차원에서 안전보건 서비스 시장의 형성 및 활성화를 뒷받침하는 공공정책과 제도 정비는 우리 정부가 아직 매우 취약한 실정이다. 산재 발생 확률을 고려할 때 기업은 안전 보건에 소홀하여 관련 투자는 늘 부족하기 쉽다. 반면 사고가 발생하면 많은 비용이 사회 적 부담으로 전가되는 시장의 실패(market failure)가 발생한다. 사고 한 건은 당사자뿐 아니라 사회 전체에 막대한 비용을 초래한다. 우선, 개별 기업 차원에서, 안전이 투자라는 사실을 기업이 체감할 수 있게 하여야 한다. 사고에 따른 처벌(벌금·과태료)과 보상금과 생산차질 액, 증액되는 산재보험료 등을 합산한 부담이 사고예방을 위한 투자보다 압도적으로 크게 하여야 한다. 다음으로, 민간 안전보건 서비스의 질 제고, 안전 시설·장비 제조 산업 육성, 대학교육 혁신을 통한 양질의 안전보건 전문인력 양성, 안전보건교육 강화 등을 통하여 안 전보건 서비스에 대한 기업의 수요를 창출하고 진작해야 한다.

여섯째, **사회 전반의 의식의 전환과 실천**이 뒤따라야 한다. 한국 근로자는 OECD 평균 보다 연간 1,872시간 더 근무해 근로시간이 길기 때문에 안전교육이 후순위로 밀리기 쉽 다. 출발선에서부터 안전문화 정착이 필요하다. 어린이·청소년부터 직장·일상까지 안전 교육과 캠페인을 통한 문화 전환이 동반되어야 한다. 교육과 문화의 뿌리가 바뀌지 않는다 면, 아무리 좋은 법과 제도를 갖추더라도 실효성은 담보되지 않는다. 국가 공동체 차원에 서 유치원에서부터 안전을 배우고, 직장에서 안전을 습관화하며, 일상에서 안전을 문화로 만들어 가는 노력이 병행되어야 한다.

일곱째, **안전보건 분야의 전문성 강화와 인력 양성**이 중요하다. 안전보건 전문인력을 양 성하는 우리의 대학교육은 여전히 전통적인 산업구조를 전제로 교육과정이 편성되어 있는 실정이다. 다학문적 교육을 실시하지 못하고 있다. 이렇게 교육받고 사회에 나온 안전 인력은 조직이 자신에게 기대하는 역량을 발휘하지 못하고 있다. 여전히 빈발하는 중대사고도 예방해야 하는 일방, 새로운 위험에 대응하려면 시대의 요구에 부응하는 전문가 양성이 중요하다. 앞으로는 산업용 AI와 로봇, 기후 · 재난 요인을 포함한 새로운 위험 요소까지 진단이 가능하도록 전문인력을 양성해야 하고 이를 위한 교육체계 혁신이 필요하다.

여덟째, 안전과 보건의 유지 · 증진을 위하여 **기업 공동체, 나아가 사회 공동체의 소통 능력 향상**이 필요하다. 정부 · 대기업과 같은 공급자 중심의 안전보건은 환경변화, 유해 · 위험 요인의 다양화, 고용형태의 변화에 따른 취약계층 증가라는 다양한 도전에 직면하고 있으며, 이러한 불확실한 상황의 극복을 위하여 기업 공동체 구성원 사이의 안전보건 관련 의사소통에 어려움이 없어야 한다. 이를 위하여 근로자와 관리자 · 감독자에 대한 안전보건교육의 내용 · 방법 · 주기 · 시간을 기업에 충분한 재량을 허용하는 방향으로 보완할 필요가 있다. 급격한 환경변화 적응, 새로운 안전보건기술의 활용, 안전보건 취약계층이 현장에서 직면하는 위험을 이해하기 위한 소통능력 배양이 긴요한 것이다.

아홉째, 사회 양극화 해소를 위한 노력의 일환으로 **사회적으로 '배려'의 정신이 확산**되어야 한다. 서비스업에 다수 종사하는 여성, 취업자가 급격히 증가하고 있는 고령 · 장년, 중소기업의 외국인 근로자, 근로조건이 열악한 취약근로자와 사회안전망 보호가 미흡한 특수형태 및 플랫폼 종사자에 대한 안전보건 배려의 확충이 중요하다. 취약한 처지의 노동자를 보호하는 것은 법이나 제도만으로 가능하지 않다. 사회적 · 문화적 변화가 일게 하여야 한다. 산재 발생이 빈발하는 이와 같은 취약계층에 대한 우선적인 정책 배려를 통하여 안전보건 관련 양극화를 해소할 필요가 있음은 물론이다.

마지막으로, **총체적 대응을 위한 거버넌스의 검토와 새로운 구축**이 필요하다. 현재의, 그리고 미래에 다가올 복잡하고 다양한 위험 요인에 기인하는 산업재해에 대하여 효과적인 선제적 대비를 하기 위해서는 정책전달체계의 효율성 제고와 민·관 협업체계 확충이 시급하다. 안전감독관 확보 및 전문성 제고, 안전보건공단의 정체성 재정립, 민간재해예방 기관의 역할 명확화, 대기업·원청의 책임 강화, 정부의 법 집행과 지원, 노동자·전문기관·민간 전문가의 참여가 함께 이뤄질 때만 실질적 효과의 달성이 가능하다. 정부 일변도의 추진은 실패하기 쉽다. 위험성평가 등 현장의 자율규제 시스템을 기반으로, 민·관·노·전문기관이 상시 협력하는 거버넌스를 구축해야 한다.

대한민국은 더 이상 산업재해를 성장의 부수적 결과로 여길 만큼 여유 있는 사회가 아니다. 안전은 성장의 전제이며, 인간 존엄의 기초다. 지금 이 순간에도 우리는 '1분 뒤의 삶'을 장담할 수 없는 수많은 노동자들과 함께 살아가고 있다. 급격한 변화의 소용돌이와 함께 다가오는 미래의 고용과 노동 환경에서 안전하고 건강한 사회가 되기 위해, 이제 모두의 관심과 각성과 실천이 필요하다.

보론

이재명 정부 '노동안전 종합대책'에 대한 우려와 기대

이재명 정부(2025.6.4.~)는 집권 후 3개월이 지난 2025년 9월 15일 '노동안전 종합대책'(이하 '대책')을 발표하였다. '대책'은 중대재해 예방, 구체적으로는 산재사망사고의 대폭 감축을 전면에 내세우고 있다. 현재 10만 명당 3.9명인 산재사고사망을 임기 종료 연도인 2030년까지 OECD 평균인 2.9명으로 줄이겠다는 목표를 설정한 것이다.

우선, 중요한 정책이 정권 교체와 함께 급하게 만들어지는 관행을 답습하고 있어 씁쓸한 느낌을 지울 수 없다. '중대재해 감축 로드맵'이라는 이름의 '종합대책'을 발표한 것이 지난 2022년 11월이다. '로드맵'의 기조는 '위험성평가에 기반한 자기규율'이었다. 불과 3년도 지나지 않은 시점에 관계 부처 합동으로 발표된 이번 '대책'의 기본 방향은 '자기규율'과는 상반된 '감독기능 확충을 통한 법령준수 확행'이다.

이번 '대책'은 중대재해 발생 원인을 '광범위한 안전 사각지대', '한정된 행정력', '위험의 외주화', '노동자 역할의 한계', '사고발생 기업에 대한 미약한 불이익'이라고 진단하고 있다. 이 진단에 근거하여 '대책'은 산재 발생 시 과중한 금전적 제재와 영업정지 및 인허가 취소, 그리고 기업 책임 강화 등을 주요 내용으로 하고 있다. 아울러 소규모 사업장에 대한 재정·인력·기술·교육 지원을 대폭 강화하고, 지자체에 안전감독 권한을 일부 위임하는 한편, 고위험 사업장에 대한 점검과 감독 등을 강화하기 위하여 2028년까지 안전감독관을 3천 명 증원한다.

'대책'의 내용은 과감하다. 경영단체가 우려의 목소리를 낸 반면, 노동단체는 내용에 대한 시비보다 실천이 과제라는 견해를 표명한 것이 노사의 전반적인 반응이었다. 여러 뉴스

매체는 특히 사망사고 연 3명 이상 발생 기업에 대한 최저 30억 원 과징금, 영업정지 및 인허가 취소에 집중되었다. '대책'은 사망사고 감축을 목표로 하고 있지만, 기업에는 지나치게 처벌 중심적 접근이라고 각인되어 실질적인 안전보건 투자를 이끌어내고 중대재해의 감축 노력으로 이어질 수 있을지 의문이다.

특히, 사망사고 발생 시 최소 30억 원 이상의 과징금 부과와 향후 노동안전감독관을 3,000명까지 확대하겠다는 계획은 표면적으로는 안전 확보를 강조하는 것처럼 보이나, 현실적으로는 안전 문제를 제재적 관점에서만 접근하고 있다는 비판에서 자유로울 수 없을 것이다. 이는 근본적인 안전문화 형성이나 예방 중심의 관리체계를 강화하는 방향과는 거리가 멀다고 본다. 산재 발생에 대한 과도한 제재와 과징금 부과는 기업으로 하여금 현장 중심의 안전관리보다는 형식적 규정 준수, 서류 중심의 안전관리, 혹은 사고 은폐 등으로 대응하게 만들 수 있다. 이는 장기적으로 안전문화 정착을 저해하고, 현장 근로자와 관리자의 불신을 조장·확대하는 요인으로 작용할 가능성도 배제할 수 없기 때문이다.

한편, '대책'의 효율성 문제도 지적하지 않을 수 없다. 미국이나 일본 수준보다 훨씬 많은 수로 안전감독관을 증원하는 계획은 단기적으로 안전 감독을 강화할 수 있으나, 장기적으로는 행정 비용 증가와 감독의 실효성 저하를 초래할 가능성이 높다. 미국과 일본의 사례에서 볼 때, 감독관 수의 증가는 안전 수준 향상과 반드시 비례하지 않는다는 것을 확인할 수 있다. 오히려 현장 자율관리, 위험성평가 및 교육 프로그램 등 저비용 고효율 예방조치가 안전 개선에 더 효과적이라는 연구 결과가 다수 존재한다. 산업안전보건에 관한 세세한 규정과 촘촘한 감독이 산업재해를 줄이기보다 노(勞)와 사(使)가 산재를 자신의 문제로 보기보다 정부의 일로 여기는 소위 냉담 내지 무관심(apathy)을 초래했다는 것이 유명한 로벤스 보고서(Roben's Report)의 지적이기도 하다.

결론적으로, '노동안전 종합대책'은 근본적 안전 문제 해결보다는 처벌과 감시를 통한 단기적 관리에 집중하고 있어, 비용 대비 효율성 측면에서 한계가 분명해 보인다. 장기적 안전 확보를 위해서는 고비용 감시체계 대신 저비용 고효율의 예방 조치, 근로자와 기업의 참여를 중심으로 한 안전문화 조성, 그리고 현실적이고 합리적인 제재 수준 설정이 필요하다. 안전은 과도한 처벌과 감시로 달성되는 것이 아니다. 사업장의 안전관리는 정부가 하는 것이 아니다. 안전감독관이 하는 것도 아니다.[1] 안전은 작업 현장과 기업 조직 전체가 함께 만들어가는 문화와 시스템을 통해 실현된다는 점을 정책 수립 과정에서 깊이 고려해야 할 것이다.

이러한 비판적 견해를 표명하면서도, 저자는 이재명 정부 기간 동안 산업현장의 사망사고가 현저하게 줄어들 것이라고 믿는다. 그것은 대통령의 걱정과 관심이 큰 역할을 할 것이기 때문이다. 산재사망에 대한 최고지도자의 관심 환기와 노력 촉구에 영향을 받아 산업재해를 비롯한 크고 작은 사고 뉴스가 빠짐없이 TV 화면 하단에 흐른다. 이는 산업재해를 비롯한 안전 문제가 우리의 문제, 나의 문제로 인식되고 체화되어 가는 과정이다. 사고와 재난이 더 이상 나와는 상관없는 멀리 있는 어떤 사회 현상이 아닌 우리의 문제, 눈앞에 펼쳐진 나의 문제로 인식되면서 해답을 향한 실천으로 옮아가기 때문이다. ●

---

1   실로, 2022년부터 정부가 중대재해처벌법을 강력하게 집행 중인데도 불구하고, 2025년 6월 말 현재 산재사고사망자는 전년 동기 399명 대비 12.5% 증가한 449명을 기록하였다(고용노동부, 2025.2분기(누적) 산업재해현황, 2025.9.3.).

책을 마치며

우리는 어디로 가야 할까요?

산업안전보건의 역사는 인간의 생명과 존엄을 지키기 위한 끊임없는 투쟁의 역사였습니다. 지난 수십 년간 우리는 법과 제도를 만들고, 정책을 수립하며, 수많은 시행착오를 겪으면서 '일하다 죽지 않을 권리'를 현실로 만들기 위해 나아왔습니다. 그러나 '일하다 죽는 사회'라는 뼈아픈 표현은 여전히 현재진행형입니다.

이 백서를 통해 우리는 그 길을 되짚어 보았습니다. 제도가 부재하던 시절부터, 법이 제정되고 공단이 설립되며 점차 체계를 갖춰 온 과정을 살펴보았습니다. 수많은 산업재해와 참사가 경고음을 울렸고, 그 속에서 노동자의 목소리와 사회의 감시가 커지면서 우리는 조금씩 안전한 방향으로 나아왔습니다. 그러나 그것은 충분한 변화였을까요?

안전은 법과 장비, 기술과 제도만으로 완성되지 않습니다. 현장의 노동자가 여전히 위험을 운명처럼 받아들이고, 관리자와 사용자가 안전을 비용이나 형식으로만 대한다면 노동자의 안전보건은 공허한 구호로 남을 뿐입니다. 결국 안전은 기술의 문제가 아니라, 사회가 인간의 생명을 어디에 놓고 있는가에 대한 철학의 문제이자 태도의 문제입니다.

이제 우리는 다시 선택의 기로에 서 있습니다. 스마트팩토리, 인공지능, 로봇기계, 플랫폼 노동, 초고령 사회라는 새로운 환경이 노동의 형태를 빠르게 바꾸고 있습니다. 기존의 위험은 여전히 사라지지 않았고, 새로운 위험은 법의 사각지대에서 조용히 커지고 있습니다. 업무는 파편화되고, 책임은 외주화되며, 안전보건의 기준조차 모호해지고 있습니다. 안전보건은 지금, 다음과 같은 질문 앞에 서 있습니다.

과거의 안전은 오늘을 지킬 수 있을까요?

변화하는 일터에 적절히 대응하고 있을까요?

미래의 일터에서 우리는 무엇을 '안전'이라 부를 수 있을까요?

산업안전보건은 더 이상 소수 전문가나 관료들의 영역이 아닙니다. 이제는 사회 전체가 함께 고민하고 실천해야 하는 공동의 과제입니다. 정치와 경제, 행정과 현장, 사용자와 노동자 모두가 각자의 책임을 다하지 않는다면, 백 번의 개정(改正)과 수천 쪽의 지침(指針)도 생명을 지켜주지 못합니다.

이제는 '위험'의 본질을 다시 정의해야 합니다. 단순한 물리적 사고뿐 아니라, 만성적인 과로와 정신건강 문제, 비정규직과 특수고용노동자의 취약성, 플랫폼 노동자들의 불안정한 업무환경 등 보이지 않는 위험에까지 시야를 넓혀야 합니다.

정책 입안자는 시대를 꿰뚫는 혜안으로 제도를 설계해야 합니다. 사용자는 비용의 논리를 넘어 생명을 최우선하는 경영 철학을 가져야 합니다. 현장 관리자와 실무자는 모든 판단의 출발점을 사람에게 두어야 하며, 노동자는 의무를 다하면서 권리를 요구하는 주체로서 목소리를 높여야 합니다.

그리고 우리 사회는 이제 안전을 단지 '업무상 사고의 감소'가 아닌, 노동자의 존엄과 삶의 질을 지키는 기준으로 재정의해야 합니다. 이제 산업안전보건은 다음의 방향으로 전환되어야 합니다.

- 사람 중심의 안전으로: 생명의 존엄을 기준 삼아 설계된 정책과 기술로
- 사전 예방적 안전으로: 사고 대응이 아닌, 위험의 근원을 제거하는 방식으로
- 참여 기반의 안전으로: 당사자 없는 정책이 아닌, 노동자, 사용자, 전문가가 함께 참여하는 정책으로
- 문화로서의 안전으로: 가장 강력한 예방책인, 일상과 조직문화 속에 스며든 안전으로

우리는 단지 제도의 연대기를 정리한 것이 아닙니다. 각 시대의 선택을 돌아보고, 그 결정이 누구에게 어떤 영향을 미쳤는지를 성찰하였습니다. 그것은 과거의 기록이 아니라, 오늘을 살아가는 우리 모두를 향한 질문이자 요청입니다. 이 백서는 과거에 대한 보고서이자, 미래를 위한 질문서입니다.

이제 마지막 장을 덮습니다. 그러나 이는 결코 끝이 아닙니다. 이 백서의 진짜 의미는 지금부터 시작될 것이기 때문입니다.

산업안전보건의 과거는 누군가의 피와 희생으로 쓰였고, 오늘은 그 유산 위에 서 있습니다. 내일은 그것을 넘어 어떤 방향으로 나아갈 것인지, 이제는 우리가 답해야 할 차례입니다.

감수자의 글

우리 사회 일하는 사람들의 안전보건을 사실과 통계, 그리고 현장의 목소리를 토대로 면밀히 분석하고 작성하는 작업은 단순히 사고를 줄이는 기술적 과제가 아닙니다. 일하는 사람의 생명과 건강을 지키는 사회적 가치이자, 어떤 의미에서는 국가의 기본 책무라고 할 수도 있습니다.

이 책은 오랜 기간 정책과 현장을 두루 섭렵한 경험을 바탕으로 제도의 한계와 현장과의 괴리를 객관적 시선으로 짚어낸, 한땀 한땀 기워 만든 정성의 산물입니다. 저자는 '우리는 왜 아직 안전하지 않은가?'란 너무나도 당연하지만, 또 한편으로는 도발적인 질문에 대한 답을 용기 있게 찾아 나섰습니다. 일하는 사람들의 안전과 보건에 관한 깊고 예리한 인식에 기반하여 시간과 공간을 두루 섭렵하면서 조망하고, 진단하고, 제언했습니다.

정책 현장에 몸담은 감수자로서 특히 강조하는바, 하나의 정책을 제대로 이해하기 위해선 통합적 접근 방식과 맥락적 인식이 중요합니다. 그러한 측면에서 이 저작은 과거 일하는 사람들이 일터에서 겪은 아픔과 슬픔이 왜, 언제, 어떻게 나라의 정책으로 전화(轉化)되어 터 잡게 되었는가를 생생히 기술하고 있습니다. 우리나라의 안전보건이 기록된 지 80여 년이 흐른 지금에야 이런 책이 나왔다는 사실에 한편으로는 아쉬움이, 또 한편으로는 너무 늦지 않아 다행이라는 안도의 마음입니다.

저자는 방대한 자료의 정리와 분석, 노스님이 죽비로 각성하게 하는 것과 같은 날카로운 문제 인식에 기반하여 안전보건의 과거를 성찰하고, 복잡하게 얽힌 구조와 제도를 체계적으로 도해하며, 다양한 해외의 미래 대응 동향을 토로하였습니다. 특히 이 책의 각 장에 녹아 있는 문제의식은 단순한 정책 비판이 아니라 우리 사회가 다시 서야 할 방향을 묻는 진지한 성찰을 담아내고 있다는 점이 인상적입니다.

이렇듯 다각적이고 변화무쌍하면서도 일관성 있는 따뜻하고 애정 어린 시선으로, 저자는 안전한 대한민국에 이르는 여정을 안내하는 역할을 너무나도 훌륭히 맡아 주었습니다. 풍부하면서 심화된 그의 암묵지는 정책 입안자를 비롯해 공공기관과 기업의 안전·보건관리자, 노동조합, 학계와 연구자 등 많은 이의 관심을 환기하고, 우리나라 산업안전보건이 한 걸음 더 나아갈 수 있도록 용기를 북돋고 있습니다.

오늘날 안전보건은 더 이상 특정 분야나 전문가 집단의 몫이 아닙니다. 그것은 우리 국민 모두가 함께 지켜야 할 사회적 약속이며, 지속가능한 발전을 위한 문명의 기본 조건입니다. 이 책이 그 약속의 의미를 다시 일깨우기를, '안전과 보건'이 제도의 언어를 넘어 국민의 일상과 문화로 자리 잡는 데 작은 디딤돌이 되길 바랍니다.

끝으로, 방대한 자료를 집요한 열정으로 정리하고, 오랜 시간 묵묵히 집필을 이어온 저자에게 깊은 경의와 감사를 전합니다. 부디 이 백서가 우리 산업안전보건의 미래를 향해 나아가는 새로운 이정표로 자리매김하기를 기대합니다.

2025년 12월

감수자 최관병

참고 문헌

고용노동부, 고용노동백서(2018).

고용노동부, 근로감독관 집무규정(산업안전보건)(2022).

고용노동부, 더 나은 미래를 위한 일(ILO, 일의 미래 보고서)(2019).

고용노동부, 산업안전보건 업무편람(2019).

고용노동부, 산업안전보건위원회 구성 · 운영 매뉴얼(2022).

고용노동부, 산업안전보건법 제 · 개정사(2015).

고용노동부, 안전보건교육 안내서(2021).

고용노동부, 안전보건관리체계 가이드북(2021).

고용노동부, 일차리 창출과 노동존중 사회 실현, 문재인 정부 국정백서(2022).

고용노동부, 중대재해처벌법 해설(2021).

고용노동부, 중장기 인력수급 전망(2022).

고용노동부, 참여정부 국정운영 백서(2008).

고용노동부, 한 권으로 통하는 고용노동정책(2022).

고용노동부, 함께 하는 일터 375일, 이명박정부 정책자료집(2013).

관계 부처 합동, 산업구조 변화에 대응한 공정한 노동전환 지원 방안(2021.7.22.).

관계 부처 합동, 중대재해 감축 로드맵(2023.11.30.).

김수근, 기고, 스마트 공장의 작업조직과 안전보건(2019).

김윤배, 산업안전보건법-김용균법 해설서(2020), 스튜디오 이담.

김윤배, 한국 산업안전 불평등 보고서(2017), 한울 아카데미.

노동부, 노동백서(2008).

노동부, 노동행정사(2006).

대한산업보건협회, 월간산업보건, 통권190호, 2004.2.1.

대한직업환경의학회, 직업환경의학 30년, 한국학술정보, 2018.10.29.

서지영, 기고, 미래의 '건강한 노동'을 위한 연구개발 과제(2017).

유럽산업안전보건기구, 2025년까지 디지털화 관련 새롭게 부상하는 직업 안전 및 건강 위험 예측(2018).

한국산업안전보건공단, 노동환경 변화 대응을 위한 연구원 R&D 아젠다(2018).

한국산업안전보건공단, 노동환경 변화에 따른 안전보건정책의 미래전략 방안 연구(2017).

한국산업안전보건공단, 미래 산업의 패러다임 변화 대응을 위한 산업재해예방 연구 로드맵 개발(2017).

한국산업안전보건공단, 안전보건 이슈 리포트(2020).

한국산업안전보건공단, 포스트 코로나 시대 안전보건전망과 해결과제(2021).

한국산업안전보건공단, 한국산업안전보건공단 30년사(2017).

European Agency for Safety and Health at Work, Key trend and drivers of change in information and communication technologies and work location(정보통신기술과 일자리 변화와 새로운 위험)(2017).

IFA, It's all about people, Priorities for tomorrow's occupational safety & health(미래 직업안전과 보건의 우선순위)(2017).

ILO, SAFETY AND HEALTH AT THE HEART OF THE FUTURE OF WORK, Building on 100 years of experience; (번역본) 박기형·신희주·최민, 일의 미래를 위한 노동안전보건(2019).

ILO, The employment impact of climate change adaptation(기후변화의 고용충격)(2018).

찾아보기

저자 소개

김윤배(金允培)

경제학박사(노동경제학). 노동법경제연구소장. 행정고시(제25회)로 공직 입문 후 고용노동부에서 산업안전보건 업무를 오래 맡아보았다. 산업보건과 사무관, 안전정책과장, 산업안전보건국장을 역임하였다. 공직 이후 사이버한 국외국어대학교 산업안전학과를 창설하여 교수로 재직했으며, 현재 FedEx Korea 안전보건 컨설턴트, KS안전기술의 기술고문, ○○지방노동청 작업중지해제심의위원으로 활동하고 있다. (사)미래안전문화포럼의 설립자이자 고문이며, 유튜브 채널 '김윤배의 안전 YouTube'를 운영하고 있다.

그 외 산업안전보건공단(강사양성과정), LG 유플러스, 나노연구소, 공무원연금공단, 과학기술인력개발원, ㈜LF 등에서 중대재해처벌법 등 안전보건 강의를 하였고, 인천국제공항공사, 한국전력, 서울특별시, 산림청 등 다수의 공공기관에서 안전전문인력 채용 면접위원으로 참여했으며, 공인노무사 및 행정고시 시험위원으로도 활동한 바 있다.

주요 저서로는 『산업안전보건법』(스튜디오 이담), 『한국 산업안전 불평등 보고서』(한울 아카데미), 『산업재해 감소를 위한 정책 방향 ― 인문사회과학적 접근』(KDI), 『핵심 노동관계 법규』(차림), 『현대 노동경제학』(공역, 시그마프레스), 『新노동조합』(역서, 고려원) 등이 있고, 주요 보고서로는 『서울시 중대산업재해 예방업무 매뉴얼』(서울시, 2021), 『위험성평가 내실화 방안』(산업안전보건공단, 2015) 등이 있다.

✉ yvkim@hanmail.net

감수 최관병(崔官炳)

서울대학교 사회과학대학 지리학과를 졸업하고 1997년 행정고시(제41회)에 합격하였다. 1999년부터 고용노동부에 근무하면서 산재예방정책과장, 창원노동지청장, 노사협력정책과장, 울산지방노동위원회 위원장을 역임하고, 지금은 근로기준국장으로 근무 중이다. 26년간 고용노동부 생활 중 많은 기간을 산재예방보상정책국에 근무하면서 제3차 및 제4차 산재예방 5개년 계획을 수립하였고, 2010년 및 2015년 대우조선해양(현 한화오션), 2016년 현대중공업과 같은 대형 조선소 안전보건 특별감독에 직접 참여하는 등 정책의 수립과 현장 안전관리에 관한 풍부한 경험을 갖고 있다.

우리는 왜 아직
안전하지 않은가?

초판인쇄 2025년 12월 08일
초판발행 2025년 12월 08일

지 은 이 김윤배
감 수 자 최관병
펴 낸 이 채종준
펴 낸 곳 한국학술정보(주)
주   소 경기도 파주시 회동길 230(문발동)
전   화 031-908-3181(대표)
팩   스 031-908-3189
투고문의 ksibook1@kstudy.com
등   록 제일산-115호(2000. 6. 19)

ISBN   979-11-7457-331-5 93300